Edgar E. Schaetzing

Management in Hotellerie und Gastronomie

Edgar E. Schaetzing

Management in Hotellerie und Gastronomie

8., überarbeitete und erweiterte Auflage

Deutscher Fachverlag

Bibliografische Information Der Deutschen Bibliothek
Die Deutsche Bibliothek verzeichnet diese Publikation in der Deutschen Nationalbibliografie; detaillierte bibliografische Daten sind im Internet über http://dnb.ddb.de abrufbar.

Reihe Hospitality Management
ISSN 1437-8868
ISBN 978-3-86641-151-7

Umschlag: Bayerl & Ost GmbH, Frankfurt am Main
Satz: UCMG, Kiew
Druck und Bindung: Wilhelm & Adam, Heusenstamm

Inhalt

Vorwort zur achten Auflage

Die achte Auflage dieses Managementbuchs brachte einige Ergänzungen mit sich. Im Zeitalter des „Change-Managements" sind auch Hotellerie und Gastronomie vom ständigen Wechsel betroffen. Wir schlagen zwar immer noch die gleiche Schlacht im Tourismus, aber jemand hat eine neue Art Schießpulver erfunden: das Internet. Einige Managementtechniken haben sich grundlegend geändert. Die rasante Entwicklung der Informationstechnologie beeinflusst zunehmend das Hospitality Management. Die Neuauflage beinhaltet die aktualisierte Erweiterung zum modernen Management-Controlling. Die Abschnitte „Controlling mit Schlüsselkennzahlen zur Umsatzrentabilität im F&B-Bereich" und „Managementkontrolle in der Gastronomie durch Budgetierung nach dem Uniform System of Accounts for the Lodging Industry" vertiefen den Bereich Operations Management Food & Beverage. Zum Schluss des Werkes wurden aktuell die zehn größten Managementfehler im Hospitality Management zusammengestellt, um zugleich aufzuzeigen, wie man sie vermeidet.

Zwar wird der Gast mit gebündelten Informationsdatenbanken für das Management immer „gläserner", aber auch für Gäste erscheint das touristische Angebot viel transparenter. Es geht längst nicht mehr um den Wettbewerb der Preise, sondern um den Wettbewerb der Ideen. Alles was heute mit Zusatznutzen im Hotel einen Gast noch begeistern kann, wird morgen als Grundnutzen und Standard vorausgesetzt.

Für die sorgfältige Herstellung des Fachkonzentrats für Lehrende, Studierende und Praktiker bin ich dem Verlag dankbar. Als „Klassiker" im Hospitality Management wird dieses Werk auch zukünftig laufend weiterentwickelt.

München, im September 2008 — Edgar E. Schaetzing

A

Operationsmanagement – Food & Beverage

1

Organisation

Muster-Stellenbeschreibung: F&B-Manager

Stellenbezeichnung:

Wirtschaftsdirektor (F&B-Manager)

Abteilung:

Food & Beverage/Verwaltung

Überstellungsverhältnis/Unterstellungsverhältnis:

Der Wirtschaftsdirektor untersteht als Abteilungsleiter direkt dem Generaldirektor. Ihm unterstehen die Abteilungsleiter der folgenden Abteilungen:

- Restaurants
- Bars
- Küche
- Etagenservice
- Stewarding-Abteilung
- Bankett-Abteilung

Aufgaben und Verantwortung:

Der Wirtschaftsdirektor ist für die Koordination der gesamten Wirtschaftsabteilung verantwortlich. Er hat für die Durchführung und Befolgung der geschäftspolitischen Richtlinien des Hotels für seinen Bereich zu sorgen. Er unterstützt die Direktion in der Ausarbeitung dieser Leitlinien mit Berücksichtigung der örtlichen Konkurrenz. Sehr eng verbunden ist er in seiner Arbeit mit den folgenden Abteilungen:

- Buchhaltung
- Einkaufsabteilung
- Verkaufsabteilung
- Public-Relations-Abteilung
- Operations Analysis
- Personalbüro

Diese Schlüsselposition trägt die Verantwortung für vernünftigen Einkauf für die Wirtschaftsabteilung, sorgsame Lagerung, beste Zubereitung, zuvorkommenden Service und Verkauf von „Food & Beverage" in unseren Restaurants, Bars, Gästezimmern, Nightclubs, Veranstaltungsräumen, privaten Speiseräumen und Swimming-Pools.

Er erstellt in Zusammenarbeit mit dem Operations Analyst Geschäftsprognosen, Budgets, überwacht seine Lohn- und Gehaltskosten und hält sich über sämtliche

Neuentwicklungen von Produkten und technischen Geräten auf dem Markt, die seine Abteilung betreffen, auf dem Laufenden.

Der F&B-Manager ist verantwortlich für die Erstellung von „Standards" (Qualität und Quantität) und deren Überwachung.

Er leitet die Trainingsprogramme für sein Personal, um die Ausbildung und damit auch die Produktivität zu verbessern.

Für die F&B-Kosten ist er direkt verantwortlich und muss in Zusammenarbeit mit dem F&B-Controller die notwendigen Kontrollen auswerten.

Der F&B-Manager hat mit seinem persönlichen Beispiel und seinen Entscheidungen für eine umsichtige und wirksame Leitung seiner Abteilung zu sorgen.

Stellenanforderungen

Erforderliche Qualifikationen:

Durchsetzende Persönlichkeit, phantasiereich, aber auch praktisch veranlagt; gutes Urteilsvermögen, Kenntnisse der Betriebspsychologie und Weitsichtigkeit

Detaillierte Qualifikationen:

Einstellungsalter:	28–35 Jahre
Schulausbildung:	Lehre im Hotel- und Gaststättengewebe, Hotelfachschule oder Fachhochschule (Diplom-Betriebswirt FH) und Management-Training-Kursus
Sprachliche Erfordernisse:	Deutsch, Englisch, Französisch } in Wort und Schrift
Erscheinung:	ausgezeichnete Gesundheit gute Erscheinung (Gastkontakt)
Praktische Erfahrungen:	mehrjährige Restaurant-, Bankett- und Stewardingerfahrung, sollte vorher als Asst. F&B-Manager gearbeitet haben
Arbeitsbedingungen:	muss bereit sein, zu unregelmäßigen Arbeitszeiten zu arbeiten

2

Planung, Produktion und Kontrolle

Produktionsplanungsverfahren für den Küchenbereich

Zielsetzung

Längst hat die Hotelindustrie erkannt, dass auch der Verpflegungsbereich Gewinne bringen kann und muss. Qualifiziertes „F&B-Management" wird verlangt. Für den kostenintensiven Produktionsbereich in der Hotellerie mit konventionellen Küchen, wie auch im „Zeitalter von Convenience-Food" (Fertiggerichtesysteme), muss gezielte Produktionsplanung eingesetzt werden.

Grundsätzlich kann das Hotel seine Leistungen nicht speichern – also keine langfristige Vorratswirtschaft betreiben. Das gilt besonders auch für den Verpflegungsbereich, in dem es sich um die Erstellung von verderblichen Produkten handelt und in dem heute trotz modernster Küchentechnik mit „Convenience-Food" eine nur verhältnismäßig geringe Speicher- und Lagerfähigkeit gegeben ist.

Umso mehr ist gerade in jenem Bereich gezielte Planung erforderlich, um stabile Küchenrentabilität auf Dauer gewährleisten zu können.

Das Produktionsplanungsverfahren für den Verpflegungsbereich soll die für die Produktion erforderliche Quantität der Lebensmittel von vornherein so festlegen, dass nur eine minimale Überproduktion eintreten kann. Arbeitet der Hotelier nach dem Fertiggerichtesystem, so ist es unbedingt notwendig, mit einem Produktionsplanungsverfahren die Verpflegungsleistungen für den Gast zu steuern. Das Verfahren kann in zwei Teile untergliedert werden:

1. Die **Vorausberechnung der Anzahl der zu verkaufenden Speisen**
2. Die **Quantitätsbestimmung des Rohmaterials,** das für die vorausberechneten Portionen benötigt wird

Vorausberechnung der Anzahl der zu verkaufenden Speisen

Zwar kann heute eine modern arbeitende Küche versuchen, mit geschickter Resteverwertung den Verlust bei Überproduktion zu vermindern, aber vernünftige Produktionsplanung lässt nur geringfügige Überproduktion aufkommen, um Resteverwertung zur Notlösung werden zu lassen.

Aufgrund von Buchungen, Erfahrungswerten, Berücksichtigung der einzelnen Wochentage, Monate, Beachtung der Veranstaltungen am Standort und in der Umgebung sollte die Hotelleitung in der Lage sein, zu 90–95 % genau die zu erwartende Anzahl von Gästen je Tag für die kommenden Wochen vorherzubestimmen. So erstellen Hotelkonzerne jährliche, sogar halbjährliche und monatliche Prognosen des zu erwartenden Geschäftsvolumens, die auf wöchentlicher Basis im Voraus mit den örtlichen und zeitlichen Gegebenheiten korrigiert und verfeinert werden. Die Prognose der täglich zu erwartenden Gäste dient als Grundlage für die Produktionsplanung.

Beispiel:

	Verpflegungsbereich	Bestimmung der Anzahl der Verpflegungsgäste (Hausgäste und externe Gäste)
	Bestimmung der Verpflegungsgästeanzahl (Hausgäste und externe Gäste)	Gäste-anzahl
HAUSGÄSTE	Gesamtanzahl der Hausgäste	
	____ % der Hausgäste frühstücken im Hotel:	
	____ % auf der Etage	
	____ % im Restaurant (A)	
	____ % der Hausgäste nehmen eine Mahlzeit ein (Mittag oder Abend):	
	____ % im Restaurant (A)	
	____ % im Restaurant (B)	
	____ % auf der Etage	
EXTERNE GÄSTE	Externe Gäste (Passanten)	
	____ Gedecke pro Tag im Restaurant (A)	
	____ Gedecke pro Tag im Restaurant (B)	
	Bankette/Veranstaltungen	
	____ Gedecke pro Tag Veranstaltungen	
	Gesamtanzahl der Verpflegungsgäste	

Prognosefaktoren:

- Vorhandene Reservierungen, Buchungen, Zimmerbelegung
- Durchschnittliche Doppelbelegung des Hotels
- Durchschnittliche Aufenthaltsdauer der Hotelgäste

- Prozentsatz der kurzfristigen Abbestellungen
- Prozentsatz der kurzfristigen Buchungen
- Allgemeine Wirtschaftslage, politisches Klima
- Anzahl der Gäste in den letzten Tagen (Trendbestimmung)
- Anzahl der Gäste in dem letzten Jahr zur gleichen Zeit
- Berücksichtigung der einzelnen Wochen-Feiertage
- Berücksichtigung der unterschiedlichen Monatsauslastung (Ferienmonate)
- Auswirkung der zu erwartenden Wetterlage
- Sonderveranstaltungen in Stadt, Umgebung, Land
- Prozentsatz der Hotelgäste für Frühstück, Mittag und Abend
- Zu erwartende externe Gäste (Passanten) für Mittag und Abend
- Erwartete Auswirkung kurzfristiger Verkaufsförderungsmaßnahmen, Werbeaktionen

Verkaufsanalysen

Vermag der Hotelier oder das Management die Gästeanzahl mit einer akzeptablen Ungenauigkeit von 5–10 % vorherzubestimmen, kann mit der Prognose des Speiseartikelverkaufs begonnen werden. Benötigt wird eine detaillierte Verkaufsanalyse – eine Analyse über sämtliche verkauften Speiseartikel für einen repräsentativen Mindestzeitraum von 60 Tagen, um so genau wie möglich die Portionenanzahl, die verkauft werden wird, vorausberechnen zu können. Eine derartige Verkaufsanalyse kann wie in der Abbildung auf S. 28 oben aufgebaut sein.

Erklärung der Verkaufsanalyse:

1. Unter „Artikel lt. Speisekarte“ werden nach den einzelnen Gruppierungen, wie Vorspeisen, Hauptgänge, Beilagen/Salate, Nachspeisen, die angebotenen Gerichte eingetragen.
2. Die Anzahl der verkauften Portionen ergibt sich aufgrund einer Analyse der Rechnungsdoppel, Bestellorders, Bons oder sonstiger Abrechnungsunterlagen (Computerkassen).
3. Der Beliebtheitsgrad der Speisen (% zur Gesamtanzahl der bedienten Gäste) resultiert aus folgender Kalkulation:

$$\text{Beliebtheitsgrad (in \%)} = \frac{\text{Anzahl der verkauften Portionen} \times 100}{\text{Gesamtanzahl der Gäste}}$$

Verkaufsanalyse Zeitraum 60 Tage	Restaurant:	
	☐ Frühstück ☒ Mittagessen ☒ Abendessen	
Artikel lt. Speisekarte (1)	Anzahl der verkauften Portionen (2)	Beliebtheitsgrad (% zur Gesamtzahl der Gäste [3])
Vorspeisen (z.B. Melonencocktail) Total	1.200	25,0
Hauptgänge (z.B. Mastkalbsteak) Total	2.400	50,0
Beilagen/Salaten (z.B. Bohnen) Total	480	10,0
Nachspeisen (z.B. Erdbeeren) Total	240	5,0
Gesamtzahl der Gäste: 4.800 (= 100 %)		

In dem Zahlenbeispiel der Verkaufsanalyse ist der Beliebtheitsgrad für „Mastkalbsteak" 50 %, das heißt, in dem repräsentativen Zeitraum von 60 Tagen haben sich 50 % der bedienten Gäste beim Hauptgang für Mastkalbsteak entschieden. Dieser Beliebtheitsgrad der einzelnen Gerichte, der aufgrund der detaillierten Verkaufsanalyse der Speisekarte ermittelt wurde, wird folgendermaßen angewendet:

Anwendung:

Vorausberechnung der Anzahl der zu verkaufenden Speisen
Datum: Montag

Artikel lt. Speisekarte	Erwartete Gäste	x	Beliebtheitsgrad	=	Vorausberechnete Artikelanzahl
Vorspeisen Melonencocktail	200		25 %		50 Portionen
Hauptgänge Mastkalbsteak	200		50 %		100 Portionen
Beilagen Bohnen	200		10 %		20 Portionen
Nachspeisen Erdbeeren	200		5 %		10 Portionen

$$\text{Formel: Vorausberechnete Artikelanzahl} = \frac{\text{erwartete Gäste} \times \text{Beliebtheitsgrad}}{100}$$

Die erwartete Gästeanzahl wird mit dem ermittelten Beliebtheitsgrad der in der Speisekarte verzeichneten Gerichte multipliziert, um somit die jeweilige Portionenanzahl vorherbestimmen zu können. Trifft in dem Beispiel die für Montag erwartete Gästeanzahl von 200 zu, darf man aufgrund des Beliebtheitsgrades mit etwa 100 Portionen Mastkalbsteak rechnen und kann die notwendigen Vorbereitungen treffen. Selbstverständlich sind alle Extraessen, Gruppen und Veranstaltungen separat zu halten und zu berücksichtigen.

Quantitätsbestimmung des Rohmaterials

Für den gezielten Einkauf heißt es nun, die erforderliche Quantität zu bestimmen, um die vorausberechnete Artikelanzahl bereithalten zu können. Man wird aber nur einige Frischartikel täglich einkaufen und im Übrigen für den Einkauf einen wöchentlichen oder sogar vierzehntägigen Produktionsplan erstellen. Um die erforderliche Quantität des Rohmaterials für die jeweiligen Speisekarten leicht bestimmen zu können, sollten folgende Standardisierungen angewendet werden:

- standardisierte Portionsgrößen
- standardisierte Kochrezepte
- standardisierte Garnituren und Anrichteweisen
- standardisierte Serviceinstruktionen

Außerdem müssen Fleischtests mit der Ermittlung des Rohertrags (verkaufbares Rohgewicht) und des Ertrags nach dem Kochen/Braten (verkaufbares Nettogewicht) von allen in Frage kommenden Speiseartikeln ausgewertet sein.

Die Quantitätsbestimmung des Rohmaterials, das für die vorausberechneten Portionen erforderlich ist, wird in der Praxis zweckmäßigerweise nach vorgefertigten Tabellen vorgenommen. Die Tabellen geben immer für 10 Portionen das erforderliche Rohmaterial an, das aufgrund der festgelegten Portionsgrößen und Ertragstests für die verschiedenen Gerichte erforderlich ist. So übersetzt man sehr einfach und schnell die vorausberechnete Artikelanzahl in Rohmaterialien.

Tabelle zur Quantitätsbestimmung des Rohmaterials

Artikel	Portionsgröße Netto	Brutto-Menge für 10 Portionen
Krevettencocktail	60 g	1 Paket 0,8 kg gefroren
Schildkrötensuppe	1/5 Dose	2 Dosen
Melone	1/6 Stück	2 Stück
Hummercocktail	1/2 Stück	5 Stück
Mastkalbsteak	180 g	2,5 kg
Gebratene Ente	1/4 Stück	2 1/2 Stück
„Minute-Steak"	160 g	2,0 kg
Hähnchen	1/2 Stück	5 Stück
Filetsteak	180 g	2,5 kg
Gemüsebouquet	200 (gemischt)	nach Saison (Markt)
Erbsen	120 g (1/6 Dose)	2 Dosen
Bohnen	80 g gefroren	1 kg
Gemischter Salat	–	nach Saison (Markt)
Erdbeeren	200 g	2 kg
Maronenpüree	1/10 Dose	1 Dose (kg)
Eis	170 g (2 Kugeln)	2 kg

Arbeitet die Küche nach dem modernen Fertiggerichtesystem (Convenience-Food), so ist ein Produktionsplanungsverfahren unerlässlich, um kurzfristig die schon fertig gestellten Speisen auch in ausreichender Menge gemäß der Gästepräsenz abrufen zu können.

Als Endphase des Produktionsplanungsverfahrens sollten immer die tatsächlich servierten Gerichte der Vorausberechnung (Prognose) gegenübergestellt werden, um etwaige Fehlerquellen und Ungenauigkeiten für die Zukunft ausschließen zu können.

Fallbeispiel zur Produktionsplanung

Fallangaben

Das Stadthotel „Elite" ist mit seinen 250 Zimmern vollklimatisiert. Neben dem 24-Stunden-Zimmerservice steht für die Hotelgäste auch ein Restaurant mit einer Sitzkapazität von 200 Plätzen für Frühstück, Mittag und Abend zur Verfügung.

Dieses Restaurant, in dem mittags und abends die gleiche Speisekarte aufgelegt wird, ist auch wegen der günstigen Lage und guten Küche für viele „Externe Gäste" (Passanten) ein beliebtes Speiselokal. Die günstige Lage des Hotels macht es zum idealen „Hauptquartier" für internationale Tagungen und Kongresse. Dafür steht ein Ballsaal mit einer Kapazität von 450 Personen für Tagungen und 380 Personen bei Bällen zur Verfügung.

Neben der Hauptküche, die für den Etagenservice und für das Restaurant wirtschaftet, gibt es eine extra gehaltene Bankettküche, die für Veranstaltungen zuständig ist.

	Couverts	Speise-Erlöse	Durchschnittserlös pro Couvert	Getränke-Erlöse	Wareneinsatz (Speisen)	EUR	%
Restaurant							
Frühstück	3.800	22.800,–	6,00	1.823,–	Gesamt-		
Mittag	4.240	63.724,–	15,03	23.867,–	wareneinsatz	216.300,–	49,75 %
Abend	5.750	86.276,–	15,00	50.310,–	Angestelltenessen	29.860,–	6,87 %
Total	13.790	172.800,–	12,53	76.000,–			
Etage					Hauptküche	105.640,–	44,99 %
Frühstück	5.700	34.000,–	5,96	300,–	Bankettküche	80.800,–	40,40 %
Mittag	700	10.700,–	15,29	3.280,–			
Abend	1.100	17.300,–	15,73	4.920,–	Gesamtkosten der		
Total	7.500	62.000,–	8,27	8.500,–	verkauften Waren	186.440,–	42,88 %
Bankette							
Mittag	3.200	43.200,–	13,50	11.800,–			
Abend	8.300	132.800,–	16,00	62.200,–			
Sonstiges	3.000	24.000,–	8,00	1.500,–			
Total	14.500	200.000,–	13,79	75.500,–			
Total Hotel	35.790	434.800,–	12,15	160.000,–			

Monatlicher F&B-Report

Da das Hotel trotz guter Belegung und hoher Umsätze immer noch Verluste zeigt, wird von der Hotelgesellschaft ein Spezialist eingesetzt, der den Verpflegungsbereich des Hauses analysieren soll, um zu einer besseren Produktionsplanung im Hotel „Elite" zu kommen.

Dieser Spezialist erstellt zusammen mit der kaufmännischen Abteilung des Hotels folgende Unterlagen:

- Monatlicher F&B-Report – März
- Verkaufsanalyse für den Zeitraum von 60 Tagen (Die Wareneinsatzkosten wurden hierbei auf der Basis der standardisierten Portionsgrößen und durchgeführten Fleischtests ermittelt)
- Prognosefaktoren für den Monat April (1. Woche)

Periode: 60 Tage							
Durchschnitt pro Tag Artikel	Anzahl der verkauften Portionen	Beliebtheitsgrad (% zur Gesamtanzahl der Gäste)	Materialpreis	Total	Netto-Verkaufspreis	Total	Soll-Wareneinsatz (%)
Vorspeisen:							
Krevettencocktail	30	15,0 %	3,79	113,70	13,50	405,00	
Schildkrötensuppe	22	11,0 %	1,01	22,22	4,–	88,00	
Melone	14	7,0 %	0,98	13,72	4,–	56,00	
Hummercockteil	11	5,5 %	9,30	102,30	19,–	209,00	
Total	77	38,5 %		251,94		758,00	33,2 %
Hauptgänge:							
Mastkalbsteak	28	14,0 %	4,81	134,68	14,–	392,00	
Gebratene Ente	16	8,0 %	4,86	77,76	13,–	208,00	
„Minute-Steak"	112	56,0 %	7,30	817,60	18,50	2072,00	
Hähnchen	30	15,0 %	3,40	102,00	9,–	270,00	
Filetsteak	14	7,0 %	8,75	122,50	19,–	266,00	
Total	200	100,0 %		1254,54		3208,00	39,1 %
Beilagen/Salate:							
Gemüsebouquet	76	38,0 %		136,80	5,50	418,00	
Erbsen	34	17,0 %	1,80	33,32	3,50	119,00	
Bohnen	4	2,0 %	0,98	4,60	5,25	21,00	
Gemischter Salat	10	5,0 %	1,15	5,60	3,–	30,00	
Total	124	62,0 %	0,56	180,32		588,00	30,7 %
Nachspeisen:							
Erdbeeren	40	20,0 %	2,00	80,00	6,25	250,00	
Maronenpüree	34	17,0 %	0,98	33,32	4,–	136,00	
Eis	20	10,0 %	0,47	9,40	3,–	60,00	
Total	94	47,0 %		122,72		446,00	27,5 %
Gesamtzahl der Gäste	200	100,0 %	Gesamt	1809,52	Gesamt	5000,00	36,2 %

Verkaufsanalyse Restaurant: Mittag und Abend

April	1.	2.	3.	4.	5.	6.	7.
Belegung	30%	100%	50%	30%	50%	80%	100%
Doppelbelegung	20%	20%	20%	40%	20%	20%	10%
Hausgäste %-Anteil Frühstück	80%	Mittag		50%	Abend		60%
Etage Restaurant	60% 40%	Etage Restaurant		10% 90%	Etage Restaurant		20% 80%
Externe Gäste	Prozentuale Auslastung der Sitzkapazität						
Restaurant	So.	Mo.	Di.	Mi.	Do.	Fr.	Sa.
Mittag Abend	40% 45%	30% 35%	20% 20%	20% 30%	30% 30%	30% 35%	35% 40%

Prognosefaktoren Monat: April (1. Woche)

Fallaufgaben

a) Erstellen Sie aufgrund der angegebenen Prognosefaktoren und der Verkaufsanalyse für die 1. Woche im April (Sonntag = 1. April) die Prognose für die Anzahl der zu verkaufenden Hauptgänge im Restaurant (ein Total für die gesamte Woche – Mittag und Abend zusammen).

b) Mit welcher Frühstücksanzahl muss der F&B-Manager am Mittwoch, den 4. April, rechnen? Geben Sie die Aufteilung – Etage – Restaurant – an. Welchen Frühstücksumsatz (Euro) darf man an diesem Tag im Restaurant erwarten, wenn der Durchschnittserlös pro Couvert des Monats März als Prognosefaktor gilt?

c) Welche Quantität würden Sie für die 1. Woche im Monat April von folgenden Artikeln frisch einkaufen lassen, um die von Ihnen veranschlagte Artikelanzahl für das Restaurant zubereiten zu können?

Artikel: Mastkalbsteak
Gebratene Ente
Hähnchen

Lösung

Lösung a) Kapazität = 250 Zimmer

	So.	Mo.	Di.	Mi.	Do.	Fr.	Sa.
Belegte Zimmer	75 (120 %)	250 (120 %)	125 (120 %)	75 (140 %)	125 (120 %)	200 (120 %)	250 (110 %)
Anzahl der Hausgäste	90	300	150	105	150	240	275
Hausgäste							
50 % Mittag	45	150	75	53	75	120	138
60 % Abend	54	180	90	63	90	144	165
Restaurant							
90 % H.G.	41	135	68	48	68	108	124
Mittag E.G.	80	60	40	40	60	60	70
80 % H.G.	43	144	72	50	72	115	132
Abend E.G.	90	70	40	60	60	70	80
Total	254	409	220	198	260	353	406
							Gesamt 2.100

(Externe Gäste: Sitzkapazität = 200)

Artikel	zu erwartende Gäste (Woche)	% zur Gesamtanzahl der Gäste	Prognose der Anzahl der zu verkaufenden Gerichte
Hauptgänge:			
Mastkalbsteak	2.100	14 %	294
Gebratene Ente	2.100	8 %	168
„Minute-Steak"	2.100	56 %	1.176
Hähnchen	2.100	15 %	315
Filetsteak	2.100	7 %	147

Lösung b) Mittwoch 4. April

Belegung (Dienstag)	50 % = 125 Zimmer
Doppelbelegung	20 % = 150 Gäste
Frühstück (Mittwoch)	80 % = 120 Couverts
Etage	60 % = 72 Couverts
Restaurant	40 % = 48 Couverts
	48 Couverts x 6,00 = 288 €

Lösung c) (siehe Tabelle zur Quantitätsbestimmung des Rohmaterials)

Artikel	Prognose der Anzahl der zu verkaufenden Gerichte	Quantitätsbestimmung (1 Woche – Einkauf)
Mastkalbsteak	294 x 2,5 (: 10)	= 73,5 kg
Gebratene Ente	168 x 2,5 (: 4)	= 42 Stück
Hähnchen	315 x 5 (: 2)	= 158 Stück

Hoteleinkauf, Warenannahme, Lagerung, Ausgabe und deren Kontrollmethoden

Zielsetzung

Die Leistungsfähigkeit der Hotels und Gaststätten hängt zum überwiegenden Teil vom qualifizierten Einkauf ab. Den Einkauf darf heute niemand lediglich als Bestellvorgang ansehen; längst ist seine Schlüsselstellung im Profitbild der Hotellerie erkannt. Was man im Einkauf einspart, braucht nicht erst verdient zu werden. Dabei sind niedrige Preise kein Ersatz für Qualität. Außer Handelsgesetzen, örtlichen Handelsgebräuchen, einschlägigen Waren- und Marktkenntnissen muss ein Einkäufer moderne Einkaufsmethoden und Verfahren kennen und auch anwenden.

Ziel des Einkaufs:

Beste und geeignete Qualität der Waren in Übereinstimmung mit den Einkaufsspezifikationen zu bestmöglichen Preisen erwerben.

Ziel der Warenannahme:

Bestellte Qualität und Quantität zum vereinbarten Preis annehmen.

Ziel der Lagerung:

Angemessenen Warenvorrat in sachgemäßer Pflege fachmännisch lagern.

Ziel der Warenausgabe:

Ordnungsgemäße Befugnis für die Warenausgabe sicherstellen, mit Hilfe der Bestandsüberwachung und Verbrauchsfeststellung Rechenschaft über die täglichen Warenausgaben ablegen.

Mit diesen vier Leistungen – Einkaufen, Annehmen, Lagern und Ausgeben – sollte eine zuverlässige Grundlage geschaffen werden, um auch im F&B-Bereich qualitativ erstklassige Lebensmittelprodukte preiswürdig anbieten zu können.

Gedankenflussplan

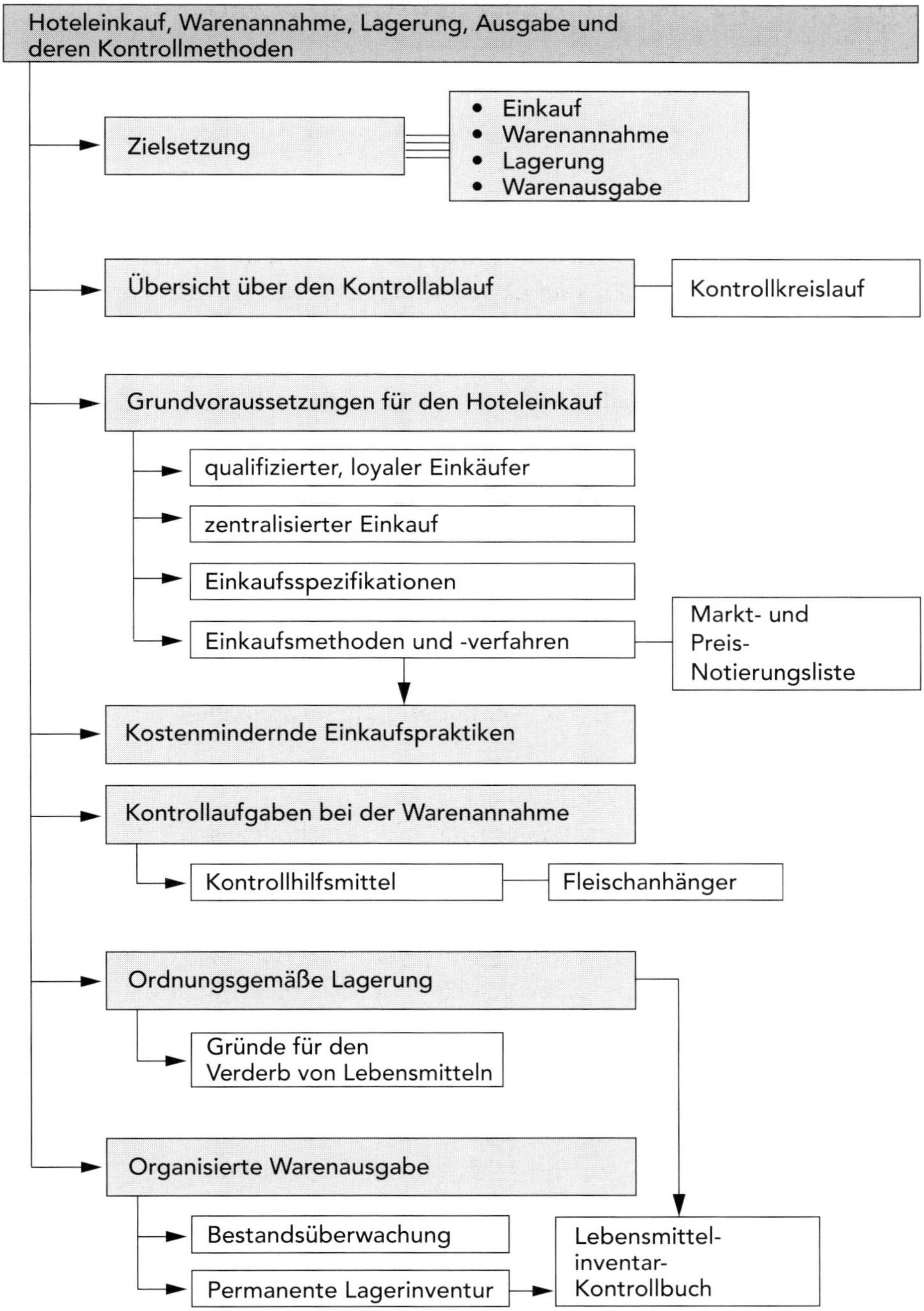

Übersicht über den Kostenablauf – Kontrollkreislauf

Alle wirksamen Kontrollsysteme und Verfahren beinhalten drei Phasen:

1. **die Planungsphase**
2. **die Vergleichsphase**
3. **die Korrekturphase**

Man spricht auch vom nicht endenden Kontrollkreislauf. Um die Lebensmittelkosten vom Einkauf bis zum Verkauf wirksam kontrollieren zu können, sollte der Kontrollkreislauf, nämlich: Planen – Vergleichen – Korrigieren bei den folgenden acht Stufen des Kostenablaufs angewendet werden:

Übersicht über den Kostenablauf

1. Einkauf
2. Warenannahme
3. Lagerung
4. Warenausgabe
5. Grundvorbereitung
6. Zubereitung
7. Service
8. buchhalterische Erfassung

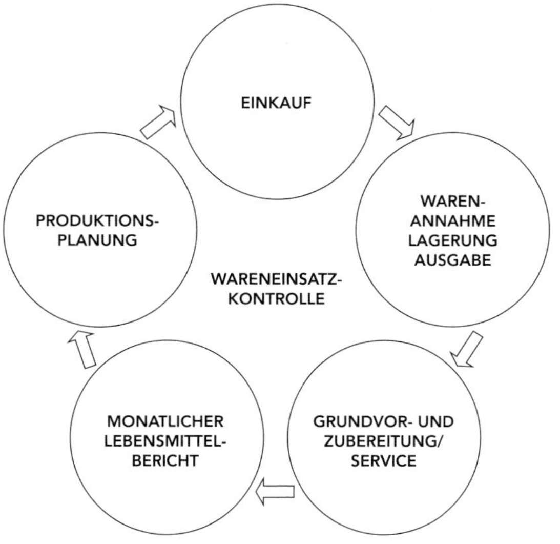

Kontrollkreislauf für die Wareneinsatzkosten

Als Voraussetzung für stabile Küchenrentabilität gilt die Wareneinsatzkontrolle im Verpflegungsbereich. Gezielte Produktionsplanung, qualifizierter Einkauf, sorgsame Warenannahme, Lagerung und Ausgabe, optimale Grundvor- und Zubereitung, Verkauf und Service schließen den Kontrollkreislauf der Wareneinsatzkosten in der buchhalterischen Erfassung.

Grundvoraussetzungen für den Hoteleinkauf

Um den Einkauf zum „Profit-Center" des Hotelbetriebes machen zu können, müssen folgende Basisvoraussetzungen gegeben sein:

1. Ein qualifizierter und loyaler Einkäufer
2. Festgelegte und wohlausgearbeitete Einkaufsspezifikationen
3. Einsatzfähige und wirksame Einkaufsmethoden und Verfahren
4. Zentralisierter Einkauf – der gesamte Hoteleinkauf (Food, Beverage, Allgemein) liegt in einer Hand

In Mittel- und Großbetrieben sollte ein unabhängiger, dem Management direkt unterstellter Einkäufer eingesetzt werden. Kauft in kleineren Betrieben der Küchenchef selbst die Lebensmittel ein, so geschieht das meist mit der Beschönigung: Hier muss der Fachmann direkt einkaufen. Leider wird oft übersehen, dass der Küchenchef zeitlich gar nicht in der Lage ist, qualifiziert einzukaufen, wenn er seine Aufgaben in der Produktion gewissenhaft erfüllen will. Selbstverständlich müssen gerade die Lebensmittel in qualitativer Hinsicht fachmännisch eingekauft werden. Zwar kann schlechte Zubereitung die Qualität eines Produktes vermindern, gute Zubereitung aber dort, wo keine Qualität vorhanden ist, auch keine erzeugen. Menüplanung, gute Verkaufstechnik, beste Zubereitung und hervorragender Service sind dann erfolglos, wenn man beim Einkauf nicht auf Qualität, Güte und Eignung geachtet hat.

So sollten dann auch zusammen mit dem Küchenchef Einkaufsspezifikationen und Standard-Einkaufsrichtlinien festgelegt werden, in welcher Qualität, Art, Größe, Anzahl, Mengeneinheit je Verpackung ein gewünschter Artikel eingekauft werden soll. Dabei werden Ertragstests, Fleischtests und Vergleichskalkulationen eher den Ausschlag geben als reine Preisvergleiche zwischen Lieferanten. Einkaufsspezifikationen basieren auf genauester Auswertung der Marktstudien, des Speisenangebots, der Verkaufspreisstruktur und der Ertragstests.

Mit den Standard-Einkaufsrichtlinien arbeiten der Einkäufer, der F&B-Manager, der F&B-Controller, der Warenannehmer und sogar einige Großlieferanten, die einen Auszug von ihren spezifizierten Artikeln bekommen, so wie der Hotelbetrieb die Warenlieferungen erhalten möchte. Als Grundvoraussetzung für standardisierte Portionsgrößen, standardisierte Speiseartikel dienen Einkaufsspezifikationen als notwendiger Kalkulationsansatz zur kostenorientierten Preispolitik.

Der Einkauf im Hotel muss eine zweifache Leistung erbringen:

1. Den besten Gegenwert für jeden im Einkauf ausgegebenen Euro zu erhalten, wobei der Gegenwert eine Kombination von Preis, Lieferzeit und Qualität darstellt
2. Laufend das Hotelmanagement über neue Märkte, Produkte und Materialen zu informieren, die für den Hotelbetrieb interessant sein können

Gerade die zweite Aufgabe ist von ausschlaggebender Wichtigkeit, will man mit kostenminderndem Einkauf qualitativ hoch stehende Produkte „up to date" vermarkten. Ein Grund mehr, auch in kleineren Betrieben nicht dem Küchenchef den Einkauf aufzubürden; ratsamer wäre es dort, wenn sich der Hoteldirektor selbst um die so weitreichende Beschaffungsfunktion bemüht.

Zu den modernen Einkaufstechniken und Verfahren im Hotel gehört die Handhabung der Markt- und Preisnotierungsliste. Für die täglich benötigten Frischwaren kann damit der vorteilhafte Einkauf erleichtert werden. Mehrere Preisangebote für den gleichen Artikel sollten vorliegen, bevor man sich für einen Lieferanten entscheidet. Voraussetzung dafür sind selbstverständlich die Standard-Einkaufsrichtlinien – die Einkaufsspezifikationen, die für die in Frage kommenden Artikel auch mehreren Großlieferanten ausgehändigt sein sollten. Dadurch wird gewährleistet, dass sich der hier angestellte Preisvergleich auf gleiche Qualität, Art, Größe, Anzahl der täglich zu bestellenden Artikel bezieht.

Datum: ____________________

Tag: ____________________

Artikel	Spezifikation/Gewicht		Letzter Preis	Mengen Stück im Lager	Bestellt	Lieferanten A	B	C	D
Hummer	lebend	950 g	11,–	1	3	11,50	12,–	19,50	12,50
Rinderfilet	ohne Kopf/ frisch	1,3–1,5 kg	15,–	5	10	11,50	13,20	14,–	14,80

Markt- und Preisnotierungsliste

Der sonst so fragwürdige Telefoneinkauf kann dann erfolgen, wenn zuerst Preisangebote von mehreren Lieferanten telefonisch eingeholt wurden. Normalerweise bekommt der niedrigst Anbietende den Auftrag. Einen weiteren Vorteil bietet die Markt- und Preisnotierungsliste in der täglichen direkten Bestandskontrolle für Frischwarenartikel.

Dennoch ist bei allen Preisvergleichen daran zu denken, dass ein Produkt nur dann eingekauft werden darf, wenn es auch Chancen hat, mit Gewinn verkauft zu werden.

Kostenmindernde Einkaufspraktiken

1. Produktionsplanung im Verpflegungsbereich befolgen
2. Erforderliche Qualität dem Verwendungszweck anpassen
3. Saisonale Angebote ausnutzen
4. Artikelgröße nach dem geringsten Zubereitungsverlust ausrichten
5. Grundsätzlich nicht nur von einem Lieferanten kaufen (kein Abhängigkeitsverhältnis schaffen)
6. Einkauf unter Zeitdruck vermeiden, auf Lieferzeiten achten
7. Für Konservenartikel immer die Nettoeinwaage bewerten
8. Bei größeren Quantitäten auf Lagerdauer und Lagerräumlichkeiten achten
9. Schwundverluste, Lagerkosten, Kapitalbildung miteinkalkulieren
10. Bei Lebensmitteln an vernünftige Lagerumschlagsgeschwindigkeit denken
11. Befristete Sonderangebote ausschöpfen
12. Mit Karteien und Katalogen Übersicht über die Preisentwicklung am Markt schaffen
13. Gute Kontakte mit allen einschlägigen Lieferanten aufrechterhalten
14. Ständig über Zollbestimmungen, Transportkosten und Einfuhrbestimmungen aus dem Ausland informiert sein
15. Mit neuen Märkten und neuen Produkten „up to date" bleiben
16. Daueraufträge beim Einkauf unterlassen
17. Regelmäßige Besuche der Großmärkte zusammen mit dem Küchenchef vornehmen
18. Prinzipiell zwischen Eigenproduktion und Fertigproduktkauf abwägen
19. Naturalrabatte, Zahlungsbedingungen, buchhalterische Abwicklung berücksichtigen
20. Kooperation im Einkauf mit anderen Hotels im Rahmen der gesetzlichen Bestimmungen erweitern

Kontrollaufgaben bei der Warenannahme

Nur ein qualifizierter Angestellter wird die Warenannahme gemäß den festgelegten Standard-Einkaufsrichtlinien vornehmen können. Auch bei Eröffnungen von Hotels gehört an diesen Platz eine gewissenhafte, gut bezahlte und loyale Fachkraft.

Welche Routineüberprüfungen sollte der Hotelmanager bei der Warenannahme vornehmen?

- Werden nur Waren angenommen, die vorher ausdrücklich bestellt wurden?
- Werden alle Artikel überprüft, ob sie den festgelegten Standard-Einkaufsrichtlinien entsprechen?
- Wird jeder Artikel, der nach Gewicht gekauft wird, extra gewogen?
- Werden Artikel in Kisten geöffnet und stichprobenartig überprüft?
- Werden Gewicht und Anzahl mit den Rechnungen oder den Lieferscheinen verglichen?
- Wird sofort eine Gutschrift beantragt, wo Gewicht oder Anzahl nicht stimmen?
- Wird bei der Annahme von Fleischlieferungen der Küchenchef hinzugezogen?

Für den teuersten Artikel bei den Lebensmitteln – das Fleisch – kann als Kontrollhilfsmittel der Fleischanhänger verwendet werden.

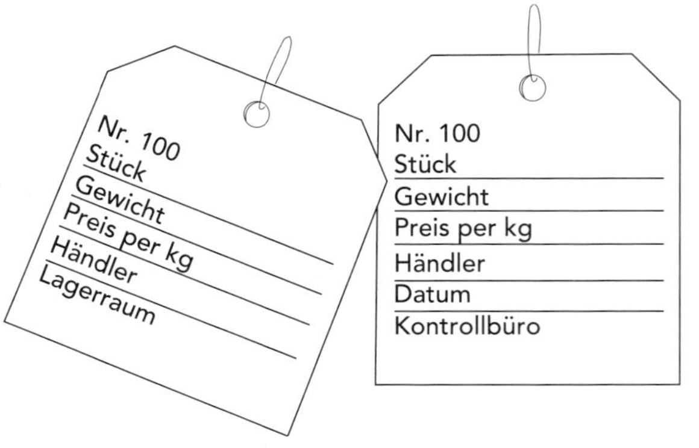

Muster Fleischanhänger

Grundsätzlich ist es ratsam, dass der Küchenchef oder sein Sous-Chef die Warenannahme von Fleisch selbst vornimmt. Der Fachmann sollte gleich zu Beginn entscheiden, ob das Fleisch genügend abgehangen ist und den qualifizierten Erfordernissen des Betriebes entspricht. Das ist besonders in Deutschland vonnöten, wo man noch weit von einer einheitlichen Standardisierung in Schnitt und Qualität von Fleischprodukten entfernt ist.

Für jedes größere Fleischstück werden beide Fleischanhänger ausgestellt. Der obere Teil wird am Fleisch befestigt, das gelagert wird; der untere Abschnitt geht zusammen mit der Rechnung in das Kontrollbüro. Dieses Organisationshilfsmittel hat folgende Vorteile:

1. Das Fleisch muss nicht noch einmal gewogen werden, wenn es an die Küche ausgegeben wird.
2. Schwundverluste durch Lagerung werden der Küche direkt belastet.
3. Für die Erstellung von Fleischtests/Rezepten ist immer das Originalgewicht ersichtlich.
4. Erleichterte Kontrolle für Lagerinventuren: Das Kontrollbüro hat die Kontroll-Fleischanhänger für das Fleisch, das am Inventurtag noch im Lager sein muss.
5. Vorteil der Datumskontrolle: Das ältere und abgehangene Fleisch wird zuerst an die Küche ausgegeben.

Ordnungsgemäße Lagerung

Der reibungslose und erfolgversprechende Betriebsablauf erfordert, dass die notwendigen Handelswaren, Roh-, Hilfs- und Betriebsstoffe, bei Bedarf jederzeit in quantitativer und qualitativer Hinsicht abrufbar vorhanden sind. Will man Güte und Qualität der Küchenleistungen durch stets frische Lebensmittel gewährleisten, so muss das Lager klein gehalten werden. Zwar wird dadurch der verbilligte Großeinkauf verhindert, andererseits aber werden die Lagerkosten durch verminderte Lagerdauer und vermindertes Risiko der Lagerhaltung gesenkt. Der Betriebsgröße und dem Warenumschlag entsprechende Lagerräume mit Magazin, Materiallager, Kühlräumen und Keller müssen so eingerichtet sein, dass Schwund und Verderb durch sachlich und fachlich richtige Warenlagerpflege verhindert werden. Zu den Gründen, die zum Verderb von Lebensmitteln führen, sind folgende zu nennen:

- falsche Lagertemperaturen
- unangemessene Lagerzeiten
- Mangel an ausreichender Ventilation
- mangelnde Trennung der Lebensmittel

- Mangel an ordnungsgemäßen sanitären Einrichtungen
- übermäßige Verzögerung zwischen Warenannahme und fachgerechter Lagerung

Organisierte Warenausgabe

Außer der sachgemäßen Pflege der lagernden Waren gehören zum Aufgabengebiet der Lagerverwaltung auch die Bestandsüberwachung und Verbrauchsfeststellung. Lagerkarteien müssen geführt und die täglichen Warenausgänge genau belegt werden.

Einige Schlüsselpunkte zur geregelten Bestandsüberwachung sind:

1. Das Lagerverwaltungspersonal sollte dem kaufmännischen Betrieb unterstehen.
2. Klar geregelte Lageröffnungszeiten müssen angeordnet sein.
3. Waren dürfen nur von dazu berechtigten Personen ausgegeben werden; Lageranforderungen müssen unterschrieben sein.
4. Ausreichende Sicherheitsvorkehrungen mit Regelung der Schlüsselübergabe müssen eingeführt sein.
5. Mindest- und Höchstbestände der jeweiligen Artikel sind festzulegen.
6. Fleischanhänger-Kontrolle sollte eingeführt sein.
7. Aus den Lagerkarteien muss der Sollbestand der einzelnen Artikel jederzeit ersichtlich sein.
8. Die Markt- und Preisnotierungsliste zeigt täglich den Warenbestand der Frischwarenartikel an.
9. Monatlich sind die Artikel mit dem geringsten Lagerumschlag dem Management mitzuteilen.
10. Das Management sollte routinemäßige Inspektionen der Lagerung und Warenausgabe durchführen.

Anhand von wertmäßigen „Permanenten Lagerinventuren" (= Anfangsbestand + Zugang ./. Verbrauch = Endbestand) und der tatsächlichen Inventarauspreisung sind Soll- und Istbestände zu vergleichen.

Es ist unverkennbar, dass im fachkundigen, sorgfältigen Einkauf, in genauer Überwachung und Kontrolle, bei bester Behandlung und Verarbeitung der Waren ein wesentlicher Faktor für die Gewinnsituation im Hotel- und Gaststättengewerbe liegt.

Lebensmittelinventar-Kontrollbuch

Datum	Eröffnungs-Inventar Bestand	Einkäufe Lager	Einkäufe Direkt	Gesamt Einkäufe	Verfügbarer Bestandswert
1.	30.000	2.000	500	2.500	32.500
2.	24.000				
3.					
4.					
31.					

Warenausgaben

Datum	Hauptküche	Nebenküche	Total	Bars	Sonstige Kredite	Gesamt-ausgaben	Soll-Inventar Bestand
1.	5.000	2.500	7.500	500	500	8.500	24.000
2.							
3.							
4.							
31.							

Permanente Lagerinventur

Der Soll-Wareneinsatz als Kontrollinstrument im Verpflegungsbereich

Wirtschaftlichkeit im Verpflegungsbereich

Man spricht von wirtschaftlicher Küchenführung – von Wirtschaftlichkeit im Verpflegungsbereich. Was heißt eigentlich Wirtschaftlichkeit? In der Literatur wird Wirtschaftlichkeit oft folgendermaßen definiert:

„Wirtschaftlichkeit liegt vor, wenn $\frac{\text{Ertrag} \times 100}{\text{Aufwand}}$ größer als 100 % ist."

Gegen eine so definierte Kennzahl „Wirtschaftlichkeit" kann man folgende zwei Einwände geltend machen: Erstens wird die Wirtschaftlichkeit durch nicht neutralisierte Marktvorgänge beeinflusst. Zweitens sind beide in die Wirtschaftlichkeitskennzahl eingehende Größen – Mitteleinsatz (Aufwand) und Zielerreichung (Ertrag) – variabel; es fehlt die feste Bezugsbasis.

Betrachtet man Wirtschaftlichkeit als Maß für die Einhaltung des ökonomischen Prinzips, so kann sie in zweifacher Weise definiert werden:

$$\text{1. Wirtschaftlichkeit (Sparsamkeitsgrad)} = \frac{\text{Solleinsatz (Sollkosten)}}{\text{Isteinsatz (Istkosten)}}$$

Der Sparsamkeitsgrad wird durch die Gegenüberstellung des tatsächlichen Einsatzes und des geringstmöglichen Einsatzes gemessen und kann nur die Werte zwischen 0 und 1 annehmen. Vollkommene Unwirtschaftlichkeit wird durch den Extremwert 0, vollkommene Wirtschaftlichkeit durch den Extremwert 1 ausgedrückt.

Fragt man, inwieweit es gelungen ist, mit einem Mitteleinsatz die höchstmögliche Leistung zu erbringen, so misst man die Wirtschaftlichkeit durch Gegenüberstellung von Ist-Leistung (Istertrag) und Soll-Leistung (Sollertrag):

$$\text{2. Wirtschaftlichkeit (Ergiebigkeitsgrad)} = \frac{\text{Ist-Leistung (Istertrag)}}{\text{Soll-Leistung (Sollertrag)}}$$

Die Kennzahl Wirtschaftlichkeit lässt sich also als Verhältnis zwischen einem Istwert und einem Sollwert definieren. Die Erfassung des Istwertes für einen Küchenbetrieb ist leicht und rationell zu bewerkstelligen.

Schwierigkeiten bereitet die „Sollkosten-Berechnung" für den Küchenbereich; ein Kontrollsystem, das in der Lage sein muss, auf einfache Art Aussagen über Überproduktion, Diebstahl, falsche Portionsgrößen, falsche Rezepte (Zubereitung), Missachtung der Einkaufsspezifikationen und Standard-Service-Instruktionen, Warenannahme-, Lagerungs- und Ausgabefehler für den Verpflegungsbereich zu machen.

Bestehende Kontrollsysteme in der Praxis für den Küchenbereich können meist nur Ist-Wareneinsätze erfassen und prozentual zum Umsatz auswerten. Nur die Ermittlung des „Soll-Wareneinsatzes" aber ermöglicht eine echte Kontrolle über die Wirtschaftlichkeit der Küchenführung. Dem Wirtschaftsdirektor (F&B-Manager) muss zuverlässiges Zahlenmaterial in die Hand gegeben werden, damit er die erbrachten Leistungen seines Küchenchefs gerade in Bezug auf den Warenverbrauch klar beurteilen kann.

Übersicht zur Problematik der Wirtschaftlichkeit im Verpflegungsbereich

Betriebswirtschaftliche Bedeutung der Wareneinsatzkosten

- absatzproportionale Kosten
- Mise-en-place-Kosten = Dienstleistungsbereitschaft
- Serienfertigung bei Banketten, Kantinen
- Hotel-à-la-carte-Restaurant = ungünstige Kostenstruktur
- Convenience-Food – Verlängerung der Lagerfähigkeit
- Auswirkung der Personaleinsparung auf Wareneinsatzkosten = Halbfertig-, Fertigprodukte
- Beschränkung des Angebots = Spezialisierung
- Kennziffer = Wareneinsatz %

Kontrollkreislauf

- Produktionsplanung (= Aufgabe des Küchenchefs)
- Einkauf
- Warenannahme
- Warenlagerung

- Warenausgabe
- Grundvor- und Zubereitung
- Service
- Erfassung = Monatlicher Lebensmittelbericht
- Produktionsplanung

Anforderungen an Kontrollsysteme

- Kontrollen der fortschreitenden Entwicklung anpassen
- Kontrollen sollen in einem wirtschaftlichen Verhältnis zum Kontrollergebnis stehen
- Begrenzte Aussagefähigkeit der Ist-Wareneinsatzkontrolle
- Lebensmittelkosten sind neben den Personalkosten die höchsten Kosten im Verpflegungsbereich
- Kontrollen sollen auf einfache, unkomplizierte Art und Weise Möglichkeiten zur Leistungsüberwachung, Resultate zur Einsparung und Leistungsverbesserung bewirken

Gedankenflussplan

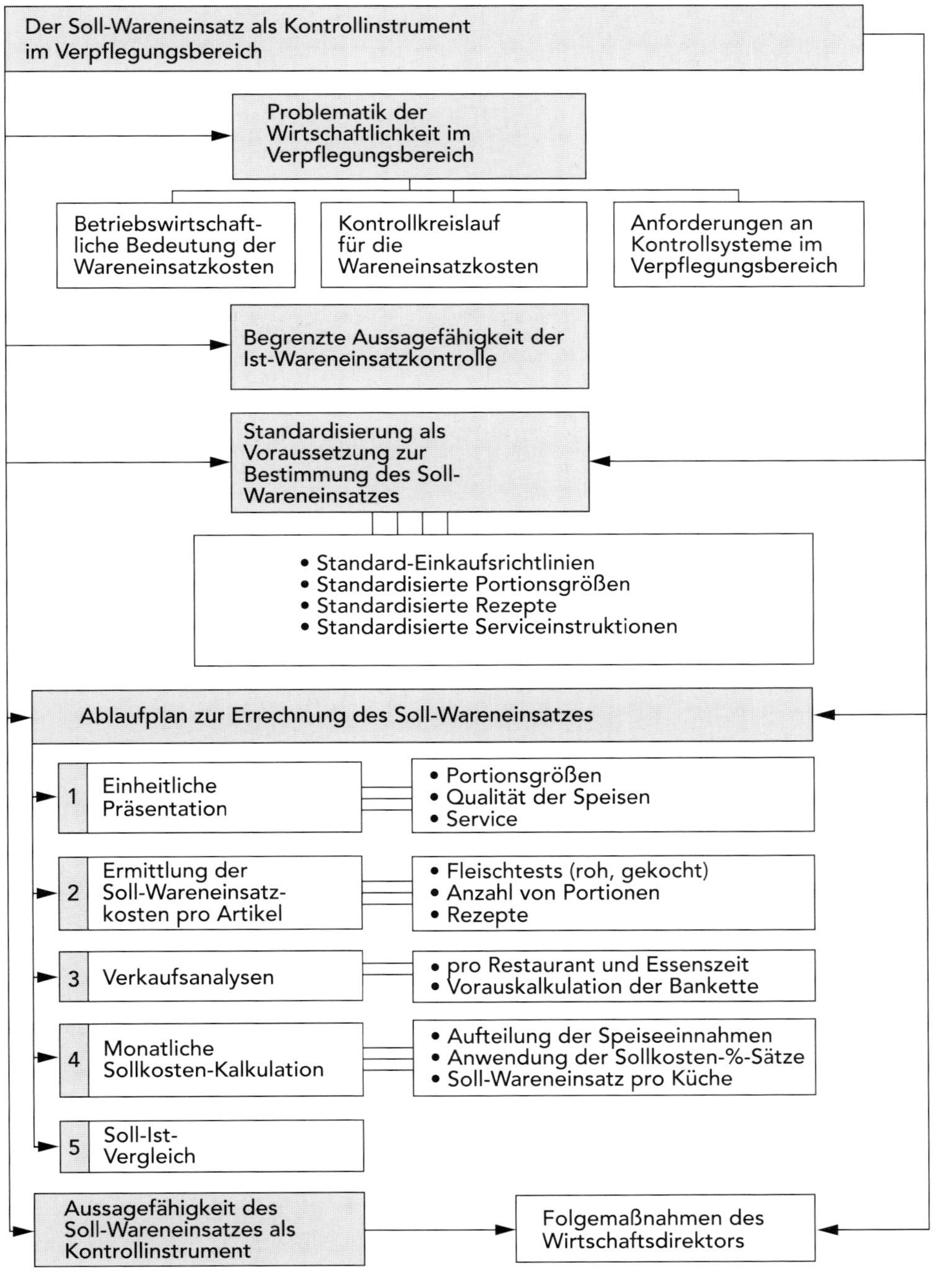

Begrenzte Aussagefähigkeit der Ist-Wareneinsatzkontrolle

Monat: ______________________

Datum	Lager-anforderungen	Getränke-überweisungen	Küchen-überweisungen	Verfügbarer Wert	Kredite				Gesamt-waren-einsatz
					Angest. Entnahmen	Kunden-bewirtungen	Sonstige	Total	
1.	1.000,–	50,–	(300,–)	750,–	–	50,–	–	50,–	700,–
2.	1.500,–	–	(300,–)	1.200,–	100,–	–	20,–	120,–	1.080,–
	1.	2.	3.	4.				5.	6.

Küche: ______________________

Datum	Angestelltenessen				Gesamtkosten der verkauften Lebensmittel		Lebensmittel-einnahmen		Waren-einsatz %	
	Cafeteria	Köche	Abteilungsleiter	Total	Heute	Zum Datum (kumuliert)	Heute	Zum Datum (kumuliert)	Heute	Zum Datum (kumuliert)
1.	200,–	80,–	40,–	320,–	380,–	380,–	1.000,–	1.000,–	38,0 %	38,0 %
2.	220,–	80,–	60,–	360,–	720,–	1.100,–	1.800,–	2.800,–	40,0 %	39,3 %
				7.	8.	9.	10.	11.	12.	13.

Tägliche Erfassung der Wareneinsatzkosten

A) Erklärung zur Erfassung der Wareneinsatzkosten

1.	Lageranforderungen
2. plus	Getränkeüberweisungen
3. minus	Küchenüberweisungen (zu einer zweiten Küche zum Beispiel)
4. =	verfügbarer Wert
5. minus	Total Kredite
6. =	Gesamtwareneinsatz
7. minus	Total Angestelltenessen
8. + 9. =	Gesamtkosten der verkauften Lebensmittel
12. + 13.	

$$\text{Wareneinsatz}\,\% = \frac{\text{Gesamtkosten der verkauften Lebensmittel} \times 100}{\text{Lebensmitteleinnahmen}}$$

Zu 1.: Alle Lebensmittel für die Küche dürfen aus dem Lagerraum nur mit einer vom Küchenchef unterschriebenen Lageranforderung herausgegeben werden.

Zu 2.: Mit Weinen und Spirituosen zum Kochen muss die Küche kostenmäßig belastet werden.

Zu 3.: Eventuelle Überweisungen an eine zweite Küche müssen erfasst werden.

Zu 5.: Kredite, wie Angestellten-Entnahmen, Kundenbewirtungen usw., werden der Küche „gutgeschrieben" (kreditiert).

Zu 7.: Angestelltenessen, für die keine Einnahmen erzielt werden, sind vom Gesamtwareneinsatz abzuziehen.

Zu 8. + 9.: Die Gesamtkosten der verkauften Lebensmittel stellen die Kosten dar, für die auch entsprechende Einnahmen erzielt worden sind.

Zu 10. + 11.: Die Lebensmitteleinnahmen sind hier netto zu berücksichtigen, das heißt: ohne Mehrwertsteuer und ohne Bedienungsgeld.

Zu 12. + 13.: Dieser Wareneinsatz % ist eine wichtige Kennzahl zur Beurteilung der Küchenrentabilität.

Aussagefähigkeit

Die so wichtige Kennzahl des Wareneinsatzes im Verhältnis zum Umsatz wird in der Praxis meist in einem reinen Zeitvergleich mit früheren Perioden verglichen (z. B. Höhe des Wareneinsatz % des letzten Monats oder im gleichen Monat des letzten Jahres).

Es ist auch oft üblich, einzig die Differenz zwischen Erlösen und Wareneinsatzkosten, den „Bruttoüberschuss", zu überwachen. Durch Konstanthalten dieses Bruttoüberschusses soll erreicht werden, dass bei den Küchenleistungen nicht weniger verdient respektive nicht mehr verloren werden soll als in früheren Perioden.

Hier wird die begrenzte Aussagefähigkeit der Ist-Wareneinsatzkontrolle deutlich.

Der Betriebswirtschaftler Schmalenbach nannte das Verfahren beim Namen: „Schlendrian mit Schlendrian vergleichen"!

Bei der Ist-Wareneinsatzkontrolle hat man noch keine Gewähr, dass die Waren auch wirklich optimal eingesetzt werden, weil die Erlöse mit der Zusammensetzung der Leistung nicht in direkter Beziehung stehen.

Erhöht man beispielsweise die Verkaufspreise auf der Speisekarte, wird bei gleich bleibenden Wareneinsatzkosten diese Kennzahl – Wareneinsatz % – geringer oder der Bruttoüberschuss größer. Beides sind keine Anzeichen dafür, dass der Küchenchef etwa besser gewirtschaftet hätte. Eine Norm für angemessenen Warenverbrauch bei einer gegebenen Leistung können nur die kalkulierten Soll-Wareneinsatzkosten geben.

Standardisierung als Voraussetzung zur Bestimmung des Soll-Wareneinsatzes

Die Soll-Wareneinsatzkontrolle setzt Maßstäbe für den Küchenbereich fest. Hier sind gewisse Standardisierungen unbedingt erforderlich, will man auch im kleinsten gastronomischen Betrieb „standardisierte Qualität" erreichen:

- Standard-Einkaufsrichtlinien*
- Standardisierte Portionsgrößen
- Standardisierte Rezepte
- Standardisierte Serviceinstruktionen

*) vgl. Kapitel „Grundvoraussetzungen für den Hoteleinkauf"

Beispiel:

Gewichtstabelle									
Speisen	**Restaurant (A)**			**Restaurant (B)**			**Etagenservice**		
Fische Vorspeisen									
Dungeness Crabben	Dungeness Crabben	St.	3/4						
Hummerkrabben gegrillt	Hummerkrabben gegrillt	St. 4 Gr.	240	Riesenhummerkrabben gegrillt	St.	3			
Bay Crevetten	Bay Crevetten	Gr.	50						
Imperial Austern	Imperial Austern	St.	5						
Austern Kirkpatrick	Austern Kirkpatrick	St.	3						
Königskrabben-Cocktail	Königskrabben-Cocktail	Gr.	70						
Shrimp-Cocktail	Shrimp-Cocktail	Gr.	70	Shrimp-Cocktail	Gr.	50	Shrimp-Cocktail	Gr.	50
Matjeshering	Matjeshering	Filets	2	Matjeshering	Filets	3/2	Matjeshering	Filets	3/2
Geräucherte Forelle	Geräucherte Forelle	Filets	2	Geräucherte Forelle	St.	1	Geräucherte Forelle	Filets	2
Geräucherter Lachs	Geräucherter Lachs	Gr.	150						
Schnecken	Schnecken	St.	8						
Fische Hauptspeisen									
Seezungenfilets	Seezungenfilets	4 Filets Gr.	400						
Seezunge vom Grill	Seezunge vom Grill	St. 1 Gr.	500	Seezunge vom Grill	St. 1 Gr.	350	Seezunge vom Grill	St. 1 Gr.	350
Crab Cioppino	Crab Cioppino	6 Claims	2 Shrimps 1/3 Dungeness						
Steinbutt pochiert	Steinbutt gekocht	St. 1 Gr.	250	Steinbutt gekocht	St. 1 Gr.	250	Steinbutt gekocht	St. 1 Gr.	250
Austern-Omelette	Austern-Omelette	St.	3						
Salm gekocht	Salm gekocht	1 Scheibe Gr.	280						
Forelle	Forelle blau	St. 1 Gr.	250	Forelle gebraten	St. 1 Gr.	250	Forelle gebraten	St. 1 Gr.	250
Hummer + Krabben „Newbourg"	Hummer + Krabben „Newbourg"	H: St. 1 Gr.	120						
		K: Gr.	70						
Krabben-Curry	Krabben-Curry Kanton	Gr.	150						
Grüner Aal				Grüner Aal	St. 3 Gr.	180	Grüner Aal	St. 3 Gr.	180

Beispiel:

Rezept für: Rotweinkraut

Restaurant:

Rezept Nr. ____

Portionsgröße: ________ Ballsaal

Berechnungsgrundlage für: 300 Portionen

Portionsgröße: ________

Einheit	Material	Datum		Datum		Datum		Datum	
		Preis	Betrag	Preis	Betrag	Preis	Betrag	Preis	Betrag
60 kg	Rotkraut								
3 kg	Zwiebeln								
1 kg	Gänseschmalz								
1 kg	Schweineschmalz								
5 kg	Äpfel								
1,5 kg	Johannisbeergelee								
2 Fl.	Rotwein								
	5 % Zubereitung								
	Gesamtkosten:								
	Kosten pro Portion:								

Zubereitung und Service:

Gänse- und Schweineschmalz zergehen lassen, fein geschnittene Zwiebeln und Äpfel darin anschwitzen. Rotkohl beigeben, etwas Wasser zusetzen und weichdünsten. Nach dem Salzen Johannisbeergelee und Rotwein verrühren, mit dem Rotkraut vermengen und noch etwa 1/2 Stunde kochen lassen.

Beispiel:

Restaurant: „KRONE“ Nr. 1001

Name des Artikels: PIN-LO (für 2 Personen)

Zusammensetzung	Wareneinsatz			
Artikel	Datum:	Datum:	Datum:	Datum:
60 g Schweinefilet				
60 g Kalbskarree				
100 g Glasnudeln				
60 g Rinderfilet				
80 g Chinesische Morcheln				
160 g Seezungenfilet				
4 Stck. Hummerkrabbenschwänze				
2 Stck. Eier				
Sojasauce				
Austernsauce				
2 P. Reis (gebraten)				
2 l Hühnerbrühe				
Gesamt Wareneinsatz				
Netto-Verkaufspreis				
Wareneinsatz %				

Service-Instruktion: Serviert auf ovalen chinesischen Porzellanplatten. „PIN-LO“-Topf mit kräftiger Brühe wird vor dem Gast auf den großen Tisch gestellt.
Große Teller mit Stäbchen, chinesische Reisschüssel servieren

Ausgabestelle: Warme Küche für Brühe – Kalte Küche für Beilagen

Fotografie:

Ablaufplan zur Errechnung des Soll-Wareneinsatzes

Übersicht zur Errechnung des Soll-Wareneinsatzes Küchen

1. Schritt:

Festlegung der „Standardisierten Portionsgrößen" und einheitlichen Präsentation sämtlicher Speiseartikel:

a) Standardisierte Portionsgrößen/Tabellen
b) Standardisierte Speiseartikel (Beschreibung, Fotografien, Serviceinstruktionen, Errechnung der Wareneinsatzkosten)

2. Schritt:

Genaueste Ermittlung der Soll-Wareneinsatzkosten für alle Speiseartikel mit Hilfe von:

a) Fleischtests (roh, gekocht)
b) Detailanalysen über sämtliche verwendeten Artikel
c) Erfassung und Berechnung der Rezepte

3. Schritt:

Verkaufsanalyse sämtlicher Speiseartikel für einen Mindestzeitraum von 80 Tagen pro Saison:

a) Verkaufsanalyse pro Restaurant (Frühstück, Mittag, Abend, Zuschlag von 5% zu den Total-Materialkosten und Ermittlung der Sollkosten-Prozentsätze pro Essenszeit)
b) Tägliche Vorauskalkulation sämtlicher Bankette, Extraessen (monatlicher Zuschlag von 5% zu den Gesamt-Wareneinsatzkosten)

4. Schritt:

Erstellung der „Monatlichen Sollkosten-Kalkulation"

- „Monatliche Sollkosten-Kalkulation" (Aufteilung der Lebensmitteleinnahmen pro Küche, Anwendung der ermittelten Sollkosten-Prozentsätze, Errechnung des „Soll-Wareneinsatzes" pro Küche)

5. Schritt:

Vergleich zwischen tatsächlichen Gesamtkosten der verkauften Waren und dem ermittelten „Soll-Wareneinsatz" pro Küche (Soll-Ist-Vergleich)

Erklärung zum Ablaufplan

1. Schritt: Einheitliche Präsentation

Festlegung der „Standardisierten Portionsgrößen" und einheitlichen Präsentation sämtlicher Speiseartikel:

Als Voraussetzung für die Soll-Wareneinsatzkontrolle dienen Standard-Einkaufsrichtlinien (festgelegte Einkaufsspezifikationen), standardisierte Portionsgrößen und eine standardisierte Präsentation der einzelnen Speiseartikel. Dazu gehören einheitliche Rezepte und festgelegte Serviceinstruktionen. Derartige Standardisierungen sind nicht nur aus Kostengründen erforderlich, sondern dienen vor allen Dingen der gleich bleibenden Qualität der Speisen. Wenn die Köche wechseln, darf sich die Qualität der Speisen nicht ändern. Eine genaue Beschreibung der Rezepte, Farbfotografien von der Präsentation des Speiseartikels, genaue Serviceinstruktionen helfen, einen festgelegten Standard in der Qualität zu halten.

2. Schritt: Ermittlung der Soll-Wareneinsatzkosten pro Artikel

Genaueste Ermittlung der Soll-Wareneinsatzkosten für alle Speiseartikel: Zusammen mit der Standardisierung muss die Erfassung der Soll-Wareneinsatzkosten für alle Speiseartikel auf detaillierten Fleischtests (roh, gekocht) und Ertragsanalysen der eingesetzten Materialien basieren. Hierbei spielt auch die Festlegung der Portionenanzahl für die Zubereitung und Kosten eine entscheidende Rolle. Die Erfassung und Berechnung der Rezepte sollten wenigstens vierteljährlich überprüft und bei schwankenden Lebensmitteleinkaufspreisen korrigiert werden. Vor jeder Speisekartenänderung (Preise oder Artikelprogramm) dienen die Rezepte als Grundlage zur kostenorientierten Preispolitik.

Der Fleischtest – Voraussetzung zur Küchenrentabilität

Jeder kostenbewusste Hotelfachmann hat erkannt, dass das Fleisch als teuerster Artikel der Wareneinsatzkosten im Verpflegungsbereich eine Schlüsselrolle einnimmt. Das gilt sowohl für Klein-, Mittel- und Großhotels als auch für die

Restaurationsbetriebe. So entscheidet die fachgerechte Verwertung verbunden mit genauer Kostenkontrolle des Fleisches oft über Gewinn oder Verlust im Food-Bereich.

Bedeutung des Fleischtests

1. Grundlage zur Ermittlung der Wareneinsatzkosten für sämtliche Speiseartikel (Erfassung und Berechnung der Rezepte)
2. Kostenmäßige Gegenüberstellung zwischen „Eigenzubereitung" und „Fertigkauf" von Fleischstücken
3. Erfassung der Lager-, Schnitt-, Koch- und Bratverluste
4. Überprüfung der qualitativen Ertragskraft
5. Basis zur Standardisierung und Portionsgrößenkontrolle
6. Marktgerechte Bewertung der Fleischschnitte als Grundlage zur kostenorientierten Preispolitik
7. Entscheidungsfaktor und Auswahlkriterium für den Einkauf von Fleischschnitten unter Berücksichtigung festgelegter Einkaufsspezifikationen
8. Ermittlung von Portionskostenfaktoren zur schnellen Kalkulationsbasis bei schwankenden Einkaufspreisen

Musterbeispiel für den Fleischtest

Angaben:

1. Die Hochrippe (Rind) kostet je kg im Einkauf 9,– €.
2. Das Originalgewicht der Hochrippe ist auf dem Fleischanhänger mit 10 kg angegeben (Anfangsrohgewicht).
3. Nach der Rohzubereitung wiegt die Hochrippe 9 kg (verkaufbares Rohgewicht).
4. Nach dem Braten stellt der Küchenchef einen Bratverlust von 3 kg fest.
5. Die portionsfertige Hochrippe wiegt nach dem Braten 4,8 kg, gleichzeitig werden 1,2 kg für Salatfleisch gewogen.
6. Der Marktpreis (Lieferant) für Salatfleisch beträgt zurzeit 7,50 € je kg.
7. Die Soll-Portionsgröße für Hochrippe beträgt 480 g.

Aufgaben und Auswertung:

a) Ermittlung der Wareneinsatzkosten-Fleisch für eine Portion Hochrippe
b) Berechnung des Kostenfaktors je Portion Hochrippe

c) Anwendung des Kostenfaktors bei folgenden Einkaufspreisänderungen:
   1. 10,– € je kg Hochrippe
   2. 12,– € je kg Hochrippe

Lösung der Aufgaben und Auswertung (siehe „Arbeitsablauf zum Fleischtest")

a) Wareneinsatzkosten – Fleisch
   Portion Hochrippe 8,10 €
b) Kostenfaktor 0,9
   je Portion Hochrippe
c) Anwendung des Kostenfaktors:

Änderung des Einkaufspreises	Kostenfaktor	Kosten je Portion
1. 10,– €	× 0,9	= 9,– €
2. 12,– €	× 0,9	= 10,80 €

Arbeitsablauf zum Fleischtest (Formular für den Fleischtest)

1. Teil:

Angaben Nr. 1 und Nr. 2:
Die Information von dem Fleischanhänger wird auf das Formular für den Fleischtest übertragen.

Formular für den Fleischtest
Fleischsorte Hochrippe (Rind)
Stücke 1 Gewicht 10 kg 000 g zu 9,– Total 90,–
Datum 1. 1. 20.. Lieferant Mair

2. Teil:

Angaben Nr. 1, Nr. 2 und Nr. 3:
Das Originalgewicht (Fleischanhänger) ist das Anfangsrohgewicht des Rohertrages. Die Differenz (1 kg) zwischen Anfangsrohgewicht (10 kg) und verkaufbarem Rohgewicht (9 kg) stellt den Lager- und Grundzubereitungsverlust dar. Den

kg-Preis (10,– €) für das verkaufbare Rohgewicht ermittelt man durch Division. Totalkosten (90,– €) geteilt durch verkaufbares Rohgewicht (9 kg).

Artikel	Gewicht		%	Kosten	
	kg	g		kg	total
Rohertrag					
Anfangs-Rohgewicht	10	000	100	9,–	90,–
Minus Schnittverlust (Fett, Knochen)	1	000	10		
Verkaufbares Rohgewicht	9	000	90	10,–	90,–
Aufteilung					

3. Teil:

Angaben Nr. 4, Nr. 5 und Nr. 6:
Das verkaufbare Nettogewicht (6 kg) resultiert aus der Subtraktion: verkaufbares Rohgewicht (9 kg) minus Koch-Brat-Verlust (3 kg). Den kg-Preis (15 €) für das verkaufbare Nettogewicht ermittelt man durch Division: Totalkosten (90 €) geteilt durch verkaufbares Nettogewicht (6 kg).

Für das minderwertige Salatfleisch trägt man den gültigen Marktpreis (7,50 €) ein und errechnet das Total (1,2 kg × 7,50 € = 9 €) für dieses Nebenprodukt.

Die Differenz (81 €) zwischen Totalkosten (90 €) und Nebenprodukt Salatfleisch (9 €) ist der Wert für die portionsfertige Hochrippe.

Den kg-Preis (16,88 €) für die portionsfertige Hochrippe ermittelt man durch Division: Totalkosten Hochrippe (81 €) geteilt durch portionsfertige Hochrippe (4,8 kg).

	Gewicht		%	Kosten	
	kg	g		kg	total
Verkaufbares Rohgewicht	9	000	90	10,–	90,–
Koch-Brat-Verlust	3	000	30		
Verkaufbares Nettogewicht	6	000	60	15,–	90,–
Aufteilung					
Hochrippe, portionsfertig	4	800	48	16,88	81,–
Salatfleisch	1	200	12	7,50	9,–
Total	6	000	60	15,–	90,–

4. Teil:

Angabe Nr. 7:
Die Überprüfung der Soll-Portionsgröße (480 g) muss mit dem tatsächlichen Aufschneiden der portionsfertigen Hochrippe (4,8 kg) in 10 Portionen erfolgen. Die Kosten je Portion (8,10 €) Hochrippe ermittelt man durch Division: Totalkosten für die portionsfertige Hochrippe (81,– €) geteilt durch die tatsächliche Anzahl der Portionen (10).

Der Kostenfaktor (0,9) stellt die Relation zwischen Kosten je Portion (8,10 €) und dem Einkaufspreis je kg (9 €) dar: Kosten je Portion (8,10 €) geteilt durch den Einkaufspreis je kg (9 €).

Ändert sich nur der Einkaufspreis je kg, muss der Fleischtest nicht erneut berechnet werden, sondern man wendet den Kostenfaktor als Multiplikator an.

Portionskosten und Portionskostenfaktor					
Name des Gerichtes	**Portions-größe**	**Anzahl der Portionen**	**Kosten pro Portion**	**Total-kosten**	**Kosten-faktor**
Hochrippe	**480 g**	**10**	**8,10**	**81,–**	**0,9**
Total					
Unterschrift					

3. Schritt: Verkaufsanalysen

Verkaufsanalyse sämtlicher Speiseartikel für einen Mindestzeitraum von 80 Tagen pro Saison:

Zu den verschiedenen Servicezeiten Frühstück, Mittag und Abend muss eine Verkaufsanalyse für alle Speiseartikel erstellt werden. In Mittel- und Großbetrieben wird hier die Auswertung der Computer-Restaurantkassen verwendet. Wo keine Datenverarbeitung eingesetzt wird, stellt die Verkaufsstatistik eine Analyse der Bons oder Rechnungsdoppel dar.

Die Anzahl der verkauften Portionen wird mit dem Materialpreis (Soll-Wareneinsatzkosten laut Rezept) multipliziert und 5 % Zuschlag zu den Gesamtkosten gewährt. Dieser Zuschlag von 5 % der Gesamtkosten soll Schnittverlust, Brot- und Butterkosten, geringe Ungenauigkeiten beim Portionieren, Kosten für eventuelle Schaustücke, Display-Artikel, für die keine Einnahmen erzielt werden, abdecken.

Teilt man nun die Total-Materialkosten (Beispiel 21.000 €) multipliziert mit 100 durch die Total-Netto-Einnahmen (Beispiel 52.500 €), so erhält man den „Sollkosten-Prozentsatz pro Essenszeit" (Beispiel 40 % – Abend). Für jedes Restaurant und Etagenservice, getrennt nach den Essenszeiten: Frühstück, Mittag, Abend, werden die verschiedenen „Sollkosten-Prozentsätze" auf der Basis einer repräsentativen 80-tägigen Verkaufsanalyse ermittelt.

Die Wareneinsatzkosten für Extraessen und Bankettveranstaltungen werden immer im Vorhinein kalkuliert, vor dem Zeitpunkt nämlich, wenn die Preisverhandlungen mit dem Gast stattfinden.

Am Monatsende addiert man zu den Materialkosten aller Veranstaltungen, Extraessen wiederum den Zuschlag von 5 %.

Zeitraum: 80 Tage
Artikel lt. Speisekarte:

Restaurant: ______
Tageszeit: Abend

Hauptgänge:	Anzahl der verkauften Portionen	Materialpreis	EUR Total	Nettoverkaufspreis	EUR Total	Wareneinsatzkosten %
Filetsteak	1.000	7,00	7.000,–	19,50	19.500	35,9 %
Hamburger	500	2,00	1.000,–	6,00	3.000,–	33,3 %
Wiener Schnitzel	2.000	6,00	12.000,–	15,00	30.000,–	40,0 %
Gesamt			20.000,–		52.500,–	38,1 %
plus 5% Zuschlag			1.000,–			
Total			21.000,–	Sollkosten % (Wareneinsatz – Abend)		40,0 %

Verkaufsanalyse (Muster)

Verkaufsanalyse: Muster **Restaurant: Muster (Mittag/Abend)**

Artikel-Nummer	Jahr: ...... Artikel laut Speisekarte	Soll-wareneinsatz	Netto-verkaufspreis	Kartenpreis	Anzahl der verkauften Portionen	∅ verkauft pro Öffnungstag	Gesamt Soll-Wareneinsatz	Gesamt Nettoumsatz	Gesamt Bruttoumsatz	Soll-Wareneinsatz %
		1	2	3	4	5	6	7	8	9
A	**Vorspeisen**									
1	Matjes-Filet	1,50	4,70	6,00	900	3	1.350	4.230	5.400	31,9 %
2	Krabben-Cocktail	2,67	6,66	8,50	300	1	801	1.998	2.550	40,1 %
	usw.						27.913	79.669	101.697	35,0 %
B	**Suppen**									
1	Kraftbrühe	0,58	1,96	2,50	1.200	4	696	2.352	3.000	29,6 %
2	Tomatencreme	0,47	1,57	2,00	900	3	423	1.413	1.800	29,9 %
	usw.						18.378	61.225	78.153	30,0 %
C	**Fisch**									
1	Seezungenfilet	4,54	11,36	14,50	450	1,5	2,043	5.112	6.525	40,0 %
2	Forelle	3,97	10,18	13,00	450	1,5	1.787	4.581	5.850	39,0 %
	usw.						10.499	27.048	34.526	38,8 %
D	**Rind, Schwein, Kalb**									
1	Filetsteak	7,63	16,45	21,00	1.200	4	9.156	19.740	25.200	46,4 %
2	Rumpsteak	6,53	10,97	14,00	9.600	32	62.688	105.312	134.400	59,5 %
3	Zwiebelfleish	5,16	10,18	13,00	1.200	4	6.192	12.216	15.600	50,7 %
4	Schweinesteak	4,17	8,62	11,00	600	2	2.502	5.172	6.600	48,4 %
5	Wiener Schnitzel	6,14	10,18	13,00	8.100	27	49.734	82.458	105.300	60,3 %
	usw.						30.262	61.180	78.068	49,5 %
E	**Dessert**									
1	Gemischtes Eis	0,59	1,96	2,50	1.200	4	708	2.352	3.000	30,1 %
2	Apfelstrudel	0,83	2,35	3,00	600	2	498	1.410	1.800	35,3 %
	usw.						11.574	33.364	42.589	34,7 %
F	**Tagesmenüs**									
	Menü I	3,12	5,48	7,00	2.100	7	6.552	11.508	14.700	56,9 %
	Menü II	4,06	9,40	12,00	2.400	8	9.744	22.560	28.800	43,2 %
					Gesamt		253.500	544.900	695.558	46,5 %

Legende: 1 = Wareneinsatz lt. Rezept; 2 = exklusive Bedienung, MwSt.; 3 = Inklusivpreis; 6 = 4 × 1; 7 = 4 × 2; 8 = 4 × 3; 9 = $\frac{6 \times 100}{7}$

Ausführliches Beispiel zur Verkaufsanalyse

4. Schritt: Monatliche Sollkosten-Kalkulation

Bei der monatlichen Sollkosten-Kalkulation für den Küchenbereich erfolgt zunächst einmal die Aufteilung der Netto-Speiseneinnahmen für die betreffende Küche. Die im Schritt 3 erklärten Sollkosten-Prozentsätze pro Essenszeit (Frühstück, Mittag, Abend) werden mit den entsprechenden Netto-Speiseneinnahmen multipliziert, und man erhält den Küchen-Soll-Wareneinsatz.

(Beispiel: Speiseneinnahmen 22.800 € × Sollkosten-% 40,0% = Küchen-Soll-Wareneinsatz 9.120 € für Restaurant (Frühstück))

Das Total der jeweiligen Küchen-Soll-Wareneinsätze pro Essenszeit ergibt den „Soll-Wareneinsatz pro Küche".

Monat: ______________________________

„Monatliche Sollkosten-Kalkulation"

Hauptküche	Netto-Speisen Einnahmen	Sollkosten %	Küchen-Soll-Wareneinsatz	%
Restaurant				
Frühstück	22.800	40,0	9.120	
Mittag	150.000	38,0	57.000	
Abend				
Total	172.800		66.120	
Etage				
Frühstück	34.000	40,0	13.600	
Mittag	28.000	39,0	10.920	
Abend				
Total	62.000		24.520	
Total Hauptküche	234.800		90.640	38,60
Bankettküche				
Mittag				
Abend	200.000	x 38 % = 76.000		
Sonstiges				
		+ 5 % = 3.800	79.800	39,90
	434.800			
Gesamt-Soll-Wareneinsatz des Hotels			170.440	39,20

Erstellung der „Monatlichen Sollkosten-Kalkulation"

5. Schritt: Soll-Ist-Vergleich

Vergleich zwischen tatsächlichen Gesamtkosten der verkauften Waren und dem ermittelten „Soll-Wareneinsatz" pro Küche.

Muster: „Soll-Ist-Vergleich (Küchenbereich)"

	€	%
Hauptküche Ist-Wareneinsatz	105.640	44,99
Hauptküche Soll-Wareneinsatz	90.640	38,60
Differenz	15.000	6,39
Bankettküche Ist-Wareneinsatz	80.800	40,40
Bankettküche Soll-Wareneinsatz	79.800	39,90
Differenz	1.000	0,50
Total Hotel-Differenz	16.000	3,68

Als Ergebnis dieser Soll-Wareneinsatz-Küchenkontrolle steht der Soll-Ist-Vergleich.

Der tatsächlich angefallene Warenverbrauch (Ist-Wareneinsatz) wird dem errechneten Soll-Wareneinsatz gegenübergestellt.

Aussagefähigkeit des Soll-Wareneinsatzes als Kontrollinstrument

Verlustquellen:	Aktion:
Überproduktion	– Produktionsplanungsverfahren für den Küchenbereich überprüfen – Küchenbestände
Diebstahl	– Interne Personalausgangskontrollen – Umkleideräume – Personalportiers
Falsche Portionsgrößen	– Tägliche Gewichts-Überprüfung des Mise-en-place – Standardisierte Rezepte

Missachtung der Einkaufsrichtlinien	– Überprüfung der Einkaufsspezifikationen – Einkaufsverfahren – Warenannahme
Missachtung der Standard-Serviceinstruktionen	– Überwachung der Anrichteweise – Präsentation im Restaurant – Desserttrolleys, Hors-d'œuvre-Wagen etc.
Waren, Annahme-, Lagerungs- und Ausgabefehler:	– Tägliche Routineüberprüfung

Mögliche Gründe für die Differenz zwischen Soll-Wareneinsatz und Ist-Wareneinsatz (s. Beispiel 16.000 €)

In der Berechnungsgrundlage für die Soll-Wareneinsatzkosten geht man davon aus, dass der Küchenchef sich mit einer akzeptablen Ungenauigkeit (5 % Zuschlag zu den Gesamtkosten) an die im Vorhinein abgesprochenen Rezepte und standardisierte Präsentation der Speiseartikel hält, rationell wirtschaftet, das heißt, Überproduktion vermeidet, den entsprechenden Verwendungszweck der eingekauften Waren einhält und nicht teure Produkte aufgrund der Überproduktion in billige Produkte umfunktioniert.

In dem Muster „Soll-Ist-Vergleich" (Küchenbereich) hätte man bei vorgegebenen Rezepten und basierend auf der Verkaufsanalyse in der Hauptküche mit einem Wareneinsatz von 90.640 € den tatsächlich vereinnahmten Speisenumsatz (234.800 €) erwirtschaften sollen. Tatsächlich aber wurden 105.640 € (Ist-Wareneinsatz) zur Erreichung dieses Umsatzes benötigt; das heißt: eine Differenz von 15.000 € Wareneinsatzkosten, die zu viel verbraucht wurden.

Der Sparsamkeitsgrad (Wirtschaftlichkeit) liegt in der Hauptküche bei 0,86 (Sollkosten/Istkosten), wobei 1,0 die vollkommene Wirtschaftlichkeit ausdrückt.

Abweichungsanalysen für verbesserte Managemententscheidungen in der Gastronomie

Abweichungsanalysen oder auch Varianzanalysen ermitteln und untersuchen die Ursachen und Wirkungen von Soll-Ist-Abweichungen. Als Abweichung versteht man die Differenz zwischen geplantem (Prognose/Budget) und tatsächlichem Verlauf bei Erlösen und Kosten. Die Varianz zeigt im Soll-Ist-Vergleich den Unterschied zwischen „Wollen" und „Können". Allgemein wird in der flexiblen Plankostenrechnung zwischen Preis-Mengen-Beschäftigungs- und Verbrauchsabweichungen unterschieden. Waren früher im Controlling Abweichungen Anlass, Schuldige zu suchen, so unterstützen heute Abweichungsanalysen das Management dabei, gezielte Gegensteuerungsmaßnahmen zu treffen. Es geht um einen zukunftsorientierten Soll-Ist-Vergleich, der aufgrund erklärbarer Abweichungen Informationen zu Korrekturmaßnahmen liefert, die in der Vorschau- und Erwartungsrechnung für den restlichen Planungszeitraum ihren Niederschlag finden. So dienen Abweichungs-(Ursachen-)analysen der Identifizierung der Schwachstellen, zum Einleiten von Anpassungsmaßnahmen und zur Erstellung einer korrigierten Vorschaurechnung. Monatliche Varianzanalysen mit Zukunftsausrichtung helfen dem Management, die Frage zu beantworten, was jetzt getan werden muss und welche Entscheidungen getroffen werden müssen, um für die budgetierte „Restzeit" den Verlauf von Erlösen und Kosten positiv zu beeinflussen. So ist auch bei den Abweichungen zwischen beeinflussbaren und nicht beeinflussbaren Varianzen zu unterscheiden. Als Feedback oder Rückkoppelung aus der Vergangenheit sollen Signale für notwendige Gegensteuerungen und Änderungen gewonnen werden:

- Worin sind Verbrauchs- und Preisabweichungen beim Wareneinsatz Food & Beverage begründet?
- Hat man sich an die fixen Budgetkosten gehalten und mit den variablen Leistungskosten an die veränderte Nachfrage anpassen können?

Die Analyse von Abweichungen zwischen „Soll" und „Ist" (Budget-Umsatz/Kosten und Ist-Umsatz/Kosten) hilft auch dem Management, sich auf Schwachstellen zu konzentrieren, die durch Abweichungsanalysen (Varianzanalysen) besser quantifiziert werden können. In der Gastronomie werden diese Varianzanalysen vorwiegend auf der Kostenseite beim Wareneinsatz (Abweichungen zwischen Soll-

Wareneinsatz F&B und Ist-Wareneinsatz F&B) und den Personalkosten sowie im F&B-Bereich (Abweichungen zwischen Plankosten und Istkosten) eingesetzt.

„Controlling lebt nicht von der richtigen Planung, sondern von der falschen!" Die schnelle Reaktion auf Abweichungen ist das Salz des Managements.

Verfahren bei Kostenabweichungsanalysen

Sinnvolle Abweichungsanalysen auf der Kostenseite basieren im Vergleich der Istkosten (Wareneinsatz Food & Beverage oder Personalkosten) mit den Sollkosten des Ex-post-Budgets. Anders als bei den Umsatzabweichungsanalysen werden also nicht die budgetierten Kosten als Vergleichgröße herangezogen, sondern vielmehr die auf der Basis der Ist-Umsätze neu berechneten Sollkosten (Ex-post-Budget). Hier lautet die Fragestellung: Mit welchen Kosten hätte der verantwortliche Abteilungsleiter den tatsächlich erzielten Umsatz in seinem Umsatzmix erreichen sollen? Konnte er sich an das Ist-Geschäftsvolumen mit den variablen Leistungskosten anpassen? Sind zum Beispiel die Wareneinsatzkosten durch Einkaufspreiserhöhungen (Preisvarianz) oder durch Produktionsmängel wie Überproduktion in der Küche, falsche Portionsgrößen u. a. (Mengenvarianzen) gestiegen? Welche Kontrollprioritäten sollte das F&B-Management setzen? Hat man im Verhältnis der bedienten Gästeanzahl zu viele Arbeitsstunden (zu viele Mitarbeiter) eingesetzt (Mengenvarianz)? Sind die Personalkosten aufgrund gestiegener Löhne und Gehälter gestiegen (Preisvarianz)? Fragestellungen, die sich in der Praxis mit dem Verfahren B zur Abweichungs- oder Varianzanalyse beantworten lassen.

Ein Beispiel aus dem Food-Bereich soll Möglichkeiten und Grenzen der Kostenabweichungsanalysen aufzeigen.

Fallbeispiel

Der mit Eigenverbrauch, Personalessen und Kundenbewirtung bereinigte Ist-Wareneinsatz Speisen der verbrauchten Lebensmittel beträgt laut Inventur 5.500 €. Im Einzelnen wurden 110 kg Rinderfilet zum EKP von 30 € pro kg und 100 kg Rumpsteak zu EKP von 22 € pro kg verbraucht. Der aufgrund der Rezepte (Filetsteak = 200 g Soll-Portionsgröße zum Soll-EKP von 40 € pro kg, Rumpsteak =

200 g Soll-Portionsgröße zum Soll-EKP von 20 € pro kg) ermittelte Standard-Soll-Wareneinsatz-Prozentsatz beträgt für beide Artikel 32 % (Potential Food Cost). Für die laut Verkaufsstatistik (Restaurantkasse) 500 Portionen Rinderfilet und 500 Portionen Rumpsteak wurde ein Ist-Speisenerlös von insgesamt 17.500 € abgerechnet.

Aufgabe: Ermittlung der Preis-Mengen- und Gesamtvarianz

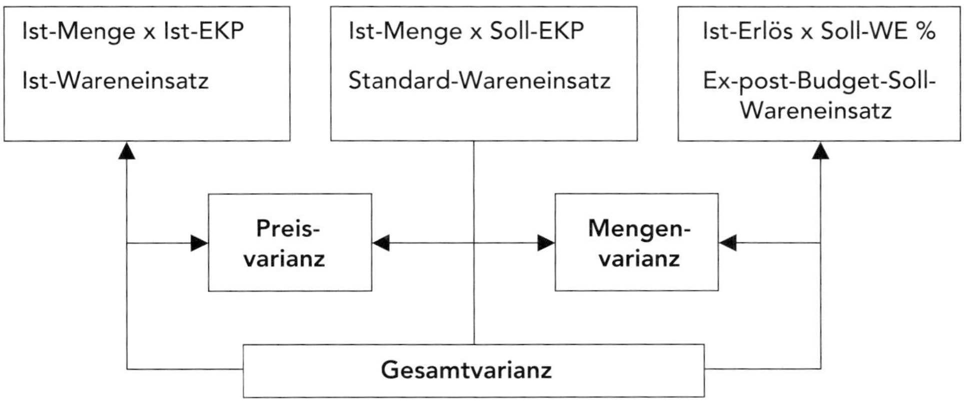

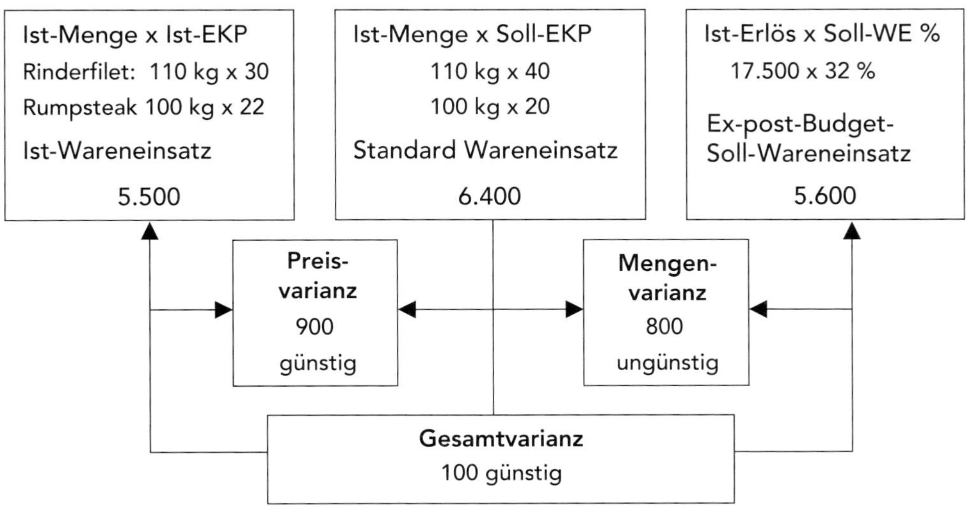

Lösungsvorschlag: Variante I

Interpretation und Grenzen der Variante I

Die Variante I ist als Abweichungsanalyse für Wareneinsatzkosten am häufigsten anzutreffen. Das im Computer gespeicherte detaillierte Inventarverzeichnis mit den festgestellen Ist-Verbrauchsmengen lässt sich schnell mit den in den Rezepten eingesetzen Soll-Einkaufspreisen pro kg (meist durchschnittliche EKP) neu berechnen, um per Knopfdruck zu den Standard-Wareneinsatzkosten zu kommen. Die Differenz zwischen Ist-Wareneinsatz (laut Inventur) und den Standard-Soll-Wareneinsatzkosten stellt die nun pro Artikel erklärbare Preisvarianz dar. Die Preisvarianz von 900 € ist günstig, weil die tatsächlich verbrauchten 110 kg Rinderfilet im Ist-EKP um 10 € niedriger lagen als der budgetierte Rezept-Soll-EKP; die so durch günstigeren EKP für Rinderfilet gesunkenen Wareneinsatzkosten von 1.100 € saldieren sich mit der negativen Preiserhöhung von Rumpsteak (100 kg x Preisanstieg pro kg von 2 € = 200 € negativ) zu insgesamt positiver Preisvarianz von 900 €.

Der Soll-Wareneinsatz-Prozentsatz (Potential Food Cost) ist den meisten Küchen bekannt. Durch Multiplikation dieses Soll-Wareneinsatz % mit den tatsächlichen Ist-Speisenerlösen lassen sich die Ex-post-Soll-Wareneinsatzkosten schnell ermitteln. Die Differenz zwischen den Standard-Wareneinsatzkosten und den im Nachhinein nach Bekanntwerden des Ist-Speisenerlöses neu berechneten Soll-Wareneinsatzkosten beziffert die Mengenvarianz, die hier mit 800 € ungünstig erscheint. Obwohl also die Gesamtvarianz mit 100 € günstig erscheint – der Ist-Wareneinsatz ist niedriger, als man laut Soll-WE % bei dem tatsächlichen Umsatz hätte verbrauchen können –, müssen die Ursachen für die ungünstige Mengenvarianz untersucht werden. Unter den möglichen Ursachen für die ungünstige Mengenvarianz können falsche Portionsgrößen, Überproduktion, Diebstahl, aber auch Veruntreuung von Speisenerlösen, ungünstiger Umsatzmix mit überhöhten Soll-Kosten-Prozentsätzen u. a. gezählt werden. Auch die hier unterstellte Linearität der variablen Wareneinsatzkosten stellt eine Begrenzung bei den Interpretationsbemühungen dar. Das Gesetz der Massenfabrikation – mit steigender Ausbringung sinken die Einheitskosten – kann im umgekehrten Falle bei geringen Produktionsmengen zu höheren Wareneinsatzkosten als „per Prozentsatz geplant" geführt haben. In anderen Worten: In der Variante I kann allein die Küche (Produktion) für die negativ berechnete Mengenvarianz nicht verantwortlich gemacht werden.

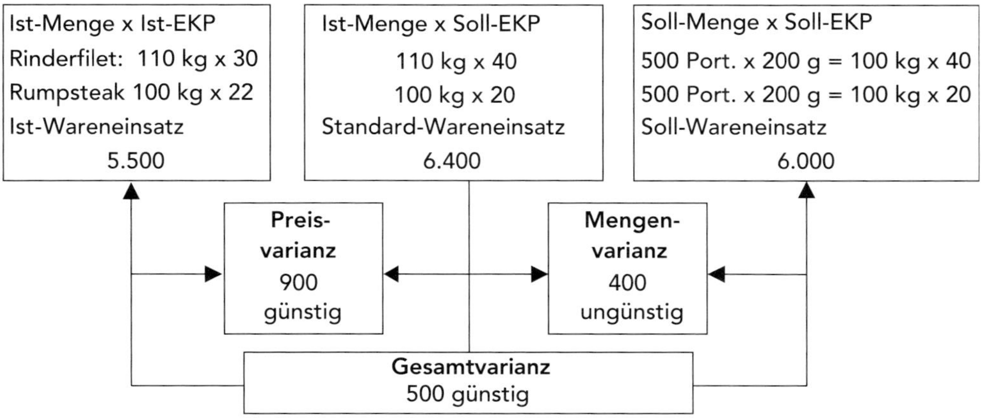

Lösungsvorschlag: Variante II

Interpretation der Variante II

Die Variante II ermöglicht in der Mengenvarianz eine detaillierbare mengenmäßige Verbrauchsabweichung pro Speisenartikel. Hier werden meist mit Hilfe der Datenverarbeitung die tatsächlich verkauften Portionen laut Verkaufsstatistik (z. B. 500 verkaufte Portionen Filetsteak) mit einem Rezeptauflösungsprogramm für die teuren Wareneinsatzartikel (Fleisch, Fisch und Geflügel) mit der Soll-Portionsgröße laut Rezept (z. B. 200 g Filetsteak) multipliziert, um zu den Sollmengen in kg pro Artikel zu kommen (z. B. 500 x 200 g = 100 kg Rinderfilet), die in der Produktionsküche für die tatsächlich verkaufte Anzahl von Portionen hätte verbraucht werden sollen. Die so aufschlüsselbare Mengenvarianz „mit 400 € ungünstig" liegt nun eindeutig im Verantwortungsbereich des Küchenchefs. In dem Zahlenbeispiel wurden 10 kg Rinderfilet bei 500 verkauften Portionen zu 40 € Einkaufswert pro kg zu viel verbraucht. Hätte man sich in der Küche an die vereinbarte Portionsgröße von 200 g Rinderfilet pro Portion gehalten, so hätten 100 kg Rinderfilet als verbrauchte Menge ausgereicht; die Inventur zeigte aber einen tatsächlichen Verbrauch von 110 kg.

Diese Verbrauchsabweichungsanalyse sollte vom Management immer dann so detailliert vorgenommen werden, wenn die vorher festzulegende Toleranzgrenze bei der Abweichung zwischen Soll- und Ist-Wareneinsatz entweder bei der Preis- oder Mengenvarianz negativ überschritten wurde. Negativ dabei kann auch eine günstige Mengenvarianz auf die Gästezufriedenheit wirken, wenn die Ursache bei zu kleinen Portionsgrößen liegt, das heißt, der Gast wurde übervorteilt; die festgelegte Qualitätsmenge (Portionsgröße) wurde nicht eingehalten.

Mit Convenience-Einsatz zu mehr Produktivität

Ausgehend von den sechs wichtigsten Fragen für den Unternehmer auf dem Weg zur erweiterten Qualität mit Convenience-Produkten (siehe Abbildung S. 73) im Gastgewerbe soll in diesem Kapitel das „Steuerrad Convenience-Food" kurz erläutert werden.

Das zu diesem Thema zusammengestellte und ausgewertete Fallbeispiel mit „Situation, Problemstellung und Fragen aus der Praxis" konzentriert sich vor allen Dingen auf die Produktivitäten im Food-Bereich. Das Zahlenbeispiel zusammen mit Musterformularen und den ausgewerteten Kennzahlen soll dem Praktiker helfen, für sein eigenes Unternehmen gesicherte Entscheidungen zu treffen. Rechnet sich Convenience-Qualität? Eine Kosten-Gegenüberstellung in Bezug auf Wareneinsatz und Personalkosten muss jeweils separat pro Produkt (Gericht) erstellt werden.

Voraussetzungen:

1. Erstellung und Berechnung von Grundrezepten (z. B. Fleischtests)
2. Erstellung und Berechnung von standardisierten Speiseartikeln
3. Erfassung und Berechnung von Arbeitsleistung (Arbeitsstufen, Zeit, Qualifikation)

Zusätzliche Fragen zur Entscheidungsfindung:

1. Entspricht die Convenience-Qualität den Gästeerwartungen?
2. Verfügt die Küche über ausreichend qualifizierte Mitarbeiter, um den Artikel in stets gleich bleibender Qualität selbst herzustellen?
3. Welche manuellen Arbeitsleistungen entfallen durch den Einsatz von Convenience-Produkten?
4. Gibt es genügend Arbeitsmittel und moderne Küchengeräte, um diesen Artikel in erwarteter Anzahl kostengünstiger herzustellen?
5. Können die HACCP-Vorgaben in der eigenen Produktion gesichert eingehalten werden?

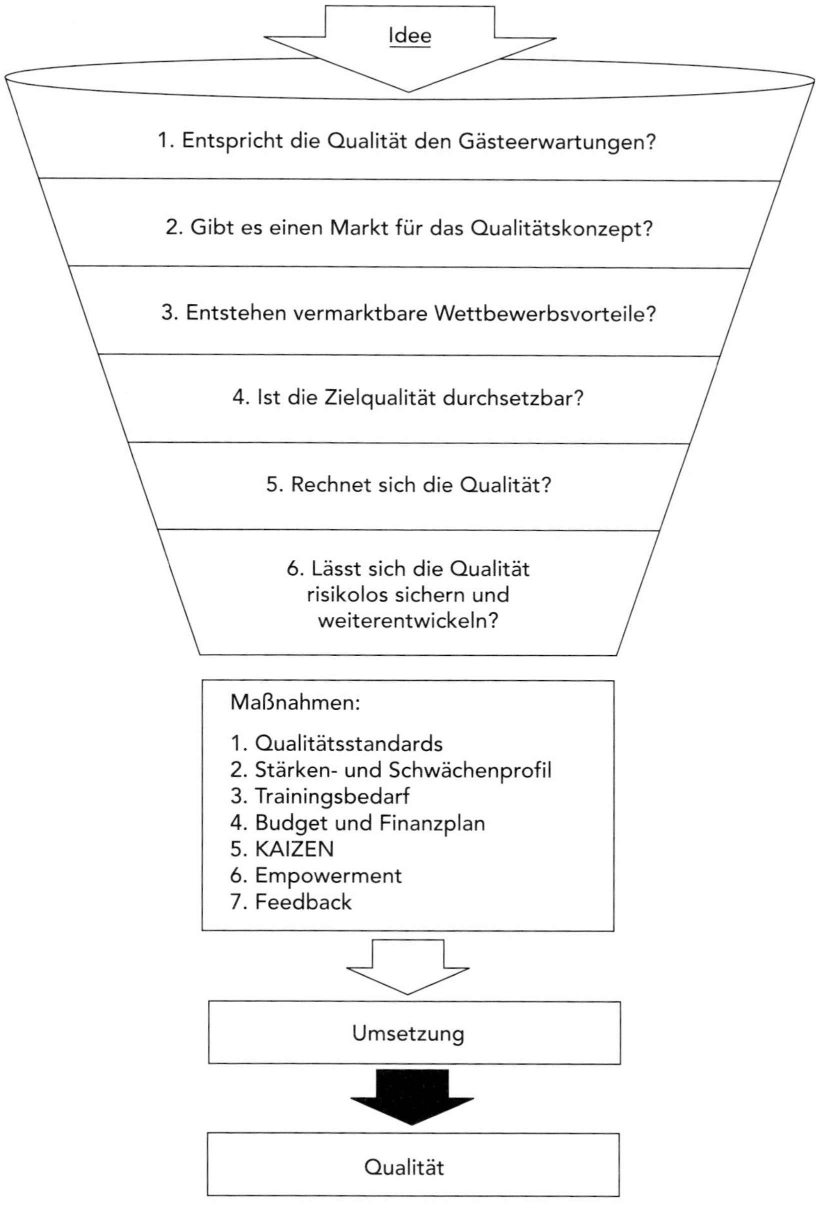

Der Weg zur erweiterten Qualität mit Convenience-Produkten

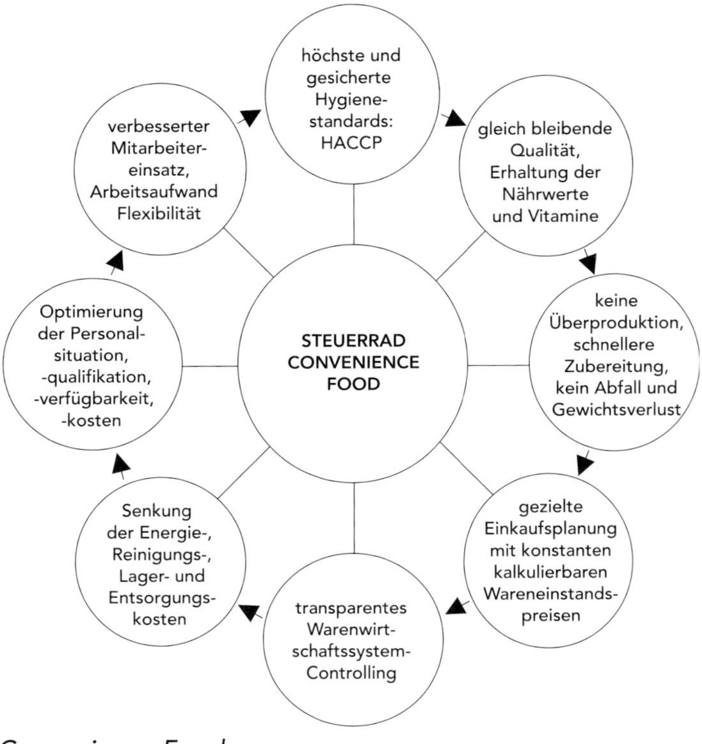

Steuerrad Convenience-Food

Höchste und gesicherte Hygienestandards: HACCP (Hazard Analysis and Critical Control Point)

- Das HACCP-Konzept stellt eine Risikoanalyse des Produktionsprozesses dar. An den so genannten kritischen Lenkungspunkten werden Prozessparameter überwacht und damit ein gleichmäßiges und sicheres Produkt gewährleistet.
- Schon lange vor den Forderungen der Lebensmittel-Hygieneverordnung haben Convenience-Food-Produzenten HACCP in Eigenkontrolle verwirklicht.
- Darüber hinaus sind Convenience-Food-Produzenten nach DIN ISO 9000 ff/DIN 2000 ff zertifiziert, haben also ein normenkonformes Qualitätsmanagementsystem eingeführt.
- Hygienestandards bei Lagerung und Zubereitung aller Produkte müssen ergänzt werden durch Wartung, Pflege und Kontrolle sämtlicher Geräte und Einrichtungen. Reinigung, Desinfektion und natürlich Personalhygiene sind bei Convenience-Firmen von höchsten Standards.

Gleich bleibende Qualität, Erhaltung der Nährwerte und Vitamine

- Qualität der Produkte wird auch durch ihren Nährwert bestimmt.
- Maßstab für die Qualität der Produkte sind die einzelnen Produktspezifikationen sowie sensorische, physikalische, chemische, bakteriologische, ernährungs-physiologische und mikrobiologische Kontrollen.
- Qualität schafft Vertrauen und formt einen Markennamen.
- Convenience-Lieferanten verpflichten sich zu einer strengen Überwachung der Produktspezifikationen.
- Die verwendeten Lebensmittel werden so schonend und so sicher wie möglich behandelt (unabhängige Lebensmittellabors).

Keine Überproduktion, schnellere Zubereitung, kein Abfall und Gewichtsverlust

- Bei Umsatzschwankungen sind genügend Halbfertigprodukte vorrätig (Zeitdruck der Gäste, Planungsunsicherheit).
- Die Portionierung ist einfacher.
- Frische Markt-Naturprodukte unterliegen immer Qualitätsschwankungen und damit auch unterschiedlichen Zubereitungsverlusten.
- Convenience-Food ermöglicht eine wirtschaftliche Qualitätsauswahl von Produkten (Überproduktion der klassischen Küche-Resteartisten).
- Convenience-Food = vorgezogenes Mise en place.

Gezielte Einkaufsplanung mit konstanten kalkulierbaren Wareneinstandspreisen

- Es geht um die Einhaltung und Dokomentation festgeschriebener Standards bei Auswahl, Einkauf, Herstellung und Zubereitung der einzelnen Produkte sowie deren kompromisslose Kontrolle.
- Qualität beginnt beim Einkauf. Man bezieht seine Zutaten dort, wo die gewünschte Qualität am besten hergestellt werden kann.
- Alle Rohmaterialien und Zutaten müssen bereits auf unterschiedlichen Stufen des Anbaus, des Wachstums und der Herstellung bzw. Distribution überprüft werden.
- Spezifikationen hinsichtlich Herkunft, Qualität, Qualitätssicherung und -kontrolle werden den Lieferanten vorgegeben.

Transparentes Warenwirtschaftssystem-Controlling

- Convenience-Food sichert einen optimalen Warenfluss.
- Qualitätssicherung sorgt dafür, dass Kühlketten niemals unterbrochen werden.
- Das kontrollierte System „first in, first out" sorgt für geplanten und gesicherten Frischegrad der Produkte.
- Von der Anlieferung bis zum Verkauf erleichtert Convenience-Food das Controlling des Warenwirtschaftssystems.
- Alle Ergebnisse der Qualitätskontrollen werden schriftlich festgehalten und ausgewertet.

Senkung der Energie-, Reinigungs-, Lager- und Entsorgungskosten

- Sinnvoller Einsatz von Convenience-Food wird weniger und energiesparende Küchengeräte vorsehen.
- Der Raumbedarf sinkt in Abhängigkeit vom Bearbeitungsgrad der Lebensmittel.
- Nur eine Lagertemperatur muss eingehalten werden.
- Mit Convenience-Food verringern sich die Investitionen für Ersatz- und Neuanschaffung klassischer teurer Maschinen und Küchengeräte.
- Reorganisation des Arbeitsablaufs optimiert hygienisch gesicherte Zubereitung von Qualitätsprodukten.

Optimierung der Personalsituation, -qualifikation, -verfügbarkeit, -kosten

Optimierung des Küchenmitarbeiter-Einsatzes

- Qualifikation
- Mitarbeiteranzahl – Personalkosten

⇓

in Abhängigkeit von 4 Produktionsstufen der Convenience-Produkte

1. Stufe	Küchenfertig (z. B. rohes Fischfilet)
2. Stufe	Kochfertig (z. B. rohe Fischfarce)
3. Stufe	Tafelfertig (z. B. poschierte Fischterrine en bloc)
4. Stufe	Verzehrfertig (z. B. Fischterrinen-Timbale als Einzelportion)

Verbesserter Mitarbeitereinsatz, Arbeitsaufwand Flexibilität

- Zeitgewinnung für wichtigere, kreative Aufgaben
- vollständige Produktpalette zu jeder Zeit
- minimaler Arbeitseinsatz bei frequenzschwachen Zeiten
- Verminderung des Stress zu Stoßzeiten
- „Grobarbeiten der Vorbereitung" entfallen
- Einführung flexibler Arbeitszeit im Küchenbereich wird durch nur Convenience-Food ermöglicht

Fallbeispiel: Mehr Produktivität mit Convenience-Food

Situation

Das Restaurant „Muster" verfügt mit normaler Bestuhlung über 90 Sitzplätze. Die tägliche Öffnungszeit beträgt mittags von 11:30 bis 15:00 Uhr und abends von 18:30 bis 23:00 Uhr insgesamt 8 Stunden an 26 Tagen pro Monat mit einem Ruhetag pro Woche. Die Gästeanzahl wird pro Servicezeit mittags und abends erfasst und beläuft sich durchschnittlich auf 170 Gäste pro Öffnungstag. Auf der Basis vergangener Monate kann der Gastronom durchschnittlich pro Gast mit 12,50 € Speisenerlös (Food) und 4,50 € Getränkeerlös (Beverage) netto ohne Mehrwertsteuer rechnen. Pro Sitzplatzstunde wäre ein gesamter F&B-Erlös von 20,– € möglich. Die Küche arbeitet schon seit Jahren mit einem bereinigten Wareneinsatz-Prozentsatz (Food Cost) von 28 % (vom Netto-Speisenerlös) und im Getränkebereich liegt der Wareneinsatz-Prozentsatz (Beverage Cost) bei 19 % (vom Netto-Getränkeerlös). Das Restaurant beschäftigt insgesamt zehn Mitarbeiter, die vorwiegend im Teildienst mit flexibler Arbeitszeit (Arbeitszeitkonten) durchschnittlich für Küche, Service und Verwaltung 2.050 Arbeitsstunden und einem gesamten Personalaufwand pro Monat von 27.000 € arbeiten. Für die Küche fallen dabei regelmäßig Überstunden an, die ausbezahlt werden. Eine Küchenarbeitsstunde inklusive Personalnebenaufwand kostet durchschnittlich 15,50 €. Die „Sonstigen direkten Kosten" – kontrollier- und zurechenbar wie Wäschekosten, Strom, Drucksachen, Gläser, Geschirr, Dekoration etc. – betragen im Monat bei dem Umsatzvolumen der 170 Gäste regelmäßig 11.000 €.

Die vom geschäftsführenden Gastronomen nicht direkt kontrollierbaren anlagebedingten Bereitschaftskosten (Fixkosten) wie Miete/Pacht, Abschreibungen

(AfA), Fremdkapitalzinsen, Versicherungen, Leasinggebühren etc. betrugen hochgerechnet auf den Betriebstag 600 €.

Problemstellung

Gegenwärtig arbeitet der Gastronom noch mit der traditionellen gutbürgerlichen klassischen Küche. Obwohl er weit übertarifliche Löhne und Gehälter für sein Küchenpersonal bezahlt, wurde es in den vergangenen Jahren immer schwieriger für ihn, gute und dem Qualitätsniveau entsprechende Köche für den Betrieb zu finden. Skeptisch und voller Vorurteile beobachtete der Gastronom die Entwicklung auf dem „Convenience-Food-Sektor". Auch sein traditionsbewusster Küchenchef sprach vom „Essen aus dem Beutel" und für den bedienten Gästekreis unzumutbaren niedrigen Qualitätsniveau der Halbfertig- oder Fertigprodukte seitens der Convenience-Food-Lieferanten. „Produzierte" man doch selbst ganz frisch alle Grundsaucen, Fleisch- und Gemüseprodukte und glaubte fest daran, dass der Gästekreis diese frische Eigenfertigung schätzen und honorieren würde.

Ein ungutes Gefühl hatten aber beide – verantwortlicher Gastronom und Küchenchef – hinsichtlich der „neuen" Lebensmittel-Hygieneverordnung (HACCP), die mit Sicherheit in dieser veralteten Küche nicht immer eingehalten werden konnte. Bei einem Kollegenbetrieb in einem anderen Stadtteil konnte sich der Gastronom von dem hervorragenden Qualitätsstandard in der „Mischung" von Convenience-Food und der Verfeinerung und Eigenfertigung der Speisenartikel überzeugen. Nicht im Entweder-oder, sondern in der vernünftigen Abstimmung schien das Geheimnis des Erfolgskonzepts zu liegen. Nach eingehender Mitbewerberanalyse und Markt- und Angebotsuntersuchung kam der Gastronom in Bezug auf seinen Betrieb zu folgenden Erkenntnissen:

a) Die am Markt erhältlichen, aber im Einkauf teureren Qualitäts-Convenience-Produkte würden selbst in der für das Restaurant passenden Mischung „Eigenfertigung-Convenience" die Food Cost (Wareneinsatz-Prozentsatz Speisen) um 4 % vom Speisenerlös – von gegenwärtig 28 % auf 32 % – steigen lassen.
b) Durch den gezielten Einkauf von Grundprodukten wie Saucen etc. könnten nach Absprache mit dem Küchenchef mindestens 200 Arbeitsstunden monatlich in der Küche eingespart werden; die unbeliebten Überstunden würden entfallen.
c) Auf die anstehenden Investitionen zur Ersatzbeschaffung veralteter Küchengeräte könnte verzichtet werden. Die jetzt schon eingesetzten Kombidämpfer und Regenerationsgeräte versprechen auch beim Einsatz von Convenience-Produkten gleich bleibende Qualität.

d) „HACCP-Probleme" in der eigenen Küche würden auf den Convenience-Food-Hersteller und -Lieferanten vorverlegt werden. Höchste und gesicherte Hygienestandards sind von der Convenience-Food-Industrie durch richtige Behandlung, kontrollierte Inhaltsstoffe und Logistik der haltbaren Warendistribution garantiert.
e) Die gegenwärtig immer vorkommende Überproduktion in der Küche, Abfall- und Gewichtsverluste könnten verringert werden.
f) Mit dem vermehrten Einsatz von Convenience-Produkten würde mittelfristig eine Senkung der Energie-, Reinigungs-, Lager- und Entsorgungskosten einhergehen.
g) Es geht ja nicht darum, Personalkosten in der Küche einzusparen, sondern um eine „Optimierung der Personalsituation" – die geeigneten Köche stehen einfach am Markt nicht zur Verfügung!
h) Die von „Grobarbeiten der Vorproduktion" befreite Küche könnte mit der „Veredelung der Convenience-Food-Produkte" sogar für ein höheres Qualitätsniveau als bisher sorgen.
i) Vor allen Dingen gleich bleibende Qualität unter Erhaltung der Nährwerte und Vitamine gepaart mit erweiterter Angebotsvielfalt würde dem Qualitätsbewusstsein und den Erwartungen der Restaurantgäste entsprechen können.
j) Wie in vielen Bereichen der Hotellerie und Gastronomie kann traditionelles Denken und Arbeiten zumindest zum Stillstand, wenn nicht gar zum Rückschritt führen. Natürlich müsste sich die neue ergänzende und erweiterte Qualität mit Convenience-Food auch „rechnen" – in anderen Worten: den „Produktivitätsindex Food & Beverage" steigern helfen.

Fragen aus der Praxis

Unter dem Primat der Gästeakzeptanz zur „Convenience-Qualität" stellten sich dem Gastronomen folgende Fragen (Problemstellung):

1. Mit welchem durchschnittlichen Deckungsbeitragsvolumen Food & Beverage (Bruttogewinn) arbeitet das Restaurant pro Monat in herkömmlicher Weise (Traditionsküche)?
2. Wie verändert sich das Deckungsbeitragsvolumen Food & Beverage (Bruttogewinn) in der „Convenience-Mischküche" bei monatlich gleich bleibendem Umsatz, erhöhten Wareneinsatzkosten und der voraussichtlichen Einsparung von Küchenarbeitsstunden?
3. Wie entwickeln sich die „Signalkennzahlen" bei den Kapazitäts-Teilkosten- und Arbeitsproduktivitäten des Restaurants im Vergleich Traditions- zu Convenience-Küche?

4. Wie verhält sich im Vergleich der Index F&B-Gesamtproduktivität? „Rechnet sich" die ergänzende Einführung von Convenience-Food-Produkten?

Hilfsmittel zum Fallbeispiel:

Formular A: Basisinformation – Gesamtdeckungsbeitrag Gastronomie

Formular B: Kennzahlenauswahl – Produktivität Gastronomie

Formular A:	Basisinformation – Gesamtdeckungsbeitrag Gastronomie	Monat_____________

	Betriebsstatistik		**Tradition**	**Convenience**
a	Kapazität (Sitzplätze)			
b	Zeitperiode (Monat/ Betriebstage)		Betriebstage	Betriebstage
c = a x b	Sitzplatztage			
d	Öffnungszeit in Stunden			
e = c x d	Verfügbare Sitzplatzstunden			
f	Anzahl der Gäste			
g	Anzahl der Arbeitsstunden			
	Erlöse (Umsatz)			
h	Food (Speisen)	€		
i	Beverage (Getränke)	€		
j = h + i	Gesamt-Erlöse	€		
	Wareneinsatz			
k	Food (Speisen)	€		
l	Beverage (Getränke)	€		
m = k + l	Gesamt-Wareneinsatz	€		
n	Personalkosten (gesamt)	€		
o	Sonstige direkte Kosten	€		
p = j – m – n – o	Deckungsbeitrag (gesamt) (Bruttogewinn)	€		

Formular B:	Kennzahlenauswahl – Produktivität Gastronomie	Monat______________

	Kapazitätsproduktivitäten		Tradition	Convenience
1 = f : c	Sitzplatzumschlag			
2 = j : b	F&B-Umsatz pro Betriebstag	€		
3 = j : c	F&B-Umsatz pro Sitzplatztag	€		
4 = Prognose	Möglicher F&B-Umsatz pro Sitzplatzstunde (Zielsetzung)	€		
5 = j : e	Ist-F&B-Umsatz pro Sitzplatzstunde	€		
6 = (5 x 100) : 4	Yield (Umsatz Food & Beverage)	%		
7 = h : f	Food-Umsatz pro Gast	€		
8 = i : f	Beverage-Umsatz pro Gast	€		
9 = j : f	F&B-Umsatz pro Gast	€		
10 = (i x 100) : h	Umsatz-Relation Beverage zu Food	%		
11 = Ermittlung	Fixkosten (ohne Personal) pro Betriebstag (Öffnungstag)	€		
12 = p : b	Deckungsbeitrag pro Betriebstag	€		
13 = p : f	Deckungsbeitrag pro Gast	€		
	Teilkostenproduktivitäten			
14 = (k x 100) : h	Wareneinsatz – Food	%		
15 = (l x 100) : i	Wareneinsatz – Beverage	%		
16 = (o x 100) : j	Sonstige direkte Kosten	%		
17 = k : f	Wareneinsatz – Food pro Gast	€		
18 = l : f	Wareneinsatz – Beverage pro Gast	€		
19 = o : f	Sonstige direkte Kosten pro Gast	€		

Formular B:	Kennzahlenauswahl – Produktivität Gastronomie	Monat_____________

	Arbeitsproduktivitäten		Tradition	Convenience
20 = (n x 100) : j	Personalkosten in Prozenten	%		
21 = n : f	Personalkosten pro Gast	€		
22 = f : g	Anzahl der Gäste pro Arbeitsstunde			
23 = n : g	Personalkosten pro Arbeitsstunde	€		
24 = j : g	F&B-Umsatz pro Arbeitsstunde	€		
	Gesamtproduktivität			
25 = j : (m + n + o)	**Index Food & Beverage Gesamtproduktivität**			

Lösungsvorschlag zur Problemstellung

Zu 1 + 2:

1. Mit welchem durchschnittlichen Deckungsbeitragsvolumen Food & Beverage (Bruttogewinn) arbeitet das Restaurant pro Monat in herkömmlicher Weise (Traditionsküche)?
2. Wie verändert sich das Deckungsbeitragsvolumen Food & Beverage (Bruttogewinn) in der „Convenience-Mischküche" bei monatlich gleichbleibendem Umsatz, erhöhten Wareneinsatzkosten und der voraussichtlichen Einsparung von Küchenarbeitsstunden?

	Betriebsstatistik	Tradition	Convenience
a	Kapazität (Sitzplätze)	90	90
b	Zeitperiode (Monat/ Betriebstage)	26 Betriebstage	26 Betriebstage
c = a x b	Sitzplatztage	2.340	2.340
d	Öffnungszeit in Stunden	8	8
e = c x d	Verfügbare Sitzplatzstunden	18.720	18.720

	Betriebsstatistik		Tradition	Convenience
f	Anzahl der Gäste (170 x 26)		4.420	4.420
g	Anzahl der Arbeitsstunden		2.050	1.850
	Erlöse (Umsatz)			
h	Food (Speisen)	€	55.250	55.250
i	Beverage (Getränke)	€	19.890	19.890
j = h + i	Gesamt-Erlöse	€	75.140	75.140
	Wareneinsatz			
k	Food (Speisen)	€	15.470	17.680
l	Beverage (Getränke)	€	3.779	3.779
m = k + l	Gesamt-Wareneinsatz	€	19.249	21.459
n	Personalkosten (gesamt)	€	27.000	23.900
o	Sonstige direkte Kosten	€	11.000	11.000
p = j – m – n – o	Deckungsbeitrag (gesamt) (Bruttogewinn)	€	17.891	18.781

Erläuterung (Formular A):

zu f = Anzahl der Gäste

Durch Multiplikation der durchschnittlichen Gäste pro Öffnungstag 170 mit den Betriebstagen 26 resultiert die Gesamtanzahl von 4.420.

zu g = Anzahl der Arbeitsstunden

Laut Einschätzung des Küchenchefs können bei Einführung von Convenience-Food-Produkten 200 Küchenarbeitsstunden im Monat eingespart werden; die Convenience-Küche arbeitet also insgesamt mit 1.850 Arbeitsstunden.

zu h = Erlöse Food (Speisen)

Durch Multiplikation der Anzahl der Gäste 4.420 mit dem durchschnittlichen Food-Umsatz pro Gast 12,50 € resultiert der Erlös Food von 55.250 €.

zu i = Erlöse Beverage (Getränke)

Durch Multiplikation der Anzahl der Gäste 4.420 mit dem durchschnittlichen Beverage-Umsatz pro Gast 4,50 € resultiert der Erlös Beverage von 19.890 €.

zu k = Wareneinsatz Food (Speisen)
Bei der Traditionsküche beträgt der Wareneinsatz 28 % von 55.250 € und ergibt 15.470 €; bei der Convenience-Küche beträgt der Wareneinsatz 32 % von 55.250 € und ergibt 17.680 €.

zu l = Wareneinsatz Beverage (Getränke)
Bei beiden Küchen bleibt der Wareneinsatz 19% von 19.890 € und ergibt 3.779 €.

zu n = Personalkosten (gesamt)
Für die Convenience-Küche können 200 Arbeitsstunden à 15,50 € eingespart werden, so sinken hier die Personalkosten um 3.100 € auf insgesamt 23.900 €.

zu p = Deckungsbeitrag (gesamt) Bruttogewinn
Die Differenz von 890 € mehr Gesamtdeckungsbeitrag bei der Convenience-Küche ist der Saldo zwischen 2.210 € mehr Wareneinsatz, aber 3.100 € weniger Personalkosten durch die Einführung von Convenience-Food-Produkten.

Lösungsvorschlag zu 3:

3. Wie entwickeln sich die „Signalkennzahlen" bei den Kapazitäts-Teilkosten- und Arbeitsproduktivitäten des Restaurants im Vergleich Traditions- zu Convenience-Küche?

	Kapazitätsproduktivitäten		**Tradition**	**Convenience**
1 = f : c	Sitzplatzumschlag		1,89	1,89
2 = j : b	F&B-Umsatz pro Betriebstag	€	2.890	2.890
3 = j : c	F&B-Umsatz pro Sitzplatztag	€	32,11	32,11
4 = Prognose	Möglicher F&B-Umsatz pro Sitzplatzstunde (Zielsetzung)	€	20,00	20,00
5 = j : e	Ist-F&B-Umsatz pro Sitzplatzstunde	€	4,01	4,01
6 = (5 x 100) : 4	Yield (Umsatz Food & Beverage)	%	20,5 %	20,5 %
7 = h : f	Food-Umsatz pro Gast	€	12,50	12,50
8 = i : f	Beverage-Umsatz pro Gast	€	4,50	4,50
9 = j : f	F&B-Umsatz pro Gast	€	17,00	17,00
10 = (i x 100) : h	Umsatz-Relation Beverage zu Food	%	36,0 %	36,0 %
11 = Ermittlung	Fixkosten (ohne Personal) pro Betriebstag (Öffnungstag)	€	600,00	600,00

12 = p : b	Deckungsbeitrag pro Betriebstag	€	688,12	722,35
13 = p : f	Deckungsbeitrag pro Gast	€	4,05	4,25
	Teilkostenproduktivitäten			
14 = (k x 100) : h	Wareneinsatz – Food	%	28,0 %	32,0 %
15 = (l x 100) : i	Wareneinsatz – Beverage	%	19,0 %	19,0 %
16 = (o x 100) : j	Sonstige direkte Kosten	%	14,6%	14,6%
17 = k : f	Wareneinsatz Food pro Gast	€	3,50	4,00
18 = l : f	Wareneinsatz Beverage pro Gast	€	0,85	0,85
19 = o : f	Sonstige direkte Kosten pro Gast	€	2,49	2,49
	Arbeitsproduktivitäten			
20 = (n x 100) : j	Personalkosten in Prozenten	%	35,9 %	31,8 %
21 = n : f	Personalkosten pro Gast	€	6,11	5,41
22 = f : g	Anzahl der Gäste pro Arbeitsstunde		2,16	2,39
23 = n : g	Personalkosten pro Arbeitsstunde	€	13,17	12,92
24 = j : g	F&B-Umsatz pro Arbeitsstunde	€	36,65	40,61
	Gesamtproduktivität			
25 = j : (m + n + o)	**Index Food & Beverage Gesamtproduktivität**		**1,31**	**1,33**

Erläuterung (Formular B):

Teilkostenproduktivitäten haben für das Management nur „Signalcharakter".

Eine detaillierte Analyse der einzelnen Kapazitäts-Teilkosten- und Arbeitsproduktivitäten wird erst im Budget-Ist-Vergleich sinnvoll. Als Instrument sollte hier im modernen Controlling der Hotellerie und Gastronomie die Deckungsbeitrags-Flussrechnung als Varianzanalyse eingesetzt werden. Erst der Index F&B-Gesamtproduktivität kann die deckungsbeitragsrelevante Gesamtleistung in der Gastronomie messen und kontrollierbar gestalten.

Lösungsvorschlag zu 4:

4. Wie verhält sich im Vergleich der Index F&B-Gesamtproduktivität? „Rechnet sich" die ergänzende Einführung von Convenience-Food-Produkten?

Zusammenfassende Definition:

Index F&B-Gesamtproduktivität

$$\text{Index F\&B-Gesamtproduktivität} = \frac{\text{F\&B-Umsatz}}{\text{WE (F)} + \text{WE (B)} + \text{PK} + \text{SDK}}$$

F&B-Umsatz	=	Netto-Erlöse für Speisen und Getränke einer Zeitperiode
WE (F)	=	bereinigter Wareneinsatz Speisen einer Zeitperiode
WE (B)	=	bereinigter Wareneinsatz Getränke einer Zeitperiode
PK	=	gesamte Personalkosten inkl. Personalnebenkosten einer Zeitperiode
SDK	=	Sonstige direkte Kosten (zurechenbar: z. B. Wäsche, Energie, Reinigung, Geschirr, Gläser, Drucksachen, Dekoration etc.) einer Zeitperiode

Schon die kleinste Steigerung oder Senkung des Index kann sich entscheidend auf das Deckungsbeitragsvolumen (Bruttogewinn) des Restaurants auswirken. So zeigt der Index F&B-Gesamtproduktivität von 1,33 die deutliche Produktivitätssteigerung bei der „Convenience-Lösung" im Verhältnis zur Traditionsküche 1,31 auf.

Das Produktivitätszeigbarometer zeigt auch die Effizienzsteigerung, die durch standardisierte Qualität beim Wareneinsatz (Angebotspräsentation) und Service (Qualitätsdienstleistungen) erreicht wurde. Als „Benchmark" ermöglicht der Index auch den Produktivitätsvergleich unterschiedlicher Restauranttypen.

Getränkekontrollsysteme

Zielsetzung

Die Erwartungen, die man an ein Getränkekontrollsystem – besonders an eine Barkontrolle – stellen darf, lassen sich folgendermaßen zusammenfassen:

1. Getränkewareneinsatz und Getränkeeinnahmen müssen kontrolliert und überwacht werden.
2. Festgelegte Verkaufspreise und vorgeschriebene Drinkeinheiten sind einzuhalten.
3. Jeder Gast soll den gleichen Preis für gleiche Qualität bezahlen (Standard-Cocktailrezepte).
4. Das Getränkekontrollsystem soll verhindern, dass das Barpersonal
   - Ware selbst trinkt, verschenkt oder tauscht,
   - billigere Ware für teure verkauft,
   - Getränke streckt, billige Qualität mit teurer vermischt,
   - eigene Ware kauft und verkauft,
   - Einnahmen veruntreut, versucht, mehr einzukassieren, als vom Gast konsumiert wurde,
   - unterschiedliche Drinkeinheiten und Cocktailrezepte verwendet.

Aus der Zielsetzung wird deutlich, dass ein Getränkekontrollsystem nicht allein auf „historischer Basis" in der Buchhaltung durchgeführt werden kann. Hier muss der Gastronom selbst mit gezielter Stichprobenkontrolle einige Kontrollelemente wahrnehmen.

Gedankenflussplan

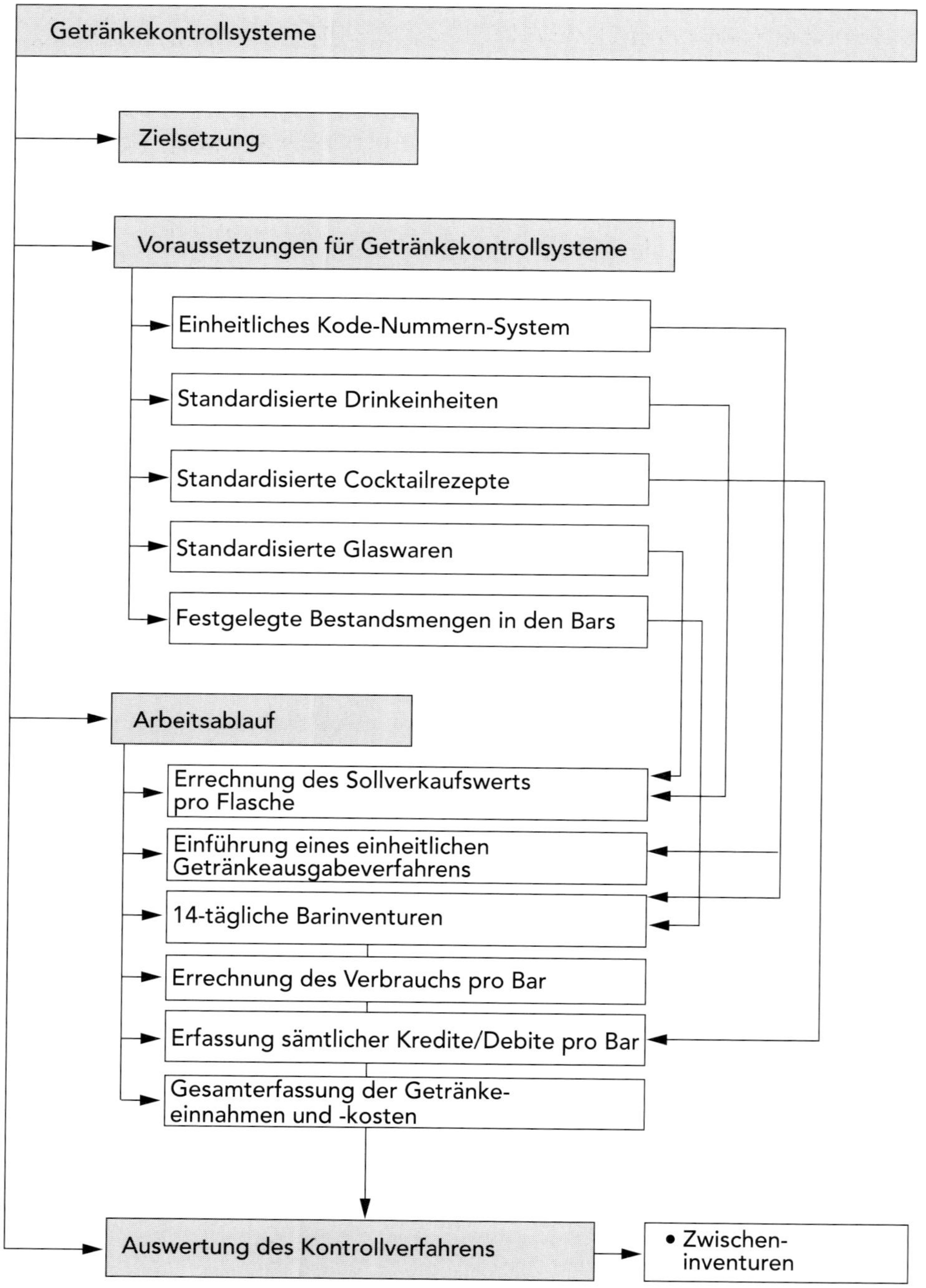

Voraussetzungen für Getränkekontrollsysteme

Im Vergleich zur Wareneinsatzkontrolle „Speisen" ist die Kontrolle des Getränkewareneinsatzes grundsätzlich einfacher. Es handelt sich bei den Getränken um länger haltbare Produkte, die mit Ausnahmen der Cocktails nicht erst hergestellt werden müssen, sondern als Fertigprodukte in quantifizierbaren Einheiten gekauft und verkauft werden.

Schon im Einkauf beginnt die Kontrolle:

Festgelegte Bestandsmengen an den Bars zusammen mit einer permanenten Getränkeinventur im Getränkelager, wo aus Lagerfachkarten oder der Kartei jederzeit der Sollbestand für die einzelnen Artikel ersichtlich ist, dienen als Grundlage für die Getränkebestellung. Einkauf auf Abruf, Mengenrabatte, Lager- und Kapitalbindung sollten zusätzlich beim Getränkeeinkauf berücksichtigt werden. Sind Getränke einmal geliefert und angenommen worden, dürfen sie nicht mehr ohne Aufsicht oder Verschluss gelassen werden. Lagerräumlichkeiten müssen darauf abgestimmt sein:

- die Lagermenge für jeden Artikel,
- die unterschiedlichen Temperaturerfordernisse der Getränke,
- die Lagerungsart der Getränke,
- die Anordnung der gelagerten Waren,
- die optimale Lager- und Ausgabearbeit fachmännisch gewährleisten zu können.

Als Voraussetzung für alle Getränkekontrollsysteme darf man folgende Standardisierungen ansehen:

1. **Ein einheitliches Kode-Nummern-System**
2. **Standardisierte Drinkeinheiten**
3. **Standardisierte Cocktailrezepte**
4. **Standardisierte Glaswaren**
5. **Festgelegte Bestandsmengen in den Bars (so genannte „par stocks")**

1. Einheitliches Kode-Nummern-System

Alle Flaschen und Getränke müssen nummeriert sein. Eine Nummerierung bringt nicht nur den allgemeinen Vorteil der Standardisierung, nämlich den Überblick mit sich, sondern erleichtert die monatliche Inventur, schafft Übersicht durch nummernmäßige Lagerung im Getränkelager, vereinfacht Getränkebestellung und Getränkeausgabe und hilft dem Gast bei der Auswahl seiner Getränkewünsche. Ein einheitliches Kode-Nummern-System gilt als Voraussetzung für jegliche Getränkekontrollformulare und -verfahren.

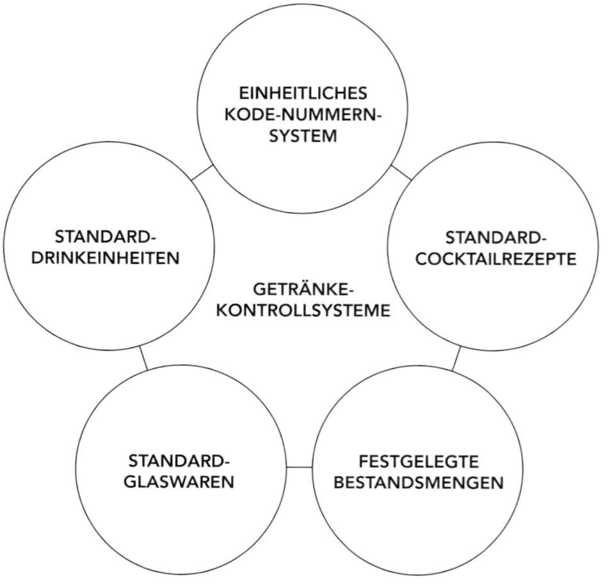

Voraussetzungen für Getränkekontrollsysteme

2. Standardisierte Drinkeinheiten

Standardisierte „Portionsgrößen" – Drinkeinheiten – sind für alle Bars und Getränkeausgabestellen festzulegen. Jeder Barmann sollte ein Verzeichnis sämtlicher in Frage kommender Drinkeinheiten in cl (= Centiliter) erhalten und über die notwendigen geeichten Messgläser verfügen. Selbstverständlich müssen sämtliche Drinks mit einem Messbecher-Messglas ausgeschenkt werden. Gerade in Deutschland erscheint dieses korrekte Ausschenken oft als unelegant und der erfahrene Barkeeper gießt die bestellten Drinks aus dem Handgelenk. Diese Praxis verhindert aber nicht nur jedes Getränkekontrollsystem, sondern gilt auch in verschiedenen Ländern als ungesetzlich. Bei der Festlegung der standardisierten Drinkeinheiten sind die gesetzlichen „Schankgefäße zum Trinken", die Gläserarten, die Kundengewohnheiten und die anfallenden Wareneinsatzkosten zu berücksichtigen.

3. Standardisierte Cocktailrezepte

Will man gleich bleibende Qualität der Cocktails erreichen, so gelten standardisierte, einheitliche Rezepte der Cocktails als Grundvoraussetzung. Dabei sollten nicht nur genaue Angaben über die Zusammensetzung der Cocktails erfasst werden, sondern auch die Zubereitungsart und die passenden Gläser sind festzulegen.

4. Standardisierte Glaswaren

Die Qualität, Quantität, Art und Größe der zu verwendenden Glaswaren für Getränke hängen in der Hauptsache von folgenden Faktoren ab:

1. vom Dekor und der Art des Restaurants oder der Bar
2. von dem Preisniveau und dem zu erwartenden Gästekreis
3. von dem Geschäftsvolumen je Getränkeart (Bruch)
4. von der festgelegten Drinkeinheit (Portionsgröße)
5. von den Stückkosten und dem möglichen Abwaschverfahren (Maschinen) für Gläser

Die standardisierten Glaswaren müssen auf den speziellen Drink abgestimmt, einladend und ansprechend wirken.

5. Festgelegte Bestandsmengen in den Bars („par stocks")

Aufgrund von Verkaufsanalysen wird der durchschnittliche Verbrauch der einzelnen Artikelsorten für die Bar festgestellt und in Zusammenarbeit mit dem Barkeeper ein bestimmter Bestand jeder Getränkemarke festgelegt. Der Vorteil liegt darin, dass

- der tägliche Durchschnittsverbrauch besser kontrolliert werden kann,
- keine Überbestellungen aus dem Getränkelager erfolgen, da immer nur der Soll-Flaschenbestand angefordert wird. Einrichtung und Ausstattung einer Bar richten sich grundsätzlich nach Funktion und schneller Servicemöglichkeit für den Gast. Dabei müssen nicht nur die Arbeitsgeräte zweckmäßig mit kürzesten Arbeitswegen angeordnet sein, sondern auch übersichtlich geordnete, festgelegte Bestandsmengen griffbereit zur Verfügung stehen.

Ablaufplan – „Vereinfachtes Getränkekontrollsystem"

Kontrollsysteme sind immer für den einzelnen Betrieb maßzuschneidern. Man muss auch nach Art der Barführung einen entsprechenden Kontrollaufwand planen. So wird sich das Kontrollverfahren bei der „Führung der Bar auf eigene Rechnung des Barmanns" von der „Führung der Bar auf Rechnung des Hotels" erheblich unterscheiden.

Dennoch sei im Folgenden ein vereinfachtes – wertmäßiges – Getränkekontrollverfahren aufgezeigt, das auf jede Betriebsgröße entsprechend erweitert oder gekürzt werden kann.

Voraussetzung:

Standardisierungen

1. Einheitliches Kode-Nummern-System
2. Standard-Drinkeinheiten
3. Standard-Cocktailrezepte
4. Standard-Glaswaren
5. Festgelegte Bestandsmengen

1. Schritt: **Errechnung des „Sollverkaufswerts pro Flasche"**
2. Schritt: **Einführung eines einheitlichen Getränkeausgabeverfahrens**
3. Schritt: **14-tägliche Bar-Inventuren**
4. Schritt: **Errechnung des Verbrauchs pro Bar**
a) Getränkekosten
b) Sollverkaufswerte
5. Schritt: **Erfassung sämtlicher Kredite/Debite pro Bar**
6. Schritt: **Gesamterfassung der Getränkeeinnahmen und -kosten**
a) Soll-Ist-Vergleich pro Bar
b) Direktkosten % (Wareneinsatz)

Erklärung zum Ablaufplan

1. Schritt: Errechnung des „Sollverkaufswerts pro Flasche"

Ziel dieses Getränkekontrollsystems ist die Feststellung, inwieweit eine Bar in einem Zeitraum von 14 Tagen wertmäßig ein Plus oder ein Minus erwirtschaftet hat. Dabei sind zunächst sämtliche „Sollverkaufswerte" für die einzelnen Getränkeartikel festzulegen.

Beispiel:

Sollverkaufswert für 1 Flasche J. Walker Whisky
Festgelegter Verkaufspreis pro Drink = 6,– €
x Anzahl der Drinkeinheiten
= 18,5 Drinks à 4 cl
= Sollverkaufswert pro Flasche
= 18,5 x 6,– = 111,– €

Mit 111,– € pro Flasche J. Walker Whisky wird die Bar verkaufsmäßig belastet, das heißt, die Bar muss 111,– € für eine verkaufte Flasche einnehmen.

2. Schritt: Einführung eines einheitlichen Getränkeausgabeverfahrens

Verschiedene Möglichkeiten können zur Anwendung kommen; ein sehr einfaches und wirkungsvolles Verfahren ist:

1. Bei größeren Betrieben mit mehreren Bars werden sämtliche Spirituosen bei der Anforderung aus dem Getränkelager mit einem Stempel der entsprechenden Bar markiert.
2. Die leeren Flaschen müssen zurückgegeben werden, und nur für eine leere, gestempelte Flasche darf der Barmann eine volle, gestempelte Flasche anfordern.
3. Grundsätzlich dürfen nur Getränke zur Auffüllung der festgelegten Bestandsmenge vom Getränkelager angefordert werden. Bankettveranstaltungen, Gruppen und sonstiges „Extrageschäft" werden separat gehalten.

3. Schritt: 14-tägliche Barinventuren

Alle zwei Wochen werden sämtliche Getränkebestände der Bars inventarmäßig aufgenommen und wertmäßig ausgewiesen (siehe Muster: „Bar-Inventurbuch").

Die Erfassung angebrochener Flaschen kann man mit Hilfe von Inventurschablonen, Messstreifen oder auch aufgrund einer Schätzung in 10er-Einheiten vornehmen. Außerdem sind bei Inventuren stichprobenartig Alkoholvolumentests und die Überprüfung der Barstempel bei Spirituosen zweckmäßig. Die Inventurergebnisse werden in das „Bar-Inventarbuch" eingetragen und vom verantwortlichen Barkeeper gegengezeichnet.

Bar ____________ Bar-Inventarbuch ____________ Zeitperiode ____________

Artikel	Größe	Kode-Nr.	Anfangsbestand	Überweisungen	Tägl. Anforderungen				End-best.	Verbrauch	Kosten		Sollverkaufswert	
					1.	2.	31.	Total			Einzel	Total	Einzel	Total
J.Walker	0,74	101	10,7	(3)	4.	7.		23	10,2	20,5	15,–	307,5	111,–	2.275,5
			↑ Inventur	↑ Überweisungsschein			↑ Lageranforderungen		↑ Inventur				↑ Sollverkaufswert pro Flasche	

4. Schritt: Errechnung des Verbrauchs pro Bar

Mit der Erfassung des tatsächlichen Inventarbestandes der Bar werden im „Bar-Inventarbuch" nach der Formel:

Anfangsbestand + Zugang – Endbestand = Verbrauch

die Getränkekosten und der Total-Sollverkaufswert pro Bar für die betreffende Zeitperiode ermittelt (siehe Musterbeispiel: „Bar-Inventarbuch").

5. Schritt: Erfassung sämtlicher Kredite/Debite pro Bar

Da die Bar mit dem Inventarbestand einschließlich der Lageranforderungen „kostenmäßig" wie auch „soll-verkaufsmäßig" belastet wurde, müssen Kredite der Bar gutgeschrieben werden, wenn die Bar unverschuldet keine Einnahmen erzielen kann. Das ist zum Beispiel der Fall bei

- Kundenbewirtungen „gratis",
- Angestelltengetränken (genehmigt),
- Bruch- oder Verlustmeldungen.

Sollte die Bar mehr Einnahmen erzielen, als sie „soll-verkaufsmäßig" belastet wurde (zum Beispiel Cocktails, Preisausgleich für Bankettveranstaltungen), dann müssen entsprechende „Debite" (Belastungen) berücksichtigt werden. Die Erfassung der Kredite und Debite für jede einzelne Bar dient also dazu, einerseits die tatsächlich verbrauchten Wareneinsatzkosten (Direktkosten) zu ermitteln, andererseits den effektiven „Sollverkaufswert" pro Bar feststellen zu können.

6. Schritt: Gesamterfassung der Getränkeeinnahmen und -kosten

Es werden die tatsächlich vereinnahmten Nettoeinnahmen der Bar dem Sollverkaufswert gegenübergestellt und ein „Plus" oder ein „Minus" wertmäßig ermittelt (siehe Musterbeispiel: Gesamterfassung der Getränkeeinnahmen und -kosten).

Die Direktkostenprozentsätze (Wareneinsatz) werden folgendermaßen ermittelt:

$$\text{Ist\%} = \frac{(\text{Wareneinsatz} \times 100)}{\text{Nettoeinnahmen}}$$

$$\text{Soll\%} = \frac{(\text{Wareneinsatz} \times 100)}{\text{Sollverkaufswert}}$$

Gesamterfassung der Getränkeeinnahmen und -kosten

		BAR A			BAR B			Total
		I. Periode	II. Periode	Total	I. Periode	II. Periode	Total	BARS
Nettoeinnahmen		10.500						
Sollverkaufswert		11.500						
Plus + /oder Minus (–)		(1.000)						
Total-Kosten (Wareneinsatz)		2.310						
Direktkosten	Ist %	22 %						
Prozentsatz	Soll %	20 %						

Auswertung des Kontrollverfahrens

Sowohl ein „Plus" als auch ein „Minus" laut „Gesamterfassung der Getränkeeinnahmen und -kosten" zeigt an, dass sich das Barpersonal nicht an die festgelegten und standardisierten Bestimmungen für den Getränkeausschank hält.

Bei einem „Minus" sind folgende Schritte zu unternehmen:

1. Berechnung der Bar nachprüfen (Kalkulationsfehler)
2. Zwischeninventuren von den gängigsten Getränkeartikeln vornehmen und mengenmäßigen Verlust feststellen
3. Durch Schicht-Dienstkontrolle mit Überraschungsinventuren Fehlerquellen ermitteln
4. Bei mehreren Bars das Barpersonal untereinander austauschen und überwachen

Ein erwirtschaftetes hohes „Plus" zeigt an, dass der Gast übervorteilt wird und nicht mehr die festgesetzte Qualität oder Quantität serviert bekommt. Die stichprobenartige Überprüfung der Qualität der Cocktails sowie der Drinkeinheiten (Portionsgrößen) muss dann Abhilfe schaffen.

Der Aufwand für Getränkekontrollen muss in wirtschaftlicher Relation zum Kontrollergebnis stehen. Je detaillierter, je kostenaufwendiger die Kontrolle auch ist, eine hundertprozentige Kontrolle gibt es beim Getränkeausschank an der Bar nicht. Will man beispielsweise durch Abstempelung der Waren verhindern, dass Getränke von außen her in den Barbetrieb gebracht werden, so ist es ohne weiteres möglich, eine selbst gekaufte Flasche in eine leere abgestempelte Flasche umzufüllen. Ein gutes Vertrauensverhältnis zwischen Barpersonal und Hotelier oder Gastronom kann nur dann bestehen, wenn der Hotelier oder Gastronom ständige, persönliche Kontrolle und Aufsicht über den Barbetrieb durchführt.

3

Angebotsgestaltung

Die Angebotsgestaltung für den F&B-Bereich ist eine der interessantesten, aber auch eine der schwierigsten Managementaufgaben in der Gastronomie. Von der Konkurrenzanalyse, der darauf folgenden Planung und Erstellung des Speise- und Getränkeangebots, den davon abhängigen Servicesystemen bis zur Preispolitik und zu gezielten Verkaufsförderungsmaßnahmen reicht hier der Aufgabenkatalog. Die gesamte Angebotsgestaltung im Gastronomiebereich gehört zum „kreativen Management" und prägt entscheidend das Image und den Ruf des gesamten Betriebes. Die Angebotspolitik muss überwacht werden, denn Standard und Qualität im F&B-Bereich hängen von ihr ab.

Anhand der folgenden Übersicht wird deutlich, wie groß allein der Einflussbereich der Speisekarte in der Praxis ist und sein sollte.

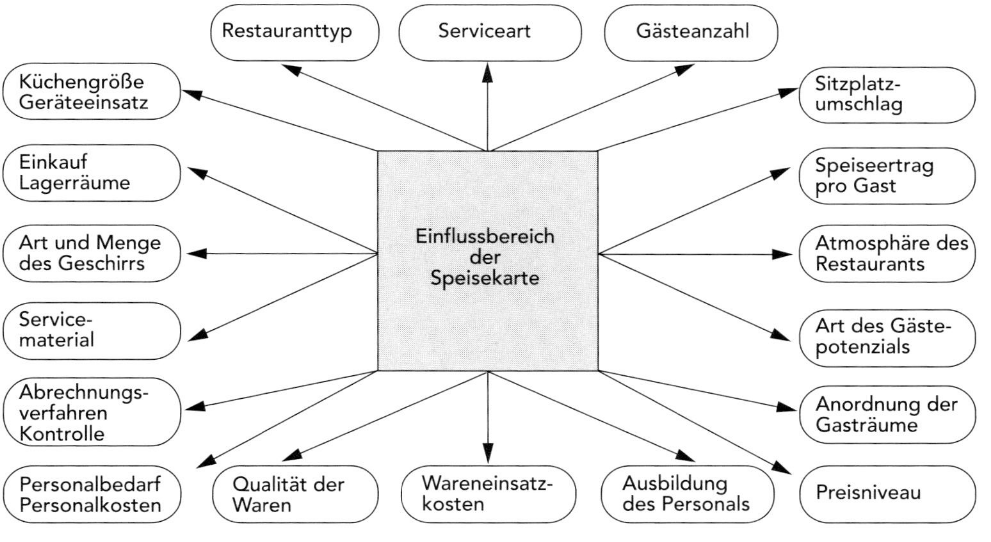

In dieser „zeitarmen" gastronomischen Welt ist die jährliche Revision der Speisekarte oft zu einer rein preispolitischen Frage geworden. Der trockene „Börsenbericht Speisekarte" wird dann preislich etwas angehoben, vielleicht werden auf Anraten des Küchenchefs ein oder zwei Artikel ersatzlos gestrichen und die Tageskarte dafür etwas umfangreicher gestaltet. Viele Hoteliers unterschätzen die bedeutende Rolle, die ihre Speisekarte im Rahmen der Marketingkonzeption auf der Angebotsseite spielt.

Gedankenflussplan

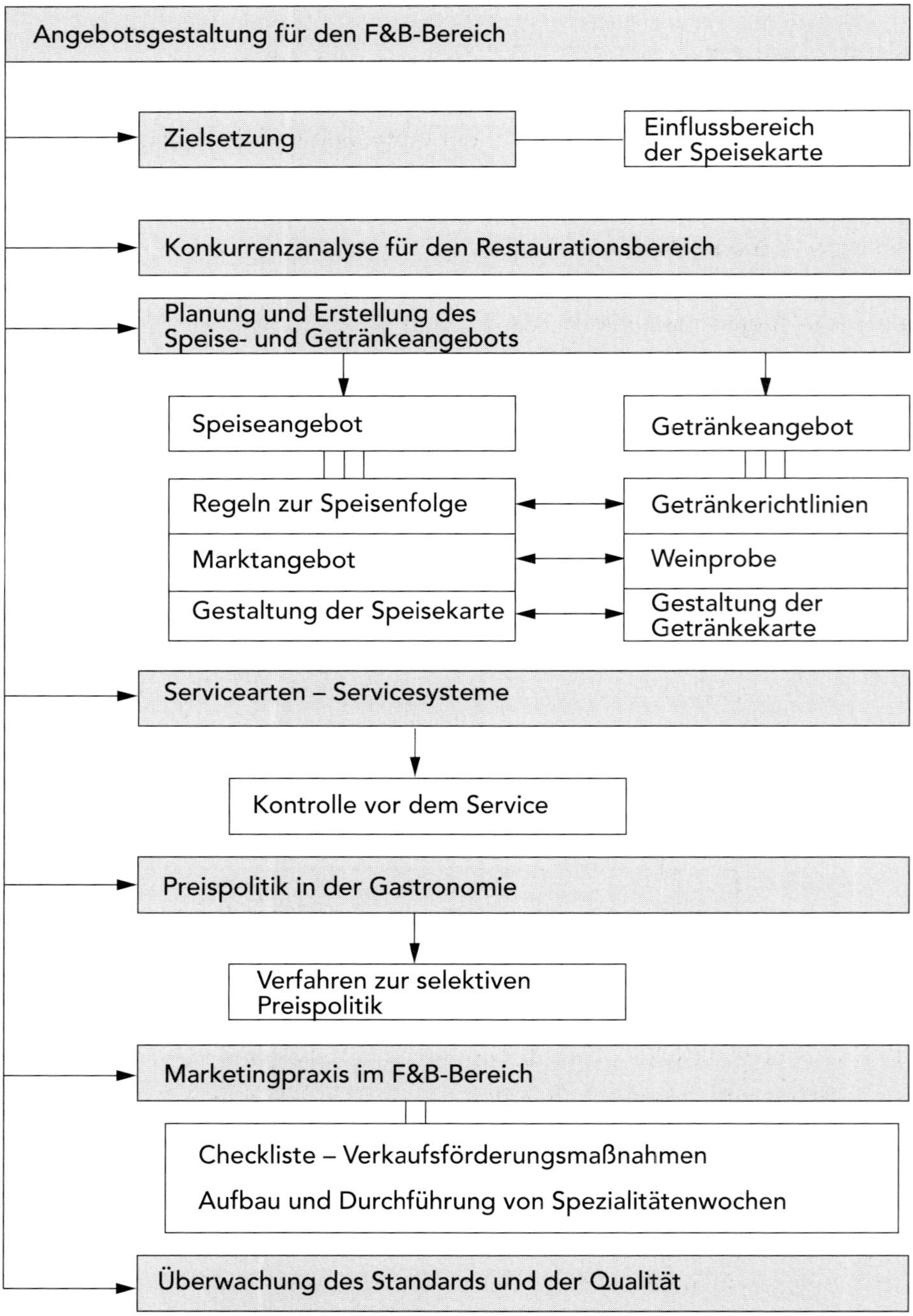

Strategische Angebotspolitik im F&B-Bereich

Die Balanced Scorecard als Managementsystem

Wer heute im „Change-Management" der Hotellerie und Gastronomie am Markt der Schnellste sein will, muss sich viel Zeit nehmen, um es zu werden. Steuerungsinstrumente allein für ein flexibles Angebot sind nichts anderes als Hilfsmittel und Werkzeuge, insbesondere aber kein Ersatz für Strategien. Die strategische Planung mit Hilfe der **Balanced Scorecard** (BSC) bietet sich in der Praxis auch für die strategische Angebotspolitik im F&B-Bereich an.

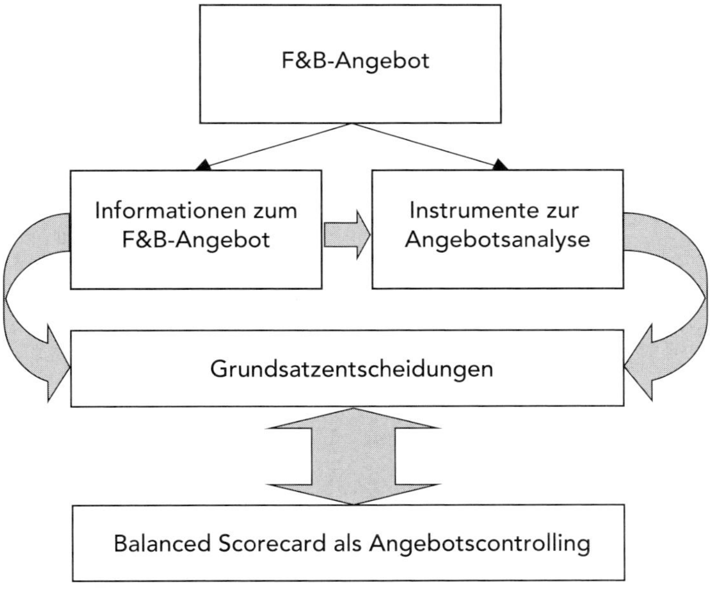

Die grundlegenden Ziele und Werte einer Hotelorganisation sollten in einem integrierten und operationalisierbaren Leitbild zusammengefasst werden. Hier lautet die Fragestellung: „Wie kann das Management die Entwicklung einer Vision und daraus abgeleitet die strategische Mission mit den Unternehmensgrundsätzen oder Leitlinien verknüpfen?" Die nachfolgend dargestellte „Balanced Scorecard zur Angebotspolitik" sollte in der Praxis der Unternehmenssteuerung um die noch fehlenden Ziel- und Wertdimensionen (wie zum Beispiel Innovationsfähigkeit, soziale und ökologische Verantwortung) erweitert werden (siehe Abb. „Wertebalancierte Unternehmensführung"). Führung im Gastgewerbe muss in jeder Hinsicht auf Balance bedacht sein. Durch Integration, Beständigkeit und Charakter ausgezeichnete Persönlichkeiten müssen mit ökonomischen und ökologischen Verantwortungsbewusstsein Innovationskraft mit sozialer Kompetenz und Effizienz nachhaltig verbinden. Wer materielle Wertsteigerung anstrebt, sollte sich gleichzeitig der Auseinandersetzung immaterieller Werte stellen. Die wertebalancierte Unternehmensführung sucht alle definierten Steuerungsinstrumente abzugleichen, aufeinander abzustimmen und in ihren Zielfeldern möglichst deckungsgleich zu gestalten. Vom Leitbild über die Jahreszielsetzung sollen Strategien im Rahmen der Balanced Scorecard bis hin zur Qualitäts-, Umwelt- und Sozialauditierung mit dynamischem Controlling für das Lern-, Wissens- und Veränderungsmanagement der Zukunft genutzt werden.

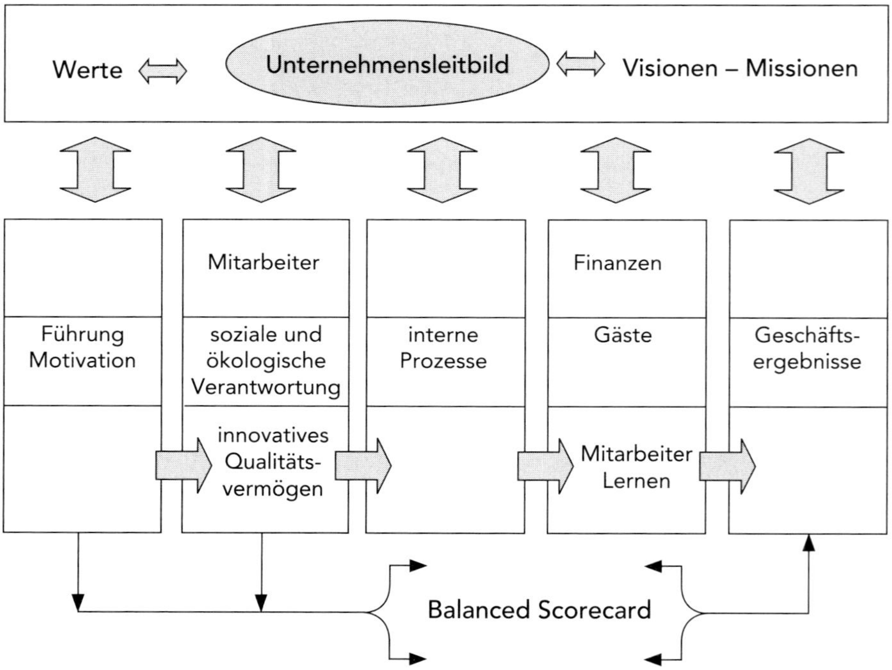

Wertebalancierte Unternehmensführung

Das eingebundene Konzept der Balanced Scorecard zwingt dabei zur klaren Zielformulierung und hilft Strategien in Maßnahmen und Aktionen umzusetzen. Vor allen Dingen verbindet die BSC die Perspektiven: „Finanzen", „Gäste", „Interne Prozesse" und „Mitarbeiter – Lernen" in einem ausgewogenen Verhältnis durch Klarheit von Ursache-Wirkungs-Beziehungen. Nur einer strategiefokussierten Organisation gelingt es, Visionen und Strategien in ein ausgewogenes Zielsystem zu übersetzen.

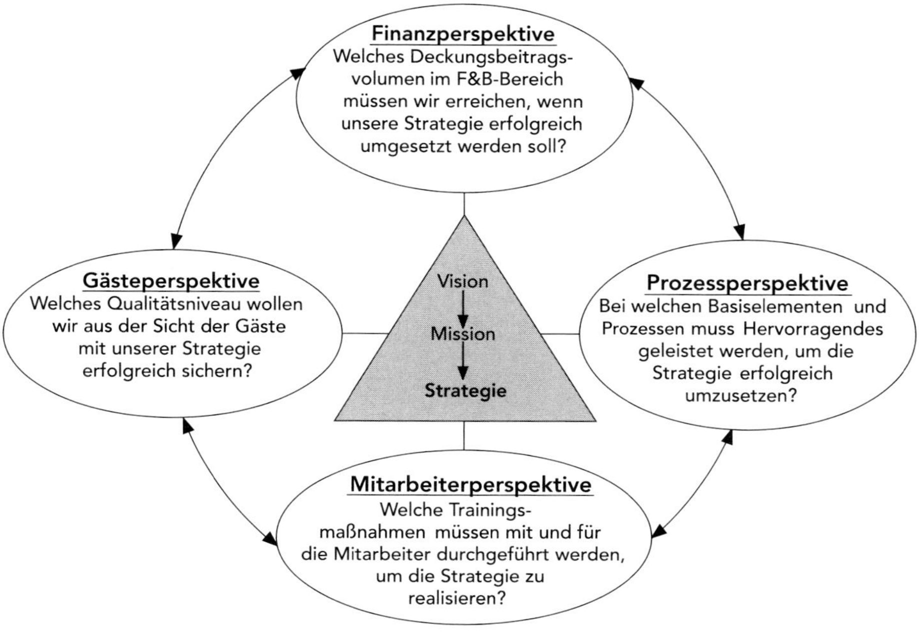

Ausgewogenheit der Perspektiven zur Angebotspolitik

Zielorientiertes F&B-Management beinhaltet Herausforderungen: Unterscheiden sich unsere Ziele von denen unserer Mitbewerber? Können wir uns mit der Zielerreichung am Markt differenzieren? Wie geben wir unsere Ziele vor (in Euro, verbal oder mit Vereinbarungen)? Sind unsere Ziele den Mitarbeitern bekannt? – Besteht Einvernehmen über die Ziele? Sind unsere Ziele ausgewogen und berücksichtigen mehrere Perspektiven? Wird die Zielerreichung kontrolliert und honoriert? Lernt das Management aus Erfüllung bzw. Nichterfüllung der gesetzten Ziele?

Um das strategische Ziel „Flexible Angebotsgestaltung im F&B-Bereich" zu erreichen, muss das oberste Ziel einer optimalen und von den nachfragenden Gästen auch bezahlbaren Qualität der F&B-Produkte und Dienstleistungen als Basisforderung dienen.

Bei der strategischen Planung der flexiblen Angebotsgestaltung im F&B-Bereich soll der nachfolgend beschriebene Überblick zum Aufbau einer Balanced Scorecard „Angebotspolitik Food & Beverage" dazu anregen, sich verstärkt, ausgewogen und systematisch um sein nachfragegerechtes und zeitgerechtes Angebot im Gastgewerbe zu bemühen.

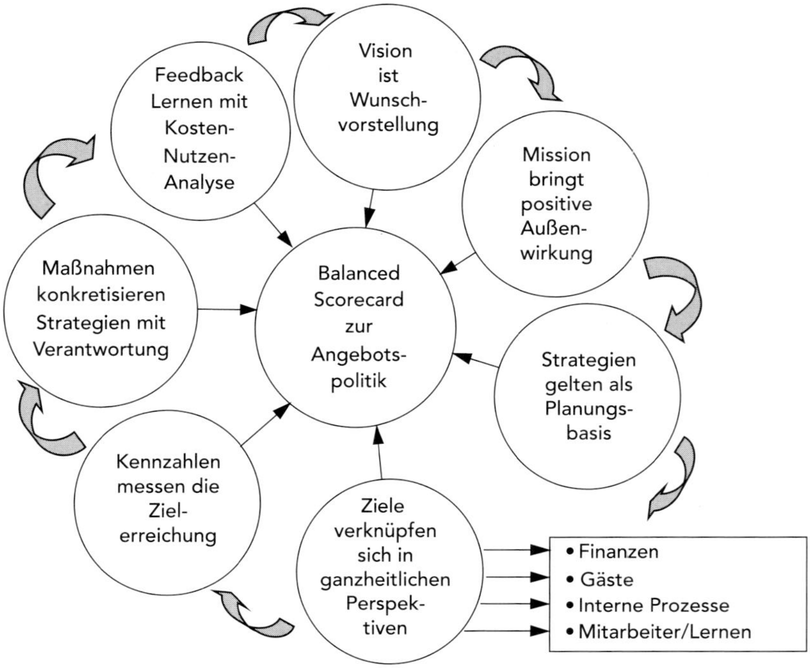

Elemente einer Balanced Scorecard zur Angebotspolitik

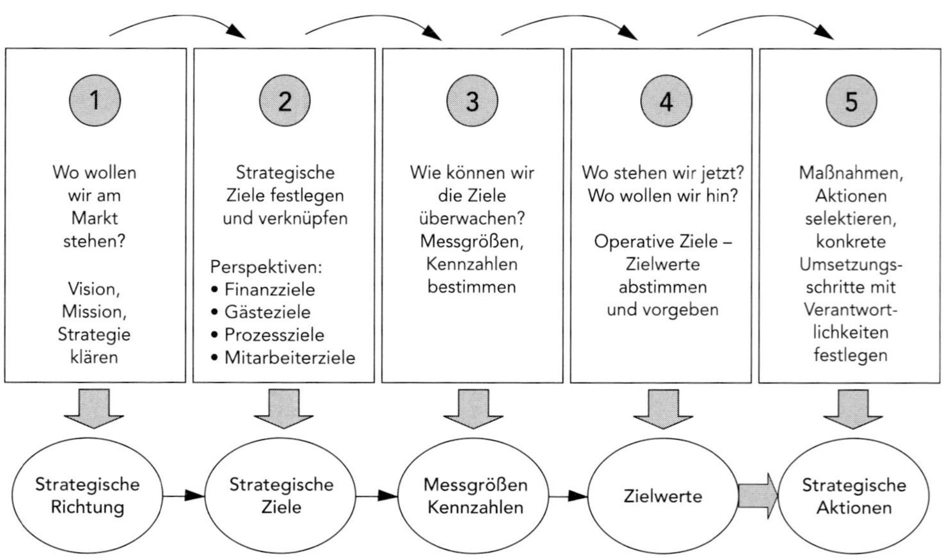

Aufbau einer Balanced Scorecard zur Angebotspolitik F&B

Aufbau einer Balanced Scorecard „Angebotspolitik Food & Beverage"

Von **strategischen Impulsen** mit **Vision** und **Mission** leiten sich aus den **Strategien** als Ausgangspunkt und Richtung die **strategischen Ziele der Angebotspolitik** ab. Dabei sollen jene wenigen entscheidenden Ziele auf der BSC erscheinen, von denen der Erfolg der Strategie abhängt. Alle anderen Ziele sind eher Unterziele und werden als „Werkzeug" zu Maßnahmen der eigentlich angestrebten Strategie. So gehören auch nur **Kennzahlen** auf die Balanced Scorecard, die einen eindeutigen Bezug zu den strategischen Zielen haben. Die usgangsfrage heißt dabei: „Woran merkt man, dass das strategische Ziel erreicht wird?" Jedes Ziel ist messbar! Bevor die operativen Ziele mit den **Zielwerten** festgelegt werden, erfolgt ein Abgleich mit dem Ist-Zustand: Wo stehen wir, wo wollen wir hin? Jetzt erst werden die konkreten Maßnahmen zur flexiblen Angebotsgestaltung im F&B-Bereich mit den entsprechenden Verantwortlichkeiten im Zeitplan festgelegt. Das Denken in verknüpften Perspektiven führt zu einem ausgewogenen (= **„balanced"**) Zielsystem (= **„scorecard"**).

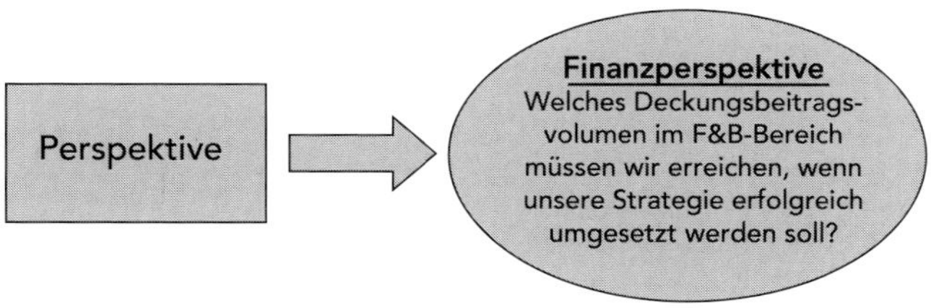

Strategische Ziele	Kennzahlen	Operative Ziele	Maßnahmen – Aktionen
• Personalkosten – Küche senken • Wareneinsatz Food beibehalten • Steuerung des Umsatzmix Food	• Küchenpersonalkosten pro Gast • Potential-Food-Cost-Sparsamkeitsgrad • Struktureffekt der Angebotsgruppen	• Senkung um 5 % • Actual Food Cost = 28 % von Speisen • Sparsamkeitsgrad = 0,95 % • Steigerung des DB-Volumens pro Angebotskarte um 2 %	• Mischküche mit Convenience-Food-Produkten fördern • Auswertung Varianzanalyse Personalkosten F&B • standardisierte Speiseartikel erstellen • Auswertung Varianzanalyse Wareneinsatz Food • DB-Flussrechnung für alle Angebotskarten Food (Auswertung)

Finanzperspektive

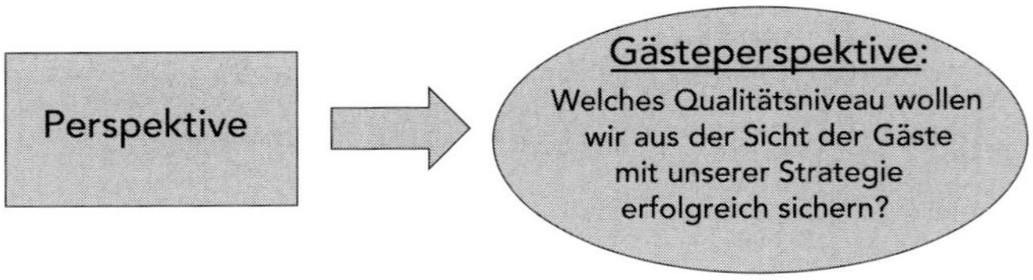

Strategische Ziele	Kennzahlen	Operative Ziele	Maßnahmen – Aktionen
• Gästeloyalität erhöhen	• Anzahl der Wiederholungsgäste	• Steigerung um 15 %	• gastronomische Erlebniswerte schaffen • Gäste als Betriebsberater involvieren
• Gesundheitsförderndes Food-Angebot	• Anteil der Gäste 50 plus	• Steigerung um 10 %	• Gesundheitsberatung; spezielle Angebote für ältere Gäste
• Mund-zu-Mund-Werbung fördern	• Werbeaufwand pro Gast	• Senkung um 5 %	• Produkt- und Servicedifferenzierung gegenüber Mitbewerbern

Gästeperspektive

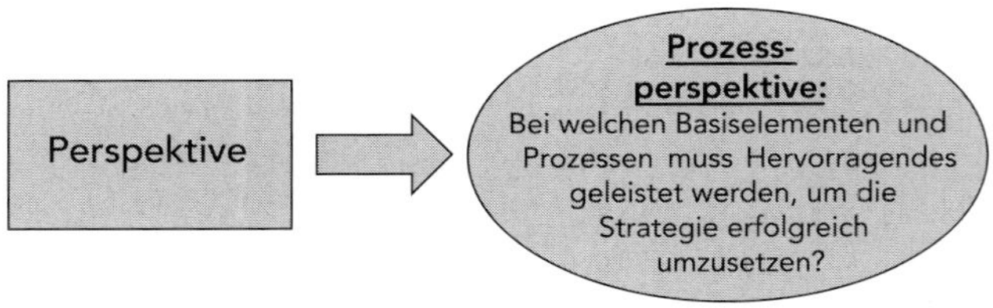

Strategische Ziele	Kennzahlen	Operative Ziele	Maßnahmen – Aktionen
• Standardkarten optimieren • Tageskarten, Gruppen-Pensionsmenüs verbessern • Vorausplanung von Tagungen und Banketten • Optimierung des Getränkeangebots	• Produktivitätsindex F&B • Brutto-G&V Rg. pro Hauptartikel • Prognose-G&V Rg. pro Veranstaltung • DB-Volumen pro Getränkegruppe	• Steigerung des Index um 0,5 Punkte • Steigerung des DB II um 2 % • Steigerung des Bruttogewinns um 5 % • Steigerung des DBV um 3 %	• Interpretation und Anpassungsentscheidungen mit: – Speisekartendiagnose – Angebotsanalyse – Brutto-G&V Rg. – Hauptartikel – Hurstmethode – DB Index – Ziel-Wert-Index-Analyse – Differenzierte Kalkulationsfaktoren • Vorauskalkulation, Bankettkontrollbuch • Auswertung und Anpassung durch ABC-Analysen pro Getränkegruppe

Prozessperspektive

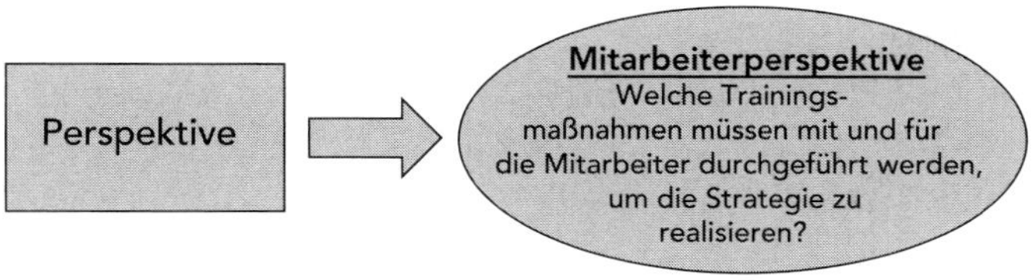

Strategische Ziele	Kennzahlen	Operative Ziele	Maßnahmen – Aktionen
• Kreative Qualität mit Convenience-Food • Standardisierung des F&B-Angebots • Umsatzsteigerung deckungsbeitragsfreudiger Produkte	• % Anteil der Convenience-Produkte • Sparsamkeitsgrad – Soll/Ist-Wareneinsatz • DB-Volumen pro Produktgruppe	• Anstieg auf 70 % des gesamten Food-Angebots • Sparsamkeitsgrad auf 95 % • Steigerung um 3 %	• Veredelung und Verfeinerung der Convenience-Produkte in der Mischküche • Auswertung Varianzanalyse • Standardisierte Food-Rezepte • Standardisierte Cocktailrezepte • Verkaufstechniken schulen • Zusatznutzen fördern

Mitarbeiterperspektive

Auszug einer Balanced Scorecard: Angebotspolitik Food & Beverage

Vision:

Wir wollen bis 2010 mit einem gesundheitsbetonten F&B-Angebot als **erlebnisreichster Gastronomiebetrieb unserer Kategorie im Einzugsbereich** gelten.

Mission:

Unser geschultes Küchen- und Serviceteam garantiert mit höchsten Standards in Produktion und Service und einem flexiblen F&B-Angebot unseren Gästen gastronomische Erlebnisse.

Vernetzung der Ziele (Ursache-Wirkungs-Ketten)

Jeder Erfolg ist vom Zusammenwirken mehrerer Faktoren abhängig. So stehen strategische Ziele nicht losgelöst und unabhängig nebeneinander, sondern sind miteinander verknüpft. Die Vernetzung der Ziele (Ursache-Wirkungs-Ketten) verdeutlicht, wie die Zielerreichung der Strategie in den Perspektiven durchgesetzt werden kann. Die Vernetzung von Ursache-Wirkungs-Ketten fördern:

- das gemeinsame Verständnis von der Strategie und Bedeutung von Zielen
- das Bewusstsein über Zusammenhänge, Effekte und Abhängigkeiten
- die Zusammenarbeit der betroffenen Abteilungen zur Zielerreichung

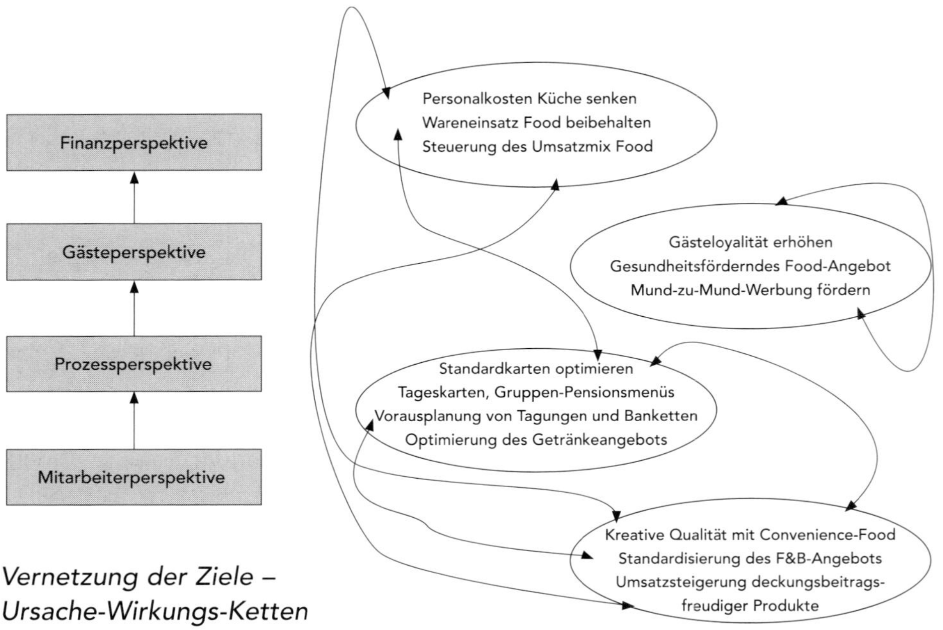

Vernetzung der Ziele – Ursache-Wirkungs-Ketten

Konkurrenzanalyse für den Restaurationsbereich

Es ist heute eine Selbstverständlichkeit, dass Sie Ihre Konkurrenten, deren Produkt, Serviceleistungen und Verkaufsmethoden kennen. Man muss wissen, „was die Konkurrenz macht", denn dieses Wissen ist eine wichtige Voraussetzung für die Entwicklung und Taktik Ihrer eigenen Verkaufsmaßnahmen auf dem Markt.

Die Kunst der Verkaufstaktik besteht zum großen Teil darin, es anders zu machen – anders als die Konkurrenz, anders und besser, als der Gast es erwartet. Bei dem oft vorzufindenden gastronomischen „Einheitsangebot" fällt es bei steigender Anzahl von Mitbewerbern schwer, seinen Marktanteil zu behaupten oder zu erweitern.

Es ist leicht verständlich, dass durch die Betonung gleicher Verkaufsargumente, die auch für das Angebot des unmittelbaren Konkurrenten zutreffen, nicht nur das eigene Angebot ins rechte Licht gesetzt wird, sondern man auch indirekt für seinen Konkurrenten arbeitet. Es geht um Produktdifferenzierung, stetige Verbesserung der Serviceleistungen für den Gast, das Erkennen und Auswerten der eigenen Marktchancen.

Im Rahmen der Marktforschung, der Marktanalyse (Bestandsaufnahme) und Marktbeobachtung (laufende Beobachtung) soll die Konkurrenzanalyse die grundsätzlichen Marktverhältnisse erarbeiten, kurz- und langfristige Veränderungen sichtbar werden lassen, Hinweise für die Gestaltung der Angebotspalette geben und Grundlagen für den wirkungsvollen Einsatz absatzwirtschaftlicher Instrumente schaffen.

Folgender Fragenkatalog dient zur systematischen Aufzeichnung der Tatsachen und Bedingungen, um mit einem dynamischen Angebot auf dem Gastronomiemarkt den vielfältigen Interessen der Gäste entgegenzukommen.

Fragenkatalog zur Konkurrenzanalyse

A. Produktbeschreibung

Angabe von Name und Standort des Gastronomiebetriebes

1. Welcher Betriebsart, welcher Betriebskategorie gehört der untersuchte Betrieb an?
2. Wie sind die Betriebsöffnungszeiten?

3. Welches Grundkonzept, Thema verfolgt der Gastronomiebetrieb?
4. Welche Eigentums- und Führungsverhältnisse (Eigentümer, Pächter, Rechtsform) treffen für den Betrieb zu?
5. Für welchen Marktanteil ist der Gastronomiebetrieb konzipiert, welche Zielsetzung wird verfolgt?
6. Welche Vorteile hat die Lage des Konkurrenzbetriebes? (Lagebeschreibung, Beschreibung der unmittelbaren Umgebung, Verkehrsverbindungen)
7. Über welche Betriebsgrößenstruktur verfügt der untersuchte Betrieb? (Anzahl der Restaurationsräume, Veranstaltungsräume mit Sitzplätzen, Arten der Tische – 2er-, 4er-Tische)
8. Wie sind Ausstattung und Stil? (Möbelinventar, Dekoration)
9. Welche Besonderheiten kennzeichnen den Gastronomiebetrieb in Bezug auf Ausstattung und Dekoration?
10. Welche Verkaufsbesonderheiten fallen Ihnen für das Restaurant auf? (Schaustücke, Displays, Büffets)
11. Entspricht das Unterhaltungs- oder Musikprogramm dem zuvor beschriebenen Thema?
12. Wie sind die sonstigen Einrichtungen beschaffen? (Garagen, Pkw-Abstellplätze, Ausstattung mit Garten, Terrassen)
13. Was unternimmt die Konkurrenz für die Werbung? (Sammlung des Werbematerials der Konkurrenz)
14. Welche Verkaufsargumente setzt die Konkurrenz ein?
15. Welche Vor- und Nachteile hat der Konkurrenzbetrieb im Hinblick auf seine Lage, bauliche Struktur, Innenausstattung und Grundkonzeption?
16. Wie beurteilen Sie die Gestaltung der Speise- und Getränkekarten? (Beschreibung von Kartengestaltung, Papier, Format, Farben, Aufmachung)
17. Wie viele Speiseartikel werden je Kategorie angeboten? (Wie ist die Tages- und Standardkarte gegliedert, welche Verkaufsbesonderheiten fallen auf?)
18. Welchen Eindruck haben Sie von der Präsentation der Speiseartikel, der Standardisation und der Qualität?
19. Entspricht das Getränkeangebot dem Thema des Restaurants?
20. Ist das Servicepersonal geschult, Verkaufs- und Werbegespräche zu führen?
21. Wie beurteilen Sie das Servicematerial? (Tischwäsche, Porzellan, Aschenbecher, Sektkühler, Gläser, Bestecke, Brotkörbe, Pfeffer und Salz, Zucker, Senf, Zahnstocher, Tranchierbesteck)
22. Welche technische Ausstattung beim Service hat der Gastronomiebetrieb? (Flambierwagen, Mokkawagen, Salatwagen, Dessertwagen)

B. Geschäftspotenzial

23. Welcher Kundenkreis besucht die Konkurrenz? (Alter, Nationalität, Familien, Kaufkraft, gesellschaftlicher Stand)
24. Mit welcher Sitzplatzfrequenz (durchschnittlicher Sitzplatzumschlag) arbeitet in etwa der Betrieb je Servicezeit?
25. Wie variiert die Auslastung des Betriebs innerhalb der verschiedenen Wochentage? (Hauptgeschäftstage, Hauptgeschäftszeit)
26. Was schätzen Ihrer Meinung nach die Gäste an dem Konkurrenzangebot (welche Erwartungen werden erfüllt)?
27. Welche Werbeargumente und welche Werbemittel setzt die Konkurrenz ein?
28. Welche Beziehungen hat der Gastronomiebetrieb zur Öffentlichkeit (Public Relations), zur Presse, zu Berufsverbänden, zu Lieferanten, zur Konkurrenz?
29. Mit wie vielen Stammgästen kann der Konkurrenzbetrieb rechnen?
30. Welche Personenzahl kann der Gastronomiebetrieb für Gesellschaften, Gruppen aufnehmen? (Betriebsfeiern, Hochzeiten)
31. Welche Verkaufspreisstruktur hat der Konkurrenzbetrieb? (Durchschnittsverkaufspreise je Kategorie, wie Suppen, Fleischgerichte, Fischgerichte, Salate)

C. Betriebskostenkontrolle

32. Wie viel Personal wird mindestens und höchstens im Service eingesetzt? (Anzahl der Gäste je Bedienung, Serviceart, Extrapersonal)
33. Mit welchem Wareneinsatz für Speisen und Getränke (in Prozent) arbeitet in etwa der Konkurrenzbetrieb? (Zugrundelegung der eigenen Einkaufspreise)
34. Mit welchem Personalaufwand wird der Konkurrenzbetrieb arbeiten? (Küche, Service, Verwaltung – unter Berücksichtigung der eigenen Gehaltsstruktur)
35. Mit welchem Durchschnittserlös je Gast für Speisen und Getränke arbeitet das Restaurant? (Wie hoch war Ihre eigene Rechnung?)
36. Welchen Speisenumsatz und welchen Getränkeumsatz kann der Betrieb bei maximaler Auslastung und bestehender Preisstruktur je Tag erzielen?
37. Entspricht die Personaleinteilung und Überwachung (Servicestationen, Servicewege) dem angebotenen Qualitätsstandard?
38. Welches Kontrollverfahren wird für dieses Restaurant eingesetzt? (Restaurantkassierer, elektronische Registrierkassen, Computerkassen, Bonbücher)
39. Mit welchem Bruttobetriebsgewinn (Überschlagsrechnung) kann der Betrieb bei der jetzigen Auslastung rechnen? (Berechnung anhand von Betriebsvergleichen und geschätzter Auslastung)

D. Auswertung

40. Welche Arbeitsabläufe sind im untersuchten Konkurrenzbetrieb besser organisiert als im eigenen?
41. Welche Serviceleistungen für den Gast sind besser?
42. In welchen Punkten unterscheidet sich der eigene Betrieb vom Konkurrenzbetrieb?
43. Wo ist die Geschäfts- und Angebotspolitik des Konkurrenzbetriebes besser?
44. Sind die Preisunterschiede für das gleiche Angebot gerechtfertigt? Wie stehen die Verkaufspreise im eigenen Betrieb im Verhältnis zur Konkurrenz?
45. Entspricht der Service der Konkurrenz auch den Wünschen Ihrer Gäste?
46. Mit welchen Werbeargumenten können neue Gäste erreicht werden?
47. Kann sich das Personal mit der Geschäftspolitik und dem eigenen Angebot des Betriebes identifizieren?
48. Inwieweit ist der Konkurrenzbetrieb besser rationalisiert und standardisiert?
49. Mit welchen Verkaufsbesonderheiten und Serviceleistungen können Sie sich vom Angebot der Konkurrenzbetriebe differenzieren (Produktdifferenzierung)?
50. Welchen Markt (Gästekreis) hat die Konkurrenz noch nicht erfasst?
51. Welche Maßnahmen zur Verkaufsförderung werden Ihren eigenen Betrieb am besten herausstellen?
52. Welches kulinarische Niveau (Qualität, Sortimentsbreite und Sortimentstiefe) streben Sie bei welchem Preisniveau für das nächste Geschäftsjahr an?
53. Welche Servicezeit gilt es zu fördern? (Vormittagsgeschäft, Mittagsgeschäft, Nachmittagsgeschäft, Abendgeschäft, Nachtgeschäft, Wochentagsgeschäft, Wochenendgeschäft)
54. Welche Gästegruppen, Gästeschichten und Anlässe können Sie in Ihrem eigenen Betrieb noch erweitern? (Vereine, Stammtische, Hochzeiten, Seminare)
55. Welche Kooperationsmöglichkeiten sehen Sie mit den Konkurrenzbetrieben im Einzugsgebiet (gemeinsamer Einkauf, Verbund, Werbung)?

Planung und Erstellung des Speise- und Getränkeangebots

Gestaltung der Speisekarte

Als „Visitenkarte" des Gastronomen ist die Speisekarte ein wirksames Instrument der Verkaufsförderung, wenn es gelingt, die Angebotspalette „dramatisch-phantasievoll" und abwechslungsreich auf den zu erwartenden Gästekreis hin abzustimmen. Dabei ist der Einflussbereich der Speisekarte weit größer, als man annimmt. Eine Speisekarte soll Kaufimpulse wecken und verstärken, das Angebot von Speisen transparent gestalten, die Zeit bis zum Service überbrücken, Qualität und Atmosphäre dokumentieren, den Gast emotional ansprechen und ihm bei der Auswahl helfen, Sonderangebote herausstellen und allgemein das Image des Hauses heben.

Eine Herausforderung für den engagierten Gastronomen: Als Instrumentarium zur Revision der Speisekarte gehören neben der einfallsreichen grafischen Gestaltung die Gästestrukturanalyse, die Sortimentsanalyse, die Preisanalyse, die Umsatz- und Verkaufsanalyse, Befragungen und Beliebtheitstests des bisherigen Speiseartikelprogramms.

Folgende Zusammenstellung soll Anregungen vermitteln, die bei der Revision von Speisekarten berücksichtigt werden sollten.

Revision der Speisekarte:

1. Vor der Revision der Speisekarte wird eine detaillierte Verkaufsanalyse erstellt und die Anzahl der durchschnittlich verkauften Portionen pro Öffnungstag ermittelt.
2. Aufgrund der Verkaufsanalyse und des ermittelten Beliebtheitsgrades

   $$\frac{\text{Anzahl der verkauften Portionen}}{\text{Gesamtzahl der bedienten Gäste}}$$

   sind die am häufigsten und die am wenigsten verlangten Speisen bekannt.

3. Für sämtliche Speiseartikel sind zur Standardisierung der Qualität und als Grundlage für die Soll-Wareneinsatzberechnung Rezepte erstellt und überprüft worden.
4. Das Zahlenverhältnis der einzelnen Gruppierungen, wie kalte Vorspeisen, Suppen, warme Vorspeisen, Fischgerichte der Standardkarte ist in sich ausgeglichen und harmonisch.

5. Aufgrund der Artikelanzahl gibt es keine Schwierigkeiten beim Service, in der Küchenproduktion und in der Lagerhaltung.
6. Die Tageskarte mit den Menüs und den saisonalen Artikeln wird im Vorhinein auch auf die Preise hin von der Direktion überprüft, entspricht der Nachfrage und dient nicht nur als „Restverwertungskarte" für die Fehlplanung und Überproduktion des Küchenchefs.
7. Ein Sprachengemisch bei den bezeichneten Speisen wird vermieden, internationale Garnituren sind mit verständlichen Erläuterungen versehen.
8. Die Speisekarte ist nach internationalem Standard gegliedert und „leseappetitlich" für den Gast.
9. Dem zu erwartenden Gästekreis entsprechend sind anderssprachige Speisekarten verfügbar.
10. Die stets sauberen Karten sind, dem Geschäftsvolumen angepasst, in ausreichender Anzahl vorhanden.
11. Die verschiedenen Angebotskarten (Speisekarte, Getränkekarte, Dessertkarte, Weinkarte) sind in Angebot, Preisen, Format und grafischer Gestaltung aufeinander abgestimmt.
12. Die einwandfreien und korrigierten Speisekarten bringen Art und Klasse des Betriebes zum Ausdruck.
13. Die auf den Angebotskarten betriebene Werbung für fremde Firmen (zur Kostensenkung) ist nicht das Hauptthema der Speisekarte.
14. Für die Anzahl, Reinigung und Sauberkeit aller Angebotskarten ist ein Servicemitarbeiter verantwortlich.
15. Das Artikelprogramm der Speisekarte ist dem vorhandenen Restauranttyp, den Servicemöglichkeiten, dem Servicematerial, dem vorhandenen Geschirr, der Küchenkapazität, der Ausbildung des Personals und dem zu erwartenden Gästekreis angepasst.
16. Ähnliche und vergleichbare Angebote in der Umgebung (Konkurrenz) werden ständig beobachtet und überprüft; klare Maßnahmen zur Produktdifferenzierung gegenüber der Konkurrenz werden ergriffen.
17. Die Speisekarte ist durch eine besonders originelle Gestaltung mit Illustrationen, Fotos, durch eine Geschichte des Hauses, durch Legenden zu den Speisen auch grafisch so attraktiv aufgemacht, dass sie gerne von den Gästen als Souvenir mitgenommen wird.
18. Speisekarten als Souvenir werden zum Selbstkostenpreis an die Gäste abgegeben, ein entsprechender Hinweis steht auf der Karte.
19. Die Angebotskarten sind der Jahreszeit mit den saisonalen Gerichten angepasst.

20. In Abständen werden die Portionsgrößen anhand des Rücklaufs der servierten Gerichte zur Abwaschküche überprüft.
21. Gerichte mit einer längeren Zubereitungsdauer sind auf der Speisekarte mit Zeitangabe versehen.
22. Im Rahmen der betriebsinternen Mitarbeiterausbildung hat das Bedienungspersonal Gelegenheit, zusammen mit den Erläuterungen des Küchenchefs sämtliche Speiseartikel kennen zu lernen. Vor jeder Servicezeit werden Verkaufsargumente besprochen.
23. Das Bedienungspersonal wird sofort informiert, wenn von einem Gericht nur noch wenige Portionen vorhanden sind.
24. Sollten von der vorgedruckten Speisekarte einige Gerichte ausgegangen sein, so wird der Gast vor seiner Bestellung darüber informiert.
25. Gerade die nicht standardisierten Tagesspezialitäten werden von der Direktion vor dem Service auf Präsentation und Preisgestaltung hin überprüft.
26. Besonders preiswerte Tellergerichte für den eiligen Gast werden angeboten.
27. Das Angebot der Speisen ist unter Berücksichtigung der täglichen Mise-en-place-Kosten optimal zusammengestellt.
28. Bei der Kreation von neuen Speiseartikeln werden neben dem Warenaufwand auch die Kosten für den Geschirrabwasch und der Personalaufwand berücksichtigt.
29. Wo immer passend (am Eingang des Betriebes, im Gästefahrstuhl, auf den Gästezimmern) sind Speisekarten gut sichtbar und leicht lesbar angebracht.
30. Die Verkaufsräumlichkeiten, die Einrichtung, die Dekoration, Tischwäsche und Tischdekoration, Servicegeräte und Beleuchtung des Restaurants entsprechen dem Angebot.
31. Hausspezialitäten, saisonale Tagesspezialitäten und regionale Spezialitäten werden besonders hervorgehoben.
32. Unaufgefordert werden den Gästen vor Entgegennahme der Bestellung die Angebotskarten überreicht (beim Überreichen der Gästerechnung sind die Karten in Reichweite).
33. Die angebotenen Gerichte werden ständig auf die mit dem Küchenchef vereinbarte Präsentation, Qualität und Portionsgrößen hin überprüft.
34. Das Artikelprogramm mit dem Service-Arbeitsablauf ist insbesondere in Bezug auf Kontrollsysteme organisiert.
35. Wo passend werden zu den Gerichten besondere Getränke empfohlen.
36. Beim Nachdruck von Speisekarten ist es möglich, ohne Mehrkosten einzelne Angebote und Preise auszuwechseln.
37. Die festgelegten Preise sind konkurrenzfähig, dem Nachfragekreis angepasst und werden periodisch kostenorientiert überprüft.

38. Die Verkaufspreise der verschiedenen Gerichte sind im Vergleich zueinander und gemessen an deren Art, Qualität und Präsentation aufeinander abgestimmt.
39. Die zu erwirtschaftenden Roherträge für sämtliche verzeichnete Gerichte sind bekannt.
40. Für den Gast besteht die Möglichkeit, die Rezepte der Spezialitäten des Hauses zu erwerben.
41. Kalorienarme Gerichte und Speisen für Vegetarier werden angeboten (Diät-, Kalorien-, Fitness-Menüs).
42. Verkaufsförderungsmaßnahmen, wie Verkauf am Tisch, Hors-d'œvre-Wagen, Salatwagen, Dessertwagen, Kaffee- und Mokkawagen, Getränkewagen, Köche im Restaurant, effektvolle Darbietung der Speisen, farbenprächtige Verkaufsbuffets und attraktive Displays sind mit den Speisekarten aufeinander abgestimmt und werden abwechslungsreich und für die Gäste interessant gestaltet.
43. Auf Außer-Haus-Verkaufsangebote (Pralinen, Kuchen, Weine, Bankettarrangements) wird auf den Speisekarten hingewiesen.
44. Preiswerte Kindermenüs auf bunten Menükarten gehören zum Angebotsprogramm.
45. Spezialitätenwochen aus anderen Regionen und kulinarische Wochen wie Wild-, Spargel-, Fisch-, Fitness-Wochen sorgen für ein abwechslungsreiches Speiseangebot.
46. Tischaufsteller mit Sonderangeboten (z. B. spezielle Eiscreme-Kreationen) entsprechen der Aufmachung der verwendeten Speisekarten.
47. In den Gästeaufzügen wird attraktiv das Tagesmenü (auswechselbar) ausgehängt.
48. Das Format der Speisekarte ist handlich, lager- und stapelfähig; das Papier ausreichend stark, abwaschbar, strapazierfähig und der Einband der Karte funktionstüchtig und haltbar. Das Schriftbild des Speiseangebots wirkt „leseappetitlich", das Emblem des Betriebes als Erkennungs- und Gütezeichen ist gut sichtbar und einheitlich auf allen Angebotslisten platziert.
49. Mit geschickter Text- und Raumgestaltung ist das übersichtliche Speiseangebot so attraktiv und abwechslungsreich mit Illustrationen und Fotos gestaltet, dass der Gast animiert wird, sich mit der Speisekarte zu beschäftigen.
50. Zu Vergleichszwecken werden Angebotskarten von anderen Hotels und Gaststätten gesammelt, Aufmachung und Inhalt der eigenen Speisekarte mit der anderer, entsprechender Betriebe verglichen, um Erfahrungen zu sammeln und Verbesserungen zu übernehmen.

Gestaltung der Getränkekarte

Getränke als Halbfertig- oder Fertigprodukte erwirtschaften einen höheren Deckungsbeitrag pro Artikel als Speisen. Die Getränkekarte ist für den Gast die Visitenkarte des Gastwirtes. Ein gut sortiertes Getränkeangebot, das in fachlicher wie in grafischer Hinsicht die Ware in den engeren Begehrkreis des Verbrauchers zu rücken weiß, Kaufimpulse erzeugen und verstärken kann, dabei die Qualität und Atmosphäre des Betriebes dokumentiert, dient als unentbehrlicher „Verkaufsförderer" im Gaststättengewerbe.

DIE GETRÄNKEKARTE
als Visitenkarte des Gastwirts soll:

1. Kaufimpulse wecken und verstärken
2. Eine Verbindung zwischen Produkt, Gast und Betrieb schaffen
3. Informieren
4. Die Zeit bis zum Service überbrücken
5. Getränkeangebot transparenter gestalten
6. Qualität und Atmosphäre dokumentieren
7. Dem Gast bei der Auswahl helfen
8. Sonderangebote herausstellen
9. Emotional den Gast ansprechen
10. Das Image des Hauses heben

Getränkekarte als Verkaufsförderer

Folgende Hinweise dienen zur Anregung für den Aufbau und die Gestaltung eines verkaufsfördernden Getränkeangebots.

Äußere Gestaltung des Getränkeangebots

1. Die Getränkekarte wird von der Speisekarte getrennt als „Verkaufsförderungsmittel" eingesetzt.
2. Das Format der Getränkekarte ist handgerecht, praktisch und lagerfähig.
3. Einband und Papier der Karte sind stabil, strapazierfähig und abwaschbar.
4. Die einzelnen Seiten der Getränkekarte lassen sich unkompliziert auswechseln. Der Nachdruck der Angebotskarten mit veränderten einzelnen Artikeln und Preisen ist ohne Mehrkosten möglich.
5. Druck und Schriftbild sind sauber, „lese-appetitlich", stilgerecht und farblich passend.
6. Die Umschlagseite ist mit gut durchdachten Farbaufnahmen als „eye-catcher" (Blickfang) attraktiv und stimulierend für den Gast aufgemacht.
7. Dabei ist das Dekor originell auf die Atmosphäre des Restaurants oder der Gaststätte abgestimmt und erregt Aufmerksamkeit.
8. Die Kartenbezeichnung „Getränkekarte" und das Emblem des Betriebes als Erkennungs- und Gütezeichen sind deutlich und augenfällig gut platziert.
9. Alle Getränkekarten und deren Umhüllungen sind sauber und stets in genügender Menge vorhanden.
10. Die Getränkekarte ist zusammen mit der Speisekarte neben dem Eingang zu Ihrem Betrieb gut sichtbar, beleuchtet angebracht.
11. Die internen Werbemöglichkeiten, mit Postern und Tischaufstellern auf das vorhandene Getränkeangebot aufmerksam zu machen, sind voll ausgeschöpft.
12. Attraktive „beverage displays" am Eingang des Restaurants weisen auf besonders günstige oder saisonale Getränkeangebote hin.
13. Auf Außer-Haus-Verkaufsangebote (z. B. Weine) wird auf der Rückseite der Getränkekarte hingewiesen.
14. Der Verkauf am Tisch mit Getränkewagen für den Aperitif und Digestif wird zusätzlich zur Getränkekarte als Verkaufsförderung forciert.
15. Auf den Gästezimmern sind Minibar-Eisschränke mit einem gut sortierten Getränkeangebot vorhanden.

Innere Gestaltung der Getränkekarte

16. Die Gliederung des Getränkeangebots ist übersichtlich, systematisch und in der jeweiligen Getränkegruppierung anzahlmäßig wirtschaftlich gestaltet.

17. Eine listenhafte, nüchtern-sachliche Aufzählung der Getränke kann den Gast nicht emotional ansprechen; eine geschickte, grafische Text- und Raumgestaltung muss ihn fesseln.
18. Werbezuschüsse von Getränkefirmen, Brauereien sind zwar kostenmindernd für den Pächter (Besitzer, Geschäftsführer) eines Restaurants oder einer Gaststätte, sollten aber nicht das Hauptthema einer Getränkekarte sein.
19. Informationen zu den Getränken (wie z.B. bei Weinen: Geschmacksangaben, Anbaugebiete, Herkunft, Rebsorten, Jahrgänge, Güteklasse, Lagerung und andere Charakeristika) mit der jeweiligen Ausschankform erleichtern das Getränkeverkaufsgespräch.
20. Aufgrund der Artikelanzahl gibt es keine Schwierigkeiten in der Lagerhaltung. Die am häufigsten und am wenigsten verlangten Getränke sind bekannt.
21. Eine verkaufsfördernde, originelle Getränkekarte wird von Gästen gern als Souvenir mitgenommen. Der Verkauf der Karte zum Selbstkostenpreis wird durch eine entsprechende Notiz angezeigt.
22. Bei der Festlegung der Getränkepreise wird eine kosten-, konkurrenz- und nachfrageorientierte Preispolitik betrieben.
23. Das Servicepersonal kennt die Getränkekarte genau genug und wird rechtzeitig informiert, wenn von einem Getränkeartikel nur noch wenige Flaschen zur Servicezeit vorhanden sind.
24. Die Getränkekarten werden periodisch auf Angebot, Preise, Inhalt und Aussehen überprüft.
25. Regelmäßig werden Aufmachung und Inhalt der Getränkekarte mit der anderer, vergleichbarer Betriebe verglichen.
26. Getränkespezialitäten, wie „offene Weine", „Diabetikerweine", alkoholfreie Getränke für den Autofahrer, „Lieblingsgetränke der Kinder", werden optisch hervorgehoben und herausgestellt.
27. Kombinationen von Speisen und Getränken, Hinweise zu passenden Gerichten sind bei der Getränkeangebotsgestaltung berücksichtigt.
28. Das Getränkeangebot ist so attraktiv und abwechslungsreich mit Illustrationen und Fotos gestaltet, dass der Gast animiert wird, sich mit der Getränkekarte zu beschäftigen.
29. Extra farblich gestaltete Tischaufsteller weisen auf besonders preisgünstige Getränke des Monats, der Saison hin (neben der regulären Getränkekarte).
30. Die in dem Betrieb angebotene Getränkeauswahl ist mit viel Sorgfalt und Sachkenntnis verkaufsfördernd gestaltet und spiegelt das Image des Hauses wider.

Speisekartenoptimierung

Jede Speisekarte hat ein gewisses „Stärken-Schwächen-Profil". Einige Artikel verkaufen Sie als Gastronom lieber als andere. Sie erwirtschaften einfach mehr Rohertrag und lohnen sich. Andere Speisenartikel dagegen sind kaum der Mühe wert und bedeuten oft nur Arbeit.

Praktiker und Betriebswirtschaftler haben versucht, mit differenzierten Verfahren wie „Speisekartendiagnose" (menu engineering), „ABC-Analyse" (Paretoanalyse), „Ziel-Wert-Index-Analyse" (goal value index analysis) die optimalen Speisenartikel herauszufinden. Ohne diese Analysen arbeitet jeder Gastronom mehr oder weniger im Dunkeln. Schon der Restauranttyp und das Marketingkonzept eines gastronomischen Betriebes diktieren Artikel, die man einfach haben muss. Sicherlich vermarktet der Küchenchef auch manchmal Artikel, die er einfach „loswerden" will. Werbewirksam zeigt sich eine Angebotskarte erst dann, wenn bestimmte Artikel mit einer einmaligen Attraktivität profilieren helfen. Aus den Augen lassen darf man bei allen Artikeln aber nicht den Arbeitsaufwand, den Wareneinsatz, den Beliebtheitsgrad bei den Gästen und nicht zuletzt den erwirtschafteten Rohertrag.

- Welche Artikel beeinflussen positiv die Gewinnsituation des Restaurants?
- Wie reagieren die Gäste auf Preisänderungen?
- Welche Umsatzstruktur (Umsatzmix) wirkt optimal?
- Wie hoch ist der Anteil der einzelnen Speisekartengruppen am gesamten Rohertrag?
- Wo sind Preiserhöhungen ratsam und wo nicht?
- Welche Artikel müssen mehr Verkaufsförderung erfahren?
- Wo fängt man mit standardisierten Qualität an?
- Welche Artikel müssen ersetzt oder neu formuliert werden?

Rentabilität im Food-Bereich

Der Begriff Rentabilität behandelt einen Fragenkomplex recht unterschiedlicher Problemstruktur. Wird der Überschuss am Einsatz gemessen, so ist eine Aussage über den Grad der wirtschaftlichen Ergiebigkeit – einer Form der Rentabilität – des zugrunde liegenden Produktionsprozesses möglich; nach überwiegender Meinung bildet die Überschuss-Einsatz-Relation die „relative Rentabilität".

Kann man mit Food allein rentabel arbeiten? Viele Restaurants schaffen das in der Praxis nur mit Food & Beverage. Die Personalkosten für den Food-Bereich mit Küche, Abwasch und Service sind zu hoch. Natürlich will jeder Gastronom mit seinen Hauptartikeln – Speisen in einem Speisenlokal – zumindest kostendeckend arbeiten, mit den Vorspeisen, Suppen, Desserts und den Getränken lassen sich dann die erhofften Gewinne erwirtschaften.

Welche Hauptspeisen, welche Tagesmenüs und welche Tagesgerichte auf den Angebotskarten zur Rentabilität im Food-Bereich beitragen können, beschäftigt Wissenschaftler wie Praktiker seit über ein Jahrzehnt. Von den Food-Cost-Prozentsatz-Gläubigen, über die zweidimensionale Portfolioanalyse: Speisekartendiagnose, den differenzierten Kalkulationsfaktoren, der dreidimensionalen Angebotsanalyse bis hin zur Ziel-Wert-Index-Analyse erscheint das Handwerkszeug zur Optimierung des Speisenangebots fein sortiert.

Individuelle G&V-Rechnung pro Hauptartikel

Mit der auf den Food-Bereich abgestimmten Deckungsbeitragsrechnung soll für den Gastronomen in einfacher und nachvollziehbarer Form eine individuelle Brutto-Gewinn-und-Verlust-Rechnung pro Hauptartikel (Speisen) als Grundinformation zusammengestellt werden. Auf dieser mathematischen Basis lassen sich Entscheidungen hinsichtlich der Angebotsgestaltung und -bereinigung, Preispolitik, Verkaufsförderungsmaßnahmen und Umsatzmixkontrollen mit erhöhter Sicherheit treffen. Es besteht jedoch kein Zweifel, dass selbst „ausgefeilte Zahlenwerke" allein kein Ersatz sein können für die Intuition des Gastronomen bezüglich des Verhaltens und der Reaktion auf Angebots- und Preisdifferenzierungsarten seiner Gäste.

Erläuterung zur Brutto-Gewinn-und-Verlust-Rechnung pro Hauptartikel (Speisen)

zu (a) Name des Artikels

Hier werden die in Konkurrenz stehenden Hauptartikel der Standard-Speisekarte, die saisonalen Tagesgerichte, Tages- und Pensionsmenüs und das „Lunch-Buffet" eingetragen. Der Gastronom muss nun entscheiden, welche Speisen er zu den Hauptartikeln seines Speisenlokals zählt. Mit entsprechender Preisgestaltung und täglicher Vermarktung dieser Hauptprodukte des Restaurants ist man hoffentlich

			Pro Portion (EUR)			Gesamt (EUR)							
Name des Artikels	Anzahl der verkauften Portionen Anzahl	%	Netto-verkaufs-preis	Soll-Waren-einsatz	Deckungs-beitrag I (Roh-ertrag)	Netto-Umsatz	Soll-Wareneinsatz EUR	%	Deckungs-beitrag I (Rohertrag)	Anteilige Fix-kosten	Sonstige variable Kosten EUR	%	Brutto-Gewinn/ Verlust
a	b	c	d	e	f = d – e	g = b x d	h = b x e	i	j = g – h	k	l = g x m	m	n= j – k – l
1. Huhn	24	12	6,95	1,74	5,21	166,80	41,76	25	125,04	40,00	58,38	35	26,66
2. Rumpsteak	20	10	11,95	4,78	7,17	239,00	95,60	40	143,40	40,00	83,65	35	19,75
3. Schnitzel	16	8	8,50	3,17	5,33	136,00	50,72	37	85,28	40,00	47,60	35	-2,32
4. Kalbsteak	7	3,5	8,95	3,01	5,94	62,65	21,07	34	41,58	40,00	21,93	35	-20,35
5. Lasagne	35	17,5	5,50	1,28	4,22	192,50	44,80	23	147,70	40,00	67,38	35	40,32
6. Seezunge	9	4,5	10,95	4,65	6,30	98,55	41,85	42	56,70	40,00	34,49	35	-17,79
7. Hummer	22	11	14,50	6,85	7,65	319,00	150,70	47	168,30	40,00	111,65	35	16,65
8. Sauerbraten	26	13	6,95	2,17	4,78	180,70	56,42	31	124,28	40,00	63,25	35	21,03
9. Lammkeule	29	14,5	6,75	1,78	4,97	195,75	51,62	26	144,13	40,00	68,51	35	35,62
10. Gulasch	12	6	8,95	3,33	5,62	107,40	39,96	37	67,44	40,00	37,59	35	-10,15
Gesamt	200	100				1.698,35	594,50		1.103,85	400,00	594,43		109,42
Gewichteter Durchschnitt					5,52			35	110,39	40,00		35	

Brutto-Gewinn-und-Verlust-Rechnung pro Hauptartikel (Speisen)

in der Lage, so viel Deckungsbeitrag zu erwirtschaften, dass die fixen Kosten (Bereitschaftskosten) des Restaurantbetriebes abgedeckt sind.

zu (b) Anzahl der verkauften Portionen
Die Ist-Anzahl der verkauften Portionen pro Tag oder Monat werden laut Verkaufsstatistik der Restaurantkasse für die Hauptartikel erfasst.

zu (c) Prozentsatz der verkauften Portionen
Die Gesamtanzahl der erfassten verkauften Portionen der Hauptartikel wird als 100 % gewertet. Der durch Division ermittelte jeweilige Anteil der Portionen in Prozenten repräsentiert den individuellen Verkaufsmixanteil.

zu (d) Netto-Verkaufspreis pro Artikel
Der Netto-Verkaufspreis resultiert aus dem Inklusiv-Preis (Karten-Verkaufspreis) abzüglich der Mehrwertssteuer.

zu (e) Soll-Wareneinsatz pro Portion
Aufgrund von Fleischtests und festgelegten Einkaufsspezifikationen wird auf der Basis einer Rezeptur zu unterschiedlichen Produktionsmengen und durchschnittlichen Einkaufspreisen der durchschnittliche Soll-Wareneinsatz des standardisierten Hauptartikels pro Portion ermittelt.

zu (f) Deckungsbeitrag pro Portion
Die Differenz zwischen dem Netto-Verkaufspreis pro Artikel (d) und dem entsprechenden Soll-Wareneinsatz pro Portion (e) zeigt den Rohertrag oder Deckungsbeitrag I pro Hauptartikel.

zu (g) Gesamter Netto-Umsatz
Der gesamte Netto-Umsatz Speisen für die verkauften Hauptartikel des Restaurants resultiert aus der Multiplikation der Anzahl der verkauften Portionen (b) mit dem Netto-Verkaufspreis pro Artikel (d).

zu (h) Gesamter Soll-Wareneinsatz
Der gesamte Soll-Wareneinsatz Speisen (Potential Food Cost) für die verkauften Hauptartikel des Restaurants resultiert aus der Multiplikation der Anzahl der verkauften Portionen (b) mit dem Soll-Wareneinsatz pro Portion (e).

zu (i) Prozentsatz des Soll-Wareneinsatzes Speisen
Multipliziert man den gesamten Soll-Wareneinsatz für die einzelnen Hauptartikel (h) mit einhundert und dividiert ihn mit dem gesamten Netto-Umsatz (g), so ergibt dies den Prozentsatz Soll-Wareneinsatz pro Artikel.

zu (j) Gesamter Deckungsbeitrag I (Rohertrag)
Der gesamte Rohertrag Speisen für die verkauften Hauptartikel des Restaurants ergibt sich aus der Multiplikation der Anzahl der verkauften Portionen (b) mit dem Rohertrag pro Artikel (f). Die Differenz zwischen dem gesamten Netto-Umsatz (g) und den gesamten Soll-Wareneinsatz (h) führt zum gleichen Ergebnis.

zu (k) Anteilige Fixkosten
Bei dieser Brutto-Gewinn-und-Verlust-Rechnung soll der Verkauf der Hauptartikel Speisen dazu beitragen, die täglichen Fixkosten des Restaurants (hier im Zahlenbeispiel: 400,– € pro Tag) abzudecken. Jedes der zehn Hauptprodukte wurde mit durchschnittlich 40,– € anteilige Fixkosten „belastet" (siehe „Problematik der Kostenzuordnung").

zu (l, m) Sonstige variable Kosten
Neben dem Wareneinsatz Speisen sind vorher die sonstigen variablen Kosten im F&B-Bereich in Prozenten vom Umsatz (hier m = 15 %) zu ermitteln (siehe „Problematik der Kostenzuordnung"). Durch Multiplikation der einzelnen Artikel-Netto-Umsätze (g) mit dem ermittelten Prozentsatz sonstige variable Kosten (m) berechnet man die sonstigen variablen Kosten in Euro.

zu (n) Brutto-Gewinn/Verlust pro Hauptartikel
Zieht man vom gesamten Deckungsbeitrag I (j) die anteiligen Fixkosten (k) und die sonstigen variablen Kosten (l) ab, so resultiert der Brutto-Gewinn/Verlust pro Hauptprodukt.

zu Gewichteter Durchschnitt: Deckungsbeitrag I pro Portion
Durch Division des gesamten Deckungsbeitrags I (j) mit der Gesamt-Anzahl der verkauften Portionen (b) erhält man den durchschnittlichen Deckungsbeitrag pro Portion.

zu Gewichteter Durchschnitt: Soll-Wareneinsatz in %
Multipliziert man das Total des gesamten Soll-Wareneinsatzes (h) mit einhundert und dividiert es mit dem gesamten Netto-Umsatz (g), so resultiert der gewichtete Prozentsatz des Soll-Wareneinsatzes insgesamt.

zu Gewichteter Durchschnitt: Deckungsbeitrag I gesamt
Durch Division des gesamten Deckungsbeitrags I (j) mit der Gesamt-Anzahl der angebotenen Hauptartikel (a) erhält man den durchschnittlichen Deckungsbeitrag pro Hauptartikel.

Problematik der Kostenzuordnung

Die nachstehend konzentriert dargestellten Methoden zur betriebswirtschaftlichen Bewertung der Hauptartikel beinhalten unterschiedliche Stufen der Kostenzuordnung und der Berücksichtigung von Verkaufsmengen (Mengeneinfluss). Der Umsatz- und damit auch der Deckungsbeitragsmix einer Angebotskarte hängt neben dem Gästeverhalten von drei Faktoren ab:

1. Speisekartengruppen (z. B. Vorspeisen, Suppen, Hauptgerichte, Desserts etc.)
2. Servicezeiten (z. B. Frühstück, Mittag, Nachmittag, Abend)
3. Verkauf der individuellen Artikel innerhalb der Speisekartengruppe

Schon die Kostenauflösung nach fixen und variablen Bestandteilen fällt nicht nur zeitraumbezogen unterschiedlich aus, sondern wird in der Praxis oft vom jeweiligen „Kostenbetrachter" recht subjektiv bewertet. Die Wareneinsatzkosten werden allgemein als „variabel" angesehen, wobei doch die Mise-en-place-Kosten durchaus zu Fixkosten werden können. Es empfiehlt sich, in der Praxis zunächst die Fixkosten des Restaurants pro Betriebstag (z. B. Personalkosten für Stammpersonal, AfA, Basisenergie, Versicherungen, Drucksachen, Ersatzbeschaffung für Grundausstattung etc.) aus der GV-Rechnung zu ermitteln. Die Fragestellung dabei lautet: Was kostet es, morgen das Restaurant zu öffnen – auch wenn kein Gast kommt? Die sonstigen variablen Kosten (z. B. Wäschekosten, Aushilfspersonal etc.) sind dann in Prozenten von F&B-Netto-Umsatz zu ermitteln; sie verhalten sich also umsatzproportional.

Ein ungelöstes Problem stellt die sinnvolle Verteilung der Fixkosten auf Food & Beverage, auf unterschiedliche Servicezeiten, auf Artikelgruppen und somit dann auf Hauptartikel dar. Ausgehend von der Ebene der Servicezeiten (Frühstück, Mittag, Nachmittag und Abend) versucht man anteilige Fixkosten auf Angebotsgruppen (Vorspeisen, Suppen, Hauptgerichte, Desserts, Getränke) bis hin zu den einzelnen Artikeln zuzuordnen. Ein Vorgang, der immer angreifbar und erklärungsbedürftig bleibt. In dem gezeigten Zahlenmodell zur Brutto-Gewinn-Verlust-Rechnung pro Hauptartikel wird mit durchschnittlichen anteiligen Fixkosten gerechnet. Der Grundgedanke dabei lautet: Die Hauptprodukte des Restaurants sollen zumindest die anteiligen Fixkosten pro Tag abdecken.

Vorteile der Methode: Brutto-Gewinn-Verlust-Rechnung pro Hauptartikel

Die dieser Methode angepasste Deckungsbeitragsrechnung erlaubt es dem Gastronomen, den geleisteten Beitrag der Hauptprodukte zur Rentabilität im Food-Bereich aus Sicht des tatsächlichen Verkaufs der vergangenen Monate besser zu kontrollieren. Aber auch für die zukünftige Planung von Hauptartikeln lässt sich diese differenzierte Deckungsbeitragsrechnung einsetzen:

A. Planung der im Verkauf erforderlichen Portionenanzahl, um eine relative Gewinnerwartung einzuhalten

B. Planung der erforderlichen Netto-Verkaufspreise, um bei einer erwarteten Anzahl der verkauften Portionen eine relative Gewinnerwartung einzuhalten

Zahlenbeispiele:

Wie viele Portionen müssen von einem geplanten Tagesgericht verkauft werden, um einen geplanten Brutto-Gewinn-Prozentsatz zu erreichen?

Anwendungsformel:

$$P = \frac{FK}{VKP\,[\,1 - (WE\,\% + SVK\,\% + G\,\%)\,]}$$

Abkürzungen:

P = Anzahl der Portionen
FK = Fixkosten pro Hauptartikel (anteilig) (z. B. 63 €)
VKP = Netto-Verkaufspreis pro Portion (z. B. 10 €)
WE % = Soll-Wareneinsatz-Prozentsatz (z. B. 32 %)
SVK % = Prozentsatz der sonstigen variablen Kosten (z. B. 15 %)
G % = Brutto-Gewinn-Prozentsatz-Erwartung (z. B. 8 %)

$$P = \frac{63}{10\,[\,1 - (0{,}32 + 0{,}15 + 0{,}08)\,]} = 14 \text{ Portionen}$$

Überprüfung: Brutto-Gewinn-Verlust-Rechnung

Netto-Speisenumsatz
(14 Portionen X 10 €) = 140,00 €

abzüglich:		
32 % Soll-Wareneinsatz	=	– 44,80 €
15 % Sonstige variable Kosten	=	– 21,00 €
Anteilige Fixkosten	=	– 63,00 €
Brutto-Gewinn pro Artikel	=	**11,20 € = 8 %**

Welcher Netto-Verkaufspreis muss für ein geplantes Tagungsmenü kalkuliert werden, um einen geplanten Brutto-Gewinn-Prozentsatz zu erreichen?

Anwendungsformel:

$$VKP = \frac{FK + WE\ (gesamt)}{P\,[\,1 - (SVK\,\% + G\,\%)\,]}$$

Abkürzungen:

VKP	=	Netto-Verkaufspreis pro Portion
P	=	Anzahl der Portionen (z. B. 15 Tagungsgäste)
WE (gesamt)	=	veranschlagter Soll-Wareneinsatz für die erwartete Personenanzahl (z. B. 48 €)
FK	=	Fixkosten pro Hauptartikel (anteilig) (z. B. 63 €)
SVK %	=	Prozentsatz der sonstigen variablen Kosten (z. B. 15 %)
G %	=	Brutto-Gewinn-Prozentsatz-Erwartung (z. B. 8 %)

$$VKP = \frac{63 + 48}{15\,[\,1 - (0{,}15 + 0{,}08)\,]} = \text{Netto } 9{,}60\ €$$

Überprüfung: Brutto-Gewinn-Verlust-Rechnung

Netto-Speisenumsatz (15 Portionen X 9,61 €)	=	144,15 €
		abzüglich:
Soll-Wareneinsatz (gesamt)	=	– 48,00 €
15 % Sonstige variable Kosten	=	– 21,62 €
Anteilige Fixkosten	=	– 63,00 €
Brutto-Gewinn pro Artikel	=	**11,53 € = 8 %**

Preispolitik in der Gastronomie

Seit jeher suchen Gastronomen durch ihre Preispolitik Umsatz und Gewinn zu mehren. Ohne Zweifel ist der Preis der mächtigste und wirkungsvollste Hebel zur Gewinnsteigerung. Der Gedanke, Preise auch als Instrument der Gästebindung zu benutzen, stand in der Vergangenheit wohl eher im Hintergrund. Mit einfallsreicher Preispolitik sollte aber heute versucht werden, nicht nur Gäste zu gewinnen, sondern sie auch auf lange Zeit zu binden. Auch nach dem Wegfall von Rabatt-Gesetz und Zugabe-Verordnung muss sich eine erfolgreiche Preispolitik immer in einem „Fairnesskonzept" bewegen. Gäste legen Wert auf ein marktgerechtes Preis-Leistungs-Verhältnis und auf ein ehrliches Preisgebahren. Das Verständnis von Fairness kann durch die Art, wie Preisdifferenzierungen dem Gast mitgeteilt werden, erfolgsentscheidend beeinflusst werden.

Praktiker und Wissenschaftler haben immer wieder versucht, Licht in das Preiskarussell für die Gastronomie zu bringen. Von der einfachen Zuschlagskalkulation bis hin zur differenzierten Deckungsbeitragsrechnung ist der Bogen weit gespannt. Dauerregeln in der Preispolitik mit allgemein gültigen Kalkulationsrezepten gelten ebenso wenig wie die subjektive Preisintuition des erfahrenen Gastronomen. Kosten-Nachfrage- und Konkurrenzorientierung lassen sich schwierig berechnen, schon gar nicht aber „erfühlen". Hier helfen auch keine Ausflüchte wie „der Markt bestimmt die Preise" oder „wir müssen uns dem Wettbewerb anpassen". Es ist eine Illusion zu glauben, man könne selbst als Gastronom die Preisreaktionen seiner Gäste intuitiv ausreichend beurteilen und vorhersehen! Statt immer wieder „neue Kalkulationsmodelle auf Kostenbasis" auszuprobieren, sollte man sich vielleicht mehr auf die Preisbereitschaft des Gastes konzentrieren. Welchen Wert wird der Gast Ihrem gastronomischen Angebot beimessen? Welchen Zusatznutzen bieten wir? Wo differenzieren wir uns von unseren Mitbewerbern? Wie schätzen Sie die Preissensibilität und emotionale Reaktion Ihrer Gäste ein? Wie führen Sie ein permanentes Preis-Controlling ein?

Je nach Situation und Kenntnis unterschiedlicher Kalkulationsverfahren optimiert der Gastronom sein eigenes Preiskarussell mit dem Schwerpunkt auf Nachfrageorientierung. Ausgehend von der gastgewerblichen Preispolitik im Rahmen der Marktentwicklung soll im folgenden Abschnitt die kosten- und marktbestimmende Preispolitik gegenübergestellt werden. Chancen und Risiken der in der Praxis anzutreffenden unterschiedlichen Preisfestsetzungsverfahren werden kurz erläutert. Das Zahlenbeispiel zum durchschnittlichen „Break-even-Preis in der Gastronomie" und die sechs Schritte zur selektiven Preiserhöhung im Food-Bereich sollen eindringlich daran erinnern, dass bei aller Hingabe zu „Marktpreisen" die Kontrollfunktion der Kalkulation erhalten bleibt.

Gastgewerbliche Preispolitik im Rahmen der Marktentwicklung

Preispolitik im Verkäufermarkt

Der Begriff „Verkäufermarkt" in der Gastronomie kennzeichnet eine Marktsituation, bei der das Angebot in Anzahl und Qualität von Restaurants und Gaststättenbetrieben kleiner ist als die Anzahl der nachfragenden Gäste; es gibt zum Beispiel am Ort zu wenig Restaurants. Der Gastronom ist gegenüber den vielen nachfragenden Gästen „preispolitisch im Vorteil"; es gibt kaum eine Ausweichmöglichkeit für den Gast. In den alten Bundesländern war das Management der Gastronomie und Hotellerie in den sechziger und siebziger Jahren in der Produktionsphase: „Bauen, vermieten und verpflegen". Beim preispolitischen Instrumentarium bediente man sich mit der „Vollkostenrechnung" – dem Cost-Plus-Verfahren: Kosten plus Kosten plus Kosten plus Kosten plus Gewinn ergab den Verkaufspreis, den der Gast akzeptieren musste. In der Gastronomie blühten verschiedenste Formen der Zuschlagskalkulation mit differenzierten Rohaufschlägen – meist prozentual bezogen auf den Wareneinsatz.

Preispolitik im Übergangsmarkt

Beim „Übergangsmarkt" in Hotellerie und Gastronomie entspricht das Angebot von Hotelbetten und Gastronomiebetrieben in etwa der Nachfrage. Das Management entwickelt sich durch „Beobachten, werben und verkaufen" von der Produktionsphase in die Marketingphase; die Konkurrenzsituation erlaubt es dem Gastronomen nicht, auf Gäste zu warten; er muss aktiv verkaufen und reagiert „preispolitisch flexibel". Es geht um Deckungsbeiträge für den anlageintensiven Dienstleistungsbetrieb mit zeitweilig überwiegender Überkapazität. Die „Verkaufsorientierung" des Managements beeinflusst die Preisfindung und das neue preispolitische Denken. Die Deckungsbeitragsrechnung kommt zur Anwendung: Die Summe aller erwirtschafteten Deckungsbeiträge (Umsatz minus variabler Kosten) abzüglich der Fixkosten eines Restaurants bringt „hoffentlich" Gewinn.

Preispolitik im Käufermarkt

Der Begriff „Käufermarkt" in Hotellerie und Gastronomie kennzeichnet die heutige Marktsituation, bei der es ein Überangebot an Hotels, Gaststätten und Restaurants gibt. Jetzt ist der Gast gegenüber dem Gastronomen „preispolitisch im Vorteil"; er kann unter den vielen „Sonderangeboten" der sich ständig unterbietenden Hotel- und Gaststättenbetriebe wählen. In diesem Preiskarussel bestimmt der Gast den Verkaufspreis; es entsteht ein Marktpreis, den der Gast für bestimmte Produkte und Dienstleistungen in einem entsprechenden Qualitätsniveau noch bereit ist zu zahlen. Das Management bewegt sich von der Verkaufsphase in die Qualitätsphase mit voller Gastorientierung. In Anlehnung an japanisches Gedankengut entstand in der Preispolitik das „Lean-Costing" oder „Target-Costing": Der vom Gast bestimmte Marktpreis abzüglich fixierter Plangewinne definiert jetzt die erlaubten Kosten, die dem Gastronomen zur Verfügung stehen, um das erwartete Qualitätsniveau zu dem akzeptierten Marktpreis zu erfüllen.

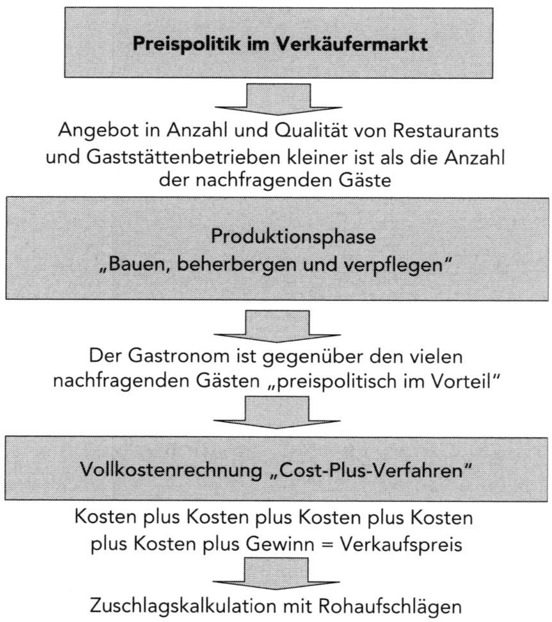

Preispolitik im Übergangsmarkt

↓

Angebot in Anzahl und Qualität von Restaurants und Gaststättenbetrieben entsprach in etwa den nachfragenden Gästen

Marketingphase:
„Beobachten, werben und verkaufen"

↓

Konkurrenzsituation erlaubt es dem Gastronomen nicht, auf Gäste zu warten

↓

Deckungsbeitragsrechnung

Die Summe aller erwirtschafteten Deckungsbeiträge (Umsatz minus variabler Kosten) abzüglich der Fixkosten eines Betriebes bringt „hoffentlich" Gewinn

↓

Reaktion: „preispolitisch flexibel"

Preispolitik im Käufermarkt

↓

heutige Marktsituation: es gibt ein Überangebot an Hotels, Gaststätten und Restaurants

Qualitätsphase:
volle Gastorientierung

↓

Gast ist gegenüber dem Gastronomen „preispolitisch im Vorteil"

↓

Zielkostenkalkulation – Target-Costing

Der vom Gast bestimmte Marktpreis abzüglich fixierter Plangewinne definiert jetzt die erlaubten Kosten

↓

Markt zwingt uns, „rückwärts" zu rechnen!

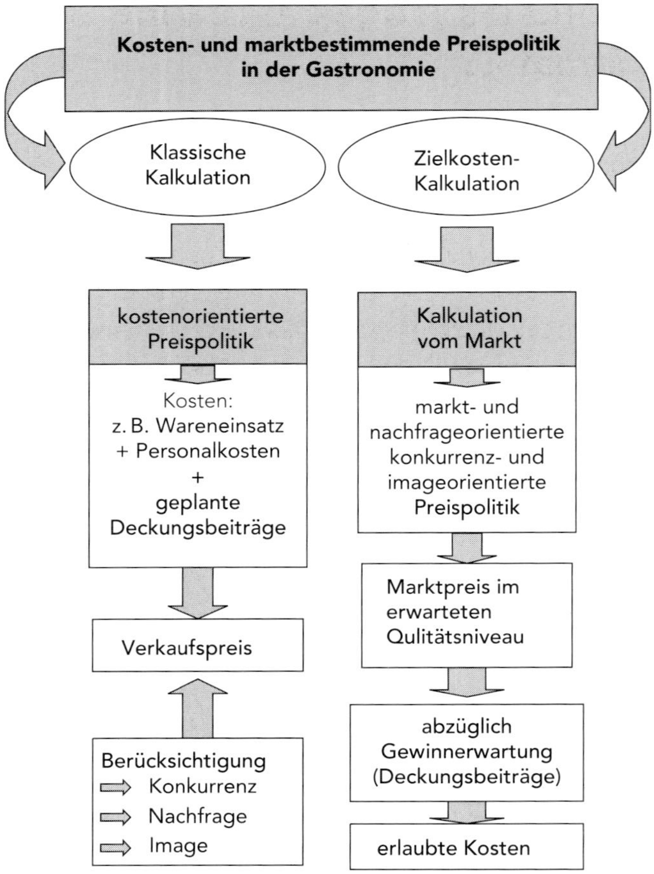
Kosten- und marktbestimmende Preispolitik in der Gastronomie
Klassische Kalkulation
Zielkosten-Kalkulation
kostenorientierte Preispolitik
Kosten:
z. B. Wareneinsatz
+ Personalkosten
+
geplante Deckungsbeiträge
Verkaufspreis
Berücksichtigung
Konkurrenz
Nachfrage
Image
Kalkulation vom Markt
markt- und nachfrageorientierte konkurrenz- und imageorientierte Preispolitik
Marktpreis im erwarteten Qulitätsniveau
abzüglich Gewinnerwartung (Deckungsbeiträge)
erlaubte Kosten

Target-Costing als mögliche Lösung der Preisproblematik?

Ist Target-Costing oder die Zielkostenkalkulation die Antwort auf die Probleme der Preispolitik?

Auch bei der klassischen Kalkulationsform (Cost-Plus-Verfahren) liegt der Schwerpunkt in der letztlichen Verkaufspreisbildung bei der Nachfrageorientierung. So mancher mittelständische Unternehmer kopiert zwar auch heute noch den „Nachbarpreis" (konkurrenzorientierte Preispolitik) und bei bekannten Qualitätsbetrieben spielt wohl auch das „Image" (imageorientierte Preispolitik) bei der Preisfindung eine Rolle. Die Vorwärtsrechnung der kostenorientierten Preispolitik bleibt aber für die meisten Betriebe als Kontrollinstrument zur Verkaufspreisüberprüfung und zur Preisbereinigung unabdingbar (siehe Überblick – Kosten- und marktbestimmende Preispolitik in der Gastronomie).

Wird das industrielle Target-Costing nun auch das zukünftige Managementdenken in der Gastronomie beeinflussen?

Das klassische Kalkulationsdenken scheint in Zeiten des Destination-Managements, hart umkämpfter Märkte mit Price-Packages, der All-inclusive-Preispolitik und Yield-Gedanken ausgedient zu haben. Man darf nicht mehr „vorwärts" rechnen, sondern der Markt zwingt uns, „rückwärts" zu rechnen. Aber gerechnet werden muss immer noch – auch bei vom Markt vorgegebenen Verkaufspreisen!

Die Zielkostenrechnung oder das Target-Costing wird heute als Konzept des marktorientierten Zielkostenmanagements verstanden. Im Käufermarkt der Hotellerie und Gastronomie müssen Dienstleistungen und Produkte zu vom Gast „erlaubten" Kosten entwickelt und vermarktet werden. Wenn der Gast am Markt die Preispolitik bestimmt, steht die Kernfrage im Vordergrund, was Dienstleistungen und gastgewerbliche Angebote noch kosten dürfen.

Die Kostenplanung muss wohl im Sinne des Lean-Managements neu überdacht werden: Alles, was ein Gast als Qualität gar nicht mehr erkennt und auch nicht bereit ist zu bezahlen, ist Verschwendung – und hier muss man Kosten rationalisieren. Jede Dienstleistung jedoch, die vom Gast als Qualität erkannt wird und dieser auch bereit ist zu honorieren, gilt als Wertschöpfung und muss bei der Zielkostenrechnung mit berücksichtigt werden.

Früher fragte man sich: Was wird das Produkt kosten und welcher Verkaufspreis kann dann dafür verlangt werden? In der heutigen Zielkostenkalkulation wird der „vom Markt akzeptierte Verkaufspreis" nahezu vorgegeben. Also lautet jetzt die Frage: Was darf ein Produkt oder eine Dienstleistung dann noch kosten? Hier zieht man von den „Markt-Verkaufspreisen" den erwarteten Gewinn oder Deckungsbeiträge ab und muss dann mit den erlaubten Kosten (Zielkosten) das von den Gästen erwartete Qualitätsniveau zu erfüllen suchen.

Entscheidend wird bei dieser Art „markt- und kostenbestimmender Preispolitik" für die Gastronomie die Einhaltung der vorher geplanten Deckungsbeiträge und damit die strikte Kontrolle über die erlaubten Kosten sein.

Elf Preise... aber nur ein Gast!

Die nachfolgend kurz gekennzeichneten Preisfestsetzungsverfahren sollen nicht nur auf die in der Praxis zu findende Vielfältigkeit hinweisen, sondern nachdenklich stimmen. Wertschöpfend sind Produkte und Dienstleistungen nur dann, wenn sie in den Augen des Gastes preiswert erscheinen und er auch bereit ist, sie zu honorieren.

- **Daumenpreis**
- **Prozentsatzpreis**
- **Arbeitspreis**
- **Deckungsbeitragspreis**
- **Zeitpreis**
- **Mischpreis**
- **Fangpreis**
- **Imagepreis**
- **Testpreis**
- **Psychopreis**
- **Nachbarpreis**

- **Daumenpreis**
  Hier werden Verkaufspreise nur gefühlsmäßig – nach Intuition – festgelegt. Die Gefahr, dass der Preis nicht die Kosten deckt oder gar keinen Gewinn bringt, ist sehr groß.

- **Prozentsatzpreis**
  Der einmal berechnete Rohaufschlag in Prozenten wird beim „Prozentsatzpreis" auf den Wareneinsatz pro Artikel aufgeschlagen. Die Faustformel: Wareneinsatz Speisen mal drei oder die Einhaltung vorgegebener Wareneinsatzprozentsätze (Food Cost) ist weit verbreitet; nur ... Prozente kann man nicht auf die Bank bringen!

- **Arbeitspreis**
  Mit differenzierten Kalkulationsfaktoren versucht man die Arbeitszeit, die Arbeitsintensität, die Küchenpersonalkosten, die produktiven Löhne mit in den Kalkulationsfaktor hineinzurechnen. Das amerikanische „prime costing" gehört hierzu.

- **Deckungsbeitragspreis**
  Addiert man zur „prime cost" (= Wareneinsatz und produktive Löhne) noch den durchschnittlichen Deckungsbeitrag, so kommt man zum hier so genannten Deckungsbeitragspreis; eine optimale kostenorientierte Preisfestsetzung scheint erreicht.

- **Zeitpreis**
  Im Rahmen unserer „happy hour(s)" bezahlen Sie zwischen 15:00 Uhr und 18:00 Uhr im Restaurant 20 % weniger! Gäste, die mittags im Hotel-Restaurant speisen, bekommen für die an den Tag anschließende Nacht auf den Zimmerpreis eine Gutschrift von zum Beispiel 10% ihrer bezahlten Restaurantrechnung. Beim Zeitpreis steht der Yield-Gedanke im Vordergrund. Unter Yield-Management ist hierbei eine zeitorientierte, dynamische Preispolitik zu verstehen.

- **Mischpreis**
  Der Grundgedanke liegt bei der Produktkombination. Verliert der Gastronom beispielsweise beim Apfelstrudel und kombiniert diesen Artikel zum „Strudelgedeck" einschließlich eines warmen Getränks (Tee, Kaffee, Schokolade), so wird er insgesamt wegen des hohen Rohaufschlages beim Getränk gewinnen (gemischte Preisbündelung). Die oft anzutreffende Ansicht: Bei den arbeitsintensiven Speisen verlieren wir, aber bei den Getränken gewinnen wir und irgendwie mischt sich das schon positiv zusammen – kann am Markt schnell daneben gehen.

- **Fangpreis**
  Kinder bis zu 90 cm essen mit ihren Eltern gratis; das dritte Getränk geht zu Lasten des Hauses; sammeln Sie Restaurantpunkte – für jede 50 € Umsatz im Restaurant bekommen Sie 5 Punkte und bald bei entsprechender Punktzahl ein kostenloses Essen für Ihren Partner. Der „two for one"-Gedanke hat auch schon in der Gastronomie Eingang gefunden.

- **Imagepreis**
  Der Imagepreis hat nun überhaupt nichts mehr mit Kalkulation zu tun. Dem Image des Hauses entsprechend erwartet der Gast in einem „Gourmettempel" nicht den Preis einer einfachen Gaststätte. Es gibt also eine imageorientierte Preisuntergrenze – ganz sicher aber auch eine Preisobergrenze.

- **Testpreis**
  Hier tastet sich der Unternehmer an den Verkaufspreis seiner Speiseartikel durch Preistests heran. Man verändert in einer Testperiode die Preise – meist auf der Tageskarte – und beobachtet systematisch die Nachfrageveränderungen. Preis-Nachfrage-Relationen unter Berücksichtigung der eigenen Restaurantkapazität sollen helfen, den Preis zu finden, bei dem sich der höchste Gesamt-Deckungsbeitrag für den Artikel erzielen lässt.

- **Psychopreis**
  Zahlen Sie beim Hinausgehen den Preis für das Menü, was es Ihnen persönlich wert gewesen ist. Hier wird die psychologische Preisfestsetzung an der Preiserwartung und der Zahlungsfähigkeit der Gäste orientiert. Wie liest der Gast die Speisekarte – welche Artikel fallen ihm auf? Viele Tests beweisen, dass der Gast bei einer zweiteiligen Speisekarte zunächst nach oben rechts schaut. Dort muss also ein deckungsbeitragsfreudiger Artikel platziert werden.

- **Nachbarpreis**
  Sehr oft in der mittelständischen Gastronomie ist der konkurrenzorientierte Preis anzutreffen. Die Gefahren bei dem Kopieren der falschen Verkaufspreise des Nachbarn liegen auf der Hand: Zunächst reagiert der kopierende Gastronom nur, die Konkurrenz hat ja schon mit den neuen festgelegten Preisen agiert. Was aber, wenn der Nachbar mit seinen Preisen seine Kosten gar nicht deckt; er kalkuliert gar nicht? Kennt der Preiskopierer die genaue Kostenstruktur seines Konkurrenten? Sind seine Produkte und Dienstleistungen wirklich voll vergleichbar? Natürlich lassen sich am Markt nur dann höhere Preise

als beim Mitbewerber erzielen, wenn man Produkt- und Dienstleistungsdifferenzierung betreibt: Anders als die Konkurrenz und besser, als es der Gast erwartet!

Der durchschnittliche Break-even-Preis in der Gastronomie

Eine Niedrigpreisstrategie bedingt Kostenführerschaft! Die hier vorgenommene Kostenaufteilung stellt zwar eine Vereinfachung dar, kann aber dennoch in der Folge zu einer brauchbaren Aussage führen.

Abkürzungen	Zahlenbeispiel	eigener Betrieb
Abrechnungszeitraum:	(pro Woche)	(6 Monate)
G = Anzahl der Gäste	490	
W % = Wareneinsatz % Speisen und Getränke	30 %	
P = Personalaufwand (inklusive kalkulatorischer Unternehmerlohn)	4.000 €	
S = Sonstige Erträge	300 €	
Ü = Übriger Betriebsaufwand	2.000 €	
∅ U = ∅ Umsatz Speisen und Getränke pro Gast	zu berechnen	

Erläuterung zum durchschnittlichen Break-even-Preis

Das Zahlenmaterial sollte für einen repräsentativen Zeitraum von sechs Monaten zusammengestellt werden. Der Wareneinsatz-Prozentsatz bezieht sich auf den Netto-Umsatz Speisen und Getränke. Der Personalaufwand schließt den gesamten Personalnebenaufwand und in kleinen Betrieben den kalkulatorischen Unternehmerlohn mit ein. Sonstige Erträge umfassen alle Umsätze mit Ausnahme der Umsätze für Speisen und Getränke. Der übrige Betriebsaufwand umfasst alle sonstigen Aufwendungen im Abrechnungszeitraum bis zum Betriebsergebnis II (vor Steuern).

Problem: Minimum F&B-Umsatz pro Gast

Fragestellung: Wie hoch muss der durchschnittliche Umsatz Speisen und Getränke pro Gast sein, um bei einer erwarteten Gästeanzahl alle Kosten abzudecken (Break-even)?

z. B. erwartete Gästeanzahl G = 490

Anwendungsformel:

$$\varnothing U = \frac{P + Ü - S}{G\,(1 - W\%)}$$

Zahlenbeispiel:

$$\varnothing U = \frac{4.000 + 2.000 - 300}{490\,(1 - 0{,}30)} = \varnothing U = 16{,}62\ €$$

Überprüfung zur Fragestellung:

Netto-Umsatz Speisen und Getränke (490 Gäste x ∅ U =16,62 €)	8.143 €
abzüglich 30 % Wareneinsatz	(2.443 €)
Rohertrag	5.700 €
zuzüglich sonstiger Erträge	300 €
Zwischensumme	6.000 €
abzüglich Personalaufwand	(4.000 €)
abzüglich übrigen Betriebsaufwands	(2.000 €)
Betriebsergebnis II	**0 € Break-even**

Verfahren zur selektiven Preiserhöhung im Food-Bereich

Im Rahmen der kostenorientierten Preispolitik soll im Folgenden versucht werden, eine Antwort auf die Frage zu finden:

„Welche Artikel der Speisekarte müssen wie und um wie viel erhöht werden, wenn der Wareneinsatz Speisen, die Personalkosten und die übrigen Bereichskosten im Food-Bereich voraussichtlich ansteigen werden?"

Die meisten kostenorientierten Kalkulationsverfahren geben zwar eine Anleitung, wie man Verkaufspreise kostenorientiert festsetzen sollte, sagen aber nichts darüber aus, wie das Artikelprogramm (Sortiment) auf halbjährlicher oder jährlicher Basis an die sich ändernde Kostensituationen angepasst werden kann. Hierbei muss gelten, dass Preiserhöhungen nur auf selektiver Basis und keineswegs pauschal für alle Artikel vorgenommen werden dürfen.

Aus dem nachstehenden Verfahren zur selektiven Preiserhöhung wird deutlich, wie wichtig die genaue Kenntnis der Umsatzzusammensetzung, der Umsatzbereichsrechnung Food und der Preisinterdependenz aller einzelnen Speiseartikel vor jeglicher Preisfestsetzung ist. Es steht außer Frage, dass das Problem der Preisfindung sehr unterschiedlich beurteilt wird. Bedenklich erscheint es hierbei, einen einseitigen Standpunkt einzunehmen. Nur in der Kombination von kostenorientierter, nachfrageorientierter und konkurrenzorientierter Preispolitik mit dem Schwerpunkt auf der „Marktseite" kann die Lösung des Problems liegen.

Ablaufplan Basis: Umsatzbereichsrechnung Food

1. Schritt: ***Prognose der zu erwartenden Kostenerhöhung in Prozenten (%)***

Zahlenbeispiel:
Halbjahr: Juli–Dezember 2008

(a) Wareneinsatz – Speisen	2%
(b) Personalkosten (F&B)	10%
(c) übrige Bereichskosten	3%

2. Schritt: ***Auswertung der tatsächlichen Kosten pro Gast für den vorangegangenen Abrechnungszeitraum***

Zahlenbeispiel:

Halbjahr: Januar–Juni 2008

(a) Wareneinsatz pro Gast	5,90 €
(b) Personalkosten pro Gast	6,80 €
(c) übrige Bereichskosten pro Gast	3,40 €
(d) gesamte Kosten pro Gast	16,10 €

3. Schritt: ***Ermittlung der zu erwartenden Kostenerhöhung pro Gast (Schritte 1 und 2)***

tatsächliche Kosten pro Gast *(1. Halbjahr 2008)*	zu erwartende Kostenerhöhung *(2. Halbjahr 2008)*	Kostenerhöhung pro Gast
(a) Wareneinsatz pro Gast 5,90 €	2 %	0,12 €
(b) Personalkosten pro Gast 6,80 €	10 %	0,68 €
(c) übrige Bereichskosten pro Gast 3,40 €	3 %	0,10 €
(d) gesamte Kosten pro Gast 16,10 €	5,6 %	0,90 €

4. Schritt: ***Feststellung des tatsächlichen durchschnittlichen Netto-Speisenerlöses pro Gast für den vorangegangenen Abrechnungszeitraum***

Zahlenbeispiel:
Halbjahr: Januar–Juni 2008

Netto-Speisenerlös	270.100 €
Anzahl der Gäste	14.600 €
= durchschnittlicher Netto-Speisenerlös pro Gast	18,50 €

5. Schritt: ***Prognose der erforderlichen durchschnittlichen Preiserhöhung für das Speisenangebot (Schritte 3 und 4)***

tatsächlicher durchschnittlicher Netto-Speisenerlös pro Gast	18,50 €
+ erwartete Kostenerhöhung pro Gast	0,90 €
Ziel – Netto-Speisenerlös pro Gast	19,40 €

Prognose der erforderlichen durchschnittlichen Preiserhöhung in %

$$= \frac{0{,}90 \times 100}{18{,}50} = \underline{\underline{4{,}86\ \%}}$$

Ausgangssituation (1. Halbjahr 2008):

Netto-Speisenerlös (14.600 x 18,50)	270.100 €
Gesamte Kosten (14.600 x 16,10)	235.060 €
Bruttogewinn	35.040 €

Prognose *)	(2. Halbjahr 2008):
Netto-Speisenerlös (14.600 x 19,40)	283.240 €
Gesamte Kosten (14.600 x 17,00)	248.200 €
Bruttogewinn	35.040 €

*) unter der Annahme der gleichen Gästeanzahl

6. Schritt: Kriterien der selektiven Preiserhöhung innerhalb der Speisekartengruppen

Prognose der erforderlichen
durchschnittlichen Preiserhöhung in %
(5. Schritt)
= 4,86% ~ 5%

Verkaufspreise innerhalb der Speisekartengruppen sollten in der Praxis keineswegs pauschal, sondern vielmehr unter Berücksichtigung der folgenden Kriterien nachfragegerecht angepasst werden:

- Auswertung der zweidimensionalen Speisekartendiagnose (Gewinner, Verlierer, Renner, Schäfer)
- Auswertung der dreidimensionalen Angebotsanalyse (optimal, ungenügend, gut, mangelhaft)
- Auswertung der differenzierten Kalkulationsfaktoren (Berücksichtigung der Arbeitsintensität)
- Auswertung der Brutto-Gewinn-und-Verlust-Rechnung (nur Hauptartikel)
- Verkaufsanalyse der Speiseartikel mit detaillierten Beliebtheitsgraden
- Preis- und Produktvergleich im Rahmen von Konkurrenzanalysen
- Berücksichtigung der Arbeitsintensität, der Produktionsplanung, des Wareneinsatzes und der Deckungsbeiträge für die einzelnen Speiseartikel
- Erwägung preis- und produktdifferenzierender Präsentationsmöglichkeiten

- eventuelle Testperiode (Gästereaktion) der Artikel und Preise auf der Tageskarte
- Berücksichtigung von „Prestigeartikeln", die dem angestrebten Niveau des gastronomischen Betriebes entsprechen

Erläuterung zur selektiven Preiserhöhung im Food-Bereich

Auf der Basis der Umsatzbereichsrechnung Food wird im **ersten Schritt** die Prognose der zu erwartenden Kostenerhöhung in Prozenten für das kommende Halbjahr erstellt. Hierbei hat es sich in der Praxis bewährt, nicht nur eine pauschale Kostensteigerung zu prognostizieren, sondern pro Kostenkategorie (Wareneinsatz Speisen, Personalkosten und übrige Bereichskosten) aufgrund von Erfahrungswerten aus der Vergangenheit separate Kostensteigerungen vorherzusehen.

Die Auswertung der tatsächlichen Kosten pro Gast ist im **zweiten Schritt** ebenfalls pro Kostenkategorie für den vorangegangenen Abrechnungszeitraum zu erstellen. Kombiniert man den ersten und zweiten Schritt, so lässt sich im **dritten Schritt** die Ermittlung der zu erwartenden Kostenerhöhung pro Gast in Bezug auf Wareneinsatz, Personalkosten und übrige Bereichskosten und gesamte Kosten pro Gast vornehmen.

Der **vierte Schritt** beinhaltet die Feststellung des tatsächlichen, durchschnittlichen Netto-Speisenerlös pro Gast für den vorangegangenen Abrechnungszeitraum. Hier werden die Netto-Speisenerlöse durch die erfasste Gästeanzahl geteilt. Setzt man im **fünften Schritt** die erwartete Kostenerhöhung pro Gast (3. Schritt) ins prozentuale Verhältnis zum tatsächlichen, durchschnittlichen Netto-Speisenerlös pro Gast (4. Schritt), kommt man zur Prognose der erforderlichen durchschnittlichen Preiserhöhung für das Speisenangebot.

Der **sechste Schritt** zeigt die Kriterien der selektiven Preiserhöhung innerhalb der Speisekartengruppen.

Was Zahlen dem Praktiker bei der Angebots- und Preispolitik für die Gastronomie nicht verraten können:

- Passt der neu aufzunehmende Artikel in den Rohstoffen zu dem bereits bestehenden Lebensmitteleinkaufsprogramm?
- Können die neuen Speiseartikel mit möglichst geringer Arbeitsintensität (Zeit- und Qualitätsanforderungen seitens der Küche) produziert werden?
- Passen die neuen Artikel auch hinsichtlich der Qualität harmonisch in die Angebotspalette?
- Wie wird sich bei der Herausnahme eines Artikels die Nachfrage bei den verbleibenden Artikel ändern?
- Bietet die Konkurrenz die Hauptartikel in höherer Qualität an?
- Besteht bei der Streichung eines Artikels bei den Rohmaterialien kein Bezug zu beliebteren Artikeln?
- Erlaubt der Artikel eine Wareneinsatzreduzierung durch Kombination mit deckungsbeitragsfreudigen Beilagen?
- Handelt es sich um profilierende und produktdifferenzierende Artikel, die im Haushalt nicht leicht selbst gekocht werden können?
- Sind die Artikel „am Markt preislich überzogen"?
- Kann man ohne Nachfrageverlust bei dem neuen Artikel mit Convenience-Food-Produkten arbeiten?
- Wie werden sich die Stammgäste bei einer Änderung des Angebots verhalten? Reagieren Sie auf geringe Verkaufspreiserhöhungen?

Marketing-Praxis im F&B-Bereich

Definition: „Marketing ist Planung, Koordination und Kontrolle aller auf die aktuellen und potenziellen Märkte ausgerichteten Unternehmensaktivitäten im F&B-Bereich mit dem Zweck einer dauerhaften Befriedigung der Kundenbedürfnisse einerseits und der Erfüllung der Unternehmerziele andererseits." (Quelle: Deutsche Marketing Vereinigung).

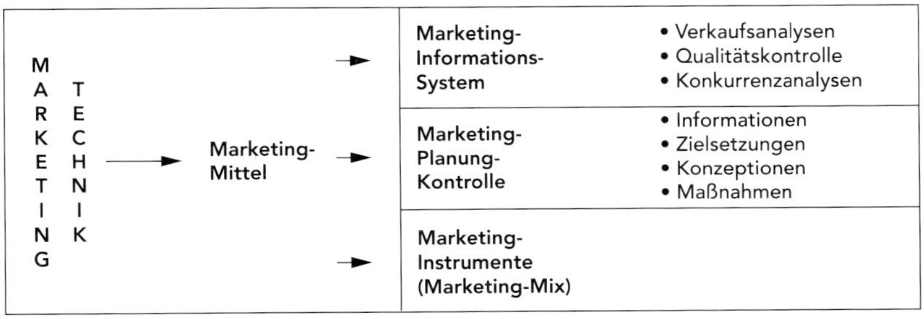

Verkaufsförderung im Verpflegungsbereich

- Verkaufsförderung hat die Aufgabe, durch spezielle Maßnahmen und Methoden am Ort des Angebots den Kaufentscheid auszulösen.
- Verkaufsförderung soll allen Beteiligten helfen, mehr, leichter und besser zu verkaufen.

- Verkaufsförderung hilft, mit einwandfreier und fachlich richtiger Präsentation von Speisen und Getränken den Erwartungen der Gäste zu entsprechen, dem Gast das Gefühl zu vermitteln, für eine echte Dienstleistung den richtigen Ort gewählt zu haben.
- Verkaufsförderung heißt, nicht auf Gäste zu warten, sondern durch persönliche und individuelle Betreuung, durch Qualität und erstklassigen Service, durch gastliche Atmosphäre und Imageverbesserung für neue Gäste zu werben.

Beliebtheitsgrad der Speisen als Grundlage zur Produktionsplanung und Verkaufsförderung

Nur der Verkäufer, der sein Produkt genau kennt und analysiert hat, wird auch in der Lage sein, dieses Produkt wie gewünscht „an den Mann zu bringen". Der Beliebtheitsgrad der Speisen ist der Prozentsatz der servierten Gerichte zur Gesamtanzahl der bedienten Gäste (siehe Musterbeispiel zur Produktionsplanung).

Der Beliebtheitsgrad hat folgende Aussagefähigkeit und Bedeutung:

- Wie beliebt sind die einzelnen Speiseartikel?
- Wie gut werden Vorspeisen, Salate, Nachspeisen von dem Servierpersonal verkauft?
- Welche Artikel sind die „Bestseller" des Restaurants?
- Welche Artikel verkaufen sich schlecht und erhöhen nur die Mise-en-place-Kosten der Küche?
- Welche Preisstruktur akzeptieren die Nachfrager/Gäste?
- Welches Artikelprogramm muss von der Küche in welcher Menge vorbereitet werden?
- Welche Artikel müssen bei der nächsten Überarbeitung der Speisekarte gestrichen werden?

Gäste als „Betriebsberater"

Die Markt- und Meinungsanalyse ist eine der wesentlichen Voraussetzungen für die Verkaufsanstrengungen eines Betriebes.

Der Gastronom muss wissen:

- was der Gast will (was der Gast nicht will)
- was der Gast von diesem Betrieb erwartet

- was der Gast für gut oder schlecht hält
- was der Gast in diesem Betrieb vermisst

Der Gast ist ein „preiswerter Betriebsberater“. Viele Betriebe befragen ihre Gäste in den Restaurants, wobei solche Umfragen in entsprechenden Abständen mehrmals wiederholt werden sollten, um Trends zum Positiven oder zum Negativen hin feststellen und eine entsprechende Verkaufspolitik daraus ableiten zu können.

Zur praktischen Durchführung der Gästebefragung haben sich

- Checklisten für Testgäste
- Qualitätsfragen (Stempel) auf der Gästerechnung (siehe Musterbeispiel)

bewährt.

Waren Sie zufrieden?	*Ja*	*Nein*
Wartezeit	☐	☐
Bedienung	☐	☐
Qualität der Speisen/Getränke	☐	☐
Atmosphäre	☐	☐
Verbesserungsvorschläge: ____________		
____________		
____________		

Muster zur Gästebefragung (Stempel auf der Gästerechnung)

Möglichkeiten der Produktpräsentation

Checkliste für Verkaufsförderungsmaßnahmen im Restaurationsbereich

Wie kaum eine Branche benötigt die Gastronomie neben den branchenspezifischen Kenntnissen auch Ideenreichtum, um das sich stets wandelnde Produkt „gastronomische Dienstleistungen“ zu vermarkten. Folgende Checkliste dient zur Anregung und als Basis für ein gezieltes Verkaufsförderungsprogramm.

Allgemeine Produkt- und Angebotspolitik

1. Konkurrenzanalysen am Standort mit Vergleich zum eigenen Produktangebot (Speisen, Getränke und Nebenleistungen) werden halbjährlich durchgeführt.

2. Eine kontinuierliche, seriöse Preis- und Angebotspolitik prägt die Stellung des Betriebes am örtlichen Markt.
3. Angebotsentwicklung, Angebotsgestaltung und Absatzplanung sollen die Fragen beantworten:
   - Was kann man anbieten?
   - Was will man anbieten?
   - Wem will man es anbieten?
   - Wie will man es anbieten?
4. Wo Gäste sind, ist auch Umsatz! Es wird alles unternommen, um Gäste möglichst lange „im Haus" zu halten, (zum Beispiel bequeme Sitzmöglichkeiten, angenehme Atmosphäre des Restaurants, ansprechende Dekoration).
5. Verkaufen heißt: Überzeugen durch Leistung! – Serviceleistungen im Gaststättenbetrieb müssen mit den Dienstleistungserwartungen des Gastes übereinstimmen.
6. Produktdifferenzierung ist eines der wesentlichsten Elemente in der Angebotspolitik. Es gilt, Präferenzen zu schaffen (zum Beispiel: Fitnessraum, „Trimm-dich-Raum" für Autofahrer, „Trimm-dich bis zum Essen", Auto-Service, Entspannungs- und Erholungsmöglichkeiten in Verbindung zur Natur, Wald, Park, „Trimm-dich-Pfad").
7. Besondere Verkaufsbemühungen für die Zielgruppe „Kinder" werden unternommen (zum Beispiel: eigenes kleines Kinderrestaurant mit entsprechendem Mobiliar, spezielle Kindermenüs, Kinderspielplatz etc.).
8. Zum Verkauf gehört auch die jährliche „Produktplanung". Gestützt auf Marktbeobachtungen und laufender Gästebefragung wird überprüft, inwieweit bestehende Serviceleistungen mit den detaillierten Angebotsträgern vom „Markt" tatsächlich honoriert werden, welche Serviceleistungen verstärkt oder geändert werden müssen.
9. Die Restaurant-/Gaststättenräumlichkeiten werden platzmäßig und optimal verkaufsfördernd ausgenützt.
10. Eine räumliche Trennung zwischen „Selbstbedienung-Schnellservice" und gemütlichem Restaurantteil ist entsprechend dekorativ und werbewirksam gestaltet.
11. Möglichkeiten der Zusammenarbeit mit an der Autobahn gelegenen Ausflugszielen sind werbemäßig ausgeschöpft.
12. Eine zweckmäßige und stilvolle Beleuchtung mit entsprechender Lichtfarbe betont vorteilhaft mit allen optischen Effekten die vorhandene Atmosphäre.
13. Boden-, Wand- und Deckengestaltung, Dekors, Farben, Einrichtungsgegenstände und technische Hilfsmittel sind harmonisch aufeinander abgestimmt

und schaffen Geborgenheit und Behaglichkeit. Atmosphäre wird durch das Raumklima, dem „Geruchs-, Hör-, Temperatur- und Sichtklima", geprägt.

14. Wo immer passend werden durch die die Bereitstellung von Display-Material verkaufsfördernde Werbemittel (zum Beispiel Tablettendeckchen, Anhänger für die Tasse, Tischaufsteller, Aufkleber für die Getränkekarte) als direkte Maßnahme zur Verkaufsförderung eingesetzt.

Mitarbeiter als „aktive Verkäufer"

15. Jeder Mitarbeiter im Betrieb, der Gastkontakt hat, ist als Verkäufer motiviert.
16. Lächeln schafft Gäste! – Bei der Ausbildung von Service-Verkaufspersonal wird neben den Kenntnissen und Fertigkeiten (Produkt) besonders die Einstellung der Mitarbeiter (Motivation) berücksichtigt.
17. Reklamationen sind Chancen zur Gastgewinnung. Die richtige Handhabung von Reklamationen hilft, Gäste zu erhalten.
18. Jeder Mitarbeiter ist ein Imagebildner. Durch sein Äußeres, sein Verhalten, sein Fachwissen, seine Liebe zum Beruf wird der direkte Verkauf am Gast entscheidend beeinflusst.
19. „Brainstorming"-Meetings (Ideenwirbel) mit Mitarbeitern werden regelmäßig durchgeführt, um in der Produkt- und Angebotspolitik mit den entsprechenden Verkaufsförderungsmaßnahmen am Markt einen Schritt voraus zu sein.
20. Verkaufsgespräche sind Problemlösungen für den Gast. Motivierend wird dem Gast gezeigt, was er will, und damit vertrauenswürdig das Dienstleistungsangebot aufgezeigt.
21. Täglich wird mit dem Küchenchef der zu empfehlende Verkauf von Speisen besprochen und festgelegt.
22. Verkaufsargumente sind Kaufargumente für den Kunden. Verkaufsargumente müssen sachlich, beweiskräftig und für den Gast glaubwürdig aus der inneren Überzeugung des Servicepersonals dargestellt werden.

Interne Verkaufsförderungsmaßnahmen

23. Verkauf am Tisch (zum Beispiel Vorspeisenwagen, Tagesgerichtwagen, Salatwagen, Dessertwagen, Kaffee- und Mokkawagen, Getränkewagen) zum schnellen, ansprechenden Service.
24. Effektvolle Darbietung der Speisen (zum Beispiel Selbstbedienungsbuffets für eilige Gäste zum festen Preis, Frühstücksbuffets, Salatbuffets, Dessertbuffets etc.).
25. Spezialitätenwochen im Restaurant, um auch den Gast im nahen Einzugsbereich anzusprechen.

26. Sonderangebote mit saisonalen Spezialitäten (zum Beispiel Spargel-Spezialitäten, Erdbeerzeit, Wildwochen).
27. Verkaufsbesonderheiten „gimmicks" (zum Beispiel bedruckte Schachteln für Knochen zum Mitnehmen für Hundebesitzer).
28. Alkoholfreie Spezialcocktails für Autofahrer in besonderen Getränkegefäßen.
29. Preiswerte Kindermenüs auf bunten Menükarten.
30. Hervorhebung lokaler Hausspezialitäten (zum Beispiel Sauerbraten, Rumtopf etc.).
31. Angebot von kalorienarmen Gerichten, leichte Kost („weight watchers", „Autobahnfahrer-Menüs").
32. Ansprechende Werbung für das „Tagesmenü" wird auswechselbar ausgehängt.
33. Tagesspezialitäten für eilige Gäste in 5 Minuten.
34. Attraktive „Food displays" am Eingang des Restaurants (mit Schaustücken, Früchten, Salaten, Wild in Saison etc.).
35. Tischaufsteller mit Sonderangeboten (zum Beispiel spezielle Eiscreme-Kreationen, offene Weine, etc.).
36. Einladende, ansprechende Speisekarten mit Farbfotos von Spezialgerichten.
37. Separate, verkaufsfördernde Getränkekarten, dem Standard und der Qualität des Restaurants entsprechend.
38. Streichhölzer mit dem Emblem und der Werbung des Gaststättenbetriebes bedruckt.
39. Zum Frühstück im Restaurant weisen bedruckte Tischmatten auf das reichhaltige Angebot hin.
40. „Außer-Haus"-Verkaufsangebote (zum Beispiel „Lunchbox" mit Sandwiches, Früchten, Getränken etc.) gehören zum gesamten Restaurationsangebot.
41. „Give-aways" (zum Beispiel Salzgebäck, rohes Gemüse als Appetitanreger) werden gratis im Restaurant angeboten.
42. Automatenservice (Selbstbedienung) ist vom Restaurantbetrieb räumlich getrennt und stört nicht die Atmosphäre des Gaststättenbetriebes (Automatenstraßen).
43. Kleinkinderstühle stehen in ausreichender Menge als Serviceleistung zur Verfügung.
44. Ausgewählte „Hintergrundmusik" schafft eine entspannende, angenehme Atmosphäre.
45. Fertiggerichtesysteme (Convenience-Food) mit Mikrowellengeräten und Convektomaten sorgen für eine schnelle Serviceleistung.
46. Eine separate Verkaufsstelle für Getränke, Süßigkeiten, Tabakwaren, Geschenke etc. ist vorhanden.

Überwachung des Standards und der Qualität im F&B-Bereich

Monat: ______________________________

Restaurant: __________________________

Ausgefüllt von: _______________________

Reklame

1. Wurde für alle Restaurants und Bars genügend in den Aufzügen, Zimmern und sonstigen Räumen geworben?

Einrichtung

1. War der Gesamteindruck des Raumes gemütlich?
2. Waren Stühle und Polsterbänke komfortabel?
3. War die Beleuchtung der Tageszeit entsprechend?

Musikalische Unterhaltung

1. Gab es Tonbandmusik?
2. War die Lautstärke ausreichend?
3. Hat Ihnen die Kapelle gefallen?
4. War die Lautstärke richtig?

Sauberkeit und Ordnung

1. Waren das Restaurant und die Bar im Allgemeinen sauber?
2. War die Klimaanlage angenehm und ohne Zug?
3. Waren Teppich und Mobiliar in gutem Zustand?
4. Waren Wände und Lampen gut gepflegt?
5. Haben alle Lampen ordnungsgemäß gebrannt?

Annahme der Bestellung

1. Wurde Ihnen ein Aperitif angeboten?
2. Wurden Ihnen prompt die Speisekarte gebracht?
3. War man Ihnen bei der Menüauswahl behilflich, zum Beispiel bei einem bestimmten Gericht, Tagessuppe oder Tagesmenü?
4. Waren alle bestellten Speisen und Getränke vorhanden?

5. Wurde Ihnen die Weinkarte präsentiert?
6. Wurde Ihnen bei der Weinauswahl geholfen?
7. Wurden die Speisen- und Getränkebestellungen so aufgenommen, dass ohne nochmaliges Fragen das Richtige serviert wurde?
8. Wurde Ihnen ein Dessert angeboten?
9. Wurde Ihnen ein Digestif angeboten?

Eindecken des Tisches

1. War der Tisch sauber und ordentlich eingedeckt?
2. Waren die Servietten gut gebügelt und gefaltet?
3. War das Buffet dekorativ gestaltet?

Besteck und Gedeck

1. War das Porzellan sauber und nicht angeschlagen?
2. Waren die Gläser sauber und heil?
3. Waren die Bestecke poliert und in gutem Zustand?
4. Waren Salz-, Pfefferstreuer sowie Senftopf sauber und aufgefüllt?
5. War die Zuckerschale sauber und aufgefüllt?
6. War der Anrichteschrank sauber und aufgeräumt? – Auch während der Hauptservicezeiten?
7. Waren Ihrer Meinung nach Gedecke und Bestecke im Dekor und in der Farbe zutreffend für das Restaurant?

Extras

1. Waren Streichhölzer erhältlich?
2. Waren Zahnstocher erhältlich?

Serviceleistung

1. War die Bedienung Ihnen bei der Platzierung behilflich?
2. Wurden Ihnen die Getränke (Bier, Schnaps, Wein) richtig temperiert serviert?
3. Wurde Eiswasser serviert?
4. Wurde Ihnen Kaffee angeboten?
5. Wurden Getränke im richtigen Glas serviert?
6. Wurden leere Gläser abgeräumt, bevor das Essen begann?
7. Wurde der Wein vor dem Hauptgang serviert?

8. Wurde der Wein Ihnen bzw. Ihrem Gastgeber (dem Bestellenden) zum Probieren gereicht?
9. Wurde eine zweite Flasche Wein angeboten?
10. Wurden Brot und Butter gereicht?
11. Wurden Brot und Butter nachgereicht?
12. Wurde die Dame oder der Ehrengast zuerst bedient?
13. War das Bedienungspersonal höflich und zuvorkommend?
14. War der Service fachlich gut?
15. Wurde der Tisch gesäubert und wieder neu eingedeckt?
16. Waren die Teller zum Hauptgang warm?
17. Wurde an Ihrem Tisch das Tranchieren und Flambieren ordentlich durchgeführt?
18. Wurde Ihnen der Hauptgang präsentiert?
19. Wurden Ihnen die richtigen Saucen ohne zu fragen serviert (zum Beispiel Sauce Bernaise zum Filetsteak)?
20. Bekamen Sie zu Ihrem Steak ein Steakmesser?
21. Hatten Sie zum amerikanischen Fleisch auch englischen Senf?
22. Wurden Salz und Pfeffer vor dem Dessert abgeräumt?
23. Wurde/n der/die Aschenbecher wiederholt gesäubert?
24. Wurden die leeren Weingläser abgeräumt?
25. Bekamen Sie Milch und Zucker sowie Petits Fours zu Ihrem Kaffee?
26. Hatten Sie das Gefühl, dass der Service zuvorkommend, prompt und ohne viel Aufhebens vonstatten ging?

Verhalten des Restaurantpersonals

1. War die Bedienung aufmerksam?
2. Hat das Personal in Gruppen herumgestanden und sich unterhalten?

Reservierung

1. Wurde das Telefongespräch relativ prompt beantwortet?
2. Entsprach Ihre Reservierung auch Ihren Angaben?

Erscheinung des Personals

1. War die Bedienung ordentlich frisiert?
2. Waren die Dienstkleidungen korrekt?
3. War das allgemeine Äußere gepflegt?

Begrüßung

1. Wurden Sie vom Oberkellner begrüßt?
2. Wurde Ihnen aus der Garderobe geholfen?
3. Wurde Ihnen ein Platz angewiesen und wurden Sie dorthin begleitet?
4. Erschien Ihnen das Restaurantpersonal höflich?
5. Wurden Stuhl und Tisch beim Platzieren gerückt?
6. Wurden Sie höflich verabschiedet?

Qualität der Speisen

1. Waren Brot und Butter frisch?
2. War Ihre Vorspeise gut im Aussehen, akzeptabel im Geschmack und gut gewürzt?
3. War die Suppe gut im Geschmack und heiß?
4. War der Hauptgang appetitlich angerichtet und akzeptabel im Geschmack?
5. Waren die Beilagen frisch gekocht?
6. War der Salat frisch und wurden mehrere Sorten angeboten?
7. War die Salatsauce schmackhaft?
8. War der Brotkorb frisch und die Auswahl reichhaltig?
9. War das Dessert gut im Geschmack, in der Anrichteweise und Qualität?
10. War der Kaffee frisch und heiß?
11. Wurde Ihnen gute Kaffeesahne serviert?
12. Haben Sie lange auf Ihre Rechnung gewartet?

Sonstiges

1. Wurde Ihre Rechnung ordnungsgemäß ausgestellt?
2. Wurde auf Ihre Beschwerde prompt und zufrieden stellend eingegangen?
3. Waren Speise- und Getränkekarten in gutem Zustand?

Sanitäre Anlagen

1. Waren die Toiletten sauber?
2. Waren Seife und Handtuch vorhanden?
3. Waren Spiegel und Waschbecken sauber?

Warum Gäste nicht wiederkommen

Wer im Zusammenhang mit Hotellerie und Gastronomie von „Kunden" spricht, meint vielleicht den Geldtransfer eines anonymen Menschen, der zur Nahrungsaufnahme ein Restaurant besucht. Das Gast- und nicht das „Kundengewerbe" will mit „Gastfreundschaft" (Hospitality), Aufmerksamkeit und Zuwendung jedem Gast ein für ihn erfreuliches Erlebnis schaffen. Kunden kann man zufrieden stellen, Gäste aber begeistern! Der Unterschied dabei zwischen erfolgreichen Gastronomen und mittelmäßigen Gastronomen liegt in der Leidenschaft für kleine Details.

Es geht um Kleinigkeiten, die vom Gast „großgeschrieben" werden. Um Qualitätsfallen im Gastgewerbe begegnen zu können, wird es immer wichtiger, mit den Augen des Gastes sehen zu lernen. Den fehlerfreien Betrieb gibt es nicht in der Praxis. Es dauert Jahre, einen loyalen Stammgast zu gewinnen, aber nur Minuten, ihn zu verlieren. Erfolg in der Gastronomie setzt sich aus vielen gut gelösten Details zusammen.

Die meisten Gästebeschwerden im Restaurant sind auf die jeweilige Gefühlslage des Gastes und nicht auf die Größe und Bedeutung des Servicefehlers zurückzuführen! In anderen Worten: Es sind oft Lappalien, Geringfügigkeiten, Bagatellen, die jetzt plötzlich für den Gast bedeutungsvoll werden und über Erfolg oder Misserfolg des Restaurantbesuchs entscheiden. Wenn wir selbst „einen schlechten Tag" haben, geht meist alles daneben. Wenn Gäste in guter Stimmung sind, verzeihen sie großzügiger Fehler, geben mehr Geld aus, sind empfänglicher für Empfehlungen und geben auch mehr Trinkgeld. Und dennoch: Übersehene Geringfügigkeiten addieren sich schnell für den Gast und ebenso schnell haben wir ihn dann verloren. Es wäre von unschätzbarem Wert für den Gastronomen, alle Trivialitäten, alle kleinen Details, die daneben gehen können, im Vorhinein zu kennen. Dann könnte das Mitarbeiterteam aufmerksam, sensibel für scheinbare Unwichtigkeiten gastzentriert agieren und nicht nur mit Schadensbegrenzung reagieren. Im Qualitätsmanagement geht es um leidenschaftliche Aufmerksamkeit für die kleinen Dinge. Es sind eben Kleinigkeiten, die der Gast erinnert und die ihn wiederkommen lassen.

Nur wer Liebe zum Detail zeigt, kann auch das gesamte gastronomische Erlebnis für den Gast verbessern. Es wird immer mehr Gründe geben, aus denen Gäste nicht wiederkommen, als Gründe, aus denen sie überhaupt ins Restaurant kommen!

Je intensiver man sich um mögliche Unzulänglichkeiten in der Bedeutung für den Gast bemüht, desto sensibler wird man Nuancen der eigenen Fehlleistungen erkennen und rechtzeitig Abhilfe schaffen wollen.

Nachfolgend geht es um diese kleinen, aber für den Gast oft bedeutungsvollen „gastronomische Vergehen". Die Liste kann nie vollständig sein und so soll das Karussell der Qualitätsmängel dazu anregen, für den eigenen Betrieb und jeden Einflussbereich die „Ausrutscher", Servicefehler, Fehlschritte und „Qualitätsflecken" aufzuspüren, zu sammeln und mit bewusstem Qualitätsmanagement täglich zu vermeiden suchen. Man kann nicht jedes mögliche Problem vorhersehen, aber man kann daran arbeiten, kontinuierlich besser zu werden. Nur mit Grundnutzen, Zusatznutzen und einem Gefühl für die für den Gast bedeutsamen Details lässt sich das Wiederholungsgeschäft in der Gastronomie steigern.

Karussell der Qualitätsmängel in der Gastronomie

Sich selbst und althergebrachte Serviceabläufe im Restaurant immer wieder in Frage stellen können gehört zum obersten Gebot. So manche traditionelle Regeln erleichtern das Restaurant-Management und erscheinen auch für das Mitarbeiterteam effizient und sinnvoll, frustrieren aber vielleicht den Gast. Die Zahlungsmöglichkeit des Gastes nur mit bestimmten oder gar keinen Kreditkarten verärgert zum Beispiel viele Gäste. Das Management muss vor allen Dingen für ein positives „Beschwerdemanagement" bei allen Teammitgliedern sorgen: Es hat noch nie ein Gastronom einen Streit mit einem Gast gewonnen!

Das Karussell der Qualitätsmängel aus der Sicht des Gastes beginnt mit dem Umfeld und der Atmosphäre, über die Angebotspolitik zur Service-Hard- und Software, vom Getränkeservice zur Küchenpräsentation bis hin zur Reinlichkeit, von dem speziellen Service für Familien, jugendliche und ältere Gäste bis zu dem entscheidenden letzten Eindruck.

Die hier zu jedem Bereich aufgeführten und kurz erläuterten „Problem-Beispiele" (Qualitätsmängelliste) sollen dazu anregen, im eigenen Betrieb auf die Suche nach Fehlleistungen und Schwächen aus der Sicht des Gastes zu gehen. Alles, was man benennen und messen kann, lässt sich auch verbessern!

50 Qualitätsmängel aus der Sicht des Gastes

Individuelle Selbsteinschätzung

Bewerten Sie nachfolgende Gastprobleme mit:

+ = wird bei uns stets berücksichtigt und kann nicht mehr verbessert werden

– = nicht übertragbar, nicht anwendbar

A = sollte überdacht werden, hier kann etwas getan werden

Qualitätsmängel		Merkmale
A	*Problemfeld*	*Umfeld und Atmosphäre*
1	Parkmöglichkeiten	schlecht beschildert, zu wenig Parkplätze, zu weit entfernt, im Winter nicht geräumt, unbewacht
2	Eingangsbereich	nicht gut beleuchtet, keine sauberen Wege, im Winter nicht gestreut, Aushang der Angebotskarten nicht einladend, keine Öffnungszeiten, Müllkästen sichtbar, schmutzige Türen und Fenster, keine tägliche Kontrolle
3	Dekoration	nicht der Jahreszeit entsprechend, kein Dekorationsplan und Budget
4	Geruchsklima	kein gelenktes Geruchsklima – kein der Tageszeit angepasster Unterschied
5	Beleuchtungsklima	kein der Tageszeit angepasster Beleuchtungsplan, abends schlecht zu finden (Außenbeleuchtung)
B	*Problemfeld*	*Angebotspolitik*
6	Tagesmenüs	zu kleine Schrift, unverständlich beschrieben, mittags und abends „gleich", keine Saisonartikel

7	Speisekarten	in der Aufmachung nicht dem Thema des Restaurants entsprechend, langweiliges Verzeichnis von Speisen, ungepflegt, veraltet, korrigiert, billiger Druck, keine englische Version
8	Optischer Verkauf	nur Drucksachen, keine einladenden Buffets (Salate, Desserts etc.) keine Tischkartenaufsteller mit Fotos
9	Getränkekarten	kein harmonisches Getränkeprogramm, keine Ausschankweine, zu wenig alkoholfreie, attraktive Getränke für Autofahrer, Kinder
C	***Problemfeld***	***Service-Hard- und Software***
10	Produktkenntnisse Speisenangebot	unvertraut mit Zubereitungsformen, Garnituren, Rezepten, Herkunft und Qualität sämtlicher Speiseartikel
11	Verkaufsvokabular	können angebotene Artikel nicht anregend beschreiben; schaffen keine Neugierde bei den Gästen
12	Servicetechnik Wartezeit	beherrschen wenig Serviceregeln; zeigen keine Fachkenntnis und Eleganz beim Service am Gast, unangemessene Wartezeiten, müssen beim Servieren rückfragen
13	Umgang mit Gästebeschwerden	lösen Probleme nicht aus der Sicht des Gastes; übernehmen keine Verantwortung; sehen Reklamationen nicht als Chance zur Gästebindung
14	Vertrautheit Getränkeangebot	können Gäste nicht beraten; empfehlen keine Aperitifs, Digestifs, Cocktails, keine Kenntnisse über Lage, Art, Geschmack der Weine
15	Zusatznutzen	Kleinigkeiten zählen; zeigen negative Routine; nehmen sich nicht für jeden Tisch besonderen Service vor; wollen den Gast schnell abfertigen und nicht begeistern (Bestellungsempfänger)

16 Gastorientierung	können sich nicht in die Lage des Gastes versetzen; sehen Servicequalität nicht aus der Sicht des Gastes
17 Gästeerwartungen	sind nicht emphatisch veranlagt, können keine Gästewünsche voraussehen
18 Aktives Zuhören	zeigen kein Verständnis und Geduld; steigern nicht das Selbstwertgefühl des Gastes
19 Verkaufsstimme	schlechte Atemtechnik, kein Sprachtraining, kalte und unangenehme Stimmen
20 Gästebindung	ist ihnen egal, ob Gäste wiederkommen; kennen keine Namen und spezielle Wünsche der Stammgäste
D Problemfeld	***Getränkeservice***
21 Temperatur	Kaffee in kalten Tassen, kalte Getränke in warmen Gläsern, falsche Weintemperaturen
22 Gläser	teure Weine in billigen Gläsern, falsche Glasformen für spezielle Getränke, schmutzige Gläser, keine neuen Gläser bei jedem neuen Drink
23 Drinkgrößen, Portionsgrößen	viel Eis in dickwandigen Gläsern, mehr Schaum als Bier in Bierkrügen, schlecht eingeschenkt
24 Standardisation	wechselnde Qualität der Cocktails, keine konstanten Garnituren
25 Snacks	Drinks ohne Gratis-Snacks (Erdnüsse, Kartoffelchips etc.)
E Problemfeld	***Küchenpräsentation***
26 Temperatur	heißes Essen auf kalten Tellern, kalte Desserts auf warmen Tellern, zu warme Salate, halb geschmolzene Eiscreme, hart gefrorene Desserts
27 Frische	alte kalte Semmeln, altes Brot, Dosengemüse
28 Standardisation Vollständigkeit	andere Beilagen, als auf der Karte beschrieben, unvollständig

29 Geschmack	ungewürzt, mit neuen Köchen ändern sich Saucen und Suppen, keine Konstanz, geschmacklose Garnituren
30 Anrichteweise	lieblose Präsentation, Essensausgabe auf Einheitstellern, nicht essbare Garnituren, einfallslos, ohne Kreativität, kein „Augenschmaus"
F Problemfeld	***Reinlichkeit***
31 Restaurant Tische	Tischdecken mit Flecken, unansehnliche Abräumstationen, dreckige Aschenbecher, verstaubte Dekorationen
32 Geschirr, Besteck	kein poliertes Besteck, verschmierte Menagen, Flecken-Gläser, gebrochenes Geschirr, Kaffeetassen mit Rändern
33 Ungeziefer	Fliegen im Restaurant, Spinnweben an Wänden
34 Kücheneingang	Einblick zu unordentlichen Küchen, dreckiger Boden, unsortierte Lebensmittel, keine Kopfbedeckung, keine Handschuhe, Abfälle sichtbar
35 Toiletten	keine regelmäßigen Kontrollen, unangenehmer Geruch, dreckig und vernachlässigt, schlechte Ausstattung
G Problemfeld	***Familien, jugendliche und ältere Gäste***
36 Kinderstühle Spielecke	nicht verfügbar, nicht „kindsicher", veraltet, schmutzig
37 Menüs	keine spannenden Kindermenüs, kein Kinderbesteck, nicht auf Familien mit Kleinkindern eingestellt, halbe Portionen nicht erhältlich
38 Beschäftigung	keine sofortige Beschäftigung (Malbücher etc.) der Kinder, bis die Bestellung kommt (Entlastung der Eltern)
39 Extras	keine Vorausplanung für die Bedürfnisse einer Familie mit Kleinkindern (extra Servietten, Waschlappen etc.)

40 Spielzeug	kein Spielzeug zum Kaufen, keine Erinnerungsgeschenke für die wichtigsten Entscheidungsträger über kommende Restaurantbesuche
41 Respekt	Respektloses Verhalten gegenüber älteren Gästen, ungeduldig bei der Bestellungsaufnahme
42 Platzierung	Platzieren älterer Gäste neben lauten Tischgruppen, am Eingang im Zug
43 unaufdringliche Hilfestellung	keine Angebotskarten mit leseappetitlicher Schrift, keine Hilfe bei der Selbstbedienung am Buffet
44 Portionsgrößen	keine normalen Speisenangebote in kleineren Portionen, keine Möglichkeit der Mitnahme von Speisen
45 Einstellung	belehrende und unfreundliche Begrüßung einer Teenagergruppe
46 Interesse	keine Vorschläge für Teenager, etwas für sie Neues zu probieren, keinerlei Empfehlungen für junge Leute
47 unterschiedlicher Service	längere Wartezeiten für Teenager, Bevorzugung Erwachsener, ungeduldig, keinen Sinn für Humor
48 finanzielle Mittel	keine Berücksichtigung der oft begrenzten finanziellen Mittel, kein erwachsengerechter Service, Einsatz von Lehrlingen, Praktikanten
H Problemfeld	***Letzter Eindruck***
49 Bezahlung	lange Wartezeiten für den jetzt schon bedienten und nun zahlungswilligen Gast, Schwierigkeiten bei getrenntem Rechnungswunsch
50 Verabschiedung	keine Hilfestellung mit der Garderobe, kein Dank für den Besuch, keinen Regenschirm bei schlechtem Wetter, keine Begleitung älterer Leute zum Auto oder zum Taxi, keine Information über kommende gastronomische Besonderheiten

Das Bankettgeschäft – vom Verkauf zur Organisation

Zielsetzung

Als „Volumenbringer" bietet das Bankettgeschäft eine entscheidende Einflussgröße auf die Gewinnsituation im Verpflegungsbereich. Während sich der Gast im Restaurant meist an das feststehende Angebot hält, müssen Veranstaltungen auf den speziellen Kundenkreis maßgeschneidert werden. Fachwissen, Verkaufsargumente, Kosten-, Preis- und Umsatzbewusstsein sowie Organisationstalent wirken gleichgewichtig zusammen.

Heißt es, die beste Werbung sei die „Mund-zu-Mund-Werbung", so ist jede Veranstaltung im Hotel ein nicht zu unterschätzendes Werbemedium. Restaurants sind heute in vielen Hotels nicht einmal mehr kostendeckend; das sorgfältig geplante und durchgeführte „Extra-Essen" lässt auch den F&B-Bereich gewinnorientiert arbeiten.

Grundsätzlich kann man das Bankettgeschäft in der Hotellerie besser planen und kostengünstiger gestalten als das normale À-la-carte-Geschäft. Gezielter Einkauf, erleichterte Produktion im Küchenbereich (Massenfabrikation, Serienfertigung) müssen jedoch auf sorgfältiger Organisation und detaillierter Vorauskalkulation der geplanten Veranstaltung basieren. Zufriedene Veranstaltungsgäste sind auch zukünftige Gäste für das Hotel-Restaurant. Fachmännisch organisierte und durchgeführte Veranstaltungen geben oft den Ausschlag für ein positives Umsatzbereichsergebnis im Verpflegungsbereich.

Gedankenflussplan

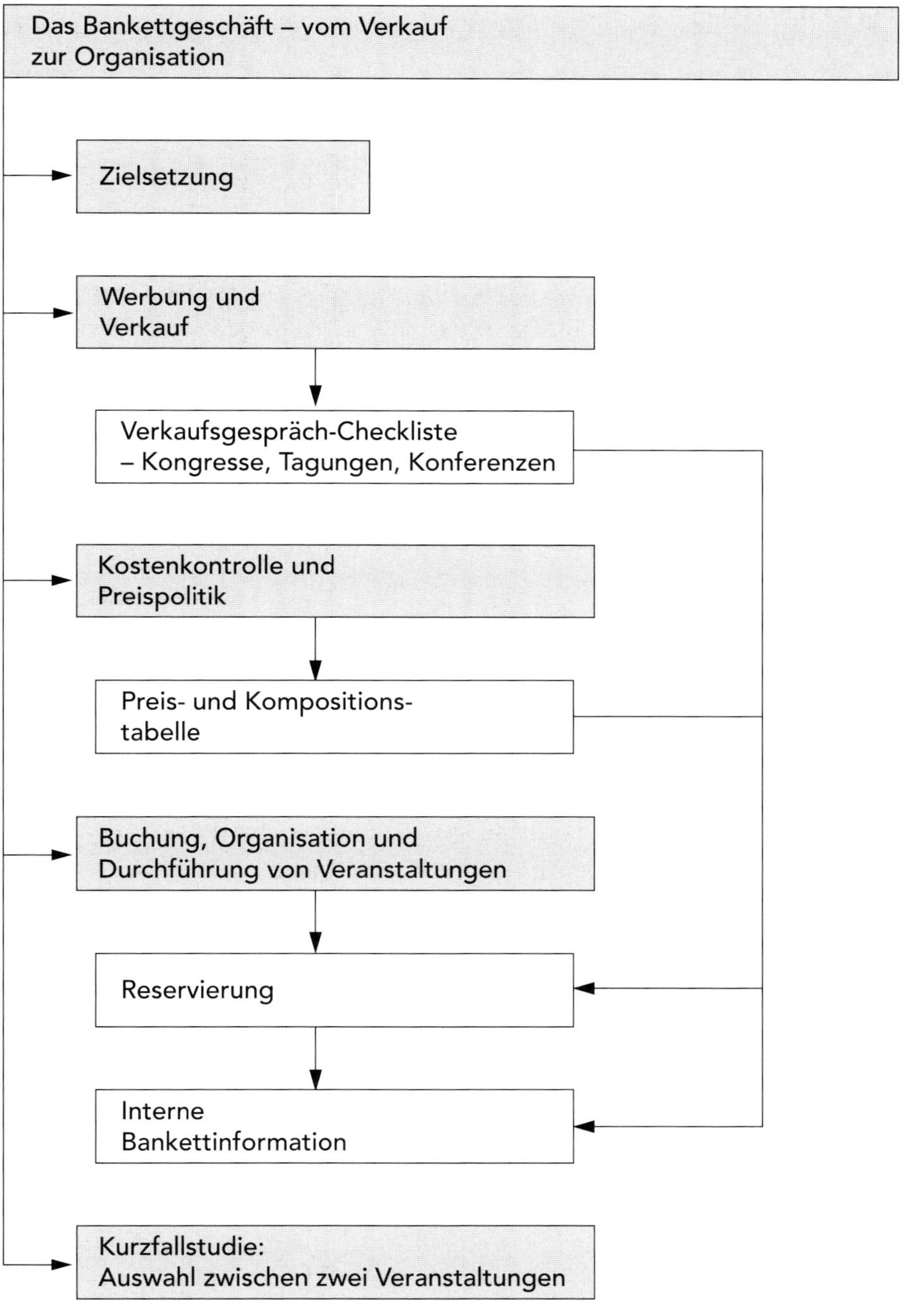

Werbung und Verkauf

Folgende Schlüsselpunkte sind zu beachten:

- Das Bankettverkaufsbüro im Hotel ist mit dem Mobiliar und der Ausstattung für den Kunden ansprechend und dem Niveau des Hotels entsprechend.
- Grundsätzlich werden alle Verkaufsbesuche seitens des Hotels vorher beim Verkaufsleiter koordiniert und geplant.
- Das Verkaufspersonal verfügt über geeignete Verkaufsunterlagen und technische Hilfsmittel wie:
  a) Farbdias/Fotos für die verschiedenartigsten Bankettveranstaltungen in der Dekoration
  b) Farbdias/Fotos für die preislich unterschiedlichen Bufetts, kalten Teller
  c) Möglichkeiten der Tischanordnungen und Bestuhlung von Veranstaltungsräumen
  d) standardisierte und frei wählbare Menüvorschläge mit passenden Getränkevorschlägen
  e) Möglichkeiten der technischen Details wie Simultanübersetzungsanlagen, Hebebühnen, Tanzflächen, Beleuchtung, Mikrofone, Musikanlagen, Raumausmessungen
  f) Preis- und Kompositionstabelle für sämtliche Menüartikel
  g) speziell organisierte Festabende wie „Bayerischer Abend", „Straßenbahnparty", „Berliner Abend", „Schiffsparty"
  h) Verkaufsgespräch-Checkliste für Kongresse, Tagungen, Konferenzen
- Eine gedruckte Bankettbroschüre zeigt alle Möglichkeiten der vorhandenen Veranstaltungsräume mit Varianten der Bestuhlung und Tischanordnung auf.
- Für spezielle Anlässe wie Hochzeiten, Jubiläen, Geburtstagsfeiern sind konkurrenzfähige Programme zusammengestellt.
- Bei Zusendungen von Menüvorschlägen wird der Name der Person oder Organisation mit einer speziellen Gravierungsmaschine eingedruckt.
- Der Küchenchef wird oft bei der Menübesprechung mit dem Gast hinzugezogen.
- Bei Großveranstaltungen findet vorher ein Probeessen mit dem Veranstalter statt.
- Laufen mehrere Veranstaltungen an einem Tag, versucht der Bankettleiter das gleiche Menü zu verkaufen, um besser einkaufen und die Produktion planen zu können.
- Beim Verkauf von Konferenzen, Abendveranstaltungen und Tagungen versucht der Bankettleiter, zusammen mit dem F&B-Programm auch Zimmer zu verkaufen.

- Veranstaltungen, die bei der Konkurrenz stattfinden, werden erfasst; die wichtigsten Bankette in der Stadt wird der Bankettleiter selbst besuchen; Anzeigen in der Zeitung über Veranstaltungen sammelt die Sekretärin.
- Es besteht eine Kundenkartei, die es ermöglicht, die Gäste durch direkte Briefe über besondere Anlässe im Hotel wie kulinarische Sonderveranstaltungen, Spezialitätenwochen, Modewochen zu informieren.
- Geeignete Werbemedien wie Presse, Fernsehen, Kino, Hotelführer, Rundfunk werden gezielt eingesetzt, um ergänzend zum täglichen Verkaufsprogramm potenzielle Gäste anzusprechen.
- Bei einer Absage oder Abbestellung dient die Adresse der Person oder Organisation als Grundlage für ein zukünftiges Verkaufsgespräch.

Kostenkontrolle und Preispolitik

- Das Bankettgeschäft ist ein „Volumengeschäft", das heißt, preiswürdiger Verkauf mit geschickter Koordination der Extraessen am gleichen Tag beeinflusst positiv die Kostenstruktur und hilft, Fixkosten zu senken.
- Menüvorschläge werden auf die spezielle Veranstaltung unter Berücksichtigung der saisonalen Lebensmittelangebote zugeschnitten.

Monat: ________

Artikel:	Maximale Personenanzahl:	Wareneinsatzkosten:	Sollverkaufspreis:	% Wareneinsatz:
Kalte/Warme Vorspeisen				
Suppen				
Eiergerichte				
Fische				
Geflügel				
Wild				
Kalte Platten				
Gemüse				
Beilagen				
Salate				
Dessert				

Muster: Preis- und Kompositionstabelle

- Monatlich erhält der Bankettleiter eine Liste der Lebensmittelprodukte und Getränke mit dem geringsten Lagerumschlag und versucht, sie bei seinen Verkaufsgesprächen mit zu berücksichtigen.
- Bankette werden nicht allein nach Wareneinsatzkosten (Food & Beverage) beurteilt, sondern eine detaillierte Brutto-Gewinn-und-Verlust-Rechnung wird bei größeren Veranstaltungen den Ausschlag geben.
- Bei Veranstaltungen und Extraessen an Feiertagen bemüht man sich, Menüs mit dem jeweiligen Anlass zu kombinieren (Weihnachts-, Oster-, Pfingstfeiertage), um die Küche während der Festtage nicht zusätzlich mit Extrawünschen zu belasten.
- Das auf Großveranstaltungen am nächsten Tag folgende „Tagesmenü" im Restaurant ist auf die oft nicht zu vermeidende Überproduktion in der Küche abgestimmt.
- Bei der Preispolitik wird einerseits an die optimale Nutzung der vorhandenen Kapazität (Konferenzräume, Festsäle, Nebenräume, Zimmer) gedacht, andererseits wird das „Dumping" durch einheitliche, stabile Preisgestaltung am Markt vermieden.
- Gäste sind über schlechte Qualität des Essens oder des Service eher verärgert als über einen relativ hohen Preis.

Buchung, Organisation und Durchführung von Veranstaltungen

- Bei vorläufigen Buchungen wird ein Termin für die endgültige Zu- oder Absage gesetzt.
- Ein klares Reservierungssystem der Veranstaltungen mit nummerierten Buchungsunterlagen, Angaben, ob „definitiv" oder „tentativ", Eintragungen im Bankettbuchungsbuch, datenmäßiger Ablage und ein geregeltes „Wiedervorlagesystem" schließt Buchungsfehler aus.
- Bei Großveranstaltungen dient ein schriftlich geschlossener Vertrag als Grundlage für die spätere Rechnungsstellung.
- Wo immer möglich wird eine Minimum-Garantie (Personenzahl, Getränkeumsatz) vereinbart.
- Bei Großveranstaltungen wird ein bestimmter Prozentsatz als Vorauszahlung gefordert.

RESERVIERUNG *Ablage-Nr.* ________

– BANKETTE, VERANSTALTUNGEN –

Muster

Bestellung — Datum:

Telefon ☐ ________

Brief ☐ ________

Besprechung ☐ ________

Name der
Organisation oder Person:

Verhandelt mit:

Art der Veranstaltung:

Tag und Datum:

Anzahl Personen: Garantie:

Raum:

Zeit:

Buchung:

Definitiv ☐

Tentativ ☐

Definitive Meldung bis: ________

Preis pro Gedeck:

Miete:

Rechnungsadresse:

Telefon:

Gebucht von: ________

Wiedervorlage: ________

- Wünscht der Gast keine gemeinsame Speisenfolge, so wird eine in der Anzahl der Artikel reduzierte, spezielle Bankett-à-la-carte-Auswahl angeboten, die küchen- und servicetechnisch leicht und reibungslos organisiert werden kann.

INFORMATION

Muster

– BANKETTE UND VERANSTALTUNGEN –

Name der Organisation/Person: ____________________

Akten-Nr. ____________________

Wochentag ____________________

Datum ____________________

Vereinbarungen getroffen mit: ____________________

Rechnungsadresse: ____________________

Art der Veranstaltung:		Raum:	
Personenzahl:	Einlass:	Beginn:	Ende:
Garderobe geöffnet:		Preis:	
Miete:		Zusatzkosten:	
Coupons/Verzehrgutscheine:			
Menükarten:	Blumen:	Kerzen:	
Tabakwaren			
Musik/Unterhaltung/Tanzfläche:			
Tischanordnung:			
Fotograf:	Presse:	Fernsehen:	
Technische Anlagen:		Mikrofon:	Rednerpult:

Menü Gedeckpreis	*Getränkeanweisung* Cocktails Kaffee: Likör/Cognac:

Serviceanweisungen: ____________________

Besondere Wünsche: ____________________

- Ein monatlicher und wöchentlich erneuerter Veranstaltungsplan fasst in geraffter Form das Veranstaltungsprogramm der zukünftigen Wochen zusammen und dient als Grundlage für die Dienstplaneinteilung der Mitarbeiter.

- Alle betroffenen Abteilungen bekommen rechtzeitig „Bankettinformationen" mit allen notwendigen Details für jede Veranstaltung.
- Bei dem wöchentlichen „Bankett-Meeting", an dem Küchenchef, Bankettoberkellner, Steward, Housekeeper, Buchhalter und F&B-Manager teilnehmen, bespricht und erläutert der Bankettleiter sämtliche Veranstaltungen für die kommende Woche.
- Nach jeder Veranstaltung bedankt sich der Bankettleiter schriftlich bei dem Gastgeber oder Organisator.
- Ein Großteil der Veranstaltungen wird im nächsten Jahr wiederholt („repeat business"). Jede einzelne Veranstaltung hat eine separate Akte, in der auch nach der Veranstaltung Notizen über Verbesserungsvorschläge für das nächste Mal eingetragen werden.

Fallbeispiel: Auswahl zwischen zwei Veranstaltungen

Der Veranstaltungsleiter hat die Wahl zwischen zwei Banketten am gleichen Tag. Die Firma A will ein Abendessen für 600 Personen mit einem Nettoverkaufspreis pro Menü von 20,– € und einem voraussichtlichen Getränkeumsatz pro Person von 8,– € buchen.

Für die gleiche Zeit erhält der Veranstaltungsleiter ein Angebot der Firma B, ein Buffet für 550 Personen zum Nettopreis von 20,– € pro Person und einem voraussichtlichen Getränkeumsatz von 10,– € pro Person.

Der Veranstaltungsleiter lässt das Menü der Firma A und das Buffet der Firma B von der F&B-Control auskosten und erfährt folgende Direktkosten in %:

	Essen	Getränke
Firma A	30 %	20 %
Firma B	35 %	20 %

Die Servicezeit ist bei beiden Veranstaltungen mit 5 Stunden einschließlich 1 Stunde Mise-en-place veranschlagt. Die Veranstaltungen können nur mit Extra-Kellnern bedient werden. Mise-en-place wird vom Hauspersonal übernommen. Nach folgenden Leistungsmaßstäben werden die Extra-Kellner pro Stunde mit 8,– € bezahlt.

	Mittag	15 Couverts
Extrakellner	Abend	15 Couverts
	Buffet	50 Couverts

Welche der beiden Veranstaltungen würden Sie für das Hotel buchen?

Lösung

1. Schritt: Berechnung der Lohnkosten für Extra-Kellner

	Firma A	Firma B
Couverts	600	550
Leistungsmaßstab	15	50
Erforderliche Extra-Kellner	40	11
Stundenanzahl	4	4
Stundenlohn	8,–	8,–
Lohnkosten	160 × 8 = 1.280 €	44 × 8 = 352 €

2. Schritt

	Firma A	Firma B
Lebensmittelumsatz	12.000 €	11.000 €
Getränkeumsatz	4.800 €	5.500 €
Total	16.800 €	16.500 €
./. Wareneinsatzkosten		
Lebensmittel	3.600 €	3.850 €
Getränke	960 €	1.100 €
Total	4.560 €	4.950 €
./. Lohnkosten (Extra-Kellner)	1.280 €	352 €
Brutto-Gewinn	10.960 €	11.198 €

- Aufgrund des Bruttogewinns ist die Veranstaltung der Firma B für das Hotel zu buchen.

4

Information

Planung, Durchführung und Kontrolle des Personalaufwandes in der Gastronomie

Erfolg in der Gastronomie setzt voraus, dass Gäste und Mitarbeiter gleichgewichtet gut behandelt werden! Der Mitarbeitereinsatz rangiert als Hauptproblem im Management. Es wird immer schwieriger, qualifiziertes Personal zu finden. Hohe Mitarbeiterfluktuation erscheint als Folge in einem Gewerbe mit langen Arbeitsstunden, wenig Freizeit, Niedriglöhnen und oft unattraktiven Arbeitsbedingungen. Gastronomen und Hoteliers sind sich seit Jahren über die Mitarbeitersituation am Markt bewusst. Dennoch bemühen wir uns weiter, Mitarbeiter zu finden, die unter diesen Bedingungen produktiv arbeiten wollen. Vielleicht sollte man in enger Kooperation mittelfristig mehr darüber nachdenken, das Arbeitsumfeld für potenzielle Mitarbeiter attraktiver – auch im Vergleich zu anderen Dienstleistungsbranchen – zu gestalten. Viel zu wenig Betriebe haben in der Praxis mit der „traditionellen Mitarbeiterbehandlung" gebrochen und bieten fortschrittliche und mitarbeiterorientierte Arbeitsplätze an.

Der Personalaufwand gehört in der Regel zu den höchsten fixen Kosten in Hotellerie und Gastronomie. Natürlich lässt sich der Personalaufwand auch nicht durch die Bezahlung von Mindestlöhnen kontrollieren. Hier geht es vielmehr um Steigerung der Produktivität durch Training, den Einsatz arbeitssparender Produkte und Geräte, aber vor allen Dingen um den sorgfältigen Umgang mit jeder bezahlten Arbeitsstunde in Planung, Durchführung und Kontrolle.

Produktivität hat auch nicht allein etwas mit quantitativen Dienstleistungen zu tun. Ein niedriger Personalaufwand-Prozentsatz im Verhältnis zum Umsatz sagt überhaupt nichts über die Servicequalität für den Gast aus; im Gegenteil – es kann bei Mitarbeiterunterbesetzung zu Umsatzeinbußen kommen! Auch lässt sich das Mitdenken, die Empathie für den Gast, das Verhalten, die Einstellung und Motivation der Mitarbeiter keineswegs in kalten Zahlen messen. Menschen arbeiten für Menschen und dürfen auch nicht als „Input-Faktor" behandelt werden.

Um den Personalaufwand in der Gastronomie besser planen und kontrollieren zu können, sind zunächst drei Schritte erforderlich:

A. Tägliche Planung der Arbeitsstunden pro Stellenkategorie
B. Erfassung der Gästeanzahl, F&B-Umsätze pro Servicezeit
C. Monatliche Auswertung und Kontrolle des Personalaufwandes mit aussagefähigen Kennzahlen

Tagesbericht F&B-Umsatz Restaurant

Tagesbericht Datum: 3.10.20...
F&B-Umsatz – Restaurant
(Zahlenbeispiel)

Wochentag: Donnerstag		Monat: Oktober
Belegte Zimmer (Vortag):	80	Hotelgäste (Vortag): 96
Belegte Zimmer (heute):	120	Hotelgäste (heute): 144
Wetter/Besonderheiten:	sonnig,	Tag der deutschen Einheit (Feiertag)

Servicezeiten		Frühstück	Mittag	Nachmittag	Abend	Gesamt
a	Servicestunden	4	4	3	5	16
b	Hotelgäste	96	8	1	32	137
c	Passanten	0	20	10	30	60
d = a + b	gesamte Gästeanzahl	96	28	11	62	197
e	Food-Umsatz	864,–	406,–	60,50	1.104,–	2.434,50
$f = \frac{e}{d}$	Food-Umsatz pro Gast	9,–	14,50	5,50	17,81	12,36
g	Beverage-Umsatz	30,–	144,–	35,–	774,–	983,–
$h = \frac{g}{d}$	Beverage-Umsatz pro Gast	0,31	5,14	3,18	12,48	4,99
i = e + g	F&B-Umsatz	894,–	550,–	95,50	1.878,–	3.417,50
$j = \frac{i}{d}$	F&B-Umsatz pro Gast	9,31	19,64	8,68	30,29	17,35
$k = \frac{g \times 100}{e}$	% Beverage- zu Food-Umsatz	3,5%	35,5%	57,9%	70,1%	40,4%
$l = \frac{i}{a}$	F&B Umsatz pro Servicestunde	223,50	137,50	31,83	375,60	213,59
m	höchstmöglicher F&B-Umsatz	1.900,–	2.500,–	1.000,–	3.500,–	8.900,–
$n = \frac{i \times 100}{m}$	Umsatz Yield in %	47,1%	22,0%	9,6%	53,7%	38,4%

Erläuterung zum Tagesbericht F&B-Umsatz – Restaurant

Zunächst sind die **Servicestunden** für die Servicezeiten: Frühstück, Mittag, Nachmittag, Abend und Gesamt für jeden Tag festzuhalten. Die Servicezeiten entsprechen der Öffnungszeit und können sich zum Beispiel bei der Umschaltung von Sommer- zu Winterzeit oder aufgrund von Besonderheiten wie Feiertage oder anderen Anlässen täglich ändern.

Die Hotelgäste vom Vortag entsprechen in der Regel den Hotelgästen zum Frühstück von heute. Nur mit der klaren Erfassung und Trennung zwischen Hotelgästen und Passanten lässt sich auch die zukünftige gesamte Gästeanzahl besser prognostizieren. Die Kennzahlen: **Food-Umsatz pro Gast, Beverage-Umsatz pro Gast und F&B-Umsatz pro Gast** dienen ebenfalls als Basis für die Umsatzprognose.

Der Prozentsatz Beverage- zu Food-Umsatz dokumentiert die tägliche Verkaufsfähigkeit bei den Getränken pro Servicezeit. Wer isst, wird auch trinken, meist auf der gleichen Preisebene. Je höher dieser Prozentsatz ist, ein umso besseres Deckungsbeitragsverhältnis wird sich für das Restaurant erwirtschaften lassen.

Der F&B-Umsatz pro Servicestunde gibt im täglichen Vergleich Auskunft darüber, ob eventuell die Öffnungszeiten zu den einzelnen Servicezeiten Frühstück bis Abend verändert und angepasst werden müssen.

Unter Yield-Management versteht man im Logisbereich eine dynamische Preispolitik zur Deckungsbeitragssteuerung. Diese Spezialform der Deckungsbeitragsrechnung lässt sich auch auf Food & Beverage übertragen. Unter dem höchstmöglichen F&B-Umsatz ist der Umsatz zu verstehen, der idealerweise bei gegebener Preisstruktur und Sitzplatzauslastung zu den verschiedenen Servicezeiten zu erreichen wäre. In der Praxis setzen viele Restaurantmanager einfach den Umsatz an, den sie zu Frühstück, Mittag, Nachmittag und Abend bei vollem Haus und höchster Kapazitätsauslastung in der Vergangenheit erzielt haben. Der Umsatz Yield in % zeigt dann die „Ergiebigkeit" oder den „Zielerreichungsgrad" an, der an diesem Tag zu den verschiedenen Servicezeiten erwirtschaftet werden konnte. Unausgenutzte Umsatzkapazitäten werden nun täglich sichtbar.

Tagesplanung Arbeitsstunden-Personalaufwand Restaurant

Wochentag : Donnerstag		Monat: Oktober
Belegte Zimmer (Vortag):	80	Hotelgäste (Vortag): 96
Belegte Zimmer (heute):	120	Hotelgäste (heute): 144
Wetter/Besonderheiten:	sonnig, Tag der deutschen Einheit (Feiertag)	

Datum: Monat:	Gesamt					
1. Gäste: Frühstück	96					
2. Gäste: Mittag	34					
3. Gäste: Nachmittag	20					
4. Gäste: Abend	80					
5. Anzahl der Gäste pro Tag	230	Service	Küche	Azubis Praktikanten	Stewarding	Administration
6. Standards: Gäste pro variable Arbeitsstunde		15	30			
7. fixe Arbeitsstunden	72	8	8	24	16	16
8. variable Arbeitstunden	24	16	8	–	–	–
9. gesamte Arbeitsstunden	96	24	16	24	16	16
10. Personalaufwand pro Arbeitsstunde	∅15,73	14,88	28,77	6,99	9,52	23,31
11. täglicher Personalaufwand	1.510,48	357,12	460,32	167,76	152,32	372,96

Erläuterung zur täglichen Planung: Arbeitsstunden – Personalaufwand Restaurant

Die erforderlichen Arbeitsstunden und der damit verbundene Personalaufwand sollten auf täglicher Basis für die **Stellengruppen (Restaurant): Service, Küche, Azubis/Praktikanten, Stewarding und Administration geplant** werden. Als Grundlage für die Planung des Mitarbeiterstundeneinsatzes dient die tägliche Prognose der zu erwartenden **Gästeanzahl für Frühstück, Mittag, Nachmittag und Abend.** In einem Hotelrestaurant wird man hier zwischen Hotelgästen und Passanten unterscheiden (siehe Tagesbericht F&B-Umsatz – Restaurant). Bei der Planung von Arbeitsstunden empfiehlt es sich, zwischen fixen und variablen Stunden zu differenzieren. Unter fixen Arbeitsstunden werden die Mindestarbeitsstunden der Dienstleistungsbereitschaft verstanden, also Stunden, die unabhängig von der Gästeanzahl im Minimum fix anfallen. Dazu gehören besonders die Stellenkategorien Administration, Stewarding, Azubis und Praktikanten.

Bei Küche und Service müssen unabhängig von den fixen Bereitschaftsstunden im Dienstplan zusätzlich von der Gästeanzahl abhängige variable Arbeitsstunden geplant werden. Hierbei bedient man sich in der Praxis der im gewünschten Qualitätsniveau festgelegten Standards: Gäste pro variable Arbeitsstunde.

Dividiert man die Anzahl der voraussichtlichen Gästeanzahl durch diese vorher bestimmten Standards: Gäste pro variable Arbeitsstunde, so lassen sich für Service und Küche getrennt die erforderlichen variablen Arbeitsstunden zusätzlich ermitteln.

Im Teamdienstplan sind neben den gästeunabhängigen, fixen Arbeitsstunden (Abdeckung der Mindeststationen im Restaurant-Service und Mindestbesetzung in der Küche) die gästeabhängigen variablen Arbeitsstunden mit gestaffelten Dienstzeiten und unter Berücksichtigung flexibler Arbeitszeitkonten pro Mitarbeiter zu planen. Multipliziert man den Personalaufwand pro Arbeitsstunde pro Stellenkategorie mit den nun geplanten gesamten Arbeitsstunden, so kommt man zu der Planung des täglichen Personalaufwandes.

Monatliche Auswertung und Kontrolle: Personalaufwand Restaurant

Monat: Oktober 20...... (Zahlenbeispiel)

F&B-Umsatz: 126.400 Anzahl der Gäste: 8.900	Administration	Service	Küche	Azubis Praktikanten	Stewarding	GESAMT
1. Personalaufwand	7.800,–	12.500,–	14.500,–	4.500,–	3.200,–	42.500,–
2. fixe Arbeitsstunden	336	168	168	644	336	1.652
3. variable Arbeitstunden	0	672	336	0	0	1.008
4. gesamte Arbeitsstunden	336	840	504	644	336	2.660
5. % Anteil der Arbeitsstunden	9,5 %	31,6 %	18,9 %	27,4 %	12,6 %	100,0 %
6. % Anteil am Personalaufwand	18,4 %	29,4 %	34,1 %	10,6 %	7,5 %	100,0 %
7. Personalaufwand pro Arbeitsstunde	23,31	14,88	28,77	6,99	9,52	15,98
8. F&B-Umsatz pro Arbeitsstunde	376,19	150,48	250,79	196,27	376,19	47,52
9. Anzahl der Gäste pro Arbeitsstunde	26,5	10,6	17,7	13,8	26,5	3,3

10. Gäste pro variable Arbeitsstunde	–	13,2	26,5	–	–	–
11. Personalaufwand pro Gast	0,88	1,40	1,63	0,51	0,36	4,78

Die tatsächlichen Ergebnisse in Bezug auf Standards und Personalaufwand sollten auf monatlicher Basis ausgewertet und kontrolliert werden (siehe hierzu: Monatliche Auswertung und Kontrolle: Personalaufwand Restaurant).

Erläuterung zur monatlichen Auswertung und Kontrolle: Personalaufwand Restaurant

Erst die monatliche Auswertung und Kontrolle der wichtigsten Kennzahlen zum Personalaufwand Restaurant kann Auskunft über **Planungsfähigkeit und Produktivität** des Mitarbeitereinsatzes geben. Zunächst werden der Ist-F&B-Nettoumsatz mit der Ist-Anzahl der im Restaurant bedienten Gäste erfasst.

Der Personalaufwand inklusive Personalnebenaufwand sollte zusammen mit den bezahlten gesamten Arbeitsstunden für die Stellengruppen: Administration, Service, Küche, Azubis/Praktikanten und Stewarding detailliert werden.

Zieht man von den gesamten Arbeitsstunden die ja feststehenden fixen Arbeitsstunden ab, so erhält man die für diesen Monat eingesetzten variablen Arbeitsstunden.

Der prozentuale Anteil der Arbeitsstunden zeigt die erfolgte Verteilung innerhalb der Stellengruppen auf. Der prozentuale Anteil am Personalaufwand verdeutlicht, in welcher Gewichtung der Personalaufwand zwischen Administration, Service, Küche, Azubis/Praktikanten und Stewarding angefallen ist.

Aussagefähig ist der Vergleich zwischen dem gesamten durchschnittlichen Personalaufwand pro Arbeitsstunde und dem durchschnittlich erwirtschafteten F&B-Umsatz pro Arbeitsstunde.

Produktivität für die einzelnen Stellenkategorien wird einerseits durch die Anzahl der Gäste pro Arbeitsstunde und andererseits durch die Anzahl der Gäste pro variable Arbeitsstunde für Service und Küche messbar. Mit „neutraler Produktivität" – ohne Einfluss von Verkaufspreisen (wie bei der Umsatzproduktivität) – kann jetzt beispielsweise überprüft werden, ob die Zielvorstellungen der festgelegten Standards in Service und Küche erreicht werden konnten. Kleinste Abweichungen bei den Kennzahlen: Personalaufwand pro Gast und Stellenkategorie lassen steuerbare Rückschlüsse auf den gastbezogenen und kapazitätsorientierten Mitarbeitereinsatz zu. Um letztlich Abweichungen in Eurobeträgen zwischen Ist-Budget und Soll-Personalaufwand erklärbar zu gestalten, wird eine detaillierte Varianzanalyse erforderlich.

Management-Kennzahlenkatalog für den F&B-Bereich

Kennzahlen können eine Betriebsanalyse nicht ersetzen; der hier ausgewählte Rahmen bezieht sich auch nicht auf Bilanz und Gewinn-und-Verlust-Rechnung, die oft nur auf jährlicher Basis erstellt werden. Als monatliches Steuerungsinstrumentarium soll ein betriebsinterner Kennzahlenkatalog dem F&B-Manager bei seinen täglich zu treffenden Entscheidungen zur Seite stehen.

Nr.	Abteilung/Bereich: Food & Beverage	Aussagefähigkeit
1	*Effektive Öffnungszeit* = Jahrestage (365) ./. Ruhetage ./. Ferien-(Feier-)Tage ./. sonstige Stillegungstage	• Auskunft über Betriebsbereitschaft des gastronomischen Betriebes Zusammenhang des betrieblichen Leistungsvermögens während der Betriebsbereitschaft
2	*Beschäftigungsgrad* $= \frac{\text{Anzahl der ausgegebenen Hauptmahlzeiten}}{\text{Anzahl der Plätze x eff. Öffnungszeit}}$	• Kapazitätsausnutzung der Restaurantplätze mit Hauptmahlzeiten • Vergleich mit optimalem Planungsbeschäftigungsgrad
3	*Umsatz pro Beschäftigter* (in €) $= \frac{\text{Gesamtumsatz F\&B}}{\text{Anzahl der F\&B-Beschäftigten}}$	• Umsatzmäßige Leistung je Vollbeschäftigter (Teilzeitbeschäftigte werden entsprechend umgerechnet)
4	*Umsatz pro Sitzplatz* (*oder qm Verkaufsfläche*) $= \frac{\text{Umsatz Restaurants, Bars}}{\text{Anzahl der belegten Sitzplätze}}$	• Auslastung und Ausnutzung des Restaurationsbereichs • Preisniveau des Betriebes

5 *Restaurantplätze pro Bedienungsperson* $= \frac{\text{Anzahl der Restaurantplätze}}{\text{Anzahl der Bedienungspersonen}}$	• Personenbezogener Leistungsmaßstab für Bedienungspersonal im Restaurant • Serviceniveau des Restaurants
6 *Sitzplatzfrequenz* $= \frac{\text{belegte Plätze x 100}}{\text{Sitzkapazität x eff. Öffnungszeit}}$	• Aufenthaltsdauer der Restaurantgäste • Servicestandard
7 *Wechsel der Gäste pro Essenszeit* $= \frac{\text{Zahl der Gäste pro Essenszeit}}{\text{Sitzkapazität}}$	• Servicetyp der verschiedenen Essenszeiten (Frühstück, Mittag, Abend)
8 *Beliebtheitsgrad der Speisen* (in %) $= \frac{\text{Anzahl der verkauften Portionen x 100}}{\text{Gesamtanzahl der bedienten Gäste}}$	• Zur Revision der Speisekarte (Verkaufsanalyse) • Zur Produktionsplanung, Vermeidung von Überproduktion (Mise en place) • Beurteilung der Verkaufsfähigkeit des Bedienungspersonals
9 *Durchschnittlicher Speisenumsatz pro Gedeck (Essenszeit) (in €)* $= \frac{\text{Speisenumsatz (Frühstück, Mittag, Abend)}}{\text{Anzahl der Gedecke (Frühst., Mittag, Abend)}}$	• Ausgabebereitschaft der Gäste und Auswahl der Speisen • Preisniveau der verschiedenen Essenszeiten (Frühstück, Mittag, Abend)
10 *Verhältnis: Speisen- u. Getränkeumsatz* (in %) $= \frac{\text{Getränkeumsatz x 100}}{\text{Speisenumsatz}}$	• In welcher Relation wird der Getränkeumsatz forciert? • Auswirkung der Verkaufsförderungsmaßnahmen für Getränke
11 *Soll-Lebensmittelbestand* = Eröffnungsbestand + Warenzugänge ./. Warenausgänge	• Kontrollgröße für Lagerinventuren • Soll-/Ist-Vergleich • Lagerverwaltungskontrolle

12 Durchschnittsinventarbestand pro Monat $= \frac{\text{(Eröffnungsbestand + Endbestand)}}{2}$ *Lagerumschlagsgeschwindigkeit pro Monat* $= \frac{\text{Gesamte Warenausgänge}}{\text{Durchschnittsinventarbestand}}$	• Umfang und Lagerdauer der Warenvorräte • Kapitalbindung • Umsatzhäufigkeit des Lebensmittellagers • „frische" Lagerhaltung-Bestandsüberwachung • Produktionsangepasste Einkaufsverfahren
13 Wareneinsatz % Speisen/Getränke $= \frac{\text{Gesamtkosten der verkauften Speisen/Getränke x 100}}{\text{Nettoeinnahmen Speisen/Getränke}}$	• Materialanteil am betreffenden Warenumsatz • Kalkulation der Verkaufspreise • Kostenauswirkung der Einkaufs- und der Küchenproduktionsverfahren
14 Selbstkosten der Küche = Küchenverbrauch + Gemeinkostenzuschlag • *Küchenreingewinn* = Küchenerlös (Netto) – Selbstkosten • *Küchenrentabilität* $= \frac{\text{Reingewinn x 100}}{\text{Warenverbrauch}}$	• Kontrolle der Kostenentwicklung • Erstellung der Vor- und Nachkalkulation • Abteilungsbezogenes Erfolgsergebnis

15 Leistungseinheiten im Restaurationsbereich

- *Restaurantservice pro Essenszeit*

$$= \frac{\text{Anzahl der servierten Couverts (Frühstück, Mittag, Abend)}}{\text{Oberkellner, Chefs, Commis im Dienst}}$$

- *Küchenproduktion*

$$= \frac{\text{Anzahl der servierten Couverts}}{\text{Köche im Dienst}}$$

- *Stewarding*

$$= \frac{\text{Couvertanzahl}}{\text{Abwaschmaschinenstunde}}$$

- *Bars*

$$= \frac{\text{Getränkeumsatz}}{\text{Barpersonal im Dienst}}$$

- *Etagenservice*

$$= \frac{\text{Anzahl der Rechnungen}}{\text{Etagenkellner im Dienst}}$$

(jede Rechnung = 1 Weg)

- *Bankettservice*

$$= \frac{\text{Anzahl der bedienten Gäste pro Veranstaltung}}{\text{Bedienungspersonal im Dienst}}$$

- Preisunabhängige erreichte Leistungseinheiten in den verschiedenen Unterabteilungen des Verpflegungsbereichs
- Personalanpassung an das schwankende Geschäftsvolumen
- Wirtschaftlicher Personaleinsatz
- Leistungsbezogene Personalkontrolle
- Verkaufseinsatz der Beschäftigten
- Planungs- und Rationalisierungsgrad in der Dienstplangestaltung

Fallbeispiel

Fallangaben

Das Saisonhotel XY hatte 2008 neben den sonst regulären 115 Ruhe- und Ferientagen noch weitere 50 Tage wegen Renovierungsarbeiten geschlossen. Dennoch war die Anzahl der ausgegebenen Hauptmahlzeiten (Mittag und Abend) im Vergleich zum Vorjahr gestiegen:

2007 = 60.000	Hauptmahlzeiten
2008 = 72.000	

Der Gesamtumsatz für das Restaurant (120 Sitzplätze) setzte sich einschließlich Bedienungsgeld, ohne Mehrwertsteuer, folgendermaßen zusammen:

	2007	2008
Food (Speisen)	800.000,– €	900.000,– €
Beverage (Getränke)	400.000,– €	540.000,– €
Gesamt	1.200.000,– €	1.440.000,– €

Im Service konnte die Anzahl der Vollbeschäftigten (einschließlich der eingerechneten Teilzeitbeschäftigten) in beiden Jahren mit 8 Personen beibehalten werden.

Im Küchenbereich allerdings brauchte man 2005 nur 4 Köche, 2006 aber 8 Köche für die Anzahl der servierten Mittag- und Abendcouverts. Durchschnittlich verkaufte man:

	2007	2008	
pro Tag	160	180	Mittagcouverts
	80	180	Abendcouverts

Dabei zählten laut Verkaufsstatistik folgende drei Speiseartikel zu den „bestverkauften" pro Tag (Mittag und Abend):

	2007	2008	
Filetsteak	48	90	Anzahl
Wiener Schnitzel	60	90	der verkauften
Hamburger	72	72	Portionen

Der Speisenumsatz für das Mittagsgeschäft ist im Vergleich zum Vorjahr etwas zurückgegangen.

	2007	2008
Food (Speisen) mittags	480.000,– €	396.000,– €

Die gesamten Warenausgänge (Lager)

	2007	2008
von	304.000,– €	378.000,– €

entsprachen den Gesamtkosten der verkauften Speisen. Als Eröffnungsbestände waren für

2007	2008
88.000,– €	138.000,– €

für das Lebensmittellager bewertet worden.

Die jeweiligen Warenendbestände des Lagers betrugen für 12 Monate

2007	2008
900.000,– €	1.500.000,– €

Fallaufgaben

1. Erstellen Sie den Kennzahlenvergleich 2007–2008
2. Beantworten und begründen Sie die Auswertung des Kennzahlenvergleichs

Lösungshinweis

Management-Kennzahlenkatalog für Hotel- und Gaststättenbetriebe

Lösung zum Kennzahlenvergleich

Kennzahlenvergleich 2007–2008

Food & Beverage	**2007**	**2008**
Effektive Öffnungszeit:	365 – 115 = 250 (Tage)	365 – 165 = 200 (Tage)
Beschäftigungsgrad:	$\frac{60.000}{120 \times 250} = 2.0$	$\frac{72.000}{120 \times 200} = 3.0$
Umsatz pro Beschäftigter:	$\frac{1.200.000}{12} = 100.000$	$\frac{1.440.000}{16} = 90.000$
Restaurantplätze pro Bedienungsperson:	$\frac{120}{8} = 15$	$\frac{120}{8} = 15$

Food & Beverage	2007	2008
Wechsel der Gäste:	mittags = $\frac{160}{120}$ = 1,3	$\frac{180}{120}$ = 1,5
	abends = $\frac{80}{120}$ = 0,7	$\frac{180}{120}$ = 1,5
Beliebtheitsgrad für	Anzahl der Gäste 240	Anzahl der Gäste 360
Filetsteak:	20,0 %	25,0 %
Wiener Schnitzel:	25,0 %	25,0 %
Hamburger:	30,0 %	20,0 %
Durchschnittlicher Speisenumsatz pro Gedeck:		
	mittags = 480.000 : 40.000 = 12,00	396.000 : 36.000 = 11,00
	abends = 320.000 : 20.000 = 16,00	504.000 : 36.000 = 14,00
Verhältnis: Speisen- und Getränkeumsatz in %	$\frac{400.000 \times 100}{800.000}$ = 50,0 %	$\frac{540.000 \times 100}{900.000}$ = 60,0 %
Wareneinsatz % (Speisen):	$\frac{304.000 \times 100}{800.000}$ = 38,0 %	$\frac{378.000 \times 100}{900.000}$ = 42,0 %
Durchschnittsinventarbestand/Lagerumschlagsgeschwindigkeit:	Ø = 76.000 304.000 : 76.000 = 4,0	Ø = 126.000 378.000 : 126.000 = 3,0
Leistungseinheiten: Küchenproduktion	$\frac{240}{4}$ = 60	$\frac{360}{8}$ = 45

Auswertung des Kennzahlenvergleichs

1. Die umsatzmäßige Leistung pro Beschäftigter ist gesunken. Der Personalanpassungsfehler liegt im Servicebereich; man hätte 2008 bei einer geringeren effektiven Öffnungszeit mit weniger Servicepersonal auskommen müssen.

Richtig ____ Falsch X

Begründung

a) Personalanpassungsfehler nicht im Servicebereich
b) Restaurantplätze pro Bedienungsperson bleiben 15
c) Personalanpassungsfehler liegt bei der Küchenproduktion (von 60 auf 45 Couverts gesunken)

2. Für schnelleren Service hatte man 2008 für Mittag und Abend teilweise ein Selbstbedienungsbuffet im Restaurant eingeführt. Welche Folgen daraus sind aus dem Kennzahlenvergleich ersichtlich?

Antwort:

a) Anstieg der servierten Mittag- und Abendcouverts (mittags von 160 auf 180, abends von 80 auf 180)
b) Anstieg des Wechsels der Gäste (mittags 1,3 auf 1,5, abends 0,7 auf 1,5)
c) Durchschnittlicher Speisenumsatz pro Couvert gesunken (mittags von 12,– € auf 11,– €, abends von 16,– € auf 14,– €)
d) Verhältnis Speisen-/Getränkeumsatz gestiegen (von 50 % auf 60 %)
e) Wareneinsatz gestiegen (von 38 % auf 42 %)

3. Die Direktion plant einige Preise der À-la-carte-Gerichte zu erhöhen. Der Preis für Hamburger soll um 0,75 € angehoben werden.

Richtig ____ Falsch X

Begründung:

Der Beliebtheitsgrad für „Hamburger" ist gesunken von 30 % auf 20 %. Die Überprüfung der Präsentation des „Hamburgers" erscheint erforderlich.

4. Das Verhältnis Speisen- und Getränkeumsatz ist 2008 ungünstiger geworden.

Richtig ____ Falsch X

Begründung:

Das Verhältnis Speisen- und Getränkeumsatz ist besser geworden (von 50 % auf 60 %), das heißt, bei Getränken wird mehr Bruttogewinn erwirtschaftet, außerdem ist der Personaleinsatz geringer.

5. Das produktionsangepasste Einkaufsverfahren und damit der „Frische-Grad" des Lebensmittellagers hat sich für 2008 verschlechtert.

Richtig X Falsch ____

Begründung:

Die Lagerumschlagsgeschwindigkeit ist von 4,0 auf 3,0 gesunken.

6. Die preisunabhängigen Leistungseinheiten wurden in der Küchenproduktion gesteigert. Volumengerechte Personalanpassung im Küchenbereich sorgte auch 2008 für ein besseres Wareneinsatzverhältnis.

Richtig ___ Falsch X

Begründung:

Die Leistungseinheiten in der Küche (Küchenproduktion) sind gesunken von 60 auf 45 Couverts pro Koch: andererseits ist der Wareneinsatz von 38% auf 42% gestiegen.

Controlling mit Schlüsselkennzahlen zur Umsatzrentabilität im F&B-Bereich

Gewinne oder Verluste werden nicht in der Buchhaltung oder beim Steuerberater gemacht, sondern im Restaurant, in der Küche, an der Bar oder in der Bankettabteilung. Kennt aber der Kellner das erreichbare optimale Verhältnis zwischen Speisen- und Getränkeumsatz für das Mittagsgeschäft des kommenden Wochenendes? Achtet der Küchenchef nicht nur auf seinen Wareneinsatz, sondern plant auch detailliert die Personalkosten pro Umsatzstunde? Nutzt der Oberkellner die Kennzahlen zur Produktivität im Restaurant der vergangenen Wochen, um gemeinsam mit seinen Mitarbeitern bessere Dienstpläne zu vereinbaren? Selten, denn in der Praxis scheint das Zahlenbewusstsein sowie das Planen, Steuern und Kontrollieren mit Kennzahlen in der Gastronomie recht unterentwickelt zu sein. Die Buchhalter mit ihren „Zahlenfriedhöfen" werden so zu Historikern und in so manchem mittelständischen Betrieb gibt es gar keine aussagefähige, kurzfristige Erfolgsrechnung mit Kennzahlen, um schnelle Anpassungsentscheidungen treffen zu können. Und was der Unternehmer nicht oder zu spät weiß, wird die Bedienung auch nicht als Zielvorstellung planen oder zu erreichen suchen. Man arbeitet meistens hart in den Tag hinein, hofft aufs Beste und lässt sich sogar oft von Gewinnen oder Verlusten überraschen.

In Zukunft werden nur diejenigen Hotels und Restaurants bestehen, denen es gelingt, den Schatz zu heben, der im Potenzial aller ihrer Mitarbeiter liegt. Dieser Schatz lässt sich mit Kennzahlen definieren – als gewinnorientiertes Mitdenken und Mithandeln unserer Mitarbeiter. Der Erfolg gastgewerblicher Betriebe hängt von der gelenkten Verwirklichung vieler umsatz- und kostenorientierter Detailziele ab, die im Zyklus der Kennzahlenauswertung in gemeinsam entwickelten Kennzahlenvorgaben täglich erreicht werden sollen. Welchem modernen Führungskonzept man sich heute auch verschreiben mag, ob Lean Management, Reengineering, KAIZEN, Benchmarking oder Total Quality Management (Service), immer geben Menschen im Unternehmen den Ausschlag. Food & Beverage-Controlling will die Mitarbeiter mit Schlüsselkennzahlen zum Erfolg führen.

Geht es beim operativen Controlling vorwiegend um die Sicherung des geplanten Jahresergebnisses, will das strategische Controlling die Sicherung des Erfolgspotenzials eines Unternehmens. Das Controlling beschränkt sich heute nicht mehr darauf, Informationen lediglich zu sammeln und in aller Stille zu verdichten. Es muss seine Daten den direkt Verantwortlichen gezielt zuleiten und somit Impulse für Verbesserungen geben. Wesentlich für die Zusammenstellung von Schlüsselkennzahlen für die **Umsatzrentabilität Food & Beverage** ist, dass alle nachhaltig wirksamen Einflussfaktoren erfasst werden, die – je nach ihrer unterschiedlichen Gewichtung – den Gesamterfolg bestimmen. Bei der Interpretation aller Kennzahlensysteme muss das Management aber auch die nicht numerischen Einflussgrößen wie Qualität, Gästebegeisterung, Innovationsfähigkeit, Marktstellung und Marktentwicklung des Betriebes mit berücksichtigen.

Dieses Kapitel will im Rahmen des operativen Controllings Interesse für die täglich wichtigen Schlüsselkennzahlen zur Umsatz-, Kosten- und Produktivitätsanalyse für die Umsatzrentabilität im F&B-Bereich wecken. Ausgehend von den **Kennzahlen als Informationsträger für das F&B-Management** sollen **Schlüsselkennzahlen** mit ihrer Aussagefähigkeit definiert, dem direkt verantwortlichen Mitarbeiterteam zugeordnet und in dem **Kreislauf der Kennzahlenauswertung** als Planungsinstrument verdeutlicht werden.

Kennzahlen als Informationsträger für das F&B-Management

Aufbauend auf dem bewährten Grundsatz: **„What you measure is what you get" – Man bekommt nur, was sich auch messen lässt** – gehören Kennzahlensysteme zum unverzichtbaren Handwerkszeug des F&B-Managers. Kennzahlen zur Umsatzrentabilität als Informationsträger dienen dem Management

- zur systematischen Kontrolle der Wareneinsatzkosten, Personalkosten und der übrigen Betriebskosten für den F&B-Bereich
- zur Erkennung und Analyse von Schwachstellen mit Hilfe der Varianzanalyse und der Deckungsbeitrags-Flussrechnung
- zur Einleitung und Gewichtung von Rationalisierungs-, Lean Management- und Reengineering-Maßnahmen für den Küchen-, Service-, Bar-, Restaurant- und Bankettbereich
- zur Aktivierung ungenutzter Ressourcen im Marketing von F&B-Leistungen (Verkaufsförderungsmaßnahmen, Steuerung des Umsatzverhältnisses Speisen und Getränke)
- zur Orientierung über das Stärken- und Schwächenprofil des F&B-Bereichs im Rahmen der zwischenbetrieblichen Vergleiche am Markt

- zur Risikominderung bei betrieblichen Entscheidungen unter Berücksichtigung eines integrierten Kennzahlensystems
- zur Führung von Mitarbeitern mit Kennzahlen (Schulung, Beteiligung, Verantwortungsgefühl und Motivation)
- zur steten Verbesserung von Tageszielen und mittelfristiger Planungsvorhaben im F&B-Bereich
- zur Produktivitätssteigerung und zum optimalen Mitarbeitereinsatz in allen F&B-Leistungsbereichen
- zur nachfragegerechten Steuerung des Qualitätsmanagements (TQS – Total Quality Service)

Schlüsselkennzahlen zur Umsatzrentabilität für den F&B-Bereich

Die nachfolgend ausgewählten zwölf Kennzahlen für die Schwerpunkte **Umsatz-, Kosten- und Produktivitätskontrolle** gehören zu den „operationellen Schlüsselkennzahlen" für die Umsatzrentabilität im F&B-Bereich. Werden Kennzahlen allzu isoliert betrachtet, sind sie nur begrenzt aussagefähig und eignen sich wenig zur Planung, Steuerung und Kontrolle. Dennoch erscheinen einige Kennzahlen wichtiger für die Ergebnissteuerung als andere. Detailanalysen sollten dann sofort erfolgen, wenn die nachstehend erläuterten Schlüsselkennzahlen erklärungsbedürftig werden.

Schlüsselkennzahlen muss jedes Teammitglied einer Abteilung verstehen, interpretieren und planen können. Inwieweit Mitarbeiter zahlenmäßige Zusammenhänge verstehen und sich auch in der Praxis mit Kennzahlen identifizieren, sieht das Management an einer der wichtigsten Kennzahlen eines jeden Unternehmens:

$$\text{Qualitative Mitarbeitereffizienz} = \frac{\text{Anzahl von Verbesserungsvorschlägen in Bezug auf Qualitätsservice für Gäste, Umsatzsteigerungen und Kostenoptimierungen für den den Betrieb pro Woche, Monat und Jahr}}{\text{Anzahl der gesamten Mitarbeiterarbeitstage pro Woche, Monat und Jahr}}$$

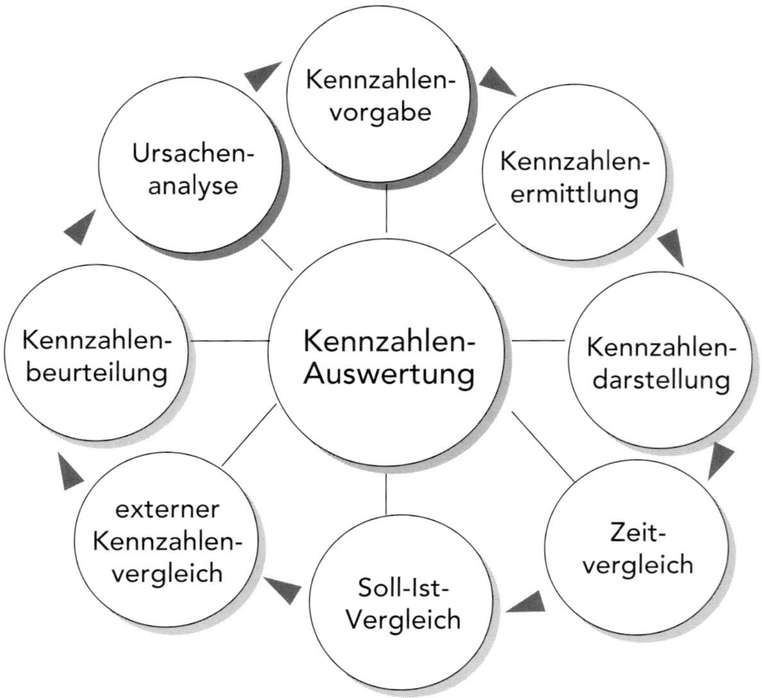

Kreislauf: Kennzahlenauswertung

Kennzahlenauswertung für den F&B-Bereich

Die von Leiderer zuerst dargestellten acht Phasen oder Arbeitsschritte zur allgemeinen Kennzahlenauswertung haben sich auch in der Praxis des Controllings für den F&B-Bereich bewährt (in der Abbildung Darstellung als nicht endender Kreislauf):

Kennzahlenermittlung

Alle Daten müssen regelmäßig nach der gleichen Methode in einer lückenlosen zeitlichen Folge und so schnell wie möglich gewonnen werden. Je nach Aufbau des Rechnungswesens und dem Einsatz der Datenverarbeitung (z. B. Restaurantkassen, Warenwirtschaftsprogramme etc.) sollten die Daten zumindest auf monatlicher Basis (monatliche kurzfristige Erfolgsrechnungen mit betriebswirtschaftlicher Auswertung) zur Verfügung stehen. Für den F&B-Bereich spielt die tägliche Erfassung der Gästeanzahl pro Essenszeit (Frühstück, Mittag, Nachmittag und Abend) eine besondere Rolle; auch die Statistik der „neuen Gäste" pro Woche beim A-la-Carte-Geschäft im Restaurant gewinnt bei der Auswertung der Daten für Marketing-Maßnahmen immer mehr an Bedeutung.

Kennzahlendarstellung

Es genügt nicht nur, Kennzahlen zu bilden, sie müssen zum Vergleich in der Zahlenentwicklung übersichtlich und leicht interpretierbar dargestellt und fortgeschrieben werden. Nur mit einer beständigen Kennzahlendarstellung (evtl. auch zusätzlich grafisch in Diagrammform) lässt sich eine sinnvolle und lückenlose Kennzahlenüberwachung ermöglichen.

Zeitvergleich

Vergleicht man die Ist-Zahlen des Berichtzeitraums mit den Ist-Zahlen der zugehörigen Vorperiode, kann die Beurteilung der Zahlenentwicklung durch Bildung von Indexwerten erleichtert werden. Dabei wird in der Praxis meist die Vorperiode als „Basisperiode" betrachtet und gleich 100 gesetzt. Der aktuelle Wert drückt dann die Veränderung in Prozenten gegenüber 100 aus. Über die oft begrenzte Aussagefähigkeit der Ist-Ist-Vergleiche (besonders bei „kostenorientierten Analysen") von gleichen Kennzahlen aus verschiedenen Berichtszeiträumen herrscht kein Zweifel: Schmalenbach charakterisiert den innerbetrieblichen Zeitvergleich treffend: „Schlendrian mit Schlendrian vergleichen".

Soll-Ist-Vergleich

Erst die Gegenüberstellung von Soll- und Ist-Zahlen aus dem gleichen Berichtszeitraum mit anschließender Abweichungsanalyse (Varianzanalyse oder Deckungsbeitrags-Flussrechnung) kann gefährliche Fehlentwicklungen aufdecken. Auf der Umsatzseite werden hier meist Budget-Soll-Zahlen mit den Ist-Kennzahlen verglichen. Abweichungen zwischen den oft subjektiv geprägten Budget-Soll-Erwartungen und den tatsächlich verwirklichten Ist-Ergebnissen sagen etwas über die erreichten Ziele (Budget als zahlenmäßige Dokumentation eines Marketingplans) und die Planungsgenauigkeit aus. Positive oder negative Soll-Ist-Abweichungen auf der Umsatzseite dienen in der Folge als Korrekturhilfen (präzisere Soll-Zahlen) bei der Erstellung des nächsten Umsatzbudgets.

Bei der Kostenanalyse sollte man den Soll-Ist-Vergleich auf einem „Ex-post-Budget" basieren. Die Soll-Kosten werden zunächst aufgrund der Ist-Umsätze (ex post) neu berechnet und dann den Ist-Kosten gegenübergestellt. Varianzanalysen (Mengen- und Preisabweichungen) oder auch die Deckungsbeitrags-Flussrechnung (Struktureffekte) liefern im Soll-Ist-Vergleich Informationen für Anpassungsentscheidungen.

Externer Kennzahlenvergleich

Will man die Stellung des eigenen F&B-Bereichs im Verhältnis zu anderen, gleichartigen Betrieben einschätzen, bietet sich der externe (zwischenbetriebliche) Kennzahlenvergleich an. Dabei müssen die Betriebe vergleichbar und deren Kennzahlen auch gleich definiert sein. Als überbetriebliche Orientierungsgrößen können Vergleichszahlen (Richtzahlen) aus den veröffentlichten Betriebsvergleichen der Fachverbände und wissenschaftlichen Institute dienen. Auch die Teilnahme an Erfahrungsaustauschgruppen (ERFA-Gruppen) oder die Inanspruchnahme von Betriebsberatungsgesellschaften ermöglichen einen externen Kennzahlenvergleich mit möglichst gleichstrukturierten Betrieben. Ein echtes Benchmarking allerdings kann erst mit einer umfassenden PIMS(Profit Impact of Marketing Strategies)-Datenbank verwirklicht werden. Hier vergleicht man sich nicht nur mit dem Branchendurchschnitt, sondern überbetrieblich mit den „Besten", um eine Art „Standortbestimmung" des eigenen Betriebes vornehmen zu können und von den gemachten Fehlern anderer Betriebe zu lernen.

Kennzahlenbeurteilung

Bei der Kennzahlenbeurteilung geht es um die Frage der Verhältnismäßigkeit bei den absoluten und relativen Veränderungen der Kennzahlen. Bewegt sich die Soll-Ist-Abweichung im Rahmen der vorher bestimmten Toleranzgrenzen? Je direkter Kennzahlen als „Schlüsselfunktionen" auf angestrebte Unternehmensziele wirken, desto enger sollten diese Toleranzgrenzen vom Management gezogen werden. Bei weniger wichtigen Kennzahlen kann der „Spielraum der Abweichungen" größer ausfallen. So können sich zum Beispiel geringfügige relative Veränderungen bei den Personalkosten im F&B-Bereich aufgrund ihres hohen Anteils innerhalb der Gesamtkosten gravierender auf die Gewinnerzielung auswirken als etwa eine zunächst dramatisch erscheinende Energiekostenerhöhung.

Bei der Kennzahlenbeurteilung kann man sich nicht einseitig auf die Veränderung von Prozenten verlassen, eine gleichzeitige Analyse der absoluten Werte erscheint bei jeder Kennzahl notwendig. Um Kompensationswirkungen bei Teilwerten richtig einschätzen zu können, müssen bei Kostenkontrollen alle Kostenarten und bei Umsatzkontrollen alle einzelnen Umsatzkomponenten gesondert untersucht werden.

Ursachenanalyse

Die Kennzahlenbeurteilung führt bei Überschreitung der Toleranzgrenzen sofort zur Ursachenanalyse. Aber auch ohne sofort ersichtliche Soll-Ist-Abweichungen müssen bei den Schlüsselkennzahlen „Umsatz", „Wareneinsatz – Speisen", „Wareneinsatz – Getränke" und „Personalkosten" zusätzliche Varianzanalysen durchgeführt werden. Gibt es zum Beispiel zwischen dem ex post berechneten Soll-Wareneinsatz – Speisen und dem Ist-Wareneinsatz prozentual und absolut nur geringfügige Abweichungen, so könnte ein günstiger Lebensmitteleinkauf (Einkaufspreis-Varianz) die Produktionsmängel (Mengen-Varianz) in der Küche ausgeglichen haben. Insgesamt erscheint die Kennzahl „Wareneinsatz – Speisen" im Rahmen der Toleranzgrenze akzeptabel; das Management würde ohne Varianzanalyse nicht reagieren! Die Zielsetzung von Ursachenanalysen wird deutlich: Durch die Technik der Kennzahlenzerlegung (z. B. Preis-Mengen-Varianzen) soll das Management aufgrund der erklärten und detaillierten Ursachen mit entsprechenden Anpassungsentscheidungen bestimmten Fehlentwicklungen entgegensteuern.

Kennzahlenvorgabe

Controlling mit einem Analyse- und Steuerungskennzahlensystem im F&B-Bereich kann erst mit täglicher Kennzahlenvorgabe zum lebendigen und zukunftsorientierten Führungsinstrument heranwachsen. Hier endet und beginnt der Zyklus der Kennzahlenauswertung. Aus globalen Abteilungszielen müssen nun operationale Teilziele abgeleitet und als Vorgabe für die kommenden Monate zusammen vereinbart werden. Mitarbeiter lassen sich mit Kennzahlen nur führen, wenn sie diese Soll-Vorgaben verstehen, sich selbst in Teams Detailziele setzen können und sich mit ihren „Ziel-Kennzahlen" identifizieren. Werden kurzfristige Prognosen und mittelfristige Budgets allein vom Management erstellt, ohne die betroffenen Mitarbeiter daran teilhaben zu lassen, bleiben Kennzahlen historische „Zahlenfriedhöfe" und nutzlos. Kennzahlenvorgaben wie auch „Dienstleistungsqualität" kann man nicht von „oben" verkünden; hier soll jedes Teammitglied mit einbezogen werden. Planung ist die einzige Hoffnung – unerwünschte Dinge stellen sich von selbst ein. Jeder Mitarbeiter muss auch wissen, welchen „operationalen Beitrag" er zur Erfüllung der gemeinsam festgelegten Teilziele leisten kann. Je langfristiger Ziele vereinbart werden, desto abstrakter erscheinen sie für die Mitarbeiter. Aus monatlichen Kennzahlenvorgaben sind für den F&B-Bereich tägliche, auf den einzelnen Wochentag abgestimmte Detailziele als „Motivationskörbe" hoch zu hängen. Kennzahlenvorgaben werden nun mit täglichem Soll-Ist-Vergleich „lebendig" operationalisiert. Sind keine Kennzahlenvorgaben gemeinsam vereinbart, überlässt man alles dem Zufall. Jeder Mitarbeiter setzt sich keine oder seine eigenen Ziele, die dann von Mitarbeiter zu Mitarbeiter unterschiedlich sein können. Nur was man sich gemeinsam vornimmt und gemeinsam plant, kann man auch erreichen!

Managementkontrolle in der Gastronomie durch Budgetierung nach dem Uniform System of Accounts for the Lodging Industry

Mit einem Zahlenbeispiel wird der Ablaufplan zur Managementkontrolle in sechs Schritten für das Erfolgsbudget – Gastronomie vorgeschlagen. Sicherlich gibt es Unterschiede bei der Erstellung eines Budgets für den F&B-Bereich eines Hotels und der Budgetierung eines reinen Gastronomiebetriebes. Budgets dürfen nicht allein von der Direktion erstellt und verkündet werden. Die täglich an der „Front" stehende Führungskraft im Gastronomiebetrieb muss mit dem Erfolgsbudget – dem Abteilungsergebnis selbst – Ziele setzen und sich auch für die Zielerreichung verantwortlich fühlen. Der reine Budget/Ist-Vergleich reicht zur Managementkontrolle in der Gastronomie nicht mehr aus. Nur die gezielte Varianzanalyse der Ex-post-Rechnung auf der Basis der Ist-Erlöse kann Schwachstellen aufdecken und das künftige Management beeinflussen.

Ausgehend von den Vorteilen, die das amerikanische Abrechnungssystem auch für die mittelständische Gastronomie bringen kann, soll der im Folgenden vorgeschlagene Weg zur Budgetierung dazu anregen, für den eigenen Betrieb ein kontrollierbares Erfolgsbudget maßzuschneidern.

Ablaufplan zur Managementkontrolle Erfolgsbudget – Gastronomie

1. Schritt: Erstellung des monatlichen Umsatzbudgets

Mit einer analytischen Methode wird versucht, unterschiedliche Prognosefaktoren zu gewichten, um für jeden einzelnen Monat des kommenden Jahres die voraussichtliche Gästeanzahl (Verpflegungsgäste), den durchschnittlichen Speisenerlös pro Gast und das prozentuale Verhältnis zwischen Getränkeerlösen jeweils pro Servicezeit (Frühstück, Mittag, Nachmittag und Abend) zu prognostizieren. Dabei wird man beim Bankettgeschäft (Extraessen) von den schon vorhandenen Reservierungen und den Wiederholungsveranstaltungen (aufgeschlüsselt pro Wochentag) ausgehen. Das allgemeine wirtschaftliche Klima und zu erwartende Saisonschwankungen beeinflussen die Detailauswertung des Gästeverhaltens des Vorjahres zur gleichen Zeit, um zu einer realistischen Vorausschau zu kommen. Tag für Tag wird die erwartete Anzahl der Gäste unter der Berücksichtigung der Feiertage, Ferienbeginne, Kongresse, Festspiele, Tagungen und anderer Beeinflussungsgrößen für das anstehende Budgetjahr geplant. Hierbei spielen die schon bekannten Aktivitäten der Konkurrenz am Markt ebenso eine Rolle wie die im Marketingplan erfassten eigenen zielgruppenbezogenen Marketingmaßnahmen (z. B. geplante Spezialitätenwochen; besondere Verkaufsförderungsmaßnahmen). Im Hotel ist das Budget für den F&B-Bereich zum großen Teil ein „abgeleitetes Budget". Hier geht man von den prognostizierten Hotelgästen aus und bringt Prognosefaktoren, nämlich den Anteil der Frühstücks-, Mittags- und Abendgäste in Prozenten zu der Gesamtanzahl der Hotelgäste in Anwendung. Das Passanten- und Bankettgeschäft ist dann unabhängig von der Hotelbelegung zu budgetieren. Für reine Getränkeausgabestellen (z. B. Bars) wird der Vorjahresumsatz pro Wochentag unter Berücksichtigung geplanter Preiserhöhungen als Ausgangsbasis für das Budget gewertet. Besondere Sorgfalt ist bei der Berechnung der zu erwartenden durchschnittlichen Speisenerlöse pro Servicezeit (Frühstück, Mittag, Nachmittag und Abend) erforderlich.

Die im Marketingplan definierte Preispolitik und die eventuell halbjährlich geplanten differenzierten Preiserhöhungen im Gastronomiebereich beeinflussen die einzelnen durchschnittlichen Speisenerlöse pro Gast und Servicezeit für den zu planenden Monat. Es hat sich in der Praxis bewährt, für Restaurants nicht den durchschnittlichen Getränkeumsatz pro Gast zu prognostizieren, sondern das prozentuale Verhältnis zwischen Speisen- und Getränkeerlösen (Ausnahme Bankettgeschäft). Dieses prozentuale Verhältnis gibt an, welchen Betrag der Gast durchschnittlich bereit ist, zu den verschiedenen Servicezeiten im Verhältnis zu den bestellten Speisen für Getränke auszugeben. Meist trinkt der Gast auch „preislich" in einem gewissen Verhältnis zu seiner Speisenbestellung (siehe Zahlenbeispiel: Monatliche Prognose der Speisen- und Getränkeerlöse).

Die Netto-Speisenerlöse ergeben sich aus der Multiplikation der insgesamt voraussichtlichen Gästeanzahl pro Servicezeit und pro Monat mit dem erwarteten durchschnittlichen Speisenerlös (netto) pro Gast und Servicezeit. Multipliziert man den Netto-Speisenerlös mit dem prozentualen Verhältnis Speisen-/Getränkeerlöse, kommt man zu den geplanten Netto-Getränkeerlösen pro Servicezeit.

Zahlenbeispiel:
Monatliche Prognose der Speisen- und Getränkeerlöse

Monat: Januar 20..

Servicezeit	Gästeanzahl	durchschnittlicher Speisenerlös pro Gast (netto) €	Speisen-erlöse (netto) €	%-Verhältnis Speisen-Getränkeerlöse	Getränke-erlöse (netto) €
Frühstück					
Mittag	980	18.20	17.836	32 %	5.707
Nachmittag					
Abend					
Bankette/ Veranstal-tungen					
Gesamt	z. B. 3.296	28.90	95.254	39.5 %	37.625
	a	b	c = a x b	d	e = c x d

2. Schritt: Budgetierung der monatlichen Personalkosten (Gastronomie)

Die Budgetierung der monatlichen Personalkosten erfolgt am besten aufgrund des für jede Abteilung festzulegenden Personalplanungsleitfadens (siehe Musterbeispiel: „Personalplanungsleitfaden – Food & Beverage"). Hier werden die Mindest- und Höchstanzahl der Mitarbeiter pro Stellenkategorie in direktem Bezug zur Kapazitätsauslastung festgehalten; die aufzuführenden, durchschnittlichen Bruttogehälter beziehen sich auf das anstehende Wirtschaftsjahr. Quantitative Arbeitsleistungsstandards werden für alle Stellenkategorien ermittelt, die auch täglich bei schwankender Kapazitätsauslastung unterschiedlich in gestaffelten Dienstplänen eingesetzt werden (hier Kellner). Je nach budgetierter monatlicher Gästeanzahl und unter Berücksichtigung der Mindest- und Höchstanzahl der Mitarbeiter sind die gesamten Bruttogehälter zu budgetieren.

Zu diesen Bruttogehältern wird ein prozentualer Zuschlag für den Personalnebenaufwand (gesetzlicher Sozialaufwand, Urlaubsgeld, Weihnachtsgratifikation, Trainingsbudget, Mitarbeiterfeiern, Überstundenpauschalen, Personalverwaltung, evtl. Prämien und andere freiwillige Sozialleistungen) monatlich berechnet und für die Abteilung belastet. Die Mitarbeiterverpflegung wird am besten mit einer Wareneinsatzpauschale pro Mitarbeiter und Monat zu den gesamten Personalkosten addiert.

Personalplanungsleitfaden: Food & Beverage

Anzahl				Bruttogehälter (€) *)	
Min.	Max.	Stellenbezeichnung		Minimum	Maximum
1	1	Oberkellner			
3	5	Kellner	z. B.	€ 7.500	€ 12.500
2	3	Commis			
1	2	Buffetier			
2	2	Azubi Restaurant			
1	1	Küchenchef			
–	1	Souschef			
2	3	Chef de Partie			
2	3	Commis			
2	2	Azubi Küche			
2	3	Spüler			
18	26	Gesamtanzahl	z. B.	€ 32.800	€ 48.950

*) die eingesetzten Gehälter dienen nur als Zahlenbeispiel

Zahlenbeispiel:

Monat: Januar 20..
budgetierte Kapazitätsauslastung: 39 % (Restaurant)
zu planende Bruttogehälter
(laut Personalplanungsleitfaden – Food & Beverage)

Minimum	€ 32.800
zuzüglich prozentualer Nebenaufwand (z. B.) 35 %	€ 11.480
zuzüglich Mitarbeiterverpflegung (z. B. Wareneinsatzpauschale € 150 pro Mitarbeiter und Monat)	
18 × € 150	€ 2.700
gesamte Personalkosten Food & Beverage (ohne Unternehmerlohn)	€ 46.980

Vorgaben, z. B.:

- Arbeitsleistungsstandard für Kellner/Commis
  Frühstück 40 Gäste pro Servicezeit
  Mittag 30 Gäste pro Servicezeit
  Abend 20 Gäste pro Servicezeit
- Bei Krankheit, Urlaub etc. können Aushilfen zu € 17 pro Stunde beschäftigt werden.
- Gestaffelte Dienstpläne sind für diese Stellenkategorie erforderlich.
- Die Mindestanzahl der Mitarbeiter Gastronomie ist bis zur Kapazitätsauslastung von 40 %, die Höchstanzahl ab 80 % einzusetzen.

3. Schritt: Budgetierung der monatlichen direkten Kosten

Zu den direkten Kosten für den Gastronomiebereich gehören: Wäscherei, Blumen und Dekoration, Reinigungsmittel, Fremdreinigung, Musik und Unterhaltung, Küchenartikel, Restaurantartikel, Drucksachen, Verschleiß Wäsche und Verschleiß Glas, Porzellan. Bevor man diese Kosten budgetiert, ist es ratsam, eine sinnvolle Kostenaufteilung in fixe und variable Kosten mit deren Beziehungsgrößen festzulegen:

Kostenart	**Aufteilung (fix, variabel – Beziehungsgröße)**
Wäscherei	variabel – durchschnittlicher Wäschebedarf (inklusive Küchenwäsche) pro Verpflegungsgast, Kosten pro Kilo
Blumen und Dekoration	fixe Pauschale pro Monat laut Dekorationsplan, monatlicher Aufschlag für Sonderdekorationen
Reinigungsmittel	fixe Pauschale pro Monat für den Gastronomiebereich (Küche, Restaurants, Bars)
Fremdreinigung	variabel pro periodischer Auftrag (z. B. Fensterreinigung, Schamponieren der Teppiche)
Musik und Unterhaltung	variabel pro periodischer Auftrag zu besonderen Anlässen, monatlich bei ständigem Programm, unberücksichtigt bei Banketten, wenn Weiterberechnung an Veranstalter erfolgt

Kostenart	Aufteilung (fix, variabel – Beziehungsgröße)
Küchenartikel	fixe Pauschale entsprechend dem Bedarf (Wiederbeschaffung) von Küchen-Verbrauchsartikeln
Restaurantartikel	fixe Pauschale entsprechend dem Bedarf (Wiederbeschaffung) von Restaurant-Verbrauchsartikeln
Drucksachen	fixe Pauschale pro Monat nach durchschnittlichem Aufwand pro Jahr (Angebotskarten etc.)
Verschleiß – Wäsche	fixe Pauschale pro Monat, entspricht der geplanten Wiederbeschaffung an Restaurant- und Küchenwäsche
Verschleiß – Glas, Porzellan	fixe Pauschale pro Monat, entspricht der geplanten Wiederbeschaffung für diese Artikel

Zahlenbeispiel:

Monat: Januar 20..
budgetierte Anzahl der Restaurantgäste 3.296

a) fixe Pauschale	**pro Jahr (€)**	**pro Monat (€)**
Blumen und Dekoration	12.000	1.000
Reinigungsmittel	3.600	300
Musik und Unterhaltung	24.000	2.000
Küchenartikel	6.000	500
Restaurantartikel	12.000	1.000
Drucksachen	5.040	420
Verschleiß – Wäsche	7.800	650
Verschleiß – Glas, Porzellan	6.000	500
Zwischensumme	76.440	6.370
b) variable Kosten		
Wäscherei	pro Gast € 0.50	
	z. B. bei 3.296 Gästen	1.648
Fremdreinigung	für Januar 20..	1.800
Zwischensumme		3.448
Gesamte direkte Kosten		9.818

4. Schritt: Budgetierung der Warenkosten

Als Warenkosten wird nur der Wareneinsatz verstanden, mit dem Umsätze zu erzielen sind. So muss zum Beispiel der Wareneinsatz – Speisen mit den Wareneinsatzkosten für Mitarbeiterverpflegung bereinigt werden. Es gilt hier, die Warenkosten der verkauften und nicht unbedingt der verbrauchten Lebensmittel zu erfassen. Kundenbewirtungen, für die keine Umsätze erzielt werden, müssen im Wareneinsatz berücksichtigt werden. Bei der Budgetierung in der Gastronomie wird der Wareneinsatz prozentual zum jeweiligen Umsatz angesetzt. Entweder werden diese Prozentsätze aus den Ergebnissen des vorangegangenen Jahres (jeweils pro Monat) abgeleitet oder basieren auf Sollwareneinsatz-Prozenten der standardisierten Gastronomieprodukte. Hierbei ist natürlich der monatliche Umsatzmix laut Verkaufsanalysen mit zu berücksichtigen.

Zahlenbeispiel:

Monat: Januar 20..

Erlöse (€)		**Wareneinsatz in %**	**Wareneinsatz (€)**
Speisen	95.254	31 %	29.529
Getränke	37.625	21 %	7.901
Sonstige (z. B. Tabakwaren)	3.000	65 %	1.950

5. Schritt: Berechnung des monatlichen Budget-Abteilungsergebnisses

Die Zusammenfassung der ersten drei Schritte, die Gegenüberstellung des Umsatzbudgets mit dem Kostenbudget, führt zum Budget-Abteilungsergebnis. Hat der Betrieb eine monatliche kurzfristige Erfolgsrechnung, so kann das Management durch monatliche Gegenüberstellung der Budgetwerte mit dem tatsächlich erreichten Ergebnis auf Abweichungen reagieren. Die fortgeführte Addition der Monatswerte lässt den viertel-, halb- und jährlichen Vergleich der auflaufenden Jahreswerte zu. Je kurzfristiger das Budget mit den tatsächlichen Ergebnissen im Jahr verglichen werden kann, desto besser kann das Management mit Marketing und Kosteneinsparungen die Zielvorstellung verwirklichen.

Zahlenbeispiel:

Monat: Januar 20..
Gästeanzahl: 3.296

Erlöse	**(in €)**	**Ablaufplan**
Speisen	95.254	1. Schritt
Getränke	37.625	1. Schritt
Sonstige	3.000	4. Schritt
Gesamt	135.879	
Wareneinsatz		
Speisen	29.529	4. Schritt
Getränke	7.901	4. Schritt
Sonstige	1.950	4. Schritt
Gesamt	39.380	
Personalkosten	46.980	2. Schritt
Direkte Kosten	9.818	3. Schritt
Budget-Abteilungsergebnis	39.701	Kontrollebene (A)

6. Schritt: Varianzanalyse zwischen Budget-Ist-Soll-Abteilungsergebnissen

Die Managementkontrolle für das Erfolgsbudget Gastronomie wird erst mit der Varianzanalyse zwischen Budget-Ist-Soll-Abteilungsergebnissen (Kontrollebene (A)) möglich. Wie das nachfolgende Zahlenbeispiel zeigt, reicht in der Aussagefähigkeit der reine Budget-Ist-Vergleich nicht aus. Zwar konnte das budgetierte Abteilungsergebnis von € 39.701 mit dem tatsächlichen Ergebnis von € 36.893 nur um € 2.808 nicht erreicht werden und der Budget-Ist-Vergleich zeigt eine positive Umsatzabweichung von € 5.881; das Management kann mit diesem Ergebnis gar nicht zufrieden sein. So zeigt die Ex-post-Rechnung auf der Basis der Ist-Erlöse, dass bei dem tatsächlichen Umsatz ein Abteilungsergebnis von € 43.280 erreicht hätte werden sollen (Soll-Abteilungsergebnis). Die verantwortliche Führungskraft hat sowohl bei den Wareneinsatzkosten (negative Abweichung von € 3.477), Personalkosten (negative Abweichung von € 2.410) als auch bei den direkten Kosten (negative Abweichung von € 500) kein kapazitätsgerechtes Kostenmanagement betrieben. Die gesamte Kostenvarianz von negativ € 6.387 bedarf der Erklärung.

Zur fortschrittlichen Managementkontrolle gehört bei der Budgetierung nicht nur der Budget-Ist-Vergleich, sondern auch als Ex-post-Kalkulation die Soll-Bereichsergebnisrechnung auf der Basis der Ist-Erlöse (Potential Profit Budget).

Zahlenbeispiel:

Monat:
Januar 20..

	Budget (in €)	**Ist** (in €)	**Soll** Ex-post-Rechnung auf der Basis der Ist-Erlöse	**Varianzanalyse**
Erlöse				
Speisen	95.254	98.960		Budget-Ist-Vergleich + 3.706 positiv
Getränke	37.625	38.900		Budget-Ist-Vergleich + 1.275 positiv
Sonstige	3.000	3.900		Budget-Ist-Vergleich + 900 positiv
Gesamt	135.879	141.760		Budget-Ist-Vergleich + 5.881 positiv
Wareneinsatz				
Speisen	29.529	32.890	30.678	Soll-Ist-Vergleich – 2.212 negativ
Getränke	7.901	9.434	8.169	Soll-Ist-Vergleich – 1.265 negativ
Sonstige	1.950	2.535	2.535	Soll-Ist-Vergleich = 0
Gesamt	39.380	44.859	41.382	Soll-Ist-Vergleich – 3.477 negativ
Personalkosten	46.980	49.390	46.980	Soll-Ist-Vergleich – 2.410 negativ
Direkte Kosten	9.818	10.618	10.118	Soll-Ist-Vergleich – 500 negativ
Abteilungsergebnis Kontrollebene (A)	39.701	36.893	43.280	Soll-Ist-Vergleich – 6.387 negativ

Qualitätshandbuch – F&B-Organisationsleitfaden zur Qualitätssicherung

Es geht nicht um „tote Handbücher oder Manuals", mit denen man nicht täglich arbeitet und die selten weiterentwickelt werden. Das *Qualitätshandbuch für Food & Beverage* setzt man als „lebendiges Organisationshilfsmittel", als ein stets zu nutzendes Arbeitsbuch ein; es soll zur permanenten Qualitätsverbesserung in der Gastronomie anspornen. Hier werden Informationen, Erfahrungen und neue Ideen gesammelt und weiterentwickelt. Viele Hotelbetriebe verlieren über die Jahre ihr Wissen – ihr Know-how; verlässt ein Küchenchef den Betrieb, geht mit ihm oft die Qualität im Food-Bereich. Selbst Hotelketten sammeln nicht systematisch die über Jahrzehnte gemachten Erfahrungen ihrer Abteilungsleiter – sie vernachlässigen ihr wichtigstes Kapital! Jedes Detail lässt sich verbessern. Nur wer sich selbst und seine Arbeit immer wieder in Frage stellen kann, hat eine Chance, sich weiterzuentwickeln. Verlassen gute und erfahrene Mitarbeiter den gastgewerblichen Betrieb, geht mit ihnen eine Bibliothek von wertvollen Erfahrungen.

Die individuellen Besonderheiten eines jeden gastronomischen Betriebes sollen erfasst und in dem *Qualitätshandbuch für Food & Beverage* fortentwickelt werden. Hierbei können Informationen der Lieferanten, Auswertung der Fachliteratur, Internetrecherchen, Messe-Seminarbesuche und der Erfahrungsaustausch mit Kollegen als Hilfestellung dienen. Alles, was sich nicht messen lässt, kann man auch nicht verbessern! So müssen in dem Handbuch klar formulierte Qualitätsstandards festgelegt und nachfragegerecht weiterentwickelt werden. In Angebot und „Hardware" werden sich Hotels und Restaurants immer ähnlicher; hier kann und wird man am Markt kopieren. Die unverwechselbare und nicht kopierbare „Software" – das Mitarbeiterteam – wird zweifelsfrei die Qualität der Zukunft bestimmen.

Das nachfolgende „Mustervorwort" seitens der Direktion sollte im Sinne einer Corporate Identity ein Credo zur Qualitätsverpflichtung beinhalten sowie Zielsetzungen, Nutzung und Anwendungsmöglichkeiten des Qualitätshandbuch für Food & Beverage kurz herausstellen:

„Mustervorwort"

Für die Hotel ••• – Gesellschaft bedeutet Qualität: Gewöhnliches außergewöhnlich gut zu tun. Das, was wir machen, wollen wir mit Freude, Engagement und von Herzen machen.

- Wir sind für unsere Gäste da
- Wir gehen auf die individuellen Wünsche unserer Gäste ein
- Wir pflegen für unsere Gäste die kleinen Details, die nicht käuflich sind
- Wir nehmen die Anregungen unserer Gäste ernst
- Wir orientieren uns an höchsten Qualitätsansprüchen
- Wir sind teamorientiert und behandeln unsere Teammitglieder als „Gäste unserer Führung"

Der Organisationsordner: ***Qualitätshandbuch – Food & Beverage*** soll uns als dynamischer Leitfaden, als täglich einsetzbares und „lebendiges" Steuerungsinstrument auf dem Weg zur Qualität begleiten. Nur wenn wir uns selbst und unsere Arbeit immer wieder in Frage stellen können, haben wir eine Chance, uns auf der nicht endenden Reise zur Qualität weiterzuentwickeln. Der Weg zur Qualität ist unser Ziel. Jedes Detail in unseren Hotels und Restaurants lässt sich immer wieder verbessern. Die von unseren Teammitgliedern gemeinsam vereinbarte Formulierung der Qualitätsstandards soll intern und extern die Verbindlichkeit und Überprüfbarkeit unserer Qualitätsbestrebungen untermauern.

Hinweise zur Nutzung des Qualitätshandbuchs:

- Überprüfen und sichern Sie regelmäßig die eingeführten und hier beschriebenen Qualitätsstandards.
- Spezifizieren Sie die individuellen Besonderheiten Ihres Hotels bei der Qualitätserhaltung und Verbesserung in Ihrem Arbeitsbereich.
- Erfassen Sie systematisch Ihre gemachten Erfahrungen unter den vorgesehenen Sektionen dieses Handbuchs.
- Nutzen Sie den Leitfaden zur betriebsinternen Mitarbeiterschulung.
- Bleiben Sie in regem Erfahrungsaustausch mit Ihren Kollegen und sichern Sie das Know-how unserer Gesellschaft.
- Achten Sie auf die unterschiedlichen und sich ändernden Gästeerwartungen.

- Sammeln Sie mit Ihrem Team neue Ideen zu den Sektionen des Qualitätsordners.
- Helfen Sie, unsere Qualitätsstandards laufend auf den neuesten Stand zu bringen.
- Machen Sie Vorschläge zur permanenten Qualitätsverbesserung in Ihrem Arbeitsbereich.

Nutzen Sie Ihr Qualitätshandbuch für Food & Beverage zum team- und zukunftsorientierten Qualitäts-Controlling. Qualität für den Gast setzt immer interne Servicequalität voraus. Wie wir in unserem Qualitäts-TEAM miteinander umgehen, ist entscheidend!

Direktion

Erfassung und Formulierung von Qualitätsstandards

Ein Qualitätsstandard beinhaltet die Fragestellung: Wie und auf welchem Niveau ist die Dienstleistung für den Gast zu erbringen? Für alle Abteilungen im F&B-Bereich sind konkrete Qualitätsstandards im Handbuch festzuhalten. Nur so lässt sich eine gewisse „Einheit des Handelns" im Qualitätsservice gewährleisten. Im Mitarbeiterteam werden verbindliche Vorgaben für die Bewältigung des täglichen Geschäfts vereinbart. Allgemeine Qualitätsstandards können in **neutraler Form**, mit **Gästeorientierung** oder **Mitarbeiteroptik** formuliert werden.

Beispiel: Formulierung

Qualitätsstandard	Neutrale Form	Gästeorientierung	Mitarbeiteroptik
Telefon	Das Telefon wird spätestens nach dem dritten Klingeln abgenommen.	**Unser Gast** wird spätestens nach dem dritten Klingeln bedient.	**Wir** nehmen das Telefon spätestens nach dem dritten Klingeln ab.
öffentlich zugängliche Toiletten	Auf öffentlich zugänglichen Toiletten werden regelmäßig Kontrollen vorgenommen (Eintrag auf dem Kontrollzettel).	**Unser Gast** sieht auf dem Kontrollzettel in öffentlich zugänglichen Toiletten, dass regelmäßig Kontrollen vorgenommen werden.	**Wir** kontrollieren regelmäßig öffentlich zugängliche Toiletten mit einem Eintrag auf dem Kontrollzettel.

Alle Qualitätsstandards können mit Merkmalen zur **Mindestanforderung** über die **Erwartung** bis zur **Überraschung** festgelegt und gesteigert werden. Hierbei ist zu beachten: Alles, was heute noch einen Gast überraschen kann, wird vielleicht morgen schon eine Selbstverständlichkeit sein.

Beispiel: Formulierung

Qualitätsstandard	Mindest-anforderung	Erwartung	Überraschung
öffentlich zugängliche Toiletten	Toiletten sind stets funktionsfähig und hygienisch ein-wandfrei sauber.	Toiletten sind stets funktionsfähig und hygienisch ein-wandfrei sauber. Hell beleuchtete Spiegel und ein kontrolliertes, ange-nehmes Geruchs-klima kann jeder Gast erwarten.	Toiletten sind stets funktionsfähig und hygienisch ein-wandfrei sauber. Hell beleuchtete Spiegel und ein kontrolliertes, ange-nehmes Geruchs-klima kann jeder Gast erwarten. Dezente Hinter-grundmusik, Kos-metika, Sitzgele-genheit vor dem Spiegel, Haarföne, Parfümproben überraschen weibliche Gäste.

Im Qualitätshandbuch für Food & Beverage sind Standards auf den letzten Stand zu bringen und nachfragegerecht weiterzuentwickeln.

Aufbau des Organisationsleitfadens Qualitätshandbuch für Food & Beverage

Die folgenden zehn Abschnitte zum Aufbau eines Qualitätshandbuch für Food & Beverage werden für die Praxis nachvollziehbar mit kurz erläuterten Inhaltsvorschlägen pro Sektion aufbereitet:

1. **Sektion: Allgemeine Organisation**
2. **Sektion: Smiling Standards**
3. **Sektion: Einkauf, Produktion, Lagerhaltung**
4. **Sektion: F&B-Outlets**
5. **Sektion: Operating Equipment**

6. Sektion: Atmosphäre, Dekoration
7. Sektion: Teameinsatz – Mitarbeiterschulung
8. Sektion: Budgetierung und Kontrolle
9. Sektion: Qualitätsverbesserungen
10. Sektion: Anhang – Formulare – Fotokatalog

1. Sektion: Allgemeine Organisation

Erläuterte Inhaltsvorschläge:

(a) Organigramm des Hotels
(b) Stellenbeschreibungen
(c) Arbeitsplatzbeschreibungen (Arbeitsablauf)
(d) F&B-Outlets – Detailpläne, Öffnungszeiten
(e) Feuerschutz- und Sicherheitsvorschriften

zu (a) Organigramm des Hotels
Der F&B-Bereich untersteht wie der Logisbereich direkt der Direktion (in großen Hotels dem „Director of Operations" oder F&B-Manager). Dem F&B-Manager wiederum können Assistenten, Bankettleiter, Barchefs, Küchenchef, Restaurantleiter, Chief Steward u. a. nachgeordnet werden. Als Grafik zeigt das Organigramm die Einordnung und Stellung dieser Hauptabteilung mit Top-, Middle- und Lower-Management-Ebenen auf.

zu (b) Stellenbeschreibungen
Leitende Führungskräfte, alle Mitarbeiter, die als „Coachs" im Team Führungsaufgaben innehaben wie F&B-Manager, Barchef, Restaurantleiter u. a., bekommen eine Stellenbeschreibung; eine Stellenbeschreibung legt den groben Rahmen der Aufgaben, Kompetenzen und Verantwortung für die Stelle fest.

zu (c) Arbeitsplatzbeschreibungen (Arbeitsablauf)
Einfache Teammitglieder wie Kellner, Köche, Spüler erhalten eine Arbeitsplatzbeschreibung. Arbeitsablaufbeschreibungen sind in der Praxis viel detaillierter und zeigen normale Arbeitsabläufe auf. Alle Teammitglieder für ausführende Tätigkeiten sollten Arbeitsplatzbeschreibungen bekommen, die ebenfalls zum Inhalt des Arbeitsvertrages werden können.

zu (d) F&B-Outlets – Detailpläne, Öffnungszeiten
Layoutdetails für alle F&B-Outlets wie Bars, Bankettträume, Zimmeranzahl bei Etagenservice, Restaurants sollten wo möglich mit Sitzplatzkapazitäten, Stationseinteilungen, Musterbestuhlung bei Bankettträumen und Öffnungszeiten auf den Detailplänen markiert werden. Auch die zum F&B-Bereich gehörenden Funktionsräume wie Küchen, Abwasch, Lagerräume, Warenannahme etc. sind mit der entsprechenden Quadratmeteranzahl (Reinigungs- und Wartungsaufwand) und technischen Geräten zu erfassen.

zu (e) Feuerschutz- und Sicherheitsvorschriften
Hier geht es vorwiegend um Brandverhütung mit innerbetrieblichen Maßnahmen zur Vorbeugung, den Brandalarm, die frühzeitige Entdeckung eines Brandherdes, die Alarmierung und die Brandbekämpfung oder Evakuierung im Hotel. In Zusammenarbeit mit der örtlichen Feuerwehr sind Brandübungen mit dem gesamten Team periodisch zu überwachen.

2. Sektion: Smiling Standards

Erläuterte Inhaltsvorschläge:

(a) Allgemeine Verhaltensregeln
(b) Äußeres Erscheinungsbild
(c) Dienstkleidung
(d) Persönliches Verhalten
(e) Umgang mit dem Gast

zu (a) Allgemeine Verhaltensregeln
Die Bedeutung und Wichtigkeit des „Verhaltens-Knigge" für alle Teammitglieder mit Gastkontakt, aber auch der betriebsinterne Umgang mit Kollegen werden hervorgehoben.

zu (b) Äußeres Erscheinungsbild
Hier sollen Selbstverständlichkeiten in Bezug auf Haare, Make-up, Bart, Nägel, Parfum und das Tragen von Schmuck als Richtlinien klar definiert werden.

zu (c) Dienstkleidung
Die vom Betrieb gewünschte saubere Ausstattung mit Dienstkleidung, Schuhen und eventuell Namensschild wird aufgeführt.

zu (d) Persönliches Verhalten
Richtlinien werden beschrieben in Bezug auf Pünktlichkeit, Essen, Trinken, Rauchen, Konsum von Alkohol, persönliche Telefonate, Handys, Pausenregelungen, Verhalten beim Krankheitsfall und Privatbesuche von Verwandten und Bekannten im Betrieb.

zu (e) Umgang mit dem Gast
Ein einheitliches Verhalten bei Begrüßung und Verabschiedung der Gäste, bei der Reaktion auf Gästewünsche, die Sprache mit dem Gast und der Umgang mit Gästereklamationen müssen deutlich beschrieben werden.

3. Sektion: Einkauf, Produktion, Lagerhaltung

Erläuterte Inhaltsvorschläge (Ziele/Inhalte):

(a) Einkaufsspezifikationen
(b) Einkaufsverfahren, Warenannahme
(c) Lagerhaltung
(d) Standardisierte Speiseartikel (Küche)
(e) Standardisierte Getränkeartikel (Bar)
(f) HACCP-Richtlinien
(g) Hilfsmittel

Bei der 3. Sektion sollte zuerst kurz die Zielsetzung bei der Food-Produktion beschrieben werden. Handelt es sich um eine klassische Küche oder eine Mischküche mit Convenience-Food-Produkten? Alle nachstehenden Details werden von dieser Grundentscheidung über das Produktionsverfahren abhängen.

zu (a) Einkaufsspezifikationen
Je nach Auslastung können die Einkaufsspezifikationen der einzukaufenden Lebensmittel variieren. Bei niedrigem Geschäft kann es wirtschaftlicher sein, einige Produkte selbst herzustellen. Festzulegen ist, was, wann, in welcher Produktionsreife, Qualität und Mengeneinheit wo und bei wem eingekauft wird.

zu (b) Einkaufsverfahren, Warenannahme
Kennt der Lieferant die Einkaufsspezifikationen? Was wird täglich, wöchentlich und monatlich eingekauft? Gibt es Marktlisten für den Frischwareneinkauf? Lohnt sich der Einkauf über Einkaufskooperationen? Wie erfolgt die Kontrolle bei der Warenannahme?

zu (c) Lagerhaltung
Können die Lebensmittelverordnungen eingehalten werden? Hier werden alle Lagermöglichkeiten im Food-Bereich – auch direkt in der Küche – mit entsprechenden Kontrollen erfasst.

zu (d) Standardisierte Speiseartikel (Küche)
Alle Speiseartikel der Standardkarten sind mit ihren Grundrezepten, Fleischtests und als individuelle Speiseartikel zu standardisieren und fotografieren. Ein lebendiges Manual beinhaltet die volle Standardisation des Food-Angebots.

zu (e) Standardisierte Getränkeartikel (Bar)
Wie in der Küche sind für die Bars und Getränkeausgabestellen alle Cocktailrezepte zu erfassen. Die Art der Gläser mit den rechtlich festgelegten Drinkeinheiten sind für alle angebotenen Getränke zu erfassen.

zu (f) HACCP-Richtlinien
Hier wird die Einhaltung und Kontrolle der Hygienevorschriften (HACCP-Richtlinien) für den gesamten F&B-Bereich dokumentiert.

zu (g) Hilfsmittel
(z. B.)
- Marktlisten
- Lieferantenlisten
- Grundrezepturen
- Fleischtests
- Standardisierte Speiseartikel
- Cocktailrezepte
- Handbuch HACCP
- Fotokatalog – standardisiere Speisen, Getränke

4. Sektion: F&B-Outlets

Erläuterte Inhaltsvorschläge (Ziele/Inhalte):

(a) Restaurants, Bars, Etagenservice
(b) Veranstaltungen, Seminare, Konferenzen
(c) Minibar
(d) Hilfsmittel

Für jedes F&B-Outlet sollte das Thema, eine Art Leitbild mit den anzusprechenden Gästezielgruppen vorangestellt werden.

zu (a) Restaurants, Bars, Etagenservice
Die Organisation des Mise-en-place, des Serviceablaufs, des Bestell- und Abrechnungsverfahren (Room-Service) ist im Detail festzulegen.

Die Angebotskarten mit der Preisgestaltung sollten den standardisierten Speise- und Getränkeartikeln (Küche, Bar) aus der Sektion (3) entsprechen.

zu (b) Veranstaltungen, Seminare, Konferenzen
Von der Buchung bis zur Nachbesprechung ist der Ablauf und die Betreuungsfunktion von Bankettveranstaltungen, Seminaren und Konferenzen festzulegen. Eine Verkaufsmappe mit allen möglichen Veranstaltungsarten und der Preisgestaltung ist hier beizufügen.

zu (c) Minibar
Falls die Minibar unter F&B und nicht unter Housekeeping fällt, sind die Bestückung des Minibarwagens, das Auffüllverfahren der Gäste-Minibars, das Standardinventar des Minibarschranks und das Kontroll- und Abrechnungsverfahren festzulegen.

zu (d) Hilfsmittel
- Verkaufsmappe Bankett
- Fotokatalog: Mise-en-place der Outlets, Minibarwagen

5. Sektion: Operating Equipment

Erläuterte Inhaltsvorschläge (Ziele/Inhalte):

(a) Katalog: Geschirr, Gläser, Besteck
(b) Inventarbestand Operating Equipment
(c) Reinigung/Pflege
(d) Wartung, Bedienung und Sicherheitsvorschriften
(e) Hilfsmittel

zu (a) Katalog: Geschirr, Gläser, Besteck
Auch zu Budgetierungszwecken sollte ein Fotokatalog mit Einkaufspreisen für das eingesetzte Geschirr, die Gläserarten und das Besteck bereitstehen.

zu (b) Inventarbestand Operating Equipment
Der Soll-Inventarbestand für das gesamte Operating Equipment (auch Küchengeräte) im F&B-Bereich muss auf Inventarlisten aufgeführt werden.

zu (c) Reinigung/Pflege
Besondere Anweisungen zur Reinigung und Pflege des Operating Equipments sind zu erfassen.

zu (d) Wartung, Bedienung und Sicherheitsvorschriften
Hier werden die Anleitungen und Vorschriften zur Wartung, Bedienung und Sicherheit von z. B. Gläser-, Abwasch-, Schneide- und Kaffeemaschinen, Convektomaten, Regenerationsöfen, Mikrowellen, Küchenherde, Kassen u. a. zusammengestellt.

zu (e) Hilfsmittel
- Bedienungsanleitungen
- Katalog mit Fotos
- Wartungsverträge

6. Sektion: Atmosphäre, Dekoration

Erläuterte Inhaltsvorschläge (Ziele/Inhalte):

(a) Beschallung
(b) Beleuchtung
(c) Geruchsklima und allgemeines Klima
(d) Dekoration und Erscheinungsbild der F&B-Outlets
(e) Hilfsmittel

zu (a) Beschallung
Ein abwechslungsreicher Beschallungsplan für Restaurants und Bars ist den Tages- und Jahreszeiten anzupassen und festzulegen.

zu (b) Beleuchtung
Ein dem Tages- und Jahresablauf angepasster Beleuchtungsplan mit Festlegung der Steuerungsverantwortung für jedes F&B-Outlet ist hier einzufügen.

zu (c) Geruchsklima und allgemeines Klima
Zu Frühstücks-, Mittags-, Nachmittags- und Abendszeiten muss es auch im Wechsel der Jahreszeiten in den Restaurants unterschiedlich riechen. Nicht nur das allgemeine Klima, sondern auch das Geruchsklima ist zu steuern.

zu (d) Dekoration und Erscheinungsbild der F&B-Outlets
Ein monatlicher Dekorationsplan für die F&B-Outlets muss in den Dekorationsmaterialien wie Blumen, Pflanzen, Bilder etc. farblich abgestimmt werden und zum

Thema der Restaurants passen. Musterdekorationen legen das Erscheinungsbild der Outlets auch zu Feiertagen und bestimmten Anlässen fest.

zu (e) Hilfsmittel

- Fotokalalog: Musterdekorationen

7. Sektion: Teameinsatz – Mitarbeiterschulung

Erläuterte Inhaltsvorschläge (Ziele/Inhalte):

(a) Einführungsprogramm neuer Mitarbeiter
(b) Budget für Schulungsmaßnahmen
(c) Trainingskarte – Schulungserfordernisse pro Mitarbeiter
(d) Schulungsunterlagen, Videoschulung, Mitarbeiterhandbücher
(e) Personalplanungsleitfaden, Mindest-, Höchstbesetzung
(f) Quantitäts- und Qualitätsstandards – Küche, Service
(g) Personalkostenübersicht – Zeitfallen (Tabelle Gold)
(h) Musterdienstpläne für jede Auslastung (Computerdienstpläne)
(i) Urlaubsplanung, Pausenregelung
(j) Teilzeitkräfte – Aushilfskartei
(k) Entwicklung der flexiblen Arbeitszeit
(l) Teammotivation, Teambeurteilung
(m) Hilfsmittel

zu (a) Einführungsprogramm neuer Mitarbeiter
Ein speziell für den F&B-Bereich entwickeltes Einführungsprogramm regelt die ersten Tage der neu eingestellten Teammitglieder.

zu (b) Budget für Schulungsmaßnahmen
Pro Teammitglied der F&B-Abteilung muss ein jährliches Schulungsbudget in Absprache mit dem Management festgelegt werden.

zu (c) Trainingskarte – Schulungserfordernisse pro Mitarbeiter
Schulungserfordernisse variieren von Mitarbeiter zu Mitarbeiter; eine Trainingskarte pro Teammitglied steuert die individuelle Weiterentwicklung.

zu (d) Schulungsunterlagen, Videoschulung, Mitarbeiterhandbücher
Hier sind alle weiterzuentwickelnden Trainings- und Schulungsunterlagen (extern, intern), Videofilme sowie die Mitarbeiterhandbücher zu erfassen.

zu (e) Personalplanungsleitfaden, Mindest-, Höchstbesetzung
Um eine mittelfristige Mitarbeiterplanung in Anpassung an die zu erwartende Kapazitätsauslastung vornehmen zu können, sollte eine Personalplanungstabelle vom Minimum bis zur Höchstbesetzung als Leitfaden erstellt werden.

zu (f) Quantitäts- und Qualitätsstandards – Küche, Service
Klar definierte Leistungsmaßstäbe wie Anzahl der zu bedienenden Gäste pro Kellner und Servicezeit u. a. sind festzulegen.

zu (g) Personalkostenübersicht – Zeitfallen (Tabelle Gold)
Eine Tabelle der Personalkosten für fünf, zehn, fünfzehn, dreißig und sechzig Minuten für jedes Teammitglied hilft, Zeitfallen zu erkennen und bessere, gestaffelte Dienstpläne zu erstellen.

zu (h) Musterdienstpläne für jede Auslastung (Computerdienstpläne)
Hier sollten Musterdienstpläne für jede vorkommende Auslastung (Küche, Restaurants, Bars) auf vierzehntägiger Basis optimiert werden. Auch ein Test der in der Praxis erhältlichen Computerdienstpläne gehört in diese Sektion.

zu (i) Urlaubsplanung, Pausenregelung
Eine rechtzeitige Urlaubsplanung für Teammitglieder mit schulpflichtigen Kindern, Urlaubssperren in Saisonmonaten und die Anpassung an unterschiedliche Kapazitätsauslastungen pro Monat sollten spätestens im Januar für das laufende Jahr erstellt werden.

zu (j) Teilzeitkräfte – Aushilfskartei
Eine Kartei über kurzfristig einsetzbare Mitarbeiter kann bei Krankheit oder unvorhersehbarem Geschäft (z. B. Bankettveranstaltungen) Entlastung schaffen.

zu (k) Entwicklung der flexiblen Arbeitszeit
Die Zukunft gehört der flexiblen Arbeitszeit mit Arbeitszeitkonten, unterschiedlichen Stundenblöcken, Wunschdienstplänen etc. Alle Möglichkeiten für den F&B-Bereich sind hier zu sammeln und zu testen.

zu (l) Teammotivation, Teambeurteilung
Wer sein Team fördern will, muss es auch fordern; eine halbjährliche Mitarbeiterbeurteilung hilft dabei. Jeder Mensch ist anders zu motivieren. Man darf daher nicht von sich auf andere schließen. Hier sollten unterschiedlichste „Motivatoren" aus der Sicht der Mitarbeiter gesammelt werden und in die Teamführung mit einfließen.

zu (m) Hilfsmittel

- Trainingskarte
- Einführungsprogramm
- Musterdienstpläne
- Schulungsunterlagen
- Videos
- Mitarbeiterhandbücher
- Aushilfskartei

8. Sektion: Budgetierung und Kontrolle

Erläuterte Inhaltsvorschläge (Ziele/Inhalte):

(a) Ablauf der Umsatzbudgetierung für den F&B-Bereich
(b) Budgetierung der Personalkosten pro Monat und Jahr
(c) Anschaffungs-, Ersatz-, Kostenbudgets
(d) Bestandskontrollen: Operating Equipment, Wäsche, Mobiliar
(e) F&B-Kontrollverfahren
(f) Kennzahlen als Frühwarnsystem
(g) Checklisten – Qualitätsicherung
(h) Hilfsmittel

zu (a) Ablauf der Umsatzbudgetierung für den F&B-Bereich
Der F&B-Manager muss im Detail das aus dem Logisbereich abgeleitete Umsatzbudget für Food & Beverage verstehen und umsetzen können. Hier sind alle Formulare und Schritte zum Umsatzbudget F&B zu erfassen.

zu (b) Budgetierung der Personalkosten pro Monat und Jahr
Jeder Hauptabteilungsleiter ist für seine Personalkosten verantwortlich und muss sie gegenüber der Direktion pro Monat und Jahr im Budget erfassen und vertreten können.

zu (c) Anschaffungs-, Ersatz-, Kostenbudgets
Auf halbjährlicher Basis sind sämtliche Anschaffungs- und Ersatzbudgets (z. B. Geräte, Tischwäsche, Operating Equipment) mit den zu erwartenden Kosten für das kommende Halbjahr zu budgetieren.

zu (d) Bestandskontrollen: Operating Equipment, Wäsche, Mobiliar
Zumindest jährliche Inventuren sollten zur Überprüfung eine Bestandskontrolle für Operating Equipment, Wäsche und Mobiliar gewährleisten.

zu (e) F&B-Kontrollverfahren
In Abhängigkeit von Betriebstyp und -größe sollten die Kontrollverfahren mit den erwünschten Kontrolldaten in Umfang und Zeitraum für Food & Beverage festgelegt werden.

zu (f) Kennzahlen als Frühwarnsystem
Hier wird festgelegt, welche Kennzahlen (z. B. Gesamtproduktivität F&B, Yield für F&B, Food Cost, Beverage Cost, Arbeitsproduktivitäten wie Personalkosten pro Gast, Umsatzverhältnis Beverage zu Food u. a.) monatlich ausgewertet und als Entscheidungsgrundlage dienen sollen.

zu (g) Checklisten – Qualitätsicherung
Checklisten dienen zur Qualitätsicherung: z. B. Checkliste Frühstücksbüffet, Checkliste Mise-en-place, Restaurants, Bars, Checkliste Tagungen und Veranstaltungen u. a.

zu (h) Hilfsmittel
- Checklisten
- Budgetformulare
- Kontrollformulare

9. Sektion: Qualitätsverbesserungen

Erläuterte Inhaltsvorschläge (Ziele/Inhalte):

(a) Auswertung von Gästefragebögen
(b) Stammgästekartei
(c) Einbindung in den TQS (Total Quality Service)
(d) Qualitätsverbesserung (Zusatznutzen)
(e) Kosteneinsparungsmöglichkeiten
(f) Erfahrungsaustausch
(g) Persönliche Erfolgsziele
(h) Hilfsmittel

zu (a) Auswertung von Gästefragebögen
Qualität aus der Sicht des Gastes kann auch durch die Auswertung von Gästefragebögen verstärkt werden. Detailprobleme für den F&B-Bereich werden bei den betriebsinternen Schulungsprogrammen besprochen.

zu (b) Stammgästekartei
Gästebindung erreicht man durch „emotionale Qualitätsdienstleistungen". Gästewünsche sollten in der Stammgästekartei (Veranstaltungen und Restaurant) detailliert erfasst und fortgeschrieben werden.

zu (c) Einbindung in den TQS (Total Quality Service)
Im Sinne der Total Quality Service (TQS) sind alle Maßnahmen zu erfassen, die mit dem F&B-Bereich einen einzigartigen Qualitätsservice zum Ziel haben. Alles, was ein Gast an Qualität erkennt und auch bereit ist zu honorieren, gilt als Wertschöpfung.

zu (d) Qualitätsverbesserung (Zusatznutzen)
Hier sollen auf monatlicher Basis Ideen zur Qualitätsverbesserung aus der Sicht des Gastes erfasst und umgesetzt werden. Es geht um Zusatznutzen, nicht nur um Zufriedenheit, sondern als Überraschung zur Begeisterung der Gäste.

zu (e) Kosteneinsparungsmöglichkeiten
Alles, was der Gast an Qualität nicht mehr erkennt und auch gar nicht bereit ist zu bezahlen, gilt als Verschwendung. Hier liegen die Kosteneinsparungsmöglichkeiten, die zielgerichtet in kleinen Schritten wahrgenommen werden müssen. Alles lässt sich auch vereinfachen, ein monatlicher Maßnahmenkatalog soll der eigenen Betriebsblindheit entgegenwirken.

zu (f) Erfahrungsaustausch
Keiner weiß so viel wie wir alle zusammen! In jeder größeren Stadt gibt es eine ERFA-Gruppe (FBMA) für Food & Beverage. Hier werden Ideen und Problemlösungen ausgetauscht. In einer Art „Datenbank" sollten die Erfahrungen der Kollegen gesammelt werden (Intranet).

zu (g) Persönliche Erfolgsziele
Jeder Mensch arbeitet nur dann gut, wenn er sich gut fühlt. Auch persönliche Erfolgsziele sollten im Qualitätshandbuch Food & Beverage geplant werden, wenn deren Verwirklichung zur Selbstmotivation des F&B-Managers beitragen soll.

zu (h) Hilfsmittel
- Kreativitätstechniken (z. B. 6-3-5-Methode)

10. Sektion: Anhang – Formulare – Fotokatalog

(a) Hilfsmittel/Formulare
(b) Fotokataloge

zu (a) Hilfsmittel/Formulare
Hier sollten nochmals alle genannten Hilfsmittel und einzusetzenden Formulare als Standardisation alphabetisch in dem Anhang aufgeführt werden.

zu (b) Fotokataloge
Die angesprochenen Fotos (mit Daten) sollten zusammengefasst in Fotokatalogen im Anhang auf dem aktuellsten Stand gehalten werden.

Checkliste: Voreröffnungsmanagement – F&B-Bereich

Einen detaillierten Informationskatalog benötigt ein F&B-Manager bei der Eröffnung eines Hotels oder Restaurants. Hier sind in Form einer Checkliste sämtliche Schlüsselfragen zur Übernahme einer organisierten F&B-Produkt-Abteilung zusammengefasst. Folgender Fragenkatalog hat sich hierzu in der Praxis bewährt:

F&B-Verwaltung

1. Ist das F&B-Büro übernahmebereit?
2. Ist das Büromobilar (Schreibmaschine, Ablagekästen, sonstige Möbel) verfügbar?
3. Ist das grundsätzliche Ablagesystem erstellt und vorbereitet?
4. Ist sämtliches Schreib- und Briefpapier gedruckt?

Bankettabteilung

5. Ist das Veranstaltungs-/Reservierungsbuch entworfen und gedruckt worden?
6. Sind die Bankettinformationen gedruckt?
7. Gibt es eine Liste der größeren, lokalen Bankettveranstaltungen für die Stadt?
8. Sind die Verträge für Veranstaltungen (Großveranstaltungen) verfügbar?
9. Sind Muster-Bankettmenüs erstellt?
10. Ist die Bankettbroschüre gedruckt?

11. Gibt es eine Liste über sämtliche Verkaufspreise für den Veranstaltungsbereich (Miete der Veranstaltungsräume, Menüpreise, Getränkepreise, technische Geräte etc.)?

Konkurrenzanalyse

12. Sind Konkurrenzanalysen der Hauptkonkurrenten in der Stadt erstellt worden?
13. Sind die aktuellen Speise- und Getränkekarten der Konkurrenten verfügbar?
14. Sind die Zeitungsanzeigen der Konkurrenz (Werbung und Sonderveranstaltungen) erfasst worden?
15. Ist überprüft worden, ob und welche neuen Restaurants in naher Zukunft eröffnet werden?

Personal

16. Ist eine „Lohn- und Gehaltsvergleichsliste" von den Hauptkonkurrenten der Stadt erstellt worden?
17. Ist ein detaillierter Personalplanungsleitfaden verfügbar?
18. Sind Musterdienstpläne für sämtliche Restaurants und Bars erstellt worden?
19. Sind die Einstellungstermine für das Personal geplant und festgehalten?
20. Gibt es einen Lohn- und Gehaltsrahmenplan für das Hotel?
21. Sind sämtliche Stellen- und Arbeitsplatzbeschreibungen erstellt worden?
22. Sind betriebsinterne Ausbildungsprogramme vorbereitet?
23. Ist beim Personaleinstellungsplan die Zeit für Einweisung und betriebsinterne Ausbildung berücksichtigt?
24. Sind sämtliche Uniformen (Personaldienstkleidung) bestellt?

Einkauf

25. Ist jemand als Vollverantwortlicher für den Hoteleinkauf bestimmt?
26. Wurde eine detaillierte Marktpreisanalyse erstellt?
27. Sind Kontakte mit den Lieferanten aufgenommen worden, verschiedene Angebote für sämtliche Speise- und Getränkeartikel verfügbar?
28. Sind Kaufvertragsformulare gedruckt worden?
29. Sind Bestellungen für ausländische Produkte rechtzeitig vorgenommen worden?
30. Sind in Zusammenarbeit mit dem Küchenchef, dem F&B-Controller, F&B-Manager und Einkäufer standardisierte Einkaufsrichtlinien (Einkaufsspezifikationen) erstellt worden?

Warenannahme

31. Sind Warenempfangsbestätigungen und das Wareneingangsbuch verfügbar?
32. Sind Fleischanhänger gedruckt worden?
33. Sind gesetzlich zugelassene und geeichte Waagen gekauft worden?

Küche

34. Ist die Markt- und Preisnotierungsliste für den Küchenchef verfügbar?
35. Hat der Küchenchef Produktionslisten für die Fleischerei und für die Patisserie erstellt?
36. Sind sämtliche Fleischbewertungstests und Kalkulationen vorgenommen worden?
37. Gibt es eine vorgeschriebene Portionsgrößentabelle?
38. Sind sämtliche Rezepte erstellt und berechnet worden?
39. Sind die Eisschränke und Gefrierschränke installiert?
40. Sind sämtliche Küchengeräte bestellt?

Steward-Abteilung

41. Ist ein genauer Lagerplan für sämtliche Geschirrteile, Gläser, Bestecke, Küchengeschirr usw. erstellt?
42. Ist festgehalten worden, wie viel Geschirr, wie viele Gläser, wie viele Bestecke im Umlauf sein sollen?
43. Sind Wartungsverträge für die Abwaschmaschinen vereinbart worden?
44. Sind sämtliche Reinigungsmittel bestellt worden?
45. Sind die Mise-en-place-Listen für sämtliche F&B-Produkt-Abteilungen erstellt worden?
46. Ist eine Kartei für sämtliche Gerätschaften (Geschirr, Gläser, Bestecke usw.) angelegt worden?
47. Ist ein genauer Reinigungszeitplan für technische Geräte, Silber, Küche erstellt worden?
48. Gibt es Zeitpläne und Verträge für das Abholen von Leergut und Müll?
49. Funktionieren die Abwaschmaschinen (Tellerabwaschmaschinen, Gläserabwaschmaschinen)?
50. Ist die Silberputzmaschine installiert?
51. Sind genügend Abfalltonnen vorhanden (mit Deckel)?
52. Funktionieren die Eiswürfelmaschinen in der Küche?
53. Ist der Abfallsortiertisch zweckmäßig geplant?

54. Sind genügend Geschirrwagen verfügbar?
55. Ist der Geschirrkreislauf mit kürzesten Wegen optimal geplant und getestet?

Restaurants

56. Ist das Abrechnungssystem im Restaurant klar festgelegt?
57. Sind ausreichend Gästerechnungen, Bestellblöcke, Reservierungskarten gedruckt?
58. Ist ein Reservierungsbuch (Logbuch) verfügbar?
59. Sind Listen erstellt worden, wo und wie das Mise-en-place im Restaurant gelagert und gereinigt wird?
60. Sind standardisierte Serviceinstruktionen für sämtliche Speiseartikel festgelegt und ausprobiert worden?
61. Existiert ein Reinigungsplan für das Restaurant?

Bars

62. Sind alle Cocktailrezepte festgelegt und getestet worden?
63. Sind für sämtliche Getränke Drinkeinheiten in cl festgehalten und die notwendigen Messbecher vorhanden?
64. Ist das Abrechnungssystem der Bar besprochen worden?
65. Sind sämtliche Barutensilien in entsprechender Anzahl vorhanden?

Speise- und Getränkekarten

66. Sind alle Speise- und Getränkekarten gedruckt?
67. Sind standardisierte Bankettmenüs erstellt worden?
68. Sind die Speisekarten auch in Englisch und Französisch in ausreichender Menge bestellt?

Personalrestaurant

69. Ist das Personalrestaurant mit attraktiven Möbeln ausgestattet?
70. Sind verschiedene Essenszeiten für das gesamte Hotelpersonal festgelegt?
71. Wird das normale „Tagesmenü“ für das Restaurant auch im Personalrestaurant angeboten?
72. Werden bei den Personalmenüs auch die Essgewohnheiten ausländischer Mitarbeiter berücksichtigt?

F&B-Lagerräume

73. Gibt es einen genauen Lagerplan für sämtliche F&B-Artikel?
74. Sind die Regale und Abstellplätze zweckmäßig eingerichtet?
75. Sind Lageranforderungsformulare für die Küche und für die Bar gedruckt?
76. Ist eine Lagerkartei erstellt worden?
77. Sind sämtliche Kolonialwaren- und Getränkeartikel nummeriert?

F&B-Kontrolle

78. Sind alle Fleischtests kalkuliert und ausgewertet?
79. Sind alle Rezepte mit dem Wareneinsatz berechnet worden?
80. Sind alle Speiseartikel standardisiert (standardisierte Speiseartikel, Fotos)?
81. Sind sämtliche F&B-Kontrollformulare gedruckt?

Literaturhinweise Food & Beverage

Arduser, L. (1999): The Food Service Professionals Guide to Restaurant Location. Chicago

Arduser, L. (2003): The Food Service Professionals Guide to Food Service Menus: Pricing and Managing the Food Service Menu for Maximum Profit: 365 Secrets Revealed. Chicago

Baker, G. A. (2002): Introduction to Food and Agribusiness Management. Boston

Brown, D. R. (2002): The Restaurant Managers Handbook: How to Set Up, Operate, and Manage a Financially Successful Food Service Operation. Michigan

Cichy, R. F. (1998): Managing Service in Food and Beverage Operations. Boston

Coltman, M. M. (1998): Beverage Management: Product Knowledge and Cost Control. New York

Davis, B. (2001): Food and Beverage Management. London

DEHOGA: Gastgewerbliche Schriftenreihe (1996–2003): Fortlaufende Nummern. Bonn-Bad Godesberg/Berlin

Doeg, C. (1995): Crisis Management in the Food and Drinks Industry. New Jersey

Fay, C. T., R. C. Rhoods, R. L. Rosenblatt (1998): Managerial Accounting for the Hospitality Service Industrie. Dubuque

Foster, D. L. (2002): Food and Beverage: Operations, Methods, and Cost Controls (The Hospitality Professional Series). Boston

Gillespie, C. (2001): Food and Beverage Management Mediabase

Godsmark, E., D. Brown (2003): The Food Service Professionals Guide to Controlling Liquor Wine & Beverage Costs. Chicago

Griffin, G. G., P. R. Dittmer (2002): Principles of Food, Beverage, and Labor Cost Controls: For Hotels and Restaurants, 6th Edition. Boston

Gummer, H. (1999): Managing Potentials in Food and Beverage Control: A Food and Beverage Control System. Michigan

Ihra-Institut e.V. (2003): Schriftenreihe Managementbausteine Food & Beverage. München

Jorgensen, A. S. (2001): The Food Service Professionals Guide to Restaurant Marketing & Advertising for Just a Few Dollars a Day. Chicago

Kahrl, W. L. (2002): Advanced modern food and beverage service. New Jersey

Keister, D. C. (2001): Food and Beverage Control. London

Kotas, R. (1999): Management Accounting for Hotels & Restaurants. New Jersey

Leiderer, W. (1994): Kennzahlen zur Steuerung von Hotel und Gaststättenbetrieben, 3. Aufl., Stuttgart

Levinson, Ch. (2002): Food and Beverage Operations: Cost Control Systems Management. Michigan

Lewis, Ch., D. Brown (2002): The Food Service Professionals Guide To: Controlling Restaurant & Food Service Operating Costs. Chicago

Marvin, B. (1997): Guest-Based Marketing: How to Increase Restaurant Sales Without Breaking Your Budget. New York

Miller, J. E. (2002): Food and Beverage Cost Control. Michigan

Ninemeier. J.-D. (1998): Planning and Control for Food and Beverage Operations. New York

Ninemeier, J. (2000): Food and Beverage Management. New Jersey

Parry, C. (2001): The Food Service Professionals Guide to Bar & Beverage Operation: Ensuring Maximum Success

Sanders, E. E., T. H. Hill (2001): Foodservice Profitability: A Control Approach (Book/Disk). New York

Schaetzing, E. E. (1992): Handbücher Food & Beverage Management, Band 1 + Band 2. Frankfurt am Main

Schaetzing, E. E. (1993): Qualitätsorientierte Marketingpraxis in Hotellerie und Gastronomie. Stuttgart

Schweizer Hotelier-Verein (1983): Hotel-Marketing. Bern

The Cornell, Hotel & Restaurant Administration Quarterly; Periodika 1996–2003. Ithaca

Waller, K. (1996): Improving Food and Beverage Performance (Hospitality Managers' Pocket Books). New York

Wood, R. (2002): Strategic Questions in Food and Beverage Management (Hospitality, Leisure & Tourism). Boston

B

Operationsmanagement – Logis

5

Organisation

Muster-Stellenbeschreibung: Empfangschef

Stellenbezeichnung:

Empfangschef

Abteilung:

Beherbergungsbereich

Überstellungsverhältnis/Unterstellungsverhältnis:

Der Empfangschef untersteht als Abteilungsleiter direkt dem Generaldirektor. Ihm unterstehen das gesamte Empfangspersonal, die Portierloge, die Reservierungsabteilung und die Telefonabteilung.

Aufgaben und Verantwortung:

Der Aufgabenbereich eines Empfangschefs umfasst folgende Gebiete:

- Reservierung
- Zimmerdisposition/Zimmervermittlung
- Kontrolle von Ankunft und Abreise der Gäste
- Gästekorrespondenz
- Überwachung der Betriebsbuchhaltung in der Empfangsabteilung
- Personaleinsatz und Überwachung
- Gastkontakt (Information, Beschwerden, Verkauf)
- Vertretung der Hoteldirektion

Der Empfangschef ist für die Koordination der gesamten Empfangsabteilung verantwortlich. Er hat für die Durchführung und Befolgung der geschäftspolitischen Richtlinien des Hotels für seinen Bereich zu sorgen. Er unterstützt die Direktion in der Ausarbeitung dieser Leitlinien unter Berücksichtigung der örtlichen Konkurrenz. Sehr eng verbunden ist er in seiner Arbeit mit folgenden Abteilungen:

- Buchhaltung
- Housekeeping
- Verkaufsabteilung
- Public-Relations-Abteilung

Der Empfangschef stellt in Zusammenarbeit mit dem Operations Analyst Geschäftsprognosen, Budgets, überwacht die Lohn- und Gehaltskosten seiner Abteilung und ist verantwortlich für die Erstellung von „Standards" (Qualität und Quantität) und deren Überwachung. Er leitet die Ausbildungsprogramme für sein Personal, um die Ausbildung und damit auch die Produktivität stets zu verbessern. Es gehört zu den Kompetenzen des Empfangschefs, Empfangspersonal in Zusammenarbeit mit der Personalabteilung einzustellen und/oder zu entlassen. Der Empfangschef ist der hauptamtliche Vertreter der Hoteldirektion, er selbst wird bei Abwesenheit durch seinen Assistenten vertreten.

Der Empfangschef hat mit seinem persönlichen Beispiel und seinen Entscheidungen für eine umsichtige, geachtete und wirksame Leitung seiner Abteilung zu sorgen.

Stellenanforderungen

Erforderliche Qualifikationen:

Der Empfangschef muss umfassende kaufmännische, organisatorische Fähigkeiten und Kenntnisse mitbringen. Talent für Psychologie und reife Erfahrungen in der Menschenkenntnis, ein verlässliches Personengedächtnis, vollendete Umgangsformen, Sicherheit im Auftreten, Beherrschung gesellschaftlicher Maximen, Taktgefühl, Entschlusskraft in heiklen Situationen muss ein Empfangschef mitbringen.

Im Rahmen seiner Repräsentationspflicht sind Persönlichkeitswerte und Leistung Voraussetzung.

Detaillierte Qualifikationen:

Geschlecht:	männlich oder weiblich
Einstellungsalter:	28–35 Jahre
Schulbildung:	• Lehre im Hotel- und Gaststättengewerbe + Hotelfachschule oder Fachhochschule • Management-Training-Kurs
Sprachliche Erfordernisse:	• Deutsch • Englisch • Französisch • Italienisch • Spanisch } in Wort und Schrift

Erscheinung:	• ausgezeichnete Gesundheit • gute Erscheinung (Gastkontakt)
Praktische Erfahrungen:	Mehrjährige Erfahrung am Empfang. Sollte vorher als Assistent des Empfangschefs gearbeitet haben.
Spezialerfordernisse:	Sollte in einem Trainingsprogramm mit den geschäftspolitischen Richtlinien vertraut gemacht werden.
Arbeitsbedingungen:	Muss bereit sein, in unregelmäßiger Arbeitszeit zu arbeiten.

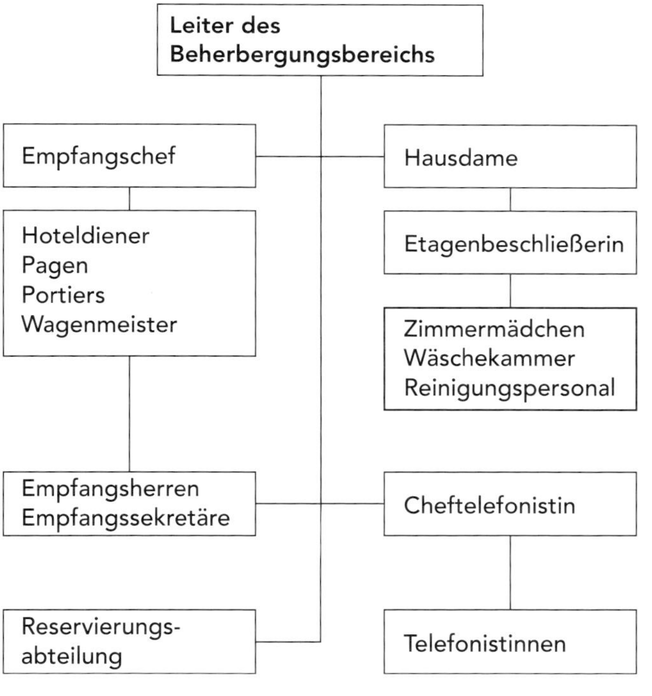

Beherbergungsabteilung

Kennzeichnung der Hauptaufgabengebiete im Beherbergungsbereich

Zielsetzung

Der Hotelempfang als Informationszentralstelle des Betriebes hängt im Aufbau und in der Organisation von Größe, Typ und Standard des Hotels ab. Beständige kritische Prüfung der Arbeitsabläufe in der Hotellerie kann verbesserungsfähige Schwächen aufdecken und zur Entwicklung neuer Arbeitsmethoden führen. Dabei sollten zunächst einmal sämtliche Routinetätigkeiten überprüft werden, um Arbeitserleichterungen und einen höheren Qualitätsstandard der Dienstleistungen zu erreichen. Die Serviceleistungen für den Gast müssen immer attraktiver gestaltet werden, will man am heutigen „Käufermarkt der Hotellerie" noch bestehen.

Arbeitsablaufanalysen sollten als Grundlage für betriebsinterne Ausbildungsprogramme dienen, die nicht am Schreibtisch erstellt werden können, sondern aufgrund der schrittweisen Erfassung tatsächlicher Gegebenheiten die für den jeweiligen Betrieb optimalen Arbeitsabläufe widerspiegeln müssen.

Neben der wichtigen Aufgabe der Zimmerdisposition hat jede Empfangsabteilung für Informationsübermittlung und Informationsverarbeitung zu sorgen. Kapazitätsauslastung und Preispolitik sind eng miteinander verbunden, und Entscheidungen hierzu müssen vom Top-Management getroffen werden. Die folgenden Ausführungen sollen die Hauptaufgabengebiete im Beherbergungsbereich mit Problemen der Preispolitik, mit dem Arbeitsablauf und der Informationsverarbeitung am Hotelempfang, den Managementaufgaben im Housekeeping, den notwendigen Brandschutzmaßnahmen im Hotel kennzeichnen und mit einem Managementkennzahlenkatalog für den Beherbergungsbereich kontrollier- und steuerbar halten.

Gedankenflussplan

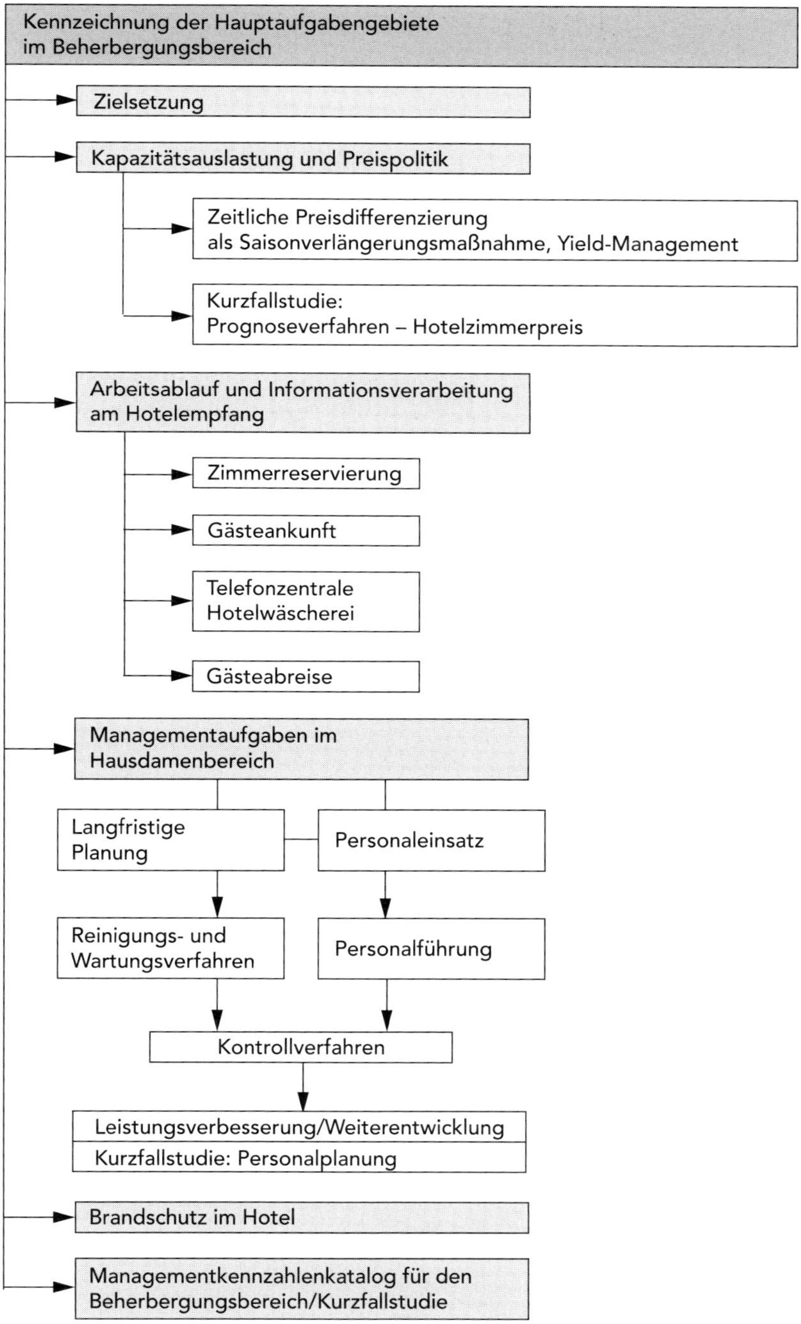

Koordination im Beherbergungsbereich

Beherbergungsbereich — Empfangschef

Aktivitäten der Gäste	Management-Probleme (Planung, Durchführung, Kontrolle)	Direkt verantwortliches Hotelpersonal
Zimmer-reservierung	• Zimmerdisposition • Reservierungssysteme • Gästekorrespondenz • Preispolitik • Prognoseverfahren (Budget) • Abbestellungen/Buchungen ohne Reservierung • Aufenthaltsdauer	Verkaufsbüro Reservierungs-abteilung Empfangspersonal
Gästeankunft – Check-in –	• Gästeempfang/Gästekartei • Verkaufstechnik • Zimmerzuweisung • Gästeregistrierung • Gepäckübernahme und Verteilung • Gruppen-Check-in • Zimmervermietungsplan • Gästeinformation • Abstimmung mit der Hausdamenabteilung • Personaleinsatzplan	Empfangspersonal Portier Hallenpersonal
Gästeaufenthalt	• Zimmerbelegungs-Kontrolle • Zimmerreinigung • Kreditpolitik • Telefon, Gästewäsche • Postverteilung • Information + Vermittlung • Buchung der Dienstleistungen • Beschwerden/Gästebetreuung	Hausdame Empfangspersonal Portier Empfangskassierer Telefonistin Gästebetreuung
Gästeabreise – Check-out –	• Rechnungsstellung • Zahlungs-Kreditpolitik • Haftung, Pfandrecht • Provisionen • Umsatzkontrolle • Empfangsstatistik	Empfangskassierer Empfangspersonal Buchhalter

6

Preispolitik im Beherbergungsbereich

Kapazitätsauslastung und Preispolitik

Die Kapazitätsauslastung eines Hotels ist dem Gesetz von Angebot und Nachfrage unterworfen. Die Auslastung eines Hotels übt einen direkten Einfluss auf die Rentabilität aus. Sie bestimmt entscheidend über die Wirtschaftlichkeit. Um die Kapazitätsauslastung in ein Verhältnis zur Rentabilität zu bringen, spielen vier Betrachtungen der Besitz- und/oder Pachtverhältnisse eine wesentliche Rolle:

1. Der Betreiber ist gleichzeitig der Eigentümer
2. Der Betreiber ist ein Pächter in Form einer natürlichen Person
3. Das Objekt ist von einer Betriebsgesellschaft gepachtet
4. Das Objekt wird in einem so genannten „Management-Agreement" oder einem Verwaltungsvertrag von einer Gesellschaft übernommen und geleitet.

In allen vier Fällen wird die erforderliche Mindestauslastung zur Erreichung der Gewinnschwelle (Break-even-Point) aufgrund der verschiedenen Fixkostenbelastungen unterschiedlich sein.

Der Preis besitzt bei der überwiegenden Anzahl der touristischen Nachfrage große, werbende Wirkung. Da der moderne Tourismus in zunehmendem Maße versucht, Bevölkerungsschichten verhältnismäßig tieferer Einkommenskategorien zu erfassen, gewinnt die Preisgestaltung als Absatzinstrument besonderes Gewicht. Heute kann man eine stetige Erhöhung des Preisbewusstseins verzeichnen. Die Zeiten des unbekümmerten Geldausgebens für Fremdenverkehrsleistungen – der Luxustourismus der Jahrhundertwende und weniger darauf folgender Jahrzehnte – sind endgültig vorbei.

Hauptkriterien für die Preisfindung

Einkauf:

- Leistungsstandards
- Objektrelationen, Konkurrenzobjekte
- Einkaufspreisentwicklung
- Währungsverhalten

} im Beherbergungsbereich = Investition

Verkauf:

- Nachfrageverhalten
- Auslastung
- Reklamationen

Marketing:
- Konkurrenz-Preisgestaltung
- Saisonstrategie
- Preis-Absatz-Verhalten
- Allgemeine Marktbeurteilung

Betriebswirtschaft:
- Kostenzuordnung
- Gemeinkostenentwicklung
- Gemeinkostenverteilung
- Wirtschaftliche Risiken

Die erhöhte **Markttransparenz** (Durchschaubarkeit des Marktes) vermehrt die Möglichkeiten für die Touristen, Preis- und Leistungsvergleiche vorzunehmen.

Selbstverständlich versuchen die Fremdenverkehrsträger, durch eine Politik der Produktdifferenzierung für ihre Angebote Präferenzen zu erzeugen und dementsprechend auch die Preise zu gestalten. Mit einem bestimmten, differenzierten Angebot versucht man, innerhalb gewisser Grenzen, seine Preisgestaltung zu variieren und seine Preise zu erhöhen, ohne eine Reaktion der Nachfrage befürchten zu müssen. Allerdings kann man sagen, die Reaktion der Käufer auf Preisvariationen erfolgt häufig schneller als auf Produktdifferenzierungen.

Es ist selbstverständlich, dass die Summe der in einem bestimmten Zeitraum realisierten Preise die gesamten Kosten decken muss, wenn die wirtschaftliche Existenz nicht in Frage gestellt werden soll. Die Preisgestaltung darf man jedoch nicht lediglich als ein kalkulatorisches Problem ansehen. Preispolitik darf nicht allein aus der rein buchhalterischen Mentalität aufgefasst und betrieben werden. Leider ist es heute immer noch in der Fremdenverkehrspraxis stark verbreitet, die Preisgestaltung nach irgendwelcher Kalkulationsmethode vorzunehmen. Man wählt dann irgendeine Zuschlagskalkulation und inspiriert sich an einem meist unklar definierten Kostendeckungsprinzip. Diese Vorstellung über Preisgestaltung ist selbstverständlich im modernen Marketing nicht vertretbar. *Nicht die Kosten, sondern der Markt soll die Preise bestimmen!* Hier triff auch der Satz zu: *Der Preis bestimmt die Kosten!*

Der Fremdenverkehrsträger muss in erster Linie darauf bedacht sein, seine Produktgestaltung von all jenen Bestandteilen zu befreien, die der avisierte Gast nicht oder höchstens sehr nebensächlich wünscht und deshalb nicht oder nur ungern zu zahlen bereit ist.

Alle Möglichkeiten des Kostenabbaus sind systematisch zu untersuchen und insofern zu verwirklichen, als die vom Markt geforderten Eigenschaften und Mindestanforderungen eines Produktes gewährleistet bleiben. Man nennt das „Rationalisierung der Produktpolitik".

Niedrigpreispolitik – traditionelle Gegenargumente

- Eine Niedrigpreispolitik hat betriebswirtschaftlich nur einen Sinn, wenn sie nicht zum Allgemeingut wird. Bekanntlich steckt solche Preispolitik aber aus Gründen der Nachahmung und als Abwehrmaßnahme an. Die zweifelhafte Wirkung dieser Preispolitik verpufft und verteilt sich auf mehrere Betriebe.
- Durch Fehleinschätzungen der Reaktionen von Gästen und Konkurrenz gerät das Hotel mit der Niedrigpreispolitik leicht in den Ruf der „Unredlichkeit".
- Wenn einmal der Preis nicht mehr in Ordnung ist, d. h. auf einem zu niedrigen Niveau liegt, ist es fast unmöglich, ihn rechtzeitig anzuheben.
- Eine betriebswirtschaftlich gesehen kurzfristig vielleicht erfolgreiche Niedrigpreispolitik nach dem Motto: „Umsatz um jeden Preis" ändert nichts an ihrer längerfristigen Gefährlichkeit.
- Durch die Tiefpreispolitik wird auch das Niveau der zu erwartenden Gäste erheblich beeinträchtigt und wie wir wissen, ist das Niveau eines Hotels auf die Dauer niemals höher als das Niveau seiner Gäste.
- Eine meist immer noch ungenügende Belegung multipliziert sich mit Tiefpreisen, die selbst bei normaler Belegung in keiner Weise kostendeckend wären.
- Der Einzelgast ist nicht dazu da, den „Volumengast" zu subventionieren.
- „Volumengäste" bringen eine höhere Abnutzung der Hoteleinrichtung mit sich und keinen Deckungsbeitrag für die Ersatzbeschaffung.

Konkurrenzorientierte Preispolitik

Selbstverständlich vereinfacht ein konkurrenzbezogenes Marketing – in diesem Falle die Preisbildung – die Entscheidungsprobleme. Grundsätzlich kann man aber sagen, diese Politik kann nie optimal sein, weil man ja nie in der Lage sein wird, einen Vorsprung auf die Konkurrenz herauszuholen. Man unternimmt erst dann etwas, wenn die Konkurrenz schon gehandelt hat. Man wird daher auch nicht in der Lage sein können, eine präferenzbildende Differenzierung der eigenen Leistung gegenüber jener der Konkurrenz vorzunehmen. Man reagiert erst, nachdem man mit Sicherheit weiß, ob die Maßnahmen der Konkurrenz einen Erfolg oder Misserfolg gebracht haben. Auch steigert natürlich eine dauernde Preisanpassung an die Konkurrenz die Preisunglaubwürdigkeit des eigenen Unternehmens.

Neue Preissysteme

Eine Schweizer Hotelgruppe entwickelte ein flexibles Preissystem für die Hotellerie, das sich an das Preisverhalten internationaler Fluglinien anlehnt. Als marktorientiertes Hotelpreissystem unterscheidet man hier zwischen drei Tarifgruppen:

1. Normaltarif
2. Vorauszahlungstarif
3. Stand-by-Tarif

1. Normaltarif (Basistarif)

Der Individualgast bucht und zahlt sein Hotelzimmer zu „normalen Tageszeiten".

2. Vorauszahlungstarif

Der wesentlich ermäßigte „Vorauszahlungstarif" mit einer Reduzierung der Preise bis zu 30 % kann in Anspruch genommen werden, wenn der Gast seine Übernachtung 30, 60 oder 90 Tage im Voraus bestellt und auch im Voraus bezahlt. Bei einer späteren Annullierung der Reservierung gibt es, von Härtefällen abgesehen, keine Bargeldrückerstattung. Der Vorauszahlungstarif ist nicht uneingeschränkt das ganze Jahr über gültig, sondern in der Saison nur in beschränktem Umfange.

3. Stand-by-Tarif

Der Stand-by-Tarif lehnt sich an das Verfahren von Stand-by-Tarifen in der Luftfahrt an. Hier ist grundsätzlich keine Vorausreservierung möglich. Die Stand-by-Tarife, die sogar Preisreduzierungen bis zu 40 % vom Normaltarif vorsehen, gelten nur, wenn sich der Gast nach 22 Uhr anmeldet und das Zimmer spätestens um 9 Uhr morgens wieder verlässt. Je später er kommt und je früher er das Hotel wieder verlässt, desto günstiger kann er übernachten. Eine maßgebliche Rolle hat bei der Ausarbeitung dieser Stand-by-Tarife die Überlegung gespielt, dass der Einnahmenausfall durch ein nicht verkauftes Hotelzimmer endgültig ist. Von den „Stand-by-Kunden" erwartet man mit anderen Worten einen Beitrag zur Deckung der Fixkosten.

Dieses betriebswirtschaftlich interessante Preissystem erscheint auf den ersten Blick bei der geringen Nachfrageelastizität des Beherbergungssektors nur dann erfolgreich zu sein, wenn seine Anwendung auf wenige Betriebe beschränkt bleibt. Abhängig von der jeweiligen Marktsituation muss sich ein derartiges Preissystem erst bewähren. Kurzfristig erfolgreiche Preisdifferenzierungsarten können als langfristige Dauereinrichtung zu Fehlentscheidungen führen.

Dieses flexible Preissystem zeigt deutlich, dass Hotelzimmerpreise nicht nur saisonalen Veränderungen unterliegen können. Das traditionelle „Festpreissystem" für Hotelzimmer muss in jedem Fall überdacht werden.

Gewinnoptimierung im Beherbergungsbereich

Die Zeiten sind endgültig vorbei, als die Verkaufsleistung der „Hotelverkäufer" nach der Anzahl der gebuchten Übernachtungen gemessen wurde. Dennoch werden heute noch viele Hoteldirektoren von einseitigen Kennzahlen wie Zimmerbelegung in Prozent (room occupancy) oder durchschnittlicher Zimmerpreis (average room rate) – meist in direktem Vergleich mit den budgetierten Werten – als „Sollvorgabe" geleitet.

Die gegenwärtige Zauberformel vieler internationaler Hotelgesellschaften heißt „Yield-Management", hier interpretiert und dargestellt als „Ergiebigkeitsgrad Beherbergung". Es geht nicht mehr um Volumen um jeden Preis, sondern um eine Optimierung des Geschäftsmix zu höchstmöglicher Ergiebigkeit im Sinne des Bruttogewinns für den Beherbergungsbereich.

Kümmerte man sich früher vornehmlich um Kapazitätsauslastung (Zimmer- oder Bettenbelegung) und die manchen Hotelgesellschaften nahezu „heilige" durchschnittliche Zimmerrate (average room rate), so stehen heute maximaler Ergiebigkeitsgrad und insgesamt erwirtschafteter Bruttogewinn Beherbergung im Vordergrund.

Gewinnoptimierung mit der zur Verfügung stehenden Zimmerkapazität wird vom Management verlangt. Übernachtungen und Zimmer in für das Hotel „nachfragestarken" Zeiten zu buchen, ist keine erwähnenswerte Verkaufsleistung.

Hier gilt es vielmehr, täglich den optimalen Geschäftsmix zu bestmöglichen Verkaufspreisen am „Käufermarkt" der Hotellerie durchzusetzen. Hotelzimmerbuchungen sind heute differenzierter denn je zu planen und zu bewerten. In Abhängigkeit von der individuellen und zeitlich unterschiedlichen Nachfragesituation eines jeden Hotelbetriebes muss die zur Verfügung stehende Kapazität möglichst ergiebig (Bruttogewinn) genutzt werden.

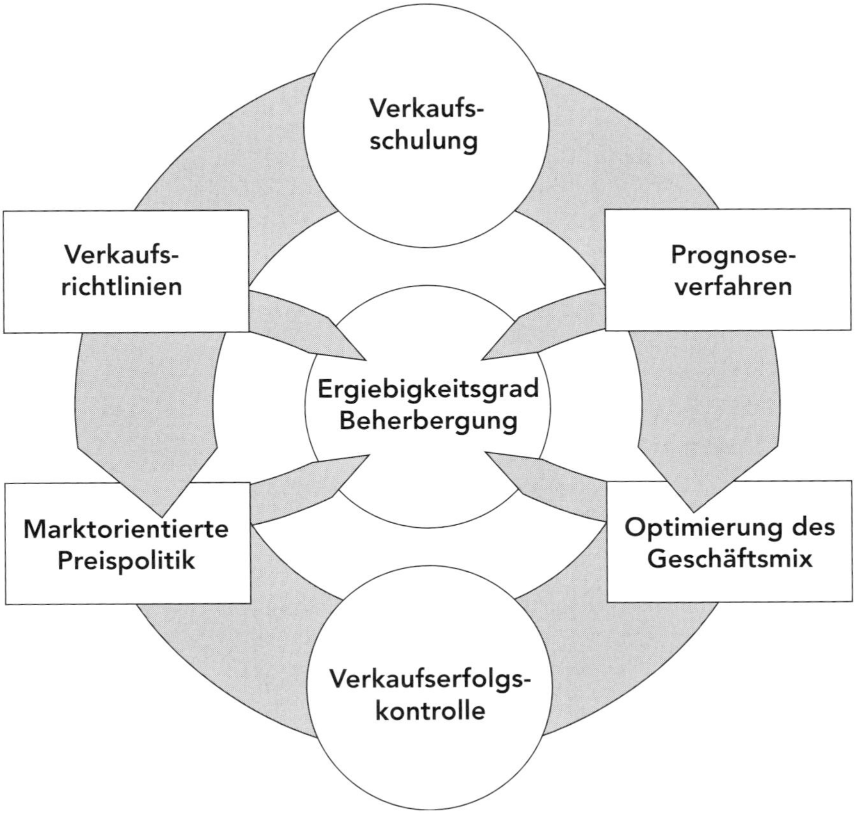

Einflussfaktoren für den Ergiebigkeitsgrad Beherbergung

Ergiebigkeitsgrad Beherbergung

In der Betriebwirtschaftslehre wird die Wirtschaftlichkeit eines Unternehmens oft einerseits im so genannten *Sparsamkeitsgrad*, andererseits mit dem *Ergiebigkeitsgrad* ausgedrückt. Beim Ergiebigkeitsgrad errechnet man dabei ein

Ertragsverhältnis: $\frac{\text{Ist-Ertrag}}{\text{Soll-Ertrag}}$

In Anlehnung an diese Kennzahl soll hier für den Beherbergungsbereich der realisierte Bruttogewinn dem möglichen oder „Soll"-Bruttogewinn gegenüberstehen. Folgende drei Darstellungsformen finden in der Praxis ihre Anwendung:

Ergiebigkeitsgrad % Beherberung

$$(A)\ \% = \frac{\text{realisierter Bruttogewinn}}{\text{möglicher Bruttogewinn}} \times 100$$

$$(B)\ \% = \frac{\text{verkaufte Zimmer}}{\text{verfügbare Zimmer}} \times \frac{\text{tatsächl. Bruttogewinn pro verkauftes Zimmer}}{\text{möglicher Bruttogewinn pro Zimmer}}$$

(C) % = Zimmerbelegung in % × % Anteil des Bruttogewinns pro Zimmer am möglichen Bruttogewinn

Mit diesem Prozentsatz kann die Effizienz des Hotelzimmerverkaufs besser als bisher bewertet werden. Wie die Tabelle „Unterschiedlicher Hotelzimmerverkauf mit gleichem Bruttogewinn (Beherbergung)" (siehe S. 233) zeigt, führen völlig verschiedene Verkaufsleistungen (A bis G) zu gleichen Bruttogewinnen und damit auch zu gleich bleibendem Ergiebigkeitsgrad. Folgeumsätze (Food & Beverage) sowie höhere Abnutzungskosten durch mehr Gäste wurden hier unberücksichtigt gelassen.

Folgende sechs Hauptfaktoren können den Ergiebigkeitsgrad Beherbergung entscheidend beeinflussen:

1. Marktorientierte Preispolitik
2. Prognoseverfahren
3. Optimierung des Geschäftsmix
4. Verkaufsschulung
5. Verkaufsrichtlinien
6. Verkaufserfolgskontrolle

Marktorientierte Preispolitik

Bei manchem Volumengeschäft in der Hotellerie geht oft der Überblick verloren. Preisnachlässe – Rabatte – erscheinen nur bei entsprechender Anzahl von verkauften Zimmern als gerechtfertigt. Wie bei allen Preisüberlegungen kommt es schließlich auf den zu erzielenden Bruttogewinn insgesamt an. Was kostet der Rabatt? Wie viele zusätzliche Zimmer müssen verkauft werden, um bei Preisnachlässen absolut den gleichen Bruttogewinn zu erwirtschaften? Im Folgenden soll schrittweise dieses Problem für jede Hotelgröße gelöst werden:

1. Schritt: **Ermittlung der durchschnittlichen relevanten Kosten pro belegtes Zimmer.**

Relevant sind Kosten immer dann, wenn sie bei einer Entscheidung anfallen oder gar nicht erst entstehen. Wenn Zimmer belegt werden, fallen Kosten an wie zum Beispiel Wäschekosten, Reinigungsmaterial, Reservierungskosten, Reinigungspersonalkosten, Drucksachen, Seife usw. Auf jährlicher Basis sind hier die relevanten Kosten durchschnittlich pro belegtes Zimmer zu erfassen.

Zahlenbeispiel:

relevante Kosten pro belegtes Zimmer = 25 €

2. Schritt: **Berechnung der Deckungsbeiträge (Bruttogewinne) pro Zimmer vor und nach Preisnachlass.**

Von den jeweiligen Nettoverkaufspreisen werden die relevanten Kosten (siehe 1. Schritt) abgezogen, um somit die Bruttogewinne (oder auch Deckungsbeiträge) vor und nach Preisnachlass zu ermitteln.

Zahlenbeispiel:

1. Verkaufspreis **vor** Rabatt	= 200 €
minus relevante Kosten	= 25 €
Deckungsbeitrag I	= 175 €
2. Preisnachlass 75 € oder 37,5 %	
3. Verkaufspreis **nach** Rabatt	= 125 €
minus relevante Kosten	= 25 €
Deckungsbeitrag II	= 100 €

3. Schritt: **Berechnung des Prozentsatzes der erforderlichen Zimmer, die zusätzlich verkauft werden müssen.**

$$\text{\% der erforderlichen Zimmer} = \left(\frac{\text{(Deckungsbeitrag I}}{\text{Deckungsbeitrag II}} - 1{,}0\right) \times 100$$

Zahlenbeispiel: $\frac{175\ €}{100\ €} - 1{,}0 = 0{,}75 \times 100 = 75\ \%$

Unabhängig von der Zimmeranzahl müssen 75 % zusätzlich nach dem gewährten Preisnachlass verkauft werden, um absolut den gleichen Bruttogewinn Beherbergung beibehalten zu können. Geht es beispielsweise bei einem in Frage stehenden Geschäft zunächst um 40 Zimmer (Ausgangspreis 200 € – siehe 2. Schritt), müssen nach Rabattgewährung 75 % von 40 Zimmern, also 30 Zimmer zusätzlich, insgesamt 70 Zimmer zu 125 € verkauft werden.

Ausgangslage:

40 Zimmer × 175 € (Deckungsbeitrag) = 7.000 €
nach Rabatt
70 Zimmer × 100 € (Deckungsbeitrag) = 7.000 €

Der Deckungsbeitrag von 7.000 € wird beibehalten.

Es empfiehlt sich, auf der Basis der normalen Preisstruktur eine „Volumen-Rabatt-Tabelle" zu erstellen:

Zahlenbeispiel:

Preisnachlass Rabattsatz	10%	20%	25%	30%	37,5%	40%
Prozentsatz der erforderl. Zimmer, die zusätzlich verkauft werden müssen	12,9%	29,6%	40%	52,2%	75%	84,2%

Lesebeispiel: Bei einem geplanten Rabatt von 25 % müssen für alle 10 Zimmer zusätzlich 4 Zimmer (40 %) zum reduzierten Preis verkauft werden, um absolut den gleichen Bruttogewinn Beherbergung erwirtschaften zu können.

Prognoseverfahren

Im Zeitalter der Datenverarbeitung werden Prognoseverfahren auf täglicher Basis auf Jahre hinaus immer genauer. Nicht nur die zu erwartende Hotelzimmerbelegung wird vorausgesehen, die jeweilige Gästestruktur, die Doppelbelegung, die Abbestellungsrate und die zu erwartenden Einzelreisenden ohne Reservierung ermöglichen eine verbesserte Gewinnplanung. Auch eine genaue Statistik darüber, welches Gästevolumen – wann – aus welchen Gründen nicht beherbergt werden konnte, kann bei der Planung des optimalen Geschäftsmix von großem Nutzen sein. Sollte sich das Hotel mit einem billigeren Gruppengeschäft so frühzeitig binden? Wie viele und welche nachfragestarken Übernachtungstage gibt es in dem Monat? Die Frage „Volumengeschäft" oder „Einzelreisende" stellt oft den Gegensatz – hohe prozentuale Zimmerauslastung oder akzeptable durchschnittliche Zimmerrate – gegenüber. Pauschal definierte „Saisonprognosen" sind viel zu

Verkaufsleistung	Verkaufte Zimmer	Zimmerbelegung in %	Durchschnittlich pro Zimmer (€)			Gesamter Beherbergungs-		Ergiebigkeitsgrad
			Hotelzimmerpreis	Relevante Kosten	Bruttogewinn	Logiserlöse	Bruttogewinn	
	a	b	c	d	e = c – d	f = a × c	g = a × e	
A	40	40 %	200,–	25,–	175,–	8.000,–	7.000,–	40,0 %
B	50	50 %	165,–	25,–	140,–	8.250,–	7.000,–	40,0 %
C	60	60 %	141,67	25,–	116,67	8.500,–	7.000,–	40,0 %
D	70	70 %	125,–	25,–	100,–	8.750,–	7.000,–	40,0 %
E	80	80 %	112,50	25,–	87,50	9.000,–	7.000,–	40,0 %
F	90	90 %	102,78	25,–	77,77	9.250,–	7.000,–	40,0 %
G	100	100 %	95,–	25,–	70,–	9.500,–	7.000,–	40,0 %

Unterschiedlicher Hotelzimmerverkauf mit gleichem Bruttogewinn (Beherbergung)

ungenau. Auf täglicher Basis müssen für die einzelnen Zielgruppen nachfragestarke, normale und nachfrageschwache Übernachtungstage in ihrem Prognosestand ständig auf dem Laufenden gehalten werden.

Dabei ist der einzelne Wochentag im Zusammenhang mit Feiertagen, Abbestellungsraten der Individualreisenden, Gästen ohne Reservierung, „No-shows"-Erfahrungen usw. zu werten. Auch computergestützte Prognoseverfahren sind stets auf ihre Genauigkeit hin zu überprüfen und realistisch anzupassen.

a) Verkaufte Zimmer

Verschiedene Verkaufsleistungen (von 40 bis 100 Zimmer) sind bei einem 100-Zimmer-Hotel dargestellt.

b) Zimmerbelegung in %

Die prozentuale Zimmerauslastung zeigt den Anteil der „verkauften Zimmer" an der zur Verfügung stehenden Beherbergungskapazität (100 Zimmer).

c) Hotelzimmerpreis

Hier sind die durchschnittlichen Zimmerraten (netto) aufgeführt, zu denen die Zimmer mit der entsprechenden Anzahl (Spalte a) zu verkaufen sind (ohne MwSt., Bedienung, Frühstück).

d) Relevante Kosten pro Zimmer

Auf jährlicher Basis sind als Erfahrungswerte die relevanten Kosten durchschnittlich pro Zimmer erfasst. Hierzu gehören Kosten, die bei einer Zimmerbelegung anfallen wie zum Beispiel Wäschekosten, Reinigungsmaterial, Personalkosten oder Reinigungsfirma, Druckkosten, Gästeartikel, Reservierungskosten und andere. Jeder Hotelbetrieb sollte seine relevanten Kosten für jedes belegte Zimmer im Durchschnitt kennen.

e) Bruttogewinn pro Zimmer

Der Bruttogewinn oder Deckungsbeitrag pro Zimmer ist die Differenz zwischen dem Hotelzimmerpreis (netto) und den relevanten Kosten (Spalte c minus d).

f) Logiserlöse

Der gesamte Nettoerlös Beherbergung resultiert aus der Multiplikation der verkauften Zimmer (a) mit den Nettohotelzimmerpreisen (c).

g) Bruttogewinn gesamter Beherbergungsbereich

Weder die Zimmerbelegung in % noch die durchschnittliche Zimmerrate allein können als Beurteilungsmaßstab für den Hotelzimmerverkauf herangezogen werden. Mit dem insgesamt erwirtschafteten Bruttogewinn kann man besser und aussagefähiger Verkaufsleistungen bewerten. Alle sieben aufgezeigten Verkaufssituationen resultieren im gleich bleibenden Bruttogewinn (Anzahl der verkauften Zimmer [a] multipliziert mit dem durchschnittlichen Bruttogewinn pro Zimmer [e]).

h) Ergiebigkeitsgrad in %

Nach den zu Anfang beschriebenen Darstellungsformen berechnet sich der Ergiebigkeitsgrad folgendermaßen:

$$(A)\% = \frac{7.000\ €}{17.500\ €} = 40\ \%\ \textit{oder}$$

$$(B)\% = \frac{80}{100} \times \frac{87{,}50\ €}{175{,}-\ €} = 40\ \%\ \textit{oder}$$

$$(C)\% = 50\% \times \frac{140{,}-\ €}{175{,}-\ €} = 40\ \%$$

Optimierung des Geschäftsmix

So manches Gruppengeschäft zu niedrigen Zimmerraten hat dem Hotel mehr gekostet, als es eingebracht hat – vor allem aber die Möglichkeit versperrt, lukrativeres Geschäft überhaupt anzunehmen. Einige Hotelmanager vertreten die Auffassung: Wo Gäste sind, ist auch Umsatz! Also: Lieber das Hotel mit vielen Gästen zu niedrigen Zimmerpreisen voll belegen und damit eine bessere Auslastung im Food & Beverage (Restaurants, Bars usw.) erreichen. Andere Hoteldirektoren dagegen wollen mit dem „Deckungsbeitragsbringer Nr. 1", Beherbergung, keinen Ausverkauf beginnen, sie sehen im billigen Volumengeschäft nur höhere Abnutzung, mehr Arbeit und keineswegs mehr Bruttogewinn.

Beide Argumentationsrichtungen können in speziellen Marktsituationen als gerechtfertigt erscheinen. So gibt es wohl wenige Großhotels, die ihre volle Kapazität allein mit hochpreisigen Individualreisenden belegen können. Deshalb steht auch nahezu jedes Stadthotel in ständigem Ringen um den optimalen Geschäftsmix (Gästestruktur).

Verkaufsschulung

Verkauf und Ergiebigkeit im Beherbergungsbereich beginnen bei den Mitarbeitern. Alle nachfolgend beschriebenen Einflussfaktoren und Techniken sind wirkungslos, wenn Initiative, Mitdenken und geschultes Mithandeln der Mitarbeiter fehlen. Oft können Empfangsmitarbeiter hochwertige Zimmer schon deshalb nicht verkaufen, weil sie selbst die Verkaufspreise des Hotels für zu hoch halten. Alle Verkaufsmitarbeiter (und jeder Hotelangestellte mit Gastkontakt ist ein Verkäufer!) müssen geschult werden.

In engster Kooperation zwischen den Reservierungs-, Empfangs- und Verkaufsabteilungen lässt sich der *Ergiebigkeitsgrad Beherbergung* optimieren. Alle festgelegten Verkaufsrichtlinien können nur nach systematischer Einweisung und Schulung am Markt befolgt werden. Das viel gepriesene *„on-the-job-training"* sollte man beim Verkauf unterlassen. Unter Ausschluss der Gäste sind Verkaufsregeln zu üben. Beim Verkauf – mit dem Gast – übt man nicht!

Integriertes „Ergiebigkeitsmanagement" zur Gewinnoptimierung im Beherbergungsbereich setzt ein geschlossenes „Team-Verkaufs-Verhalten" voraus. Mit regelmäßigen Schulungsmaßnahmen und umfassenden Informationen auf täglicher Basis lassen sich die Verkaufsbemühungen der Mitarbeiter „ergiebigkeitsorientiert" intensivieren.

Verkaufsrichtlinien

Müssen sich die Gäste ihre Zimmer selbst verkaufen? Dieses Gefühl hat man oft, wenn es um eine telefonische Reservierung im Hotel geht. Was passiert, wenn der Gast Ihr Hotel anruft? Gibt es klare Richtlinien darüber, zu welchen Zeiten welche Zimmer zuerst angeboten werden sollen? Sind erst die Suiten mit entsprechendem Verkaufsvokabular zu beschreiben und anzubieten? Werden die billigsten Zimmer zuerst genannt? Wer darf überhaupt Verkaufs- und Preisgespräche führen? Wird bei den Zimmerpreisen nur das Ankunftsdatum oder auch die Aufenthaltsdauer berücksichtigt? Gibt es für nachfragestarke Übernachtungstage klare Verkaufspreisrichtlinien für alle Zielgruppen? Werden am Telefon nur Preise genannt oder die Zimmer wirklich verkauft? Gibt es Anreize für die Verkaufsabteilung, in belegungsschwachen Zeiten zu buchen?

Viele Fragen, die es eindeutig zu regeln gilt. Verkaufsrichtlinien sind „Soll-Vorgaben" oder festgelegte Leistungsmaßstäbe für den Verkauf. Hier sollte wenig dem Zufall überlassen bleiben! Verkaufsaussagen des Früh- und Abenddienstes am Hotelempfang/Reservierung dürfen sich nicht widersprechen. Der Verkauf gehört zu den kommunikativen Marketinginstrumenten. Diese Kommunikation ist für jede Abteilung mit „Gastkontakt" weitgehend zu standardisieren. So ein Standard war offensichtlich in einem Hotel festgelegt worden, als die Empfangskassiererin bei der Abreise den Geschäftsreisenden fragte, ob sie schon den Wiederholungsbesuch vormerken dürfe.

Verkaufserfolgskontrolle

Wie wichtig eine differenzierte Verkaufserfolgskontrolle sein kann, soll das Zahlenbeispiel „Nachfrageorientierte Verkaufserfolgskontrolle" verdeutlichen. Einige Hotelketten messen die Leistung ihrer Verkaufsabteilungen nach der Gesamtanzahl der gebuchten Übernachtungen und die dabei insgesamt erzielte durchschnittliche Zimmerrate. In dem zuerst von Eric B. Orkin dargestellten Verkaufsbeispiel erscheinen als Endergebnis alle aufgezeigten Verkaufsleistungen A bis E zunächst gleichwertig zu sein (Gesamtanzahl der verkauften Übernachtungen bei allen 300 zu 160 € durchschnittliche Zimmerrate). Differenziert man jedoch die verkauften Übernachtungen in ihrer Zuordnung zur gebuchten Marktsituation (starke, normale und schwache Nachfrage), so zeigen sich die Verkaufsleistungen (A bis E) in neuem Licht:

Verkaufsleistungen	Marktsituation			Gesamtanzahl verkaufte Übernachtungen (durchschnittliche Zimmerrate)
	Starke Nachfrage	Normale Nachfrage	Schwache Nachfrage	
		Übernachtungstage		
A Übernachtungen (Rate)	100 (160 €)	100 (160 €)	100 (160 €)	300 (160 €)
B Übernachtungen (Rate)	150 (160 €)	100 (160 €)	50 (160 €)	300 (160 €)
C Übernachtungen (Rate)	150 (140 €)	100 (160 €)	50 (200 €)	300 (160 €)
D Übernachtungen (Rate)	–	–	300 (160 €)	300 (160 €)
E Übernachtungen (Rate)	50 (220 €)	100 (160 €)	150 (140 €)	300 (160 €)

Nachfrageorientierte Verkaufserfolgskontrolle

Rangfolge der Verkaufsleistungen:

1. *Verkaufsleistung D =*
   Alle Buchungen zu schwach nachgefragten Übernachtungstagen

2. *Verkaufsleistungen E =*
   Die Hälfte der Zimmerbuchungen zur schwachen Nachfrage mit geringerer durchschnittlicher Zimmerrate

3. *Verkaufsleistung A =*
   Ein Drittel der Buchungen jeweils zur starken, normalen und schwachen Nachfrage

4. *Verkaufsleistung B =*
   Die Hälfte der Buchungen zu stark nachgefragten Übernachtungstagen, damit Zimmerbelegung mit Volumengeschäft; die Zimmer hätten von „mehr zahlenden" Individualreisenden belegt werden können

5. *Verkaufsleistung C =*
   Hohes Buchungsvolumen zur stärksten Nachfrage und niedriger durchschnittlicher Zimmerrate

Alle beschriebenen Verkaufsleistungen tragen recht unterschiedlich zu dem Ergiebigkeitsgrad Beherbergung der jeweiligen vorherrschenden Marktsituation bei. Nachfrageorientierte Verkaufserfolgskontrolle – eventuell verbunden mit einem Anreizsystem für Hotelverkäufer, die schwach nachgefragten Übernachtungstage zuerst zu verkaufen – kann wesentlich zur Optimierung der Bruttogewinnsituation beitragen (Yield-Management).

Prognose – Hotelzimmerpreis

Fallbeispiel

Fallangaben

Das 200-Zimmer-Hotel „XY" hat 100 Einzelzimmer, 60 Doppelzimmer und 40 Einzel-/Doppelzimmer zur Verfügung. Für Einzelreisende (F.I.T) (Foreign Individual Traveller) werden für eine Person folgende Preise veranschlagt:

• Einzelzimmer	80 €
• Einzel-/Doppelzimmer	100 €
• Doppelzimmer	130 €

Für 2 Personen bei „Einzelreisenden" werden für das Einzel-/Doppelzimmer 120 €, für das Doppelzimmer 150 € verlangt. Spezialpreise gelten im Rahmen des „Firmenservice". Firmen, die im Jahr über 80 Übernachtungen buchen, zahlen für ihre Geschäftsfreunde

für ein Einzelzimmer (1 Person)	70 €
für ein Doppelzimmer (2 Personen)	120 €

Für die „Gruppenreisenden" (Gruppen, Tours, Tagungen – Volumengeschäft) sind in der *Hauptsaison*

für ein Einzelzimmer (1 Person)	80 €
für ein Doppelzimmer (2 Personen)	120 €

in der *Nebensaison*

für das Einzelzimmer	60 €
für das Doppelzimmer	100 €

im Hotelprospekt veröffentlicht.

Aufgrund von Erfahrungswerten rechnet man im nächsten Jahr für die einzelnen Gästegruppen mit folgendem Anteil am Geschäftsvolumen und der voraussichtlichen Doppelbelegung:

	Prognose (p.a.)	
	zu erwartendes Geschäfts-volumen	% der Doppel-belegung
Einzelreisende	50%	10%
Firmenservice	10%	5%
Gruppenreisende Volumengeschäft		
Hauptsaison	15%	60%
Nebensaison	25%	50%
	100%	

Fallaufgaben

1. Berechnen Sie den zu erwartenden durchschnittlichen Hotelzimmerpreis (brutto) für das Prognosejahr.
2. Welchen Beherbergungsumsatz dürfen Sie für das Prognosejahr erwarten, wenn bei dem veranschlagten Umsatzmix mit einer Jahresbelegung (Zimmer) von 50 % gerechnet wird?

Fallaufgabe 1

1. Schritt:

Aufstellung der zur Verfügung stehenden Hotelzimmer nach Zimmerkategorien

Beispiel:	Zimmerkategorien
	100 Einzelzimmer
	40 Einzel-/Doppelzimmer
	60 Doppelzimmer
	200 Zimmer

2. Schritt:

Zusammenstellung der veröffentlichten Zimmerpreisstruktur nach den Gästegruppen

I. Einzelreisende (F.I.T.)
II. Firmenservice
III. Gruppenreisende (Volumengeschäft)

jeweils unterschieden nach Einzelzimmerpreis und Doppelzimmerpreis, Hauptsaison und Nebensaison.

Beispiel: Gästegruppen

		Zur Verfügung stehende Zimmer		Veröffentlichte Zimmerpreise (€)
I.	**Einzelreisende**			
a)	als Einzelzimmer belegt	100	Einzelzimmer	80,–
		40	Einzel-/D.-Zi.	100,–
		60	Doppelzimmer	130,–
	Gesamt	200		
b)	als Doppelzimmer belegt	40	Einzel-/D.-Zi.	120,–
		60	Doppelzimmer	150,–
	Gesamt	100		
II.	**Firmenservice**			
a)	als Einzelzimmer belegt			70,–
b)	als Doppelzimmer belegt			120,–
III.	**Gruppenreisende (Volumengeschäft)**			
Hauptsaison				
a)	als Einzelzimmer belegt			80,–
b)	als Doppelzimmer belegt			120,–
Nebensaison				
a)	als Einzelzimmer belegt			60,–
b)	als Doppelzimmer belegt			100,–

3. Schritt:

Bestimmung des Basis-Zimmerpreises für Einzelreisende (I) nach dem prozentualen Verhältnis der Zimmerkategorien (Schritte 1 und 2)

Beispiel:

	Zur Verfügung stehende Zimmer	Zimmerkategorien in %	× Zimmerpreis		€
I. Einzelreisende					
a) als Einzelzimmer belegt					
Einzelzimmer	100	50%	× 80,–	=	40,–
Einzel-/D.-Zimmer	40	20%	× 100,–	=	20,–
Doppelzimmer	60	30%	× 130,–	=	39,–
Gesamt	200	100%			**99,–**
			(Basis-Zimmerpreis)		↑
I. Einzelreisende					
b) als Doppelzimmer belegt					
Einzel-/D.-Zimmer	40	40%	× 120,–	=	48,–
Doppelzimmer	60	60%	× 150,–	=	90,–
Gesamt	100	100%			**138,–**
			(Basis-Zimmerpreis)		↑

4. Schritt:

Prognose der zu erwartenden Doppelbelegung, unterteilt nach den Gästegruppen (siehe 2. Schritt)

Beispiel:	Prognose: % der Doppelbelegung (p.a.)	
Gästegruppen		
I. Einzelreisende		10%
II. Firmenservice		5%
III. Gruppenreisende	Hauptsaison	60%
(Volumengeschäft)	Nebensaison	50%

5. Schritt:

Berechnung der durchschnittlichen Zimmerpreise pro Zimmerkategorie unter Berücksichtigung der zu erwartenden Doppelbelegung (Schritte 2, 3 und 4)

Beispiel:

	a) als Einzelzimmer belegt				b) als Doppelzimmer belegt				Durchschnittlicher Zimmerpreis pro Zimmerkategorie
	Basiszimmerpreis	×	% Einzelbelegung	+	Basiszimmerpreis	×	% Doppelbelegung	=	
I. Einzelreisende	99,00	×	90 %	+	138,00	×	10 %	=	102,90
II. Firmenservice	70,00	×	95 %	+	120,00	×	5 %	=	72,50
III. Gruppenreisende Hauptsaison	80,00	×	40 %	+	120,00	×	60 %	=	104,00
Nebensaison	60,00	×	50 %	+	100,00	×	50 %	=	80,00

6. Schritt:

Prognose des zu erwartenden Geschäftsvolumens in prozentualem Anteil der Gästegruppen unter Berücksichtigung der Hauptsaison und Nebensaison (siehe Schritt 2)

Beispiel:

Gästegruppen	Prognose: zu erwartendes Geschäftsvolumen in % (pro Jahr)
I. Einzelreisende	50 %
II. Firmenservice	10 %
III. Gruppenreisende	
Hauptsaison	15 %
Nebensaison	25 %
	100 %

7. Schritt:

Berechnung des zu erwartenden durchschnittlichen Hotelzimmerpreises (average room rate)
(Schritte 5 und 6) für den Abrechnungszeitraum (z. B. pro Jahr)

Beispiel:

Gästegruppen	Durchschnittlicher Zimmerpreis pro Zimmerkategorie	×	Prognose: zu erwartendes Geschäftsvolumen in %		€
I. Einzelreisende	102,90	×	50 %	=	51,45
II. Firmenservice	72,50	×	10 %	=	7,25
III. Gruppenreisende					
Hauptsaison	104,00	×	15 %	=	15,60
Nebensaison	80,00	×	25 %	=	20,00
			100 %		**94,30**

Zu erwartender durchschnittlicher Hotelzimmerpreis für das Prognose-Jahr A (Brutto = einschließlich Bedienungsgeld und MWSt.). ↑

Fallaufgabe 2

Prognose

Zur Verfügung stehende Zimmer pro Jahr	= 365 × 200 = 73.000
Veranschlagte Jahresbelegung (Zimmer)	= 50 %
Belegte Zimmer pro Jahr	= 36.500
Durchschnittlicher Hotelzimmerpreis (brutto)	= 94,30 €
Beherbergungsumsatz (brutto)	= 36.500 × 94,30 = 3.441.950 €

Optimaler durchschnittlicher Hotelzimmerpreis

Der durchschnittliche Hotelzimmerpreis oder der durchschnittlich erzielte Beherbergungserlös pro belegtes Zimmer (average room rate) gehört zu den wichtigsten Kennzahlen im Beherbergungsbereich. Die Zimmervermietung stellt in der Regel nicht nur die größte Einnahmequelle des Vollhotels dar, sondern erwirtschaftet ohne Zweifel die höchsten Bruttogewinne. Umso mehr lohnt sich der Kontrolleinsatz für diesen Bereich, denn jeder zusätzliche Beherbergungs-Euro wirkt verstärkt auf den Gesamtgewinn des Unternehmens. Die Preispolitik für den Beherbergungssektor ist in der Praxis überwiegend absatz- und nachfrageorientiert; kostenorientierte Kalkulationsverfahren treten in den Hintergrund.

Aus der allgemein gültigen Erkenntnis, dass einmal unausgenützte Beherbergungskapazitäten unwiederbringlich verloren sind, wird mit unterschiedlichem Erfolg oft die ganze Palette der Preisdifferenzierungsmaßnahmen eingesetzt, um eine möglichst hohe Kapazitätsauslastung für das Hotel zu erreichen. Nach dem Motto: „Wo Gäste sind, gibt es auch Umsatz!" Selbst ein „billiger" Beherbergungsgast wird oft Verpflegungsleistungen zu vollen Preisen in Anspruch nehmen. Je nach Marktsituation heißt dann das Ziel: „Fixkostendeckung um jeden Preis!"

Positiv können solche „Preisdifferenzierungsarten" nur immer dann erscheinen, wenn aufgrund der Preisrabatte zusätzliche Nachfrage für die ganze Branche entstehen würde.

Niedrigpreispolitik führt bei entsprechender Nachahmung der Konkurrenzbetriebe zu einem gefährlichen Preis- und Erlösrutsch auf dem Beherbergungssektor. Auf keinen Fall darf der Beherbergungserlös – wie jetzt schon in vielen Häusern der F&B-Erlös – zur Hilfs- und Servicefunktion mit der Zielerwartung „Kostendeckung" degradiert werden. Nur mit hohen Deckungsbeiträgen des Beherbergungsbereichs kann man langfristig in unseren anlageintensiven Dienstleistungsbetrieben mit ständig steigenden Personalkosten überleben! Auf die Kontrolle der Preispolitik im Beherbergungsbereich unter Berücksichtigung der wichtigsten Einflussfaktoren des Deckungsbeitrages Beherbergung sei in diesem Zusammenhang hingewiesen. So soll der im Folgenden schrittweise dargestellte optimale durchschnittliche Hotelzimmerpreis nicht als Verfahren zur Verkaufspreiskalkulation, sondern vielmehr als ein Kontrollinstrument für den Beherbergungsbereich verstanden werden.

Die wichtigsten Preisdifferenzierungsarten im Beherbergungsbereich

Die Verkaufspreispolitik für die Zimmervermietung kann von vielen Faktoren gleichzeitig abhängen (zum Beispiel):

- **von zeitlichen Kriterien**
  (Jahreszeit, Haupt-, Neben-, Zwischensaison, Wochenende, Stand-by-Tarif)
- **von der Konkurrenzsituation**
  (Marktanteil der betreffenden Hotelklasse)
- **von dem zu erwartenden Umsatzvolumen**
  (Reisegruppen, Tours, Kongressteilnehmer, Firmenservice, Messen)
- **von der Nachfrage verschiedener Käuferschichten**
  (Kurgäste, Familien, Kinder, Studenten, Geschäftsreisende)
- **vom Standort des Hotelbetriebes**
  (Lage, Aussicht, Klima, Stockwerkhöhe, Himmelsrichtung)
- **vom Zeitpunkt der Bezahlung**
  („Vorauszahlungstarif", Rabatte)
- **von den Qualitätserwartungen der nachfragenden Gäste**
  (Zimmergröße, Komfort, Mobiliar, Service)

Definition: „Optimaler durchschnittlicher Hotelzimmerpreis":

Unter dem optimalen durchschnittlichen Hotelzimmerpreis ist der Preis zu verstehen, der als Mittelwert bei Vermietung von Gästezimmern zu veröffentlichten Preisen unter Berücksichtigung der jeweiligen Gästestruktur und Zimmerkategorie zu erreichen ist. Mit dieser Kennzahl lässt sich die Wirtschaftlichkeit der Vermietung im Beherbergungsbereich kontrollieren.

Beispiel zur Berechnung des optimalen durchschnittlichen Hotelzimmerpreises

Als „Sollertrag" lässt sich diese Kennzahl mit Hilfe der tatsächlichen Kapazitätsauslastung Zimmer (Zimmerbelegung in %) der erfassten Doppelbelegung-Zimmer und den veröffentlichten Zimmerpreisen im Abrechnungszeitraum als Nachkalkulation bestimmen:

Erforderliche Daten:

Abrechnungszeitraum:	12	Monate
Vermietbare Zimmer:	100	(pro Tag)
Kapazitätsauslastung – Zimmer im Abrechnungszeitraum:	70 %	(70 Zimmer pro Tag)
Doppelbelegung-Zimmer im Abrechnungszeitraum:	40 %	(42 Zimmer – einzelbelegt) (28 Zimmer – doppelbelegt)

Zimmerkategorien:		Veröffentlichte Zimmerpreise:	
Anzahl	Zimmertyp	1 Person	2 Personen
30	Einzelzimmer	80 €	–
60	Studiozimmer	100 €	120 €
10	Suiten	130 €	150 €
100			

1. Schritt:

Berechnung des durchschnittlichen Hotelzimmerpreises bei gegebener Kapazitätsauslastung der niedrigsten Zimmerpreise:

		möglicher Umsatz €
30 Einzelzimmer × 80 €	=	2.400
40 Studiozimmer × 100 €	=	4.000
70 Zimmer pro Tag	=	6.400
plus: Doppelbelegung		
28 Zimmer × 20 €	=	560
gesamt (pro Tag)	=	6.960

Durchschnittlicher Hotelzimmerpreis pro Tag
(niedrigste Zimmerpreise)

$$= \frac{\text{möglicher Umsatz}}{\text{belegte Zimmer}} = \frac{6.960}{70} = \mathbf{99{,}43\ €}$$

2. Schritt:

Berechnung des durchschnittlichen Hotelzimmerpreises bei gegebener Kapazitätsauslastung und Doppelbelegung unter Annahme der höchsten Zimmerpreise:

		möglicher Umsatz €
10 Suiten × 130 €	=	1.300
60 Studiozimmer × 100 €	=	6.000
70 Zimmer pro Tag	=	7.300
plus: Doppelbelegung		
10 Suiten × 20 €	=	200
18 Studiozimmer × 20 €	=	360
gesamt (pro Tag)	=	7.860

Durchschnittlicher Hotelzimmerpreis pro Tag
(höchste Zimmerpreis)

$$= \frac{\text{möglicher Umsatz}}{\text{belegte Zimmer}} = \frac{7.860}{70} = \mathbf{112{,}29\ €}$$

3. *Schritt:*

Berechnung des optimalen durchschnittlichen Hotelzimmerpreises (Sollertrag) als Mittelwert zwischen den veranschlagten niedrigsten und höchsten Zimmerpreisen (Schritte 1 und 2):

Optimaler durchschnittlicher Hotelzimmerpreis =

$$\frac{\text{Ø Hotelzimmerpreis (niedrigste Preise)} + \text{Ø Hotelzimmerpreis (höchste Preise)}}{2}$$

Optimaler durchschnittlicher Hotelzimmerpreis
(Sollertrag) =

$$\frac{(99{,}43\ € + 112{,}29\ €)}{2} = \mathbf{105{,}86\ €}$$

Mit der Berechnung des „optimalen durchschnittlichen Hotelzimmerpreises" wird ein Maßstab – eine Sollgröße – geschaffen, um eine neutrale Vergleichsgröße und damit eine echte Beurteilungsmöglichkeit für den tatsächlich erreichten Beherbergungsumsatz pro belegtes Zimmer zu gewinnen.

Die Wirtschaftlichkeit bei der Vermietung im Beherbergungsbereich lässt sich mit folgender Kennzahl definieren:

$$\text{Wirtschaftlichkeit (Ergiebigkeitsgrad)} = \frac{\text{Ist-Ertrag (Ø Zimmerpreis)}}{\text{Soll-Ertrag (Ø Zimmerpreis)}}$$

Vollkommene Unwirtschaftlichkeit wird durch den Extremwert „0", vollkommene Wirtschaftlichkeit durch den Extremwert „1" ausgedrückt. Beträgt in dem gezeigten Zahlenbeispiel der tatsächlich erreichte Beherbergungsumsatz pro belegtes Zimmer nur z. B. 87,– € und damit der

$$\text{Ergiebigkeitsgrad} = \frac{\text{Ist-Ertrag}}{\text{Soll-Ertrag}} = \frac{87,-}{105,86} = 0,82,$$

dann müssen weitgehende besondere Preisrabatte für diesen Zeitraum gegeben worden sein (Spezialpreise für Gruppen, Kongresse, Firmenservice etc.). Derartige Preiszugeständnisse bedürfen der Erklärung und Genehmigung des Top-Managements.

Aussagefähigkeit des optimalen durchschnittlichen Hotelzimmerpreises als Kontrollinstrument

- Der durchschnittlich erreichte Hotelzimmerpreis (Ist-Ertrag) wird nicht mehr allein in einem reinen Zeitvergleich beurteilt und interpretiert.
- Als neutraler Maßstab liefert der „optimale durchschnittliche Hotelzimmerpreis" im Soll-Ist-Vergleich ein Beurteilungskriterium für die Verkaufsfähigkeit des Empfangspersonals (Vermietung der teueren Zimmer).
- Eingeräumte Spezialpreise und deren Auswirkung werden deutlich und kontrollierbar.
- Die Wirtschaftlichkeit ausgedrückt im Ergiebigkeitsgrad für den Beherbergungssektor zeigt im Soll-Ist-Vergleich der durchschnittlichen Zimmerpreise an, inwieweit die veröffentlichte Zimmerpreisstruktur nachfrageorientiert ist.

In der Praxis wird man je nach voraussichtlicher Geschäftslage entweder den optimalen durchschnittlichen Hotelzimmerpreis als Sollvorgabe gewichten (z. B. zeitlich vorgeschriebener Verkauf zu höchsten Zimmerpreisen) oder aber einen „Mindest-Ergiebigkeitsgrad" für den Beherbergungsbereich vorschreiben.

Kontrolle der Preispolitik im Beherbergungsbereich

Als deckungsbeitragsfreudiger Hotelbereich findet der Beherbergungssektor schon immer eine besondere Beachtung bei der Umsatzanalyse. Die Kennzahlen Zimmerbelegung in Prozent, der durchschnittliche Beherbergungserlös pro belegtes Zimmer (average room rate), die Doppelbelegung in Prozent und damit die Anzahl der Hotelgäste werden in fortschrittlichen Betrieben pro Monat geplant und im Detail kontrolliert.

Meist erfolgt aber die Kontrolle zu einseitig. Nur der durchschnittliche Hotelzimmerpreis gilt als „heilige" Kennzahl und wird gerade bei Konzernbetrieben zum Maßstab für erfolgreiche Preispolitik im Beherbergungsbereich. Viel wichtiger, umfassender und aussagefähiger ist ohne Zweifel der gesamte Deckungsbeitrag des Beherbergungsbereichs.

Zusammenhang der wichtigsten Einflussfaktoren des Deckungsbeitrages Beherbergung:

- A Verkaufspreise
- B relevante Kosten
- C Anzahl der verkauften (belegten) Zimmer
- D Verkaufsstruktur

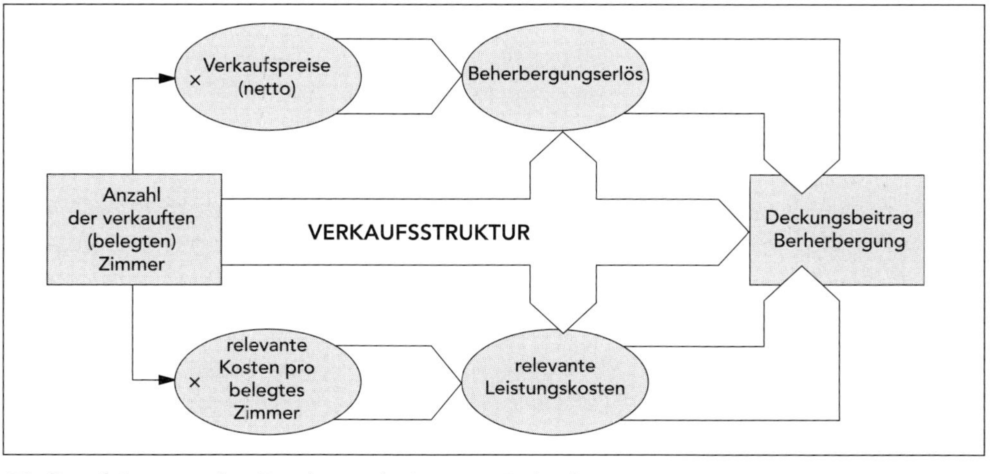

Einflussfaktoren des Deckungsbeitrages Beherbergung

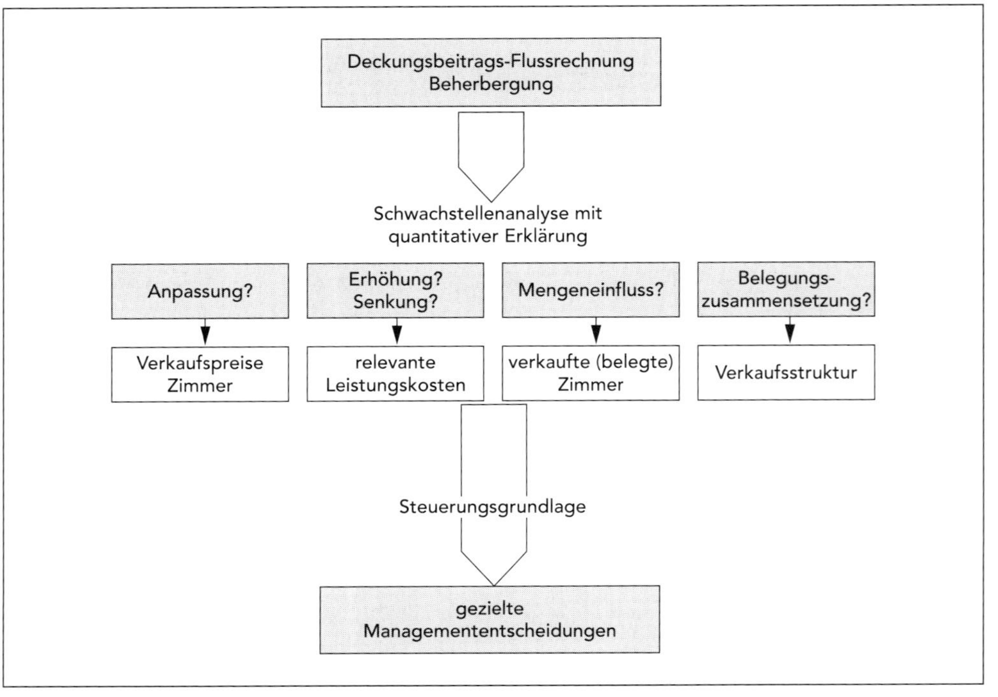

Überblick zur Zielsetzung der Deckungsbeitrags-Flussrechnung Beherbergung

Im folgenden Zahlenbeispiel werden diese Einflussfaktoren in einem reinen Zeitvergleich oder auch Soll-Ist-Vergleich quantitativ – in absoluten Euro-Beträgen – erklärbar dargestellt.

Zahlenbeispiel aus der Praxis (300 Zimmer)

Ausgehend von der Deckungsbeitragsrechnung Beherbergung wird die angeschlossene Kennzahlenauswertung eine erste Hilfestellung zur Interpretation des Deckungsbeitragsrückgangs von 68.402 € (siehe Zahlenbeispiel Deckungsbeitragsrechnung Beherbergung, S. 255) sein können. Nur die folgende Deckungsbeitrags-Flussrechnung vermag aber quantifizierbar die Frage zu beantworten, worauf diese Differenz im Einzelnen zurückzuführen ist. Dabei soll hier schrittweise und nachvollziehbar die Rechentechnik erläutert werden, um zu quantitativ richtigen Größenordnungen der Haupteinflussfaktoren für den Deckungsbeitrag Beherbergung zu kommen.

A Einflussfaktor: Verkaufspreise

Wie kann der Einfluss auf den Deckungsbeitrag etwaiger Verkaufspreisbewegungen berechnet werden? Ausgehend von der durchschnittlichen Verkaufspreiserhöhung oder -senkung pro belegtes Zimmer innerhalb der Belegungszusammensetzung, multipliziert mit dem Mittelwert der belegten Zimmer (Periode I und II), lässt sich der Einflussfaktor „Verkaufspreise" quantifizieren.

Belegungs-zusammensetzung	Ø Hotelzimmer-preis I	II	Erhöhung (+) Senkung (–)	× Mittelwert der belegten Zimmer	= Einfluss der Verkaufspreise auf den Deckungsbeitrag
Einzelreisende	165,–	172,–	+ 7,–	× 2235	= + 15.645
Firmenservice	120,–	119,–	– 1,–	× 853	= – 853
Tagungen/Kongresse	130,–	132,–	+ 2,–	× 640	= + 1.280
Tour-Serien	90,–	83,–	– 8,–	× 2.393	= – 19.144
				gesamt	**– 3.072**

B Einflussfaktor: relevante Kosten

Unter den Einflussfaktoren des Deckungsbeitrages Beherbergung erscheint die Wirkung der „relevanten Kosten" klar und eindeutig. So wird eine Erhöhung der „relevanten Kosten" zu einer Deckungsbeitragsminderung, eine Senkung zu einer Deckungsbeitragserhöhung führen. Da hier zwei Perioden mit meist unterschiedlichen Mengen (Anzahl der belegten Zimmer) verglichen werden, wird bei der Berechnung von einem Mittelwert der belegten Zimmer ausgegangen.

Belegungs-zusammensetzung	Ø relevante Kosten pro belegtes Zimmer I	II	Erhöhung (+) Senkung (–)	× Mittelwert der belegten Zimmer	= Einfluss der relevanten Kosten auf den Deckungsbeitrag
Einzelreisende	23,64	25,41	+ 1,77	× 2.235	= – 3.956
Firmenservice	20,68	21,84	+ 1,16	× 853	= – 989
Tagungen/Kongresse	33,49	34,65	+ 1,16	× 640	= – 742
Tour-Serien	34,47	36,75	+ 2,28	× 2.393	= – 5.456
				gesamt	**– 11.143**

C Einflussfaktor: Anzahl der verkauften Zimmer (Menge)

Hier wird untersucht, ob bei den eingetretenen Deckungsbeitragsänderungen Einflüsse des Faktors „Menge" (Anzahl der belegten Zimmer) wirksam gewesen sind. Die jeweilige Mengenzu- oder -abnahme der belegten Zimmer der unterschiedlichen Gästegruppen wird mit dem Mittelwert des Deckungsbeitrags pro Zimmer aus beiden Perioden multipliziert.

Belegungs-zusammensetzung	Mengenzu- oder -abnahme (+) (–)	Mittelwert I u. II Ø Deckungsbeitrag pro belegtes Zimmer × €	Mengeneinfluss auf den Deckungsbeitrag €
Einzelreisende	– 830	× 143,98	= – 119.503
Firmenservice	+ 55	× 98,24	= + 5.403
Tagungen/Kongresse	+ 80	× 96,93	= + 7.754
Tour-Serien	+ 1.035	× 50,39	= + 52.154
		gesamt	– **54.192**

D Einflussfaktor: Verkaufsstruktur

Nimmt man den Gesamtanstieg der verkauften und belegten Zimmer (= 340 Zimmer) und als Mittelwert der Zeitperioden I und II den durchschnittlichen Deckungsbeitrag pro Zimmer insgesamt (= 95,71 €), so erscheint der berechnete negative Mengeneinfluss auf den Deckungsbeitrag von – 54.192 € (vgl. C Einflussfaktor: Anzahl der belegten Zimmer) erklärungsbedürftig; erwartet wird ein positiver Einfluss von 3.254 €. Bei näherer Betrachtung fällt auf, dass sich z. B. der Mengenrückgang von 830 deckungsbeitragintensiven Einzelreisenden stärker auswirkt als die an sich sogar höhere Mengenzunahme von 1.035 deckungsbeitragsschwächeren Tour-Serien. Innerhalb der Belegungszusammensetzung hat also eine deckungsbeitragsrelevante Verschiebung der „Verkaufsstruktur" stattgefunden.

Um diesen „Struktureffekt" in seiner Auswirkung exakt zu erfassen, ist es erforderlich, vorher den „reinen Mengeneffekt" zu berechnen. Hier lautet die Fragestellung: Zu welchem DB-Zuwachs hätte der Gesamtanstieg der belegten Zimmer (340 Zimmer insgesamt) bei unveränderter „Verkaufsstruktur" geführt? Dabei beinhaltet die Annahme einer unveränderten Struktur konkret, dass sich alle Gästegruppen in gleicher Richtung und in gleichem Verhältnis wie die gesamten belegten Zimmer verändern würden. Änderung der Gesamtmenge (Anzahl der belegten Zimmer) Periode II : Periode I = 6.290 : 5.950 = 5,7 % Anstieg.

Deckungsbeitragsrechnung Beherbergung

				Belegungszusammensetzung							
		Hotel insgesamt		Einzel-reisende		Firmen-service		Tagungen Kongresse		Tour-Serien	
a	Zeitperioden	I	II	I	II	I	II	I	II	I	II
b	Anzahl der belegten Zimmer	5.950	6.290	2.650	1.820	825	880	600	680	1.875	2.910
c	Beherbergungserlös (netto) €	783.000	746.140	437.250	313.040	99.000	104.720	78.000	89.760	168.750	238.620
d	relevante Kosten €	164.430	195.972	62.646	46.242	17.060	19.215	20.094	23.562	64.630	106.953
e	Deckungsbeitrag Beherbergung €	618.570	550.168	374.604	266.798	81.940	85.505	57.906	66.198	104.120	131.667

Kennzahlenauswertung

f	Zimmerbelegung %	63,98	67,63	28,50	19,56	8,87	9,47	6,45	7,31	20,16	31,29
g	Doppelbelegung %	40,3	48,4	20,0	21,0	5,0	4,0	70,0	65,0	75,0	75,0
h	Anzahl der Gäste	8.347	9.332	3.180	2.202	866	915	1.020	1.122	3.281	5.093
i	Ø Hotelzimmerpreis €	131,60	118,62	165,–	172,–	120,–	119,–	130,–	132,–	90,–	82,–
j	Ø relevante Kosten/ Zimmer €	27,64	31,16	23,64	25,41	20,68	21,84	33,49	34,65	34,47	36,75
k	Ø Deckungsbeitrag/ Zimmer €	103,96	87,46	141,36	146,59	99,32	97,16	96,51	97,35	55,53	45,25

Belegungs-zusammensetzung	5,7 % Mengen-zunahme	Mittelwert I u. II Ø Deckungsbeitrag pro belegtes Zimmer Ø €	„reine Mengeneinfluss" = €
Einzelreisende	151	× 143,98	= + 21.741
Firmenservice	47	× 98,24	= + 4.617
Tagungen/Kongresse	35	× 96,93	= + 3.393
Tour-Serien	107	× 50,39	= + 5.392
gesamt	340		+ 35.143

Nunmehr ist es möglich, den unter C ausgewiesenen Mengeneinfluss (Anzahl der belegten Zimmer) von – 54.192 € gesamt aufzuspalten in einen Wert für den „reinen Mengeneinfluss" und einen Wert für den Struktureffekt (Verkaufsstruktur).

Belegungs-zusammensetzung	Anzahl der belegten Zimmer Einfluss €	(a) „reiner Mengen-einfluss" €	(b) Struktureffekt €
Einzelreisende	– 119.503	+ 21.741	– 141.244
Firmenservice	+ 5.403	+ 4.617	+ 786
Tagungen/Kongresse	+ 7.754	+ 3.393	+ 4.361
Tour-Serien	+ 52.154	+ 5.392	+ 46.762
	– 54.192	+ 35.143	– **89.335**

Durch die deckungsbeitragsrelevante Mengenverschiebung innerhalb der Belegungszusammensetzung kam es zu einem negativen Deckungsbeitragseffekt von 89.335 € (Struktureffekt). Durch Summation der Werte (a) „reiner Mengenfluss" und (b) „Struktureffekt" kann der „Gesamte Mengeneinfluss" (Anzahl der belegten Zimmer) jederzeit reproduziert werden.

Gesamtauswertung der DB-Flussrechnung

In der gezeigten Übersicht sind die einzelnen Ergebnisabweichungen der Einflussfaktoren übersichtlich und interpretationsfähig dargestellt. In dieser sinnvollen Gruppierung (Erklärungsstruktur) kann eine derartige Schwachstellenanalyse als Fundament für gezielte Managemententscheidungen dienen. Zwar wird jeder Hotelier mit seiner Marktkenntnis betriebsspezifische Erläuterungen und Folgerungen aus dem Gesamtergebnis ableiten können, dennoch sollen nachfolgend einige rein zahlenmäßig erkennbare Problemkreise angesprochen werden:

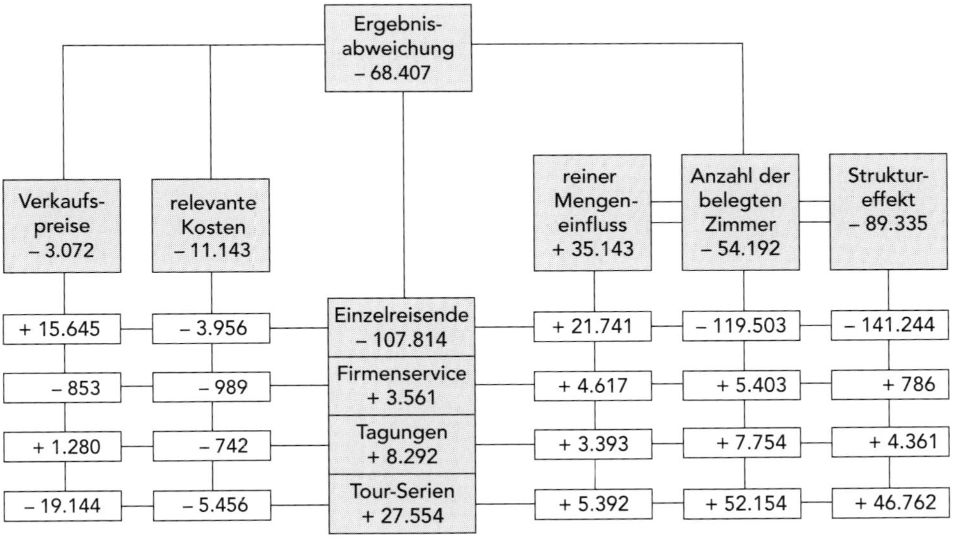

Darstellung einer DB-Flussrechnung Beherbergung

Interpretation

- Allgemein konnte die negative Erhöhung der relevanten Kosten (– 11.143 €) mit Verkaufspreiserhöhungen nicht ausgeglichen werden – (– 3.072 €).
- Bei der Gästegruppe „Einzelreisende" wurde die Kostenerhöhung durch Preiserhöhung voll abgedeckt. Die hier vielleicht überzogene Hochpreispolitik schlug sich aber sicherlich bei dem negativen Einfluss – Rückgang der belegten Zimmer (– 119.503 €) – nieder.

- Eine geringfügige Preiserhöhung scheint bei dem „Firmenservice" ohne negative Folgen auf das Gästevolumen angebracht, um zumindest die Erhöhung der relevanten Kosten aufzufangen.
- Bei Tagungen und Kongressen wurden die Verkaufspreise ohne negativen Effekt der Anzahl der belegten Zimmer angepasst.
- Zwar konnte durch „Billigpreispolitik" das Volumen der Tour-Serien erheblich gesteigert werden, und die Gesamtwirkung auf den Deckungsbeitrag ist mit 27.554 € positiv, deutlich zeigt aber der Struktureffekt, dass man bei den Verkaufsbemühungen den deckungsbeitragsschwächsten Teil der Belegungszusammensetzung gefördert hat.
  Der saldierte negative Struktureffekt von – 89.335 € (Verschiebung innerhalb der Belegungszusammensetzung) kennzeichnet diese Politik eindeutig.
- Die aussagefähigen, in absoluten Euro-Beträgen belegbaren Einflüsse der DB-Flussrechnung helfen, aus der Entwicklung der Vergangenheit verbesserte, nachfragegerechte Schlüsse ziehen zu können.

7

Hotelempfang und Housekeeping

Qualitätshandbuch Hotelempfang – Rezeption und Reservierung

Organisationsleitfaden zur Qualitätssicherung

Als „lebendige Organisationshilfsmittel" dienen die Arbeitsbücher zur Qualitätssicherung, Qualitätsverbesserung, Qualitätsentwicklung sowie – mit der Festlegung der Qualitätsstandards – zur Qualitätskontrolle und Mitarbeiterschulung. Erst auf der Basis eines integrierten Qualitätssicherungskonzepts können Hotels daran denken, Qualitätsgarantien für ihre Gäste auszusprechen. Ein Qualitätshandbuch bleibt nur dann „lebendig", wenn es als Datenbank zur Informationssammlung (Intranet) von allen betroffenen Mitarbeitern gewartet und genutzt wird. So können hier auch eigene Erfahrungen, Beobachtungen bei der Qualitätserfüllung der Mitbewerber am Markt und neue Ideen das „Qualitäts-Know-how" der Abteilung verbessern.

Die individuellen Besonderheiten eines jeden Hotelempfangs sollen erfasst und in dem *Qualitätshandbuch Hotelempfang – Rezeption und Reservierung* fortentwickelt werden.

Zielsetzung

Der Organisationsordner *Qualitätshandbuch Hotelempfang – Rezeption und Reservierung* soll als dynamischer Leitfaden, als täglich einsetzbares und „lebendiges" Steuerungsinstrument das Empfangsteam auf dem Weg zur Qualität begleiten. Nur wer sich selbst und seine Arbeit immer wieder in Frage stellen kann, hat eine Chance, sich auf der nicht endenden Reise zur Qualität weiterzuentwickeln. Der Weg zur Qualität ist das Ziel. Jedes Detail am Hotelempfang lässt sich immer wieder verbessern. Die von den Teammitgliedern gemeinsam vereinbarte Formulierung der Qualitätsstandards soll intern und extern die Verbindlichkeit und Überprüfbarkeit aller Qualitätsbestrebungen untermauern.

Hinweise zur Nutzung des Qualitätshandbuchs:

- Überprüfen und sichern Sie regelmäßig die eingeführten und hier beschriebenen Qualitätsstandards.
- Spezifizieren Sie die individuellen Besonderheiten Ihres Hotels bei der Qualitätserhaltung und Verbesserung in Ihrem Arbeitsbereich.

- Erfassen Sie systematisch Ihre gemachten Erfahrungen unter den vorgesehenen Sektionen dieses Handbuchs.
- Nutzen Sie den Leitfaden zur betriebsinternen Mitarbeiterschulung.
- Bleiben Sie in regem Erfahrungsaustausch mit Ihren Kollegen und sichern Sie das Know-how der Hotelgesellschaft.
- Achten Sie auf die unterschiedlichen und sich ändernden Gästeerwartungen.
- Sammeln Sie mit Ihrem Team neue Ideen zu den Sektionen des Qualitätsordners.
- Helfen Sie, die Qualitätsstandards laufend auf den letzten Stand zu bringen.
- Machen Sie Vorschläge zur permanenten Qualitätsverbesserung in Ihrem Arbeitsbereich.

Nutzen Sie das Qualitätshandbuch für den Hotelempfang zum team- und zukunftsorientierten Qualitäts-Controlling. Qualität für den Gast setzt immer interne Servicequalität voraus. Wie Sie in Ihrem Qualitätsteam miteinander umgehen, ist entscheidend!

Im Qualitätshandbuch für den Hotelempfang sind Standards auf den letzten Stand zu bringen und nachfragegerecht weiterzuentwickeln.

Die folgenden zehn Kapitel zum Aufbau eines *Qualitätshandbuches Hotelempfang – Rezeption und Reservierung* werden für die Praxis nachvollziehbar mit kurz erläuterten Inhaltsvorschlägen pro Sektion aufbereitet:

1. **Sektion: Allgemeine Organisation**
2. **Sektion: Smiling Standards**
3. **Sektion: Reservierung**
4. **Sektion: Rezeption (Front-Desk)**
5. **Sektion: Verwaltungsroutinen**
6. **Sektion: Atmosphäre/Dekoration**
7. **Sektion: Mitarbeitereinsatz/Schulung**
8. **Sektion: Budgetierung und Kontrolle**
9. **Sektion: Qualitätsverbesserungen**
10. **Sektion: Anhang: Formulare, Fotokatalog**

1. Sektion: Allgemeine Organisation

Erläuterte Inhaltsvorschläge:

(a) Organigramm des Hotels
(b) Stellenbeschreibungen

(c) Arbeitsplatzbeschreibungen (Arbeitsablauf)
(d) Zimmerkategorien
(e) Technische Ausstattung
(f) Feuerschutz- und Sicherheitsvorschriften

zu (a) Organigramm des Hotels
Der Logisbereich und damit die Rezeption und Reservierung untersteht wie der F&B-Bereich direkt der Direktion (in großen Hotels „Director of Operations" oder „Front-Office-Manager"). Dem Front-Office-Manager bzw. Empfangschef wiederum können Assistenten wie Reservation-Manager, Front-Desk-Manager, Portier u. a. nachgeordnet werden. Als Graphik zeigt das Organigramm die Einordnung und Stellung dieser Hauptabteilung mit Top/Middle/Lower-Management-Ebenen auf.

zu (b) Stellenbeschreibungen
Leitende Führungskräfte und alle Mitarbeiter, die als „Coachs" im Team Führungsaufgaben innehaben wie Front-Desk-Manager und Reservation-Manager, bekommen eine Stellenbeschreibung; eine Stellenbeschreibung legt den groben Rahmen der Aufgaben, Kompetenzen und Verantwortung für die Stelle fest.

zu (c) Arbeitsplatzbeschreibungen (Arbeitsablauf)
Einfache Teammitglieder wie Rezeptionisten, Hausdiener u. a. erhalten eine Arbeitsplatzbeschreibung. Arbeitsablaufbeschreibungen sind in der Praxis viel detaillierter und zeigen normale Arbeitsabläufe auf. Alle Teammitglieder der Rezeption und Reservierung für ausführende Tätigkeiten sollten Arbeitsplatzbeschreibungen bekommen, die ebenfalls zum Inhalt der Arbeitsvertrages werden können.

zu (d) Zimmerkategorien
Layoutdetails sind für alle verfügbaren Zimmerkategorien mit Mobiliar, Lage, Annehmlichkeiten im entsprechenden „Verkaufsvokabular" zu beschreiben. Ein Fotokatalog für die unterschiedlichen Zimmertypen sollte in der Sektion Anhang – Formulare – Fotokatalog mitaufgenommen werden.

zu (e) Technische Ausstattung
Sowohl für die Rezeption als auch für die Reservierungsabteilung sind alle technischen Geräte wie Computer, Telefax, Telex u. a. aufzuführen.

zu (f) Feuerschutz- und Sicherheitsvorschriften
Hier geht es vorwiegend um Brandverhütung mit innerbetrieblichen Maßnahmen zur Vorbeugung, den Brandalarm, die frühzeitige Entdeckung eines Brandherdes, die Alarmierung und die Brandbekämpfung oder Evakuierung im Hotel. In Zusammenarbeit mit der örtlichen Feuerwehr sind Brandübungen mit dem gesamten Team periodisch zu überwachen.

2. Sektion: Smiling Standards

Erläuterte Inhaltsvorschläge:

(a) Allgemeine Verhaltensregeln
(b) Äußeres Erscheinungsbild
(c) Dienstkleidung
(d) Persönliches Verhalten
(e) Umgang mit dem Gast

zu (a) Allgemeine Verhaltensregeln
Die Bedeutung und Wichtigkeit des „Verhaltens-Knigge" für alle Teammitglieder mit Gastkontakt, aber auch der betriebsinterne Umgang mit Kollegen werden hervorgehoben.

zu (b) Äußeres Erscheinungsbild
Hier sollen Selbstverständlichkeiten in Bezug auf Haare, Make-up, Bart, Nägel, Parfum und das Tragen von Schmuck als Richtlinien klar definiert werden.

zu (c) Dienstkleidung
Die vom Betrieb gewünschte saubere Ausstattung mit Dienstkleidung, Schuhen und eventuell Namensschild wird aufgeführt.

zu (d) Persönliches Verhalten
Richtlinien werden beschrieben in Bezug auf Pünktlichkeit, Essen, Trinken, Rauchen, Konsum von Alkohol, persönliche Telefonate, Handys, Pausenregelungen, Verhalten beim Krankheitsfall und Privatbesuche von Verwandten und Bekannten im Betrieb.

zu (e) Umgang mit dem Gast
Ein einheitliches Verhalten bei Begrüßung und Verabschiedung der Gäste, bei der Reaktion auf Gästewünsche, die Sprache mit dem Gast, Verhalten am

Telefon und der Umgang mit Gästereklamationen müssen detailliert aufgezeigt werden.

3. Sektion: Reservierung

Erläuterte Inhaltsvorschläge (Ziele/Inhalte):

(a) Preisgestaltung
(b) Reservierungsanfrage, -bestätigung, Telefon
(c) Korrespondenz, Reservierungsbestätigung
(d) Hilfsmittel

zu a) Preisgestaltung
Hier sind im Detail die geschäftspolitischen Richtlinien zur Preisgestaltung in Abhängigkeit der Kapazitätsauslastung, Yield-Management-Systeme (dynamische Preissteuerung zur Deckungsbeitragsoptimierung), Firmenpreise, Stammgäste, Kinder, Familien, Gruppenpreise, Spätankünfte etc. jeweils für die kommenden Wochen festzulegen.

zu b) Reservierungsanfrage, -bestätigung, Telefon
Der „Verkaufsfaktor" Behandlung von Reservierungsanfragen muss hier für das Hotel standardisiert werden. Grundsätzlich sind alle Anfragen, ob telefonisch, per Brief, per Fax oder per E-Mail, am selben Tag zu beantworten. Hier wird auch festgelegt, wie Gruppenanfragen behandelt werden. Das EDV-gestützte Reservierungssystem ist in allen Anwendungsformen zu erläutern.

zu c) Korrespondenz, Reservierungsbestätigung
Die gesamte Korrespondenz ist zu vereinheitlichen. Die Beantwortung von Anfragen, Bestätigungen, Zusendung von Prospekten und Anfahrtsskizzen, Proforma-Rechnungen etc. muss eine einheitliche äußere Form (Corporate Identity) des Hotels tragen; Informationsfluss und Ablagesystem sind hier festzulegen.

zu d) Hilfsmittel
- Textverarbeitung
- Reservierungsformulare
- Software EDV-Handbuch (Trainingsprogramm)

4. Sektion: Rezeption (Front-Desk)

Erläuterte Inhaltsvorschläge (Ziele/Inhalte):

(a) Telefon
(b) Check-in, Check-out
(c) Gästebetreuung
(d) Night-Audit
(e) Überbuchungen, No-Shows
(f) Hilfsmittel

zu a) Telefon
Die Bedienung des Telefons von der Entgegennahme der Anrufe, über Grußformeln, das Weiterverbinden, der Nachrichten für den Gast bis hin zum Ablauf und Gestaltung von Weckrufen muss als Trainingsprogramm vorliegen. Vom Management initiierte Testanrufe sorgen für die Einhaltung der Telefonrichtlinien zu jeder Tageszeit.

zu b) Check-in, Check-out
Das „Willkommen" bei der Gästeankunft sollte detailliert für Gäste mit Reservierung, bei Walk-ins, Gruppenankünften, Stammgästen spezifiziert werden. Auch im Computer-Zeitalter darf der Gast bei seiner Ankunft keinen „Computer-check-in-Willkommen" erfahren.

Der letzte Eindruck beim Check-out ist oft entscheidend. Verhaltensrichtlinien bei der Bezahlung und Verabschiedung der Gäste sind festzulegen.

zu c) Gästebetreuung
Für den Gast fungiert der Hotelempfang als „Direktion". Kreative und ansprechende Gästebetreuung sollte im Vordergrund stehen.

zu d) Night-Audit
Rezeptionsroutinen, Kontrollaufgaben, Führung des Logbuchs, Informationsaufbereitung für den Frühdienst sind für das Night-Audit mit Checklisten in dieser Sektion zu detaillieren.

zu e) Überbuchungen, No-Shows
Klare Richtlinien zum Überbuchungs- und No-Show-Management muss für die Empfangsmitarbeiter Transparenz schaffen.

zu f) Hilfsmittel
- Meldezettel
- Info-Material
- Safety Deposit Card
- Parkliste
- Weckrufliste

5. Sektion: Verwaltungsroutinen

Die Abläufe für Debitorenverwaltung, Deposits, A-conto-Zahlungen, Korrekturbuchungen, Geldwechsel, Zahlungsmodi, Provisionen, Kassenführung, Warenannahme sind im Detail mit den entsprechenden Formularen festzulegen. Zu den Hilfsmittel gehören hier z. B. das Depositbuch, Kasseneingänge/-ausgänge, Geldwechsel-Formulare, Scheckeinreichungsformulare, Logbuch und EDV-gesteuerte Abrechnungsverfahren u. a.

6. Sektion: Atmosphäre/Dekoration

Erläuterte Inhaltsvorschläge (Ziele/Inhalte):

(a) Beschallung
(b) Beleuchtung
(c) Geruchsklima und allgemeines Klima
(d) Erscheinungsbild von Hoteleingang, Rezeption, Lobby
(e) Hilfsmittel

zu (a) Beschallung
Ein abwechslungsreicher Beschallungsplan für die Empfangshalle (Lifts) ist den Tages- und Jahreszeiten anzupassen und festzulegen.

zu (b) Beleuchtung
Ein dem Tages- und Jahresablauf angepasster Beleuchtungsplan mit Festlegung der Steuerungsverantwortung für den Hotelempfang ist hier einzufügen.

zu c) Geruchsklima und allgemeines Klima
Zu den unterschiedlichen Tageszeiten (Frühstück, Mittag, Nachmittag und Abend) sollte es auch im Wechsel der Jahreszeiten in dem Empfangsbereich unterschiedlich riechen. Nicht nur das allgemeine Klima, sondern auch das Geruchsklima ist zu steuern.

zu d) Erscheinungsbild von Hoteleingang, Rezeption, Lobby
Ein monatlicher Dekorationsplan ist für den gesamten Empfangsbereich (Hoteleingang, Rezeption, Lobby) mit Dekorationsmaterialien wie Blumen, Pflanzen, Bildern etc. farblich abzustimmen. Ein harmonisch abgestimmtes Erscheinungsbild soll zur Atmosphäre des Hotels beitragen. Musterdekorationen der Empfangshalle auch zu Feiertagen und besonderen Anlässen sollten hier erfasst werden.

zu e) Hilfsmittel
- Fotokatalog
- Musterdekorationen der Empfangshalle

7. Sektion: Teameinsatz/Schulung

Erläuterte Inhaltsvorschläge (Ziele/Inhalte):

(a) Einführungsprogramm für neue Mitarbeiter
(b) Budget für Schulungsmaßnahmen
(c) Trainingskarte, Schulungserfordernisse pro Mitarbeiter
(d) Schulungsunterlagen, Videoschulung, Mitarbeiterhandbücher
(e) Personalplanungsleitfaden, Mindest-/Höchstbesetzung
(f) Musterdienstpläne für jede Auslastung (Computerdienstpläne)
(g) Urlaubsplanung, Pausenregelung
(h) Entwicklung der flexiblen Arbeitszeit
(i) Teammotivation, Teambeurteilung
(j) Hilfsmittel

zu (a) Einführungsprogramm für neue Mitarbeiter
Ein speziell für den Hotelempfang entwickeltes Einführungsprogramm regelt die ersten Arbeitstage der neu eingestellten Teammitglieder.

zu (b) Budget für Schulungsmaßnahmen
Pro Teammitglied der Empfangsabteilung muss ein jährliches Schulungsbudget in Absprache mit dem Management festgelegt werden.

zu (c) Trainingskarte, Schulungserfordernisse pro Mitarbeiter
Schulungserfordernisse variieren von Mitarbeiter zu Mitarbeiter; eine Trainingskarte pro Teammitglied steuert die individuelle Weiterentwicklung.

zu (d) Schulungsunterlagen, Videoschulung, Mitarbeiterhandbücher
Hier sind alle weiterzuentwickelnden Trainings- und Schulungsunterlagen (extern, intern), Videofilme sowie die Mitarbeiterhandbücher zu erfassen.

zu (e) Personalplanungsleitfaden, Mindest-/Höchstbesetzung
Um eine mittelfristige Mitarbeiterplanung in Anpassung an die zu erwartende Kapazitätsauslastung vornehmen zu können, sollte eine Personalplanungstabelle im Minimum bis zur Höchstbesetzung als Leitfaden erstellt werden.

zu (f) Musterdienstpläne für jede Auslastung (Computerdienstpläne)
Hier sollten Musterdienstpläne für jede vorkommende Auslastung auf vierzehntägiger Basis optimiert werden. Auch ein Test der in der Praxis erhältlichen Computerdienstpläne gehört in diese Sektion.

zu (g) Urlaubsplanung, Pausenregelung
Eine rechtzeitige Urlaubsplanung für Teammitglieder mit schulpflichtigen Kindern, Urlaubssperren in Saisonmonaten und die Anpassung an unterschiedliche Kapazitätsauslastungen pro Monat sollten spätestens im Januar für das laufende Jahr erstellt werden.

zu (h) Entwicklung der flexiblen Arbeitszeit
Die Zukunft gehört der flexiblen Arbeitszeit mit Arbeitszeitkonten, unterschiedlichen Stundenblöcken, Wunschdienstplänen etc. Alle Möglichkeiten für den Hotelempfang sind hier zu sammeln und zu testen.

zu (i) Teammotivation, Teambeurteilung
Wer sein Team fördern will, muss es auch fordern; eine halbjährliche Mitarbeiterbeurteilung hilft dabei. Jeder Mensch ist anders zu motivieren, man darf nicht von sich auf andere schließen. Hier sollten unterschiedlichste „Motivatoren" aus der Sicht der Mitarbeiter gesammelt werden und in die Teamführung mit einfließen.

zu (j) Hilfsmittel
- Trainingskarte
- Einführungsprogramm
- Musterdienstpläne

- Schulungsunterlagen
- Videos
- Mitarbeiterhandbücher

8. Sektion: Budgetierung und Kontrolle

Erläuterte Inhaltsvorschläge (Ziele/Inhalte):

(a) Ablauf der Umsatzbudgetierung für den Logisbereich
(b) Budgetierung der Personalkosten pro Monat und Jahr
(c) Kontrollverfahren am Empfang
(d) Kennzahlen als Frühwarnsystem
(e) Checklisten, Qualitätsicherung
(g) Hilfsmittel

zu (a) Ablauf der Umsatzbudgetierung für den Logisbereich
Der Empfangschef muss im Detail das wöchentliche, monatliche (Forecasts) und das jährliche Umsatzbudget für den Logisbereich erstellen und umsetzen können. Hier sind alle Formulare und Schritte zum Umsatzbudget Logis zu erfassen.

zu (b) Budgetierung der Personalkosten pro Monat und Jahr
Jeder Hauptabteilungsleiter ist für seine Personalkosten verantwortlich und muss sie gegenüber der Direktion pro Monat und Jahr im Budget erfassen und vertreten können.

zu (c) Kontrollverfahren am Empfang
In Abhängigkeit von Betriebstyp und Größe sollten die Kontrollverfahren mit den erwünschten Kontrolldaten in Umfang und Zeitraum festgelegt werden. Hierzu gehören zum Beispiel die Handhabung des täglichen Kassenberichts, Zimmer- und Safeschlüsselverwaltung, Minibar- und Telefonabstimmung, Debitorenkontrolle u. a.

zu (d) Kennzahlen als Frühwarnsystem
Hier wird festgelegt, welche Kennzahlen (z. B. Gesamtproduktivität Logis, Zimmerbelegung, Bettenbelegung, average room rate, Doppelbelegung, durchschnittliche Aufenthaltsdauer, Gästestruktur, Umsatz- und Deckungsbeitrags-

Yield, Arbeitsproduktivitäten wie Personalkosten pro Gast, Umsatzstruktur, Gruppengeschäft u. a.) monatlich ausgewertet und als Entscheidungsgrundlage dienen sollen.

zu (e) Checklisten, Qualitätssicherung
Checklisten dienen zur Qualitätssicherung. Z. B. Checklisten für: Reservierung, Telefon, Gästeempfang, Gruppen-Check-in, Öffentliche Räume, Empfangshalle u. a.

zu (h) Hilfsmittel
- Checklisten
- Budgetformulare
- Kontrollformulare

9. Sektion: Qualitätsverbesserungen

Erläuterte Inhaltsvorschläge (Ziele/Inhalte):

(a) Auswertung von Gästefragebögen
(b) Stammgästekartei
(c) Einbindung in den TQS (Total Quality Service)
(d) Qualitätsverbesserung (Zusatznutzen)
(e) Kosteneinsparungsmöglichkeiten
(f) Erfahrungsaustausch
(g) Persönliche Erfolgsziele
(h) Hilfsmittel

zu (a) Auswertung von Gästefragebögen
Qualität aus der Sicht des Gastes kann auch durch die Auswertung von Gästefragebögen verstärkt werden. Detailprobleme für den Hotelempfang werden bei den betriebsinternen Schulungsprogrammen besprochen.

zu (b) Stammgästekartei
Gästebindung erreicht man durch „emotionale Qualitätsdienstleistungen". Gästewünsche sollten in der Stammgästekartei detailliert erfasst und fortgeschrieben werden. Die Empfangsabteilung fungiert hier als „Erfassungszentrale" für das ganze Hotel.

zu (c) Einbindung in den TQS (Total Quality Service)
Im Sinne des Total Quality Service (TQS) sind alle Maßnahmen zu erfassen, die mit dem Hotelempfang einen einzigartigen Qualitätsservice zum Ziel haben. Alles, was ein Gast an Qualität erkennt und auch bereit ist zu honorieren, gilt als Wertschöpfung.

zu (d) Qualitätsverbesserung (Zusatznutzen)
Hier sollen auf monatlicher Basis Ideen zur Qualitätsverbesserung aus der Sicht des Gastes erfasst und umgesetzt werden. Es geht um Zusatznutzen, nicht nur um Zufriedenheit, sondern als Überraschung zur Begeisterung der Gäste (z. B. Wartung der Autos, besonderer Service beim Check-out u. a.).

zu (e) Kosteneinsparungsmöglichkeiten
Alles, was der Gast an Qualität nicht mehr erkennt und auch gar nicht bereit ist zu bezahlen, gilt als Verschwendung. Hier liegen die Kosteneinsparungsmöglichkeiten, die zielgerichtet in kleinen Schritten wahrgenommen werden müssen. Alles lässt sich auch vereinfachen, ein monatlicher Maßnahmenkatalog soll der eigenen Betriebsblindheit entgegenwirken.

zu (f) Erfahrungsaustausch
Keiner weiß so viel wie wir alle zusammen! In jeder größeren Stadt gibt es eine ERFA-Gruppe Empfangschefs/Portiers. Hier werden Ideen und Problemlösungen ausgetauscht. In einer Art „Datenbank" sollten die Erfahrungen der Kollegen gesammelt werden (Intranet).

zu (g) Persönliche Erfolgsziele
Jeder Mensch arbeitet nur dann gut, wenn er sich gut fühlt. Auch persönliche Erfolgsziele sollten im Qualitätshandbuch geplant werden, wenn deren Verwirklichung zur Selbstmotivation der Empfangschefs beitragen soll.

zu (h) Hilfsmittel
- Kreativitätstechniken (z. B. 6-3-5-Methode)

10. Sektion: Anhang: Formulare, Fotokatalog

(a) Hilfsmittel-Formulare
(b) Fotokataloge

zu (a) Hilfsmittel-Formulare
Hier sollten nochmals alle genannten Hilfsmittel und einzusetzenden Formulare als Standardisation alphabetisch in den Anhang.

zu (b) Fotokataloge
Die angesprochenen Fotos (mit Daten) sollten zusammengefasst in Fotokatalogen im Anhang auf dem aktuellsten Stand gehalten werden.

Managementaufgaben im Housekeeping

Die Hotelreinigung als Hauptfunktion im Bereich Housekeeping erscheint für manches Management eine derart leicht zu organisierende und auszuführende Tätigkeit zu sein, dass man von „Managementaufgaben" für diesen Bereich gar nicht spricht.

„Hausfrauenarbeit" in etwas größeren Dimensionen – so denkt der Laie, oft aber leider auch leichtfertig der Hotelier. Der 1. Hausdame (Beschließerin, Executive Housekeeper) im Hotelbetrieb vertraut man das Hauptprodukt – das Gästezimmer – zur Reinigung an und vergisst allzu schnell, dass es sich hier um die Pflege und Wartung eines Investitionsobjektes – für ein Luxushotelzimmer von ca. 220.000 € bis 250.000 € – handeln kann. Allein die Investitionshöhe verlangt nach professionellem Housekeeping-Management, realistischer Anerkennung, Einschätzung und Überwachung der Probleme im Bereich Housekeeping. Sauber, bequem, attraktiv und sicher soll das Gästezimmer für den Gast sein. Die 1. Hausdame ist dabei keine „Ober-Putzfrau", sondern eine Abteilungsleiterin, die Planung, Reinigungs- und Wartungsverfahren, Personaleinsatz und -überwachung, Personalführung, Kontrollverfahren, im Rahmen der Weiterentwicklung Leistungsverbesserungen qualifiziert lenken muss.

Folgende Ausführungen zeigen einige Organisationshilfen aus der Praxis, die zum Management der Housekeeping-Abteilung anregen sollen:

Muster-Organigramm: Housekeeping

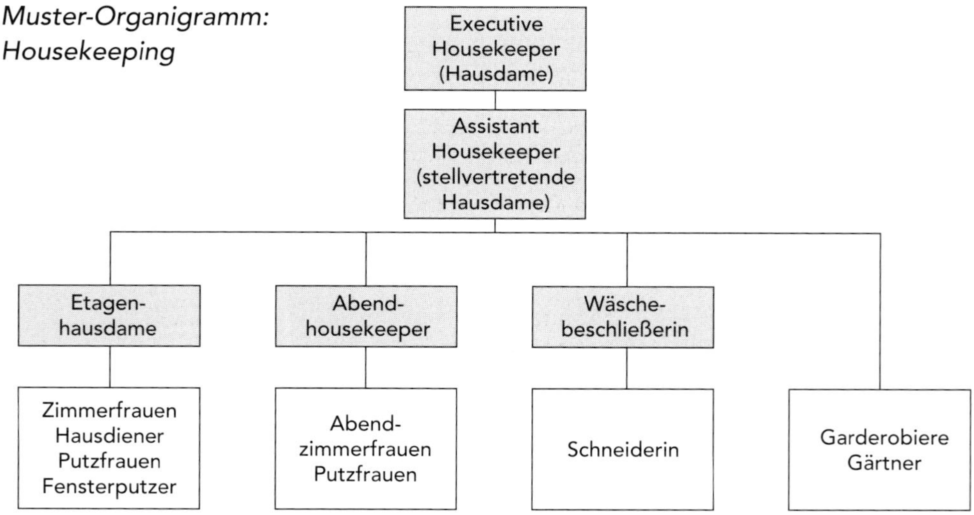

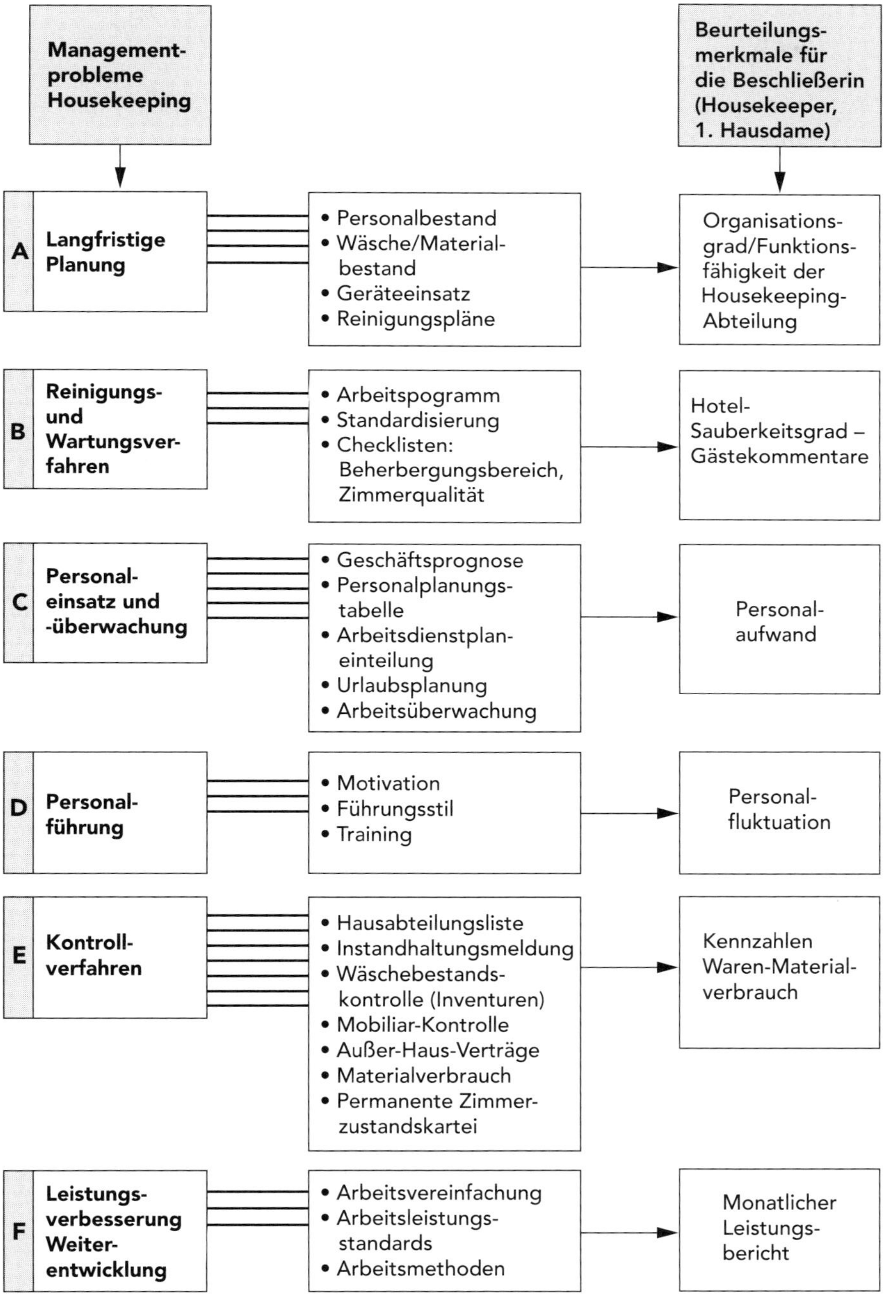

Housekeeping

Langfristige Planung

Gerade eine Routinetätigkeit wie die Hausreinigung muss sorgfältig geplant werden. Der erforderliche Personalbestand wird langfristig aufgrund der Belegungsprognose festgelegt. Niemand kann es sich heute mehr leisten, für 100 % Hotelbelegung Mitarbeiter zu beschäftigen. Das Bereitschaftssystem bei der Zimmerreinigung, bei dem für bestimmte Etagenreviere feste Zimmerfrauen eingeteilt werden, ist zu teuer; man zahlt Lohn für Leistung statt Bereitschaft. Gezielte Personalauswahl bei Einstellungen, gelenkte innerbetriebliche Fortbildungs- und Ausbildungsprogramme, transparente Arbeitsablauforganisation müssen zunächst geplant und an die festgelegten Reinigungspläne angepasst werden. Am Anfang steht der systematisch aufgebaute Reinigungsplan für das Hotel (was, wie, durch wen, wann, wie oft). Neben den täglich zu reinigenden Zimmern muss die Pflege und Wartung sämtlicher Räumlichkeiten, Fenster, Treppen, Keller, Toiletten, Veranstaltungsräume, Empfangshallen, Büros etc. mit entsprechenden Zeitabständen, dem zu verwendenden Geräteeinsatz und Reinigungsmaterial zu der gewünschten Tageszeit festgelegt werden. Zur Planung gehören dann auch die Bestimmung des Wäsche- und Materialbestandes, die Ersatzbeschaffung, die erforderlichen Reinigungsgeräte – ein Anschaffungs- und Ersatz- und Kostenbudget, das der Executive Housekeeper jährlich aufzustellen hat.

Der Organisationsgrad und die Funktionsfähigkeit im Bereich Housekeeping hängen von der langfristigen Planung für diesen Bereich ab.

Reinigungs- und Wartungsverfahren

Aufgrund der Reinigungspläne müssen nun die Reinigungs- und Wartungsverfahren mit vorgegebenen Arbeitsprogrammen und Standardisierungen auf den speziellen Hoteltyp mit den individuell verschiedenen Erfordernissen angepasst und maßgeschneidert werden. Diese Arbeit kann nicht am Schreibtisch geschehen, sondern muss in der Praxis erprobt, mit optimalen Arbeitsabläufen als Sollvorgabe für das Personal zusammengestellt werden. Eine neue Zimmerfrau darf nicht einfach einer erfahrenen Kollegin am Anfang zugeteilt werden, sondern hier müssen Etagenbeschließerinnen mit einem festgelegten Trainingsprogramm die „Neue" einweisen und ausbilden. Bei den Reinigungs- und Wartungsverfahren müssen Sollbestände (Wäsche, Material) für die Etagenoffices und Wäschewagen festgelegt werden.

Zimmerreinigung

Housekeeping: Arbeitsprogramm für Tageszimmerfrauen

Bleibe- und Abreisezimmer

Reihenfolge der Tätigkeiten (Muster)

Allgemein:

1. Anklopfen – wenn der Gast das Zimmer verlassen hat, Wagen vor das Zimmer schieben.
2. Zwischen Tür und Türstock Badematte legen, um ein Zuschlagen der Tür zu vermeiden. Vorhänge öffnen – Lichter ausschalten.
3. Frühstückstablett oder -wagen auf den Flur stellen.
4. Herumliegende Papiere, Zeitungen und Kleidungsstücke aufräumen. Schlafanzug ins Bad hängen.
5. Papierkorb und Aschenbecher leeren, schmutzige Aschenbecher auf dem Wagen lassen.
6. Papierkorb säubern, zwei saubere Aschenbecher vom Wagen und Bettwäsche ins Zimmer nehmen.
7. Balkontür öffnen, dabei Gardinen zurückschieben.
8. Betten abziehen, beschmutzte Matratzenschoner auswechseln (schmutzige Wäsche verbleibt noch im Zimmer).
9. Betten beziehen, dabei darauf achten, dass keine verschmutzten oder verbrannten Wolldecken aufgelegt werden.
10. Tagesdecken auflegen.
11. Schmutzige Bettwäsche und Badewäsche in den Wäschesack werfen.
12. Vom Wagen Eimer mit Essig, Ledertuch, Schwamm, Scheuerpulver, WC-Reiniger, Toilettenbürste und Putztuch ins Bad nehmen, ebenso die beiden schmutzigen Aschenbecher.
13. Putztuch und Ledertuch anfeuchten und anfangen Staub zu wischen. Schwamm mit Scheuerpulver auf Tisch legen.
14. Anfangen mit dem Kopfteil, die Kopfpolster feucht abwischen. Spiegel, Schreibtisch, Lampe, Telefon (wichtig, dass Sprech- und Ohrmuschel, Wählscheibe gereinigt werden). Auch die Funktionstätigkeit des Radios überprüfen und Briefmappe öffnen. Falls etwas nachzulegen ist, geöffnet lassen. Tisch von Glasrändern reinigen, Sitzkissen säubern; Heizungsverkleidung reinigen. Bild, Kommode – Staub wischen auch unter dem Fernseher.

Bei der Abreise sind folgende Dinge zu beachten:

Alle Schubladen feucht auswischen, Schranktüren von innen abwischen, Hutablage nicht vergessen. Angefangene Nähbriefchen, Streichhölzer durch neue ersetzen. Alle Zeitungen entfernen. Fehlende Bügel nachhängen. Im Bad die angefangene Seife durch neue ersetzen. Nachdem das Zimmer gründlich gesaugt wurde, bleibt die Zimmertür geöffnet, zur Kontrolle für die Beschließerin.

Verbindungstüren beachten; Fingerabdrücke entfernen. Beim Staubwischen sind an allen Lampen die Glühbirnen zu überprüfen.

15. Fehlende Artikel wie: Briefpapier, Umschläge, Kugelschreiber, Streichholzbriefchen, Nadelboy, Etagenservice-Karte, Gästekommentar, Hotel-Magazin, Telefonanweisung, Bibeln, Telefonbuch, Door-knob-orders, Don't-disturb-Schild nachlegen oder auswechseln – wenn beschmutzt.

Reinigung des Bades:

16. Badematte vor das Bad legen, um ein Nasswerden des Teppichs zu vermeiden.
17. Etwas Essig in die Zahngläser, um den Wasserstein zu entfernen; Toilettenreiniger in die Toilette geben.
18. Kacheln über der Badewanne mit Putzbleiche und Schwamm gründlich reinigen, anschließend Wanne säubern und mit klarem Wasser gut nachspülen, trocken wischen. Die Chromteile beachten, dass keine Wasserrückstände verbleiben. Hartnäckige Flecken mit Stahlfix behandeln und polieren.
19. Spiegel über dem Waschbecken mit Ledertuch säubern, Zahngläser und die schmutzigen Aschenbecher reinigen. Waschbecken putzen, Stöpsel herausnehmen und die Haare entfernen, Wasserüberlauf säubern. Den unteren Teil des Waschbeckens beachten und säubern. Chromteile wie bei der Wanne behandeln.
20. Toilettenbecken mit der Toilettenbürste reinigen. Toilettenbecken außen abseifen. Toilettensitz gründlich reinigen und sorgfältig säubern. Toilettendeckel schließen.
21. Nachlegen von Seife, Schaumbad, Schuhputzstreifen, Hygienebeutel, Toilettenpapier, Kleenex, Rasierklingenbehälter, Saunahinweis, Wäsche auffüllen: 3 gelbe, 3 rote Frottee, 2 Seifenlappen, 1 Badematte (2 Badelaken nur für Suites).
22. Wäschebehälter und Papierkorb säubern.
23. Fußboden gründlich wischen, zum Schluss Zimmermatte hinlegen.

Saugen:

24. Staubsauger und ein feuchtes Tuch ins Zimmer bringen. Mit feuchtem Tuch Balkongeländer säubern, wenn erforderlich Balkon saugen, anschließend das Zimmer.
25. Balkontür schließen, darauf achten, dass der Sonnenvorhang nicht eingeklemmt wird.
26. Gardinen richten.
27. Checkliste abhaken. Tür schließen.

Standard-Ausstattung eines Gästezimmers mit Bad (Muster)

WO?	WAS?	WIE VIEL? 1-Bett-Zimmer	2-Bett-Zimmer
Türgriff	„Bitte nicht stören"		
	„Bitte Zimmer aufräumen"-Anhänger	1	1
	Hinweisschild zum Schuheputzen	1	1
Schrank	Kleiderbügel	10	10
	Gepäckständer	1	1
	Extrakopfkissen/Extrawolldecke	1	1
	Toilettenpapierrolle	1	1
	Hinweisschild bei Feuergefahr	1	1
Nachttisch	Telefon	1	1
	Telefonbuch	1	1
	Telefonhinweisschild	1	1
	Liste der Vorwahlnummern	1	1
	Aschenbecher	1	2
Tisch	Aschenbecher	1	1
	Streichhölzer	1	1
	Etagenservice-Karte	1	1
Schreibtisch	Aschenbecher	1	1
	Schreibmappe mit:		
	Schreibpapierbögen	3	6
	Umschläge	3	6
	Luftpostpapierbögen	3	6
	Luftpostumschläge	3	6
	Fluchtplan	1	1
	Gästefragebogen	1	1
Schublade	Bibel	1	1
Wäschekommode	Fernseher	1	1
	Fernsehprogramm	1	1
	Aschenbecher	1	1

WO?	WAS?	WIE VIEL? 1-Bett-Zimmer	2-Bett-Zimmer
Kopfkissen	Frühstückskarte (Türanhänger)	1	2
Waschtisch	Zahnputzgläser	2	2
	Becher	1	1
	Nähmäppchen	1	1
	Rasierklingenbehälter	1	1
	Aschenbecher	1	1
	Streichholzbriefchen	1	1
	kleine Seife	1	2
	Waschlappen	1	2
Papiertuchbehälter	Papiertücher	1	1
Handtuchbehälter	Handtücher	2	4
Badewanne	Badeschaum	1	2
	Bademappe	1	1
Handtuchhalter	Badetücher	2	3
Halter neben der Toilette	Schuhpoliertuch	1	1
	Hygienebeutel	3	3
Toilettenpapierhalter	Toilettenpapierrolle	1	1
Sonstiges	kleiner Papierkorb	1	1
	Wäschekorb	1	1

Der „Hotel-Sauberkeitsgrad" spiegelt sich auch zur Beurteilung der Housekeeping-Abteilung in den Gästekommentaren wider. Folgende Checkliste zeigt Details, auf die unsere Gäste positiv oder negativ reagieren:

Empfangshalle, Gästeaufzüge, Toiletten

Checkliste Empfangshalle:

1. Ist die Empfangshalle insgesamt freundlich eingerichtet?
2. Kann die gesamte Empfangshalle vom Empfangspersonal und vom Portier übersehen werden?
3. Ist die Empfangshalle allgemein zweckdienlich eingerichtet, sind die Sitzgruppen bequem?
4. Ist die Beleuchtung ausreichend?
5. Wirkt die Farbkombination harmonisch?

6. Werden die Blumenarrangements täglich frisch hergerichtet?
7. Sind die Teppiche fleckenfrei?
8. Wirkt das Mobiliar gepflegt, sind Schaufenster und Vitrinen in sauberem Zustand?
9. Wird in der Empfangshalle für die Restaurants und Bars geworben?
10. Wird die Empfangshalle regelmäßig gesäubert?
11. Werden während des Tages die Aschenbecher geleert?
12. Ist der Hotelhaupteingang genügend markiert, und ist er gut beleuchtet?
13. Sieht der Gast beim Betreten des Hotels in der Empfangshalle sofort die Rezeption bzw. die Portierloge?
14. Wird in der Empfangshalle auf die verschiedenen örtlichen Veranstaltungen mit den Räumlichkeiten hingewiesen?
15. Kann man vom Empfang bzw. von der Portierloge den Weg zum Gästefahrstuhl übersehen?
16. Wirkt die Empfangshalle durch ansprechenden Wandschmuck einladend und gemütlich?
17. Liegen bei den ausreichenden Sitzgelegenheiten interessante in- und ausländische Zeitschriften und eigene Hotelzeitungen aus?
18. Können Gäste auf Wunsch in der Halle Getränke bestellen? (Gibt es Klingelknöpfe für die Bedienung?)
19. Sind sämtliche Möglichkeiten, Vitrinen an örtliche Geschäftsleute zu vermieten, in der Halle genutzt?
20. Ist ausgewählte Hintergrundmusik in der Empfangshalle zu hören?

Gästeaufzüge:

21. Ist die Beleuchtung ausreichend?
22. Ist der Fußbodenbelag dem Hause entsprechend?
23. Ist der Fahrstuhl klimatisiert?
24. Sind genügend Gästeaufzüge vorhanden?
25. Sind Wände, Tür und Decke gut gepflegt?
26. Gibt es einen Aschenbecher im Fahrstuhl?
27. Wird im Fahrstuhl für die Restaurants und Bars geworben? (Eventuell täglich auswechselbares Tagesmenü)
28. Wird der Fahrstuhl während des Tages sauber gehalten, Aschenbecher geleert?
29. Gibt es im Fahrstuhl einen Spiegel?
30. Wird im Fahrstuhl auf Sonderveranstaltungen, Fitness-Einrichtungen, sonstige Besonderheiten Ihres Hauses hingewiesen?

31. Gibt es einen separaten Gepäcklift?
32. Ist es dem Hotelpersonal untersagt, mit Gästefahrstühlen zu fahren?
33. Ist die Betriebssicherheit der Gästefahrstühle gesichert, gibt es einen Wartungsvertrag mit regelmäßigen Überprüfungen? (Funktioniert der Notsignal-Knopf?)

Toiletten:

34. Ist die Beleuchtung ausreichend, sind die Fliesen dekorativ?
35. Werden desodorierende Mittel eingesetzt? (Ist der Raum geruchsfrei?)
36. Sind Decke, Wände, Toilettentische, Trennwände und Fußböden in gutem Zustand?
37. Sind Aschenbecher vorhanden?
38. Sind Papier, Seife, Handtücher und Abfallkorb vorhanden?
39. Wird die Toilette regelmäßig inspiziert und sauber gehalten, werden Seife und Papier nachgefüllt?
40. Sind die Spiegel und Waschbecken sauber?
41. Gibt es Hygienebeutel bei Damentoiletten?
42. Funktioniert der automatische Handtuchspender?
43. Ist die Raumtemperatur angenehm?
44. Besteht ein Kontrollplan für sämtliche sanitären Anlagen im Haus?
45. Gibt es Abstellflächen für Handtaschen in den Toiletten?
46. Erwecken die Toiletten den Eindruck peinlichster Sauberkeit?

Überprüfung der Zimmerqualität

Die gastliche und gastwürdige Hotelzimmereinrichtung ist für den Unternehmer zukunftsträchtig und ertragsreich, also existenzentscheidend. Gastlichkeit im Zimmer stellt zum einen hohe Anforderungen an die Funktion der Einrichtung, die zweckmäßig, bequem und praktisch sein muss und ein Höchstmaß an Hygiene bieten soll; zum anderen ein zeitgemäßes Angebot zur Unterhaltung – aber auch Umweltverträglichkeit.

Zur Information gehören Telefon, übersichtlicher Hinweis über das hausinterne Angebot, eine Broschüre über Unterhaltungsmöglichkeiten am Ort, wie Theater, Konzert, Tanz, Kino, Sport. Hinzu kommen Zimmerservice des Hauses und Zimmer-Bar mit entsprechendem Getränkeangebot sowie eine technisch vollwertige und praktisch angeordnete Ausstattung.

Die ansprechende Hotelzimmereinrichtung setzt voraus: Persönliche, wohnliche Atmosphäre mit Niveau. Ein hochwertiges Bett und bequeme, sitzfreundliche Stühle und Sessel. Sinnvolle, funktionsgerechte, dennoch anheimelnde Beleuchtung. Bad mit freundlicher Atmosphäre.

Wichtige Ausstattungsmaterialien sind die Textilien, zum Beispiel angenehmer, hygienischer, gebrauchstüchtiger Bodenbelag oder Bezugsstoffe; interessante, aussagekräftige Fensterdekorationen aus nicht brennbarem und pflegeleichtem Material, vollwertige Verdunkelungsmöglichkeiten und nicht zuletzt ein leicht funktionierender Mechanismus dafür. Hinzu kommt textiler Wandbelag für dekorative und akustische Zwecke.

Das breite Spektrum der Einrichtung und Ausstattung des Hotelzimmers muss sorgfältig und sinnvoll auf die Art des Hauses mit seiner spezifischen Aufgabenstellung eingegrenzt oder erweitert werden.

Im Übernachtungs- und Erholungsbereich bieten sich schwerpunktweise etwa folgende Gruppierungen an:

a) Passanten-, Tagungshotel, Hotel garni mit 1–4 durchschnittlichen Übernachtungen.
b) Erholungshotel, Pensionen mit und ohne Kur- und Fitnessangebot, Aufenthalt von 1–4 Wochen.
c) Sanatorien oder Hotels für Nacherholung unter ärztlicher Leitung mit spezieller Betreuung für Heilung und Genesung.

Alle angeführten Gruppen brauchen für ein erfolgreiches Angebot und für eine sichere Existenz ein Konzept, das Atmosphäre, Gastlichkeit, Funktion und Wirtschaftlichkeit in Einklang bringt. Vor allem muss die Höhe der Investition auf den zu erzielenden Ertrag gewissenhaft abgestimmt werden.

Das richtige Konzept wird beeinflusst durch die Art, Größe und Lage des Unternehmens, die Umweltorientierung darf nicht vernachlässigt werden.

Einrichtung/Komfort:

1. Das gesamte Mobiliar ist in besonderem Hinblick auf Bequemlichkeit ausgesucht.
2. Das Mobiliar steht im richtigen Verhältnis zur Raumaufteilung, die Schlafgelegenheit (Bett, Couch etc.) ist gut platziert.

3. Das Zimmer hat eine gemütliche Raumstimmung, die Farbkombination ist harmonisch.
4. Die Beleuchtung im Zimmer ist ausreichend. Die allgemeine Beleuchtung, Nachttischbeleuchtung, Leselampe, Beleuchtung beim Spiegel, Beleuchtung beim Schreibtisch sind mit jeweils der entsprechenden Lichtstärke und Lichtfarbe ausgestattet.
5. Die Jalousien oder Vorhänge verdunkeln ausreichend und sind einwandfrei auf- und zuzuziehen.
6. Das Zimmer hat genügend Schrank- und Garderobenräume, für Kleider und Wäsche ist genügend Platz vorhanden.
7. Das Zimmer verfügt über genügende Steckdosen, im Bad gibt es eine Steckdose für den Rasierstecker.
8. Das Bett ist groß genug, bequem und die Härte der Matratze angenehm.
9. Die Raumtemperatur im Zimmer ist regulierbar.
10. Das Zimmer ist gut gelüftet, Bäder, Duschen, Toiletten werden durch wirksame Ventilatoren oder Absauganlagen entlüftet.
11. Im Garderobenschrank sind genügend Kleiderbügel vorhanden.
12. Fernsehapparat und/oder Radio sind einsatzbereit.
13. Die Zimmerbar (Kühlschrank/Minibar) ist einsatzbereit.

Sicherheitsvorkehrungen:

14. An der Eingangstür ist eine Sicherheitskette oder eine Möglichkeit, die Tür von innen zu verschließen.
15. Eine Beschreibung über die Lage der Notausgänge und das Verhalten bei Gefahr (Feuer) ist im Zimmer leicht ersichtlich angebracht.

Extras:

16. Briefpapier, Postkarten, Schreibunterlagen für den Gast sind vorhanden.
17. Aschenbecher und Streichhölzer stehen in ausreichender Menge zur Verfügung.
18. Ein Telefonverzeichnis mit Hinweisen wird bereitgelegt.
19. Genügend Seife, Toilettenpapier, Kleenex, Hygienebeutel, Rasierklingenbehälter (umweltorientiert) sind im Bad vorhanden.

Pflege und Zustand:

20. Schubladen und Schranktüren sind leicht zu öffnen; das Türschloss der Eingangstür schließt richtig.

21. Die Möbel im Zimmer sind gepflegt (saubere Tischplatten, keine wackelnden Tische und Stühle, keine Flecke auf Polstermöbeln).
22. Teppich oder Bodenbelag ist in gutem Zustand (keine Flecken, keine Löcher oder ausgefranste Ränder).
23. Es wird einwandfrei gebügelte und saubere Bettwäsche (keine Flecken, keine Falten, keine geflickte Wäsche) verwendet.
    Das Bad ist mit sauberen Handtüchern bzw. Badetüchern bestückt.
24. Die Klimaanlage funktioniert richtig und ist leicht zu bedienen.
25. Der Teppich ist gesaugt und fleckenfrei; das Bett ordentlich gemacht, Polstermöbel sauber, Mobiliar abgestaubt, Schubladen der Schränke sauber, es wird eine saubere Tages- oder Couchdecke aufgelegt.
26. Bilder, Wandschmuck, Telefon, Lampen sind abgestaubt, die Spiegel sind sauber.
27. Sämtliche Glühlampen sind in Ordnung.
28. Sanitäre Anlagen, Armaturen, Seifenschalen, Handtuch-, Gläserhalter etc. sind einwandfrei.
29. Lampenschirme und Bilder hängen gerade.

Verkaufsförderung:

30. In den Zimmern wird mit Tischaufstellern, Speisekarten und Hinweisen für die hoteleigenen Restaurants und Bars geworben.
31. Für die Frühstücksbestellung steht eine Türanhängerkarte zur Verfügung.
32. Auf Schwimmbad, Sauna, Friseur und zum Hotel gehörende Einkaufsläden wird im Zimmer hingewiesen.
33. Auf Übernahme der Gästewäsche und Reinigung der Kleidung wird im Zimmer entsprechend aufmerksam gemacht.

Hotelinterne Zimmerüberprüfung:

34. Sämtliche Hotelzimmer werden gemäß eines festgesetzten Kontrollplans in regelmäßigen Abständen überprüft.
35. Das Ergebnis jedes Kontrollganges wird anhand von standardisierten Listen der Geschäftsführung zur Kenntnis gebracht (Bedarf an Ersatzbeschaffung, Ergänzung und Reparatur).
36. Zurückgebliebene Sachen der Gäste werden registriert und als Fundsachen behandelt.
37. Beschädigungen im Hotelzimmer seitens des Gastes werden rechtzeitig festgestellt und gemeldet, um entsprechenden Schadenersatz zu erhalten.

38. Sämtliche Elektroanschlüsse, Schalter, Steckdosen, Lampen werden nach einem festgelegten Plan routinemäßig überprüft.
39. Nach jeder Abreise des Gastes wird das Zimmerinventar kontrolliert.
40. Aufmachung und Inhalt der „Zimmer-Putzwagen" für die Zimmerfrauen sind standardisiert und werden regelmäßig überprüft.
41. Für eine geregelte Außenfensterreinigung des Hotels ist gesorgt.
42. Das Hotel hat Zimmer für Schwerbeschädigte mit entsprechendem zweckdienlichen Mobiliar.

Personaleinsatz-Überwachung

Die kurzfristige Personaleinsatzplanung erfolgt in Abstimmung mit den monatlichen und wöchentlich korrigierten Geschäftsprognosen des Empfangschefs.

Muster:

Geschäftsprognose

Datum	Tage	Belegte Zimmer	Gästeanzahl	Zimmer	
				Ankünfte	Abreisen
1					
2					
3					
4					

Die Personal-Planungstabelle dient als Grundlage für die tägliche Arbeitsdienstplaneinteilung und langfristige Urlaubsplanung.

Personal-Planungstabelle

Die folgende Personal-Planungstabelle (siehe Formular: Personal-Planungstabelle) dient als Hilfestellung für den Executive Housekeeper des Hotels, die Tages- und Abendzimmerfrauen gemäß der Hotelbelegung zu planen und einzusetzen. Hier findet der vorher ermittelte Leistungsmaßstab (Beispiel: Tageszimmerfrau – 15 Zimmer pro Tag) seine Anwendung, indem die belegten Zimmer bei der jeweiligen Kapazitätsauslastung durch diesen Leistungsmaßstab geteilt werden, um die erforderliche Anzahl der Tageszimmerfrauen im Dienst zu ermitteln.

Erklärung zur Berechnung der erforderlichen Anzahl (z. B. Tageszimmerfrauen) im Dienst:

gegeben	Beispiel:
Belegte Zimmer	90
Leistungsmaßstab	15
= Tageszimmerfrauen im Dienst =	6

In Worten:

Um eine konstante Belegung von 90 Zimmern pro Tag säubern und verkaufsfertig herrichten zu können, benötigt man 6 Tageszimmerfrauen jeden Tag im Dienst.

Personal-Planungstabelle Zimmerfrauen

(A) Tageszimmerfrauen

	Min	Plan-Min				Plan-Max		Max
Belegungs %	30 %	40 %	50 %	60 %	70 %	80 %	90 %	100 %
Belegte Zimmer	90	120	150	180	210	240	270	300
Leistungsmaßstab	15	15	15	15	15	15	15	15
Tageszimmerfrauen im Dienst (erforderlich pro Tag)	6	8	10	12	14	16	18	20
Erforderliche Anzahl (Tageszimmerfrauen) auf der Lohnliste (5-Tage-Woche)	9	12	14	17	19	23	27	28

(B) Abendzimmerfrauen

Leistungsmaßstab	60	60	60	60	60	60	60	60
Abendzimmerfrauen im Dienst (erforderlich pro Tag)	2	2	3	3	4	4	5	5
Erforderliche Anzahl (Abendzimmerfrauen) auf der Lohnliste	3	3	5	5	6	6	7	7
Erforderliche Gesamtanzahl Zimmerfrauen auf der Lohnliste (5-Tage-Woche)	12	15	19	22	25	29	34	35

Arbeitsdienstplaneinteilung

Arbeitsplatzbesetzung und Arbeitsdienstplaneinteilung scheinen als Management-Kontrollsysteme eng miteinander verbunden zu sein, dennoch sind sie unterschiedlich zu bewerten und einzusetzen. Als Kontrollfunktion dient die Arbeitsplatzbesetzung dazu, die Mitarbeiteranzahl dem erwarteten Arbeitsvolumen langfristig anzupassen. Arbeitsdienstplaneinteilung dagegen soll auf kurzfristiger Basis den erforderlichen Personaleinsatz gestalten helfen, um unproduktive Arbeitszeiten oder auch mögliche Überstunden zu reduzieren.

Es muss überprüft werden, wo wirklich alle Mitarbeiter dem in einem Hotel täglich sehr unterschiedlich anfallenden Arbeitsvolumen entsprechend eingesetzt sind. Selbstverständlich werden in den kundenpräsenzbedingten Dienstleistungsbetrieben Leerzeiten vorkommen, aber ein kostenbewusstes Hotelmanagement wird unnötige Zeitverluste mit gezielter Dienstplaneinteilung vermeiden. Leider hat man allzu oft die Arbeitseinteilung und Dienstplanregelung zu weit auf die unteren Führungsebenen delegiert; das Hotelmanagement hat dieses wichtige Führungsmittel dann nicht mehr selbst in der Hand.

Es gibt unzählige Kontrolltechniken in Literatur und Praxis für die Überwachung von Materialverlust, Geldverlust, Warenverlust. Zeitverlust aber ist eine viel größere finanzielle Einbuße für den Betrieb und wird dennoch selten kontrolliert.

Beispiele für den Zeitverlust aufgrund mangelhafter Personaleinsatzplanung im Bereich Housekeeping

- An- und Umziehen während der Arbeitszeit (Arbeitsbeginn – Arbeitsende)
- Warten auf Arbeitszuteilung
- Warten auf Arbeitsmaterial (Bettwäsche – Zimmerfrauen)
- Warten auf Arbeitsanweisungen
- Warten auf Transportmittel (Aufzüge)
- Falsche Reihenfolge bei der Arbeitsverrichtung
- Unkontrollierte Frühstücks-, Mittags- und Abendpausen
- Fehlende Leistungsstandards, daher unkontrollierte Zeitspanne bei der Arbeitsverrichtung
- Unkontrollierter Arbeitsschichtwechsel
- Unqualifizierte Dienstplaneinteilung: Es werden keine gestaffelten Dienstpläne aufgestellt, sondern alle Mitarbeiter kommen zur gleichen Zeit zum Dienst, ob-

wohl der Arbeitsanfall im Hotel zeitlich unterschiedlich liegt. Wo immer möglich, sollte man vom „Schicht-Dienstplan" zum „Gestaffelten Dienstplan" übergehen

- Falsche Gewährung von freien Tagen: Bei der fortschrittlichen Arbeitsdienstplaneinteilung werden die in einer Abteilung anfallenden Leerzeiten dazu verwendet, den Mitarbeiter mittels eines „On the job training"-Programms weiter auszubilden und ihn damit auch vielseitig einsetzbar zu machen. Dabei gilt es, größtmögliche Flexibilität des Personaleinsatzes anzustreben.

Ein weiterer Hinderungsgrund für effizientere Arbeitseinteilung liegt in der traditionellen Verknüpfung einzelner Tätigkeiten mit dem Geschlecht. Warum sollten nicht auch einige Männer als „Zimmerfrauen" fungieren, wenn sie vielleicht gleichzeitig dahingehend ausgebildet wären, kleinere Reparaturen, Instandhaltungsarbeiten, also Wartungsarbeiten, in den Zimmern auszuführen? Einige Hotels praktizieren das mit großem Erfolg und haben ihren Zimmerspätdienst durch einen männlichen „Zimmerwartungsdienst" ersetzt, der sowohl die Tagesdecken abzieht als auch für kleinere Reparaturen zur Verfügung steht.

Zur Arbeitseinteilung gehört auch die wirtschaftliche Urlaubsplanung. Man bittet die Mitarbeiter um Alternativdaten für den Urlaubswunsch und wählt dann die Zeit aus, die den geschäftlichen Erfordernissen am besten entspricht.

Arbeitsüberwachung

Die fachlichen Leistungen und das führungsmäßige Verhalten der Mitarbeiter müssen überwacht und kontrolliert werden. Kontrollen sollen kontinuierlich und möglichst vorbeugend erfolgen. Dabei dürfen Kontrollmaßnahmen ihren Stichprobencharakter nie verlieren. Kontrolle darf nicht den Beigeschmack einer peinlichen Untersuchung bekommen. Sie ist als Führungsmittel zu werten, das allen Mitarbeitern die Aufgabenerfüllung erleichtert. Deshalb müssen Führungskräfte bei Ausübung ihrer Kontrollfunktion frei von Misstrauen sein, und jedem Mitarbeiter sollten die Maßstäbe, nach denen seine Tätigkeit beurteilt wird, bekannt sein. Als Grundsteine für die Arbeitsüberwachung dienen Arbeitsablaufbeschreibungen und Stellenbeschreibungen. Dabei versteht man unter einer Stellenbeschreibung die detaillierte und unpersönliche Beschreibung von Aufgaben, Kompetenzen und Verantwortung einer Stelle. Diese aufgrund von Arbeitsstudien erstellten

Stellenbeschreibungen bringen für den Hotelmanager einen hohen Rationalisierungseffekt mit sich und wirken kostensenkend für den Personalbereich:

1. Gezieltere Personalauswahl bei Einstellungen
2. Gelenktes, innerbetriebliches Fortbildungs- und Ausbildungsprogramm
3. Transparente Arbeitsablauforganisation im Hotelbetrieb
4. Geregelte Dienstaufsicht und Erfolgskontrolle (Arbeitsüberwachung)
5. Möglichkeit zur Selbstkontrolle des Mitarbeiters
6. Schnellere Einführung und Unterweisung neuer Mitarbeiter
7. Durch Klärung und Abgrenzung des Arbeitsbereiches niedrige Fluktuation
8. Weckung des Verantwortungsbewusstseins durch klar definierte Delegation von Verantwortung

Stellenbeschreibungen können nicht ungeprüft übernommen werden, sie müssen sachbezogen auf eine bestimmte Stelle des eigenen Betriebes maßgeschneidert werden.

Arbeitsablaufbeschreibungen verdeutlichen die einzelnen Phasen eines Arbeitsprozesses, die im Inhalt und in der zeitlichen Reihenfolge dem Arbeitsausführenden zugewiesen werden. Diese Arbeitsablaufbeschreibungen gewinnen besondere Bedeutung bei dem Einsatz von ungelernten Arbeitskräften und dienen zur Entlastung der Führungskräfte. Die rationalisierten Arbeitsvorgänge werden hier „narrensicher" gestaltet, um eine Erleichterung von Arbeitsanlernung und einen intensiveren Arbeitseinsatz in kürzester Zeit zu ermöglichen.

Für die Überwachung braucht man auch qualifiziertes Management auf der mittleren Führungsebene.

Der Personalaufwand für das Housekeeping im Verhältnis zum Beherbergungsvolumen, aber auch als absolute Größe im Vergleich zu den budgetierten Personalkosten dient als Beurteilungskriterium dafür, inwieweit der Executive Housekeeper die Managementaufgabe – Personaleinsatz und Überwachung – kostenbewusst erfüllt.

Personalführung

Der leitende Housekeeper muss vor allen Dingen die Grundprinzipien der Menschenführung verstehen und anwenden. Hier geht es um Motivation der Mitarbeiter, der Führung im Mitarbeiterverhältnis mit kooperativen Führungstechniken. Mangelhafte Personalführung spiegelt sich in niedriger Angestelltenmoral, schlechter Arbeitsqualität, hohen Abwesenheits- und Krankheitsraten und vor allen Dingen auch in einer hohen Fluktuationsrate für diese Abteilung wider. Als Beurteilungskriterien für die Personalführung des Executive Housekeepers bringt die Berechnung der Fluktuation für diesen Arbeitsbereich ihre Aussagefähigkeit:

$$\text{Fluktuationsrate} = \frac{\text{Abgänge} \times 100}{\text{Ø Personalbestand}}$$

Führungskräfte müssen in der Lage sein, ihr Personal zu einem funktionellen Team zusammenzuschweißen.

Wer sich um seine Mitarbeiter kümmert, sie trainiert, fördert und ausbildet, wird auch mit einer niedrigen Fluktuationsrate im Personalbereich rechnen können. Damit soll ein zweiter Bereich der Arbeitsüberwachung angesprochen werden: Das Training – die praktische Übung der optimalen Erfüllung von Aufgaben und Beherrschung von Situationen.

Der Erfolg, die Leistungsfähigkeit der personalintensiven Dienstleistungsbetriebe hängt von der Leistungsfähigkeit ihrer Mitarbeiter ab.

Hier gilt es, durch gezieltes Training nicht nur Leistung zu erzeugen und zu erhalten, sondern auch zu steigern.

Kontrollverfahren

Die erforderlichen Kontrollverfahren in diesem Bereich sind für jedes Hotel individuell festzulegen und zu organisieren. Hierunter fallen die tägliche Kontrolle der tatsächlich belegten Zimmer mit entsprechender Überprüfung der Gästeanzahl, die am Empfang registriert ist (s. Muster: „Hausabteilungsliste"), wie auch die Überprüfung der gemeldeten Reparaturaufträge (s. Formular „Störungs-Instandhaltungs-Meldung").

Hausabteilungsliste

Flur-Nr. __________ Zeit ____________________

Aufsicht _________ Datum __________________

Zi.-Nr.	Belegt	Be-nutzte Betten	Unbe-nutzte Betten	Unbelegt	Gesperrt	Bemerkung
01						
02						
03						
04						

Störungs-/Instandhaltungs-Meldung

Datum _____________ 20____

Zimmer-Nr.	

Gemeldet von	
Repariert von	Datum
Beschreibung	

Zumindest halbjährliche Inventuren des gesamten Wäschebestandes, der Arbeitsuniformen und Arbeitsgeräte geben die Basisinformation für eine ordnungsgemäße Bestandskontrolle. Die Mobiliarkontrolle findet in organisierten Hotelbetrieben meist im Zusammenhang mit der zu führenden „Permanenten Zimmerzustandskartei" statt.

Hier wird für jedes Zimmer eine Karteikarte angelegt, in der Daten wie Alter und Zustand des Mobiliarbestandes, Dekorationen, Renovierungen, Malerarbeiten,

Fensterputztermine, technische Ausstattung etc. festgehalten und fortgeschrieben werden. Zu den Kontrollpflichten des Executive Housekeepers gehört ebenfalls die Überwachung der „Außer-Haus Verträge" wie Außenfensterreinigung etc.

Kennzahlen über Waren-Materialverbrauch (Wäscheverbrauch) im Verhältnis zu den belegten Zimmern und den budgetierten Kosten helfen, die Effizienz der durchgeführten Kontrollverfahren im Bereich Housekeeping beurteilen zu können.

Leistungsverbesserung/Weiterentwicklung

Arbeitsvereinfachung

Der Schlüssel zur Produktivitätssteigerung liegt sicherlich zunächst bei der Arbeitsvereinfachung – der Arbeitserleichterung. Hier drängen Überprüfung und Beantwortung folgender Basisfragen nach detaillierten Arbeitsablaufanalysen:

1. Gibt es praktisch durchführbare Verbesserungsmöglichkeiten?
2. Sind noch irgendwo Personal einsparende Maschinen und Geräte einsetzbar?

Bei gründlicher Überprüfung werden einige Hotels feststellen können, dass es wirtschaftlicher sein kann, Arbeiten „außer Haus" zu geben, z. B.:

- Nachtreinigung des Hotels
- Fensterputzen
- Malerarbeiten
- Fernsehreparaturen
- Reinigung und Wäscherei

Sollten die Kosten bei einem Vergleich zwischen Eigendurchführung und „Außer-Haus"-Verträgen auf den ersten Blick gleich erscheinen, ist dabei zu bedenken, dass zu den normalen Lohnkosten auch Sozialabgaben, Versicherungen und auch die Dienstaufsichtskosten gehören.

Bei der Analyse der Arbeitsabläufe sind mehrere Möglichkeiten zur Erledigung der Aufgaben aufzuzeigen, um den besten und rationellsten Weg einschlagen zu können. Der optimale organisatorische Arbeitsablauf der Leistungserstellung basiert auf Ablaufstudien, die die einzelnen Arbeitsvorgänge auf Anordnung, Reihenfolge und Entfernung kritisch durchleuchten, um einen maximalen Rationalisierungseffekt zu verwirklichen. Zu dem Bereich der Arbeitsvereinfachung gehört selbstverständlich auch eine vernünftige Arbeitsplatzgestaltung, will man eine möglichst wirtschaftliche Nutzung des Produktionsfaktors Arbeit erreichen.

Nahezu jede Tätigkeit lässt sich vereinfachen oder erleichtern. Die durch Arbeitsvereinfachung eingesparte Zeit und Energie drücken sich oft in besserer Qualität und erhöhtem Arbeitsinteresse aus. Wenn jemand davon überzeugt ist, dass es einen leichteren und besseren Weg bei der Arbeitsverrichtung geben muss, wird er auf der Suche nach Arbeitsvereinfachung automatisch die Arbeitsqualität verbessern.

Arbeitsleistungsstandards

Unter einem Leistungsmaßstab versteht man die schriftliche Erfassung der von einem Mitarbeiter erwarteten Produktivität. Jede Fach- oder Führungskraft muss Klarheit darüber besitzen, welche Leistung von ihr gefordert und mit welcher „Elle" sie gemessen wird. Um das Unternehmen auf einem gesunden Leistungsniveau zu halten, müssen vorgegebene Leistungsstandards als Ergebnisse der Aufgabenerfüllung täglich, wöchentlich, monatlich oder jährlich erreicht werden. Dabei trägt das Management die Verantwortung, die Ergebnisse ständig zu überprüfen, sie den Erfordernissen anzupassen und, wo immer notwendig oder möglich, zu verbessern.

Leistungsstandards in der Hotellerie dienen als Grundvoraussetzung für gewissenhafte Dienstaufsicht und Erfolgskontrolle auf allen Führungsebenen. Ein Hotelbetrieb ohne festgelegte Arbeitsleistungsstandards ist wie ein Ballspiel ohne festgelegte Spielregeln.

Definition: „Leistungsmaßstab (Standard)":
Leistungsmaßstäbe in der Hotellerie sind Inhalte von Arbeitsplatzbeschreibungen in einer anderen Form ausgedrückt, nämlich übersetzt in quantitative und messbare Einheiten.

Zeitstudie Zimmer

Im Rahmen der Ablauforganisation werden besonders für Routinetätigkeiten Zeit- und Bewegungsstudien erstellt. Dazu gehört z. B. das Reinigen der Gästezimmer, das in seinem Ablauf mit bestimmten Leistungsschritten eine Routinearbeit darstellt. Im gezeigten Beispiel (Zeitstudie Zimmer) wird die Tätigkeit der Tageszimmerfrau zunächst in 4 Hauptarbeitsschritte untergliedert:

1. Bettenmachen
2. Staubwischen, Aufräumen
3. Saugen
4. Badezimmer

Aufgrund der aufgezeigten Zeitstudie Zimmer liegt der Leistungsmaßstab für Tageszimmerfrauen bei 15 Zimmern, d. h. 1 Tageszimmerfrau soll als Normalleistung in einem 8-Arbeitstunden-Tag 15 Zimmer reinigen. Eine Housekeeping-Abteilung darf in ihrer Leistungserfüllung und in ihrem Standard nicht stehen bleiben. Arbeitsmethoden und -verfahren sind stetig weiterzuentwickeln und mit den Neuerungen auf dem Markt (Geräteeinsatz, Reinigungsmittel) zu verbessern.

Ein monatlicher Leistungsbericht zeigt im Vergleich zwischen festgelegten Leistungsstandards und tatsächlicher Leistung die Leistungsverbesserungen für den Bereich Housekeeping auf.

Monatlicher Leistungsbericht (Muster)

für den Monat ______________________

Arbeitstellen	Leistungseinheit	Festgelegter Standard	Tatsächliche Leistung	Bemerkungen
Tageszimmerfrau	belegte Zimmer	15 Zimmer	15,8 Zimmer	neues Trainingsprogramm

Zeit- und Bewegungsstudie Zimmer
(zur Feststellung des Leistungsmaßstabes – Tageszimmerfrauen) (10 Tests) Durchschnitt

	Zimmer von 1 Person belegt				Zimmer von 2 Personen belegt					
	Twin-type Zimmer		Studio-type Zimmer		Twin-type Zimmer		Studio-type Zimmer			
	Bleibe-Zimmer	Abreise-Zimmer	Bleibe-Zimmer	Abreise-Zimmer	Bleibe-Zimmer	Abreise-Zimmer	Bleibe-Zimmer	Abreise-Zimmer	Gesamt-Minuten	Durchschnitt-Minuten
1. Bettenmachen	4	5	5	6	8	8	9	9	54	6,8
2. Staubwischen Aufräumen	8	9	8	9	6	8	7	8	63	7,9
3. Saugen	4	5	4	4	5	6	5	5	38	4,8
4. Badezimmer	10	11	8	13	8	9	9	11	79	9,9
Gesamtminuten	26	30	25	32	27	31	30	33	234	29,3

Tageszimmerfrau
Verfügbare Produktionszeit: 480 Minuten (8 Arbeitsstunden)
Durchschnittszeit pro Zimmer: 30 Minuten

Leistungsmaßstab: 15 Zimmer

Benötigte Zeit für 15 Zimmer: 450 Minuten
Verbleibende Zeit: 30 Minuten (Fahrstuhlzeit, Warten, Überprüfungszeit)

Abendzimmerfrau
verantwortlich: 1 Abendzimmerfrau
für 2 Etagen = 60 Zimmer

Leistungsmaßstab: 60 Zimmer

Die Hotelzimmerreinigung auf dem Prüfstand

Die Bedeutung der langfristigen Pflege und Wartung eines Hotelzimmers – einer Immobilie, die in Luxushotels eine Investitionssumme von über 150.000 € betragen kann – verlangt nach professionellem Housekeeping-Management. Dennoch scheint das Management in schlechten Zeiten gerade hier bei der deckungsbeitragsfreudigsten Umsatzquelle – dem Beherbergungsbereich – Einsparungen vornehmen zu wollen. Hier lässt es sich auch so leicht rechnen: Die Zimmerbelegung sinkt, also braucht man weniger Zimmerfrauen oder am besten eine Fremdfirma, die pro gereinigtes Zimmer bezahlt wird. Da gibt es schon Hotels, die selbst die Kontrollfunktion, die Qualitätsüberwachung über die Zimmerreinigung, „außer Haus" geben; die Fremdfirma kontrolliert sich dann selbst. Allzu schnelle Managemententscheidungen in diesem Bereich können mittel- und langfristig gesehen sehr viel Geld kosten. Dann müssen „plötzlich" ganze Etagen wegen Renovierungsarbeiten geschlossen werden, wenn diese „ungewarteten Zimmer" nicht mehr vermietbar sind. Umsatzeinbußen und hohe Investitionen sind die Folgen. Vielleicht hätte ein systematisches Reinigungs- und Wartungsprogramm mit der Fortschreibung des Zimmerzustandes (Permanente Zimmerzustandskartei) eine „stück- und schrittweise" Verbesserung der Zimmerqualität ohne Umsatzverluste gewährleistet. Gästezimmer werden nicht alle gleich „abgewohnt", eine individuelle Betreuung und Wartung lohnt sich. Housekeeping-Management bedeutet eben nicht nur putzen, sondern: **Qualität erhalten, Vermögen sichern** und **Qualität verbessern**. Einrichtung, Mobiliar, Beleuchtung, Geruchsklima, Dekorationsprogramme und die alles bestimmende Sauberkeit beeinflussen entscheidend die gastliche Hotelatmosphäre; der „Qualitykeeper" – der Housekeeper – wirkt nicht als „Oberputze", sondern als Atmosphärebildner des gesamten Hotels. Untersuchungen in der Praxis haben gezeigt, dass die Preisakzeptanz des Hotelgastes oft über das Badezimmer geht; jede gezielte Verbesserung und Investition in diesem Bereich (in älteren Hotels) kann Preiserhöhungen durchsetzbar und gerechtfertigt erscheinen lassen.

Berechnung der Arbeitsproduktivität (Zimmerreinigung)

Monat: *z. B. Januar 20..*

Informationen (Daten)		**Zahlenbeispiel**	**Mein Betrieb**
(A) Verfügbare Zimmer: (31 Tage × 140 Zimmer)	=	4.340 Zimmer	
(B) Tatsächlich belegte Zimmer	=	2.821 Zimmer	
• Bleibezimmer	=	921 Zimmer	
• Abreisezimmer	=	1.900 Zimmer	
(C) Arbeitsleistungsstandard			
• Bleibezimmer (20 Min.)	=	3 Zimmer/Std.	
• Abreisezimmer (30 Min.)	=	2 Zimmer/Std.	
(D) Bezahlte Arbeitsstunden Zimmerfrauen im Monat	=	1.690 Stunden	
(E) Definition: Arbeitsproduktivität (Zimmerreinigung)	=	$\frac{\text{Soll-Leistung in Std.} \times 100}{\text{Ist-Leistung in Std.}}$	
(F) Berechnung der Soll-Leistung in Stunden		921 Beibez.: 3 = 307 Std. 1.900 Abrz.: 2 = 950 Std. gesamt Soll = 1.257 Std.	
(G) Berechnung der Arbeitsproduktivität (Zimmerreinigung) in %	=	$\frac{1.257 \text{ Std.} \times 100}{1.690 \text{ Std.}} = 74\,\%$	
(H) Unproduktive Stunden oder sonstige Tätigkeiten	=	433 Stunden	

Wie produktiv arbeiten Sie jetzt bei der Zimmerreinigung?

Der Mensch neigt dazu, harte Arbeitstage und Überstunden eher zu erinnern als die leichtere Arbeit, die Tage im Monat, wo weniger zu tun war. Die nüchterne Berechnung und Kontrolle der tatsächlichen Zimmerproduktivität auf monatlicher Basis lohnt sich. Früher konnte man sich in den Hotels das „Reviersystem" (alle Zimmerfrauen bekommen fest zugewiesene Zimmer) leisten. Auch der Qualitätsgrad bei der Wartung „meiner" Zimmer, für die ich persönlich verantwortlich bin, war vom System her besser als die heute oft notwenig gewordende kapazitätsorientierte und täglich wechselnde Zimmereinigung. Die ständig steigenden Personalkosten erlauben keine Mitarbeiterplanung zu einhundertprozentiger Hotelzimmerbelegung. Es müssen Leistungsmaßstäbe festgelegt wenden. Dieser Quantitäts- und Zeitstandard bestimmt, in wie viel Minuten normalerweise ein Bleibe- oder Abreisezimmer bei dem erwünschten Qualitätsniveau mit Selbstüberprüfung (Checkliste) zu reinigen sind. Das folgende schrittweise erläuterte Zahlenbeispiel soll für den eigenen Betrieb die Produktivitätskontrolle Zimmerreinigung erleichtern:

Erläuterung zum Zahlenbeispiel

(A) verfügbare Zimmer:

Hier werden für jeden Monat die verfügbaren und vermietbaren Zimmer erfasst. Dabei sind die „Zimmertage" zu berücksichtigen, die wegen Renovierungsarbeiten ausfallen.

(B) tatsächlich belegte Zimmer:

Nicht nur die bezahlten Zimmer sind zu erfassen, sondern die tatsächlich belegten Zimmer, die gereinigt werden müssen. Diese tatsächlich belegten Zimmer kann jede Empfangsabteilung des Hotels differenzieren in Bleibe- und Abreisezimmer.

(C) Arbeitsleistungsstandard:

In Abhängigkeit von dem zu pflegenden Mobiliar, der Arbeitswege, der Zimmergröße, der durchschnittlichen Doppelbelegung, der Schulung der Zimmerfrauen und des erwünschten Qualitätsniveaus bei der Wartung der Gästezimmer müssen Arbeitsleistungsstandards für die Reinigung von Bleibezimmern (hier 20 Minuten) und Abreisezimmern (hier 30 Minuten) als planbare Normalleistung festgelegt werden. Diese Leistungsmaßstäbe ermöglichen eine kapazitätsorientierte Mitarbeitereinsatzplanung durch Vorgabe von Soll-Leistungsstunden.

(D) bezahlte Arbeitsstunden:

Für die Stellenkategorie Zimmerfrauen sind auch für die Lohnabrechnung die tatsächlich geleisteten Arbeitsstunden pro Monat festzuhalten. Arbeitet man mit Aushilfen, so müssen auch diese Arbeitstunden berücksichtigt werden. Anstelle der täglichen Anwesenheitslisten hat sich in der Praxis die elektronische Arbeitszeiterfassung mit Zeitkarten und Zeitkonten für die Mitarbeiter bewährt.

(E) Definition: Arbeitsproduktivität (Zimmerreinigung):

Die Arbeitsproduktivität für die Zimmerreinigung drückt sich im Quotienten der Soll-Leistungsstunden im Verhältnis zu den tatsächlich bezahlen Ist-Leistungsstunden aus.

(F) Berechnung der Soll-Leistung in Stunden:

Teilt man die tatsächlich belegten Bleibezimmer (hier 921) durch den Arbeitsleistungsstandard (hier 20 Minuten oder 3 Zimmer pro Stunde) und die erfassten Abreisezimmer (hier 1.900) durch die Normalleistung (hier 30 Minuten oder 2 Zimmer pro Stunde), lassen sich die Soll-Leistungsstunden (hier 1.257) für die tatsächlich angefallene und zu reinigende Zimmeranzahl addieren.

(G) Berechnung der Arbeitsproduktivität (Zimmerreinigung) in %:

Teilt man analog der Definition der Arbeitsproduktivität (E) die Soll-Leistungsstunden (hier 1.257) durch die bezahlten Ist-Leistungsstunden (hier 1.690), erhält man durch die Multiplikation mit einhundert die prozentuale Arbeitsproduktivität (Zimmerreinigung) (hier 74 %). Mit gestaffelten Dienstplänen und sorgfältiger Planung der Mitarbeiterinnen erscheint in der Praxis eine Arbeitsproduktivität von 85 % durchaus erreichbar.

(H) Unproduktive Stunden oder sonstige Tätigkeiten:

Die Differenz zwischen Soll-Leistungsstunden und bezahlten Ist-Leistungsstunden (hier 433) sind bezogen auf die Zimmerreinigung unproduktive Stunden. Die allzu leichte Erklärung dieser Differenz mit sonstig anfallenden Arbeiten (z. B. Hallenreinigung, Restaurants, öffentliche Räume etc.) verlangt nach einer genauen

Erfassung der erforderlichen Arbeiststunden pro Monat für die immer wiederkehrenden sonstigen Tätigkeiten. Vielleicht erscheint es dann auch ratsam, für diese sonstigen Tätigkeiten Mitarbeiterinnen festeinzustellen und nicht nur die Zimmerfrauen mit „Sonstigem" zu beschäftigen. Die Höhe dieser Differenzstunden spricht in der Praxis oft für den kapazitätsorientierten Einsatz von Teilzeitbeschäftigten.

Eigenreinigung, Fremdreinigung oder Mischformen im Logisbereich

Eine Reinigung mit eigenem Personal erscheint immer dann günstig zu sein, wenn das Hotel im Laufe des Jahres eine weitgehend konstant gute oder konstant schlechte Hotelzimmerbelegung erfährt. Tägliche, wöchentliche und auch monatlich schwankende Kapazitätsauslastungen sind mit eigenen Mitarbeiterinnen schlecht planbar und damit zu teuer.

Aufgrund der vielleicht vorangegangenen Produktivitätsmängel und der zwar erklärbaren (Varianzanalyse), aber dennoch ständig steigenden Personalkosten erscheint für viele Hotels die Lösung: „Zimmerreinigung außer Haus" als logische Konsequenz. Hier trägt die Fremdfirma das Personalrisiko (Krankheit, Fehlzeiten, Schulung, Schwangerschaft etc.). Für jedes gereinigte und selbstverständlich überprüfte Zimmer wird bezahlt. Die Anzahl der zu reinigenden Zimmer wird immer zwei oder drei Tage im Voraus der Fremdfirma angegeben, eine „Vorarbeiterin" der Firma sorgt für schnelle und qualitativ einwandfreie Arbeit. Mit Checklisten werden die Zimmer zweimal überprüft – einmal von der Vorarbeiterin der Fremdfirma und zum Zweiten von dem verbliebenen Housekeeper des Hotels, der jedes gereinigte Zimmer nach Kontrolle gegenzeichnen muss. Für die sonstigen Bereiche zur Reinigung werden Pauschalen mit Leistungskatalog festgelegt. Das ganze Verfahren erscheint sinnvoller und vor allen Dingen billiger für das Hotel zu sein. Natürlich gibt es Hoteltypen, wo eine Fremdreinigung mit oft wechselndem Mitarbeiterstamm undenkbar ist. Der Stammgast „bucht seine Zimmerfrau mit" oder zu mindestens die Erfassung der persönlichen Wünsche, die in speziellen Gästekarteien erfasst und bei Gästeankunft erfüllt werden; hier übernimmt die Zimmerfrau auch Funktionen der Gästebetreuung.

Die folgenden Gedanken zur Fremdreinigung stammen aus Gesprächen mit Kollegenbetrieben, die entweder mit ihrer Reinigungsfirma hoch zufrieden oder aber auch bitter enttäuscht waren. Bevor das Management eine derartig einschneidende Entscheidung: Eigen- oder Fremdreinigung trifft, müssen viele Fragenkomplexe im Sinne der Fremdreinigung positiv beantwortet werden:

- Erfährt das Hotel eine täglich stark schwankende Hotelzimmerbelegung?
- Wie hoch ist der Anteil der Stammgäste, die auf einen persönlich abgestimmten Zimmerservice Wert legen? Haben die Zimmerfrauen Gastkontakt?
- Liegen die Produktivitätszahlen pro Monat für das vorangegangene Jahr vor? Gibt es noch Möglichkeiten der besseren Mitarbeitereinsatzplanung bei eigenem Personal? (z. B. Teilzeitkräfteeinsatz, gestaffelte Dienstpläne)
- Was kostet ein gereinigtes Zimmer an Personalkosten mit Eigenpersonal im Verhältnis zur in Frage stehenden Fremdfirma?
- Hat die Fremdfirma Erfahrung bei der Hotelzimmerreinigung (Besuch bei Vertragshotels der Fremdfirma)
- Wie hoch ist die Fluktuationsrate „Housekeeping" im letzten Jahr?
- Wie viele Krankheitstage und Fehlzeiten hatte man für Zimmerfrauen aufgeschlüsselt pro Monat im letzten Jahr?
- Wie hoch ist der Anteil an in der Regel pro Arbeitsstunde produktiveren Teilzeitkräften?
- Müssen teure Arbeitsgeräte zur Reinigung beschafft oder erneuert werden?
- Wie viele Tage vorher ist die zu reinigende Zimmeranzahl oder das erforderliche Personal zu bestellen? Wie schnell kann Zusatzbedarf geordert werden?
- Wie lang ist die Mindest-Vertragsdauer; sind Vertragsstrafen bei Vertragsbruch zu vereinbaren? Stornogebühren bei kurzfristig verringertem Mitarbeiterbedarf?
- Wer trägt die Kosten für Schulungen während der Einarbeitungsphase und später bei neuen Mitarbeitern der Fremdfirma? Gibt es nur einen Ansprechpartner der Fremdfirma (Vorarbeiterin)?
- Können die Reinigungsmittel vom Hotel festgelegt werden? Wie ist die Berechnungsgrundlage? Werden hoteleigene Reinigungsmaschinen genutzt, wer übernimmt die Wartung und Inspektion dieser Geräte?
- Wer hat die Arbeitskleidung zu erstellen (genaue Beschreibung der Dienstkleidung)?
- Wie kann das Verhalten des Fremdpersonals gegenüber den Gästen geregelt werden? (Verhalten bei belegten Zimmern, Fundsachen, Gästefragen etc.)
- Wie sieht die zeitliche Regelung pro Wochentag aus, bis wann werden die gereinigten Zimmer zur Vermietung garantiert?

- Wie werden die Reinigungs- und Wartungsverfahren für öffentliche Räume (was, wie, wann, wie oft, durch wen, womit) festgelegt? (Preise für Normalkosten- und Zusatzleistungen)

Selbst wenn alle wesentlichen Fragen im Sinne einer Entscheidung zur Fremdreinigung hin beantwortet werden, sollte das Management zunächst Mischformen (Eigen- und Fremdreinigung) testen. So könnte zum Beispiel die in Frage kommende Fremdfirma nur für das Wochenende die Hotelzimmerreinigung übernehmen, um mit weniger, aber hoch motiviertem Eigenpersonal (immer ein freies Wochenende) zu arbeiten. Oft ist auch der Einsatz für sonstige Tätigkeiten mit eigenem Personal günstiger, weil die Zusatzleistungen der Fremdfirma teurer sind. Entscheidend für den Erfolg bei der Zimmerreinigung bei der Zusammenarbeit mit einer Fremdfirma sind aber die zwischenmenschlichen Beziehungen zwischen den verantwortlichen Mitarbeitern des Hotels und der Reinigungsfirma.

Organisationsleitfaden Housekeeping

Um eine standardisierte Qualitätssicherung im Housekeeping erreichen zu können, empfiehlt es sich, einen Organisationsleitfaden – eine Art „Arbeitshandbuch" für diese Abteilung – festzulegen. Die nachfolgende Gliederung dieses Organisationsleitfadens ist für jeden Hoteltyp anwendbar. Die betriebsspezifischen Besonderheiten können unter diesem Verzeichnis erfasst, organisiert und systematisch weiterentwickelt werden.

Allgemeine Organisation

- Organigramm, Stellenplan
- Stellenbeschreibungen, Arbeitsplatzbeschreibungen
- Detailpläne über Hotelräumlichkeiten
- Formularwesen
- Außer-Haus-Verträge
- Feuerschutz- und Sicherheitsvorschriften

Reinigungs- und Wartungsverfahren, Dekoration

- Reinigungspläne (was, wie, wann, durch wen, wie oft)
- Standardisierte Arbeitsablaufprogramme (Bleibezimmer, Abreisezimmer), Checklisten
- Monatlicher Dekorationsplan
- Standard-Ausstattung der Gästezimmer
- Standard-Einrichtung der Badezimmer
- Nachtreinigung
- Standardisierte Reinigungswagen
- Etagen-office-Inventar
- Muster für Reparaturwünsche

Wäsche, Material, Geräteeinsatz

- Vergleich eigene Wäsche, Fremdwäsche
- Wäschebestand, Inventarverzeichnis, Zirkulation
- Materialbestand, Einkaufsverfahren
- Reinigungsgeräte, Ersatzkostenbudgets, Weiterentwicklungen
- Messen, Lieferanten, Reinigungsfirmen
- Erfahrungsaustausch „ERFA-Gruppe Qualitätssicherung"

Personaleinsatzplan

- Belegungsprognosen, Ankünfte, Bleibezimmer, Abreisen, Gruppen
- Personalplanungsleitfaden, Mindest- und Höchstbesetzung, Planung der erforderlichen Mitarbeiteranzahl
- Dienstpläne nach Kapazitätsauslastung
- Pausenregelung
- Teilzeitkräfte, Aushilfskartei
- Personalkostentabelle
- Urlaubsplanung
- Zeitfallen im Betrieb

Training

- Arbeitserleichterungen, Arbeitsablaufanalysen
- Einführungsprogramm für neue Mitarbeiter
- Budget für Schulungsmaßnahmen
- Schulungserfordernisse pro Mitarbeiter, Trainingskarte
- Überprüfung und permanente Entwicklung von Trainingsprogrammen (Videoschulung, eigene Trainingsfilme)
- Arbeitsleistungsstandards, Soll-Leistungen pro Stelle

Personalführung

- Personalauswahlverfahren
- Personalfluktuation
- Motivation und Führungsverhalten
- Führungsmittel: Zielsetzung, Lob, Kritik
- Personalbeurteilung

Budgetierung und Kontrolle

- Anschaffungs-, Ersatz- und Kostenbudgets
- Ablauf der Umsatzbudgetierung für den Beherbergungsbereich
- Budgetierung der Personalkosten pro Monat und Jahr
- Betriebsinterne Zimmerbelegungskontrolle
- Wäschebestandskontrollen, Inventuren
- Mobiliarkontrolle
- Permanente Zimmerzustandskartei
- Überprüfung der Außer-Haus-Verträge, Qualität, Kosten

- Kennzahlen: Personaleinsatz, Produktivität, Wäscheverbrauch, Waren- und Materialverbrauch pro belegtes Zimmer je Gast
- Qualitätsüberprüfungsprogramm, Checklisten, Gästefragebögen
- Kosteneinsparungsmöglichkeiten
- Zukünftige Qualitätsverbesserungen aus der Sicht des Gastes

Anregungen zu Arbeitserleichterungen im Housekeeping

- Der Gerätepark für den Einsatz im Housekeeping ist so weit wie möglich zu standardisieren.
- Bei Neuanschaffungen steht die umfassende Informationsbeschaffung im Vordergrund, keine Zufallseinkäufe.
- Der genaue Bedarf an Reinigungsmitteln muss ermittelt und budgetiert werden.
- Bei anstehenden Umbau- oder Renovierungsarbeiten müssen alle Möglichkeiten der Standardisierung für die zukünftige Reinigung ausgeschöpft werden.
- Vergabe körperlich anstrengender Arbeiten an männliche Mitarbeiter zur Arbeitserleichterung und Produktivitätserhöhung.
- Kritische Überprüfung aller bisher eingesetzten Reinigungsmittel und Konzentration auf wenige, aber hochwertige Produkte.
- Erstellung von Arbeitsablaufplänen für alle Routinetätigkeiten.
- Verkürzung der Wege durch die Einrichtung dezentraler Etagen-Offices.
- Bei Neueinstellungen flexible, abrufbare Teilzeitkräfte bevorzugen.
- Aushilfen im Bereich Housekeeping nicht nach Stunden, sondern nach gereinigten und überprüften Zimmern („Stücklohn") bezahlen.
- Eigenleistungen und Fremdleistungen (Außer-Haus-Verträge) überprüfen.
- Wo möglich, „gestaffelte Dienstpläne" einführen (Arbeitsbeginn und Arbeitsende zu verschiedenen Zeiten).
- Grundsätzlich neue Organisationsformen gemeinsam mit den Mitarbeitern entwickeln.
- Monatliche Aussprachen zwischen Housekeeper und Zimmerfrauen fördern.
- Mehr Gastkontakt für Housekeeper bedeutet auch, dass Reklamationen im Beherbergungsbereich von ihnen übernommen werden.
- Ein kleines Tonbandgerät als Notizbuchersatz sollte vom Housekeeper regelmäßig mitgeführt werden.

- Es sollte versucht werden, die Arbeiten im Bereich Housekeeping mehr den Neigungen der Mitarbeiter entsprechend zu verteilen.
- Einheitliche Putzkörbe sind regelmäßig aufzufüllen.
- Der Informationskatalog seitens des Hotelempfangs muss überarbeitet und neu festgelegt werden.
- Besondere Arbeitsleistungen der Mitarbeiter können mit zusätzlicher Freizeit belohnt werden.
- Ein detailliertes Einführungsprogramm für neue Mitarbeiter ist festzulegen.
- Der Housekeeper sollte mehr Verantwortung und Entscheidungen beim Einkauf für den Beherbergungsbereich übernehmen.
- Schrittweise sind alte Geräte auszutauschen.
- Eine Aushilfenkartei sollte nach den Kriterien bevorzugte Arbeitszeit und bevorzugte Tätigkeit angelegt und weitergeführt werden.
- Schulungen sollten die Verstärkung der Selbstkontrolle der Mitarbeiter fördern.
- Auch in einem kleineren Betrieb lohnt es sich, Arbeitsplatzbeschreibungen Inhalt des Arbeitsvertrages werden zu lassen.
- Für den Etagenwagen ist eine Checkliste mit dem Sollbestand anzubringen.
- In personalintensiven Bereichen sind Außer-Haus-Verträge für schwierige Arbeiten zu überprüfen.
- Regelmäßiges Weiterbildungstraining für die Zimmerfrauen, mehr Verantwortung (eigene Etage) delegieren.
- Überprüfung, ob der Arbeitswechsel produktivitätssteigend ist (zwei Mitarbeiter reinigen gemeinsam die Zimmer und wechseln untereinander das Aufgabengebiet).
- Es ist darauf zu achten, dass am Nachmittag nicht nur Verlegenheitstätigkeiten ausgeführt werden – Produktivität nachprüfen.
- Die Bleibezimmer sollten von den Zimmerfrauen eigenverantwortlich überprüft werden.
- Gegen die eigene Betriebsblindheit ist es ratsam, gelegentlich eine Kollegin aus einem anderen Betrieb einzuladen.
- Für die Hotelhalle und andere öffentliche Räume empfiehlt es sich, eine feste Halbtagskraft einzustellen.
- Hotelwäsche muss nicht mehr gezählt, sondern sortiert gewogen werden.
- Der Housekeeper legt einen „Dekorationsplan für das ganze Hotel" für die einzelnen Monate fest.

- Jeden Morgen sollte über die Routinearbeiten hinaus ein zusätzliches Detailziel für den kommenden Arbeitstag festgelegt werden.
- Mehr Know-how und Informationen sind von den Reinigungsfirmen einzuholen, regelmäßige Besuche von Messen (z. B. Reinigungsgeräte).
- Es ist ratsam, die Direktion unaufgefordert in regelmäßigen Abständen über den Zustand der Zimmer zu informieren.
- Der Housekeeper leitet die Schulung über Zimmerqualität, Einrichtung und Vorzüge für Empfangsangestellte.
- Der Dienstplan ist mit dem Empfangschef abzusprechen (Verantwortung für Information liegt beim Empfang).
- Schrittweise und besonders bei der Einarbeitung neuer Mitarbeiter sollte begonnen werden, alle Arbeitsabläufe zu standardisieren.
- Job-Rotation könnte zum besseren Verständnis führen (Housekeeper arbeitet am Empfang, Empfangspersonal arbeitet im Housekeeping).
- Mitarbeiter im Bereich Housekeeping sollten mehr zum Mitdenken motiviert werden (Förderung des Vorschlagwesens, Betonung der Teamarbeit etc.).
- Der monatliche Erfahrungsaustausch (ERFA-Gruppen) der Housekeeper verschiedener Hotels untereinander sollte verstärkt werden.

8

Information

Brandschutz im Hotel

Warum haben Hotels und Gaststätten erhöhtes Brandrisiko? Zwei Drittel der Hotelbrände würden, laut Statistik, zur Nachtzeit ausbrechen. Aus funktionstechnischen Gründen gibt es im gastronomischen Betrieb mehrere Gefahrenquellen: Der ungebetene Gast „Feuer" gesellt sich gern zum „Gästeumschlag", wo viele Menschen in oft ungewohnter Umgebung leichtsinnig mit Feuer umgehen. Zum anderen aber sind auch Funktionsräume eines Hotels – wie Klimaanlage, Wäscherei, Heizungsräume, Küchen, Lagerräume – Gefahrenherde. Jeder verantwortungsbewusste Hotelier und Gastronom bemüht sich um die Sicherheit seiner Gäste. Es geht um Brandverhütung mit innerbetrieblichen Maßnahmen zur Vorbeugung, den Brandalarm, der frühzeitigen Entdeckung eines Brandherdes, den schnellen Alarm und um die Brandbekämpfung oder Evakuierung im Hotel.

Die Checkliste basiert auf den Empfehlungen zum vorbeugenden Brandschutz von Hotels, Gasthöfen und Pensionen des ADAC.

Ist Ihr Personal „feuersicher"?

1. Die Mitarbeiter sind angewiesen, brandgefährliche Mängel an Einrichtungen und Geräten der Direktion unverzüglich zu melden.
2. Eine Brandschutzordnung wird jedem neuen Mitarbeiter ausgehändigt (eventuell auch in Fremdsprachen) und ist im Personalumkleideraum und im Personalrestaurant gut sichtbar ausgehängt.
3. Eine ausreichende Anzahl von Hotelmitarbeitern ist in der Handhabung der Feuerlöscher mit Übungen am Feuer unterwiesen.
4. Es besteht ein detaillierter Evakuierungsplan, kombiniert mit einem Personaleinsatzplan, der zu den verschiedenen Tageszeiten eingesetzt werden kann.
5. Ein Schulungsplan für das Personal sorgt für regelmäßige Brandschutz-Ausbildung auch bei häufigem Personalwechsel. Brandverhütung, Brandalarm und Brandbekämpfung werden anschaulich dargestellt und trainiert.
6. Zu jeder Tageszeit ist geschultes Personal eingesetzt, das im Brandfall versucht, eine Panik zu verhindern.
7. Der Personaleinsatzplan zeigt zu den verschiedenen Arbeitsschichten (Tag- und Nachtschicht) auf, wer an welchen Stellen was im Ernstfall zu tun hat.
8. Vorhandene Fluchtwege werden ständig überprüft und nicht verstellt.
9. Abzugshauben und Leitungen werden regelmäßig gereinigt.

10. Brat- und Backgeräte werden nach Gebrauch ausgeschaltet.
11. Tabakreste und brennbarer Abfall werden nur in doppelwandigen Metallbehältern mit selbstschließendem Metalldeckel entleert.
12. Nach Betriebsschluss (Restaurant, Bar) werden alle brennbaren Abfälle entfernt und in die dafür vorgesehenen Behälter entleert.
13. Es wird dafür gesorgt, dass abgestellte Fahrzeuge die Verkehrs- und Rettungswege sowie die Feuerwehrzufahrten nicht versperren.
14. Folgende grundsätzliche Verhaltensweisen bei Feuerausbruch sind allen Mitarbeitern bekannt:
    - sofort Alarm schlagen und die Feuerwehr rufen;
    - bis zum Eintreffen der Feuerwehr: Brandursache feststellen, Brand nach Möglichkeit isolieren, Ausbreitung verhindern;
    - Zugluft vermeiden, im verrauchten Gang nicht aufrecht gehen, sondern kriechen, niemals den Aufzug in den Rettungsweg einbeziehen;
    - nötige Evakuierung nach Evakuierungs- und Personaleinsatzplan vornehmen.

Was ist baulich, technisch und einrichtungsmäßig zu verbessern?

15. Bei Renovierungen und Altbausanierungen wird der Rat von Brandschutzexperten der Feuerwehr eingeholt, damit nur feuerbeständige oder schwer entflammbare Baustoffe verwendet werden.
16. Für Veranstaltungsräume im Hotel sind besonders strenge Maßstäbe an die Feuersicherheit gesetzt. Dekorationen und alle Betriebsmittel sind auf Feuersicherheit hin überprüft. Eine deutliche Fluchtwegkennzeichnung in den Fluren, Gängen, Emporen, Treppenhäusern, Vorräumen und Garderoben, die zu den Veranstaltungsräumen gehören, ist vorhanden.
17. Die Elektroanschlüsse in den Zimmern sind einwandfrei (Steckdosen, Lampen) und nicht überlastet.
18. Installationsöffnungen oder Schächte sind isoliert.
19. Koch-, Heiz- und Wärmegeräte haben den notwendigen Mindestabstand von 0,5 m von brennbaren Materialien.
20. Alarmanlagen, wie Rundfunkanlagen durch Vorrangschaltung, Zusatzeinrichtung zum Zimmertelefon, Alarmglocken in Gästefluren, Megaphone, können die Gäste während der Betriebsruhezeit (nachts) zentral wecken und erleichtern die schnelle Evakuierung.
21. Wo immer möglich und nötig sind Sprinkleranlagen, die im Brandfall automatisch die Räume von der Zimmerdecke her mit Wasser besprühen, eingebaut.

22. Löschgeräte sind gemäß der Prüfdaten an den Etiketten mindestens alle 2 Jahre geprüft und an gut sichtbaren Stellen untergebracht.
23. Gegen den Keller und die übrigen Geschosse sind die Treppenhäuser durch selbstschließende Türen gegen Verqualmung und Feuerweiterleitung gesichert.
24. Es wird kein brennbares Material in brandgefährdenden Räumen (wie Heizung, Aufzugsmaschinenraum, Klimazentrale) aufbewahrt.
25. Abfallbehälter bestehen aus unbrennbarem Material und sind mit einem dicht schließenden Deckel versehen.
26. Notausgangstüren sind stets unverriegelt.
27. Fluchtwege zwischen Gästezimmern und Ausgang zum Freien sind so gesichert, dass sie auch bei einem Vollbrand nicht durch Feuer oder Verqualmung unpassierbar werden.
28. Fluchtwege enden im Freien und nicht im Hotelinnern (Empfangshalle).
29. Für alle Räume oberhalb der 22-m-Grenze (Höchstgrenze für Feuerwehrleitern) sind besonders gesicherte Fluchtwegmöglichkeiten vorgesehen.
30. Leicht entflammbare Innendekorationen in Veranstaltungsräumen und Gästekorridoren (Holzverschalungen) werden, wo immer möglich, vermieden.
31. Vorhandene Holztreppen sind brandsicher ummauert.
32. Brennbare Dekorationen und sonstige textile Ausstattungen sind durch schwer entflammbare, wenn nötig unbrennbare Stoffe ersetzt worden.
33. Personaltreppen sind mittels feuerhemmender Brandschutztüren zu sicheren Fluchtwegen ausgebaut.
34. Wo nicht genügend Fluchtwege (mindestens 2) vorhanden sind, wurden stählerne Außentreppen zur Sicherung montiert.
35. Feuerschutztüren, Sicherheitsbeleuchtung, Rauchentlastungsöffnungen sind funktionsfähig und werden periodisch überprüft.
36. Frühwarngeräte, die Rauchentwicklung oder Flammen bereits bei der Entstehung melden, sind speziell für den Betrieb geeignet und eingesetzt (Ionisations-, Optik-, Thermo-, Differential- und Thermo-Maximal-Brandmelder).

Genügend Informationen?

37. Gesetze und Verordnungen über Feuersicherheit sind der Hoteldirektion bekannt.
38. Gästehinweise – wie: „Bitte auf Zigarettenreste achten, niemals im Bett rauchen, keine elektrischen Geräte außer Rasierapparat oder Haartrockner verwenden" – dienen der Brandvorsorge.

39. Deutliche und ausreichend große Notausgangsschilder, Fluchtwegschilder sind in den Gästekorridoren angebracht.
40. Mit Gästehinweisen auf den Zimmern wird darauf aufmerksam gemacht, wie man sich im Brandfalle zu verhalten hat:
    - Aufzüge nicht mehr benutzen
    - Zimmertüren schließen
    - nur auf den gekennzeichneten Fluchtwegen das Haus verlassen
    - wenn der Gang nicht mehr passierbar ist, im Zimmer bleiben, Türen schließen und gegen Qualm die Ritzen mit nassen Tüchern verstopfen
    - Klimaanlagen abschalten
    - im Fluchtfall nur die allerwichtigsten Papiere und Wertsachen mitnehmen
41. Notrufnummern sind an jedem Telefon ersichtlich.
42. Der Einsatzplan für die Feuerwehr ist am Empfang oder an einem anderen festgelegten Ort griffbereit zur Verfügung.
43. Es liegen Prüfbescheinigungen vor für: Brandschutztüren, Elektroinstallation, Sicherheitsbeleuchtung, Gasinstallation, Aufzugsanlage, Sprinkleranlage, Steigleitungen, Papierdekoration, textile Dekorationen.

Management-Kennzahlenkatalog für den Beherbergungsbereich

Nr.	Abteilung/Bereich: Beherbergung	Aussagefähigkeit
1	*Zimmerbelegung in %* a) *bezogen auf Betriebstage* $= \frac{\text{belegte Zimmer} \times 100}{\text{Zimmeranzahl} \times \text{Betriebstage pro Jahr}}$ b) *bezogen auf Monatsbasis* $= \frac{\text{belegte Zimmer} \times 100}{\text{Zimmeranzahl} \times \text{Monatstage}}$	• Kapazitätsauslastung der vermietbaren Zimmer einschließlich der reservierten und bezahlten Zimmer, die nicht in Anspruch genommen wurden; keine Berücksichtigung der belegten Zimmer ohne Bezahlung (complimentaries)
2	*Bettenauslastung in % pro Jahr* $= \frac{\text{Übernachtungen} \times 100}{\text{Bettenanzahl} \times 365}$	• Hotelbelegung in % der Gesamtzahl der Betten • Nutzung der Bettenkapazität
3	*Durchschnittliche Aufenthaltsdauer* $= \frac{\text{Zahl der Übernachtungen}}{\text{Zahl der Ankünfte}}$	• Art des Hotels und des Standards • Gästestruktur (Geschäftsreisende, Feriengäste, Kurgäste)
4	*Durchschnittlicher Beherbergungsertrag* $= \frac{\text{Beherbergungserträge}}{\text{belegte Zimmer}}$	• Preisniveau des Hotels • Einflüsse von Preisänderungen • Gästestruktur (Gruppen, Einzelreisende)
5	*Belegte Betten/Zimmer pro Beschäftigter* $= \frac{\text{Anzahl der belegten Betten/Zimmer}}{\text{Anzahl der Beschäftigten im Beherbergungsbereich}}$	• Leistungsmaßstab für Beschäftigte im Beherbergungsbereich • Personalanpassung

Nr.	Abteilung/Bereich: Beherbergung	Aussagefähigkeit
6	*% der Gästestruktur* $= \frac{\text{Anzahl der Gäste (Herkunftsland)} \times 100}{\text{Gesamtzahl der Gäste}}$	• Angebotsgestaltung, Produktpolitik für Gästestruktur • Werbemaßnahmen, Verkaufsförderungsmaßnahmen • Bestimmung des Marktanteils
7	*% der Abbestellungen* $= \frac{\text{Anzahl der Abbestellungen} \times 100}{\text{Anzahl der Reservierungen}}$	• Verkaufspolitik, mögliche Überbuchung des Hotels • Kapazitätsauslastungserwartungen • Prognosefaktor
8	*% der Gäste ohne Reservierungen* $= \frac{\text{Gäste ohne Reservierung} \times 100}{\text{Anzahl der Gäste}}$	• Prognosen der Kapazitätsauslastung • Unterschiedliche Auslastung während der einzelnen Wochentage (Geschäftsreisende)
9	*% der Doppelbelegung* $= \frac{\text{doppelt belegte Zimmer} \times 100}{\text{belegte Zimmer}}$	• Anzahl der Hausgäste • Einfluss auf durchschnittlichen Beherbergungsertrag pro Gästezimmer • Gruppenanzahl

Fallbeispiel

Fallangaben

Das 200-Zimmer-XY-Hotel konnte im Jahr 20.. insgesamt 58.400 Zimmer belegen, dabei betrug die Doppelbelegung 45 %. Die Zahl der Übernachtungen entsprach der Anzahl der Hausgäste, während die Zahl der Ankünfte für 20.. 42.340 betrug. Als Netto-Beherbergungserträge wurden für das Jahr 20.. 4.088.000 € verbucht. 4.234 Gäste belegten Hotelzimmer ohne vorherige Reservierung; der durchschnittliche Prozentsatz der Abbestellungen betrug 8 %.

Fallaufgaben

Berechnen Sie folgende Kennzahlen für das Jahr 20..:

1. Zimmerbelegung in %
2. Anzahl der Hausgäste
3. Durchschnittliche Aufenthaltsdauer
4. Durchschnittlicher Beherbergungsertrag pro Gästezimmer
5. % der Gäste ohne Reservierung

Lösungen

1. Formel:

$$\text{Zimmerbelegung (in \%)} = \frac{\text{belegte Zimmer} \times 100}{\text{Zimmeranzahl} \times \text{Betriebstage}}$$

$$\text{Zimmerbelegung (in \%)} = \frac{58.400 \times 100}{200 \times 365} = 80\,\%$$

2. Formel:

$$\text{Anzahl der Hausgäste} = \frac{\text{belegte Zimmer} \times (100 + \text{Doppelbelegung})}{100}$$

$$\text{Anzahl der Hausgäste} = \frac{58.400 \times (100 + 45)}{100} = 84.680$$

3. Formel:

$$\text{Durchschnittliche Aufenthaltsdauer} = \frac{\text{Zahl der Übernachtungen}}{\text{Zahl der Ankünfte}}$$

$$\text{Durchschnittliche Aufenthaltsdauer} = \frac{84.680}{42.340} = 2{,}0$$

4. Formel:

$$\text{Durchschnittlicher Beherbergungsertrag pro Gästezimmer} = \frac{\text{Beherbergungserträge}}{\text{belegte Zimmer}}$$

$$\text{Durchschnittlicher Beherbergungsertrag pro Gästezimmer} = \frac{4.088.000}{58.400} = 70{,}00\ €$$

5. Formel:

$$\text{\% der Gaste ohne Reservierung} = \frac{\text{Gäste ohne Reservierung} \times 100}{\text{Anzahl der Gäste}}$$

$$\text{\% der Gäste ohne Reservierung} = \frac{4.234 \times 100}{84.680} = 5\,\%$$

Produktivität und Yield als Messlatten für den Erfolg im Logisbereich

Der Logisumsatz kann die höchsten Deckungsbeiträge im Hotel erwirtschaften. Der Deckungsbeitragsanteil beträgt in der Praxis zwischen 65 und 85 % des Logisumsatzes. Diese guten Ergebnisse lassen so manchen Hotelier leichtfertig nur auf wenige Kennzahlen wie die „average room rate", die Zimmer- und oder Bettenauslastung schauen; der Rest wird schon stimmen!

Maximierung der Produktivität gehört ohne Zweifel mit zu den strategischen Hauptaufgaben des Managements. Ganz allgemein gesehen kann man Produktivität auch im Logisbereich als Leistungsmaßstab sehen, inwieweit verfügbare Ressourcen wirtschaftlich eingesetzt werden, um optimale Ergebnisse zu erzielen. Ein Output-Input-Verhältnis oder Ausbringungsmenge zu Faktoreinsatzmenge; es werden Beziehungszahlen verwendet, denen Mengengrößen zugrunde liegen. Produktivität gibt Antwort auf die Frage, mit welcher Menge an Einsatzfaktoren (z. B. Reservierungs-, Wäsche-, Reinigungs-, Wartungs- und Personalkosten) der Betrieb eine bestimmte Menge an Output (z. B. Anzahl der belegten Zimmer) „erzeugt" hat – also eine Maßgröße für die rein mengenmäßige Effizienz eines Produktions- und Dienstleistungsvorgangs. Auch hier gilt: Nur was man messen kann, lässt sich auch verbessern! Produktivitätsanalysen sollten sowohl die Gesamtproduktivität des Logisbereichs auswerten, wie auch die Signalwirkung von Teilproduktivitäten interpretationsfähig aufbereiten.

Das folgende Zahlenbeispiel mit *Basisinformation* und *Kennziffernauswahl* soll die wichtigsten Informationen zur Produktivität für den Logisbereich zusammenstellen, die Berechnungsform der Kennziffern aufzeigen und in den Erläuterungen dazu Interpretationshilfen geben.

Zahlenbeispiel: Logis-Basisinformation ***Monat:*** *Januar 20...*

	Betriebsstatistik	Prognose	IST
a	Kapazität (Zimmer)	100	100
b	Zeitperiode (Monat/ Betriebstage)	31 – Betriebstage	31 – Betriebstage
c = a × b	verfügbare Zimmer	3.100 Zimmer	3.100 Zimmer
d	Kapazität (Betten)	190	190

	Betriebsstatistik	Prognose	IST
e = b × d	verfügbare Betten	5.890 Betten	5.890 Betten
f	belegte Zimmer	2.015	2.170
g	Abreisezimmer	900	900
h = f – g	Bleibezimmer	1.115	1.270
i	Anzahl der Gäste-Ankünfte	1.450	1.720
j	Übernachtungen (Hausgäste)	2.620	2.930
k	Reservierungen – Gäste	2.660	2.975
l	Gäste ohne Reservierung	120	135
m	Anzahl der Stornos	100	110
n	No-Shows	60	70
o	Anzahl der Mitarbeiter-Logis	12	15
p	Arbeitsstunden Zimmerfrauen	967 Std.	1.538 Std.
q	Leistungsstandard pro Stunde: Bleibezimmer	(20 Min.)/3 Zimmer	(20 Min.)/3 Zimmer
r	Abreisezimmer	(30 Min.)/2 Zimmer	(30 Min.)/2 Zimmer
s	höchstmögliche durchschnittliche Zimmerrate (ohne Frühstück)	180 €	180 €
t	relevante Kosten pro Zimmer	30 €	30 €
u = s – t	höchstmöglicher Deckungsertrag pro Zimmer	150 €	150 €
	Erlöse (Umsatz)		
v	Gesamt-Erlöse Logis (netto)	322.400 €	336.350 €
	Kosten		
w	fixe direkte Kosten	38.700 €	38.700 €
x	variable direkte Kosten	9.720 €	30.265 €
z = w + x	Direkte Kosten (gesamt)	48.420 €	68.965 €
A	fixe Personalkosten	48.520 €	40.980 €
B	variable Personalkosten	15.960 €	24.605 €
C = A + B	Personalkosten (gesamt)	64.480 €	65.585 €
D = z + C	Gesamte Kosten Logis	112.900 €	134.550 €

	Betriebsstatistik	Prognose	IST
E = v – D	realisierter Gesamt-Deckungsbeitrag Logis	209.500 €	201.800 €

Erläuterung zur Logis-Basisinformation

In dem Formular *Basisinformation* werden die wichtigsten Basisdaten auf monatlicher Basis erfasst:

a/d	als Kapazität werden die täglich vermietbaren Zimmer (a) und Betten (d) angegeben
b	für die ausgewählte Zeitperiode werden die Betriebs- oder Öffnungstage erfasst
c = a × b	Multiplikation der täglichen Zimmerkapazität mit den Betriebstagen ergibt die im Zeitraum verfügbaren Zimmer
e = b × d	Multiplikation der täglichen Bettenkapazität mit den Betriebstagen ergibt die im Zeitraum verfügbaren Betten
f	Erfassung der belegten Zimmer (bezahlt)
g	Addition der täglich erfassten Abreisezimmer
h = f – g	Differenz zwischen (f) belegten Zimmern und (g) Abreisezimmern
i	Addition der täglich erfassten Gäste-Ankünfte
j	entspricht der Anzahl „Hausgäste" oder belegte Betten
k	Anzahl der bestätigten Reservierungen für den Zeitraum
l	Erfassung der „walk-ins" oder „chance guests" für den Zeitraum
m	Anzahl der rechtzeitigen Abbestellungen, korrigiert die Reservierungen
n	Anzahl der Gäste, die zwar reserviert hatten, nicht storniert haben und nicht gekommen sind
o	Gesamtanzahl der Mitarbeiter aus den Abteilungen: Empfang, Reservierung, Portier und Housekeeping; Teilzeitkräfte und Aushilfen werden zu „Vollzeit-Mitarbeiter" berechnet
p	für die Prognose werden die Soll-Arbeitstunden für die erwartete Zimmerbelegung mit den festgelegten Standards für Bleibe- und Abreisezimmer unter Berücksichtigung von 85 % Produktivität veranschlagt; bei den Ist-Ergebnissen werden alle bezahlten Arbeitsstunden für den Zeitraum erfasst
q/r	festgelegte Normalleistung als Standards in Minuten und zu reinigende Zimmer pro Stunde (Bleibe- und Abreisezimmer)

s	Berücksichtigung der verfügbaren Zimmerstruktur und der höchstmöglichen (veröffentlichten) Verkaufspreise; höchstmöglicher Logisumsatz geteilt durch die belegten Zimmer (100 % Zimmerbelegung)
t	Erfassung der relevanten Kosten pro belegtes Zimmer: Reservierungskosten, Wäsche- und Reinigungskosten, Personalkosten für eine halbe Stunde Zimmerfrau oder Stückpreis einer Fremdfirma, Drucksachen und Gästeartikel
u = s – t	Differenz zwischen (s) höchstmöglicher Zimmerrate und den ermittelten (t) relevanten Kosten pro belegtes Zimmer
v	Netto-Logisumsatz exklusive Frühstück und Mehrwertsteuer
w	Erfassung der fixen direkten Kosten wie: Dekoration, Blumen, Reinigungsmittelpauschale, Verschleiß Wäsche, GEZ einer Zeitperiode
x	Bestimmung der variablen direkten Kosten wie Provisionen, Wäschekosten pro belegtes Zimmer, Gästezimmerartikel, Fremdreinigung und Drucksachen einer Zeitperiode
z = w + x	Addition der (w) fixen und (x) variablen direkten Kosten
A	Erfassung der gesamten fixen Personalkosten inklusive Personalnebenaufwand für Empfang, Reservierung, Portier und Housekeeping
B	gesamte variable Personalkosten inklusive Personalnebenaufwand für Zimmerfrauen, Aushilfen und bezahlte Überstunden
C = A + B	Addition der (A) fixen und (B) variablen Personalkosten Logisbereich
D = z + C	Addition der (z) direkten Kosten (gesamt) und (C) Personalkosten (gesamt)
E = v – D	Bruttogewinn, Deckungsbeitrag I – Logis als Differenz zwischen (v) Gesamt-Erlöse Logis (netto) und (D) gesamte Kosten Logis

***Zahlenbeispiel:* Kennzahlenauswahl Logis** **Monat:** *Januar 20...*

	Kapazitätsproduktivitäten	**Prognose**	**IST**
1 = (f × 100) : c	Zimmerbelegung (in %)	65,0	70,0
2 = (j × 100) : e	Bettenbelegung (in %)	44,5	49,7
3 = (j : f) – 1,0	Doppelbelegung (in %)	30,0	35,0
4 = j : i	durchschnittliche Aufenthaltsdauer	1,8 Tage	1,7 Tage
5 = (k – m) × 100 : j	Reservierungsquote (in %)	97,7	97,8

	Kapazitätsproduktivitäten	Prognose	IST
6 = m × 100 : k	Stornierungsrate (in %)	3,8	3,7
7 = n × 100 : k	No-Show-Rate (in %)	2,3	2,4
8 = v : c	Logisumsatz pro verfügbares Zimmer	104,00	108,50
9 = (v x 100) : (c x s)	Logis-Umsatz-Yield (in %)	57,8	60,2
10 = v : f	durchschnittliche Zimmerrate – average room rate –	160,00	155,00
11 = E : f	erzielter Deckungsbeitrag pro verkauftes Zimmer	103,97	93,00
12 = (E x 100) : (c x u)	Logis-Deckungsbeitrags-Yield (in %)	45,1	43,4
13 = E : j	Logis-Deckungsbeitrag pro Gast	79,96	68,87
	Teilkostenproduktivitäten		
14 = (z x 100) : v	direkte Kosten (gesamt) (in %)	15,0	20,5
15 = z : c	direkte Kosten (gesamt) pro verfügbares Zimmer	15,62	22,25
16 = x : f	variable direkte Kosten pro belegtes Zimmer	4,82	13,95
	Arbeitsproduktivitäten		
17 = (C x 100) : v	Personalkosten Logisbereich (in %)	20,0	19,5
18 = C : j	Personalkosten pro Gast	24,61	22,38
19 = C : f	Personalkosten pro belegtes Zimmer	32,00	30,22
20 = B : f	variable Personalkosten pro belegtes Zimmer	7,92	11,34
21 = f : p	gereinigte Zimmer pro Arbeitsstunde (Zimmerfrau) Zimmer	2,1	1,4
22 = E : o	Deckungsbeitrag pro Mitarbeiter	17.458	13.453

	Gesamtproduktivität	Prognose	IST
23 = v : D	**Index: Logis Gesamtproduktivität**	2,86	2,50

Erläuterung zur Kennzahlenauswahl Logis

In dem Formular *Kennzahlenauswahl* werden die wichtigsten Kennziffern nach Kapazitäts-, Teilkosten-, Arbeits- und Gesamtproduktivität zur monatlichen Interpretation aufbereitet.

1 = (f × 100) : c	Division: belegte Zimmer durch verfügbare Zimmer; die prozentuale Zimmerbelegung kennzeichnet die Kapazitätsauslastung des Hotels
2 = (j × 100) : e	Division: belegte Betten durch verfügbare Betten; die prozentuale Bettenbelegung kennzeichnet die Nutzung der Bettenkapazität
3 = (j : f) – 1,0	Division: Übernachtungen durch belegte Zimmer minus 1,0 zeigt die Doppelbelegung des Hotels; mit der prozentualen Doppelbelegung und den belegten Zimmern lässt sich die Anzahl der Hotelgäste bestimmen; die Doppelbelegung beeinflusst die average room rate
4 = j : i	Division: Übernachtungen (Hausgäste) durch Anzahl der Gäste-Ankünfte; kennzeichnet den Hoteltyp und die Gästestruktur: Geschäftsreisende, Ferien- und Kurgäste
5 =(k – m) × 100 : j	Division: der von Stornos korrigierten Reservierungen durch die tatsächliche Anzahl der Übernachtungen (Hotelgäste)
6 = (m × 100) : k	Division: Anzahl der Stornos durch Reservierungen Gäste; dient als Prognosefaktor und als Grundlage der Verkaufspolitik: mögliche Überbuchung des Hotels
7 = (n × 100) : k	Division: No-Shows durch Reservierungen Gäste; dient als Prognosefaktor und als Grundlage der Verkaufspolitik: mögliche Überbuchung des Hotels, Vergleich mit „Walk-ins "
8 = v : c	Division: Gesamt-Erlöse Logis (netto) durch verfügbare Zimmer
9 = (v × 100) : (c × s)	Division: Gesamt-Erlöse Logis (netto) durch die höchstmöglichen Gesamt-Erlöse Logis; der Umsatz-Yield zeigt die Umsatz-Ergiebigkeit und dient zur Yield-gesteuerten Preispolitik
10 = v : f	Division: Gesamt-Erlöse Logis (netto) durch belegte Zimmer; kennzeichnet das Preisniveau des Hotels; dividiert man die tatsächlich erzielte durchschnittliche Zimmerrate (average room rate) mit der höchstmöglichen Zimmerrate, wird die Preisdurchsetzung am Markt deutlich

11 = E : f	Division: realisierter Gesamt-Deckungsbeitrag Logis durch belegte Zimmer; der erzielte Deckungsbeitrag pro verkauftes Zimmer trägt neben den Yields die größte Aussagefähigkeit im Rahmen der Kapazitätsproduktivitäten
12 = (E × 100) : (c × u)	Division: realisierter Gesamt-Deckungsbeitrag Logis durch den höchstmöglichen Gesamt-Deckungsbeitrag Logis; der Logis-Deckungsbeitrag-Yield zeigt die Bruttogewinn-Ergiebigkeit und dient zur Yield-gesteuerten Preispolitik
13 = E : j	Division: realisierter Gesamt-Deckungsbeitrag durch Übernachtungen (Hausgäste); der Logis-Deckungsbeitrag pro Gast zeigt an, was es kostet, einen Gast zu verlieren
14 = (z × 100) : v	Division: Direkte Kosten (gesamt) durch Gesamt-Erlöse Logis (netto); dient als relativer Prognosefaktor
15 = z : c	Division: Direkte Kosten (gesamt) durch verfügbare Zimmer; Abweichungen von den prognostizierten direkten Kosten (gesamt) pro verfügbares Zimmer bedürfen der detaillierten Erklärung
16 = x : f	Division: variable direkte Kosten durch belegte Zimmer; diese Kennzahl spiegelt die täglich steuerbaren Direktkosten für den Logisbereich wider (Wäschekosten, Gästeartikel, Drucksachen, Provisionen etc.)
17 = (C × 100) : v	Division: Personalkosten (gesamt) durch Gesamt-Erlöse Logis (netto); die prozentualen Personalkosten im Logisbereich müssen immer im Zusammenhang den folgenden Arbeitsproduktivitäten gesehen werden
18 = C : j	Division: Personalkosten (gesamt) durch Anzahl der Gäste
19 = C : f	Division: Personalkosten (gesamt) durch belegte Zimmer
20 = B : f	Division: variable Personalkosten durch belegte Zimmer; diese Kennzahl wird bei „outsourcing"-Entscheidungen über den Einsatz von Fremdfirmen bei der Zimmerreinigung mit herangezogen
21 = f : p	Division: belegte Zimmer durch Arbeitsstunden Zimmerfrauen; dient als neutraler Leistungsmaßstab; zeigt den Grad der Personalanpassung an die tatsächlicher Kapazitätsauslastung
22 = E : o	Division: realisierter Gesamt-Deckungsbeitrag Logis durch Anzahl der Mitarbeiter-Logis; der erwirtschaftete Deckungsbeitrag pro Mitarbeiter kennzeichnet die gesamte Arbeitsproduktivität im Beherbergungsbereich

23 = v : D	Division: Gesamt-Erlöse Logis (netto) durch die Addition von den direkte Kosten (gesamt) und den Personalkosten (gesamt); der Index: Logis Gesamtproduktivität verdeutlicht die gesamte Leistung in Bezug auf Kapazitäts-, Teilkosten- und Arbeitsproduktivitäten im Beherbergungsbereich

Bemerkungen zu Prognose und IST

Zahlenbeispiel: Kennzahlenauswahl Logis

Das Zahlenbeispiel Prognose und Ist soll zeigen, wie irreführend und gefährlich die *einseitige* Betrachtung von Produktivitätskennziffern für das Management im Logisbereich sein kann. Beim Ist-Ergebnis sinken die Personalkosten in Prozenten und auch die Personalkosten pro Gast und belegtes Zimmer verbessern sich; die variablen Personalkosten pro belegtes Zimmer steigen aber. Obwohl die Zimmerbelegung im Verhältnis zur Prognose gestiegen ist und ein höherer Logisumsatz pro verfügbares Zimmer erreicht werden konnte und dementsprechend auch der Logis-Umsatz-Yield in % anstieg, verschlechtern sich der Logis-Deckungsbeitrags-Yield, der Deckungsbeitrag pro Gast und der alles umfassende Index: Logis Gesamtproduktivität. Trotz höherer Belegung und höheren Logis-Erlösen konnte der geplante Gesamt-Deckungsbeitrag Logis nicht erreicht werden.

Zusammenfassende Definition:

Index: Logis Gesamtproduktivität

$$\text{Index: Logis Gesamtproduktivität} = \frac{\text{Logis-Umsatz}}{\text{VDK} + \text{FDK} + \text{VPK} + \text{FPK}}$$

Logis-Umsatz = Netto-Erlöse für Logis (ohne Frühstück) einer Zeitperiode

VDK = variable direkte Kosten wie Provisionen, Wäschekosten pro belegtes Zimmer, Gästezimmerartikel, Fremdreinigung, Drucksachen einer Zeitperiode

FDK = fixe direkte Kosten wie Dekoration, Blumen, Reinigungsmittelpauschale, Verschleiß Wäsche, GEZ einer Zeitperiode

VPK	=	variable Personalkosten wie Aushilfen, Zimmerfrauen mit Stundenlohn oder „Stücklohn" (pro Zimmer) einer Zeitperiode
FPK	=	fixe Personalkosten einschließlich Personalnebenaufwand für Empfang-Reservierungsmitarbeiter, Portier, Hoteldiener, Führungskräfte Empfang und Housekeeping einer Zeitperiode

Das Produktivitätsbarometer misst auch die Effizienzsteigerung, die zum Beispiel durch „Outsourcing" der Zimmerreinigung durch Fremdfirmen erreicht wurde. Teilkostenproduktivitäten haben für das Management nur „Signalcharakter". Der Index: Logis Gesamtproduktivität kann die deckungsbeitragsrelevante Gesamtleistung im Beherbergungsbereich messen und kontrollierbar gestalten. Als „Benchmark" ermöglicht der Index auch den Produktivitätsvergleich unterschiedlicher Hoteltypen. Die detaillierte Analyse der einzelnen Kapazitäts-, Teilkosten- und Arbeitsproduktivitäten wird erst im vorgeschlagenen Prognose-Ist-Vergleich sinnvoll. Besonders die Deckungsbeitragsflussrechnung (Logis) als weitgehendste Form der Varianzanalyse kann Abweichungen zwischen Prognose-Ist und -Soll auf der Basis der Ist-Logis-Erlöse erklär- und steuerbar halten.

Systematisches Yield-Management zur Erhaltung und Steigerung des Marktanteils

Während der Fluggast das Yield-Management der Airlines doch weitgehend akzeptiert hat (im gleichen Flugzeug fliegen „nebeneinander sitzend unterschiedliche Preise"), scheint der europäische Gast diese dynamische und flexible Preispolitik des Yield-Managements in der deutschen Hotellerie nur zögerlich zu verstehen und anzuerkennen. Information, Transparenz für den Hotelgast, Klarheit und mögliche Vergleichbarkeit sind Tugenden, die den unterschiedlichsten europäischen Hotel-Yield-Management-Systemen noch zu fehlen scheinen. Während in den USA die flexible und nachfrageorientierte Preispolitik zum „Reservierungsalltag" gehört, wird hierzulande Yield-Management oft – eben als „negativ amerikanisch" – abgetan. Die Zeit wird zeigen, ob sich für den Gast transparente und verständliche „Marktpreise" in Abhängigkeit von bestimmten Preis-Nachfrage-Relationen für den Hotelier durchsetzen lassen. Preisdifferenzierungsmaßnahmen müssen dabei auf objektiv nachvollziehbaren Qualitätszimmerpreiskategorien beruhen. So wie die Fluglinien zwischen First-, Business- und Tourist-Class ihre begrenzten Sitzplätze je nach Nachfrage preislich flexibel anbieten (eben noch freie „Billigplätze" werden nach Reservierungsstand plötzlich zu teuren Normaltarifsitzen), sollte auch der Hotelier in der Lage sein, sein starres Zimmerangebot preislich nach Kategorien und Nachfragesituation unterschiedlich zu vermarkten. Jeder nicht belegte Sitzplatz im Flugzeug wie auch jede heute nicht verkaufte Übernachtung im Hotel sind unwiederbringlich verloren. Der Feriengast hat Hochsaisonpreise und Nebensaisonpreise für das gleiche Zimmer auch akzeptiert. Stadt- und Tagungshotels unterliegen ebenfalls starken Nachfrageschwankungen. Entsprechend der zu erwarteten Zimmernachfrage (Prognose) pro Öffnungstag müssen für einzelne Marktsegmente dynamische Preise zur Optimierung der Zimmerbelegung und Deckungsbeiträge festgelegt werden.

Konkurrenzorientierte „Kampfpreise" mit für jeden Gast unverständlichen Rabatten erwecken nicht nur den Eindruck der preislichen Unglaubwürdigkeit, sondern müssen am Käufermarkt der Hotellerie zum allgemeinen Erlösrutsch für die Beherbergungsbranche insgesamt führen.

Wie erfolgreich die Preispolitik im Rahmen der Marketingstrategie war, sollte das Management nicht nur im Budget-Ist-Vergleich beurteilen. Die Kontrolle des Marktanteils eines Hotels im Vergleich zu den Mitbewerbern kann Aufschluss darüber geben, ob externe Ursachen (zum Beispiel Veränderungen bei der Konkurrenz) oder eigene Fehler bei der Marktbearbeitung für Umsatzrückgänge verantwortlich sind. Hat sich die Marktposition des eigenen Betriebes verbessert? Wie haben sich die Marktanteile im letzten Halbjahr entwickelt? Müssen einzelne Marketingmaßnahmen verbessert werden?

Wie reagieren vergleichbare Zielgruppen auf die Marketingkonzeption der Konkurrenz? Gibt es produktdifferenzierende Maßnahmen, Qualitätsverbesserungen, um den eigenen Marktanteil zu verbessern? Wohin und warum wandern Gäste des eigenen Betriebes ab? Fragen, die eine genaue Kenntnis der Marktposition und die Entwicklung von Marktanteilen konkurrierender Marktteilnehmer voraussetzen. Eigene Stärken und Schwächen müssen immer im Zusammenhang der Marktpositionen der Konkurrenz gewertet, verstärkt oder korrigiert werden. Während Yield-Management mit der Berechnung des Yields im Logisbereich den internen Grad der Ergiebigkeit am eigenen Leistungspotenzial aufzeigt, verdeutlicht die Entwicklung des Marktanteils den Erfolg oder Misserfolg der Marketingstrategien am bedienten Markt im Vergleich zu den Mitbewerbern.

Yield-Management als kreatives Marketinginstrument

Die Preispolitik gehört zu den kreativen Marketinginstrumenten. Als Ertragsmanagement (Yield = Ertrag, Ergiebigkeit, Ausbeute, Ernte) wird Yield-Management in der Praxis der Hotellerie als ***flexible Preispolitik zur Gewinnoptimierung*** oder auch als ***dynamische Preispolitik*** übersetzt. Es geht also um eine systematische Erlös- und Gewinnplanung unter Berücksichtigung der sich ändernden Nachfrage und des Betriebsumfeldes. Will man auch in Zukunft seinen Marktanteil behaupten oder verbessern, dann muss das „verderbliche Produkt" Hotelzimmer zum richtigen Zeitpunkt dem passenden Gast zum optimalen Preis vermietet werden. In dem heutigen Käufermarkt der Hotellerie gewürzt mit einem harten Verdrängungswettbewerb scheint der Preiskampf keine gesunde Preisgestaltung zuzulassen. Yield-Management will die Zimmerpreise nicht an die „Dumping-Preise" der Konkurrenz, sondern an die jeweilige Nachfrage anpassen. Ähnlich wie bei den Airlines in einem Flugzeug oft sechs oder mehr verschiedene Flugpreisraten (Ziel: höchstmögliche Kapazitätsauslastung) sitzen, will man die feststehende Zimmerkapazität mit flexibler Preispolitik nicht nur maximal (Zimmeranzahl, Zimmerbelegung in %) auslasten, sondern auch optimale Zimmerpreise (durchschnittliche Zimmerrate – average room rate) erzielen. Niedrigere, für den Gast günstigere Preiskategorien sollen nur dann zugelassen werden, wenn es nötig wird, zu bestimmten Zeiten noch unbelegte Zimmer zu „füllen". So hat der Hotelier natürlich kein Interesse daran, sein begrenztes Zimmerangebot mit weniger zahlenden Gruppenreisenden zu belegen, bevor nicht das „vollzahlungswillige" Einzelgästepotenzial ausgeschöpft ist.

Der Einsatz des Yield-Managements für den Logisbereich hängt ab von der Güte des Prognoseverfahrens (Prognose-Preisgestaltung). Das Reservierungsverhalten, die Gästestruktur, Belegungs- und Geschäftsverläufe der Vorjahre, Termine der Gruppenbuchungen (Volumengeschäft), Gäste ohne Reservierung, Abbestellungen, „No-Show"-Raten, Berücksichtigung der Messetage, Feiertage, Schulferien,

Wochenenden, Veranstaltungen am Ort, geplante Marketingmaßnahmen dienen neben den Daten der aktuellen Nachfragesituation als Grundinformation, um für jeden kommenden Wochentag die voraussichtliche Zimmerbelegung nach Gäste- und Preiskategorien zu prognostizieren. An den gut belegten Tagen wird dann versucht, zuerst die teueren Zimmer zu den Normalpreisen (rack rates) zu verkaufen. Das laufend aktualisierte und verbesserte Prognoseverfahren zeigt rechtzeitig die schlechten Belegungstage auf.

Yield-Management öffnet oder schließt je nach Nachfragesituation und Reservierungsstand günstigere Zimmerraten, um einerseits die zu diesem Zeitpunkt optimale Hotelzimmerauslastung (Zimmerbelegung in %) und andererseits aber auch die höchstmögliche Zimmerrate (average room rate) zu erwirtschaften. Yield-Management bedeutet nun nicht, völlig auf feste Zimmerpreisstrukturen zu verzichten. Auch das „trading down" (von der teuersten Suite bis hin zum einfachen Standardzimmer) und „trading up" (der Versuch, am Ankunftstag dem Gast anstelle der normalen Standardzimmer die nächsthöhere Zimmerkategorie zu verkaufen – „selling up") gehören zur weiten Palette des Yield-Managements.

Zwei unterschiedliche Formen der Yield-Berechnung haben sich in der Praxis bewährt. Die am häufigsten anzutreffende Kennzahl im Beherbergungsbereich ist der *Logis-Umsatz-Yield*; einige Hotels halten den *Logis-Deckungsbeitrags-Yield* für aussagefähiger. Beide Formen lassen sich in dreifacher Weise berechnen:

Logis-Umsatz-Yield

1. $$\text{Yield \%} = \frac{\text{tatsächlicher Logisumsatz (netto)} \times 100}{\text{höchstmöglicher Logisumsatz}}$$

2. $$\text{Yield \%} = \frac{\text{verkaufte Zimmer}}{\text{verfügbare Zimmer}} \times \frac{\text{durchschnittliche Hotelzimmerrate}}{\text{höchstmögliche Hotelzimmerrate}}$$

3. $$\text{Yield \%} = \text{Zimmerbelegung (in \%)} \times \text{\% Anteil der durchschnittlichen Hotelzimmerrate an der höchstmöglichen Hotelzimmerrate}$$

Aussagefähigkeit Logis-Umsatz-Yield

Der Yield zeigt die prozentuale Ergiebigkeit: Wie viel Prozent am möglichen Gesamtumsatz Logis unter Berücksichtigung der Doppelbelegung und höchstmöglicher Zimmerpreise konnten für den definierten Zeitraum tatsächlich erreicht werden? (Siehe hierzu das Zahlenbeispiel: **Bestimmung des Yield [Beherbergung]** für fünf Marktteilnehmer)

Logis-Deckungsbeitrags-Yield

1. $$\text{Yield \%} = \frac{\text{realisierter Gesamt-Deckungsbeitrag} \times 100}{\text{höchstmöglichen Gesamt-Deckungsbeitrag}}$$

2. $$\text{Yield \%} = \frac{\text{verkaufte Zimmer}}{\text{verfügbare Zimmer}} \times \frac{\text{Deckungsbeitrag pro verkauftes Zimmer}}{\text{höchstmöglichen Deckungsbeitrag pro Zimmer}}$$

3. $$\text{Yield \%} = \text{Zimmerbelegung (in \%)} \times \text{\% Anteil des Deckungsbeitrages pro Zimmer am höchstmöglichen Deckungsbeitrag}$$

Aussagefähigkeit Logis-Deckungsbeitrags-Yield

Der Yield zeigt die prozentuale Ergiebigkeit am Deckungsbeitrag: Wie viel Prozent am möglichen Gesamtdeckungsbeitrag Logis unter Berücksichtigung der Doppelbelegung und höchstmöglicher Zimmerpreise und der relevanten Kosten konnten für den definierten Zeitraum tatsächlich erreicht werden? Bei dieser Variante der Yield-Berechnung werden zusätzlich die anfallenden relevanten Kosten pro belegtes Zimmer berücksichtigt, um zum Deckungsbeitrag I (Logis) zu kommen. Unter **relevante Kosten** werden verursachungsgerecht: Kosten für Zimmerwäsche, Gästeartikel, Zimmerreinigung (Reinigungsmittel, Personalkosten oder Reinigungsfirma), Gästedrucksachen, evtl. auch Reservierungskosten (abhängig vom Reservierungssystem) pro Zimmer erfasst.

Bestimmung des Marktanteils als Grundlage für strategische Marketingmaßnahmen

Der Marktanteil (MPI = market penetration index) eines Hotels verdeutlicht die individuelle Auslastungs- und Umsatzleistung im Beherbergungsbereich im Vergleich zu den wichtigsten in Konkurrenz stehenden Marktteilnehmern. Der Vergleich der prozentualen Hotelzimmerbelegungen (room occupancy %) untereinander ist allein nicht aussagefähig. Die Kennzahl „Marktanteil" verbindet die erzielte Zimmerauslastung mit der erreichten durchschnittlichen Zimmerrate im Vergleich zu dem prozentualen Anteil des einzelnen Hotels an der gesamten in Konkurrenz stehenden Zimmeranzahl (fair market share) des bedienten Marktes. Sinkt der eigene Marktanteil gegenüber dem Vorjahr, müssen die Marketingstrategien des betreffenden Hotels überdacht werden.

Erläuterung zur Bestimmung der Marktposition

(A) Tage pro Monat oder aufgelaufene Tage im Jahr

Für den jeweiligen Monat werden die Öffnungstage des Hotels erfasst; um die Entwicklung des Marktanteils im Laufe des Jahres berechnen zu können, werden die jeweils aufgelaufenen Öffnungstage im Jahr ermittelt.

(B) Marktteilnehmer

Hier sind nur die „konkurrenzfähigen" Mitbewerber am bedienten Markt zu erfassen. Konkurrenzfähig ist ein Hotelbetrieb, der ähnliche Gästezielgruppen am Markt betreut, in Ausstattung, Hoteltyp, Standard, Kategorie, Größe (Hotelzimmeranzahl), Qualitäts- und Preisniveau vergleichbar erscheint und in direkter Konkurrenz steht. Der Familiengasthof stellt keine Konkurrenz zum Kettenhotel dar.

(C) Anzahl der Hotelzimmer

Die verfügbaren und vermietbaren Hotelzimmer der einzelnen Marktteilnehmer werden hier erfasst. Zimmer, die zum Beispiel wegen Renovierungsarbeiten nicht

				Monat: A Tage:		Januar 20.. 31			Zahlenbeispiel
B	C	D = (C x 100) : L	E = A x C	F	G = (F x 100) : E	H	I = (H x 100) : M	J = H : F	K = (I x 100) : D
Marktteilnehmer	Anzahl der Hotelzimmer	%-Anteil an der gesamten Zimmeranzahl	verfügbare Zimmer im Monat	belegte Zimmer im Monat	Zimmerbelegung (in %)	Logisumsatz (netto)	%-Anteil an dem gesamten Logisumsatz	durchschnittliche Hotelzimmerrate (average room rate)	Marktanteil MPI
Eigener Betrieb	135	23,89	4.185	3.097	74,00	427.386	25,95	138,00	108,62
Mitbewerber A	110	19,47	3.410	2.080	61,00	272.480	16,55	131,00	85,00
Mitbewerber B	95	16,81	2.945	2.710	92,02	303.520	18,43	112,00	109,64
Mitbewerber C	140	24,78	4.340	2.170	50,00	314.650	19,11	145,00	77,12
Mitbewerber D	85	15,05	2.635	2.108	80,00	328.848	19,96	156,00	132,62
GESAMT:	565	E 100,00	17.515	12.165		M 1.646.884	100,00		100,00

Bestimmung der Marktposition in der Hotellerie

zum Verkauf standen, sind für den entsprechenden Zeitraum abzuziehen (siehe hierzu E = tatsächlich verfügbare Zimmer im Monat/Jahr).

(D) Prozentualer Anteil an der gesamten Zimmeranzahl

Multipliziert man die Anzahl der Hotelzimmer (C) des einzelnen Markteilnehmers (B) mit einhundert und dividiert das Ergebnis durch die Gesamtanzahl der in Konkurrenz stehenden Zimmer pro Tag (L), erhält man den prozentualen Anteil an der gesamten Zimmeranzahl. Dieser Prozentsatz entspricht dem amerikanischen Fachausdruck: fair market share (potential market share).

(E) Verfügbare Zimmer im Monat/Jahr

Die verfügbaren Zimmer im Monat oder pro Jahr ergeben sich aus der Multiplikation der Tage pro Monat oder aufgelaufene Tage im Jahr (A) mit der Anzahl der pro Tag verfügbaren Hotelzimmer (C).

(F) Belegte Zimmer im Monat/Jahr

Jeder Hotelempfang kumuliert die tatsächlich belegten und bezahlten Hotelzimmer pro Monat und aufgelaufen pro Jahr.

(G) Zimmerbelegung in Prozenten

Multipliziert man die Anzahl der belegten Zimmer im Monat/Jahr (F) des einzelnen Markteilnehmers (B) mit einhundert und dividiert das Ergebnis durch die Gesamtanzahl der verfügbaren Zimmer im Monat/Jahr (E), erhält man die prozentuale Zimmerbelegung (room occupancy %).

(H) Logisumsatz (netto)

Der Netto-Logisumsatz für die tatsächlich belegten und verkauften Zimmer (F) versteht sich ohne Frühstück und ohne Mehrwertsteuer.

(I) Prozentualer Anteil an dem gesamten Logisumsatz

Multipliziert man den Netto-Logisumsatz (H) des einzelnen Markteilnehmers (B) mit einhundert und dividiert das Ergebnis durch den gesamten Logisumsatz der in Konkurrenz stehenden Hotelbetriebe (M), erhält man den prozentualen Anteil an dem gesamten Logisumsatz. Dieser Umsatzanteil spiegelt die erreichte Hotelzimmerrate und die erzielte Zimmerbelegung am Markt wider.

(J) Durchschnittliche Hotelzimmerrate (average room rate)

Durch Division der Logisumsätze (netto) (H) der konkurrierenden Marktteilnehmer durch die belegten und verkauften Zimmern (F) im Abrechnungszeitraum berechnet man die durchschnittlich erzielte Hotelzimmerrate (average room rate).

(K) Marktanteil (actual market share = market penetration index)

Multipliziert man den prozentualen Anteil an dem gesamten Logisumsatz (I) des einzelnen Markteilnehmers (B) mit einhundert und dividiert das Ergebnis durch den prozentualen Anteil an der gesamten Zimmeranzahl (D), erhält man die Kennzahl Marktanteil zur Bestimmung der eigenen Marktposition (market penetration index).

Aussagefähigkeit des Marktanteils (MPI) in Prozenten

Jedes Ergebnis über 100 % zeigt einen **positiven Marktanteil**; liegt der Prozentsatz dieser Kennzahl unter 100 %, wird damit ein **negativer Marktanteil** dokumentiert. Ein Hotel, dessen Markanteil genau 100 % entspricht, leistet Logisumsätze bedingt durch Auslastung (belegte Zimmer) und erzielte Zimmerpreise (average room rate) in Übereinstimmung mit dem möglichen **fair market share** (%-Anteil zur gesamten in Konkurrenz stehenden Zimmeranzahl). Die Höhe des Marktanteils in Prozent reflektiert die gesamte Logisleistung des einzelnen Hotels im Vergleich zu den konkurrierenden Marktteilnehmer am bedienten Markt. Eine weitere Interpretation des Marktanteils eines Hotels würde eine Detaillierung des Geschäftsmix (zum Beispiel Gruppenanteil, Tagungen, Individualreisende etc.) erfordern. Es liegt im Interesse des einzelnen Hotels, wenigstens seinen Marktanteil zu erhalten und mit Produktdifferenzierungsmaßnahmen und Qualitätsverbesserungen Präferenzbildungen am bestehenden Markt zu erreichen; eventuell kann langfristig auch eine Erschließung neuer Zielgruppen den Kampf um Marktanteile erleichtern. Der Vergleich des individuellen Marktanteils mit den Marktanteilen der Mitbewerber ermöglicht die Kontrolle über den Erfolg der eigenen Marketingaktivitäten in Relation zu Marketingerfolgen der Konkurrenz. Stellt man einen konstanten oder erhöhten Marktanteil bei nicht erreichtem Budgetumsatz fest, so sind sicherlich externe Einflüsse als Ursache zu sehen. Ein sinkender Marktanteil bei nicht erreichtem Budgetumsatz dagegen weist auf Schwächen der eigenen Marketingkonzeption hin.

C

Administration

9

Organisation

Rentabilität der Management-Kontrollsysteme

Determinanten und Einfluss der Unternehmensorientierung

In Abhängigkeit der Determinanten

1. **Kapitalintensität**
2. **Kostenstruktur**
3. **Produkt- und Dienstleistungsnachfrage**
4. **Dienstleistungs- und Angebotsform**

lassen sich in Hotellerie und Gastronomie zwei Unternehmensorientierungen unterscheiden:

- Unternehmen mit **Kostenorientierung**
- Unternehmen mit **Marktorientierung**

Die jeweilig dominante Unternehmensorientierung prägt im Wesentlichen den Managementstil, die Auswahl und die Gewichtung betriebsinterner Kontrollverfahren, die Preiskalkulation und den Einsatz des Marketinginstrumentariums im Allgemeinen.

1. Kapitalintensität

Die Kostenstruktur des Hotels wird durch die Kapitalintensität beeinflusst. Geschäftskapital im Verhältnis zum Umsatzvolumen oder durchschnittlich eingesetztes Kapital pro Mitarbeiter sind aussagefähige Basiskennzahlen zur Kapitalintensität. Eine hohe Kapitalintensität wird einen hohen Fixkostenanteil in Form von Abschreibungen, Reparatur- und Erhaltungsaufwand usw. bewirken und damit verstärkt zur Marktorientierung des Unternehmens beitragen.

2. Kostenstruktur

Die meisten Hotels und Restaurants haben einen hohen Fixkostenanteil; differenziert man hier nach einzelnen Umsatzträgern, so liegt der größte Teil der fixen Bereitschaftskosten im Beherbergungsbereich. Im Vergleich zum F&B-Bereich sind hier die umsatzabhängigen Leistungskosten (Wäsche-, Reinigungskosten, Extrapersonal usw.) relativ gering.

Aussagen zur Kostenstruktur

- Je höher der Fixkostenanteil (Bereitschaftskosten), desto stärker wirkt eine Umsatzänderung auf den Gewinn, die Umsatzabhängigkeit ist intensiver.
- Je größer der Fixkostenanteil, desto höher ist der Grad der Marktorientierung und damit die Abhängigkeit von der Nachfrage.
- Je größer der Anteil der variablen Kosten (Leistungskosten), desto höher ist der Grad der Kostenorientierung und desto geringer ist die Abhängigkeit von der Nachfrage.

3. Produkt- und Dienstleistungsnachfrage

Nahezu charakteristisch sind Nachfrageschwankungen in Hotellerie und Gastronomie, Saisonschwankungen, unterschiedliche Auslastung während der einzelnen Wochentage, Spitzenbelastungen und Leerzeiten am gleichen Arbeitstag sind typisch für die gastronomische Nachfrage.

Diese permanente Umsatzunsicherheit bringt mehrere Managementprobleme mit sich, z. B.:

- unausgenutzte Kapazitäten, gepaart mit hoher Fixkostenbelastung
- Planungsprobleme bei schlechten Prognoseverfahren
- Anpassung der variablen Leistungskosten (z. B. Warenaufwand, Speisen) an das schwankende Umsatzvolumen
- Preisdifferenzierungsarten

4. Dienstleistungs- und Angebotsform

Hotels als „investitionsintensiver, kundenpräsenzbedingter Dienstleistungsbetrieb mit struktureller Überkapazität" kennzeichnet die hohe Verderblichkeit unserer Dienstleistungs- und Angebotsform. So ist heute nicht ausgelastete Beherbergungskapazität unwiederbringlich verloren; und auch Verpflegungsleistungen sind in roher oder zubereiteter Form nur begrenzt lagerfähig. Die Verderblichkeit gastronomischer Produkt- und Dienstleistungen verstärkt natürlich die Nachfrageabhängigkeit und damit die Marktorientierung in Hotellerie und Gastronomie.

Der schlimmste Feind aller Kontrollverfahren in unserer Branche liegt in der Routine. Wer jahrelang mit gleichem System und Schwerpunkt seinen Betrieb kontrolliert, stellt Effizienz und damit Rentabilität der Kontrolle in Frage. Betriebsberatungen bei den verschiedensten Betriebstypen zeigen deutlich, wie differenziert in der Praxis Kontrollmethoden für das betreffende Hotel oder Restaurant aussagefähig anzuwenden sind. Kontrollen sollen auf einfache, unkomplizierte Art und Weise Möglichkeiten zur Leistungsüberwachung und Leistungsverbesserung bewirken. Dabei sind Kontrollsysteme permanent der fortschreitenden Entwicklung anzupassen und müssen in einem wirtschaftlichen Verhältnis zum Kontrollergebnis stehen.

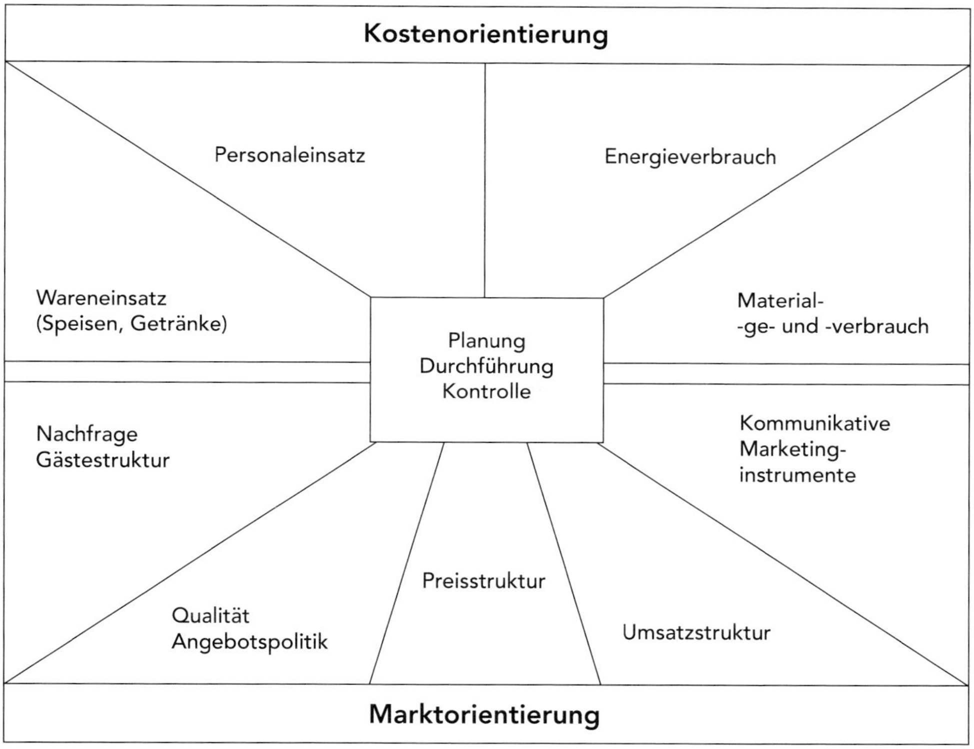

So sind für jeden Betrieb:

- **kostenorientierte Kontrollverfahren und**
- **marktorientierte Kontrollverfahren**

maßzuschneidern.

Gewichtung der Kontrollen in Abhängigkeit zur Unternehmensorientierung

Als Konsequenz der beschriebenen Determinanten der Unternehmensorientierung sollte der einzelne gastronomische Betrieb seinen Kontrollaufwand im Hinblick auf „Marktorientierung" oder „Kostenorientierung" gewichten. Je höher der fixe Kostenanteil liegt, desto schwieriger erscheint es, mit herkömmlichen Kostenkontrollen angemessene Rentabilität auf Dauer zu erreichen. Der hier eingesetzte Kontrollaufwand sollte zumindest gleichwertig auf die Umsatzseite des Hotel- und Restaurantbetriebes hingelenkt werden. Mit anderen Worten: Hotels und Restaurants mit relativ hohen Fixkosten (Bereitschaftskosten) und starker Nachfrageschwankung sind in ihren Kontrollbemühungen bei den verbliebenen variablen Kosten (Leistungskosten) begrenzt und sollten durch verstärkte Kontrolltechniken auf der Umsatzseite (Marktorientierung) gezielt die Gewinnsituation beeinflussen.

Gastronomische Betriebe mit dominanter „Kostenorientierung", bei denen die variablen, beeinflussbaren Leistungskosten (z. B. Wareneinsatzkosten für Speisen und Getränke, Aushilfspersonal usw.) hoch sind, werden ihren Schwerpunkt auf Kostenkontrollen konzentrieren.

Nur marktorientiertes Management wird das Problem schwankender Umsätze bei hohen Bereitschaftskosten lösen können. Traditionelle Kostenkontrollen helfen hier wenig. Neue Kontrolltechniken in Bezug auf Prognoseverfahren, Budgetierung des Geschäftsvolumens, Verkaufs- und Nachfrageanalysen, Qualitätskontrollen und Preispolitik müssen entscheidungsorientiert eingesetzt werden. Fortschrittliches Management fixkostenintensiver Hotel- und Restaurantbetriebe wird den Schwerpunkt betriebsinterner Kontrollen auf die Umsatzseite verlagern. Ohne Kostenkontrollen vernachlässigen zu wollen, erfordert die Marktorientierung im Gastgewerbe ein Umdenken. Neue Kontrollsysteme müssen sich auf umsatzentscheidende Gebiete konzentrieren.

Schwerpunktkontrollen bei Kostenorientierung

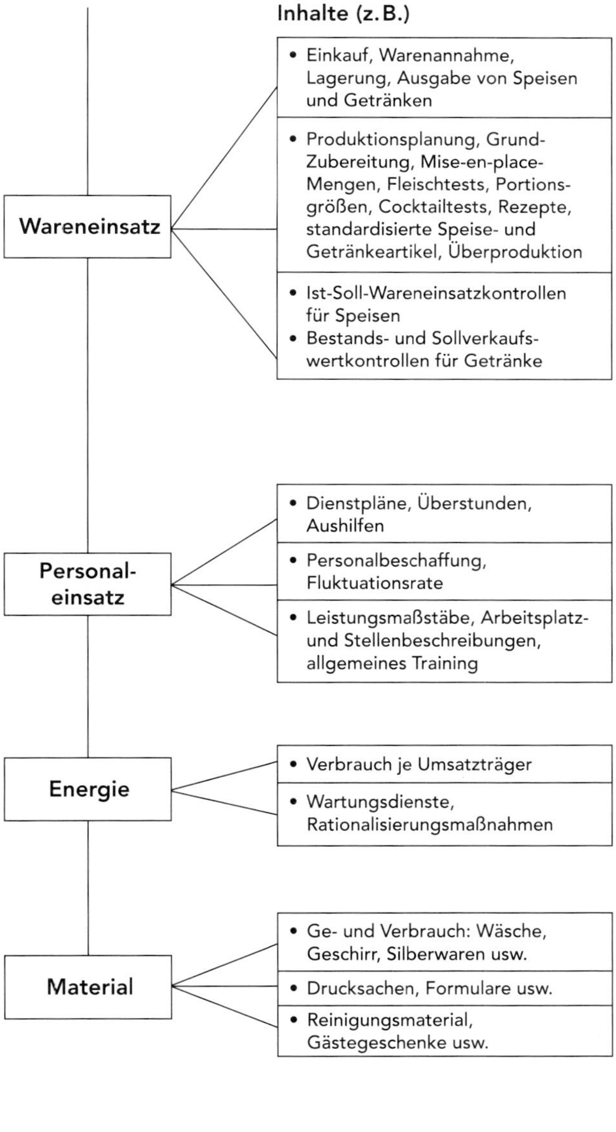

Schwerpunktkontrollen bei Marktorientierung

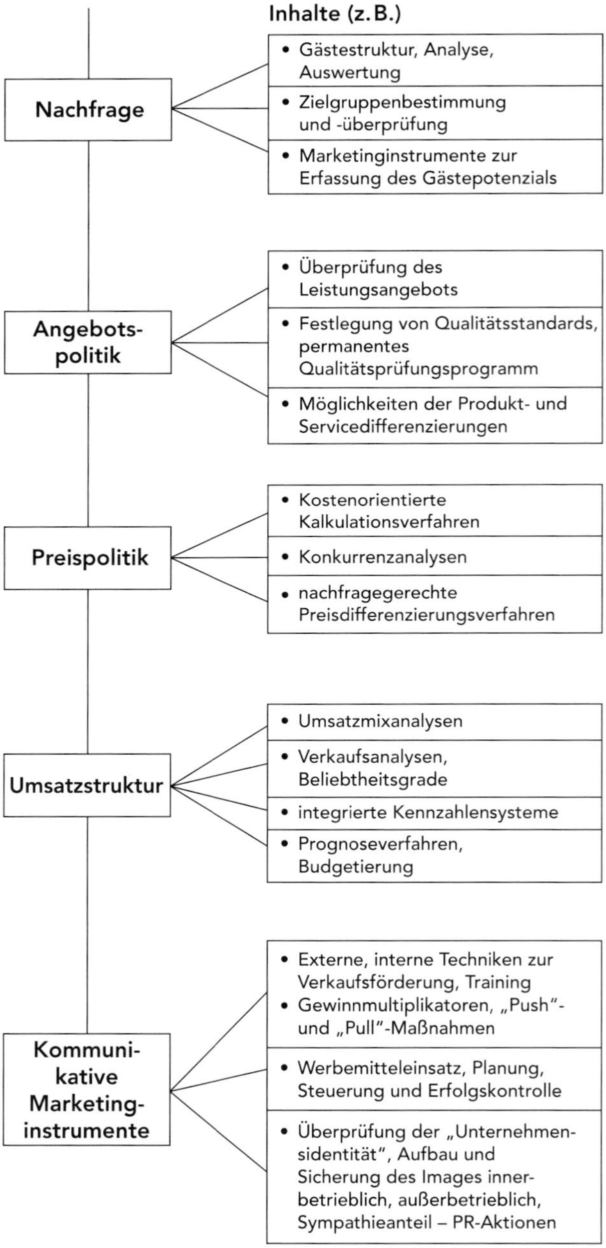

10

Marketingtechnik in Hotellerie und Gastronomie

Problemstellung

Im amerikanischen Sprachgebrauch entstand das Wort Marketing als Hauptwort zur Tätigkeit „to go into the market" – in den Markt hineingehen. Zur ursprünglichen Wortbedeutung, und das ist bis heute so geblieben, gehören also Aktivität, Bewegung, Tätigkeit.

Marketing als auf den Markt ausgerichtete Aktivität kann sowohl vom Anbieter als auch vom Nachfrager betrieben werden. Das führt zu einer ersten Differenzierung des Begriffs: Der Anbieter, der etwas loswerden, abgeben, absetzen will, betreibt **Absatzmarketing**, der Nachfrager, der etwas haben, sich beschaffen möchte, **Beschaffungsmarketing**.

Warum ist jene Folgerung noch nicht allgemein akzeptiert? Weil Marketing konkret in solchen Marktsituationen entstanden ist, deren Kennzeichen es war, dass es die Anbieter schwer hatten, ihre Angebote abzusetzen. Anders herum: Die Nachfrager waren in der relativ besseren Marktposition. Für diese Situation hat sich der Begriff „Käufermarkt" (buyer's market) international eingeführt. Ein Käufermarkt, der eigentlich Nachfragemarkt heißen müsste, kennzeichnet eine Marktlage, bei der – aus welchen Gründen auch immer – die Nachfrager in der besseren Position sind. Folge: Die Anbieter müssen sich mehr anstrengen, aktiver, besser werden. Die entgegengesetzte Marktlage charakterisiert der Begriff „Verkäufermarkt" (seller's market). Ein Verkäufermarkt (Anbietermarkt) ist dann gegeben, wenn die Anbieter in der besseren Position sind. Folge: Die Nachfrager müssen sich mehr anstrengen.

Nach wie vor dominiert die traditionelle Verkaufsfunktion, allenfalls unterstützt durch Marktforschung, Werbung, Verkaufsförderung. Dieses Pseudo-Marketing ist mithin vom echten Marketing als organisatorisch-integrierte, marktorientierte Unternehmenskonzeption weit entfernt.

Kann Marketing in der Hotellerie nur von wissenschaftlich ausgebildeten Fachkräften betrieben werden, und können sich demnach nur Hotelkonzerne Marketing leisten? Denn „Marketing" ist ein Begriff für jene Managementfunktion, die alle betrieblichen Maßnahmen koordiniert und sogar außerbetriebliche Stellen beeinflusst: Es ist das Wollen und Vermögen, den Markt für sich nutzbar zu machen.

Marketing heißt also, auf die Nachfrage ausgerichtete Maßnahmen zu ergreifen und eine Form der aktiven Beeinflussung des Marktes zu finden. Gerade diese Tatsache bedeutet in der Konsequenz, dass schon „Zusammenschlüsse" von Hotels eine Vergrößerung des benötigten Leistungsangebotes bedeuten und die Kooperation Marketing als unternehmerisches Denken ausdrückt. Marketing-Fachleute meinen, die Hotellerie müsse Ergebnisse schaffen und Anreize bieten sowie neue Gäste „produzieren". Die Fachleute verweisen dabei auf die großen Touristik-Unternehmen, die, wo immer nur möglich, zielgruppengerechte Nachfrage schaffen. Sicherlich liegt das Geheimnis im Marketingmix, in dem Werbung, Verkaufsförderung und Public Relations optimal koordiniert werden.

Marketingorganisation

Die Marketingorganisation in größeren Hotelbetrieben kann folgenden Aufbau beinhalten:

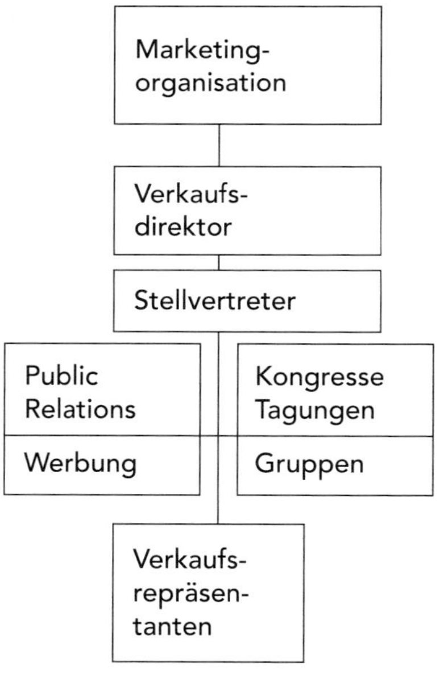

Gedankenflussplan

Das Marketing der Zukunft

In den touristischen Märkten sind die Zeiten vorbei, in denen man sich im Marketing darauf beschränkte, touristische Angebote zusammenzustellen und zu verkaufen – das klassische Marketingmodell „**Marketing des Anbietens und des Verkaufens**" (Make-&-Sell-Marketing) ist überholt. Im Informationszeitalter der New Economy mit neuen Technologien muss das Marketingdenken „reengineert" werden. Letztlich setzen sich die Wettbewerber mit den besten Informationssystemen und Marktkenntnissen durch. Wir schlagen zwar immer noch dieselbe Schlacht im Gastgewerbe, nur hat mittlerweile jemand ein neues Schießpulver – „Neue Medien" – erfunden. Marketing – so wie wir es heute kennen – ist von gestern. Das reine Verkaufskonzept hat ausgedient.

Hotelmarketing
Vom Marketing des Anbietens und Verkaufens zum
Marketing der neuen Werte für den Gast

Entwicklungsstufen	Phase	Marktsituation	Hauptaufgaben	Einfluss des Marketings	Instrument Preispolitik
1960–1970	Produktion	Verkäufermarkt	bauen, beherbergen, verpflegen	gering	kostenorientiert, Vollkostenrechnung
1970–1980	Marketing = Anbieten und verkaufen	Übergangsmarkt	werben, verkaufen	verkaufsbetont	auslastungsorientiert, Deckungsbeitragsrechnung
1980–1995	Qualitätsmanagement	Käufermarkt	gastorientierte Serviceleistungen	hoch qualitätsorientiert	Marktpreise, Target, Costing
1995–20..	Marketing der neuen Werte	Informations-, Käufermarkt	Nachfrageressourcen, Netzwerkmanagement	Unternehmensführung wird zur Marktführung	nachfrageorientiert, Gast definierte Preise

Touristische Märkte befinden sich in einem ständigen Umbruch:

- Weltweit finden wir Überkapazitäten im Tourismus vor.
- Das Preisbewusstsein der Gäste steigt.
- Neue Konkurrenten erscheinen am Markt.

- Touristische Produkte und Dienstleistungen werden sich immer ähnlicher.
- Die Mobilität nimmt zu.
- Die Globalisierung führt zu einem gnadenlosen Preiskampf.
- Gäste lernen neue Lebensstile und Konsumgewohnheiten in anderen Ländern kennen und entwickeln dabei immer neue Wünsche.

Individualmarketing in Hotellerie und Gastronomie wird heute mit gastorientierten Informationssystemen gefördert. Technologie auch für den kleinsten Hotel- und Gaststättenbetrieb ermöglichen **Marketing-Datenbanken (Database-Marketing)** und **computerunterstützte Verkaufstechniken (computer-aided selling)**.

Neue Medien und verbesserte Technologien

Marketing in der digitalen Wirtschaft wird zum Motor jeder Unternehmensstrategie. Nicht die touristischen Konzepte sind knapp, sondern die Gäste. Seit Jahren entwickelt sich der Massentourismus zu Märkten, die aus einzelnen Gästen bestehen. Der Gast ist heute nicht mehr allein auf die Informationsquellen wie Markenbekanntheit, Unternehmensruf, Weiterempfehlung oder klassische Werbung angewiesen. Neue Medien und Technologien verfeinern die Marketingtechniken der „Old Economy“:

- Neue Kommunikationskanäle
- Faxgeräte, Kabelfernsehen, Videokonferenzen, Handys zum Konferenzgespräch, Call-Center
- Internet
- E-Commerce und E-Marketing
- E-Mail zur Gästebindung
- E-Mail-Marketing
- E-CRM (Electronic-Customer-Relationship-Management)
- Informationssysteme: Database-Marketing
- ERP (Enterprise Ressource Planning)
- GDS-Marketing (Global Distribution System) u. a.

Beim Marketing in der digitalen Wirtschaft können selbst kleinere Unternehmen weltweit potenzielle Gäste ansprechen. Dabei ist das Internet viel mehr als ein neuer Vertriebskanal oder ein neues Werbemedium. Mit neuen Medien entstehen Fähigkeiten und Vernetzungsmöglichkeiten, die im konventionellen Marketing niemals möglich wären. Auf der anderen Seite kann auch jeder Gast immer mehr

Informationen über jedes touristische Produkt, jeden Service oder jedes Unternehmen weltweit abrufen. Der virtuelle Marktplatz ist längst kein Modetrend mehr. Mit dem Internet ist die Vision des „global village", das weltumspannende Dorf – das Ziel für die Ausbreitung und Verbreitung elektronischer Netze – zum größten Teil schon Wirklichkeit geworden.

Informationen vervielfältigen sich explosionsartig – auch mittelständische Betriebe können im „Electronic Marketing" in kürzester Zeit einen enormen Bekanntheitsgrad erreichen. Touristische Unternehmen digitalisieren ihre Geschäftsbereiche, um

- Kosten einzusparen,
- die Marktreichweite zu erweitern,
- die Marktdurchdringung zu beschleunigen.

Das Internet fördert als innovatives Medium das kreative Qualitätsdenken im Dienstleistungsbereich; im Informationszeitalter gehören die Internetinstrumente ins touristische Tagesgeschäft.

Zurück in die Zukunft?

Beim **Massenmarketing** sollten Standardprodukte und Dienstleistungen über die Massenmedien „vermarktet" und an möglichst viele Gäste verkauft werden. Hier stand die reine Transaktion – der Verkaufsakt im Vordergrund. Der Gast will nicht mehr Tourismus „von der Stange" kaufen, sondern seine individuellen Wünsche, ein maßgeschneidertes Leistungsangebot mit Zusatznutzen verwirklicht sehen. Ein **Marketing nach Maß (Customized Marketing)** wird immer dringlicher. Mit gastorientierten Informationssystemen entwickelt sich das klassische Marketing vom Massenmarketing zum Individualmarketing. Die ständige Intensivierung der gesamten langfristigen Gästebeziehungen macht im Management ein so genanntes **Beziehungsmarketing (Relationship-Marketing)** erforderlich.

Beim **Customized Marketing** (Marketing nach Maß) steht das maßgeschneiderte Leistungsangebot im Vordergrund. Beim **Relationship-Marketing** geht es um langfristige Interaktionen und Gastbeziehungen. Beide Marketingformen zusammen führen zum **Individualmarketing**, bei dem die Individualisierung der Dienstleistung und die Intensität der Gastbeziehung optimiert werden.

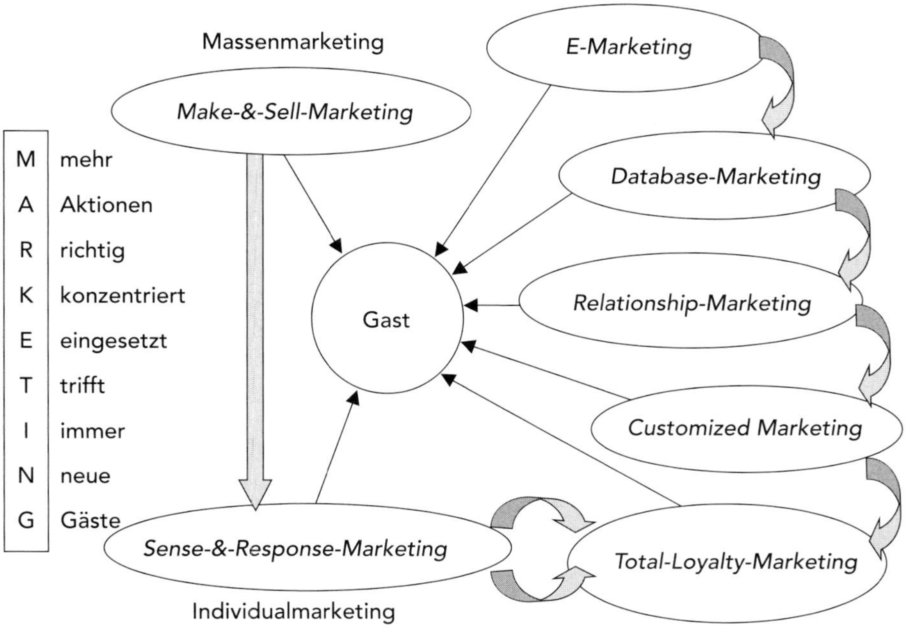

Wo stehen Sie gedanklich mit Ihrer Preispolitik im Marketing?

Entwicklungsstufen	Marktsituation	Marketinginstrument: Preispolitik	
1960–1970	Verkäufermarkt	kostenorientiert, Vollkostenrechnung	= KO + KO + KO + KO + G = Preis Wareneinsatz + % Rohaufschlag = Preis
1970–1980	Übergangsmarkt	auslastungsorientiert, Deckungsbeitragsrechnung	DB = Umsatz minus variable Kosten = Σ DB minus Fixkosten = hoffentlich Gewinn Yield-Management = dynamische Preispolitik
1980–1995 1995–20..	Käufermarkt Informations-, Käufermarkt	Marktpreise, Target-Costing nachfrageorientiert, Gast definierte Preise	Marktpreis = gastdefinierter Preis minus Plangewinne (DB) = erlaubte Kosten (Zielkostenrechnung, Target-Costing) z. B. All-inclusive-Preise

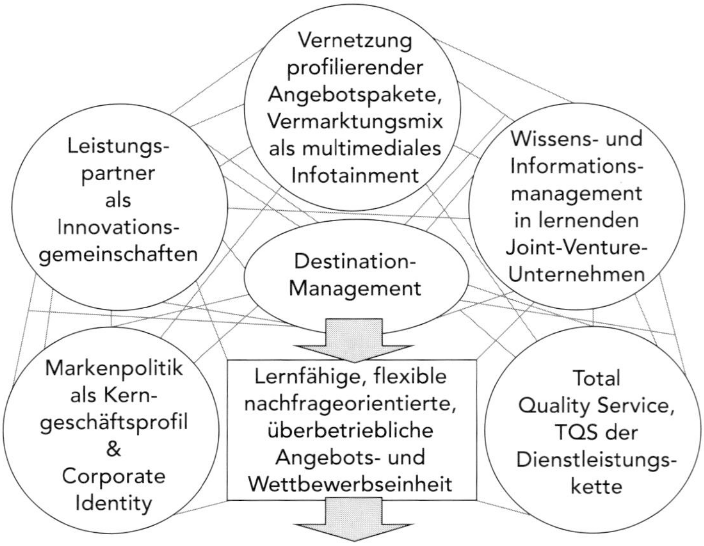

Der anspruchsvolle, viel gereiste, verwöhnte, kritische und bestens informierte Gast will in seiner gewünschten Urlaubsform bequeme, „anwenderfreundliche und leicht konsumierbare Individualität" über Information, Buchung, Anreise, Logis, Gastronomie, Erlebnisse in Spiel und Sport, Unterhaltung, Kultur und Bildung, Aktivität und Gesundheit, Zahlung und Rückreise als gastorientierte Qualitäts-Servicekette genießen.

Der Gast als „Störfaktor"

Das Marketing-ABC der Gäste

	Gästeverhalten	maximale Werbewirkung
A	– Gast, preisunempfindlich sehr zufrieden, begeistert, Erwartungen wurden übertroffen, Zusatznutzen Qualitätsprodukte/Service	+ 1 Wiederholungsgast + 4 neue Gäste
B	– Gast, preisempfindlich guter bis mittelmäßiger Service, Grundnutzen, normale Zufriedenheit	+/– 0 Gäste unsicherer Wiederholungsgast
C	– Gast, negativ enttäuscht, Erwartungen nicht erfüllt, Beschwerden oder keine Reaktionen	kein Wiederholungsgast – 16 potenzielle Gäste

Das Marketing-ABC

In den letzten Jahren entstanden auch für den Dienstleistungsbereich unterschiedlichste Konzepte, Techniken, Hilfsmittel und Instrumente zum Marketing. Die von Hans P. Wehrli erstellten Kurzdefinitionen zum Marketing-ABC, die nachfolgend in ihrer Relevanz für die Hotellerie und Gastronomie ausgewählt und ergänzt wurden, geben einen Überblick über die aktuellen Marketingkonzepte.

After-Sales-Marketing

After-Sales-Marketing beinhaltet Aktivitäten nach dem Kauf, beispielsweise Maßnahmen der Kundenbindung. Das Konzept After-Sales-Marketing ist grundsätzlich Teil des Customer-Relationship-Marketing.

Below-the-line-Marketing

Das Below-the-line-Marketing ist das so genannt „nicht-klassische" Marketing, beispielsweise im Einsatz der „neueren" Marketinginstrumente wie Product-Placement oder Sponsoring.

Beschaffungsmarketing

Beschaffungsmarketing ist das beschaffungsmarktorientierte Marketing. Die Beschaffungsmärkte prägen die unternehmerische Wertschöpfungskette (Erhältlichkeit, Qualität, Sicherheit u. a.) und ihre Kosten.

Business-Marketing

Das Business-Marketing ist das (ursprüngliche) Marketing von Unternehmungen, d. h. gewinnorientierter Organisationen oder Unternehmen. Es ist der tragende Teil des Marktingalltags sowie der Marketinglehre und -theorie.

Customer-Relationship-Marketing

Customer-Relationship-Marketing (CMR) und E-Customer-Relationship-Marketing (E-CRM): siehe Relationship-Marketing.

Database-Marketing

Das Database-Marketing ist eine Ausprägung des „computergestützten" Marketings. Dabei müssen alle erforderlichen Daten aktueller und potenzieller Kunden gespeichert (Datenbank, Data-Warehouse), aktualisiert und für die direkte Kundenansprache (computer-aided selling, Mailing, Telefon u. a.) bereitgestellt werden. Dieses Vorgehen ermöglicht eine individualisierte Kundenansprache und -beziehung (Customer-Relationship-Marketing).

Demarketing

Demarketing ist das Marketing für einen Marktrückzug, beispielsweise bei der Einstellung der Produktion mit den spezifischen Folgen (Ersatzteile, Image, Service u.a.). Einzelne Autoren verstehen den Begriff „Demarketing" als destruktives Marketing (hektisches Reagieren, Preisdumping u. a.), andere als Konzeption zur Reduzierung der Nachfrage (Tabakwaren u.a.).

Dialogmarketing

Dialogmarketing, mit dem Thema „Direktmarketing" eng verwoben, ist „nur" die kundenindividuelle Kommunikation.

Dienstleistungsmarketing

Dienstleistungsmarketing ist die Gesamtheit der Konzepte und Theorien, welche das Marketing für Dienstleistungen und ihre Besonderheiten beinhaltet.

Direktmarketing

Das Direktmarketing (Direct Marketing) ist ein interaktives Konzept des Marketings, in dem ein oder mehrere Medien genutzt werden, um eine messbare Reaktion bei den Kunden und/oder Transaktionen mit den Kunden zu erzielen. Das Direktmarketing ist mit Database-Marketing, Direct Mail und Dialogmarketing eng verwoben.

Electronic Marketing

Das Electronic Marketing (E-Marketing) ist Ausdruck der Nutzung elektronischer Online- und Offline-Medien für den Aufbau, die Pflege und die Sicherung von Kundenbeziehungen.

Euro-Marketing

Das Euro-Marketing ist eine Ausprägung des internationalen Marketings mit den Besonderheiten des europäischen Binnenmarktes, beispielsweise der Angleichung der Verbrauchergewohnheiten oder der Branchenkonzentrationen.

Experimental Marketing

Mittels Experimental Marketing sollten dem Kunden nicht nur Leistungen, sondern „experiences" angeboten werden, die den Kunden in all seinen Sinnen „stimulieren".

Externes Marketing

Das externe Marketing ist Ausdruck eines außenorientierten Fokus des Marketings bzw. der Marketing-Politik: Tragender Inhalt sind die langfristigen und langfristig einzigartigen Beziehungen zu Lieferanten und Kunden, welche Imitationen von Konkurrenten verhindern und dauerhafte Wettbewerbsvorteile sichern sollen.

Global Marketing

Beim globalen Marketing gilt es, in der bestmöglichen Kombination und Integration von globalen Bedürfnissen und Märkten eine stimmige Standardisierung bzw. Differenzierung des Marketings anzustreben, um so Kosten- und Ertragsvorteile zu erzielen.

Internes Marketing

Das interne Marketing ist Ausdruck eines innenorientierten Fokus des Marketings bzw. der Marketingpolitik: Tragender Inhalt ist die Verbesserung der Realisierung der externen Marketingpolitik, indem sie in die Unternehmung gekehrt wird: „Internal marketing starts from a notion that the employees are a first, internal market for the organization. If goods, services, and external communication campaigns, cannot be marketed to this internal target group, marketing to ultimate, external customers cannot be expected to be successful either" (Grönroos 1990). Internes Marketing ist daher ein Konzept zur Gestaltung einer marketingorientierten Organisation.

Jugendmarketing

Jugendmarketing ist die Ausrichtung des Marketings auf Kinder und Jugendliche. Dabei sind die direkte Kaufkraft und soziale Gruppen (Familie, Schule u. a.) wichtige Beeinflusser.

Kooperatives Marketing

Das kooperative Marketing ist die unternehmerische Zusammenarbeit auf gleicher Stufe (horizontales Marketing) oder auf unterschiedlichen Stufen (vertikales Marketing).

Lean Marketing

Das Lean Marketing ist kein eigenständiges Marketingkonzept, sondern im Kontext unternehmenspraktischer Entwicklungen Ausdruck einer kontinuierlichen Suche nach Optimierungspotenzialen im Marketing.

Make-&-Sell-Marketing

Die Aufgabe der Marketingabteilung bestand darin, für den Absatz angebotener Produkte und Dienstleistungen zu sorgen. Das Marketing des Anbietens und des Verkaufens im Tourismus gehört zum klassischen Marketingmodell.

Marketing (traditionell)

Die Grundaufgabe des Marketings ist, trotz der Bedeutungsvielfalt, die Überwindung von marktlichen „Distanzen": „Marketing creates the transactions or flows which resolve market separations and result in exchange and consumption" (Bartels 1968). Dieses Verständnis konkretisiert sich in verschiedenen Marketingkonzepten und -theorien sowie in deren praktischer Umsetzung als unternehmerische Grundhaltung und Aktivitäten.

Marketing-Management

Das Marketing-Management (Marketing-Management-Konzept, marktorientierte Unternehmungsführung) umfasst nach Kotler (1977) „die Analyse, Planung, Durchführung und Kontrolle von Programmen, die darauf gerichtet sind, gewünschte Austauschbeziehungen mit bestimmten Zielgruppen zum Zweck des eigenen oder beiderseitigen Vorteils herbeizuführen", bzw. nach Meffert (2000) „die zielorientierte Gestaltung aller marktgerichteten Unternehmensaktivitäten".

Massenmarketing

Im Massenmarketing setzt ein Anbieter ein Marketingkonzept um, das möglichst alle Käufer ansprechen soll (undifferenziertes Marketing).

Mega-Marketing

Im Konzept des Mega-Marketings sind die Marketinginstrumente durch politische Einflussnahme (power) und die Public Relations (publics) zu ergänzen (Kotler 1986), um so nicht-marktliche Barrieren (Bürgerinitiativen u. a.) zu überwinden.

Modulares Marketing

Das modulare Marketing ist Ausdruck eines „Kompromisses" zwischen einem standardisierten und differenzierten Marketing: Die Standardisierung führt insbesondere in internationalen Märkten zu Kostenvorteilen, die Differenzierung zu einer spezifischeren Marktbearbeitung.

Multi-Channel-Marketing

Multi-Channel-Marketing ist die Integration und Synchronisation der verschiedenen Wege zum Kunden (Call-Center, Einzelhandel, Messe u. a.), um die Kundenkontakte zu erhöhen, die anbietende Unternehmung bzw. ihre Marken und Produkte als eine Einheit zu erfahren sowie zu erleben (Corporate Image).

Multi-Level-Marketing

Multi-Level-Marketing (auch Network-Marketing) ist kein eigentliches Marketing, sondern ein so genannter Strukturvertrieb: Verkäufer schaffen eigene hierarchische Verkaufsstrukturen, um an deren Provisionen teilzuhaben.

Multinationales Marketing

Multinationales Marketing ist eine Ausprägung des internationalen Marketings und versteht die „Welt" als eine Vielfalt differenzierter lokaler/nationaler Märkte.

Online-Marketing

Online-Marketing ist kein eigentliches Marketing, sondern die Nutzung elektronischer Medien (Internet u. a.) im Rahmen des Marketings, beispielsweise elektronische Produktinformationen oder Dienstleistungen (E-Banking u. a.).

Permission-Marketing

Permission-Marketing ist ein auf dem Einverständnis des Kunden basierendes Marketing-Konzept: „Haben wir vom Kunden die Erlaubnis, unser Produkt anzubieten? Haben wir von ihm die Einwilligung zu einem langfristigen Dialog? Sind wir dabei genügend glaubwürdig?" So werden beispielsweise E-Mails nicht massenweise und unverlangt versandt (spam), sondern nur dann, wenn sie vom Kunden ausdrücklich erwünscht sind. Das Einverständnis kann von ihm jedoch jederzeit widerrufen werden, da sich der Kunde seiner Rolle als Datenzulieferer immer bewusster wird.

Relationship-Marketing

Der Begriff „Relationship-Marketing" wurde in den 80er Jahren in der angelsächsischen Literatur eingeführt: „Relationship Marketing is attracting, maintaining and – in multi-service organizations – enhancing customer relationships" (Berry 1983). Tragender Gegenstand des Relationship-Marketings ist die Gestaltung langfristiger Kundenbeziehungen mit dem Ziel allseitiger Wertsteigerung (Lieferant, Kunde) und der Schaffung strategischer Wettbewerbsvorteile. Dabei ist der Verkauf nicht das Ende, sondern der Beginn einer Kundenbeziehung: „to create a customer". Die vielschichtigen Beziehungsinhalte, nicht die Produkte bestimmen das Marketing. Der Einsatz von Informations- und Kommunikationstechnologien (Call-Centers, Datawarehouse, Internet u. a.) kann die Beziehungsintensität (electronic relationship, learning relationship) stärken und die Beziehungskosten reduzieren.

Senioren-Marketing

Senioren-Marketing beinhaltet Marketingüberlegungen für „ertragsstarke" Altersgruppen; beispielsweise die in der Regel noch berufstätigen „jungen Alten" (ab 50 Jahre), die ertragsstarken Senioren (ab 60 Jahre) und die oft mit Altersbeschwerden konfrontierten (ab 70 Jahre).

Sense-&-Response-Marketing

Das Marketing der neuen Werte für den Gast findet zunächst heraus, welche Werte Gäste wirklich wünschen, denkt an die Bequemlichkeit der Gäste (Convenient Marketing) und gehört mit voller Gastorientierung zum Individualmarketing.

Szenen-Marketing

Das Szenen-Marketing ist kein eingeständiges Marketingkonzept, sondern eine Mischung von Event-, Experimental und Relationship-Marketing für individualisierte, lebensstilorientierte, oft vernetzte Marktsegmente (Szenen) (Event-Marketing).

Telefonmarketing

Telefonmarketing umschreibt kein Marketingkonzept, sondern „nur" die Kundenkommunikation (Informationen, Verkauf u. a.) mittels Telefon.

Total-Loyalty-Marketing

Total-Loyalty-Marketing ist ein umfassender, prozessorientierter, vernetzender Ansatz. Im Total-Loyalty-Dreieck mit den Eckpfeilern Management, Mitarbeiter und Kunde konzentriert sich das Konzept in seiner Geschlossenheit auf die Loyalität.

Tourismus-Marketing

Tourismus-Marketing ist eine Form des Dienstleistungsmarketings. Besonderheiten sind: Auslastung Infrastruktur (Image, Preispolitik, Yield-Management), stabile Erlebniswelten (Landschaften u. a.), stationäre Angebote (Hotels, Sportanlagen u. a.) und vielschichtige direkte und indirekte Vertriebskanäle (Hotels, Reiseagenturen u. a.).

Vertikales Marketing

Das vertikale Marketing ist das kooperative Marketing (integriertes Marketing) zwischen Hersteller und Handel und beinhaltet primär die Überwindung konkurrierender Ziele (Distributionsdichte, Margenpolitik, Markenführung u. a.) in mehrstufigen Märkten.

Viral-Marketing

Das Viral-Marketing (word of mouse marketing) ist ohne Internet nicht denkbar: Eine unternehmerische Leistung kann, sofern die Initialaktivität gelingt, im E-Business „ansteckend" verbreitet werden, sei es mittels persönlicher E-Mails oder Newsletter.

Massenmarketing

⇕

„Marketing des Anbietens und des Verkaufens"
(Make-&-Sell-Marketing) entwickelt sich zum

⬇

zukunftsfähigen
„Marketing der neuen Werte für den Gast"
(Sense-&-Response-Marketing)

⇕

Individualmarketing

Umgekehrte Rollenverteilung im Hotelmarketing

Im Zeitalter der Informationstechnologien gewinnen Gäste eine neue Macht. Früher ging der Marketingmanager als „Jäger" auf Gästefang; heute wählt sich der Gast mit viel Markttransparenz und Informationen sein touristisches Unternehmen aus und teilt uns seine Wünsche und Preisvorstellungen mit. Je besser Gäste informiert sind, desto fundiertere Entscheidungen können sie auch treffen. Gäste übernehmen selbst dabei klassische Aufgaben des Marketings:

- Sie setzen z. B. selbst ihr individuelles „Urlaubspackage" zusammen,
- sie definieren Preise in einer offenen Kommunikation,
- sie bestimmen im Internet, welche Werbebotschaften sie empfangen möchten und welche nicht.

Gäste erwarten heute schon, dass touristische Dienstleistungen und Produkte mit Preisen, Buchungsmöglichkeiten und sogar Werbeaktionen individuell auf sie zugeschnitten werden.

Erlebniswert für den Gast = Gastwert

$$\text{Gastwert (Erlebniswert für den Gast)} = \frac{\text{Informations-} \times \text{Hardware-} \times \text{Software-Qualität}}{\text{Kosten (Preise)} \times \text{Zeit}}$$

Der Gastwert (Erlebniswert für den Gast) in Hotellerie und Gastronomie resultiert aus der Kombination von Hardware-Qualität (z. B. Zimmer, gastronomisches Angebot, Mobiliar, Freizeit-/Sporteinrichtungen, Funktionalität, Organisation etc.), dem geleisteten Service mit Software-Qualität (z. B. Einstellung, Verhalten, Kommunikation, Zuwendung, Freundlichkeit etc.) und der Informations-Qualität über Produkte und Dienstleistungen im Verhältnis zu den Kosten (hier Preise für den Gast) und dem Parameter Zeit (z. B. Servicezeit, Informationsbeschaffung).

Elektronische Gästebindung – Electronic-Customer Relationship-Management (E-CRM)

Customer-Relation-Management will mit einer Qualitätssteigerung bei den Gästebeziehungen langfristige Gästeloyalität erreichen. Gastzentrierte Marketingkommunikation lässt sich mit CRM-Lösungen in Multi-Channel-Anwendungen wirkungsvoller und kosteneffizienter planen. E-CRM führt als neuer Managementansatz Marketing und Business-Engineering zusammen. Aus dem Marketing fließen Ansätze zur Bildung langfristiger, gewinnbringender Gästebeziehungen ein und aus dem Business-Engineering die Prozessanalyse sowie die IT-Unterstützung der Prozesse. Die Vorteile einer „internen" elektronische Erfassung und Auswertung von Gästekarteien waren auch vor Einführung des E-CRM in der Hotellerie bekannt:

1. **Individualisierung der Dienstleistungen für den Gast**
2. **Beziehungsmarketing (Relationship-Marketing)**
3. **Marketing nach Maß (Customized Marketing)**
4. **Schulung der Gastkontaktmitarbeiter**
5. **Vermeidung von Wiederholungsfehlern**
6. **Database-Marketing ermöglicht Direktansprache der Gäste**
7. **Aufzeigen geringer Marktanteile/Grad der Marktdurchdringung**
8. **Möglichkeiten des Cross-Selling**
9. **Nachfragegerechte Angebotspolitik der Hotelnebenleistungen**

1. Individualisierung der Dienstleistungen für den Gast

Mit detaillierten Informationen über die Gewohnheiten und besonderen Wünsche der Gäste kann der Qualitätsservice personalisiert werden.

2. Beziehungsmarketing (Relationship-Marketing)

Zur langfristigen Betreuung gehören Aufmerksamkeiten zu persönlichen Festtagen (wie z. B. Geburtstage, Hochzeitstage, berufliche Erfolgsdaten etc.). Die in der Datenbank erfassten Bedürfnisse, Kaufmotive oder bisher nachgefragten Dienstleistungen schaffen eine optimale Voraussetzung für ein gezielt betriebenes Beziehungsmarketing.

3. Marketing nach Maß (Customized Marketing)

Mit Erfassung der aufgelaufenen Umsätze pro Gast, Anzahl der Übernachtungen, des Reservierungsverhaltens, der abgestimmten Verkaufspreise (Zimmerraten, Rabatte), belegten Zimmertypen kann das Serviceangebot für den Gast flexibel und passend maßgeschneidert werden.

4. Schulung der Gastkontaktmitarbeiter

Nicht nur neue Mitarbeiter können sich vor Gästeankunft mit den Besonderheiten ihrer Gäste immer wieder vertraut machen. Gästeerwartungen werden dann von allen durch auf Gäste geschulte Gastkontaktmitarbeiter qualitäts- und gastorientiert erfüllt.

5. Vermeidung von Wiederholungsfehlern

Mit der detaillierten Erfassung auch nur mündlich vorgebrachter Beschwerden seitens der Gäste wird beim nächsten Besuch von vornherein auf die vom Gast so empfundenen Schwachstellen geachtet.

6. Database-Marketing ermöglicht Direktansprache der Gäste

Die präzisere Direktansprache mit Direct-Mailing-Aktionen auf ausgewählte Zielgruppenmerkmale reduziert Streuverluste. Das Computer-aided Selling – die EDV-unterstützten Verkaufsprozesse – minimiert mit den Grunddaten und den sortierbaren Interessen und Bedürfnissen des Gastes den Marketingaufwand pro Zielgruppe. Das Direct Mailing kann selektiv, auf kleinste Zielgruppen (z. B. nur an Gäste, die zu Ostern reserviert hatten) mit persönlicher Ansprache und relativ kurzfristig eingesetzt werden. Jede auf Informationssysteme aufgebaute Direktwerbebriefaktion kann auch direkt kontrolliert werden. Die eingehenden Rückantworten lassen bei einem Direct Mailing eine genaue Erfolgskontrolle zu.

7. Aufzeigen geringer Marktanteile/Grad der Marktdurchdringung

Sortierprogramme bei der Datenbank „Gästekartei" ermöglichen genaue Kenntnisse über unterdurchschnittlich vertretende Zielgruppen. Auch die Altersstruktur des Gästemix muss bei der zukünftigen Angebotspolitik im Marketingplan berücksichtigt werden.

8. Möglichkeiten des Cross-Selling

Unter Beachtung mehrerer Aspekte wie Alter, Beruf, Reisezweck, Reservierungsweg, Nationalität etc. lassen sich auf verschiedene Merkmale bezogene Kreuzauswertungen erstellen. Hier werden wertvolle Hinweise zur Bildung von Gästetypengruppen gewonnen, für die weitere Angebotskombinationen (z. B. Kultur- oder Fitnesswochenende) interessant sein können.

9. Nachfragegerechte Angebotspolitik der Hotelnebenleistungen

Die Erfassung der genutzten Nebenleistungen wie Sauna, Solarium, Fitnesseinrichtungen, Gästewäscherei, Sekretariatsdienst, Animation in der Ferienhotellerie, Telefon-/Telefaxdienst, Nutzung von Computern, Babysitter, Beauty-Farmen etc. zeigen dem Management, welche Leistungen der Gast nicht mehr honoriert oder erkennt (Rationalisierungsmaßnahmen) und welche Dienstleistungen wertschöpfend für den Betrieb sind und Qualität für den Gast bedeuten (Basis für Lean Management).

Gästeanalysen für die Hotellerie, die Daten über die Gästestruktur, das Gästeverhalten, Vorstellungen, Motive und Wünsche eruieren, haben ihrer Natur nach Ex-post-Charakter. Die ständig betreute und überarbeitete Gästekartei dient als Informationsquelle und Basis für Direktmarketing. Das Computerprogramm zur Gästekartei wird mit Suchhinweisen regelmäßig alle Betreuungsdaten auf Änderungen hin abfragen. Nur eine regelmäßig aktualisierte Gästekartei und deren Auswertung können Wettbewerbsvorteile bringen. Ergänzungen, Änderungen, Aussortierung und Auswertungen von Gästedaten sollten in den Verantwortungsbereich der Empfangsabteilung eines Hotels fallen.

Modernes E-CRM kann heute schon im Marketing viel mehr leisten:

- Aus Distanz wird Nähe – Angebote und Informationen werden auf die Wünsche und Anfragen der Gäste zugeschnitten.

- Alle Kommunikations- und Interaktionskanäle werden integriert, Datentausch mit touristischen Partnern.
- Informationen werden auf Datenbanken gespeichert und untereinander vernetzt.
- Daten über Gäste werden gesammelt, um auch maßgeschneiderte Programme für spezielle Zielgruppen zu erstellen.
- Eine komfortable Buchungsplattform ist meist integriert.
- Keine reine Technologie, sondern eine langfristige Strategie, z. B. für personalisierte Reisevorbereitung, virtueller Reiseberater.
- Z. B. eine Gästedatenbank, die mit einem Reservierungssystem und einem Beschwerdemanagementsystem verbunden ist.
- Das Web-Angebot wird mit erfassten Präferenzen durch den Gast selbst konfiguriert.
- Ein Profil mit persönlichen Daten und bevorzugten touristischen Leistungen im CRM ermöglicht persönliche Ansprache der Gäste und eine an ihren Interessen orientierte tagesaktuelle Angebotspolitik.
- CMR leistet einen automatischen Abgleich „up to date" gespeicherter Gästeprofile und baut die Distanz zum Anbieter im virtuellen Raum ab.
- Personalisierung zielt mit CRM auf die Anerkennung der Individualität, Besonderheit und Unverwechselbarkeit jedes Gastes mit seinen Wünschen und Vorlieben ab.
- Kommunikation im CRM kann persönlich ausgewählt werden (Telefon, Website, Chatroom, E-Mail etc.).
- Muster und Regelmäßigkeiten der Gäste leiten sich aus dem Informationsmix von Call-Centern, Briefverkehr, Käufe und Buchungen, erlebter Produkt und Dienstleistungen, Analyse des Verhaltens auf der Website (Clickstream-Analysis) ab.
- Interessen ähnlicher Gäste werden kombiniert angeboten („Gäste, die Pommes frites gewählt haben, interessierten sich auch für Ketchup.").
- Ein virtueller Reiseberater stellt innerhalb kürzester Zeit eine exakt auf den Gast zugeschnittene Auswahl an touristischen Leistungen am Urlaubsort zusammen.
- Namen werden mit CRM automatisch für die Anmeldung übernommen, begleitet mit Hotel- und Umgebungsfotos oder virtuellen Rundgängen durch das Hotel, „Emotional Clips" mit Videosequenzen sowie Infos zu Mietwagen oder Ausflugsmöglichkeiten, Tagesgerichte und und und.

- Ableitungen von Präferenzen der Gäste.
- Urlaubshungrige bekommen mit dem CRM E-Mails mit Links zu den passenden und noch buchbaren Angeboten auf der Website.

Obwohl die Sammlung und der Austausch von Informationen über Gäste in Informationssystemen erhebliche Nutzenpotenziale beinhaltet, sind v.a. jene Systeme umstritten, die neben den Fakten zu geschäftlichen Transaktionen auch Persönlichkeitsmerkmale, Verhalten, Interessen, Hobbys, Hinweise zur Familie etc. erfassen. Personalisierte Empfehlungen basieren zwar meist auf Vergangenheitsdaten, aber wo bleibt der Datenschutz, wenn weltweit gleichzeitiger Zugriff auf Gästeinformationen durch E-CRM ermöglicht wird? CRM-Systeme verwirklichen bereits heute Sicherheitsmechanismen, die den datenschutzrechtlichen Anforderungen zur Verarbeitung personenbezogener Daten gerecht werden; den weltweit „gläsernen Gast" wird es hoffentlich nicht geben.

Anforderungen an das Marketing der Zukunft

- Ein „Convenient Marketing" touristischer Serviceleistungen; es muss viel mehr an die Bequemlichkeit des Gastes gedacht werden.
- Nutzung der Informationsmacht neuer Medien, um auch eine viel schnellere Anpassung der nachfrageorientierten und individualisierbaren Angebotspolitik zu ermöglichen.
- Es geht um die Schaffung neuer Werte für den Gast.
- Differenzierte, individuell angepasste und personalisierte Informationen werden öffentlich zugänglich und transparent.
- Hohe Qualität bei exzellentem Service mit schnellstmöglichen Tempo muss garantiert werden.
- Die drei Aufgaben des Marketings der Zukunft müssen integriert und optimiert werden:
  - Nachfragemanagement
  - Ressourcenmanagement
  - Netzwerkmanagement
- Im Nachfrage- und Ressourcenmanagement müssen neue Werte für den Gast erkannt, entwickelt und im Netzwerk angeboten werden.
- Der von den Gästen ausgehenden und gewünschten Individualisierung von Serviceleistungen muss flexibel entsprochen werden.

- Seien Sie offen für das Internet und beschränken Sie sich dabei nicht auf die Einrichtung einer neuen Website.
- Ein individuelleres Angebot von Produkt und Serviceleistungen erfordert eine schnelle und genaue und kontinuierliche Erfassung der Gästewünsche.
- Bewährte Fähigkeiten und Kompetenzen in der Vergangenheit bleiben weiterhin unverzichtbar.
- „Liebe deinen Gast wie dich selbst!" Begeisterung und Gästetreue durch Betonung der Kernkompetenzen in Hotellerie und Gastronomie bleiben im Vordergrund.

Systematisches Gästerückgewinnungs-Management

Der Schwerpunkt im Marketing von Dienstleistungsunternehmen hat sich allgemein von umsatz- und wachstumsorientierten Strategien auf die Problemfelder Kundenbindung und Customer-Relationship-Management verlagert. Vokabeln wie „Kundenbindungsmanagement" und „Relationship-Marketing" haben Hochkonjunktur. Die Kunden-/Gästeorientierung beinhaltete schon immer den zentralen unternehmerischen Erfolgsfaktor im Gastgewerbe. Gäste verhalten sich immer selbstbewusster, kritischer und sprunghafter. Dennoch konzentriert man sich mit unterschiedlichsten Marketingstrategien und Maßnahmen entweder auf die **Akquisition neuer Gäste (customer acquisition)** und/oder auf die verstärkte **Bindung bestehender Gäste (customer retention)**. Auch alle Qualitätsmanagement-Systeme legen den Fokus auf Neugewinnung und Bindung von Gästen. Eine einseitige Orientierung auf die Verbesserung der Gästezufriedenheit wiegt das Management in der gefährlichen Sicherheit, wirklich alles Notwendige gegen Gästeabwanderung zu tun. Selbst ein hoher Grad von Gästezufriedenheit vermag aber die Abwanderung von Gästen nicht aufzuhalten. Die stetig steigende Markttransparenz, die zunehmende Dynamik und Verstärkung des Wettbewerbs in Hotellerie und Gastronomie, die steigende Bereitschaft seitens der Gäste zum „Betriebswechsel" werden die Gästemigration weiter verstärken. Der Zusammenhang zwischen Gästeverlust und Gewinn oder Cashflow ist vielleicht zu wenig bekannt. Immer mehr setzt sich die zentrale Erkenntnis durch, dass Gästeakquisition und Gästebindung heute allein nicht mehr genügen.

Das Segment „verlorener oder ehemaliger Gäste" darf im umfassenden Konzept der Gästeorientierung nicht länger vernachlässigt werden. Eine Gästeabwanderung kommt meist einem Substanzverlust des Unternehmens gleich. Wohl manches Management unterschätzt die Notwendigkeit und das Erfolgspotenzial einer **„Gäste-Wiedergewinnungs-Strategie" (Customer-Recovery-Management)**. So beinhaltet die Auseinandersetzung mit „verlorenen Gästen" ja meist auch immer ein Eingeständnis gemachter Fehler! Isolierte, unkoordinierte und unprofessionelle Einzelmaßnahmen zur Gästerückgewinnung richten in der Praxis oft noch mehr Schaden an: Fehlinvestitionen und verärgerte Gäste.

Nur ein systematisches Management der Gästerückgewinnung kann die Chancen, die in der **Wiedergewinnung von Gästen (customer recovery)** liegen, erkennen und nutzen. Mit zunehmender Dauer der Gästebeziehung steigt deren Profitabilität. Geringere Preissensibilität, Folge-Nebenumsätze sowie „Cross-Selling" und auch höhere Mund-zu-Mund-Werbung aktueller Gäste (Weiterempfehlungen) lassen alle Strategien des Managements zur Gästebindung äußerst rentabel erscheinen. In der Praxis betonen im Sinne der Gästebindung die meisten Programme **defensives Qualitätsmanagement** und sind mit einem „Defensivmaßnahmenbündel" wie Qualitätsstandards, Null-Fehler-Konzepten, Qualitätskontrollen, Hoteltestern, Mystery-Guest-Analysen, Check-ups u. a. auf Erhaltung, Qualitätssicherung und Reklamationsvermeidung ausgerichtet. Mängel und mögliche Gästebeschwerden sollen aufgespürt und rechtzeitig abgestellt werden.

Verlorene Gäste können sogar nach ihrer erfolgreichen Rückgewinnung eine stärkere Loyalität als aktuelle Stammgäste entwickeln. Nur mit aktivem und defensivem Qualitätsmanagement lässt sich das bisher vernachlässigte Gästesegment wieder zurückholen.

Der folgende Abschnitt soll dazu anregen, sich im Management erneut Gedanken zu machen über „ehemalige und scheinbar verlorene" Gäste. Der vorgeschlagene Ablaufplan zur „Konzeption des Gäste-Rückgewinnungs-Managements in Hotellerie und Gastronomie" erfolgt in Anlehnung an die von Sauerbrey und Henning beschriebenen Best-Practice-Beispiele anderer Dienstleistungsbetriebe.

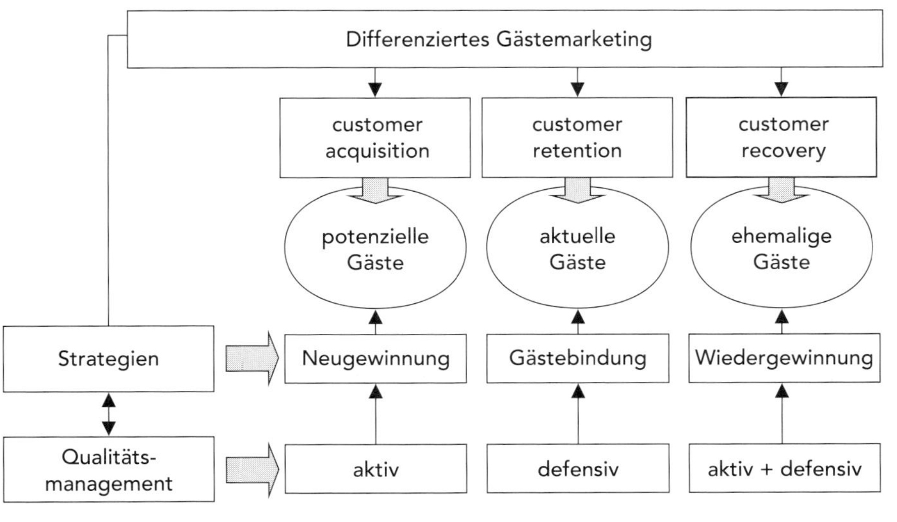

Elemente eines differenzierten Gästemarketings

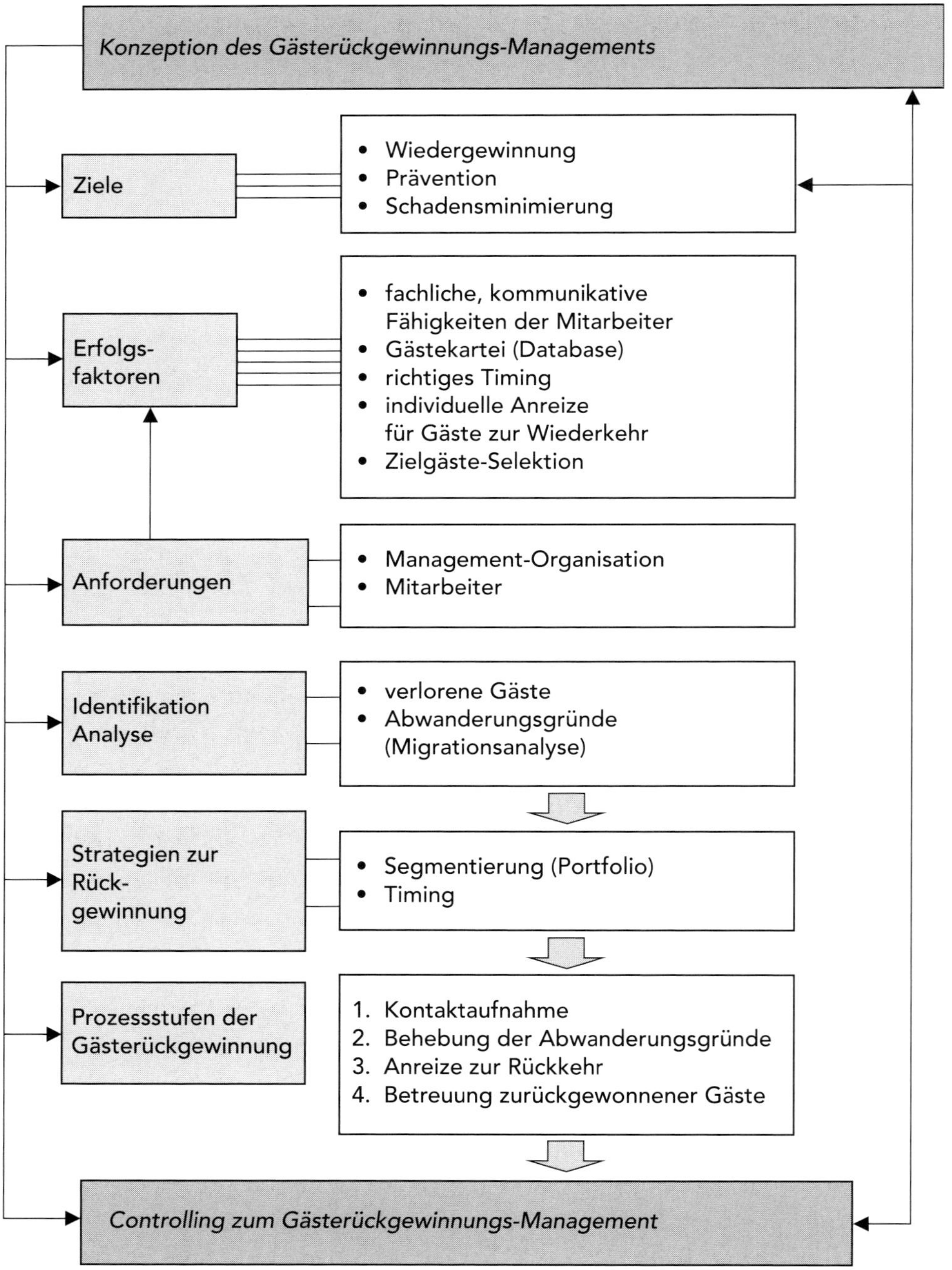

Customer-Recovery-Management (Gästerückgewinnungs-Management)

Ziele des Managements der Gästerückgewinnung

Das Konzept zum Gästerückgewinnungs-Management beinhaltet drei gleichgewichtige Ziele:

1. **Wiedergewinnungsziel**
2. **Präventionsziel**
3. **Schadensminimierungsziel**

1. Wiedergewinnungsziel

Die Rückgewinnung möglichst „deckungsbeitragsfreudiger" Gäste, die für den Hotel- und Gaststättenbetrieb zunächst verloren erscheinen, hat einen direkten Einfluss auf den Unternehmenserfolg. Vielfache Einschätzungen zum Problem „Was kostet der Gast, der nicht wiederkommt?" verdeutlichen, dass Marketingkosten zur Akquisition neuer Gäste die erforderlichen Gäste-Bindungskosten bis um das Sechsfache übersteigen. Dabei liegen die Wiedergewinnungskosten „verlorener Gäste" erfahrungsgemäß weit unter den Neu-Akquisitionskosten. Der gesamt zu betrachtende Kunden-/Gastwert beinhaltet auch nicht nur den Deckungsbeitragsverlust. Möglichkeiten zum Cross-Selling, das Weiterempfehlungs- und Informationspotenzial eines verloren gegangenen Gastes sind ebenfalls miteinzurechnen. Zum Wiedergewinnungsziel gehören also die damit verbundenen Mengenvorteile durch Volumensteigerung bei wiedergewonnenen Gästen und Volumensteigerung durch Weiterempfehlung. Ohne Zweifel entsteht auch eine höhere Preisakzeptanz bei wiedergewonnenen Gästen (Preisvorteile). Gäste sind oft bereit, für Bekanntes und dann Bewährtes höhere Preise zu zahlen.

2. Präventionsziel

Allein die Analyse der Abwanderungsgründe (Migrationsanalyse) hilft jedem Betrieb, sich mit seinem Stärken-und-Schwächenprofil auseinander zu setzen. Es geht um Gewinnung von Informationen über Schwachstellen (Informationsvorteile). Durch das Feedback ehemaliger Gäste werden betriebliche Servicemängel transparent. Die Reduzierung von Fehlern im Gastkontaktbereich kann künftigen Gästeabwanderungen vorbeugen. Die Präventionsmaßnahmen zum Gästeverlust haben einen indirekten Einfluss auf den Unternehmenserfolg und einen gleichgewichtigen Stellenwert im Zielkatalog des Gästewiedergewinnungs-Managements.

3. Schadensminimierungsziel

Ein verärgerter und unzufriedener Gast kann mit negativer Mund-zu-Mund-Werbung viel Schaden anrichten. Negative Nachrichten sprechen sich schneller herum als positive. Empirische Untersuchungen zeigen, dass aufgrund der emotionalen Betroffenheit bei negativ empfundenen „immateriellen Leistungen" im Gastgewerbe ein enttäuschter Gast bis zu sechzehn weitere potenzielle Gäste infizieren kann. Selbst wenn es nicht gelingt, den Gast wiederzugewinnen, kann ein gezieltes Rückgewinnungsprogramm helfen, den Gast zu beschwichtigen, und somit zur Schadensminimierung beitragen. Auch hier könnte man weitere Kostenvorteile nennen wie z. B. reduzierten Aufwand der Gästebearbeitung, reduzierten Aufwand der Neugästeakquisition und reduzierten Aufwand der Fehlerbeseitigung.

Erfolgsfaktoren der Gästerückgewinnung

Zu den wichtigsten Erfolgsfaktoren des Customer-Recovery-Managements gehören die fachlichen und kommunikativen Fähigkeiten der eingesetzten Verkaufsmitarbeiter. In den diffizilen Gesprächen bei der Kontaktaufnahme mit den verlorenen Gästen muss Taktgefühl, Kompetenz kommuniziert werden. Eine umfassende Gästekartei (Database) unterstützt die Verkaufsmannschaft als „Wiedergewinner" ehemaliger Gäste.

Auch bei der Zielgästeselektion (Segmentierung) muss auf ausreichende Informationen über verlorene Gäste zurückgegriffen werden können. Unter richtigem Timing versteht man die frühzeitige Ansprache abgewanderter Gäste. Die Kenntnis über das Reservierungsverhalten der Hotelgäste des vorangegangenen Jahres dient hierbei als Basisinformation. Vielleicht sollte die erste Kontaktaufnahme des verlorenen Gastes zu seinem Geburtstag oder zu anderen Festtagen erfolgen. Auf der Grundlage einer detaillierten Abwanderungsanalyse müssen möglichst gästeindividuelle Anreize abgestimmt auf die aktuelle Gastsituation zum Wiederkommen geschaffen werden.

Anforderungen an das Gästerückgewinnungs-Management

Ein systematisches Gästerückgewinnungs-Management setzt einige Investitionen und das volle Interesse des Managements voraus. Die Aufgabe der Ursachenanalyse für die Abwanderung der Gäste darf nicht delegiert werden. Führungskräfte müssen sich selbst als „Lernende" betätigen. In großen Hotels sollte jemand von der Verkaufsabteilung, in kleineren Betrieben die Direktion selbst sich um die weitere Betreuung dieses lukrativen Geschäfts bemühen. Weiß man doch, dass die Bindungsdauer einmal zurückgewonnener Gäste weit höher sein kann als die „normaler Stammgäste". Der ehemalige Gast fühlt sich durch den „Rückgewinnungsprozess" besser betreut, eventuelle Qualitätsfehler wurden beseitigt und er verfügt über einen aktuelleren Informationsgrad über das Dienstleistungsangebot als ein „durchschnittlicher Stammgast". Ohne Schulung (Gesprächstraining) der Mitarbeiter zur professionellen Gästerückgewinnung geht es nicht. Die Gästerückgewinnung ist aber deutlich kostengünstiger als die Akquisition neuer Gäste. Untersuchungen zeigen, dass es sechsmal teurer ist einen neuen Gast zu gewinnen als einen gewonnenen Gast zu halten (Kosten der Gästebindung). Es ist aber nur dreimal teurer einen verlorenen Gast wiederzugewinnen. Gäste senden vor der Abwanderung in aller Regel Signale aus (zum Beispiel Gästereklamationen). Besonders gefährlich erscheint die „stille Abwanderung"; sie bleibt unentdeckt. „Ruhe" wird vom Management oft als Zufriedenheit gewertet. Die Null-Migrationsrate in Hotellerie und Gastronomie (Abwanderungsrate der Gäste) bleibt als Vision in der Praxis wohl unerreichbar.

Identifikation und Migrationsanalyse verlorener Gäste

Um die „richtigen und deckungsbeitragsfreudigen Gäste" zurückgewinnen zu können, ist eine vorangeschaltete Identifikation und Migrationsanalyse verlorener Gäste unabdingbar. Während beim regelmäßigen Tagungs- und Bankettgeschäft mit den Firmen das „Abwandern" schnell ersichtlich ist (mittelfristige Reservierungen), wird das Ausbleiben des Wiederholungsgastes beim Individualgeschäft oft gar nicht oder wenn, dann oft erst zu spät erkannt. Informationen über Reservierungsverhalten, übliche Aufenthaltsdauer, Zeitpunkt der Buchungen, Deckungsbeitrag pro Gast/Firma gehören als Mindestinformationen in die „Gäste-Datenbank" und beantworten die Frage, ab wann ein Gast als „verloren" gilt. Grundsätzlich sind alle kritischen Ereignisse (critical incidents), die Gäste zum Abbruch der Geschäftsbeziehungen veranlassen, zu untersuchen und zu bewerten.

Bei der Migrationsanalyse lassen sich die Abwanderungsgründe in drei grobe Kategorien einteilen:

1. **Gründe der Unzufriedenheit**
2. **Attraktivere Mitbewerber**
3. **Unvermeidbare Gründe**

1. Gründe der Unzufriedenheit

Die Unzufriedenen gehören zu den vermeidbaren Gästeverlusten. Die Gründe, im Englischen „pushed away reasons" genannt, weisen auf Fehler oder Mängel der Dienstleistungen des gastgewerblichen Betriebes hin. Der Gast fühlte sich schlecht behandelt (Mitarbeiter-Gast-Beziehung); Qualitätsmängel bei der „Hardware" (z. B. laute und dreckige Zimmer, mittelmäßiges Gastronomieangebot, Organisationsfehler bei der Durchführung von Bankettveranstaltungen etc.), aber auch vom Gast negativ bewertetes Preis-Leistungs-Verhältnis gehören zu den nicht rechtzeitig erkannten Mängeln der Unternehmensleistung.

2. Attraktivere Mitbewerber

Auch die Abgeworbenen fallen zumindest teilweise unter die Kategorie „vermeidbare Abwanderer". Den „pulled away reasons" (weggezogen – abgeworben) wurden keine Gästebindungsmaßnahmen entgegengesetzt. Der Gast empfindet das Angebot der Mitbewerber als attraktiver. Kommt es hier zu einer Häufung dieses Wechselgrundes, muss der Betrieb schnell reagieren und seine eigene Wettbewerbsfähigkeit im „Hardware"- und „Software"-Bereich überprüfen. Unter die Gruppe der Abgeworbenen fallen auch die Gäste, die einfach Abwechslung suchen, neue Betriebe am Markt ausprobieren und dann hoffentlich „reumütig zurückkehren".

3. Unvermeidbare Gründe

Auch über diese Kategorie, die „broken away reasons" (unvermeidbarer Wegfall des Nachfragegrundes), muss Klarheit herrschen. Ist der Gast verstorben oder hat die Firma Konkurs angemeldet, so gibt es für den Anbieter keinerlei Möglichkeit zur Fortsetzung der Gästebeziehung. Fehlinvestitionen im Marketing zur Gästerückgewinnung können vermieden werden. Man sollte es sich aber nicht zu leicht machen, den Verlust eines Gastes als extern vorgegeben und nicht beeinflussbar einzustufen.

Schriftliche Befragungen sind bei der Ermittlung der Abwanderungsgründe kaum geeignet. Eventuell müssen neutrale Dritte in telefonischen oder persönlichen Einzelinterviews mit speziellen Fragetechniken die wirklich ausschlaggebenden und oft verdeckten Gründe für die Abwanderung der Gäste ermitteln. Am leistungsstärksten ist ein persönliches Gespräch unter Verwendung der so genannten „Root-Cause-Analyse" (spezielle Fragetechnik).

Zu den vielfältig kombinierbaren Abwanderungsgründen in Hotellerie und Gastronomie gehören allgemein:

- Probleme bei der Interaktion Gäste – Mitarbeiter
- mangelhafte Service- und Dienstleistungen
- Reaktionen auf Gastprobleme – Behandlungen von Reklamationen
- persönliche Gründe der Gäste
- neue Wettbewerbsangebote
- veraltete „Hoteltechnik"
- mangelhafte Gästebetreuung
- preispolitische Gründe, Konkurrenz bietet besseren Preis
- Streben nach Abwechslung
- Qualitätsmängel im „Hardware"- und „Software"-Bereich
- begrenztes gastronomisches Angebot (Vielfältigkeit)
- unzureichende Servicezeiten
- Mitarbeiterwechsel

Erst eine systematische Erfassung der im Rahmen einer Migrationsanalyse ermittelten, kategorisierten und bewerteten Abwanderungsgründe führt zu einer optimalen Nutzung der gewonnenen Informationen. Die quantitative Auswertung kann Schwachstellen schnell aufdecken und dient oft als Basis für vorbeugende Trainingsmaßnahmen. Die genaue Kenntnis der Abwanderungsgründe gilt als Voraussetzung für die Behebung der Probleme und hilft bei der Auswahl gästeindividueller Anreize für die Rückgewinnung. Die Ergebnisse einer Migrationsanalyse für die Hotellerie und Gastronomie gehören zum Fundament des Total Quality Service (TQS), zum kontinuierlichen Verbesserungsprogramm.

Strategien zur Rückgewinnung

Ein erfolgreiches Customer-Recovery-Management richtet seine Rückgewinnungsaktivitäten differenziert nach Gäste-Segmentierungen. Die Attraktivität verlorener Gäste ergibt sich dabei aus dem Wert, den ein Gast für das gastgewerbliche Unternehmen darstellt (z. B. die im Fall seiner Rückgewinnung erzielbare Umsatzhöhe pro Jahr). Das Ergebnis dieser Gästebewertung lässt sich anschaulich im Wiedergewinnungsportfolio mit vier „Gästegruppen" darstellen (siehe Abbildung). Grundsätzlich sollte möglichst rasch nach dem wiederholten Wegbleiben des Gastes reagiert werden. Umso wichtiger ist also die Entscheidung darüber, ab wann ein Gast als „verloren oder abgewandert" gilt (Timing).

Gästeattraktivität		Wahrscheinlichkeit der Rückgewinnung: niedrig	Wahrscheinlichkeit der Rückgewinnung: hoch
	hoch	abgeworbene Gäste *(selektiv zurückgewinnen)*	enttäuschte Gäste *(mit Ehrgeiz zurückgewinnen)*
	niedrig	Verlustgäste *(aufgeben)*	preissensible Wechsel-Gäste *(sparsam zurückgewinnen)*

Portfolio zur Gästerückgewinnung

Erläuterung: Portfolio zur Gästerückgewinnung

Positioniert man seine Gäste im Portfolio, so lassen sich vier Segmentierungen für die Zielgäste-Gruppen für die Rückgewinnung unterschiedlich ansprechen:

1. **Enttäuschte Gäste**
2. **Abgeworbene Gäste**
3. **Preissensible Wechsel-Gäste**
4. **Verlustgäste**

1. Enttäuschte Gäste

Dieser Gästekreis ist aufgrund negativ empfundener Erfahrungen mit dem Dienstleistungsbetrieb abgewandert. Die Gästekartei stuft dieses früher loyale Segment als profitabel und daher für das Unternehmen als hoch attraktiv ein. Eine Wiedergewinnung ist auf jeden Fall zu empfehlen. Eine Analyse der Abwanderungsgründe leistet wertvolle Informationen über Schwachstellen der einzelnen Gastkontaktabteilungen. Fehler sind als Impulse für Verbesserungen zu sehen.

2. Abgeworbene Gäste

Gäste, die aktiv von attraktiveren Mitbewerbern abgeworben wurden, sind schwierig zurückzugewinnen. Wenigstens sind Maßnahmen zur Reduzierung negativer Mund-zu-Mund-Werbung dieser Gästegruppe einzuleiten. Hier werden bei der Migrationsanalyse wertvolle Informationen über die Wettbewerbsvorteile bei der Konkurrenz gewonnen.

3. Preissensible Wechsel-Gäste

Kein Hotel wünscht sich diese Art von Gästen. Eine loyale Beziehung kann kaum aufgebaut werde. Diese Schnellwechsler suchen meist nur den günstigsten Preis. Bei Rückgewinnungsbemühungen können kurzfristig schnelle Erfolge erzielt werden.

4. Verlustgäste

Nach erwirtschaftetem Deckungsbeitrag pro Gast erscheint dieses Segment uninteressant für die Wiedergewinnung. Oft sind es auch besonders anspruchsvolle Gäste, die mehr fordern, als sie bereit sind zu bezahlen. Es empfiehlt sich, einen einmaligen kostengünstigen Kontakt mit dieser Gästegruppe aufzunehmen, um Schadensminimierung bei negativer Mundpropaganda zu betreiben. Lohnen sich Rückgewinnungsmaßnahmen aus betriebswirtschaftlicher Seite nicht, muss diese Gästegruppe aufgegeben werden.

Prozessstufen der Gästerückgewinnung

Zur eigentlichen Gästerückgewinnung werden folgende Prozessstufen im Customer-Recovery-Management eingesetzt:

1. **Kontaktaufnahme**
2. **Behebung der Abwanderungsgründe**
3. **Anreize zur Rückkehr**
4. **Betreuung zurückgewonnener Gäste**

1. Kontaktaufnahme

Nachdem die verlorenen Gäste mit geeigneten Instrumenten identifiziert, die Ursachen der Abwanderung aufgedeckt und systematisiert wurden, müssen vor Kontaktaufnahme Rückgewinnungsmaßnahmen hinsichtlich ihrer Kosten-Nutzen-Relation ausgewertet sein. In größeren Hotels wird der „geschulte Rückgewinner" der Verkaufsabteilung bei verlorenen Firmenkunden den persönlichen Kontakt aufnehmen. Für andere attraktive Gästegruppen bieten sich auch Instrumente des Direktmarketings wie Telefonmarketing, Direct-Mailing und E-Mailing an.

2. Behebung der Abwanderungsgründe

Im Mittelpunkt stehen die systematisch identifizierten Abwanderungsursachen; die Probleme, die der Abwanderung zugrunde liegen, müssen behoben werden. Mängel der Dienstleistungsqualität wie zum Beispiel unzureichende Betreuung bei Tagungen im Hotel oder zu lange Wartezeiten beim Restaurantservice sind sofort abzustellen. Eine wirtschaftlich vertretbare Kulanzregelung erscheint in einigen Fällen angezeigt. Viele Problemfelder liegen aber auch bei mangelhafter Kommunikation mit dem Gast oder im zwischenmenschlichen Bereich bei den Verhaltensfehlern des Gastkontaktpersonals. Welche Probleme im Einzelnen anzugehen sind, ergibt sich aus der vorangegangenen Migrationsanalyse.

3. Anreize zur Rückkehr

Die Wiedergewinnung eines Gastes sollte sich auf eine umfassende und individualisierte Kommunikation stützen. Engagiert und glaubhaft muss man sich jetzt um die für jeden Gast eigenen Servicequalitätserwartungen bemühen. Die Schaffung von Anreizen zur Rückkehr können finanzieller (z. B. Preisnachlässe, Zusatznutzen etc.) oder auch immaterieller Natur sein (z. B. Entschuldigungen, Serviceversprechen, zusätzliche Informationen u.a.). Der Rückgewinnungsanreiz sollte das Wiederkommen des Gastes unterstützen, keineswegs aber der einzige Grund dafür werden. Die auf jeden Gast individuell ausgerichtete und angepasste „Nutzenargumentation", verständnisvolle Gespräche mit Erklärungen gehören zu den kommunikationsbezogenen Anreizen.

4. Betreuung zurückgewonnener Gäste

Konnte bei Gästen die Bereitschaft zur Fortsetzung einer Geschäftsbeziehung geweckt werden, so muss das signalisierte Engagement des Managements mit abgestimmten Gästebindungsmaßnahmen komplettiert werden. Der zurückgewonnene Gast bedarf also weiterhin besonderer Aufmerksamkeit. Mit gezieltem Gästebindungsmanagement muss diese fragile Geschäftsbeziehung stabilisiert werden. Es empfiehlt sich dabei, mit diesen Gästen über einen längeren Zeitraum häufiger persönlichen Kontakt zu pflegen. Mit betreuenden Rückfragen und zusätzlichen Service-Angeboten muss mit aktivem Qualitätsmanagement (stets wechselnder Zusatznutzen für die Gäste) über die üblichen Gästebindungsmaßnahmen hinaus individueller Service geleistet werden.

Controlling im Gästerückgewinnungs-Management

Alles, was man nicht messen kann, kann man auch nicht verbessern. Über die Frage, wie, wo und wann der Erfolg des Gästerückgewinnungs-Managements wirklich messbar wird, sollte man im Vorfeld nachdenken. Grundsätzlich ist die Wirkung von Rückgewinnungsmaßnahmen auf die Zukunft gerichtet. Welche zusätzlichen Umsätze durch das wiedergewonnene Vertrauen der Gäste erzielt werden können, ergibt sich erst im Zeitablauf. Die gespeicherten Informationen in der Gästedatenbank bilden die Basis für Controlling-Auswertungen und Gästebindungsanalysen.

Anhand von Kennzahlen wie Entwicklung der Gästezufriedenheit, Wiederholungsumsatz pro Gast, Betreuungs- und Bindungskosten pro Gast u.a. lässt sich mittelfristig die Wirtschaftlichkeit und Effizienz des eingesetzten Rückgewinnungs-Instrumentariums beurteilen. Nicht alle zum Hotel rückkehrenden Gäste bleiben jetzt für alle Zeiten loyal und treu. Wechseln sie nach kurzer Zeit wieder, muss kritisch überprüft werden, ob diesen Gästen nochmalige Angebote zur Rückkehr unterbreitet werden sollen.

Unterschätzt wird meist das im Zuge der Rückgewinnungsaktionen gewonnene Wissen über die oft geheimen Wünsche der Gäste, aber auch über die eigenen Servicemängel des Betriebes. Gelingt es, Defizite – auch gegenüber Mitbewerbern – rasch in den Griff zu bekommen, profitieren alle Gäste davon und das Risiko weiterer Abwanderungen wird minimiert. Das Lernen aus Fehlern wird mit Customer-Recovery-Management zum festen Bestandteil der Unternehmenskultur. Qualitätsverbesserungen und Maßnahmen erfolgen in direktem, individuellem Gästedialog und verstärken die gastorientierte Servicequalität des Hotels. Gästerückgewinnungs-Management ist Teamarbeit, die als permanente Einrichtung am Leben erhalten werden muss.

Marketingplanung und -kontrolle

In dem Mittelpunkt der Marketingplanung steht die langfristige Marketingkonzeption, die mindestens die folgenden Punkte erfassen sollte:

1. Aufnahme des Ist-Zustandes
2. Vorschläge zur Verbesserung des Dienstleistungsangebotes (Erarbeitung von Freizeitmöglichkeiten, Änderungsvorschläge für Speise- und Getränkekarte, Vorschläge zur technischen Einrichtung des Hotelbetriebes)
3. Wettbewerbssituation, Analyse der Konkurrenzlage und daraus sich ergebende Schlüsse für das Profil des Betriebes
4. Zielgruppenbestimmung, Festlegung derjenigen Zielgruppen, auf die Marketingmaßnahmen konzentriert werden sollen
5. Schaffung der Angebotsunterlagen. Grafische Überarbeitung der vorhandenen Unterlagen wie Briefbogen, Rechnung, Speisekarte, Getränkekarte sowie Schaffung neuer Angebotsunterlagen, insbesondere Informationsmappen für Tagungsveranstalter, Klubs und Vereine
6. Verkaufsförderung. Es werden Aktionen konzipiert, die dazu dienen, neue Gästekreise in das Hotel zu bringen
7. Werbung. Es geht im Wesentlichen um Anzeigenwerbung sowie um Direkt-Werbebriefe mit allen Texten, Adressen und Layouts
8. Maßnahmen der Public Relations. Es werden Hinweise gegeben, wie eine erfolgsversprechende Pressearbeit realisiert werden kann, und außerdem Ereignisse konzipiert, die für die Presse berichtenswert sind
9. Veranstaltungen. Überarbeitung bestehender Veranstaltungen oder aber Entwicklung neuer Veranstaltungstypen mit dem Ziel, zum einen direkt neuen Umsatz zu schaffen, zum anderen aber das Hotel im Gespräch zu halten
10. Erfolgskontrolle, Schaffung eines Systems, mit dessen Hilfe es möglich ist, den Erfolg der einzelnen Maßnahmen zu kontrollieren
11. Personalschulung, Entwicklung eines Plans für die regelmäßige und differenzierte Schulung der eigenen Mitarbeiter
12. Zeitplan, Terminierung der gesamten Maßnahmen in der Marketingkonzeption

Entwicklung eines Marketingplans

Der folgende Ablauf soll schrittweise die Entwicklung eines Marketingplans in Hotellerie und Gastronomie aufzeigen.

1. Schritt:

Informationsbeschaffung und -auswertung (Marketinginformationssystem)

Kein Marketing ohne Marktforschung. Am Anfang steht die Information, die es zu analysieren gilt. Zu den Teilgebieten der Marktforschung zählt man in Hotellerie und Gastronomie im Wesentlichen:

- Nachfrageanalyse
- Konkurrenzanalyse
- Produkt- und Angebotsanalyse (einschließlich einer Analyse über die bisher eingesetzten Marketinginstrumente)

Nachfrageanalyse

Auch unter dem Oberbegriff der Bedarfsforschung erstreckt sich die Untersuchung auf den gesamten Markt. Dabei sind Gästeverhalten, Zielgruppenänderung und auch die Größe des eigenen Marktanteils zu analysieren. Hierzu gehört zum Beispiel folgender Fragenkomplex:

- Wie hat sich der Gesamtmarkt verändert?
- Gibt es Auswirkungen der allgemeinen Konjunkturentwicklung?
- Wie setzt sich die Gästestruktur zusammen? Nationalität, Alter, Geschlecht, Beruf, Familienstand, Aufenthaltsdauer, Reservierungsweg, Reisezweck, Durchschnittsumsätze, Ausgabebereitschaft usw.

Nur der Hotelier und Gastronom, der seinen Gästekreis – seine Zielgruppe – genau kennt, die Erwartungen, die Wünsche und den Geschmack bei seinen Produkt- und Serviceleistungen voll berücksichtigt und sich darauf einstellt, wird mit Wiederholungsgeschäft rechnen können. Auf der Basis einer detaillierten Gästeanalyse lassen sich aus den vielfältigen Marketingmitteln die passenden Instrumente wählen, die das Volumen des eigenen speziellen Gästekreises vergrößern helfen.

Konkurrenzanalyse

Hier soll die Beziehung und Stellung des Hotel- und Gaststättenbetriebes zum Markt erfasst werden. Drei Elemente tragen im Wesentlichen zur „Marktpositionierung" eines Betriebes bei:

1. Schaffung und Erhaltung eines positiven Images
2. Ausrichten der materiellen und immateriellen Dienstleistungen auf die Erwartung des Gästepotenzials
3. Möglichst weite Produkt- und Servicedifferenzierung gegenüber der Konkurrenz

Im Rahmen der Wettbewerbsanalyse sind auch standortbezogene Faktoren stets im Auge zu halten. Gibt es beispielsweise ein gesteigertes Angebot an Hotelbetten bei gleicher Nachfrage? Man muss wissen, „was die Konkurrenz macht", denn dieses Wissen ist eine wichtige Voraussetzung für die Entwicklung eigener Marketingstrategien.

Die Konkurrenzanalyse soll die grundsätzlichen Marktverhältnisse erarbeiten, kurz- und langfristige Veränderungen sichtbar werden lassen und Hinweise zur Produkt- und Servicedifferenzierung geben. So wird eine Konkurrenzanalyse folgende grundsätzliche Informationen enthalten:

- Betriebstyp/Standortbeschreibung
- Kapazitäten/Auslastung/Preise
- technische Ausstattung
- Speise- und Getränkeprogramm mit Preispolitik
- Einsatz des absatzwirtschaftlichen Instrumentariums
- Nachfrager/Gästepotenzial
- Personaleinsatz
- Kennzahlenvergleiche

Bei der Auswertung der Konkurrenzanalyse wird man Unterschiede zum eigenen Betrieb festhalten im Hinblick auf:

- Organisation
- Produkt- und Dienstleistungspalette
- Preispolitik
- spezielle Serviceleistungen/Qualitätsniveau
- Gästekreis/Zielgruppen

Hieraus sind einige Basisfragen für die zukünftige Entwicklung und die dafür einzusetzenden Marketinginstrumente zu stellen:

- Welche Werbeargumente schaffen neue Gäste?
- Welcher Gästekreis ist noch nicht erfasst?
- Welche Produktdifferenzierungsmaßnahmen sollen das Angebot verbessern?
- Welche Werbe- und Verkaufsförderungsmaßnahmen müssen verstärkt werden?
- Welche Preise sind nicht nachfrage- und konkurrenzorientiert?
- Welche Arbeitsabläufe sind zu verbessern?
- Welche Kooperationsmöglichkeiten gibt es mit den Konkurrenzbetrieben?

Produkt- und Angebotsanalyse

Die umfassende Leistungsanalyse des eigenen Unternehmens sollte auch die Wirkung des bisher eingesetzten Marketinginstrumentariums mit einbeziehen. Schon die schriftliche Erfassung aller sachlichen Angebotsleistungen und deren Veränderungen (Produktbeschreibung) schafft Transparenz und gilt als Voraussetzung für die Marketingplanungsarbeit. Unabhängig von den auszuwertenden Kennzahlen des eigenen Betriebes empfiehlt es sich auch hier, den „Gast als Betriebsberater" heranzuziehen. Die Qualitätsüberprüfung der eigenen Produkte und Dienstleistungen ist aus der Sicht des Gastes zu bewerten. Zur praktischen Durchführung der Gästebefragung haben sich Checklisten für Testgäste, kurze Gästefragebögen, Fragen zur Qualität auf der Rückseite der Gästerechnung bewährt. Man muss wissen, was der Gast erwartet, für gut oder schlecht hält, in diesem Betrieb vermisst oder vielleicht auch nicht bereit ist zu bezahlen.

Ausgewertete Verkaufsanalysen, ein permanentes Qualitätsüberprüfungsprogramm und eine Wirksamkeitskontrolle aller eingesetzten Marketinginstrumente des Vorjahres gehören neben einer Imageanalyse für das Unternehmen zu einer gesamten kritischen Leistungsanalyse. Im Rahmen der unternehmerischen Planung müssen auch für den Qualitätsstandard eines gastgewerblichen Betriebes Ziele gesetzt werden, die als Soll-Vorgabe im Marketingplan festgesetzt werden und vom strengsten Kritiker – dem Gast – kontrolliert werden sollen.

2. Schritt:

Prognose der kurz-, mittel- und langfristigen Marktentwicklung

Aus den gewonnenen und ausgewerteten Informationen lässt sich eine Prognose der Marktentwicklung ableiten. Hierbei geht es vor allem um das Erkennen und Beurteilen der eigenen Marktchancen und Risiken. Ein systematisches Marketinginformationssystem kann hier als Frühwarnsystem wirken und dem Hotelier und Gastronomen rechtzeitig die Wege aufzeigen, um sich an veränderte Marktverhältnisse nachfragegerecht anpassen zu können. Je besser die ausgewerteten Informationen sind, umso genauer lassen sich Marktprognosen erstellen, die für eine Zielformulierung im Marketingplan unbedingt erforderlich sind. Marktvorsprünge können aber nur durch außerordentliche Marketingideen erreicht werden. Im Sinne der innerbetrieblichen Kommunikation wird jeder Unternehmer bei der Ideenfindung seine Mitarbeiter mit einbeziehen wollen (Mitarbeiter-Brainstorming).

3. Schritt:

Formulierung und Koordination der Marketingziele

Marketingplanung im engeren Sinne beginnt erst mit der Zielformulierung, der Koordination und Abstimmung dieser Zielsetzung mit der gesamten Unternehmenspolitik. Hier ist einerseits darauf zu achten, die Ziele realistisch, dennoch als Motivation entsprechend hoch anzusiedeln, andererseits müssen Prioritäten gesetzt und in einer Art Rangordnung Haupt- und Nebenziele schriftlich festgelegt werden.

Als übergeordnete Marketingziele gelten zum Beispiel:

- Verbesserung des Qualitätsstandards, Serviceniveaus
- Saisonerweiterungsziele
- Erweiterung des Absatzmarktes
- eindeutige Unternehmensidentität
- Image und Bekanntheitsgrad
- neue Gästezielgruppen
- Marktanteilziele und „Marktpositionierung" usw.

Zu den Marketingzielen nach Bereichen gehören zum Beispiel:

- gesteigerte Kapazitätsauslastung im Beherbergungsbereich
- höherer Speisen- und Getränkeerlös im Restaurant für einzelne Servicezeiten

- Änderungen der Preispolitik im Bankettgeschäft
- Beschränkung des Speisenangebotes, dennoch Umsatzsteigerung
- Erhöhung des Beherbergungserlöses pro Zimmer
- Anhebung des Qualitätsniveaus zum Abendgeschäft
- neue Zielgruppen für die Bar
- Produkt- und Servicedifferenzierung gegenüber der Konkurrenz im Frühstücksgeschäft
- Förderung bestimmter Speiseartikel mit höheren Deckungsbeiträgen durch Verkaufsschulung usw.

Derartige Marketingziele müssen aufeinander abgestimmt und unter Einbeziehung der verantwortlichen Mitarbeiter für das kommende Jahr (Jahresplanung) definiert werden.

4. Schritt:

Optimierung der Marketingstrategie (Marketingmix)

Vor den zu realisierenden Detailplänen im Marketingplan steht bei der Optimierung der langfristigen Marketingstrategien die Entwicklung eines einheitlichen Marketingkonzepts. Hier wird der Rahmen gesetzt. Marketinginstrumente wie Produktpolitik, Preispolitik, Absatzmethode, Service und Gästebetreuung müssen mit den kommunikativen Instrumenten: Verkauf, Werbung, Verkaufsförderung und Public Relations in einer verbindlichen, langfristigen, unverwechselbaren Unternehmensidentität zu einem eindeutigen, widerspruchsfreien Marktverhalten führen. Corporate Identity gilt hier als zentrale Kommunikationsstrategie und hat somit Abstimmungs- und Vorgabefunktion für alle zukünftigen kommunikativen Äußerungen des Betriebes. Nach innen – mit einer Identifikation der Mitarbeiter – wie nach außen – gegenüber allen Öffentlichkeitspartnern – muss der geplante Marketingmix in allen seinen Instrumenten aus einem Guss sein und mit einer Sprache vertreten werden.

5. Schritt:

Flexible Maßnahmentaktik und Durchführung des jährlichen Marketingplans

Die Übersetzung der langfristigen Marketingstrategien in einen konkreten Maßnahmenkatalog erfolgt nach Ermittlung und Verteilung des Marketingetats. Die

Bemessung des Marketingetats darf keineswegs auf der Basis des Vorjahresumsatzes erfolgen. Als Orientierungsgröße müssen die formulierten Marketingziele gelten. Man sollte also entweder alle Ausgaben für die geplanten Marketingaktionen erfassen oder zumindest einen festen und entsprechenden Betrag für die kommunikativen Marketinginstrumente einplanen. Anhand des detaillierten und gewichteten Maßnahmenplans ist der Etat zu verteilen. Hierbei sollte man eine Reserve zurückhalten, die bei eventuell notwendigen Sonderaktionen eingesetzt werden kann.

Die einzelnen Marketingmaßnahmen können unter folgenden Überschriften flexibel im Marketingplan erfasst werden:

- Zielsetzung (warum?)
- Maßnahmen (was?)
- Zeitraum (wann?)
- Durchführung (wie?)
- Kosten (wie viel?)
- Verantwortlicher (wer?)
- Kontrolle, Ergebnis, Bewertung

Dieser Plan der kurzfristigen Maßnahmentaktik ist bei der Durchführung dynamisch zu halten, das heißt, bei Veränderung der Markteinflüsse wird man sich rechtzeitig der neuen Marktsituation anpassen können.

6. Schritt:

Dynamische Marketingkontrolle

Kurskorrekturen bei der Durchführung des Marketingplans, ausreichende Flexibilität und Anpassungsfähigkeit können nur durch ein permanentes Marketingkontrollsystem gesteuert werden. Der Soll-Ist-Vergleich im Marketing ermöglicht die gezielte Ergänzung, Änderung oder auch Einschränkung von Marketingmaßnahmen. Ursachen- und Ergebnisanalysen laufen als „Feedback" (Rückkoppelung) in das Marketinginformationssystem für das folgende Jahr.

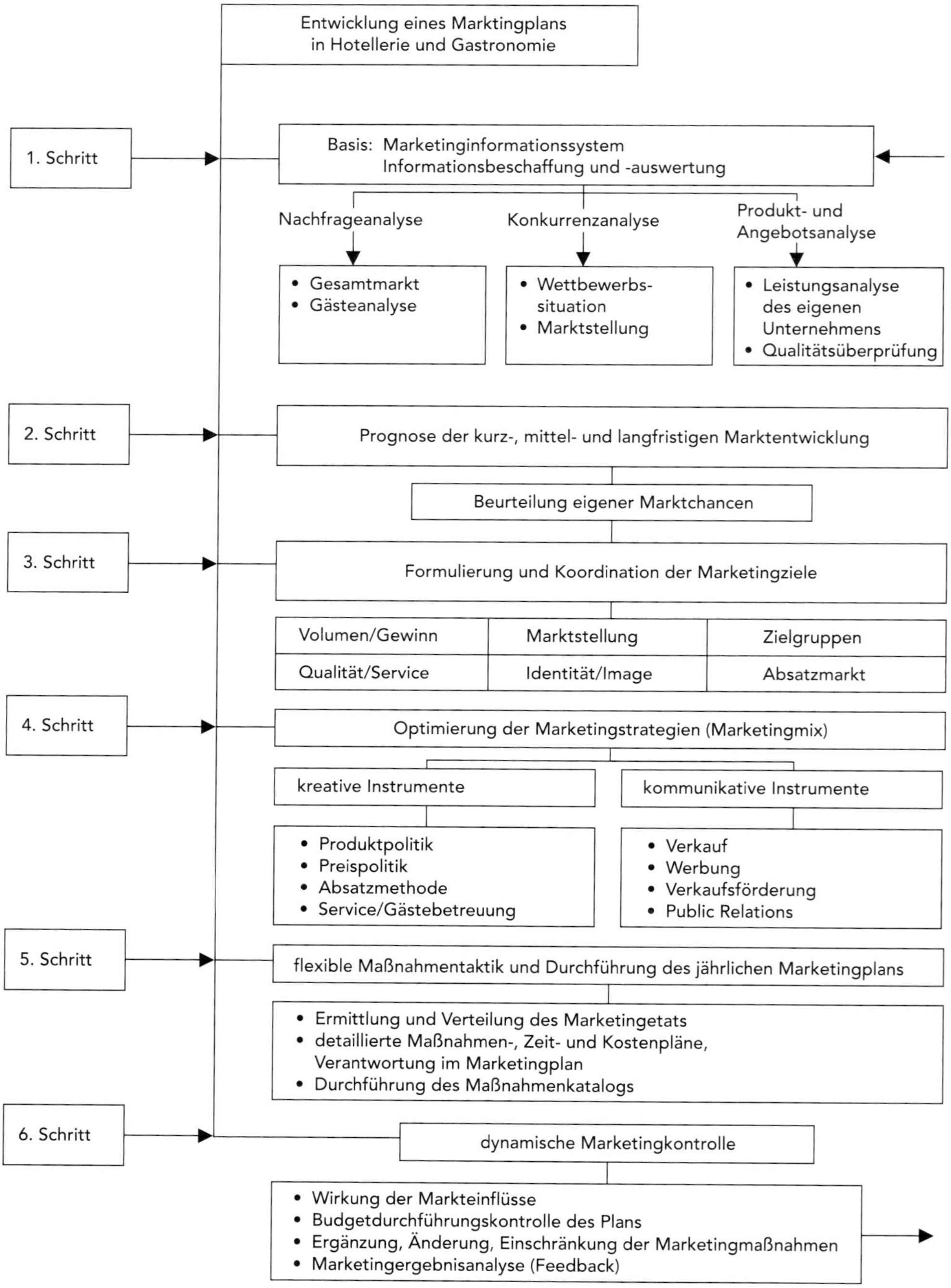
Entwicklung eines Marktingplans in Hotellerie und Gastronomie
1. Schritt
Basis: Marketinginformationssystem Informationsbeschaffung und -auswertung
Nachfrageanalyse
Konkurrenzanalyse
Produkt- und Angebotsanalyse
• Gesamtmarkt
• Gästeanalyse
• Wettbewerbs-situation
• Marktstellung
• Leistungsanalyse des eigenen Unternehmens
• Qualitätsüberprüfung
2. Schritt
Prognose der kurz-, mittel- und langfristigen Marktentwicklung
Beurteilung eigener Marktchancen
3. Schritt
Formulierung und Koordination der Marketingziele
Volumen/Gewinn
Marktstellung
Zielgruppen
Qualität/Service
Identität/Image
Absatzmarkt
4. Schritt
Optimierung der Marketingstrategien (Marketingmix)
kreative Instrumente
kommunikative Instrumente
• Produktpolitik
• Preispolitik
• Absatzmethode
• Service/Gästebetreuung
• Verkauf
• Werbung
• Verkaufsförderung
• Public Relations
5. Schritt
flexible Maßnahmentaktik und Durchführung des jährlichen Marketingplans
• Ermittlung und Verteilung des Marketingetats
• detaillierte Maßnahmen-, Zeit- und Kostenpläne, Verantwortung im Marketingplan
• Durchführung des Maßnahmenkatalogs
6. Schritt
dynamische Marketingkontrolle
• Wirkung der Markteinflüsse
• Budgetdurchführungskontrolle des Plans
• Ergänzung, Änderung, Einschränkung der Marketingmaßnahmen
• Marketingergebnisanalyse (Feedback)

Marketinginformationssystem

An erster Stelle im Marketinginformationssystem stehen Markt- und Konkurrenzanalysen.

Marktanalyse für Hotel- und Restaurant-Projekte

1. **Allgemein**
2. **Geschäftspotenzial**
3. **Betriebskostenübersicht**
4. **Gesetzliche Bestimmungen**
5. **Schlussfolgerung/Auswertung**

1. Allgemein

- Allgemeine Beschreibung der Stadt (Größe, Handel und Industrie etc.)
- Regierungsform:
  - Art der Regierung
  - Stabilität
  - Bereitwilligkeit zur Zusammenarbeit
  - Unterlagen des Fremdenverkehrsamtes
  - Bearbeitung von Visa und allen den Tourismus betreffenden gesetzlichen Bestimmungen
- Sehenswürdigkeiten der Stadt und näheren Umgebung – mit Entfernungs- und Fahrzeitangabe von Projektplatz (Museen, Sportveranstaltungen, Festspiele, sonstige Darbietungen – Veranstaltungskalender)
- Lagebeschreibung:
  - Stadtplan mit Einzeichnung des Grundstückes (Projektplatz)
  - Beschreibung der unmittelbaren Umgebung
  - Verkehrsverbindungen zum geplanten Hotelprojekt und Fahrzeitberechnungen (Flughafen, Hauptbahnhof, wichtigste Autobahn-Verbindungen, Bus-Zubringerstationen, Einkaufszentren, Geschäftsviertel, Regierungsgebäude)
- Im Lagebereich verfügbare Strukturleistungen: Telefon, Strom, Wasser, Kanalisation, Gas (Erdgas oder Stadtgas)

2. Geschäftspotenzial

- Derzeitiger Stand der Geschäftsentwicklung für Hotels und Restaurants im Einzugsbereich. Kurze Aufstellung aller vergleichbaren Hotels und Restaurants. Anzahl, Größe, Leistungsstandard, Qualität der Speisen, Innenausstattung und Instandhaltung:
  - Zimmerpreise (Durchschnittserlös, unterste und oberste Grenze für Einzel- und Doppelzimmer) von obiger Hoteluntersuchung und Trendbestimmung der letzten Jahre
  - Zimmerbelegung pro Monat für verschiedene, vergleichbare Hotels und deren Entwicklungstrend während der vergangenen Jahre
  - Bestimmung des Herkunftslandes der Gäste und Entwicklungstrends während der vergangenen Jahre
  - Durchschnittliche Aufenthaltsdauer der Gäste; in- und ausländische Gäste getrennt aufführen
  - Zweck des Besuches (geschäftlich oder Urlaub)
- Bundeszentrale für Fremdenverkehr und örtliche Fremdenverkehrsämter:
  - Brauchbare Statistiken der letzten fünf Jahre
  - Künftige Weiterentwicklung aller zum festen Programm gehörenden internationalen Veranstaltungen (Unterkunftsmöglichkeiten, Tagungsstätten und Messehallen)
  - Von der Stadt geplante Ausbau- und Förderungsmaßnahmen des örtlichen Fremdenverkehrs
- Inländische Fluggesellschaften, Hauptreisebüros und wichtigste Transportunternehmen:
  - Entwicklung in der Vergangenheit und zu erwartende Weiterentwicklung (Statistiken und Pläne)
  - Welche inländischen Fluggesellschaften waren Zubringer für welche Länder?
  - Welche internationalen Fluggesellschaften waren Zubringer für dieses Land?
  - Andere Mittel der Verkehrsbeförderung mit Ausgangsort
  - Von Reisebüros gestartete Werbeaktionen und angebotene Pauschalreisen im Lande
- Wichtigste Geschäfts- und Industriezweige:
  - Aufstellung aller in- und ausländischen Unternehmen im Einzugsgebiet
  - Industrie- und Handelskammer
  - Leistungsfähigkeit dieser Institutionen:

1. Ständige Besucher von Übersee – Zimmer
2. Örtliche, inländische und internationale Tagungen
3. Regionale Bedeutung für das Restaurantgeschäft

3. Betriebskostenübersicht

- Wareneinsatzkosten:
  - Zur Verfügung stehende Erzeugnisse und deren Qualität (Eigenprodukte und ausländische Erzeugnisse, Zollgebühren und Wareneinfuhr-Beschränkungen)
  - Lebensmittel- und Getränkepreise und sonstige Aufwände (bestehende Märkte, freier Handel, Supermärkte, Großhandel)
  - Auswahl von Angebotskarten von gut geführten Restaurants
  - Preisstruktur und Durchschnittserlös pro Gast in vergleichbaren guten Restaurants und Nacht-Clubs
  - Abteilungsbezogener Betriebsaufwand; Prozentsätze vergleichbarer Hotels/Restaurants
- Löhne und Gehälter/Personalaufwand:
  - Arbeitsmarkt
  - Einschränkungen für Arbeitsbewilligungen ausländischen Personals
  - Aufgliederung gegenwärtiger Gehaltsstrukturen für einzelne Stellenkategorien
  - Zusätzliche Sozialleistungen (gesetzliche und freiwillige) von Seiten des Arbeitgebers
  - Arbeitsgesetze (Arbeitsstunden, Urlaub, Überstunden, Krankheitsregelung, Sondervergütungen, Altersversorgung, Urlaubsgeld, Betriebsratsbestimmungen, Bedienungsgelder, Beendigung des Arbeitsverhältnisses, Abfindungsentschädigungen, Uniformen, Mahlzeiten, Probezeiten, Gewerkschaften, möglicher Einsatz flexibler Arbeitszeiten)
  - Ortsübliche Leistungsmaßstäbe
  - Einkommen-/Lohnsteuer; Arbeitgeberanteile
  - Abkommen für Arbeitskräfteaustausch mit dem Ausland
  - Hotelfachschulen, Berufsfachschulen
  - Bedienungsgeld/Tronc-Verteilung, Aufschlüsselung des Tronc-Personals mit den jeweiligen Anteilen
- Versorgungsbetriebe:
  - Gas: industrielle Tarife (falls nicht anwendbar, dann kommerzielle Tarife)
  - Strom: industrielle Tarife (falls nicht anwendbar, dann kommerzielle Tarife)
  - Wasser: industrielle Tarife (falls nicht anwendbar, dann kommerzielle Tarife)

- Dampf: für Heizung und Wäscherei und die dafür anwendbaren Tarife
- Temperatur, Luftfeuchtigkeit – monatliche Angaben

4. Gesetzliche Bestimmungen

- Körperschaft- und Einkommensteuer
- Vertragsbedingungen ausländischer Betriebe
- Erforderliche Konzessionen
- Alkoholausschank-Bestimmungen
- Einschränkung ausländischer Währungen
- Grundstücksteuern
- Verkauf- und Umsatzsteuern
- Derzeitige anwendbare Zinsgebühren für kurz- und langfristige Kredite (Bank, Bauunternehmen, Versicherungsgesellschaften etc.)
- Derzeitige Baukosten pro Quadratmeter für Hotels/Restaurants

5. Schlussfolgerung/Auswertung

- Würde das geplante Hotel-/Restaurant-Projekt ein gewinnbringendes Objekt für diese Stadt darstellen, und was wäre die Haupteinnahmequelle des Betriebes in der Sommer- und Wintersaison?
- Bezogen auf die oben erstellte Marktanalyse müssen Vorschläge zu folgenden Grundsatzentscheidungen angegeben werden:
  - Art des Planobjektes (Kennzeichnung des Hotels/Restaurants)
  - Anzahl der Zimmer
  - Anzahl, Art und Größe der Restaurants
  - Anzahl und Größe der Bars
  - Größe des Ballsaales
  - Größe der Tagungsräume
  - Kasino und Nacht-Club
  - Schwimmbad
  - Tennisplätze
  - Läden und Geschäfte
  - Vermietbare Büroräume
  - Wäscherei
- Darstellung der Vor- und Nachteile der in Frage kommenden Grundstückslage

Marketingmix (kommunikative Marketinginstrumente)

Verkauf, Werbung und Public Relations

In der heutigen Markttransparenz lassen sich Marktanteile nur durch moderne Verkaufstechniken und -methoden und durch gezielte Werbung erhalten und steigern. Die amerikanischen Begriffe, wie „Marketing Manager", „Sales Manager", „Sales Promotion", „Advertising and Business Promotion", sind auch aus der deutschen Hotellerie nicht mehr wegzudenken. Ruhige Zimmer, erstklassiger Service, preiswürdige Dienstleistungen sind zwar nützliche Werbeargumente, reichen aber allein im „aggressiven Verkauf" nicht aus. Verkauf ist eine der wichtigsten Managementfunktionen in der Gastronomie, will man sich im Konkurrenzdruck am Käufermarkt der Hotel- und Gaststättenbranche behaupten.

Die Werbung als Absatzinstrument gewinnt im modernen Marketingmix für Hotel- und Gaststättenbetriebe immer mehr an Bedeutung. Nicht nur für finanzkräftige Groß- und Mittelbetriebe ist die Werbung vorbehalten, sondern vielmehr müssen sich die kleinen gastronomischen Betriebe verstärkt um erfolgreiche Werbemaßnahmen bemühen. Dabei sind Kenntnisse über die Motive und Verhaltensmuster der Gäste als Voraussetzung für die Wahl der Werbebotschaft zu sehen. Hinsichtlich der Werbemittel kann zwischen der äußeren und der inneren Werbung unterschieden werden. Während die äußere Werbung auf einer Reihe von Werbemitteln wie Anzeigen, Prospekte, Werbebriefe, Plakate basiert, muss gerade der inneren Werbung mit der „Mund-zu-Mund"-Propaganda besondere Aufmerksamkeit gewidmet werden.

Der Ruf nach mehr Gastlichkeit ist in erster Linie der Ruf nach „Service". Denn unter Service verstehen sich diejenigen Einrichtungen und Maßnahmen und alle die kleineren und größeren Annehmlichkeiten, die, erdacht zum Wohle des Gastes, diesem den Aufenthalt im Hotel, die Einnahme der Mahlzeit im Restaurant, den Besuch der Bar zu einem Erlebnis werden lassen, dessen er sich gern erinnert. Service will die Stunden der Erholung von der Reise, der Geselligkeit oder der Freizeit im Hotel so harmonisch und angenehm wie möglich gestalten, Service schafft die gepflegte Atmosphäre bei Zusammenkünften aus geschäftlichem Anlass ebenso, wie er den reibungslosen Ablauf von Konferenzen möglich macht.

Gepflegter Service entspricht dem Verlangen nach Geborgenheit, sei sie auch noch so flüchtig. Er veranlasst den Gast zur Wiederkehr und lässt ihn die Stätte der erlebten Gastlichkeit weiterempfehlen. Folgende Details sollen die kommunikativen Marketinginstrumente Verkauf, Werbung und Public Relations in ihrer speziellen Anwendung für die Hotellerie charakterisieren:

Verkauf

1. Die Marketingkonzeption des Betriebs basiert auf fundierten Markt- und Meinungsanalysen (Fragebogen in Gästezimmern – Gast als „Betriebsberater").
2. Jeder Mitarbeiter im Betrieb mit Gastkontakt ist als „Verkäufer" motiviert.
3. Träger des Verkaufs, wie Reservierungsbüros, Kongressagenturen, Verkaufsgemeinschaften mehrerer Hotels, werden genutzt.
4. Eine gut geführte Gästekartei und genaue Registrierung aller Kundenanfragen helfen dem Verkaufspräsentanten bei seiner Kontaktpflege.
5. Konkurrenzanalysen im Vergleich zum eigenen Produktangebot (Zimmer, Speisen, Getränke und Nebenleistungen) werden ständig durchgeführt.
6. Gesetzliche Vorschriften, wie das „Gesetz gegen unlauteren Wettbewerb", sind der Verkaufsabteilung bekannt und werden eingehalten.
7. Firmenbesuche – Organisationen und Verbände – Ansprechen von Privatveranstaltern, Direct-Mailing-Aktionen, Wiederkontaktaufnahme mit bereits durchgeführten Veranstaltungen (repeat business), monatliche Informationsbriefe des Hotelmanagements an Stammgäste gehören zur aktiven Verkaufsarbeit.
8. Lächeln schafft Gäste! In der Ausbildung von Verkaufspersonal wird zwischen Kenntnissen (Produkt), Fähigkeiten und Einstellung (Motivation) der Mitarbeiter unterschieden.
9. Verkaufstraining besteht nicht nur aus der Vermittlung von Kenntnissen der möglichen Serviceleistungen, sondern die Hauptbetonung liegt darauf, „wie man verkauft".
10. Individuelle Rollenspiele mit Übungsdialogen vor Kollegen als Zuhörer bereiten die Mitarbeiter auf Verkaufsgespräche vor.
11. Reklamationen sind Chancen zur Gastgewinnung. Die richtige Handhabung von Reklamationen hilft, Gäste zu erhalten.
12. Fairness im Verkauf beinhaltet die Begriffe wie „Werbewahrheit" und „Werbeklarheit".

13. Jeder Mitarbeiter ist ein Imagebildner Durch sein Äußeres, sein Verhalten, sein Fachwissen, seine Liebe zum Beruf wird der direkte Verkauf am Gast entscheidend beeinflusst.
14. Eine kontinuierliche, seriöse Preis- und Angebotspolitik ist auf die entsprechenden Zielgruppen abgestimmt.
15. Aktionen und Veranstaltungen, wie „Einladung der Taxifahrer", „Poolparty für die Presse", „Treffen der Reisebüroagenten", „Sekretärinnenparty mit Modenschau", dienen der Verkaufsförderung.
16. Spezialitätenwochen (Food-Festivals) haben einen hohen Öffentlichkeitseffekt mit positiver Mund-zu-Mund-Werbung.
17. Sonderveranstaltungen mit saisonalen Spezialitäten (Spargel-Spezialitäten, Erdbeerzeit, Starkbierzeit, Wildwochen) mit entsprechenden Presseveröffentlichungen steigern den Bekanntheitsgrad.
18. Brainstorming-Meetings (Ideenwirbel) mit Mitarbeitern werden regelmäßig angesetzt, um der Konkurrenz stets in Qualität und Service einen Schritt voraus zu sein.
19. Angebotsentwicklung, Angebotsgestaltung und Absatzplanung sollen die Fragen beantworten:
    - Was kann man anbieten?
    - Was will man anbieten?
    - Wem will man es anbieten?
    - Wie will man es anbieten?
20. Verkaufsgespräche haben den Charakter der Beratung des Kunden, der Hilfestellung bei der Lösung von möglichen Problemen.
21. Ansprechende Verkaufsunterlagen (Broschüren, Dias, Bankettmöglichkeiten) helfen den Verkaufsrepräsentanten bei der Betreuung von Kunden, potenziellen Kunden und Kundengruppen.
22. Verkaufen heißt: überzeugen durch Leistung. Besonders die Restaurantleistungen des Hotels müssen mit den Dienstleistungserwartungen des Gastes übereinstimmen.
23. Wo Gäste sind, ist auch Umsatz. Es wird alles unternommen, um Gäste „im Haus" zu halten (innerbetriebliche Werbemaßnahmen, Unterhaltungs- und Freizeitprogramme).
24. Jeder Verkaufsmisserfolg wird analysiert.
    - War das Angebot richtig?
    - Wurden Kaufwiderstände abgebaut?
    - Entsprachen die Verkaufsargumente den Kaufmotiven?

- Hatten Verkaufsargumente die nötige Beweiskraft?
- Was das Verkaufsgespräch richtig vorbereitet?
- War die Gesprächseröffnung richtig?
- Wurden optische Hilfsmittel eingesetzt?
- Gab es beim Verkaufsgespräch eine echte Beteiligung des Kunden?
- War das Verkaufsklima gut?
- Waren Auftreten und Verhalten des Repräsentanten entsprechend?
- Fehlten durchdachte Abschlussargumente?
- Wurde das Verkaufsgespräch mit dem richtigen Partner geführt?
- Welche echten Gründe der Ablehnung liegen vor?
- Kann an der Entscheidung noch etwas geändert werden?
- Wenn das Verkaufsgespräch noch einmal zu führen wäre, was müsste man anders machen?

25. Kundenbesuche werden von dem Verkaufsrepräsentanten geplant. Die günstigste Besuchszeit wird erfragt und genutzt. Mehrere „sales calls" werden räumlich und zeitlich koordiniert, Verkaufsgespräche kurz und effektiv gehalten.
26. Bei Verkaufsgesprächen erhöht die Demonstration (mit Informationsmappen, Prospekten, Dias, Menükarten, Tonbildschau, Fotos) das Interesse des Kunden. Veranschaulichungen verkürzen das Verkaufsgespräch, stärken das Erinnerungsvermögen, fördern die Kaufneigung.
27. Verkaufsargumente sind Kaufargumente für den Kunden. Verkaufsargumente müssen sachlich, beweiskräftig und für den Kunden glaubwürdig aus der inneren Überzeugung des Verkaufsrepräsentanten dargestellt werden. Superlative und allgemeine Redensarten werden vermieden.
28. Verkaufsgespräche sind Problemlösungen für den Kunden. Motivierend wird dem Kunden gezeigt, was er will; die Probleme des Kunden werden erkannt. Mit Lösungen und Verständnis wird vertrauenswürdig das Dienstleistungsangebot aufgezeigt.
29. Bei der Verkaufsrhetorik wird die AIDA-Formel eingesetzt:
    A = Aufmerksamkeit beim Kunden erlangen
    I = Interesse wecken
    D = Drang nach weiterer und intensiver Information hervorrufen
    A = Aktion auslösen (Stellungnahme, Kauf)
30. Zum Verkauf gehört auch die jährliche „Produktplanung". Gestützt auf Marktbeobachtungen und laufender Gästebefragung wird überprüft, inwieweit bestehende Serviceleistungen mit den detaillierten Angebotsträgern vom

„Markt" tatsächlich honoriert werden und welche Serviceleistungen verstärkt oder geändert werden müssen.

31. Die internen Möglichkeiten, mit Postern und Aufstellern auf die vorhandenen Einrichtungen aufmerksam zu machen, sind voll ausgeschöpft (Poster, Aufsteller auf den Zimmern, vor und in den Fahrstühlen, in der Garage, in der Halle und auf den Restauranttischen).
32. Solange der Gast das Gefühl hat, dass die Leistung des Hotels zumindest gleich bleibend gut ist, bleibt er „markentreu" und wird zum Stammgast. Gäste, die mehr geboten bekommen, als sie erwarten, honorieren diese Leistung durch Treue.
33. Größere Hotels in Deutschland können ohne ausländisches Gruppengeschäft kaum existieren. Gruppen sind auch Gäste. Individuelle Betreuung, professioneller Service verhelfen diesem Volumengeschäft zum Erfolg.
34. Produktdifferenzierung ist eines der wesentlichsten Elemente in der Angebotspolitik. Es gilt, Präferenzen zu schaffen (zum Beispiel Minibars in Gästezimmern, Kegelbahnen, Health-Clubs, Fitness-Center).

Werbung

1. Werbung gilt als bewusste, zielgerichtete Beeinflussung von Menschen durch werbliche Kommunikationsmittel mit der Absicht, den Kauf von Waren oder die Inanspruchnahme von Leistungen und schließlich damit die Veränderung von Verhaltensweisen zu erreichen.
2. Während die Verkaufswerbung Dienstleistungen und Waren dem Konsumenten darzubieten versucht, ist die Imagewerbung darauf abgestellt, den Ruf des Hotel- und Gaststättenbetriebes allgemein zu begründen und zu festigen.
3. Die Möglichkeiten der Gemeinschaftswerbung (der einzelne Betrieb tritt nicht in Erscheinung) und die der Kollektivwerbung (Hotel- und Gaststättenbetriebe sind bei gemeinsamen Werbeaktionen mit ihrem Namen vertreten) sind überprüft und ausgeschöpft.
4. Die gesetzlichen Vorschriften (Gesetz gegen unlauteren Wettbewerb, Gesetz über Preisnachlässe, die Zugabeverordnung) sind bekannt und werden befolgt.
5. Grundsätzlich wird bei der Werbeplanung zwischen den drei Stufen:
   1. Vorplanung
   2. Zielsetzung
   3. Durchführungsplanung

   unterschieden.

6. Zur Vorplanung gehören die Kenntnisse über die im Ort vorhandenen Werbemittelhersteller (Klischee-Anstalten, Werbefotografen, Schildermaler, Möglichkeiten der Werbemittelstreuung, örtliche Zeitungen, Zeitschriften, Plakatanschlag, Messen und Ausstellungen, Werbeberater, Werbeagentur, Marktforschungsinstitute, Angaben über besondere örtliche Ereignisse, Ausstellungen, Stadtjubiläen) und die Betriebsanalyse des Hotel- und Gaststättenbetriebes mit detaillierter Information über Geschichte und Tradition des Unternehmens, standortbedingte Eigenschaften, Qualität der Leistung, Modernität, Kapazität und Kapitalkraft.
7. Zur Vorplanung gehören weiterhin Verbraucheranalysen mit Meinungs- und Motivforschung, Warenanalysen mit entsprechenden Argumentationsmöglichkeiten, Analyse der bisher eingesetzten Werbemittel, die Konkurrenzanalyse, Finanzanalyse zur Festlegung des Werbemitteletats.
8. Die in der Werbevorplanung erarbeiteten Unterlagen dienen als Grundlage zur Festlegung der Werbeziele in Übereinstimmung mit dem angestrebten Gesamtziel des Unternehmens.
9. Im Rahmen der Durchführungsplanung lässt sich der Werbeplan untergliedern in:
   - den Gestaltungsplan
   - den Streuplan
   - den Terminplan
   - den Finanzplan
10. Die Werbeidee als Grundlage der Gestaltungsplanung wird einerseits von den Wünschen und Vorstellungen des Gästekreises und andererseits von der Qualität des Hotel- und Gaststättenbetriebes mitbestimmt.
11. Innerhalb der Gestaltungsplanung wird eine Werbemittelliste erstellt (z. B. Anzeigen, Plakate, Diapositiv, Prospekte, Werbebriefe, Ansichtspostkarten, Werbegeschenke).
12. Zum gezielten Einsatz der festgelegten Werbemittel wird ein Jahres/Streuplan aufgestellt, in dem die Streuzeiten festgelegt sind und ein Gesamtüberblick über den Werbeablauf festgelegt wird.
13. In einem detaillierten Terminplan wird der zeitliche Ablauf der Werbemaßnahmen exakt festgehalten.
14. Als ursprüngliches Werbemittel spielt das erfolgreiche Verkaufsgespräch im Hotel- und Gaststättengewerbe eine entscheidende Rolle.
15. Die Möglichkeit der Briefwerbung und des Briefprospekts (Werbedrucksache in Briefform) wird wirkungsvoll genutzt.
16. Handzettel und Flugblätter werden zur Ankündigung von besonderen Veranstaltungen verwendet.

17. Werbekarten (Name, Anschrift, Telefonnummer, Skizze der Zufahrtswege), Kofferaufkleber und Bierdeckel werden von den Gästen gerne als Souvenir mitgenommen.
18. Der Hausprospekt gibt einen ausführlichen Überblick in Wort und Bild über den Hotel- und Gaststättenbetrieb.
19. Speise- und Getränkekarte sind in grafischer und drucktechnischer Hinsicht als echte Werbemittel zu werten.
20. Die erstellten Hauszeitschriften werden durch den Anzeigenteil finanziell selbst getragen und stellen eine geeignete Verbindung zur Stammkundschaft dar.
21. Anzeigen werden nach gründlicher vorheriger Planung in regionalen oder überregionalen Tageszeitungen, Publikumszeitschriften, Fachzeitschriften, Kalendern, Jahrbüchern, Reisehandbüchern, Adressbüchern, Programmheften aufgegeben.
22. Sämtliche Möglichkeiten der Schilderwerbung im Rahmen der Außenwerbung sind mit den zuständigen Bauaufsichtsbehörden überprüft und eingesetzt.
23. Der Einsatz von Werbefilmen in Lichtspieltheatern und im Fernsehen wurde kostenmäßig überprüft.
24. Der Einsatz der Verkehrswerbemittel (Dauerbeschriftung in öffentlichen Verkehrsmitteln, in Bahnhöfen, Wartesälen der Flugplätze, in Eisenbahnwagen) ist (wo immer möglich) erfolgt.
25. Werbewirksam gestaltete „Freimachestempel" werden bei der Postversendung eingesetzt.
26. Werbegeschenke, die in irgendeiner Form Wesen und Charakter des Unternehmens widerspiegeln, werden in vernünftigem Maße verteilt.
27. Unter dem Motto „Licht lockt Leute" ist die Leuchtwerbung für den Hotel- und Gaststättenbetrieb als Wegweiser eingesetzt.
28. Die Leistungen der Küche und des Kellers (Mund-zu-Mund-Werbung) werden besonders gepflegt und finden Anerkennung bei den Gästen.
29. Die Schaufensterwerbung zusammen mit dem Verkauf „über die Straße" sind bei Gaststätten werbewirksam eingesetzt.
30. Die Hotelangaben werden im „Deutschen Hotelführer" veröffentlicht.
31. Gratulationen seitens des Hotels zu Geburtstagen, Verlobungen, Hochzeiten und ähnlichen Anlässen zeigen dem Gast die Wertschätzung und enge Verbundenheit mit dem Hotel- und Gaststättenbetrieb.
32. Geschickt aufgemachte Ansichtskarten gehören zur gastlichen Leistung der Hotel- und Gaststättenbetriebe und sind werbewirksam.

33. Wirkungsvolle Gestaltung der Briefbögen und der Rechnungsformulare, Schreibpapier für die Gäste, bedruckte Servietten werden als Werbemittel eingesetzt.

Public Relations

1. Public Relations (PR) – die Öffentlichkeitsarbeit – ist höher einzustufen als die kostenintensive Werbung. PR schafft den guten Ruf und beeinflusst langfristig den Kaufentscheidungsprozess.
2. Kommt es bei der Werbung darauf an, Produkte oder Dienstleistungen zu verkaufen, so geht es bei der Public-Relations-Arbeit darum, den Ruf des Unternehmens aufzubauen, zu festigen oder zu erhalten.
3. Im Rahmen der Public-Relations-Arbeit unterscheidet man:
   - Veröffentlichungen
   - Kontaktpflege
   - innerbetriebliche Maßnahmen
   - Unternehmensgeschichte
   - Meinungsforschung
4. Als wichtiger Grundsatz der Public-Relations-Arbeit gilt, niemals mehr zu versprechen, als man leisten kann.
5. Bei öffentlichen Ausstellungen und Wettbewerben im Rahmen des Hotel- und Gaststättengewerbes ist der Betrieb positiv vertreten.
6. Im Rahmen der Public-Relations-Arbeit bedeutet Kontaktpflege nicht nur Liebenswürdigkeit, Takt, Aufgeschlossenheit, Hilfsbereitschaft, Zurückhaltung, Zusammenarbeit mit den Gästen, sondern dazu gehört es auch, Anfragen, Bestellungen und Briefe aller Art rasch und sorgfältig zu beantworten.
7. Zu den innerbetrieblichen Aufgaben der Public-Relations-Arbeit gehört auch die Pflege des Betriebsklimas (Erstellung von Personalzeitungen, Verbesserung der innerbetrieblichen Kommunikation).
8. Die Public-Relations-Arbeit versucht, die Firmengeschichte, den Charakter des Betriebes entsprechend hervorzuheben.
9. Aussagen über den Betrieb im Licht der öffentlichen Meinung werden der detaillierten Meinungsforschung entnommen.
10. Public Relations (Öffentlichkeitsarbeit), Imagepflege, eine pressefreundliche Haltung schaffen viele Kontakte und prägen die Stellung des Hotels am örtlichen Markt.

Strategisches Qualitätsmanagement

Qualität in Hotellerie und Gastronomie ist zu einem unverzichtbaren Wettbewerbsinstrument avanciert. Wie viel an Qualität reicht eigentlich aus? Sehen wir wirklich Qualität mit den Augen unserer Gäste? Der Gast beurteilt Dienstleistungen, Produkte und Erlebnisse in Hotellerie und Gastronomie mit Sicherheit recht unterschiedlich. Erbrachte Leistungen werden nach ganz verschiedenen Qualitätsdimensionen subjektiv gewertet. Ganz sicher aber wird die Abwesenheit von Fehlern und Mängeln nicht mehr als Qualität empfunden. Wer seine Gäste wirklich nicht nur zufrieden stellen, sondern begeistern will, muss also weit mehr tun, als mit Qualitätsmanagement Gästeunzufriedenheit (Fehler) zu vermeiden.

Dennoch: In der Praxis zielen die meisten Qualitätsmanagement-Programme aber gerade eben auf Erhaltung, Qualitätssicherung, Qualitätsstandards, Null-Fehler-Konzepte, Qualitätskontrolle, Hoteltester, Mystery-Guest-Analysen, Check-ups, Reklamationsvermeidung u. a. ab und betonen somit nur **defensives Qualitätsmanagement**. Dieser Denkansatz allein genügt heute nicht mehr, um im Wettbewerb am qualitätsbewussten Markt bestehen zu können. Jeder bemüht sich um Qualität; Unterschiede in der Hardwarequalität sind in den verschiedenen Kategorien kaum noch zu erkennen. Wenn alle das Gleiche in Sachen Qualität tun, wird letztlich doch nur der Preis für den Gast als Auswahlkriterium gelten. Qualitätsmanagement als „Defensivmaßnahmenbündel" ist darauf ausgerichtet, Mängel und mögliche Gästebeschwerden aufzuspüren und rechtzeitig abzustellen. Die vielen Gästebefragungen aller Art in den Hotelketten als „Dauermarktforschungsprogramm" gehen vielen Wiederholungsgästen schon auf die Nerven und liefern in sich als Belästigung ausreichende Reklamationsmotive.

Acht Dimensionen des Qualitätsmanagements

Der erste Schritt zum agierenden, bewussten Qualitätsmanagement liegt in der Bereitschaft, Qualität als Strategie begreifen zu wollen. **Aktives und kreatives Qualitätsmanagement** sorgt im Wettbewerb der Ideen und nicht im Wettbewerb der Preise für Qualitätsdifferenzierung. So muss jedes gastgewerbliche Unternehmen am Markt seine eigene unverwechselbare **Qualitätsnische** finden, bei der mit überlegender Qualität Wettbewerbsvorteile errungen werden können. **Strategisches Qualitätsmanagement** wird immer dringlicher und hilft, neue Märkte zu erobern oder zu verteidigen. Strategisches Qualitätsmanagement analysiert systematisch und gewichtet gastorientiert nachfolgende acht ausgewählte Qualitätsdimensionen: **Servicekette**, **Grundnutzen**, **Qualitätssicherung**, **Softwarequalität**, **Ästhetik und Atmosphäre**, **Qualitätsimage**, **Qualitätskonkurrenz** und **Zusatznutzen**. Diese Qualitätsdimensionen oder Kategorien können sich in der Vernetzung verstärken, ergänzen, aber auch behindern.

Nur ganz wenige Dienstleister erzielen gute Noten in allen acht Qualitätsrichtungen. Es ist auch einfacher, partielle Schwächen der Mitbewerber auszunützen, als in allen Qualitätsfeldern mit den Marktteilnehmern konkurrieren zu wollen. Nachfolgend sollen die ausgewählten Qualitätsdimensionen kurz mit Kernaussagen und Praxisbeispielen erläutert werden, um mit defensivem, aber auch **aktivem Qualitätsmanagement** Qualität als Wettbewerbsinstrument am Markt gewichten zu können.

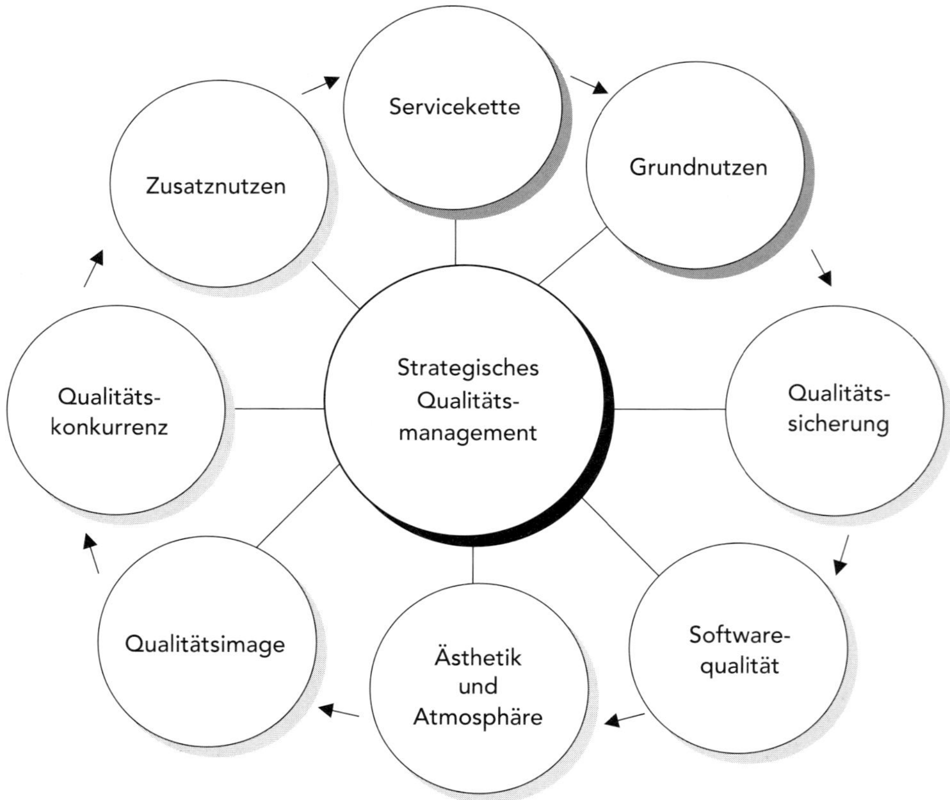

Die acht Dimensionen des Qualitätsmanagements

Dimension Servicekette (gastbezogene Leistungspotenziale)

Merkmale – Kernaussagen:

- Der qualitätsbewusste, anspruchsvolle, viel gereiste, verwöhnte, kritische und bestens informierte Gast will in seiner gewünschten Urlaubsform oder Geschäftsreise eine **Servicekette** in Sachen Qualität erleben.
- Anwenderfreundliche und leicht konsumierbare Individualität steht im Mittelpunkt des **strategischen Qualitätsmanagements**.
- Einzelbetriebliche Vermarktungsbemühungen müssen durch Schaffung und Entwicklung attraktiver Destinationen mit professionellem Management nicht nur ergänzt, sondern dramatisch verstärkt werden.
- In einer **gastorientierten Qualitätsleistungskette** muss Qualität für den Gast über Information, Buchung, Anreise, Logis, Gastronomie, Erlebnisse in Spiel und Sport, Unterhaltung, Kultur und Bildung, Aktivität und Gesundheit, Zahlung und Rückreise erlebbar werden.
- Strategisches Qualitätsmanagement will **Team-Qualität**: Weg vom Einzelkämpfer, hin zum Innovationspartner. Aus dem relativen Neben- oder Gegeneinander von touristischen Partnern müssen sich kreative und qualitätsorientierte Kooperationsgemeinschaften im Destinationsmanagement bilden.
- Gerade klein- und mittelbetrieblich strukturierte Regionen werden zur Sicherung und Stärkung ihrer Wettbewerbsfähigkeit in einer aufeinander abgestimmten **Qualitätsservicekette** zusammenrücken müssen.
- Ein Mehr an begeisternder Dienstleistungsqualität, an Gästevolumen, an Umweltbewusstsein und -schutz kann im strategischen Qualitätsmanagement nur in einem **Qualitätsnetz** – einem Vermarktungssystem mit **Total Quality Service (TQS)** – der gesamten Dienstleistungskette erreicht werden.
- Profilierende Angebotspakete im Vermarktungsmix als multimediales Infotainment, Markenpolitik als Kerngeschäftsprofil, Wissens- und Informationsmanagement, und das „Sich-Einbringen“ in den totalen Qualitätsservice der **Dimension Servicekette** sorgen für lernfähige und nachfragegerechte Angebots- und Wettbewerbseinheiten.

Beispiel für eine Servicekette:

In einem Urlaubsort entsteht ein Vermarktungsnetzwerk, das vielfältige Angebote der touristischen Kerngeschäfte entwickelt, aufeinander abstimmt, organisiert und zu einem Markenunternehmen verbindet.

Dimension Grundnutzen (Basis- und Leistungsanforderungen)

Merkmale – Kernaussagen:

- Die Dimension Grundnutzen oder Gebrauchsnutzen hat messbare Kennzeichen und kann in **Basis- und Leistungsanforderungen** unterteilt werden.
- Alle **Basisanforderungen des Grundnutzens** führen zur Gästeunzufriedenheit, wenn sie nicht erfüllt werden. Werden sie aber erfüllt, ist der Gast noch lange nicht zufrieden. Er setzt die Leistungen voraus.
- Im Gastronomie- und Logisbereich wird ein Mindest-Qualitätsstandard als Angebot oder Grundausstattung zu jedem Preisniveau erwartet.
- Erfüllt das Hotel nicht einmal die als selbstverständlich vorausgesetzten Basisanforderungen, entsteht bei den Gästen starke Unzufriedenheit (Zone der Enttäuschung).
- Zu jedem Preisniveau gibt es im Rahmen des Grundnutzens auch erwartete **Leistungsanforderungen**, die zur Gästezufriedenheit beitragen, wenn sie erfüllt werden, und zu Unzufriedenheit führen, wenn sie unerfüllt bleiben.
- Basis- und Leistungsanforderungen beinhalten Nutzenaspekte, die nicht alle Gäste gleichermaßen interessieren; jeder hat subjektive Präferenzen.
- Alles, was ein Gast bei den Leistungsanforderungen des Grundnutzens nicht mehr als Qualität erkennt und auch nicht bereit ist zu bezahlen, fällt im strategischen Qualitätsmanagement unter den Begriff „Verschwendung". Und Verschwendung gilt es zu rationalisieren.
- Generell gehören Produkte und Dienstleistungen der **Dimension Grundnutzen** zur „Hardwarequalität" eines gastgewerblichen Betriebes. „Hardware" ist am Markt voll kopierbar!
- Werden die Gästeerwartungen beim Grundnutzen (Logis, Gastronomie, Sport, Freizeit, Gesundheit etc.) allgemein erfüllt, werden kleinere Diskrepanzen nicht wahrgenommen.
- Produkte und Dienstleistungen in der Dimension Grundnutzen werden oft als austauschbar empfunden; sie entsprechen dem Preis-Leistungs-Niveau anderer ähnlicher Betriebe.
- Selbst bei qualitativ einwandfreier Dienstleistung befindet sich der Gast in der Zone der Gleichgültigkeit (Indifferenzzone).
- Wird nur erwarteter Grundnutzen angeboten und befriedigt, ist der Gast preissensibel – eine geringe Gästetreue wird gepaart mit einer geringen Mund-zu-Mund-Werbung. Man spricht nicht über Grundnutzen.

Beispiel für Basisanforderungen (Grundnutzen):

Saubere Badezimmer mit Badewanne und funktionsfähiger Dusche.

Beispiel für Leistungsanforderungen (Grundnutzen):

Gut beleuchtete Badezimmerspiegel mit seitlich angebrachtem Haartrockner.

Dimension Qualitätssicherung (Qualitätsstandards – Qualitätshandbücher)

Merkmale – Kernaussagen:

- Um dauerhafte Qualitätssicherheit herzustellen, muss die Einhaltung festgelegter Qualitätsstandards gewährleistet werden.
- Auf individuelle Gästeanforderungen dokumentiertes Qualitätsmanagement kann wertvolle Zeit schaffen, um mit Kreativität und Kommunikation neue Qualitätsideen zu entwickeln.
- Mit Checklisten, Vorgaben, Arbeitsanweisungen, Arbeitsabläufen, Stellenbeschreibungen, Fotos, Videofilmen, Informationen aus dem Intranet usw. werden als Gedächtnisstütze interne Qualitäts-Schulungsinstrumente zu gleich bleibender Qualität für das Mitarbeiterteam geschaffen.
- Die Dimension Qualitätssicherung darf nicht als dauerhafte Festschreibung von Normierungen verstanden werden, sondern als Triebfeder für das gemeinsame Finden, In-Frage-Stellen und Suchen nach besseren Qualitätslösungen.
- Die aus der Qualitätspolitik abgeleiteten Qualitätsziele werden mit folgender Frage als **Qualitätsstandards** formuliert: „Wie und auf welchem Niveau ist die Dienstleistung zu erbringen?"
- Mit Qualitätssicherung soll das **Qualitäts-Know-how** im Unternehmen geplant eingesetzt und konsequent weiterentwickelt werden können.
- Qualitätssicherungsmaßnahmen zeigen die Ergebnisse und Verbesserungen bei der Mitarbeiterschulung auf; Qualität wird messbar und für das Qualitätsteam nachvollziehbar.
- In Qualitätshandbüchern werden Informationen, Erfahrungen und neue Ideen gesammelt und weiterentwickelt. Viele gastgewerbliche Betriebe verlieren sonst über die Jahre ihr Wissen, ihr Know-how. Verlassen gute und erfahrene Mitarbeiter den Betrieb, geht mit ihnen eine Bibliothek von wertvollen Qualitätserfahrungen. Jedes Qualitätsdetail lässt sich auch nur dann verbessern, wenn es erfasst wird und in Frage gestellt werden kann.

- Erst mit der Dimension Qualitätssicherung können sich Hotels und Restaurants auf die strategische Qualität mit Servicegarantien als Wettbewerbsinstrument wagen. Uneingeschränkte Service-Garantien, die Vision eines perfekten Service und Garantievorgaben tragen zur Gästebindung bei und helfen, einzigartige und begeisternde Serviceketten aufzubauen.

Beispiel für Qualitätssicherung:

- Garantiebeispiel: „Ist die Pizza nicht in fünfzehn Minuten auf Ihrem Tisch, brauchen Sie nicht zu bezahlen!"

Dimension Softwarequalität (Lernende Unternehmen – Qualitätstraining)

Merkmale – Kernaussagen:

- Zu den unverwechselbaren Ressourcen eines gastgewerblichen Betriebes gehören die Mitarbeiter – die Softwarequalität; sie sind im Gegensatz zur „Hardwarequalität" (Einrichtung, Angebote, Organisation) am Markt nicht kopierbar.
- Diese Kernkompetenz wird im Qualitätsmanagement von den Gästen als einzigartig wahrgenommen und spricht zusammen mit „emotionaler Qualität" meist den Verhaltensbereich im Dienstleistungsmanagement an.
- Der Qualitätswert für den Gast resultiert aus der Kombination von Hardwarequalität (z. B. Zimmer, Mobiliar, gastronomisches Angebot, Sport-, Freizeit-, Gesundheitseinrichtungen etc.) und geleistetem Service mit Softwarequalität (z. B. Einstellung, Verhalten, Kommunikation, Zuwendung, Freundlichkeit etc.) im Verhältnis zu den Kosten (Verkaufspreise für den Gast) und dem Parameter Zeit (z. B. Servicezeit).
- Freundlichkeit, Begeisterungsfähigkeit, ja Engagement gegenüber den Gästen kann man von seinen Mitarbeitern nicht „fordern", sondern man muss sich das Verhalten, das Gefühl für Dienstleistungsqualität seines Teams mit persönlichem Beispiel jeden Tag von neuem „verdienen".
- Selbstinitiative, Eigenverantwortlichkeit bei Qualitätsdienstleistungen setzen einen hohen Grad an Identifikation mit dem Qualitätsniveau des Betriebes voraus.
- Softwarequalität lässt sich nur mit Freude, Spaß, Begeisterung, Sinnfindung in der täglichen Arbeit steigern. Qualitätsservice in Hotellerie und Gastronomie kommt immer vom Herzen!

- Qualität muss auch dort geschaffen werden, wo sich der Alltag des einzelnen Mitarbeiters spürbar abspielt. Behandeln Sie Ihre Mitarbeiter so, wie Ihre Gäste behandelt werden sollen!
- Softwarequalität orientiert sich an Vorbildfunktionen der Führung, des Coaching, des Empowerment, der Motivation und der Steigerung des „Selbstwertgefühls" eines Mitdenkers.
- Softwarequalität beinhaltet das Bewusstsein der eigenen Unternehmensidentität und wächst in „Lernenden Unternehmen", die Mitarbeiter höher schätzen als Sachkapitalwerte und ihr Team ständig weiterbilden und weiter zu entwickeln suchen.
- Wenn auf die Qualitätsschwüre als Lippenbekenntnis des Managements keine Taten folgen, ja das Management selbst täglich beim „Meineid" ertappt wird, lassen sich keine Qualitätsvisionen verwirklichen.
- Zum strategischen Qualitätsmanagement bei der Dimension Softwarequalität gehört nicht zuletzt die Verbesserung der eigenen persönlichen Lebensqualität, die unserer Mitarbeiter und unserer Gäste.

Beispiel für Softwarequalität:

Für jeden Mitarbeiter wird jährlich ein Trainingsbudget festgelegt und ausgegeben; je nach Neigung kann der Mitarbeiter sich seine Schulungsmaßnahmen auswählen.

Dimension Ästhetik (Qualitätsatmosphäre)

Merkmale – Kernaussagen:

- Die subjektivsten Qualitätsmerkmale für den Gast liegen bei der Dimension Ästhetik und der Qualitätsatmosphäre.
- Was zum Beispiel bei der Farbauswahl der Möbel im Hotelzimmer qualitativ gut wirkt oder wie ein gastronomisches Produkt aussieht, schmeckt oder riecht, ist wohl eindeutig von persönlichen Einstellungen und Vorlieben geprägt.
- Dennoch zeichnen sich einige Muster ab, wie Gäste Produkte und Dienstleistungen nach ihrem persönlichen Geschmack beurteilen. Hohe Qualität für die Gäste bei den Küchenleistungen gehen oft einher mit den Begriffen: „voller Würze", „schmeckt natürlich", „schonend zubereitet", „frisch", „gutes Aroma", „sieht appetitanregend aus".

- So wird die Qualität im F&B-Bereich meist eher mit dem Auge als mit dem Geschmack beurteilt. Die Präsentation von Speise- und Getränkeartikeln mit entsprechendem Geschirr oder Gläsern schafft besondere Qualität.
- Ästhetische Urteile in Sachen Qualität sind nicht universell, so erscheint es auch unmöglich, in dieser Qualitätsdimension es allen recht zu machen.

Beispiel für Ästhetik und Atmosphäre:

Ein speziell den Tageszeiten angepasster Geruchs- und Beleuchtungsplan im Hotel sorgt für ein angenehmes Klima: Beim Frühstück riecht es schon in der Empfangshalle nach Kaffee und frisch gebackenen Semmeln.

Dimension Qualitätsimage (Qualitätsmarken)

Merkmale – Kernaussagen:

- Gäste sind nicht immer über das gesamte Dienstleistungs- und Produktangebot in Hotellerie und Gastronomie und dem individuellen Preis-Leistungs-Verhältnis informiert. Oft werden Hotels nach „Marken- oder Kettennamen" ausgewählt.
- Obwohl es sicherlich sehr gute und weniger gute Hilton-Hotels in der Welt gibt, steht der Name „Hilton" für ein erwartetes Preis- und Qualitätsniveau; die Qualitätsmarke ist für den Gast entscheidend.
- Das Image einer Marke, die Werbung oder der klangvolle Marken- und Firmenname können qualitätsüberzeugend wirken. Meinungen über Qualität werden wichtiger als Qualität selbst.
- Image beruht auf der unausgesprochenen Annahme, dass die Qualität eines Kettenhotels in etwa dem anderen Hotel der gleichen Kette entspricht.
- Der Ruf entscheidet über Meinungen und Mutmaßungen bezüglich der Qualität.
- Nur wenn der Gast positiv über den Betrieb denkt, erhöht sich die Chance zum Wiederholungsgeschäft.
- Gästen muss bewusst werden, warum sie gerade zu Ihnen kommen; dem Gast müssen Details zur Produkt- und Servicedifferenzierung gegenüber Ihren Mitbewerbern bekannt sein.

Beispiel für Qualitätsimage:

Je mehr Sie Ihre Gäste in die Geheimnisse Ihrer Angebote und Produkte einweihen, desto mehr werden diese auch mit Freunden und Bekannten über Ihren Betrieb sprechen!

Dimension Qualitätskonkurrenz (Benchmarking)

Merkmale – Kernaussagen:

- Man darf, kann und sollte gute und passende Qualitätsideen der Kollegenbetriebe im Sinne des Gastes kopieren; Lernen von den Besten ist erlaubt.
- Nur gastbezogene Leistungspotenziale sichern den Vorsprung.
- Strategisches Qualitätsmanagement kann in einer Welt der schnellen Veränderungen nur mit einer dynamischen Vorwärtsstrategie antworten: „Was können wir besser als die Mitbewerber am Markt?"
- Nur schwer nachzuahmende Dienstleistungen – aus der Sicht des Gastes Qualitätsleistungen, die sich klar von den Mitbewerbern unterscheiden – können mittelfristig erfolgreich sein.
- In der Dimension Qualitätskonkurrenz muss flexibel und vor allen Dingen schnell auf Gäste- oder Markterfordernisse reagiert werden. In Kombination mit der „Softwarequalität" geht es hier um Innovationsfreudigkeit: Als Kennzahl gilt: Die Anzahl von Verbesserungsvorschlägen pro Mitarbeiter und Monat.
- Gastgewerbliche Unternehmen müssen ein Raster entwickeln, um festzustellen, über welche Chancen sie verfügen, ihre Dienstleistungsqualität von der anderer auszuzeichnen.
- Wer nahezu die gleiche Angebots- und Dienstleistungsqualität anbietet wie sein Nachbar, macht auch täglich Werbung für ihn!
- Unter der Dimension Qualitätskonkurrenz müssen Hotels und Restaurants versuchen, sich eine bestimmte Qualitätsnische am Markt zu sichern.
- Anders als die Konkurrenz und besser, als es der Gast erwartet!

Beispiel für Qualitätskonkurrenz:

Mit gezieltem „Benchmarking" (Lernen von den Besten) koordiniert man ein System der Gleichzeitigkeit: Informationsgewinnung, Analyse und Messen, Lernen und Einigen, Qualitätsideen umsetzen und übertreffen.

Dimension Zusatznutzen (Begeisterungsanforderungen)

Merkmale – Kernaussagen:

- Unterschätzt wird die Dimension Zusatznutzen, wenn man meint, hier wird der Grundnutzen nur um gewisse Zusatzvorzüge ergänzt.
- Zusatznutzen ist weit mehr als ein „Sekundäraspekt" und spielt beim Gästeempfinden und bei der Beurteilung der Qualität eine oft entscheidende Rolle.

- Alles, was ein Gast bei dem Zusatznutzen als Qualität erkennt und auch bereit ist zu honorieren, fällt im strategischen Qualitätsmanagement unter den Begriff: „Wertschöpfung“, und Wertschöpfungsmaßnahmen gilt es für jeden Betrieb zu verbessern.
- Die Dimension Zusatznutzen kann mit „Überraschungseffekten“ die Brücke von bloßer Zufriedenheit bis hin zur Gästebegeisterung schlagen.
- Qualität im Gastgewerbe ist immer ein bisschen mehr als nur die konstante und konsequente Erfüllung von Gästeerwartungen – das bisschen „mehr“ ist der Zusatznutzen! Qualität entsteht dann aus der Gesamtheit aller gebotenen Vorzüge.
- Der Gast will auswählen können. So empfinden viele Gäste eine Angebots- und Preisvielfalt im Logis- und F&B-Bereich als echten Zusatznutzen.
- Hardware-Zusatznutzen ist wiederum kopierbar am Markt; alles, was dann heute noch begeistern kann, wird bereits morgen erwartet und erhöht nur die Dimension Grundnutzen mit den Leistungsanforderungen der Gäste.
- Software-Zusatznutzen hilft emotionale Gästebeziehungen zum gastgewerblichen Betrieb aufzubauen. Diese Art Qualität ist selten kopierbar und unterstützt das Marketing der Gästebindung.
- Es ist grundsätzlich leichter, mit persönlich ansprechendem Zusatznutzen einen Gast zum Wiederkommen zu bewegen, als einen neuen Gast mit teuren Werbemaßnahmen gewinnen zu wollen.
- Wer sich in der Dimension Zusatznutzen mit emotionaler Qualität, mit persönlichem Beziehungsmanagement um seine Gäste bemüht und in einer vertrauten, liebenswürdigen Atmosphäre mit Qualitätsservice überzeugen kann, wird im gesicherten Wiederholungsgeschäft Umsatzsteigerungen erfahren.
- Überraschung statt Zufriedenheit fördert das positive emotionale Qualitätsempfinden des Gastes.
- Es sind oft Kleinigkeiten, die Gäste überraschen können, begeistern und wiederkommen lassen. Nur mit echter Gästebegeisterung lässt sich im strategischen Qualitätsmanagement die Gästeloyalität steigern.
- Im Qualitätsmarketing gilt die Botschaft: „Weniger versprechen, aber dafür mehr leisten!“
- Der abwechslungsreiche Zusatznutzen, kreative Qualitätsideen, die die geheimen Wünsche der Gäste ansprechen, führen in die Zone der Begeisterung, sorgen für positive Mund-zu-Mund-Werbung und verringern die Preissensibilität.

Beispiel für Hardwarequalität (Zusatznutzen):

Geschäftsreisende bekommen eine Trockenreinigung ihrer Anzüge angeboten.

Beispiel für Softwarequalität (Zusatznutzen):

Urlaubssreisende werden bei Tagesausflügen von Mitarbeitern des Hotels betreut.

Beispiel für emotionale Qualität (Zusatznutzen):

Das Hotel kennt die Hobbys seiner Urlaubsgäste und bringt sie mit Gleichgesinnten am Ort zusammen (z. B. Briefmarkensammler).

Probleme der Qualitätskontrolle

Unter den Kontrollverfahren hat die Kostenkontrolle in Hotellerie und Gastronomie den ersten Rang eingenommen. **Systematische Qualitätskontrollen** in regelmäßigen Abständen werden in den wenigsten Hotelbetrieben durchgeführt, obwohl gerade die Produktgestaltung, die Serviceleistungen zukünftig immer besser gestaltet werden müssen. Jeder Hotelfachmann weiß, was man unter Hotelbelegung, Umsatz oder Gewinn zu verstehen hat – aber was bedeutet „Qualität" in der Hotellerie?

Wie kann man Qualität messen? Hat sich die Qualität der Dienstleistungen im Hotel im Vergleich zum letzten Jahr verbessert oder verschlechtert? Wo sind die Prioritäten zu legen, wenn es um Erhaltung und Steigerung des Qualitätsniveaus des Hotelbetriebes geht? Wer beeinflusst eigentlich tagtäglich das Qualitätsniveau des Hotels? Decken sich die Qualitätsvorstellungen der Gäste mit denen des Hotelmanagements? Welche Servicemaßstäbe, welche Ziele sollten verfolgt werden? Bedeutet mehr Qualität auch zwangsläufig mehr Kosten? Wie lassen sich die Mitarbeiter qualitätsbewusster schulen? Welche Qualitätserfordernisse müssen im nächsten Jahr erfüllt werden, um den Gästestamm zu halten und neue Gäste gewinnen zu können? Jeder fortschrittliche Hoteldirektor wird sich diese Fragen stets von neuem stellen.

Je größer das Hotel, desto geringer scheint der direkte Gastkontakt des Hotelmanagements zu werden. Mit Erstaunen wird mancher Hotelmanager feststellen, dass er selbst nur geringfügig bei der Bildung des Qualitätsniveaus in seinem Hotel beteiligt ist. Das Problem liegt schon bei der Bestimmung des gewünschten Qualitätsniveaus für den eigenen Betrieb. Kontrollieren lässt sich Qualität in der Hotellerie auch nur dann, wenn man bereit ist, für jede Abteilung klare Qualitätsmaßstäbe festzusetzen. Ohne Zweifel müssen für die Zukunft auf jeder Ebene die Serviceleistungen für den Gast immer attraktiver und im Rahmen des Preis- und Leistungsverhältnisses qualitativ immer besser gestaltet werden.

Vermehrt sollte man seine Kontrollanstrengungen im Management auf diesen marktorientierten Gewinn-Einflussfaktor Qualität lenken und allgemein die betriebsinternen Kontrollverfahren daraufhin abstimmen.

Lösungsansatz

Verschiedene Lösungsansätze wurden in der Praxis getestet, um Qualität kontrollieren zu können. Der erste Vorschlag, Qualität regelmäßig in den Hotels zu überprüfen, stammt von den Fluglinien. Es entstand der Beruf des „Qualitätscheckers", der bewaffnet mit einem vorgefertigten Fragenkatalog auf Prüflisten in den Hotelketten von Hotel zu Hotel reiste, um in gewissen Abständen als Fachmann die Hotelleistungen zu bewerten. Diese Form der Qualitätskontrolle brachte zwar Vorteile – man legte für die Hotels zum ersten Male Qualitätsmaßstäbe fest –, aber die Erfahrung zeigte, dass das Qualitätsniveau eines Hotelbetriebes nicht nur allein aus der Sicht des Fachmanns, sondern vielmehr mit den Augen des Gastes bewertet werden musste. Auch stellten die Überraschungskontrollen der „Qualitätspolizisten" keine kontinuierliche und stetige Überwachung der Betriebe dar. Der Weg zwischen Feststellung etwaiger Missstände und deren Abhilfe dauerte viel zu lange. Oft standen die „Qualitätchecker" unter einem Erfolgszwang; sie mussten Fehler finden!

Zielsetzung eines Qualitätsüberprüfungsprogramms

Aufgrund der klar definierten Zielsetzung eines einzuführenden Qualitätsüberprüfungsprogramms wird deutlich, dass Qualitätskontrolle mehr beinhaltet, als ein „Qualitäts-Check-up" zu leisten vermag.

Sechs Hauptzielsetzungen

1. Erhaltung des Gästestammes und Gewinnung neuer Gästekreise
2. Schnelle Erfassung der Qualitätsprobleme zur sofortigen Abhilfe

3. Aufzeigen von Qualitätsverbesserungen und Qualitätsverschlechterungen in den einzelnen Hotelabteilungen
4. Einheitliches Verständnis für Qualitätsanforderungen (Servicemaßstäbe – Qualitäts-Sollvorstellungen)
5. Basis zur qualitätsbewussten betrieblichen Mitarbeiteraus- und -fortbildung
6. Neutrale Messung der Qualitätsleistungen in allen Gastkontaktbereichen des Hotels

Basis für die Qualitätsüberprüfung in der Hotellerie

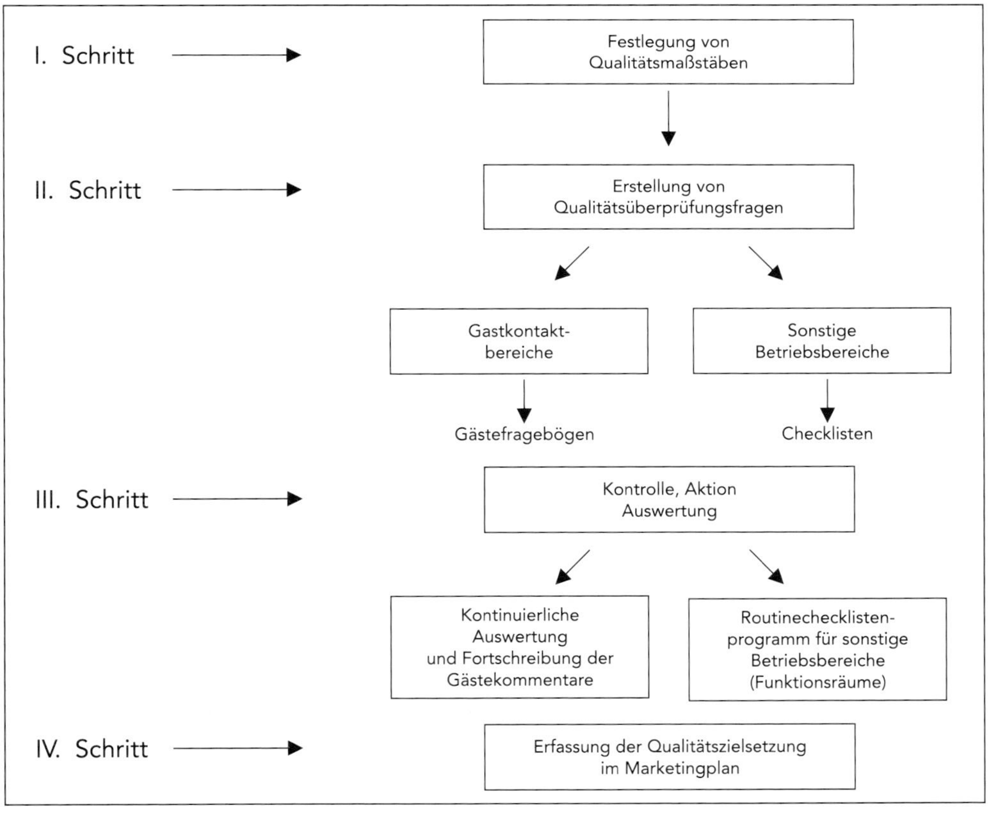

Im Folgenden werden vier Schritte als Basis für die Qualitätsüberprüfung in der Hotellerie beschrieben, die je nach Größe und Typ des Hotelbetriebes maßgeschneidert eingesetzt werden können.

Erläuterungen zum Arbeitsablaufplan für die Einführung eines Qualitätsüberprüfungsprogramms

1. Schritt:

Festlegung von Qualitätsmaßstäben

Die grundsätzliche Frage bei der Festlegung eines jeden Qualitätsstandards lautet: **Wie und auf welchem Niveau sollen die einzelnen Dienstleistungen erfüllt werden?**

Natürlich muss das Hotelmanagement im Detail prüfen, ob die Mehrheit der Gäste auch bereit ist, die angebotenen Qualitätsleistungen zu honorieren. Pro Gastkontaktabteilung ist ein umfassender Katalog der von der Hoteldirektion (und auch von den Gästen) gewünschten Serviceleistungen festzulegen. So wird zum Beispiel festgelegt, dass jeder ankommende Gast, der eine Suite gebucht hat, von einem Mitarbeiter des Empfangs auf das Zimmer begleitet werden muss oder wie im Detail ein Weckruf zu erfolgen hat. Vom „Check-in" bis zum „Check-out" werden Qualitätsstandards oft auch unterschiedlich für verschiedene Gästegruppen definiert.

Bei der Festlegung von Qualitätsmaßstäben geht es nicht nur um eine genaue Beschreibung der einzelnen Dienstleistungen, sondern zum Beispiel im Gastronomiesektor auch um eine einheitliche Präsentation der F&B-Produkte. Selbst in dem kleinsten gastronomischen Betrieb hat der Gast ein Anrecht auf gleich bleibende Qualität. Man spricht hier von „standardisierter Qualität". Wenn die Köche wechseln oder ihren freien Tag haben, dann dürfen sich nicht die Saucen oder Suppen ändern – die Serviceleistungen für den Gast müssen qualitativ konstant bleiben.

Will man sich im Rahmen der Produktdifferenzierung wohltuend von seinen Mitbewerbern am Markt unterscheiden, so steht die Festlegung von Qualitätsstandards unter dem Motto:

Anders als die Konkurrenz und besser, als es der Gast erwartet.

Besonderes Augenmerk muss bei der Bestimmung der Standards auf die Verhaltensleistungen der Mitarbeiter gelegt werden. Selbstverständlich darf Standardisierung nicht zu einem Verhalten eines „trainierten Affen" führen.

Jeder Mitarbeiter mit Gastkontakt soll und darf seine eigene Persönlichkeit bei der Arbeit mit einbringen. Auf der anderen Seite gehört aber auch das einheitliche Beantworten eines Telefonats mit der entsprechenden Begrüßung zur Festlegung des Qualitätsstandards „Entgegennehmen von Telefonaten". Wer für seinen Betrieb keine verbindlichen Qualitätsrichtlinien festlegt, wird feststellen, dass dann jeder Mitarbeiter auch beim Umgang mit dem Gast seinen eigenen Qualitätsmaßstab festlegt und anwendet.

Zur Erfüllung des ersten Schrittes – der Festlegung von Qualitätsmaßstäben – gehören somit alle Formen der Standardisierung der Qualität. Klar definierte Qualitätsmaßstäbe, die in Bezug auf Arbeitsvolumen, Arbeitsbedingungen und Grad der Ausbildung der Mitarbeiter realistisch und erreichbar sein müssen, gelten als Ausgangsbasis für jede Leistungsverbesserung.

2. Schritt:
Erstellung von Qualitätsüberprüfungsfragen

Bei der Erstellung von Qualitätsüberprüfungsfragen wird man in der Praxis zwischen reinen „Gastkontaktbereichen" und den „sonstigen Betriebsbereichen" (Funktionsräume) unterscheiden. Zu den typischen Gastkontaktbereichen gehören:

- Reservierung – Verkauf – Telefon
- Empfang – Concierge – Ankunft/Abreise
- Beherbergungsbereich: öffentliche Räume (Hotelhalle, Aufzüge, Veranstaltungsräume, Gästetoiletten, Verkaufsläden)
- Beherbergungsbereich: Hotelzimmer
- Gastronomiebereich: Restaurants, Bars
- Gastronomiebereich: Bankette, Etagenservice

Die für den Gast sichtbaren Abteilungen eines Hotels werden mit Qualitätsüberprüfungsfragen in einem hotelinternen Gästefragebogen erfasst. Gleichzeitig lässt sich hier neben den „Qualitätsfragen" auch ein kleiner Katalog von wertvollen „Marktforschungsfragen" einschließen, wie zum Beispiel: „Wie erfolgte Ihre Reservierung?" „Warum haben Sie dieses Hotel gewählt?" usw. Dieser Gästefragebogen darf auf keinen Fall zu umfangreich gestaltet werden und muss für jeden Gast leicht auszufüllen sein. Grundsätzlich hängt die Rücklaufquote von Gästefragebögen von der Aufenthaltsdauer der Gäste ab. So kann in einem Ferienhotel ein Gästefragebogen bei Verärgerungen oft eine „Ventilfunktion" zum „Dampfablassen" einnehmen.

Reicht der Rücklauf der regulären Gästefragebögen für ein repräsentatives „Qualitätsbild" aus der Sicht des Gastes nicht aus, so hat es sich in der Praxis einiger Hotels bewährt, den Gastkontaktbereich mit „Testgästen" überprüfen zu lassen. Oft sind hier auch separate Prüflisten für „Testgäste" entwickelt worden. Entscheidend ist die kontinuierliche Detailauswertung aller ausgefüllten Gästefragebögen.

Nur mit dem „Fortschreiben der Gästekommentare" der systematischen Erfassung und Zuordnung aller beantworteten Qualitätsfragen zu den einzelnen Hotelabteilungen wird eine dynamische Kontrolle der Qualitätsstandards aus der Sicht des Gastes ermöglicht. Häufen sich beispielsweise die Beschwerden für einen bestimmten Leistungsbereich, kann hier die Hoteldirektion sofort reagieren.

Die „sonstigen Betriebsbereiche" wie Warenannahme, Lagerräume, Küchen- und Spülküchenbereich, Bufett, technische Räume, Wäscherei usw. sollten regelmäßig mit auf die Abteilung maßgeschneiderten Checklisten von Fachleuten überprüft werden. Um der üblichen Betriebsblindheit entgegenzuwirken, lassen sich einige Hoteliers auch gern einmal von einem Kollegen kritisch durchleuchten. Wie ein Pilot vor dem Start mit Hilfe von Checklisten die gesamte Technik des Flugzeugs überprüfen muss, sollte auch der verantwortungsvolle Gastronom vor Servicebeginn sich seiner vollen Dienstleistungsbereitschaft sicher sein.

3. Schritt:

Kontrolle, Aktion, Auswertung

Gästefragebögen für Gastkontaktbereiche werden schon seit langem in den unterschiedlichsten Hoteltypen eingesetzt; allerdings erscheint die konsequente Auswertung dieser Gästebefragung oft unzureichend. Hier hat der Hotelier die Gelegenheit, „direkt mit dem Ohr am Gast" berechtigte oder unberechtigte Beschwerden oder Komplimente von seinen Gästen entgegenzunehmen. An erster Stelle muss hier die sofortige „Aktion" stehen, d. h., beschwert sich ein Gast, dann sollte – wenn möglich – das Management direkt Kontakt mit dem Gast suchen und korrigierende Maßnahmen einleiten. In gut geführten Hotels reicht die Kontrolle und Auswertung meist bis zu diesem Punkt.

Für die kontinuierliche Qualitätsüberprüfung in der Hotellerie gilt es aber nun, zumindest diese Gästekommentare nicht nur einzeln zu behandeln, sondern auch permanent fortzuschreiben. Nur so können in gewissen Zeitabständen immer wiederkehrende Problemfelder in einzelnen Abteilungen deutlich und nachhaltig korrigiert werden. Zusätzlich erscheint es wertvoll, dass Testgäste, die wie reguläre Gäste sämtliche Hoteldienstleistungen in Anspruch nehmen, eventuell anhand ausführlicher Gästefragebögen den Betrieb „testen".

Schon die aufrichtige Stellungnahme von etwa fünf Testgästen pro Monat würde dem Hotelier helfen, seine Leistungen zu verbessern. Qualitätsüberprüfung lässt sich auch als Verkaufsargument nutzen. So könnten Reiseveranstalter mit Hilfe ausführlicher Gästefragebögen sich selbst von dem Qualitätsniveau des Hotels überzeugen.

Ermittlung der Qualitätsgrade (in %)

Qualität lässt sich auch in Zahlen ausdrücken und vor allen Dingen in einem Zeitvergleich pro Gastkontaktbereich überwachen. Die einzelnen Qualitätsfragen werden den Gruppierungen

- Empfang
  (Reservierung, Ankunft/Abreise)
- Beherbergung
  (Öffentliche Räume, Hotelzimmer)
- Food & Beverage
  (Restaurants/Bars, Etagenservice, Bankette)

zugeordnet (siehe Formular „Ermittlung der Qualitätsgrade").

4. Schritt:

Erfassung der Qualitätszielsetzung im Marketingplan

So wie das jährliche Budget nur die zahlenmäßige Dokumentation des Marketingplans darstellt, so sind auch alle Qualitätszielsetzungen für die Zukunft des Betriebes im Marketingplan zu erfassen. Für welche Gästegruppen müssen welche Dienstleistungen verbessert werden? Neben den Gästefragebögen für den Gastkontaktbereich bilden die Routinechecklisten für die „sonstigen Bereiche" die Basis für betriebsinterne und überbetriebliche Schulungsmaßnahmen. Hotelmitarbeiter sollten gezielt für die Qualitätserfordernisse der Gäste sensibilisiert werden. Qualitätsüberprüfungsprogramme können dabei auch zum besseren Verständnis für die Probleme der Hotelabteilungen untereinander beitragen.

Qualitätskontrollen müssen selbstverständlich für den jeweiligen Betrieb maßgeschneidert werden. Der Zeitaufwand dafür lohnt sich!

Ermittlung der Qualitätsgrade (in %)

Reguläre Gäste ☐

Testgäste/Reiseveranstalter ☐

Hotelpersonal ☐

	A			B						
	Bewertungen			TOTAL						
	Soll	Ist	%	Fragen-anzahl	Bewertete Fragen	nicht zutreffende Fragen	zutreffende Fragen	Be-schwerden	Positive Fragen	Qualitäts-grad in %
	a	b	c	d	e	f	g	h	i	j
Empfang			b ÷ a		b × d		e – f		g – h	i ÷ g
A Reservierung										
Ankunft/Abreise										
Beherbergung										
B Öffentliche Räume										
Hotelzimmer										
Food & Beverage										
C Restaurants/Bars										
Etagenservice Bankette										

Datum ____________________ TOTAL ________

Erklärung zum Formular „Ermittlung der Qualitätsgrade (in %)"

Spalte (a): *„Soll"* drückt die Soll-Anzahl der bewerteten Gästefragebögen pro Monat aus (erwarteter Mindestrücklauf)

Spalte (b): *„Ist"* zeigt die Anzahl der tatsächlich erhaltenen und ausgefüllten Gästefragebögen

Spalte (c): *„%"* drückt den effektiven Beteiligungsgrad aus (b : a)

Spalte (d): *„Fragenanzahl"* zeigt die festgelegten (vorgegebenen) Qualitätsfragen des Gästefragebogens auf

Spalte (e): *„bewertete Fragen"* – Anzahl der festgelegten Qualitätsfragen (d) multipliziert mit der Anzahl der erhaltenen Gästefragebögen (b) = Gesamtanzahl der von Gästen bewerteten Fragen (b × d)

Spalte: (f) *„nicht zutreffende Fragen"* – das sind Fragen, die von den Gästen nicht bewertbar waren oder nicht ausgefüllt wurden

Spalte (g): *„zutreffende Fragen"* = Spalte „bewertete Fragen" (e) minus Spalte *„nicht zutreffende Fragen"* (f) (e – f)

Spalte (h): *„Beschwerden"* ist die Gesamtanzahl der erfassten Beschwerden der erhaltenen Gästefragebögen pro Abteilung

Spalte (i): *„positive Fragen"* = Gesamtanzahl der positiv bewerteten Fragen; Spalte (g) minus Spalte (h)

Spalte (j): *„Qualitätsgrad in %"* = Prozentsatz der positiv beantworteten Fragen; Anzahl der positiven Fragen (i) × 100 geteilt durch zutreffende Fragen (g).

So lassen sich separat für *reguläre Gäste, Testgäste und Reiseveranstalter* oder auch die Bewertung durch eigenes *Hotelpersonal* Qualitätsgrade pro Gastkontaktabteilung berechnen, im Zeltvergleich bewerten und für das gesamte Hotel zusammenfassen. Qualität ist rechenbar geworden!

Integriertes Qualitätssicherungskonzept

Kostet mehr Qualität mehr Geld? Müssen wir Produktivität opfern, um Qualität zu verbessern? Auf nichts reagiert das Management wohl so hellhörig wie auf Geld. Produktivität und Qualität im Dienstleistungsgewerbe hängen eng miteinander zusammen. Die Praxis zeigt: Bemühungen um Qualitätsverbesserungen steigern fast überall die Arbeitsproduktivität! Mitarbeiter spüren den direkten Bezug zwischen verbesserter Dienstleistungsqualität und ihrer eigenen Arbeitsqualität. Viele Ideen zu Qualitätsverbesserungen für den Gästeservice beinhalten Arbeitserleichterungen und erhöhen die Arbeitsproduktivität dadurch automatisch. Qualität und Produktivität verstärken einander. Qualität kostet also nichts. Sie wird einem nicht geschenkt, aber sie kostet nichts!

Das folgende Kapitel soll die einzelnen Schritte eines integrierten Qualitätssicherungskonzepts aufzeigen.

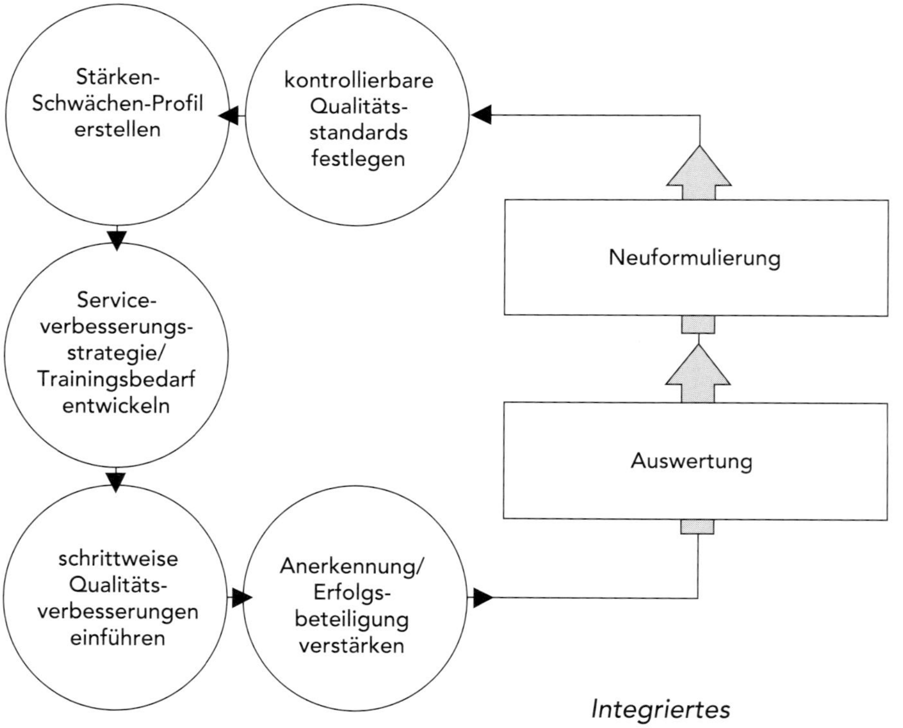

Integriertes Qualitätssicherungskonzept

Qualitätssicherung in Hotellerie und Gastronomie erreicht man nicht durch Einzelaktionen. Erfolgversprechend ist ein integriertes System, das stufenmäßig in einer Art Kreislauf nie zum Stillstand kommt. Die folgenden fünf Schritte sind voneinander abhängig; jede einzelne Stufe ergänzt und verstärkt den Erfolg der anderen:

1. Schritt: Kontrollierbare Qualitätsstandards festlegen
2. Schritt: Stärken-Schwächen-Profil erstellen
3. Schritt: Serviceverbesserungsstrategie/Trainingsbedarf entwickeln
4. Schritt: Schrittweise Qualitätsverbesserungen einführen
5. Schritt: Anerkennung/Erfolgsbeteiligung verstärken

Die Möglichkeiten, den Gästeservice zu verbessern, hören nicht auf. Qualität ist nicht mehr gleichzusetzen mit Luxus und persönlichem Service. Es kommt auf die Qualitätserwartungen unserer Gäste an. So existiert Qualität auf jeder gastgewerblichen Ebene – von der einfachen Gaststätte bis hin zum Gourmettempel. Ohne Zweifel wirkt der individuelle Qualitätsgrad als Marketinginstrument des Betriebes in seinem vergleichbaren Niveau als stärkste Produkt- und Dienstleistungsdifferenzierung. Sind einmal die Produktverbesserungen der Hotellerie auf der „Hardwareseite" mit Luxusetagen, Fitnesscenter, Telekommunikation usw. ausgeschöpft, so wird zukünftig die „Softwareseite" – der Service, die Haltung und Einstellung der Mitarbeiter zum Gast – eine immer bedeutendere Rolle spielen.

1. Schritt:

Kontrollierbare Qualitätsstandards festlegen

Qualitätsstandards detaillieren, wie und auf welchem Niveau eine Dienstleistung zu erbringen ist. Hier helfen keine vagen Vorstellungen, sondern nur genau definierte Details. Dienstleistungsqualität entsteht durch **eine Kombination von fachlicher Kompetenz (Verfahren) und positiver Einstellung (Verhalten)** der Mitarbeiter. Qualitätsdetails müssen in beiden Richtungen spezifiziert werden.

Ein Beispiel für Verfahren am Hotelempfang: „Bei der Aufnahme von Weckrufen muss deutlich die Zimmernummer, die gewünschte Uhrzeit wiederholt und dem Gast namentlich eine ‚Gute Nacht' gewünscht werden."

Besonders genau ist das erwünschte Verhalten des Gastkontaktpersonals zu erfassen; Beispiel: Verhalten am Telefon: „Mitarbeiter mit Telefonkontakt bringen mit ihrer Stimme stets Freundlichkeit, Enthusiasmus, Wärme, Identifikation und Überzeugung zum Ausdruck!"

Erwünschte Dinge treten nur ein, wenn sie geplant wurden; unerwünschte Dinge stellen sich von selbst ein. Wenn das Management keine offiziellen Qualitätsstandards festlegt, dann wählen sich die Mitarbeiter ihre eigenen – und zwar jeder andere. Qualitätssicherung bedeutet Vorbeugung und nicht nachträglich Überprüfung. Hoteliers und Gastronomen sollten stets als „Fehlervorbeuger" agieren und nicht nur nachträglich überprüfen, warum die Qualität auf der Strecke geblieben ist. Vorgegebene Qualitätsstandards müssen eindeutig, verständlich, fehlerfrei und von vornherein richtig sein.

2. Schritt:
Stärken-Schwächen-Profil erstellen

Erst nach sorgfältiger Festlegung der Qualitätsstandards für alle Gastkontaktbereiche des Hotels (Empfang, Telefon, Restaurantservice, Bar- und Bankettservice usw.) kann das gegenwärtige Qualitätsniveau in den einzelnen Hotelbereichen bewertet werden. Mit einem „Stärken-und-Schwächen-Profil" für die jeweilige Verfahrens- und Verhaltensweise werden in einer Art Schwachstellenanalyse die wichtigsten Qualitätsprobleme erkannt und gewichtet. In der Praxis hat es sich bewährt, zunächst eine Selbsteinschätzung der betroffenen Mitarbeiter vornehmen zu lassen. Schon allein das bewusste Aufzeigen unserer Schwächen im Detail steigert die Aufmerksamkeit und Feinfühligkeit für Qualitätsprobleme. Da beide Seiten (Verfahren/Technik und Verhalten/Einstellung) pro Abteilung aus der Sicht des Gastes bewertet werden, lässt sich in einem 100-Punkte-Verfahren mit einem Koordinatenkreuz der gegenwärtige, durchschnittliche Qualitätsstil als „Qualitätsbox" visualisieren und dient später als Ausgangs- und Vergleichsbasis. Diese Analyse zeigt die Differenz auf, die zwischen gewolltem und tatsächlichem Qualitätsservice besteht.

Definiert man Qualität als Erfüllung von Anforderungen, so müssen für die Mitarbeiter alle Voraussetzungen dafür, Rahmenbedingungen und ein Höchstmaß an Unterstützung seitens des Managements gewährleistet sein. Der Qualitätssicherungsprozess darf sich nicht nur an die unterste Unternehmensebene – den einfachen Mitarbeiter – richten. Die Direktion mit den Abteilungsleitern muss sich selbst hundertprozentig für alle Qualitätsprobleme verantwortlich fühlen. Nach herkömmlichen Vorstellungen erreicht man Qualität durch Kontrolle. Qualitätsüberprüfung vollzieht sich aber immer im Nachhinein und ist wenig geeignet, Qualität zu erzeugen. Der eigentliche Sinn von Kontrollmaßnahmen ist es, Probleme zu erkennen und für immer aus der Welt zu schaffen.

Das Stärken-Schwächen-Profil auf der Basis festgelegter Qualitätsstandards darf keineswegs als „Mängelliste" zur permanenten Kritik seitens des Managements genutzt werden. Misstrauen und Widerstand gegenüber dem Qualitätssicherungsprozess würden die Folge sein. Auf der Grundlage der erkannten Stärken und Schwächen gilt es, im nächsten Schritt eine Serviceverbesserungsstrategie zu entwickeln.

3. Schritt:

Serviceverbesserungsstrategie/Trainingsbedarf entwickeln

Häufig auftretende Qualitätsprobleme, die anhand des Stärken-Schwächen-Profils ermittelt werden, sind in einer Prioritätenskala zu gewichten. Ein Qualitätsproblem existiert immer dann, wenn zwischen tatsächlichem und gewünschtem Geschehen (Qualitätsstandards) eine Diskrepanz besteht. Jedes einzelne Problem muss sorgfältig analysiert, mehreren Lösungsmöglichkeiten gegenübergestellt und der optimale Lösungsweg gefunden werden. Wie kann der Service verbessert werden? Überprüfen Sie, ob wirklich so wie bisher gearbeitet werden muss.

Keine Serviceleistung im Gastgewerbe ist nur negativ; vielleicht lässt sich durch die Verstärkung der positiven Faktoren das Qualitätsniveau des speziellen Gästeservice verbessern. Um möglichst viele Ideen zur Problembewältigung berücksichtigen zu können, sei an dieser Stelle auf die verschiedenen „Brainstormingverfahren" und vor allen Dingen auf das Kreativitäts- und Problemlösungspotenzial der „Qualitätszirkel" verwiesen. Zu den Bestimmungsfaktoren der optimalen Lösung zählen Kosten, Flexibilität, Zeitbedarf bei der Durchführung, Integration in den bisherigen Gästeservice sowie Verständnis und Einverständnis bei allen Mitarbeitern.

Die Entwicklung einer Serviceverbesserungsstrategie bedingt in den meisten Fällen ein Überdenken des Trainingsbedarfs – eine Schwerpunktbildung bei den Schulungsmaßnahmen. Es muss ein einheitliches Qualitätsverständnis geschaffen werden, sonst verwirklicht jeder Mitarbeiter seine eigenen Qualitätsvorstellungen. Gezieltes Training ist ein Prozess, der allen dazu verhilft, gemeinsame Qualitätsbegriffe zu entwickeln und die Rolle jedes Einzelnen im Qualitätsverbesserungsprozess richtig einzuschätzen.

Bei den Schulungsmaßnahmen geht es nicht allein um die Vermittlung neuer Techniken, sondern vielmehr um Einsicht, Wertmaßstäbe, um einen Wandel der inneren Einstellung bis hin zur Qualitätssprache des Betriebes. Das beste Training ist die Praxis. Aber wie ein Orchester vor seinem Publikumsauftritt reichlich Gelegenheit hat zu üben, so müssen auch Mitarbeiter der Hotellerie und Gastronomie unter „Ausschluss der Gäste" Trainingsmöglichkeiten zu harmonischem Qualitätsservice erhalten. Das hochgepriesene „on the job training" der Branche darf Gäste nicht zu „Versuchskaninchen" degradieren. Qualität kennt keine Kompromisse.

4. Schritt:
Schrittweise Qualitätsverbesserungen einführen

Erst jetzt – bis zum 4. Schritt – ist die Grundlage für ein integriertes Qualitätskonzept geschaffen. Nur wenn die Führungsmannschaft der Hotellerie geschlossen darangeht, die Unternehmenskultur mit dem Qualitätsbewusstsein zu ändern, können schrittweise Qualitätsverbesserungen eingeführt werden. Viele Widerstände gilt es zu überwinden. Oft wird Qualität nur als ein neues Programm und nicht als Prozess betrachtet.

Alle Qualitätsbemühungen zielen nur auf den einfachen Mitarbeiter ab; das ungeduldige Management will sofort sichtbare Erfolge. Jedes noch so gut gemeinte Qualitätssicherungskonzept ist zum Scheitern verurteilt, wenn die grundlegenden Gefahren und Probleme bei der Einführung außer Acht gelassen werden. Sicherlich wird es niemand geben, der gegen Qualität ist und Missstände vorzieht. Kündigen Sie aber Qualitätssicherungsmaßnahmen an, werden Sie auf Widerstand stoßen. Es ist Tatsache, dass die meisten Menschen jeglichen Veränderungen gegenüber negativ eingestellt sind. Wenn man sich daran gewöhnt hat, Dinge in einer bestimmten Art und Weise zu erledigen, und sie in dieser Form schon für eine längere Zeit ausgeführt hat, ist man grundsätzlich nicht bereit, einer Veränderung zuzustimmen. Es sei denn, man wird dazu gezwungen oder ist aufrichtig davon überzeugt, die Veränderung würde eine Verbesserung zum eigenen Vorteil bringen. Mancher fasst schon deshalb einen Verbesserungsvorschlag von einem Außenstehenden als persönliche Kritik auf, weil er einfach selbst nicht an diese Verbesserungsmöglichkeit gedacht hat.

Qualität beginnt bei den Mitarbeitern. Betriebliche Veränderungen setzen Systematik voraus:

- umfassende Information von Beginn an
- Miteinbeziehen und Anteilnahme aller Mitarbeiter
- schrittweises Vorgehen und Flexibilität bei der Einführung

Im Grunde steht und fällt alles mit der Einstellung zu Qualitätsverbesserungen. Durch Mitwirkungsmöglichkeiten und totale Information bei geplanten Veränderungen kann die Sensibilität für Qualitätsprobleme gefördert und Zustimmung für Veränderungen gebildet werden. Mit der Methode der kleinen Schritte, der Bereitschaft, neue Ideen gelten zu lassen, muss man bereit sein, Qualitätsinstrumente flexibel einzusetzen. Qualität kann nicht mit der Brechstange des Managements von oben erzwungen werden. Qualitätssicherung in Hotellerie und Gastronomie ist eine „Reise" und kein abrufbarer Zustand!

5. Schritt:

Anerkennung/Erfolgsbeteiligung verstärken

Im letzten Schritt des Qualitätskonzeptes geht es um die dauerhafte Beibehaltung und Sicherung der eingeführten Qualitätsrichtlinien. Menschen arbeiten nicht für Unternehmen, sie arbeiten für Menschen. Allen Führungskräften muss bewusst werden, welche Auswirkung ihr persönliches Beispiel – ihr tägliches Vorbild – auf das gesamte Qualitätssicherungskonzept des Betriebes hat. Qualitätsverbesserungen im Gastgewerbe können auf Dauer nur überleben, wenn auch eine entsprechende Anerkennung und Erfolgsbeteiligung der Mitarbeiter erfolgt. Bargeld oder finanzielle Auszeichnungen sind allein für eine wirksame Anerkennung nicht persönlich genug. Allzu schnell verfällt man wieder in den alten Trott, wenn nichts geschieht, um einen bei der „Qualitätsstange" zu halten. Viele Hotelgesellschaften verwenden all ihre Zeit, um nach neuen Qualitätskonzepten Ausschau zu halten, und setzen wenig Zeit daran, ihr Qualitätssicherungskonzept auch auf Dauer durchzusetzen. Nur positive Konsequenzen ermuntern zu guten Qualitätsleistungen in der Zukunft. Produktivität im Sinne von Qualitätsdienstleistungen ist das Produkt aus Leistungsvermögen (Kompetenz) der Mitarbeiter und Motivation. Nur wer sich selbst gut findet und fühlt, leistet auch qualitativ gute Arbeit. Man sagt: „Nicht ausgesprochene Anerkennung ist vorenthaltener Lohn!"

„Feedback" als Leistungsinformation – wie erfolgreich arbeiten wir mit dem neuen Qualitätssicherungskonzept? – wirkt als Verstärker und hilft, Anfangserfolge bei Serviceverbesserungen zu festigen. Identifikation und begeisterte Leistungsbereitschaft lassen sich nur für gemeinsam besprochene und realistisch vereinbarte Qualitätszielsetzungen erreichen. Regelmäßig durchgeführte Gästebefragungen zeigen, wie verbesserte Dienstleistungen vom Gast angenommen werden. Hier schließt sich auch der Kreislauf des Qualitätssicherungskonzeptes. Detaillierte Auswertungen aus der Sicht des Gastes werden langfristig wieder zu Neuformulierungen der festgelegten Qualitätsstandards führen. Das Qualitätsbewusstsein unserer Gäste ändert sich mit der Zeit, und wir müssen die Qualitätserlebnisse für die Gäste ändern.

Qualitätssicherung mit Checklisten

Vor jedem Start eines Flugzeuges muss der Pilot routinemäßig mit einer Checkliste ausführlich die Flugsicherheit mit allen technischen Details überprüfen. Es geht ja nicht zuletzt um die Sicherheit der Fluggäste! Speziell für jeden Maschinentyp zugeschnittene Check- oder Prüflisten überlassen hier nichts dem Zufall. Tausendfach geübte Routine wird vor jedem Flug stets von neuem systematisch geprüft und abgesichert.

Wie vorbereitet und sicher „starten" eigentlich Hoteliers und Gastronomen täglich ins Dienstleistungsgeschäft? Werden dem Gast gesicherte, gleich bleibende Qualität, freundliche Mitarbeiter, Beleuchtung, Technik und Atmosphäre garantiert? Reinigt und wartet die Zimmerfrau unser teuerstes Produkt – das Gästezimmer – hundertprozentig? Wird der neue Mitarbeiter am Empfang richtig eingeführt?

Der Fragenkatalog für Routinetätigkeiten im Gastgewerbe lässt sich beliebig fortsetzen. Es geht nicht allein um Kontrolle, sondern vielmehr um vorausschauende Qualitätssicherung in allen Leistungsbereichen der Hotellerie und Gastronomie. Nur bei fortschrittlichen Unternehmern hat sich bisher der Gebrauch von Checklisten in der Branche durchgesetzt. In vielen kleineren Betrieben hält man dieses Organisationshilfsmittel oft noch für zu aufwendig. Lieber leistet sich der Unternehmer den Luxus der eigenständigen Totalkontrolle, gepaart mit eigener, permanenter Anwesenheit und Zuständigkeit. Kein Detail entgeht hier den wachsamen Augen des Gastwirts und Hoteliers – eine lebende Checkliste für den gesamten Betrieb. Dieser persönliche Dauereinsatz kann befriedigen, spricht aber keineswegs immer für den Unter-

KONTROLLE VOR DEM SERVICE

RESTAURANT

überprüft von: ______________ Datum: ______________

Checkliste

Sauberkeit
(Räumlichkeit) *Bemerkungen*

- ☐ Türen (Eingang) ______
- ☐ Fenster ______
- ☐ Teppich ______
- ☐ Boden ______
- ☐ Tische ______
- ☐ Stühle ______
- ☐ Polsterbänke ______
- ☐ Wände ______
- ☐ Lampen ______
- ☐ Vorhänge ______
- ☐ Bilder, Dekoration ______
- ☐ Toiletten ______
- ☐ Spiegel, Waschbecken ______
- ☐ Garderobe ______
- ☐ Service-Türen (Küche) ______

Sauberkeit
(Räumlichkeit) *Bemerkungen*

- ☐ Gläser ______
- ☐ Porzellan ______
- ☐ Aschenbecher ______
- ☐ Bestecke ______
- ☐ Zuckerschale ______
- ☐ Salz, Pfeffer, Senf ______
- ☐ Tischdecken ______
- ☐ Gästeservietten ______
- ☐ Serviceservietten ______
- ☐ Brotkörbe ______
- ☐ Anrichteschrank ______
- ☐ Speisekarten ______
- ☐ Getränkekarten ______
- ☐ Ketchup ______
- ☐ Öl und Essig ______

Checkliste

Beleuchtung, Musik, Technik *Bemerkungen*

- ☐ Eingang ______
- ☐ Beleuchtung der Tageszeit entsprechend ______
- ☐ Lampen ______
- ☐ Kerzen ______
- ☐ Punktstrahler ______
- ☐ Hintergrundmusik ______
- ☐ Lautstärke ______
- ☐ Kapelle ______
- ☐ Klimaanlage ______

Präsentation und Auswahl *Bemerkungen*

- ☐ Bufett – Auswahl ______
- ☐ Salatwagen ______
- ☐ Dessertwagen ______
- ☐ Getränkewagen (Aperitif, Digestif) ______
- ☐ Mokkawagen ______
- ☐ Displaymaterial ______
- ☐ Blumenschmuck ______
- ☐ Tagesspezialitäten ______

Personal *Bemerkungen*

- ☐ Pünktlichkeit ______
- ☐ Erscheinung ______
- ☐ Uniformen ______
- ☐ Verkaufstraining ______
- ☐ Stand der Restaurantreservierungen ______

nehmer, sondern fördert wohl eher die „Selbstausbeutung". Das tägliche Volumen der Routinearbeiten im Gastgewerbe darf nicht ermüden und betriebsblind machen; es muss wieder Zeit für kreative, unternehmerische Tätigkeiten gewonnen werden.

Checklisten können persönliches Engagement nicht ersetzen, wohl aber unterstützen. So soll der folgende Abschnitt Zielsetzung, Vorteile und Aufbau von Checklisten als Qualitätssicherungsinstrument im Gastgewerbe verdeutlichen.

Definition und Bedeutung von Checklisten

- Prüflisten mit Kontrollfragen für Arbeitsabläufe
- Zerlegung der Tätigkeiten in überprüfbare Einzelabschnitte oder Einzelphasen
- Systematische Auflistung aller wesentlichen Punkte, die für das Dienstleistungserlebnis des Gastes wichtig sind
- Festlegung der Reihenfolge, was, wann, wie, womit und durch wen zu tun, zu kontrollieren, festzustellen und abzusichern ist
- Konzentrate schon einmal gemachter Erfahrungen, abrufbares angewandtes Wissen
- Instrument der Arbeitserleichterung für sich wiederholende Dienstleistungen
- Organisationshilfsmittel, um Zeit, Aufwand und Kosten zu reduzieren und dabei gleich bleibende Qualität zu sichern

Vorteile der Checklisten im Hotel- und Restaurantmanagement		
Nr.	Beispiel	berücksichtigt
1	Qualitätssicherung	✓
2	Arbeitserleichterung	✓
3	Zeitersparnis	✓
4	Prioritäten	✓
5	Verbesserungen	✓
6	Delegation	✓
7	Erfolgserlebnisse	✓

1. Qualitätssicherung

Das Dienstleistungserlebnis für den Gast besteht aus einer Summe vieler kleiner Details. Ein einziger Fehler in dieser Servicekette kann den gesamten Eindruck und damit auch sonst gut erbrachte gastronomische Leistungen zerstören. Muss ein Gast zum Beispiel nach seiner Selbstbedienung beim Frühstücksbufett den Kaffee erst bestellen und dann noch lange warten, tritt die reiche Auswahl des hervorragend arrangierten Bufetts als Erlebnis für den Gast in den Hintergrund. Qualität heißt auch: „Einfache Selbstverständlichkeiten außergewöhnlich gut machen." Checklisten helfen dabei, nichts zu vergessen.

(Beispiel: Checkliste: Mitarbeiterschulung für den Frühstücksservice)

2. Arbeitserleichterung

Checklisten detaillieren bei Arbeitsabläufen jeden Schritt in der richtigen Reihenfolge und entlasten somit das Gedächtnis des ausführenden Mitarbeiters. Man hat schon alles „vorausgedacht". Mit den Checklisten wird dann oft die Arbeit nicht mehr als Last oder Bürde empfunden. Mit klar definierten Zielen vor den Augen fühlt man sich gut. Ein Mitarbeiter arbeitet auch nur dann gut, wenn er sich gut fühlt!

(Beispiel: Checkliste: Kontrolle vor dem Service)

3. Zeitersparnis

Systematisch gegliederte Checklisten ermöglichen es den Mitarbeitern, viele Arbeiten im Hotel- und Gaststättenbetrieb schneller zu erledigen. Ohne dass der Mitarbeiter lange überlegen muss, werden zeitraubende Routinetätigkeiten transparenter, Schritt für Schritt ausgeführt und „abgehakt".

(Beispiel: Checkliste: Organisation von Banketten, Extraveranstaltungen)

4. Prioritäten

Jeder Führungskraft wird empfohlen, für den folgenden Arbeitstag sechs wichtige Arbeiten zur Erledigung aufzuschreiben. Danach muss die Bedeutung und Dringlichkeit der einzelnen Vorhaben noch einmal durch die Nummerierung 1 bis 6 gewichtet werden. Am nächsten Tag wird mit dem Checklistenpunkt 1 begonnen und erst nach dessen Erledigung das zweitwichtigste Vorhaben angegangen. So setzt diese kleine Checkliste Prioritäten und lässt uns nicht Lieblingsbeschäftigungen bevorzugen. Selbst wenn die Zeit nicht ausreichte, alle sechs Punkte zu erledigen, so sind doch Prioritäten eingehalten worden.

(Beispiel: Checkliste: Zeitmanagement für Führungskräfte)

5. Verbesserungen

Checklisten müssen den sich ändernden Betriebserfordernissen angepasst werden; sie sind dynamisch. Beim täglichen Einsatz der Prüflisten werden immer wieder Schwächen deutlich. Bei Abweichungen vom Soll-Zustand wird die Frage nach dem „Warum" neue Wege zur Rationalisierung und Verbesserung aufzeigen. Durch das Bemühen um Vervollständigung und Optimierung der Checklisteninhalte wird auch gleichzeitig die Teamarbeit gefördert. So kann beispielsweise die Checkliste für Energieeinsparungen im Hotel übergreifend das Interesse aller Abteilungen um Koordination und Kontrolle steigern helfen.

(Beispiel: Checkliste: Energiekontrolle)

6. Delegation

Checklisten sind perfekte Delegationsinstrumente, mit denen nicht nur neue Mitarbeiter eingewiesen, angewiesen und geschult werden können. Im Qualitätssinne des Unternehmens werden die Mitarbeiter mit Checklisten gleichsam „ferngesteuert". Alles, was delegiert wird, sollte auch kontrolliert werden. Stichproben bei den ausgefüllten Checklisten reichen in vielen Fällen zur Erfolgskontrolle aus. Der Kontrollaufwand vermindert sich; er geht nicht mehr allein um Delegation von Aufgaben, sondern auch von Verantwortung.

(Beispiel: Checkliste: Lagerhaltung von Lebensmitteln)

7. Erfolgserlebnisse

Die Vielfältigkeit unserer Dienstleistungen im Beherbergungs- und Gastronomiebereich lässt sich problemlos in Einzelphasen zerlegen. Überprüft zum Beispiel eine Zimmerfrau anhand einer kurzen Checkliste das gerade gereinigte Abreisezimmer, so werden hier Erfolgserlebnisse als „Zwischenbescheid" verstärkt. Die Arbeit geht jetzt schneller von der Hand, man ist sicher, an alles gedacht zu haben. Die Zimmerfrau hat eigenverantwortlich das Abreisezimmer erstellt, überprüft und somit ein Erfolgserlebnis. Die Möglichkeit zur Selbstkontrolle der Mitarbeiter mit entsprechenden Checklisten motiviert und perfektioniert Routinearbeiten.

(Beispiel: Checkliste: Reinigung und Wartung eines Abreisezimmers)

Wie erstellt man Checklisten?

Grundsätzlich sollten Checklisten für den individuellen Betrieb maßgeschneidert werden. Fachzeitschriften und Fachbücher können dabei als Anhaltspunkte für die eigene Erstellung der Prüflisten dienen. Eigene Checklisten müssen in der Praxis wachsen! In der Hotellerie und Gastronomie beginnt man mit den Tätigkeiten und Serviceleistungen, die aus der Sicht des Gastes Qualitätsprobleme mit sich bringen können. Das Brainstormingverfahren eignet sich dabei ausgezeichnet, um in kurzer Zeit eine brauchbare Liste zu erarbeiten.

Nur beständige kritische Prüfung unseres Angebots kann verbesserungsfähige Schwächen aufdecken und zur Entwicklung von Qualitätsverbesserungen führen. Die Frage: Wie und auf welchem Niveau muss unsere „Gastlichkeit" erfüllt werden?, drückt sich in Form von unzähligen Details und Qualitätssymbolen aus. Geschickt ist es, Checklisten aufgrund von Arbeitsablaufanalysen und Ablaufdiagrammen zu erstellen. Viele „Vorchecks" sind vor dem endgültigen Einsatz von Checklisten erforderlich. Immer wieder werden neue Detailaspekte sichtbar, ergänzen, verbessern und verdichten die Checkliste.

Checklisten sind kein Allheilmittel und nur so gut, wie man sie in der Praxis einsetzt.

Beispiele zur Anwendung aus der Praxis

Checklisten in Hotellerie und Gastronomie		
Nr.	Überschrift/Inhalt (zum Beispiel)	erstellt und eingeführt/Datum
1	Einführung neuer Mitarbeiter	
2	Einkauf, Warenannahme, Lagerung	
3	Kontrolle vor dem Service (Restaurant)	
4	Überprüfung der Bleibe- und Abreisezimmer	
5	Organisation von Veranstaltungen	
6	Überprüfung der Hygienevorschriften	
7	Energieeinsparungsmaßnahmen	
8	Mitarbeiterschulung alle Bereiche	
9	Qualitätsüberprüfung Food & Beverage	
10	Planung einer Verkaufsreise	
11	Konkurrenzanalysen	
12	Kennzahlen als Frühwarnsystem	

Checklisten-Beispiele:

Reservierung/Empfang

1. Der Telefonanruf des Gastes wird schnell beantwortet; für die Reservierungsabteilung gibt es eine Durchwahlmöglichkeit.
2. Reservierungen können in mehreren Fremdsprachen entgegengenommen werden.
3. Telefonische Reservierungen werden am Tag und in der Nacht – zu jeder Zeit – angenommen.
4. Die verschiedenen Zimmertypen werden auf Wunsch beschrieben, die jeweiligen Preise mitgeteilt.
5. Ankunft- und Abreisedaten werden rückbestätigt.
6. Falls das Hotel ausgebucht ist, werden Ausweichtermine vorgeschlagen.
7. Zusammen mit der Reservierung können auch Zusatzleistungen, wie Mietwagen, Transfer, offeriert werden.
8. Reservierungen werden im Hotel prompt, höflich und korrekt gehandhabt.
9. Zu jeder Tageszeit werden die Gäste durch das Empfangspersonal (Portier) freundlich begrüßt, und man ist den Gästen mit ihrem Gepäck behilflich.
10. Reisegruppen werden separat „eingecheckt", ohne individuelle Gäste in der Empfangshalle zu stören.
11. Gäste werden über Details der Rechnungsstellung, einschließlich der Benutzung von Kreditkarten und der Notwendigkeit eventueller Barzahlung, taktvoll informiert.
12. Sobald die Identität des Gastes bekannt ist, wird er vom Empfangspersonal namentlich angesprochen.
13. Alle Gäste werden am Tag ihrer Ankunft auf die Zimmer begleitet, auf die technischen Einrichtungen des Hotelzimmers und auf sonstige Annehmlichkeiten des Hotels einschließlich des Wäscherei- und Reinigungsservice hingewiesen.
14. Das Gepäck wird unverzüglich auf die Zimmer gebracht und auf dem Gepäckständer abgestellt.
15. Nachrichten werden an Gäste unverzüglich weitergeleitet und die Post am Tag der Ankunft in das Schlüsselfach gelegt.
16. Das Empfangspersonal ist gut über die Restaurants, Bars und sonstigen Einrichtungen des Hotels informiert.
17. Der Gast hat jederzeit die Möglichkeit, sich über das kulturelle Angebot des Aufenthaltsortes zu informieren.

18. Bei der Abreise der Gäste wird das Gepäck zur gewünschten Zeit vom Hoteldiener von den Zimmern abgeholt.
19. Die Empfangshalle ist insgesamt freundlich eingerichtet, die Sitzgruppen sind bequem, die Beleuchtung ist ausreichend, die Farbkombination harmonisch, Blumenarrangements werden täglich frisch hergerichtet, Teppiche sind fleckenfrei, Aschenbecher in der Empfangshalle werden regelmäßig gesäubert.
20. In der Empfangshalle wird auf die verschiedenen örtlichen Veranstaltungen in den jeweiligen Räumen hingewiesen.
21. Die Empfangshalle wirkt durch entsprechenden Wandschmuck einladend und gemütlich, interessante in- und ausländische Zeitschriften – eigene Hotelzeitungen – liegen aus.
22. Gäste können auf Wunsch in der Halle Getränke bestellen.
23. Toiletten und Telefone sind von der Empfangshalle aus für die Gäste schnell erreichbar.
24. Auf Restaurants und Bars im Hotel wird in der Empfangshalle deutlich hingewiesen.
25. Die Verkaufsläden im Haus (Einkaufsmöglichkeiten für Gäste, Kiosk, Blumenladen, Souvenirshop, Boutiquen oder Juweliere) sind sauber und in der Ausstattung gepflegt.
26. Ausgewählte Hintergrundmusik trägt zur Gemütlichkeit der Empfangshalle bei.
27. Die Gästeaufzüge sind sauber, passend beleuchtet, klimatisiert. Aschenbecher, ansprechender Hinweis auf Restaurants und Bars, ein Spiegel für die Gäste sind vorhanden. Auf Sonderveranstaltungen, Fitness-Einrichtungen, sonstige Besonderheiten des Hauses wird hingewiesen.
28. Die öffentlichen Toilettenräume sind sauber, genügend beleuchtet, klimatisiert, geruchsfrei, gepflegt, ausreichend mit Seife, Handtüchern und Toilettenpapier ausgestattet.
29. Die Hotel- und Hinweistafeln sind sauber, informativ und übersichtlich.

Zimmerqualität im Hotel

A. Einrichtung/Komfort

30. Das gesamte Mobiliar ist mit besonderem Hinblick auf Bequemlichkeit ausgesucht.
31. Das Mobiliar steht im richtigen Verhältnis zur Raumaufteilung, die Schlafgelegenheit (Bett, Couch) ist gut platziert.

32. Das Zimmer hat eine gemütliche Raumstimmung, die Farbkombination ist harmonisch.
33. Die Beleuchtung im Zimmer ist ausreichend. Die allgemeine Beleuchtung, Nachttischbeleuchtung, Leselampe, Beleuchtung am Spiegel, Beleuchtung am Schreibtisch haben die jeweils entsprechende Lichtstärke und Lichtfarbe.
34. Die Jalousien oder Vorhänge verdunkeln ausreichend und sind einwandfrei auf- und zuziehbar.
35. Das Zimmer hat genügend Schrank- und Garderobenräume, für Kleider und Wäsche ist genügend Platz vorhanden.
36. Das Zimmer hat genügend Steckdosen, im Bad gibt es eine Steckdose für den Rasierapparat.
37. Das Bett ist groß genug, bequem und die Härte der Matratzen angenehm.
38. Die Raumtemperatur im Zimmer ist regulierbar.
39. Das Zimmer ist gut gelüftet. Bäder, Duschen, Toiletten werden durch wirksame Ventilatoren oder Absauganlagen entlüftet.
40. Im Garderobenschrank sind genügend Kleiderbügel vorhanden.
41. Fernsehapparat und/oder Radio sind einsatzbereit.
42. Die Zimmer-Bar (Kühlschrank/Minibar) ist einsatzbereit.

B. Sicherheitsvorkehrungen

43. An der Eingangstür ist eine Sicherheitskette vorhanden, die Tür von innen abschließbar.
44. Eine Beschreibung über die Lage der Notausgänge und das Verhalten bei Gefahr (Feuer) ist im Zimmer leicht ersichtlich angebracht.

C. Extras

45. Briefpapier, Postkarten, Schreibunterlagen für den Gast sind vorhanden.
46. Aschenbecher und Streichhölzer stehen in ausreichender Menge zur Verfügung.
47. Ein Telefonverzeichnis mit Hinweisen wird bereitgelegt.
48. Genügend Seife, Toilettenpapier, Kleenex, Hygienebeutel, Rasierklingenbehälter sind im Bad vorhanden.

D. Pflege und Zustand

49. Schubladen und Schranktüren können leicht geöffnet werden. Das Türschloss der Eingangstür schließt richtig.

50. Die Möbel im Zimmer sind gepflegt (saubere Tischplatten, keine wackelnden Tische oder Stühle, keine Flecken auf Polstermöbeln).
51. Teppich oder Bodenbelag ist in gutem Zustand (keine Flecken, keine Löcher oder ausgefransten Ränder).
52. Es wird einwandfrei gebügelte und saubere Bettwäsche (keine Flecken, keine Falten, keine geflickte Wäsche) verwendet. Das Bad ist mit einwandfreien Handtüchern und Badetüchern bestückt.
53. Die Klimaanlage funktioniert richtig und kann leicht bedient werden.
54. Der Teppich ist gesaugt und fleckenfrei, das Bett ordentlich gemacht, die Polstermöbel sind sauber; das Mobiliar ist abgestaubt, die Schubladen der Schränke sind sauber; es wird eine saubere Tages- oder Couchdecke aufgelegt.
55. Bilder, Wandschmuck, Telefon, Lampen sind abgestaubt, die Spiegel sind sauber.
56. Sämtliche Glühlampen sind in Ordnung.
57. Sanitäre Anlagen, Armaturen, Seifenschalen, Handtuch- und Gläserhalter sind einwandfrei.
58. Lampenschirme und Bilder hängen gerade.

E. Verkaufsförderung

59. In den Zimmern wird mit Tischaufstellern, Speisekarten und Hinweisen für die hoteleigenen Restaurants und Bars geworben.
60. Für die Frühstücksbestellung ist eine Türanhängerkarte vorhanden.
61. Auf Schwimmbad, Sauna, Friseur und zum Hotel gehörende Einkaufsläden wird im Zimmer hingewiesen.
62. Auf Übernahme der Gästewäsche und Reinigung der Kleidung wird im Zimmer entsprechend aufmerksam gemacht.

Restaurants/Bars

A. Atmosphäre, Komfort und Instandhaltung

63. Die Räumlichkeiten haben die passende Atmosphäre, Beleuchtung ist der Tageszeit angemessen, Temperatur und eventuelle Hintergrundmusik sind angenehm.
64. Einrichtung und Ausstattung sind gepflegt und gut erhalten. Vorhänge sind sauber und passend in Farbe, Material dem Raum, Lampen in Material, Form und Farbe der übrigen Ausstattung angepasst. Grünpflanzen sind dekorativ angeordnet, gesund und staubfrei. Teppich und Mobiliar sind in gutem Zustand, Bilder und anderer Wandschmuck passen farblich in den Raum.

65. Tischtücher sind sauber und liegen korrekt auf: Servietten sind farblich gut abgestimmt, sauber gefaltet.
66. Die Tische sind stets sauber und ordentlich eingedeckt; Menagen wirken dekorativ, sauber und sind nachgefüllt; Aschenbecher stören nicht in Farbe, Material oder Form.
67. Speise- und Getränkekarten passen in der Farbe zum Interieur, wirken in ihrer Aufmachung ansprechend und sind sauber.

B. Qualität der Speisen und Getränke/Serviceleistung

68. Das Angebot der Speisekarte ist vielfältig. Qualität und Präsentation der Speisen sind auf den Kundenkreis abgestimmt. Der Brotkorb wird frisch und in der Auswahl reichhaltig gehalten. Speisen werden appetitlich angerichtet, sie sind geschmacklich akzeptabel.
69. Bestellte Getränke werden prompt serviert; das Bedienungspersonal bietet unaufgefordert ein weiteres Getränk an.
70. Salate sind frisch und appetitlich angerichtet, sie werden mit passenden Saucen serviert.
71. Warme Speisen werden heiß auf vorgewärmten Tellern, kalte Speisen werden gekühlt auf kalten Tellern serviert.
72. Das Servicepersonal ist gepflegt, höflich, freundlich und fachkundig.
73. Die Rechnung wird den Gästen zügig überreicht, die Bedienung bedankt sich für den Besuch.
74. Kalorienarme Gerichte und Speisen für Vegetarier werden angeboten.
75. Preiswerte Kindermenüs werden verkaufsfördernd hervorgehoben.

Luxuserwartungen der Gäste

76. Kleiderbürste, Nähzeug, Fleckenentferner, Briefmarken, kleine Hausapotheke, Rasierapparate, Regenschirme, Malkästen, Zeichenstifte, Bilderbücher für Kinder sind für die Gäste jederzeit zur Hand.
77. Auf Wunsch stehen Babysitter zur Verfügung.
78. Auf jedem Zimmer gibt es ein wöchentliches Fernsehprogramm, die Gottesdienstordnung der Kirchen im Ort ist erhältlich.
79. Auf die Benutzung der öffentlichen Transportmittel zum Hotel wird in der Empfangshalle hingewiesen.
80. Morgendliche Weckrufe von der Telefonzentrale erfolgen mit der Angabe des Wetters und der Außentemperatur.

81. Motorisierte Gäste können jederzeit den Wetterbericht, den Straßenzustandsbericht und Auskunft über die nächsten Tankstellen und den Grenzverkehr erhalten.
82. Schuhputzmaschinen sind auf den Etagen und auf den Toiletten aufgestellt.
83. Bei persönlichen Festen, wie Geburtstagen, Verlobungen, Hochzeiten, gratuliert die Hoteldirektion (Blumenstrauß, Torten, Sekt).
84. Telefonservice ist auch in den Restaurants und Bars für Hotelgäste verfügbar.
85. Verschiedene Arten von Kopfkissen können auf Wunsch zur Verfügung gestellt werden.
86. Einkaufstaschen mit dem Emblem des Hotels stehen den Gästen zur Verfügung.
87. Frische Blumen und Früchte werden täglich auf die Gästezimmer gestellt.
88. Jeder Gast erhält morgens eine Tageszeitung; Bademäntel und Hausschuhe stehen für die Gäste zur Verfügung.
89. Eine eigene Hotelbücherei sorgt für Unterhaltung bei schlechtem Wetter.
90. Spezielle Freizeitprogramme für den Wochenendgast sind zusammengestellt.
91. Über Bergtouren, Ausflüge und Wegzeiten in der Ortsumgebung können sich die Gäste jederzeit informieren.
92. Wärmflaschen, Föns, Eisbehälter, Babyartikel stehen auf Wunsch zur Verfügung.
93. Toilettenartikel im Badezimmer werden kostenlos angeboten. Duschhauben sind in jedem Badezimmer ausgelegt.
94. Bei der Anreise der Gäste wird ein Willkommens-Cocktail zu Lasten des Hauses angeboten.
95. Kranke Gäste erhalten Genesungswünsche und Blumen von der Direktion.
96. Bei Abreise erhält jeder Gast ein Souvenir, das ihn an den Hotelaufenthalt erinnert.
97. Süßigkeiten, Patisserie werden für länger bleibende Gäste auf die Zimmer gestellt.
98. Kinderspielräume mit ausreichend Kinderspielzeug sind vorhanden, Sonderfreizeitprogramme für Kinder werden vom Hotel aus angeboten.
99. Auf besondere Veranstaltung und Sehenswürdigkeiten im Ort und in der Umgebung wird hingewiesen: in jedem Zimmer liegt ein Stadtplan kostenlos zur Verfügung der Gäste.
100. Postkarten mit dem Motiv des Hotel- und Gaststättenbetriebes stehen für Gäste kostenlos zur Verfügung.

Hotel

____

Helfen Sie uns bitte, Ihren nächsten Aufenthalt noch angenehmer zu gestalten.

Wir freuen uns außerordentlich, Sie in unserem Hause zu wissen, und hoffen, dass Sie mit der Ausstattung des Hotels und dem Service zufrieden sind. Es ist unser aufrichtiger Wunsch, die angenehme und freundliche Atmosphäre, die sprichwörtlich für das .... Hotel ist, auch in unserem Haus herrschen zu lassen. Wir bitten Sie daher um Ihre Unterstützung in unseren Bemühungen, den Begriff der Gastlichkeit gleichbedeutend mit dem Namen .... zu erhalten. Würden Sie uns bitte einige Minuten schenken, dieses Formular ausfüllen und dem Portier übergeben. Ihre Kommentare werden an mich weitergeleitet.

Vielen Dank für Ihre Bemühungen.

____

Generaldirektor

Help us make your next visit more enjoyable.

We are delighted to have you with us, and hope you are pleased with our facilities and services. It is our earnest desire to maintain a courteous and friendly atmosphere which you will recognize instantly and enjoy as typically .... We ask for your assistance in our efforts to keep the name .... synonymous with hospitality.

If you will leave the completed guest questionnaire with the Assistant Manager, anyone at the front desk or mail it to me, your comments will come to my personal attention.

Thank you.

____

General Manager

Muster Gästebefragung

Reservierung/Reservations

Wie wurde Ihre Reservierung gehandhabt:
Was your reservation handled:

		Ja Yes	*Nein* No
prompt?	*promptly?*	☐	☐
höflich?	*courteously?*	☐	☐
fachgerecht?	*efficiently?*	☐	☐

Wie erfolgte Ihre Reservierungsfrage:
Did you make your reservation request:

direkt an das Hotel?	*directly to this hotel?*	☐
über ein Reisebüro?	*through a travel agent?*	☐
über eine Fluglinie?	*through an airline?*	☐
über Ihre Firma oder Gesellschaft?	*through your company or organization?*	☐

Empfang/Arrival

Wie wurde Ihre Anmeldung beim Empfang gehandhabt?
Was your registration handled:

		Ja *Yes*	Nein *No*
prompt?	*promptly?*	☐	☐
zuvorkommend?	*courteously?*	☐	☐
fachgemäß?	*efficiently?*	☐	☐

Öffentliche Räume/Public Areas

		Ja *Yes*	Nein *No*
Wirkt die Empfangshalle einladend?	*Was the lobby attractive?*	☐	☐
Waren Hotelbeschilderung und Veranstaltungstafeln richtig?	*Was the hotel directory and activity board accurate?*	☐	☐
Funktionieren die Aufzüge vorschriftsmäßig?	*Was elevator service prompt?*	☐	☐
Waren die öffentlichen Toiletten sauber?	*Were public rest rooms clean?*	☐	☐
Ausreichend ausgestattet?	*Well supplied?*	☐	☐

Gästezimmer/Guest Room

		Ausgezeichnet *Excellent*	Gut *Average*	Schlecht *Unsatisfactory*
sauber?	*clean?*	☐	☐	☐
bequem?	*comfortable?*	☐	☐	☐
angenehm?	*pleasant?*	☐	☐	☐
zweckmäßig ausgestattet?	*properly supplied?*	☐	☐	☐

Restaurant und Bars/Restaurants and Bars

		Ausgezeichnet *Excellent*	Gut *Average*	Schlecht *Unsatisfactory*
Wurden Sie freundlich und zuvorkommend bedient?	*Was service courteous and efficient?*	☐	☐	☐
War die Qualität zufrieden stellend?	*Was quality satisfactory?*	☐	☐	☐
Wirkten Restaurants oder Bars einladend?	*Was restaurant or bar attractive?*	☐	☐	☐

Diese Kommentare beziehen sich auf:
The comments in this section apply to the following:

Restaurants/Bars

_______________________ ☐ _______________________ ☐

_______________________ ☐ _______________________ ☐

Etagenservice/Room Service

		Ausgezeichnet *Excellent*	Gut *Average*	Schlecht *Unsatisfactory*
Service	*Standard of service*	☐	☐	☐
Qualität des Essens und der Getränke	*Standard of quality for food and drinks*	☐	☐	☐

Gästeservice/Services

Während meines Aufenthaltes war der Service von folgendem Personal für mich:
The services provided during my visit by the following personnel were:

		Ausgezeichnet *Excellent*	Gut *Average*	Schlecht *Unsatisfactory*
Wagenmeister	*Doormen*	☐	☐	☐
Portier	*Concierge*	☐	☐	☐
Hoteldiener	*Bellmen*	☐	☐	☐
Kassierer	*Cashier*	☐	☐	☐
Empfangsherr	*Assistant Manager*	☐	☐	☐
Telefonistin	*Telephone Operators*	☐	☐	☐
Zimmerfrau	*Maid*	☐	☐	☐
Wäscherei- und Reinigungsdienst	*Laundry and Valet*	☐	☐	☐
Minibar	*Self-service mini bar*	☐	☐	☐

Unter uns/Between us

Haben Sie irgendwelche Vorschläge, die uns helfen, Ihren nächsten Aufenthalt noch angenehmer zu gestalten?
Do you have any other suggestions or comments which would help us make your next visit more enjoyable?

____

____

____

____

Vielen Dank für Ihre Unterstützung.
Thank you for your cooperation.

Name (bitte in Druckbuchstaben) ____________________
Your name (please print)

Privatanschrift
Home address

Stadt __________ *City*	Land __________ *Province/State*	Postleitzahl __________ *Postal code*

Geschäftsadresse
Business address

Stadt __________ *City*	Land __________ *Province/State*	Postleitzahl __________ *Postal code*

Datum Ihres Aufenthaltes __________ *Date of your visit*	Ihre Zimmernummer __________ *Room no.*

Abreise/Departure

Bitte geben Sie uns vor Ihrer Abreise nähere Informationen, die uns helfen, den gewünschten Service bereitzustellen.
Before you depart, please tell us a few facts to help us provide the services you desire.

Warum haben Sie dieses Hotel gewählt?	*Why did you select this hotel?*	
Aufgrund eines früheren zufrieden stellenden Aufenthalts	*Satisfactory previous visit*	☐
Auf Empfehlung hin	*Recommendations*	☐
Reisebüro	*Travel agent*	☐
Werbung	*Advertising*	☐
Andere Gründe	*Other*	☐

Zweck meiner Reise war:	*The purpose of my trip was:*	
Geschäftlich	*business*	☐
Privat	*pleasure*	☐
Beides	*both*	☐

Fanden Sie die Preise angemessen für:	*Did you receive good value for:*	Ja *Yes*	Nein *No*
Ihr Hotelzimmer	*Your guest room*	☐	☐
Restaurants/Bars	*Restaurants/Bars*	☐	☐
Sonstige Dienstleistungen	*Other facilities*	☐	☐

Total-Quality-Management in Hotellerie und Gastronomie

„Unsere Mission besteht darin, die Talente, Kenntnisse und Fertigkeiten unserer Mitarbeiter zum Wohle des Gastes zu nutzen. Wir wollen höchstmöglichen Qualitätsservice für unsere Gäste gewährleisten. Gastorientierung ist die Maxime all unserer Dienstleistungen ..."

Ein Leitbild mit Visionen für den Betrieb war definiert worden. Alle hatten dem entwickelten Qualitätskonzept zugestimmt. Mitarbeiter-Meetings, Qualitätszirkel und Schulungsmaßnahmen für die „Mission-Statements" folgten. Die angestrebte **Unternehmensidentität (Corporate Identity)** nach innen und außen erschien vermittelbar. Und dennoch – die Qualitätsstrategie wurde nie so recht umgesetzt, allenfalls halbherzig oder doch mehr zufällig ...

Die grandios, weitreichend und motivierend formulierte Unternehmensmission ist auf den Boden der Realität zurückzubringen. Mitarbeiter dürfen nicht mit vagen Empfehlungen zu den ehrgeizig und inspirierend verkündeten Missionen alleine gelassen werden. Leitbilder und Missionen müssen auf kurz-, mittel- und langfristige Detailziele in Sachen „Qualität pro Abteilung" heruntergebrochen werden. Natürlich sollte das Ritual der Papierfluten mit Qualitätshandbüchern, Qualitätsmanuals für jede Abteilung, der Qualitätsmeetings und der Qualitätszirkelgruppen nicht „Selbstzweckcharakter" gewinnen und von der eigentlichen Dienstleistung am Gast ablenken.

Total-Quality-Management (TQM) oder besser Total-Quality-Service (TQS) darf sich nicht nur auf Erwartungen bzw. Forderungen an die Mitarbeiter beschränken. Wer von TQM oder TQS redet, darf nicht von dem eigenen Total-Quality-Missmanagement ablenken wollen. Hier sind sicherlich so manche Altlasten in den Köpfen des Managements abzuwerfen. Wenn auf die Qualitätsschwüre als Lippenbekenntnisse des Managements keine Taten folgen, ja das Management selbst täglich von den Mitarbeitern beim „Meineid" ertappt wird, entwickeln sich Qualitätsvisionen für den gastgewerblichen Betrieb eher destruktiv. Der Ausspruch: „Qualität beginnt zu Hause!" soll dafür sensibilisieren, zunächst im Miteinander – im Kommunikationsverhalten untereinander – Qualität zu leisten. Qualität ist mühsam, sie erfordert ständige Wachsamkeit und darf nicht im betrieblichen Alltag auf die „strategische lange Bank" geschoben werden.

Erst eine verantwortungsvolle Gestaltung einer Unternehmenskultur kann einen neuen Qualitätsgeist im Betrieb wecken. Dabei wirkt eine vorgelebte „Qualitätsunternehmenskultur" wie ein „Anti-Virenprogramm" im Personalcomputer – als eine Art Immunsystem gegen Unachtsamkeit und Fehlerkrankheiten. Das Führungsteam muss Qualität spür- und erlebbar machen. Die kreative Erneuerung – der zu schaffende Zusatznutzen für den Gast – ist eine „Holschuld" bei Mitarbeitern und Mitdenkern. Wenn das Management seine Mitarbeiter umfassend informiert und „immunisiert", werden auch die Mitarbeiter das Management über tagtägliche Qualitätsprobleme an der Gastfront informieren. Mitarbeitern müssen Grundsätze für qualitätsbewusstes Verhalten vorgegeben werden. Qualität kennt aber auch Grenzen! Allen Teammitgliedern muss klar sein, welche Art von Qualitätsdienstleistungen in dem Hotel vom Management nicht erwünscht sind. Die Bandbreiten der Qualität sind abzustecken und alle betriebliche Energien auf die gewollte und abgegrenzte Qualität zu lenken.

Qualitätsservice-Energien entwickeln sich immer dann am besten, wenn alle Mitarbeiter erkennen, wie sehr den Führungskräften Qualität am Herzen liegt, welche Toppriorität TQS beim Management einnimmt. Zu wenige Qualitätsherausforderungen bremsen die Kreativität unserer Mit-Denker; zu viele aber überlasten und trüben den Blick für die wesentliche, begeisternde und differenzierende Qualität des Unternehmens.

1. Passt das Qualitätsniveau zum Hotelier/Gastronomen?

- Kann sich das Führungsteam mit dem Qualitätskonzept hundertprozentig identifizieren und auch die gesteckten Qualitätsziele weitervermitteln?
- Haben alle Führungskräfte das nötige Branchen-Know-how und die geeigneten Mitarbeiter, um das Zielqualitätsniveau durchzusetzen?
- Passt das Qualitätskonzept sowohl zu unseren Fähigkeiten als auch zu unseren Interessen (Qualität mit Leidenschaft)?
- Wie hoch ist der „Return on Management" (ROM)? Wie viel Zeit und Aufmerksamkeit wird das Management der gewünschten Qualität widmen?
- Ist unser Hotel ein „lernendes Unternehmen"? Ist es bereit, sich beraten zu lassen und von den Besten zu lernen (Benchmarking)?

2. Gibt es einen Markt für das Qualitätskonzept?

- Was sind unsere Kernkompetenzen im Qualitätsmanagement und welche sind es nicht?

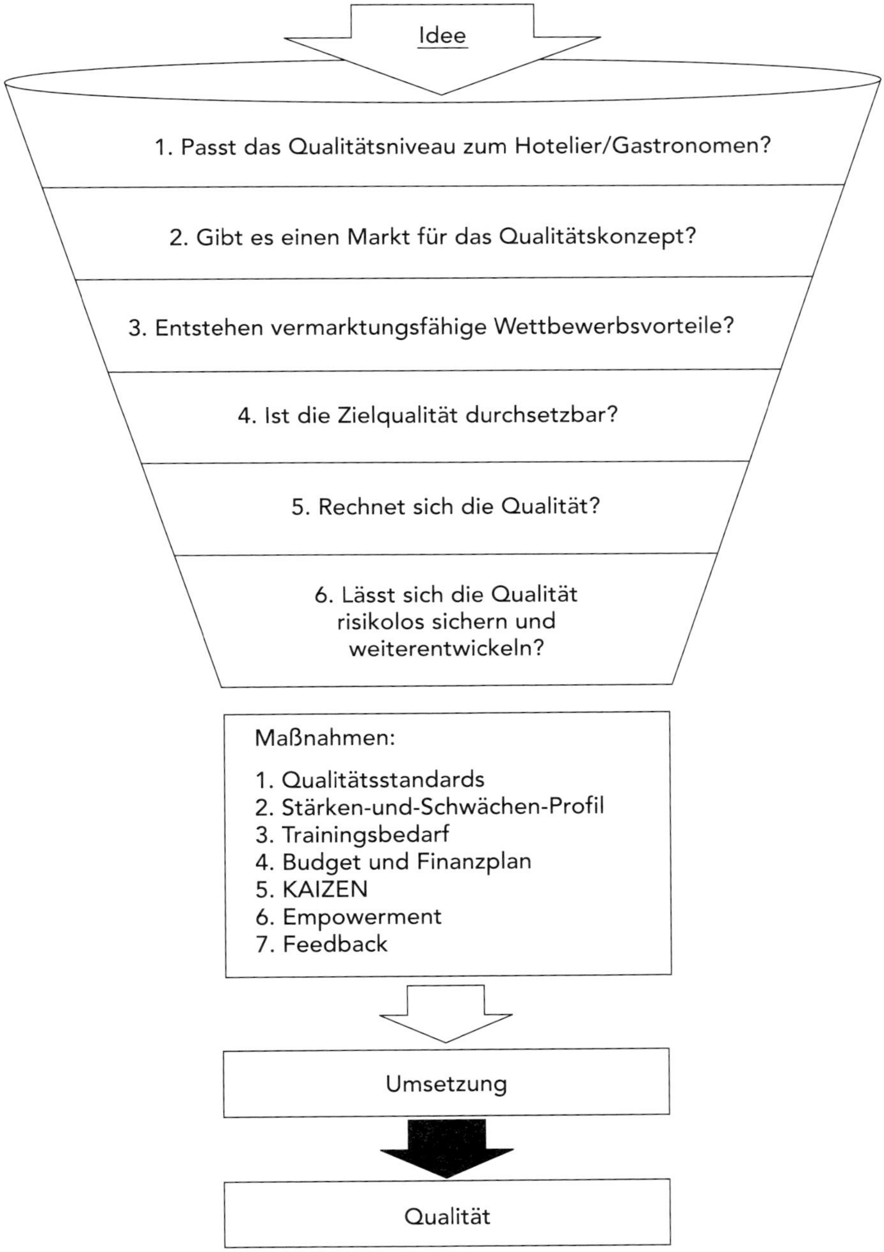

Der Weg zur Qualität

- Wer gehört zu unseren Kern-Bedürfnisgruppen (Zielgruppen)?
- Wo stimmen unser Dienstleistungsangebot und unsere Kernfähigkeiten mit den Vorstellungen und Wünschen der Gäste-Zielgruppen überein?
- Wo leisten wir Zusatznutzen für den Gast (Begeisterung statt Zufriedenheit)?
- Gibt es genügend Gäste, die „unsere Qualität" honorieren und bezahlen werden?
- Kommen wir auch tatsächlich in den angestrebten Qualitätsmarkt hinein?
- Ist unser Qualitätskonzept vermarktbar?

3. Entstehen vermarktungsfähige Wettbewerbsvorteile?

- Gibt es mit der Einführung des Qualitätskonzepts vermarktungsfähige Wettbewerbsvorteile?
- Warum soll der Gast gerade unsere Qualitätsprodukte und Dienstleistungen kaufen?
- Gibt es bereits Konkurrenten im engeren Markt mit einem ähnlichen Qualitätsprofil?
- Wie verhalten sich unsere Mitbewerber im zukünftigen Qualitätsmanagement am Markt?
- Mit welchen Qualitätsmaßnahmen unterscheiden wir uns von unseren Mitbewerbern?
- Kann oder wird uns die Konkurrenz in unserer Qualitätsoffensive schwächen?

4. Ist die Zielqualität durchsetzbar?

- Ist das Qualitätskonzept, so wie es bisher erarbeitet wurde, realisierbar?
- Passt das bisher erarbeitete Unternehmenskonzept zu den Zielqualitäten?
- Haben wir die nötigen Mitarbeiter dafür (Quantität und Qualifikation)?
- Sind wir zu ständigem Benchmarking – zum Vergleich mit den Besten – bereit und anpassungsfähig?
- Reicht die Managementqualität aus, um mit Leidenschaft das angestrebte Qualitätsniveau des Total-Quality-Service (TQS) am Markt durchzusetzen?

5. Rechnet sich die Qualität?

- Welche Qualitätsmerkmale erkennt der Gast nicht mehr und ist auch nicht bereit, sie zu bezahlen (Verschwendung)?
- Welcher Finanzbedarf besteht für die notwendigen Qualitätsverbesserungen in der „Hardware"?

- Welcher Finanzbedarf besteht für die Qualitätserhaltung (z. B. Wartung/Renovierung der Zimmer)?
- Welcher Finanzbedarf besteht für die Finanzierung der laufenden Qualitätsausgaben (z. B. Reklamationsbudget)?
- Welcher Finanzbedarf besteht für Beratung und Marktforschung?
- Welcher Finanzbedarf besteht für die Fortbildung und Schulung der Führungskräfte und Mitarbeiter (Trainingsbudget)?
- Welche Umsatzeinbußen sind voraussehbar bei unverändertem Qualitätsniveau?
- Welche geplanten Qualitätsmaßnahmen kosten kein Geld („Software")?

6. Lässt sich die Qualität risikolos sichern und weiterentwickeln?

- Was geschieht, wenn die Qualitätsziele nicht erfüllt werden können?
- Was sind die kritischen Erfolgsfaktoren des Qualitätskonzepts?
- Lässt sich die Zielqualität in allen Abteilungen messen und kontrollieren?
- Kann sich der Betrieb ein Festhalten am gegenwärtigen Qualitätsniveau noch leisten?
- Kann die „Wunschqualität" mit Checklisten problemlos gesichert werden?
- Besteht das Risiko der Bürokratisierung von Qualität (Papierflut, Qualitätshandbücher, Richtlinien und Qualitätsstandards)?
- Können im Sinne des KAIZEN täglich in kleinen Schritten Qualitätsstandards weiterentwickelt und verändert werden?

Die zehn Gebote des Total-Quality-Service (TQS)

1. Innovationsfreudig – Offenheit beweisen gegenüber Neuem und Unbekanntem.
2. Grundnutzen (Zufriedenheit) standardisieren – Zusatznutzen (Begeisterung) abwechslungsreich gestalten.
3. Sich nicht traditionsblind an herkömmliche Erfolgskonzepte klammern – der Blick über den Zaun.
4. Über Mitbewerber-Qualität stets gut Bescheid wissen – von den Besten lernen.
5. Täglich kleine Schritte zur Qualitätsverbesserung – das Ende ist der Anfang.
6. Mitarbeiter und Mit-Denker für das Qualitätskonzept begeistern.
7. Gästebindung an den Betrieb zu erreichen suchen – Gäste als Betriebsberater.
8. Mit dem Konzept der Qualitätsgarantie schulen und werben.
9. Mit den Augen des Gastes sehen lernen und unausgesprochene Wünsche erspüren.
10. Veränderungsbereit sein im lernenden Unternehmen – agieren statt reagieren.

„Return on Management" (ROM)

Seit langem werden Kennzahlen wie ROI und ROA genutzt, um abschätzen zu können, inwieweit sich Investitionen in Anlage-, Eigen- oder Betriebskapital auszahlen. Der „Return on Management" (ROM) definiert die knappste Ressource in Hotellerie und Gastronomie: die Zeit und Aufmerksamkeit des Managements. Der ROM in Bezug auf Qualität beantwortet die Frage, wie gut sich das Management selbst darauf konzentrieren konnte, um einen Total-Quality-Service auch wirklich in der Praxis durchzusetzen. Der knappste und wichtigste Produktionsfaktor im gastgewerblichen Unternehmen ist die Tatkraft des Managements. Kluge Hoteliers und Gastronomen wissen, daß sie ihre Zeit und Energie nur Aufgaben widmen dürfen, die zum Total-Quality-Service – der Kernaufgabe des Managements – passen.

Zwar ist der ROM nur eine grobe Schätzungsgröße, also keine präzis berechenbare Kennzahl, aber der ROM eignet sich dazu, jene betriebliche Faktoren zu identifizieren, die ein Qualitätskonzept entweder fördern oder ihm entgegenstehen.

Vergewissern Sie sich, daß Sie alle Kräfte im Unternehmen voll auf die Kernkompetenz Total-Quality-Service konzentrieren.

Eine Qualitätsstrategie hat nur dann Aussicht, verwirklicht und in Mehrwert verwandelt zu werden, wenn Qualität zur Chefsache wird und Zeit und Aufmerksamkeit des Managements optimal gebündelt werden.

Definition: Return-on-Quality-Management (ROM)

$$\text{R O M} = \frac{\text{Treuerate der Gäste – Qualitätsgrad}}{\text{vom Management investierte Zeit und Aufmerksamkeit}}$$

- Kein quantitativer Schlüssel, keine Prozentgröße, keine spezifische Zahl.
- Ein qualitativer Maßstab – ein Richtmaß im Management.
- Zähler und Nenner sind grobe Einschätzungen.
- ROM zeigt an, ob der „Return on Management" in Bezug auf Qualität „hoch", „mittel" oder „niedrig" ist.
- ROM zeigt dem Management die für die Kernkompetenz „Qualitätsservice" freigesetzte produktive betriebliche Energie.

- Der Erfolgsquotient ROM ist groß, wenn der Zähler – die Treuerate der Gäste minus Qualitätsgrad – hoch und der Nenner – die vom Management investierte Zeit und Aufmerksamkeit – optimiert und niedrig sind.
- Der regelmäßig ermittelte ROM führt zu Einsichten, Prioritätenverlagerung und somit zu Veränderungen.
- Der ROM hilft, mit der knappen Ressource „investierte Management-Zeit" sorgfältiger umzugehen.
- ROM bündelt Energien, um sie auf spezifische, klare Prioritäten im Total-Quality-Service fokussieren zu können.

Erfahrene Führungskräfte entwickeln intuitiv ein grobes Gespür für ihren ROM im eigenen Unternehmen. Sie wissen stets genau, was ihre Mitbewerber im Qualitätsmanagement machen. Was hat sich verändert? Wie reagieren die Gäste? Was werden wir daraufhin unternehmen?

Was verhindert einen hohen ROM beim Qualitätsmanagement?

- Vage oder zu ausgreifend formulierte Leitbilder oder „Missionen".
- Mitarbeiter wissen nicht genau, wofür sie beim Qualitätsservice verantwortlich sind.
- Tägliche Probleme lassen das eher langfristig angestrebte Ziel Total-Quality-Service (TQS) in den Hintergrund treten; es gibt keine Prioritäten.
- Qualitätszielsetzungen sind zu hoch angesetzt und in der Praxis mit den Mitarbeitern kaum erreichbar.
- Das System zur Standardisierung der Qualität ist zu bürokratisch (ISO-Bürokratie) und unflexibel.
- Qualität wird nicht regelmäßig für alle Abteilungen mit Gastkontakt gemessen und kontrolliert.
- Es gibt nur Lippenbekenntnisse zum Qualitätsservice; Qualität wird vom Management nicht „vorgelebt".

Was hilft, einen ROM beim Qualitätsmanagement zu steigern?

- Qualitätsziele werden monatlich im Detail für jede Hotelabteilung festgelegt.
- Qualitätsstandards beziehen sich auf den erwarteten Gästemix (Bedürfnis-Zielgruppen).

- Jeder Mitarbeiter weiß, was von ihm im Rahmen des definierten Total-Quality-Service erwartet wird.
- Das Management hat auch festgelegt, welche Serviceleistungen und welche Qualität nicht erwünscht sind.
- Qualität ist messbar, wird kontrolliert und gesichert.
- Schon erreichte Qualität wird ständig hinterfragt und im Sinne des KAIZEN schrittweise verbessert.
- „Qualitätsgewinner am Markt" spüren Gästeerwartungen, sind anpassungsfähig; sie lernen und handeln schneller als ihre Mitbewerber.

Fragen, die man sich täglich stellen sollte:

- Welche Dienstleistungen und welches Verhalten tragen unterschiedlich in den Abteilungen zur Zielqualität bei?
- Welche Qualitätsdienstleistungen haben Vorrang? Wo liegen die Prioritäten und warum?
- Erkennt der Gast überhaupt noch die angebotene Qualität und ist er auch bereit, sie zu bezahlen?
- Welche Qualitätsmaßnahmen tragen zum langfristigen Erfolg des Unternehmens bei?
- Verschwenden wir Zeit für ungewollte Qualität?
- Verdient das zu lösende Problem in Hinblick auf die Zielqualität die dafür aufgewandte Energie und Zeit?
- Weiß jeder Mitarbeiter, worauf er seine Zeit verwenden soll?
- Was muss auf der Liste der zukünftigen Qualität mitaufgenommen und was kann gestrichen werden?
- Welche Qualitätsdetails tragen zur „Wertschöpfung des Betriebes" bei?
- Wie können wir uns mit den Qualitätsmaßnahmen von unseren Mitbewerbern absetzen? Was machen wir morgen?
- Spüren, vermitteln und leisten alle Mitarbeiter Qualität im Sinne des Managements?

Qualitätssignale des Managements

Natürlich würde der Quotient beim „Return on Management" steigen, wenn der Nenner möglichst klein gehalten wird. Beim ROM im Bezug auf Qualitätsmanagement aber sollte der Nenner, die eingesetzte Zeit und Aufmerksamkeit des Managements, besonders hoch ausfallen. Die Botschaft liegt im Zeitaufwand! Will man Engagement und Zuwendung zum neuen Qualitätskonzept bei allen Mitarbeitern erreichen, muss auch für alle ersichtlich das Management sehr viel Zeit in Sachen Qualität einsetzen. Tom Peters schreibt: Beginnen Sie jedes Meeting mit einem Qualitätsbericht; besuchen Sie selbst sehr viele externe Qualitätsseminare; stellen Sie zahlreiche Bücher zu Qualität auf Ihren Schreibtisch; geben Sie Dutzende Artikel über Qualität in Umlauf mit handschriftlichen Bemerkungen wie „Hilft uns das weiter? Geben Sie mir bitte Bescheid"; befragen Sie alle Mitarbeiter auf allen Ebenen auf die bereits erreichte Qualität hin; lassen Sie sich Berichte über Qualitätsprobleme zuschicken; sprechen Sie auch mit Lieferanten über Produktqualität – in anderen Worten, zeigen Sie allen Mitarbeitern deutlich, dass Sie es selbst mit dem Qualitätskonzept ernst meinen. Was das Management für wichtig erachtet, das, dem das Management seine Zeit und sein Herz schenkt, das wird auch für qualitätssensible Mitarbeiter an Priorität gewinnen.

Gewinn-Einflussfaktoren

Kein fortschrittlicher Unternehmer wird sich von Gewinn oder Verlust in seinem Unternehmen überraschen lassen. Es geht darum, Kosten, Preise, Umsatz und Gewinn kontrollierbar zu halten. Ein Hotelmanager muss mit fundierten kurz- oder langfristigen Betriebsentscheidungen die Gewinnstruktur seines gastronomischen Betriebes steuern können.

Die Einflussfaktoren auf die Gewinnsituation in der Hotellerie sind in ihrer Gewichtigkeit und Auswirkung sehr unterschiedlicher Natur. Eine Tatsache, die man in der Praxis oft nur wenig beachtet hat. Kostenorientierte Einflussfaktoren (fixe Kosten, variable Kosten) haben einen ganz anderen Effekt als die marktorientierten Einflussfaktoren (Zimmerpreise, Verkaufspreise für Speisen und Getränke, Anzahl der Gäste, Zimmerbelegung).

In den fixkostenintensiven Dienstleistungsbetrieben der Hotellerie und Gastronomie ist der Einfluss des Marktes mit seiner Reflexion in Kapazitätsauslastung, Anzahl der zu bedienenden Gäste und des zu erreichenden Preisniveaus im Beherbergungs- und F&B-Bereich weit größer als die Wirkung von Kostenveränderungen für den Betrieb.

Im Folgenden soll aufgezeigt werden, wie der Gewinn des gastronomischen Betriebes auf die verschiedenen Einflussfaktoren reagiert. Mit dem Wissen um diese Reaktionen kann das Entscheidungsverhalten des Hotel- und Restaurantmanagers wesentlich erleichtert werden.

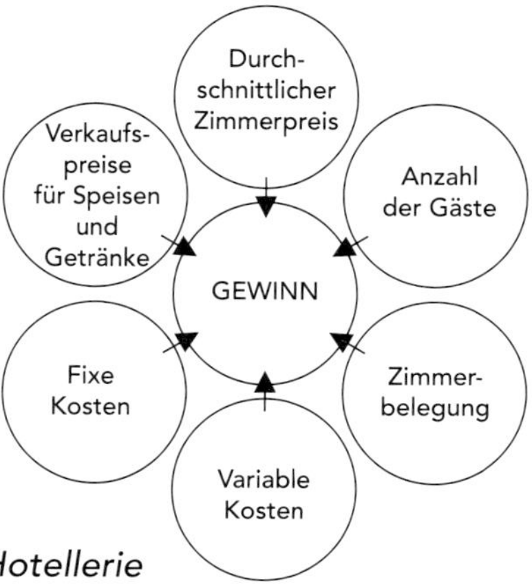

Überblick der Gewinn-Einflussfaktoren in der Hotellerie

Wesentliche Einflussfaktoren auf die Gewinnsituation in der Hotellerie

Arbeitsablauf

1. Schritt:

Bestimmung der Gewinn-Einflussfaktoren

Auf den jeweiligen Betrieb zugeschnitten werden die Gewinn-Einflussfaktoren ermittelt und aufgegliedert. In dem grafischen Überblick sind die sechs wichtigsten Faktoren aufgezeigt:

- Anzahl der Gäste
- Zimmerbelegung
- Durchschnittlicher Zimmerpreis
- Verkaufspreise für Speisen und Getränke
- Variable Kosten
- Fixe Kosten

Je nach Bedeutung und Gewichtung können die fixen Kosten in Personalkosten Miete/Pacht, Reparaturen, Instandhaltung, Verwaltungskosten, Abschreibung einzeln als „Faktor" aufgeschlüsselt werden.

2. Schritt:

Berechnung des möglichen Gewinns bei Änderung der Einflussfaktoren

Die Auswirkung auf den Gewinn durch die Änderung jedes einzelnen Einflussfaktors bei Konstanthaltung aller übrigen Faktoren wird berechnet, indem man zum Beispiel eine zehnprozentige Erhöhung (siehe Musterbeispiel) eines Faktors vornimmt.

3. Schritt:

Berechnung der Gewinnmultiplikatoren

Für jeden Gewinn-Einflussfaktor wird separat ein „Gewinnmultiplikator" berechnet:

$$\frac{\text{Veränderung des Gewinns \%}}{\text{Veränderung des Einflussfaktors \%}}$$

Erhöht man die Anzahl der Gäste um 10 % und wird dadurch eine Veränderung (Erhöhung) des Gewinns um 30 % erreicht, dann ist der Gewinnmultiplikator + 3,0. Gewinnmultiplikatoren zeigen den Effekt auf den Gewinn bei Veränderungen der Einflussfaktoren an.

4. Schritt:

Gewichtung der Einflussfaktoren und Anwendung der Gewinnmultiplikatoren

Die ermittelten Gewinnmultiplikatoren der Einflussfaktoren werden gemäß ihrer Wirkung gewichtet und in eine Rangfolge gebracht.

(Anwendung: siehe Musterbeispiel)

Praktische Anwendung – Musterbeispiel

Aus der Gewinn-und-Verlust-Rechnung und Statistik eines Restaurants lässt sich folgende Basisinformation zusammenfassen:

	im Abrechnungszeitraum
a) Anzahl der Gäste	10.000
b) Umsatz pro Gast:	8 €
Gesamtumsatz:	80.000 €
Abzüglich:	
c) Wareneinsatzkosten (Speisen, Getränke)	30.000 €
d) Personalaufwand (fixe Kosten)	25.000 €
e) Aushilfspersonalkosten (variable Kosten)	10.000 €
f) Übriger Betriebsaufwand (fixe Kosten)	10.000 €
Gesamte Aufwendungen	75.000 €
Gewinn	5.000 €

1. Schritt:

Bestimmung der Gewinn-Einflussfaktoren

- Anzahl der Gäste
- Umsatz je Gast
- Wareneinsatzkosten
- Personalaufwand (fix)
- Aushilfspersonalkosten (variabel)
- Übriger Betriebsaufwand (fix)

2. Schritt:

Berechnung des möglichen Gewinns bei Änderung der Einflussfaktoren

Einzelne Erhöhung der Faktoren um 10 % (siehe Formular)

3. Schritt:

Berechnung der Gewinnmultiplikatoren

Einflussfaktoren	Basisinformation	Auswirkung einer 10%igen Erhöhung der einzelnen Einflussfaktoren					
		a) Anzahl der Gäste	b) Umsatz pro Gast	c) Wareneinsatzkosten	d) Personalaufwand (fix)	e) Aushilfspersonalkosten (variable)	f) übriger Betriebsaufwand (fix)
a) Anzahl der Gäste	10.000	11.000	10.000	10.000	10.000	10.000	10.000
b) Umsatz pro Gast/€	8,00	8,00	8,80	8,00	8,00	8,00	8,00
• Gesamtumsatz	80.000	88.000	88.000	80.000	80.000	80.000	80.000
c) Wareneinsatzkosten/€	30.000	33.000	30.000	33.000	30.000	30.000	30.000
d) Personalaufwand (fix)/€	25.000	25.000	25.000	25.000	27.500	25.000	25.000
e) Aushilfspersonalkosten (variable)/€	10.000	11.000	10.000	10.000	10.000	11.000	10.000
f) übriger Betriebsaufwand (fix)/€	10.000	10.000	10.000	10.000	10.000	10.000	11.000
• gesamte Aufwendungen/€	75.000	79.000	75.000	78.000	77.500	76.000	76.000
• Gewinn/€	5.000	9.000	13.000	2.000	2.500	4.000	4.000
Veränderung des Gewinns in Prozenten (%)		+ 80 %	+ 160 %	– 60 %	– 50 %	– 20 %	– 20 %
Gewinnmultiplikator		8,0	16,0	– 6,0	– 5,0	– 2,0	– 2,0

4. Schritt:

Gewichtung der Einflussfaktoren und Anwendung der Gewinnmultiplikatoren

Die Einflussfaktoren kann man nun aufgrund der ermittelten Gewinnmultiplikatoren in folgender Rangfolge gewichten:

Einflussfaktoren	Gewinnmultiplikator
I b) Umsatz pro Gast	16,0
II a) Anzahl der Gäste	8,0
III c) Wareneinsatzkosten	– 6,0
IV d) Personalaufwand (fix)	– 5,0
V e) Aushilfspersonalkosten (variable)	– 2,0
f) Übriger Betriebsaufwand (fix)	– 2,0

Anwendung der Gewinnmultiplikatoren

Gewinnmultiplikatoren zeigen die Auswirkung auf den Gewinn bei Veränderungen der Einflussfaktoren an. So zeigt der Gewinnmultiplikator 16,0 für den Einflussfaktor „Umsatz je Gast" an, dass beispielsweise bei einer allgemeinen Erhöhung der Verkaufspreise um 3 % der Gewinn um 48 % (16,0 × 3) steigen könnte, immer vorausgesetzt, dass damit nicht gleichzeitig eine Änderung eines anderen Einflussfaktors einhergeht. Würde man zum Beispiel die Preise um 2 % senken, hätte das bei konstanten sonstigen Einflussfaktoren eine Senkung des Gewinns um 32 % (16,0 × 2) zur Folge.

Der Gewinnmultiplikator für die Wareneinsatzkosten ist – 6,0. Das bedeutet analog: Hat man eine Lebensmittelpreiserhöhung von 4 %, dann kann man mit einer Senkung des Gewinns von 24 % (– 6,0 × 4) rechnen (bei konstanten übrigen Einflussfaktoren).

Allein von der Gewichtung und Rangfolge der Gewinnmultiplikatoren her wird deutlich, dass von der Umsatzseite (Volumen: Gästeanzahl, Umsatz je Gast) eine viel größere Wirkung auf den Gewinn erfolgt als von der Kostenseite. Aufgrund dieser Erkenntnis sollte der Hotelmanager seine Kontrollanstrengungen im besonderen Maße auf die marktorientierten Einflussfaktoren (Zimmerpreise, Anzahl der Gäste, Verkaufspreise für Speisen und Getränke, Zimmerbelegung, Umsatzzusammensetzung) lenken und auch die betriebsinternen Kontrollverfahren daraufhin abstimmen.

Das soll nicht zur Folge haben, die Kostenkontrollen zu vernachlässigen, sondern vielmehr auch Schwerpunktkontrollen auf der Umsatzseite einzuführen. Je höher der Gewinnmultiplikator für einen Einflussfaktor ist, desto größere Wirkung übt er auf den Gewinn aus und umso eingehender muss sich das Management um diesen Gewinn-Einflussfaktor bemühen. So sind Fragen der Preispolitik (zum Beispiel Preisgestaltung der Speise- und Getränkekarte) in ihrer Bedeutung wichtiger als Fragen der Standardisierung und der damit verbundenen Kosteneinsparung auf dem Wareneinsatzsektor.

- Wie verändert sich der Gewinn bei einer Umsatzerhöhung oder Umsatzminderung?
- Welchen Effekt hat eine Umsatzstrukturveränderung auf den Gewinn?
- Welche direkte Auswirkung hat eine Kostenveränderung auf den zukünftigen Gewinn?
- Welche Preiserhöhung ist notwendig, um eine Kostenerhöhung zu kompensieren?
- Welche Absatzerhöhung ist bei einem Preisnachlass erforderlich, um den gleichen Gewinn zu erzielen?

Dieser Fragenkomplex lässt sich selbstverständlich auch mit dem „normalen Formelkatalog" der Deckungsbeitragsrechnung beantworten. Der Vorteil der besprochenen Darstellungsform mit den Gewinn-Einflussfaktoren und Gewinnmultiplikatoren liegt bei der Anschaulichkeit und einfachen Anwendung. So wird jeder gastronomische Betrieb seine eigenen betriebsspezifischen Gewinn-Einflussfaktoren untersuchen und „managen" wollen.

Aufbau einer Feasibility Study

Die einfache Frage „Wird es funktionieren?" stellt hohe Anforderungen an einen Fachberater der Hotellerie und Gastronomie. Eine umfassende und aussagefähige Feasibility Study ist für das geplante Projekt zu erstellen. Die deutsche Übersetzung von Feasibility, „Durchführbarkeit", zeigt deutlich, dass hier mehr gemeint ist als eine rein zahlenmäßige Rentabilitätsprognose. Vielmehr umfasst dieser Begriff eine vorausschauende Wertung aller Gegebenheiten, die auf die Frage der Verwirklichung des geplanten Projektes zu beziehen sind. Die Durchführung einer Feasibility Study muss von vornherein in völlig parteilosen, unabhängigen Händen liegen – so lautet die erste Voraussetzung für eine sinnvolle und aussagefähige Studie. Nicht Wunschdenken, sondern nüchterne Objektivität wird hier verlangt.

Vorausschauende Wirtschaftlichkeitsberechnungen, die vom Kapitalgeber selbst oder von der zukünftigen Hotelgesellschaft in eigener Regie aufgestellt werden, sind meist von eigenen Zielsetzungen beeinflusst und oft „gefährlich optimistisch" gefärbt. Viele Geschäftsgründungen und -erweiterungen wurden rein intuitiv ohne vorausschauende Planung begründet, und man musste in späteren Jahren diese gefühlsmäßigen Fehleinschätzungen teuer bezahlen. Die außer Haus gegebene und nach objektiven Maßstäben durchgeführte Feasibility Study ist ein preiswerter Anfang im Rahmen der Planung für Hotel- und Restaurantprojekte. Der nachfolgend empfohlene Aufbau zur Feasibility Study soll als „Mindestgerüst" der erforderlichen Inhalte und Informationen verstanden werden.

Muster für den Aufbau einer Feasibility Study

Einleitung

- Kurze Beschreibung der genauen Auftragserteilung
- Zielsetzung der Studie für das Planprojekt
- Vorgehens- und Verfahrensweise, zur Verfügung stehende Hilfsmittel und Unterstützungsmaßnahmen
- Namen der durchführenden Fachberater
- Datum und Zeitraum der Studie

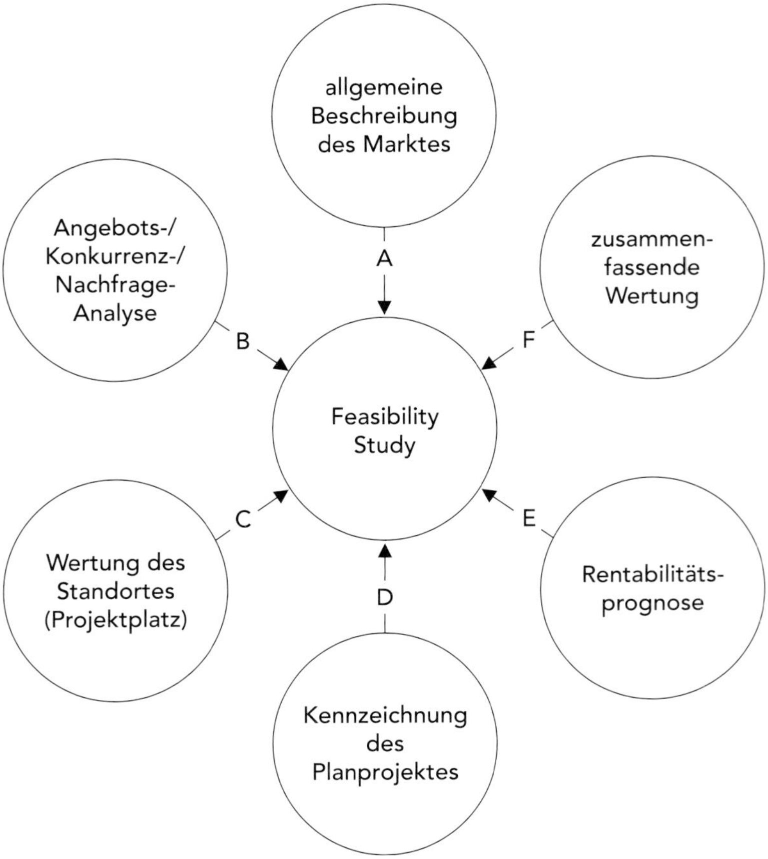

A. Allgemeine Beschreibung des Marktes

Zunächst sollten eine kurze allgemeine Beschreibung des Standortes, Größe, Handel und Industrie, wirtschaftliche Entwicklung und Bevölkerungsdichte und alle relevanten Gegebenheiten erfasst werden, die sich direkt auf die Nachfrage im Hotel- und Gaststättengewerbe beziehen können.

Die benötigten Informationen für die allgemeine Beschreibung des Marktes sind meist bei den zuständigen Fremdenverkehrsämtern, der Gemeinde, der Industrie- und Handelskammer usw. erhältlich. In Gesprächen mit den öffentlichen Vertretern dieser Gremien wird man sich für diesen Punkt besonders über die zukünftige Entwicklung des Einzugsbereichs in wirtschaftlicher und touristischer Hinsicht informieren.

B. *Angebots-/Konkurrenz-/Nachfrage-Analyse*

Hierbei geht es vor allem darum, die zukünftige Nachfrage nach Hotel- und Restaurantleistungen bestimmen zu können. Eine detaillierte Erfassung des derzeitigen Standes und der schon geplanten zukünftigen Entwicklung für Hotels und Restaurants im Einzugsbereich muss Transparenz schaffen. Die Beschreibung und Wertung der gastronomischen Betriebe im Einzugsgebiet sollten folgende Details enthalten:

1. Aufstellung aller konkurrenzfähigen Betriebe mit Angabe von:

- Zimmeranzahl
- veröffentlichten Preisen
- Anzahl und Ausstattung der Restaurants
- Leistungsstandard – Qualität der Speisen
- Innenausstattung und Instandhaltung der Betriebe
- Gruppierung und Wertung der Standorte

2. Zahlenmäßige Erfassung und Entwicklungstrend vergleichbarer Hotel- und Restauranttypen:

- durchschnittliche Zimmerrate (Durchschnittserlös, unterste und oberste Grenze für Einzel- und Doppelzimmer)
- Zimmerbelegung für die einzelnen Monate
- Bestimmung des Herkunftslandes der Gäste (Nationalitätenmix)
- durchschnittliche Aufenthaltsdauer der Gäste
- Gästestruktur (Geschäfts- und Urlaubsreisende, Einzel- und Gruppenreisende, Verhältnis von Einzel- zu Doppelbelegung)
- durchschnittliche Speise- und Getränkeerlöse (Preisstruktur der Speise- und Getränkekarten)

3. Analyse des Geschäftspotenzials:

- Geschäftsreiseverkehr (Flughafenstatistiken mit Entwicklung)
- Anzahl, Art und Dauer von Messen, Tagungen, Kongressen
- Bankett- und Kongressmöglichkeiten bei konkurrenzfähigen Hotels
- künftige Weiterentwicklung aller zum festen Programm gehörenden internationalen Veranstaltungen
- Arten der Verkehrsbeförderung mit Ausgangsort (inländische, internationale Fluggesellschaften als Zubringer)
- von Reisebüros gestartete Werbeaktionen und angebotene Pauschalreisen im Einzugsbereich

- von der Stadt geplante Ausbau- und Förderungsmaßnahmen des örtlichen Fremdenverkehrs
- Saisoncharakter der einzelnen Jahresmonate
- sonstige touristische Nachfrager für den Einzugsbereich

Viele der oben erwähnten Detailinformationen sind auszuwerten aus den veröffentlichten Hotelbetriebsvergleichen der wirtschaftwissenschaftlichen Institute für Fremdenverkehr, der Informationen des Hotel- und Gaststättenverbandes, der Fremdenverkehrsämter, der Verkehrs- und Transportgesellschaften, der Industrie- und Handelskammern, der statistischen Ämter und der Untersuchungen von Marktforschungsgesellschaften. Die Wertung in Frage kommender Konkurrenzbetriebe muss durch persönliche Besuche und Beobachtungen erfolgen.

Im Rahmen der Angebots- und Nachfrageanalyse sollten in Anpassung an die prognostizierte Nachfrage der zusätzlich benötigte Hotelzimmerbedarf für die nächsten fünf Jahre bestimmt werden. Dabei sind einerseits die Kapazitätsauslastungen der bestehenden Betriebe und andererseits die schon geplanten oder sich im Bau befindlichen neuen Hotels der vergleichbaren Kategorie mit zu berücksichtigen.

C. Wertung des Standortes (Projektplatz)

Hier wird die in Frage kommende Grundstückslage mit Vor- und Nachteilen systematisch beurteilt. Zu der Lagebeschreibung gehören ein Stadtplan mit Einzeichnung des Grundstückes (Projektplatz), die Beschreibung der unmittelbaren Umgebung, Verkehrsverbindungen zum geplanten Hotelprojekt und Fahrtzeitberechnungen, Angabe der Sehenswürdigkeiten der Stadt und näheren Umgebung – mit Entfernung und Fahrtzeitangabe.

Weiterhin ist auch die Erfassung der im Lagebereich verfügbaren Strukturleistungen, wie Telefon, Strom, Wasser, Kanalisation, Gas (Erdgas oder Stadtgas), und die von der Stadt geplanten Ausbau- und Förderungsmaßnahmen der in Frage kommenden Umgebung vorzunehmen. Zur regionalen Bedeutung für das Restaurantgeschäft gehört ebenfalls eine Aufstellung aller in- und ausländischen Unternehmen im Einzugsbereich. Bodenbeschaffenheit, notwendige Vorarbeiten bis zum Baubeginn, genaue Abmessungen, zukünftige Straßenpläne, Parkplatzprobleme, Bauhöhenbeschränkungen, zukünftige Ausbau- und Erweiterungsmöglichkeiten usw. sind bei der Standortfrage mit anzusprechen.

D. Kennzeichnung des Planproiektes

Bezogen auf die vorher erstellte Marktanalyse sollen hier Vorschläge zu folgenden Grundsatzentscheidungen angegeben werden:

- Art des Planprojektes (Kennzeichnung des Hotels/Restaurants)
- Anzahl, Größe und Zusammensetzung der Hotelzimmer
- Anzahl, Art und Größe der Restaurants
- Anzahl und Größe der Bars
- Größe des Ballsaales
- Kasino und Nachtklub
- sonstige Einrichtungen wie Schwimmbad, Tennisplätze, Läden und Geschäfte, vermietbare Büroräume, Wäscherei usw.
- Hotelfunktionsräume (Küchen, Lagerräume, Warenannahme, Büroräume, Empfangsanlagen usw.)
- notwendige Parkmöglichkeiten

Diese vorläufige Projektplanung findet ihren Niederschlag in den Plänen der Architekten und muss vor Realisierung des Planprojektes mit der in Frage kommenden Hotelgesellschaft funktionell konzipiert werden.

E. Rentabilitätsprognose

Erst nach dieser detaillierten Vorarbeit lässt sich eine realistische Rentabilitätsprognose für das Planprojekt erstellen. Auf der Basis der Angebots- und Nachfrageanalyse wird in Kombination mit der Leistungsbereichsanalyse anhand von Bauplänen mit den einzelnen Umsatzträgern und deren Besonderheiten zunächst die Erlössituation im Rahmen einer vorausschauenden Wirtschaftlichkeitsberechnung (für fünf Jahre) prognostiziert.

Ausgehend von der Belegungsprognose im Eröffnungsjahr, zusammen mit der Entwicklung der Zimmerbelegung für die ersten fünf Jahre, erfolgt aufgrund der erwarteten Belegungszusammensetzung (Einzelreisende, Firmenservice, Gruppenreisende, Einzel- und Doppelbelegung) und der erwarteten Preisstruktur für den Beherbergungsbereich die Berechnung der **Nettobeherbergungserträge** für die ersten fünf Jahre. Als Schlüsselkennzahl ist dabei besonders sorgfältig über die Bestimmung des Basiszimmerpreises, des durchschnittlichen Zimmerpreises pro Zimmerkategorie/Gästegruppe die Berechnung des zu erwartenden durchschnittlichen Hotelzimmererlöses vorzunehmen.

Die so festgelegte Ertragsprognose für den Beherbergungsbereich gilt teilweise auch als bestimmende Voraussetzung für die daraus abgeleitete Vorausschau für den F&B-Bereich. Auf der Basis der vorher ermittelten Daten im Beherbergungsbereich (Gästeanzahl, Einzelreisende, Gruppenreisende) wird zusätzlich auf das Passantengeschäft und das Extraveranstaltungsgeschäft eingegangen. Daraus resultiert die Bestimmung der Anzahl der Verpflegungsgäste (Hausgäste und externe Gäste). Über die Berechnung des durchschnittlichen Speiseertrags pro Gast und das prozentuale Verhältnis zwischen Speisen und Getränken kommt man zu der Berechnung der **Nettoerträge Speisen und Getränke** im Verlauf der ersten fünf Jahre.

In direkter Relation auf die belegten Zimmer im Beherbergungsbereich erfolgt die Berechnung der **Nettoerträge für die Hilfsabteilungen** (Telefon, Wäscherei, Reinigung usw.). Ein durchschnittlicher €-Betrag wird für die einzelnen Hilfsabteilungen pro belegtes Zimmer prognostiziert und anschließend mit der vorausberechneten Anzahl der belegten Zimmer multipliziert. Wie bei allen Erlösen muss auch hier die Entwicklung aufgrund der erwarteten Preissteigerungsraten für die kommenden Jahre vorausgeschätzt werden.

Alle sonst noch nicht erfassten Erträge aus dem reinen Hotelbetrieb fallen dann unter **„sonstige Erträge"**.

Kostenbudget

Nach der Erfassung der einzelnen Umsatzträger werden die Betriebskosten in einzelnen Kostenbudgets erfasst. Um hier zu realistischen Daten zu kommen, ist eine detaillierte Marktanalyse, bezogen auf die einzelnen Kostenstellen, unumgänglich.

Warenaufwand

Für den Warenaufwand für Food & Beverage sind folgende Informationen einzuholen:

- zur Verfügung stehende Erzeugnisse und deren Qualität (Eigenprodukte und ausländische Erzeugnisse, Zollgebühren und Wareneinfuhrbeschränkungen)
- Lebensmittel- und Getränkepreise und sonstige Aufwände (bestehende Märkte, freier Handel, Supermärkte, Großhandel)
- Auswahl von Speise- und Getränkekarten vergleichbar gut geführter Restaurants und Bars

- Preisstruktur und Durchschnittserlös pro Gast in vergleichbar guten Restaurants und Bars
- abteilungsbezogener Betriebsaufwand; Prozentsätze vergleichbarer Hotels/Restaurants aufgrund von Betriebsvergleichen

Personalaufwand

Personalaufwandungen dürfen nie nur in einem prozentualen Verhältnis zum Gesamtumsatz geschätzt werden, sondern hier ist eine Aufstellung eines detaillierten Personalplanungsleitfadens mit Gehaltsstruktur im Eröffnungsjahr und den erwarteten Steigerungsraten (Lohn- und Gehaltserhöhungen, Anstieg der Personalnebenkosten) zwingende Voraussetzung.

Folgende Marktinformationen sind vorher zu berücksichtigen:

- Einschränkungen für Arbeitsbewilligungen ausländischen Personals
- Aufgliederung gegenwärtiger Gehaltsstrukturen für einzelne Stellenkategorien (Manteltarifverträge usw.)
- zusätzliche Sozialleistungen (gesetzliche und freiwillige) von Seiten des Arbeitgebers
- arbeitsrechtliche Regelungen (Arbeitsstunden, Urlaub, Überstunden, Krankheitsregelung, Sondervergütungen, Altersversorgung, Urlaubsgeld, Betriebsratsbestimmungen, Bedienungsgelder, Beendigung des Arbeitsverhältnisses, Abfindungsentschädigungen, Uniformen, Angestelltenverpflegung, Probezeiten, Extra- und Aushilfspersonal)
- ortsübliche Leistungsmaßstäbe (wie z.B. zu reinigende Zimmer pro Zimmerfrau, zu bedienende Gästeanzahl pro Kellner usw.)
- Abkommen für Arbeitskräfteaustausch mit dem Ausland
- im Einzugsbereich befindliche Hotelfachschulen, Berufsfachschulen
- Behandlung des Bedienungsgeldes (Tronc-Verteilung)

Für das zu prognostizierende Eröffnungsjahr empfiehlt es sich, bei der Erstellung des Personalplanungsleitfadens ein so genanntes Planungsminimum und ein Planungsmaximum festzulegen. Dabei spielen die vorher beschriebenen Arbeitsbedingungen, die Öffnungszeiten (zum Beispiel Restaurantöffnungszeiten), die Sitzplatzkapazität und Stationeneinteilung, die beschriebenen Leistungsmaßstäbe und andere abteilungsbedingte Einflussfaktoren eine Rolle. Zusätzlich zu den Bruttogehältern bzw. -löhnen wird ein prozentualer

Aufschlag für die „sonstigen Personalaufwendungen" festgelegt und zur Anwendung gebracht.

Übriger Betriebsaufwand

In der Praxis werden aufgrund von Hotelbetriebsvergleichen und sonstigen Erfahrungswerten ähnlich gelagerter Betriebe die Kostenprognosefaktoren für den „übrigen Betriebsaufwand" auf die betrieblichen Gesamterträge bezogen. Zu dem „übrigen Betriebsaufwand" gehören Aufwendungen wie Energiekosten, Betriebssteuern, Versicherungen, Gebühren, Abgaben, Büro-/Verwaltungskosten, Werbungskosten, Reisebüro- und Kreditkartenprovisionen, Wasch- und Reinigungsmittel, Kfz-Kosten, Ersatzbeschaffungen, Reparaturen, Instandhaltungen, Haus- und Grundstücksaufwand.

Von den betrieblichen Gesamtnettoerträgen wird hier ein entsprechender Prozentsatz für die Berechnung dieser Aufwendungen veranschlagt.

Betriebsergebnis

Das betriebswirtschaftliche Leistungsergebnis des geplanten Hotel- und Gaststättenbetriebes wird als Differenz zwischen Gesamterträgen und Gesamtaufwendungen mit dem Betriebsergebnis I (vor Ertragsteuern) dargestellt. Damit umfasst das Betriebsergebnis I den Betriebserfolg (vor Einkommen-, Körperschafts- und Gewerbeertragsteuern) und hat Zinsaufwendungen und Abschreibungen, die zu einer Rentabilitätsberechnung gehören, noch nicht berücksichtigt.

Um zu dem Betriebsergebnis II zu kommen, müssen ferner Mieten und Pachten, Leasing, Instandhaltung, AfA, geringwertige Wirtschaftsgüter, Zinsen für Fremdkapital, sonstige anlagebedingte Kosten usw. zum Abzug gebracht werden. Eine vollständige Feasibility Study schließt in der Regel mit einer Cashflow-Berechnung.

F. Zusammenfassende Wertung

Eine zusammenfassende Wertung der Feasibility Study sollte kurz auf die Besonderheiten und empfohlenen Maßnahmen eingehen. Die Durchführbarkeit des Projekts muss auf der Basis der dokumentierten Analyse eindeutig bewertet werden.

11

Budget und Kostenrechnung

Budgetplanung in der Hotellerie

Zielsetzung

Kleine und mittlere Betriebe des Hotel- und Gaststättengewerbes konnten bisher durch begabte Unternehmer auch ohne formale Budgetierung erfolgreich geführt werden. Dennoch kann es sich heute niemand mehr leisten, von Gewinn oder Verlust am Jahresende überrascht zu werden. Viele Fehlinvestitionen und Fehlentscheidungen bei der Angebots-, Preis- und Servicegestaltung in der Hotellerie und Gastronomie rühren daher, dass allein aufgrund der gefühlsmäßigen Einschätzung der Marktgegebenheiten ungeplante und unkontrollierte Entscheidungen getroffen werden.

Das herkömmliche Rechnungswesen ist überwiegend historisch orientiert und kann dem Hotelmanagement oft nur im „Nachhinein" einen „Leichenbefund" zahlenmäßig dokumentieren. Selbstverständlich werden auch diese vergangenheitsorientierten buchhalterischen Berichte für die Lenkung und Kontrolle eines Unternehmens herangezogen.

Eine systematische Budgetierung, die als Prognoseplanung die kosten-, ertrags- und gewinnmäßige Einschätzung einer zukünftigen Geschäftsperiode beinhaltet, kann aber die Auswirkungen betrieblicher Entscheidungen vorausplanen und damit kontrollierbar halten. Lange vor dem buchhalterischen Abschluss muss ein Planungssystem vorhanden sein, das über alle für die gesamte Unternehmenspolitik wesentlichen Daten informiert.

Als Vorausrechnung soll das Budget über die zu erwartenden Erfolgsaussichten des anstehenden Wirtschaftsjahres orientieren und dabei besonders die Reflexion unternehmerischer Entscheidungen im Voraus simulieren. Es gilt, die kostspieligen „Zahlenfriedhöfe" der Buchhaltung für das Hotelmanagement als echte Orientierungs- und Entscheidungshilfen im Rahmen der Budgetierung auszuwerten und als flexible Planung für die Zukunft neu zu formulieren.

Gedankenflussplan

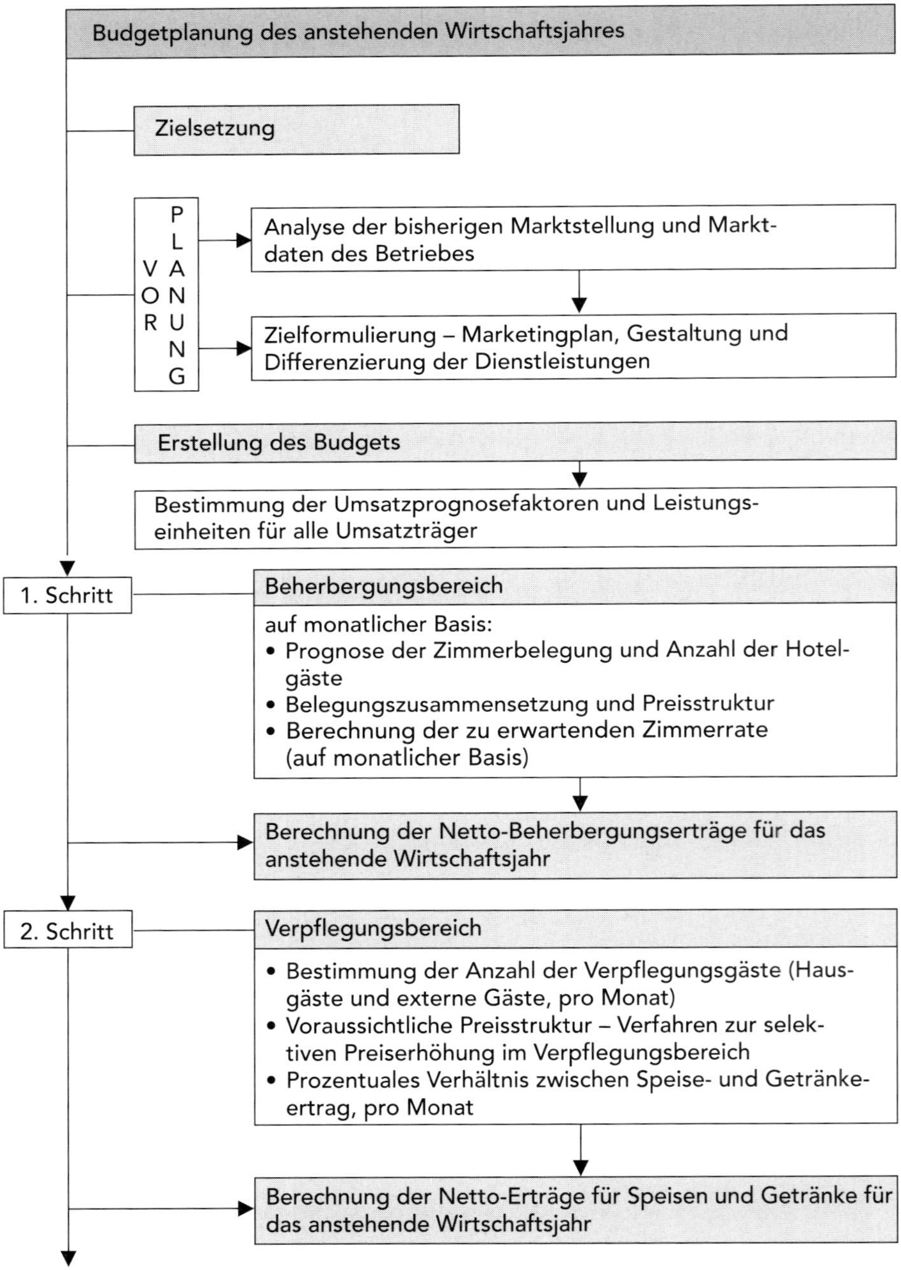

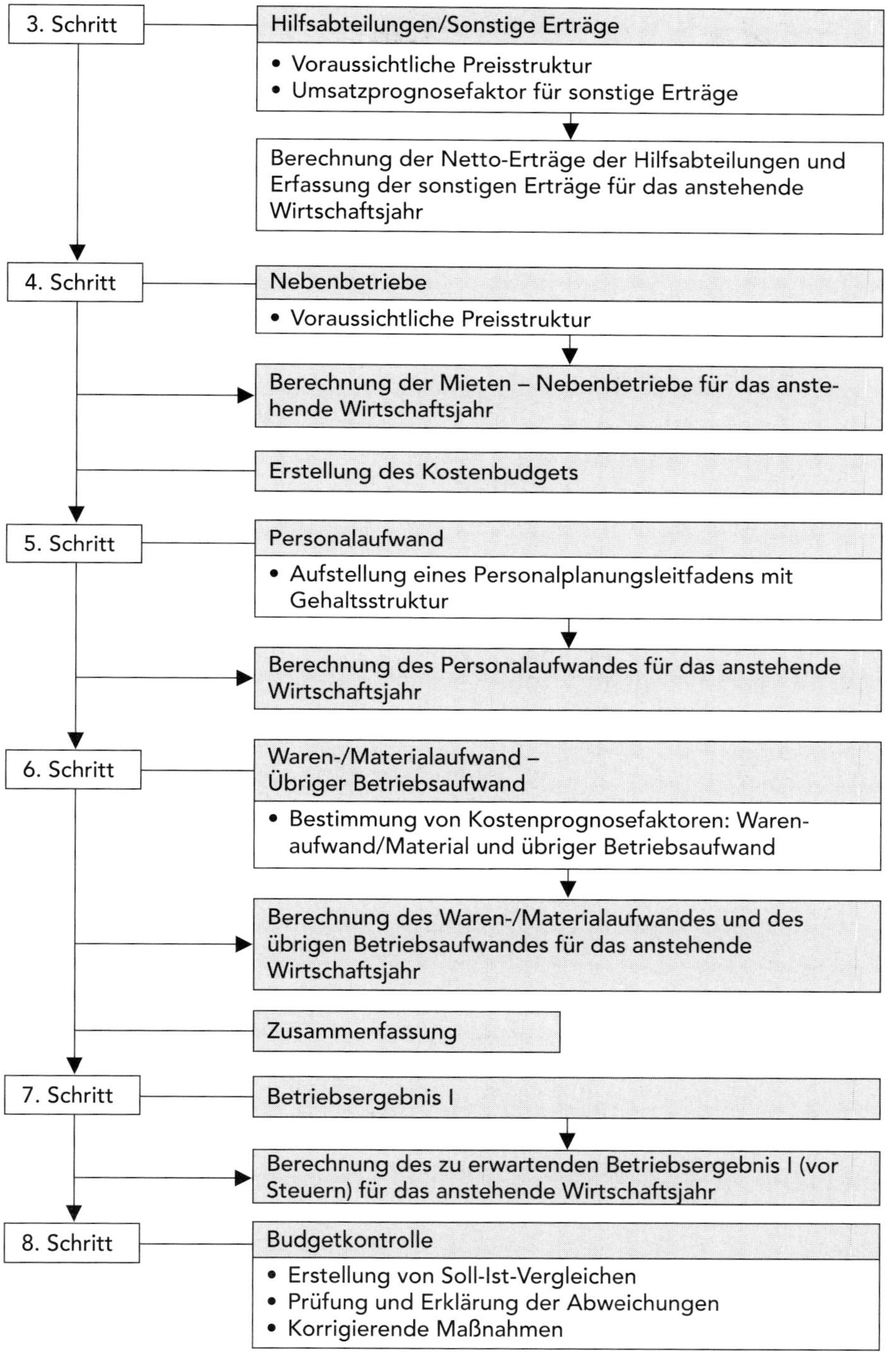
3. Schritt
Hilfsabteilungen/Sonstige Erträge
• Voraussichtliche Preisstruktur
• Umsatzprognosefaktor für sonstige Erträge
Berechnung der Netto-Erträge der Hilfsabteilungen und Erfassung der sonstigen Erträge für das anstehende Wirtschaftsjahr
4. Schritt
Nebenbetriebe
• Voraussichtliche Preisstruktur
Berechnung der Mieten – Nebenbetriebe für das anstehende Wirtschaftsjahr
Erstellung des Kostenbudgets
5. Schritt
Personalaufwand
• Aufstellung eines Personalplanungsleitfadens mit Gehaltsstruktur
Berechnung des Personalaufwandes für das anstehende Wirtschaftsjahr
6. Schritt
Waren-/Materialaufwand – Übriger Betriebsaufwand
• Bestimmung von Kostenprognosefaktoren: Warenaufwand/Material und übriger Betriebsaufwand
Berechnung des Waren-/Materialaufwandes und des übrigen Betriebsaufwandes für das anstehende Wirtschaftsjahr
Zusammenfassung
7. Schritt
Betriebsergebnis I
Berechnung des zu erwartenden Betriebsergebnis I (vor Steuern) für das anstehende Wirtschaftsjahr
8. Schritt
Budgetkontrolle
• Erstellung von Soll-Ist-Vergleichen
• Prüfung und Erklärung der Abweichungen
• Korrigierende Maßnahmen

Budgetplanung des anstehenden Wirtschaftsjahres

Anhand des gezeigten Ablaufplans zur Budgetplanung des anstehenden Wirtschaftsjahres soll im folgenden ein Überblick gegeben werden, wie die Budgetierung in der Hotellerie schrittweise vorgenommen werden kann.

Vorplanung/Zielformulierung

Vor jeder vorausschauenden **Wirtschaftlichkeits- und Rentabilitätsrechnung** im Rahmen des Budgetplans muss für den betreffenden Hotelbetrieb eine Analyse der bisherigen Marktstellung und der erreichten Marktdaten vorgenommen werden. Dabei geht es detailliert um die Angebots- und Nachfragebestimmung, Konkurrenzanalysen und Fragen, die zu einer realistischen Markteinschätzung führen sollen. In den Bereich dieser Vorplanung gehört auch die Aufbereitung des effektiven Zahlenmaterials aus der Vergangenheit, das für Vorausberechnungen immer eine gewissen Basis bilden wird.

Allerdings bedeutet Budgetplanung nicht, dass man die Ergebnisse des letzten Jahres, vielleicht mit einer kleinen Steigerung, für das anstehende Wirtschaftsjahr als Soll-Vorgabe vorausgibt, sondern hier gilt es, aufgrund detaillierter Marktuntersuchungen und Marktanalysen für die Budgetplanung zu einer Zielformulierung zu kommen, die Fehler der Vergangenheit vermeidet und auf erreichbare Ist-Erwartungen gerichtet ist.

Die Budgetplanung erfüllt zwei wichtige Management-Funktionen:

1. Es wird ein umfassender Aktionsplan für die Zukunft formuliert.
2. Aus der Kontrollfunktion mit dem Vergleich zwischen dem tatsächlich erreichten Ergebnis und der Planung werden die entsprechenden Korrekturmaßnahmen rechtzeitig eingeleitet.

Längerfristige Planung lässt sich nur aufgrund klar definierter Unternehmensziele durchführen. Dabei muss man sich im Rahmen der Hotellerie und Gastronomie überlegen, welche Aufgaben zu erfüllen sind, um sich gegenwärtig und zukünftig am Markt zu behaupten. Die Zielformulierung im Rahmen der Vorplanung für die Hotellerie findet ihren Niederschlag im Marketingplan für das nächste Jahr, wo der zeitliche Einsatz der einzelnen Marketinginstrumente die Gestaltung und Differenzierung der Dienstleistungen für die Zukunft festgelegt und ihre zahlenmäßigen Soll-Vorstellungen in der folgenden Budgetierung erfasst werden.

Erstellung des Budgets, Bestimmung der Umsatzprognosefaktoren und Leistungseinheiten für alle Umsatzträger

Naturgemäß besteht das Gesamtbudget eines Hotelbetriebes aus vielen Einzelbudgets, die sich aus der organisatorischen Gliederung ergeben. Um im Gesamtbudget die Verdichtung und Zusammenfassung der Einzelbudgets vornehmen zu können, wird man sukzessiv planen müssen. Das bedeutet, dass aus der Prognose des Umsatzes zunächst ein Umsatzbudget erstellt werden muss. Dieses detaillierte Umsatzbudget wird dann die Grundlage für die Erstellung der einzelnen Kostenbudgets bilden.

1. Schritt:

Beherbergungsbereich

Bei der Erstellung von Umsatzprognosen wird man im 1. Schritt mit dem Beherbergungsbereich beginnen. Auf monatlicher Basis wird die Prognose der Zimmerbelegung und Anzahl der Hotelgäste vorgenommen. Ebenfalls ist hier auch die Belegungszusammensetzung und die jeweils zutreffende Preisstruktur für die verschiedenen Gästegruppen festzulegen.

So wird man das zu erwartende Geschäftsvolumen pro Monat in seiner Belegungszusammensetzung nach Einzelreisenden, Firmenservice, Gruppenreisenden in Haupt- und Nebensaison aufgliedern und die voraussichtliche Preisstruktur, unterschieden nach Einzelzimmerbelegung und Doppelzimmerbelegung, zur Berechnung des zu erwartenden durchschnittlichen Hotelzimmerpreises mit heranziehen.

Auf Grundlage jener Teilinformationen, die auf monatlicher Basis für das kommende Geschäftsjahr in Anlehnung an das Zahlenmaterial des letzten Jahres, aber mit realistischer Einschätzung der zukünftigen Entwicklung auf dem Belegungssektor festgelegt werden (auch im Hinblick auf die angestrebten Marketingmaßnahmen), lässt sich nun als Ergebnis des 1. Schrittes die Berechnung der Netto-Beherbergungserträge für das anstehende Wirtschaftsjahr vornehmen.

2. Schritt:

Verpflegungsbereich

Die so festgelegte Prognose für den Beherbergungsbereich gilt teilweise als bestimmende Voraussetzung für die darauf abgeleitete Vorausschau für den Verpflegungsbereich. Der 2. Schritt, Vorausschau für den Verpflegungsbereich, basiert also auf den vorher ermittelten Daten im Beherbergungsbereich und wird zusätzlich auf das Passantengeschäft und das Extra-Veranstaltungsgeschäft eingehen.

Zunächst erfolgt die Bestimmung der Anzahl der Verpflegungsgäste, die sich aus den Hausgästen und den externen Gästen (Passanten) zusammensetzt. Dabei helfen vorher gewonnene Erfahrungsdaten, wie: 88 % der Hotelgäste frühstücken in dem Hotel, davon 40 % auf der Etage und 60 % im Restaurant, und ähnliche Prognosefaktoren, die aufgrund der Betriebsstatistik ermittelt werden können. Nach der Bestimmung der Verpflegungsgäste gilt es, die voraussichtliche Preisstruktur für die einzelnen Servicezeiten festzulegen. Dabei wird man die möglichen Preiserhöhungen auf selektiver Basis im Verpflegungsbereich schon miteinbeziehen. Der durchschnittliche Speisenumsatz pro Gast und Servicezeit (Frühstück, Mittag, Abend) wird je Monat mit der zu erwartenden Anzahl der Verpflegungsgäste multipliziert.

Um die Getränkeerträge entsprechend festlegen zu können, ist es wichtig, das prozentuale Verhältnis zwischen Speisen- und Getränkeertrag je Monat aufgrund historischer Daten anzuwenden. Die Berechnung der Nettoerträge Speisen und Getränke für das anstehende Wirtschaftsjahr ist die Zusammenfassung der einzelnen Gliederungspunkte für den Verpflegungsbereich.

3. Schritt:

Hilfsabteilungen/Sonstige Erträge

Auch die Vorausschau für die Hilfsabteilungen eines Hotelbetriebes basiert im Wesentlichen auf den festgelegten Daten des Beherbergungsbereiches. So wird man Prognosewerte pro belegtes Zimmer für die Hilfsabteilungen: Telefon, Gästewäsche, chemische Reinigung mit voraussichtlicher Preisstruktur für das kommende Jahr festlegen und die Berechnung der Nettoerträge/Hilfsabteilungen aufgrund der vorher prognostizierten belegten Zimmer je Monat vornehmen. Die Erfassung der sonstigen Erträge (Hotelbetrieb), die Kursgewinne bei ausländischen Währungen, Vermietungen für Schreibmaschinen etc. erfolgt in prozentualer Abhängigkeit von den Netto-Beherbergungserträgen.

4. Schritt:

Nebenbetriebe

Dazu gehören Betriebe, die unabhängig vom Hotel- und Gaststättenbetrieb meist in einem Miet- oder Pachtverhältnis zum gesamten Hotelprojekt stehen. Nebenbetriebe sind zum Beispiel Läden innerhalb des Hoteltraktes, vermietete Garagen, vermieteter Swimmingpool, Sauna. Die voraussichtliche Preisstruktur für das kommende Geschäftsjahr dient zur Berechnung der Mieten/Nebenbetriebe für das anstehende Wirtschaftsjahr.

Erstellung des Kostenbudgets

Nach der detaillierten Erfassung der einzelnen Umsatzträger kann im Anschluss die Erstellung des Kostenbudgets erfolgen.

5. Schritt:

Personalaufwand

Für die Erfassung des Personalaufwandes ist die Erstellung eines detaillierten Personalplanungsleitfadens unter Berücksichtigung eines Personalplanungsminimums und eines Personalplanungsmaximums erforderlich.

Um das prognostizierte Geschäftsvolumen in allen Leistungsbereichen mit dem entsprechenden Personal für das nächste Jahr im Budget zu erfassen, ist es notwendig, für die einzelne Hotelabteilung aufgrund von Leistungsmaßstäben, Öffnungszeiten, Stationenaufteilung (Service), Grad der Ausbildung, tatsächliche Arbeitszeit (abzüglich Urlaub, gesetzliche Feiertage und Freitage) in Anlehnung an die Kapazitätsauslastung neben Stammpersonal auch Aushilfspersonal mit in die detaillierte Personalplanung einzubeziehen.

Ein Personalplanungsleitfaden mit der im nächsten Jahr gültigen Gehaltsstruktur führt zur Berechnung des Personalaufwandes für das anstehende Wirtschaftsjahr.

6. Schritt:

Waren-/Materialaufwand und übriger Betriebsaufwand

Der Waren-/Materialaufwand und der übrige Betriebsaufwand des Hotelbetriebes werden in prozentualer Abhängigkeit zu den vorher ermittelten Erträgen aus den einzelnen Umsatzbereichen detailliert dargestellt. Dabei fallen unter Waren-/Materialaufwand Aufwendungen für Speisen, Getränke, Telefon, Gästewäsche, chemische Reinigung und unter übriger Betriebsaufwand Aufwendungen für Verwaltung, Werbung, Energie und Instandhaltung.

Die Bestimmung von Kostenprognosefaktoren für diese Aufwendungen basiert auf Erfahrungswerten des vorausgegangenen Jahres, die meist in einem prozentualen Anteil der jeweilig zutreffenden Erträge ausgedrückt werden (Warenaufwand = prozentualer Anteil von Speisen-Erträgen). Die Berechnung des Waren-/Materialaufwandes und des übrigen Betriebsaufwandes für das anstehende Wirtschaftsjahr wird dann monatlich als Addition der vorher aufgestellten Einzelaufwendungen vorgenommen.

7. Schritt:

Zusammenfassung: Betriebsergebnis I

Die Budgetplanung des anstehenden Wirtschaftsjahres findet ihre Zusammenfassung im 7. Schritt, bei dem Erträge und Aufwendungen gegenübergestellt werden und das Betriebsergebnis I (vor Steuern) für das kommende Geschäftsjahr ermittelt wird.

8. Schritt:

Budgetkontrolle

Nur mit permanenten Soll-Ist-Vergleichen, der Prüfung und Erklärungen der Abweichungen, dient ein Erfolgsbudget als echte Orientierungshilfe für das Hotelmanagement.

	(a) Budget € %	(b) Ist € %	Hotel: ________ Monat: ________

	(c) Soll auf Basis der Ist-Erlöse € %	(b) – (c) in T€ Abweichung
Erlöse		
Logis		
Speisen		
Getränke		
Sonstiges		
Total		
Aufwendungen (variabel)		
WA-Speisen		
WA-Getränke		
Aushilfen/Teilzeitkräfte		
Wäsche		
Strom/Gas		
Wasser		
Verschiedenes		
Aufwendungen (fix)		
Personal		
Büro/Verwaltung		
Porto/Telefon		
Werbung		
Versicherung		
allgem. Haushalt		
Kleininventar		
Strom/Gas		
Wasser		
Heizung		
Wäsche		
Instandhaltung		
Kfz-Kosten		
Miete		
Verschiedenes		
Zwischensumme		
Betriebsergebnis I		

Monatlicher Managerreport

In periodischen Abständen innerhalb eines Jahres werden die budgetierten „Zahlen" den tatsächlich erreichten „Zahlen" gegenübergestellt, die Abweichungen analysiert und eventuell noch innerhalb des Jahres Korrekturmaßnahmen in die Wege geleitet.

Korrekturmaßnahmen können sich in Form von verstärkten Verkaufsmaßnahmen (Verkaufsförderungsmaßnahmen) oder in einschneidenden Kosteneinsparungen ausdrücken. Die einzelnen Budgets je Abteilung sind dabei keineswegs als starre Plandaten-Vorgaben zu sehen, sondern vielmehr als ein dynamisches Planungskontrollsystem, das den Unternehmer mit seinen Zahlen flexibel handeln und leben lässt.

Gewinne oder Verluste werden nicht im Nachhinein von der Buchhaltung eines Betriebes „gemacht". Das „Operational Management" entscheidet, welcher Kurs gehalten wird. Ein Gastronomiebetrieb ohne Budgetierung als Planungsrechnung ist wie ein Schiff ohne Steuer und wird nur selten den Zielhafen erreichen.

Technik der Break-even-Analyse

Zielsetzung

Nicht jeder Hotelmanager muss selbst ein Zahlenfachmann sein, um Folgewirkungen von Betriebsentscheidungen für die Gewinnstruktur des Hotels überblicken zu können. Hier hilft die Break-even-Analyse als einfaches Handwerkszeug des Hotelmanagers, die täglich vorkommenden Entscheidungssituationen zu bewältigen. Von Gewinnen oder Verlusten darf man sich heute in der Hotellerie nicht mehr überraschen lassen. Die Break-even-Analyse als Managementkompass dient dazu, für die Zukunft zu planen und Kosten, Preise, Umsatz und Gewinn kontrollierbar zu halten.

Zur kurzfristigen Entscheidungsvorbereitung, zum groben Abschätzen der Auswirkungen von Entscheidungen auf die zukünftige Gewinnsituation liefert das Break-even-System die notwendigen Informationen. Folgender Fragenkatalog kann mit der Break-even-Analyse beantwortet werden:

- Wie verändert sich der Gewinn oder Verlust bei einer Umsatzerhöhung oder Umsatzminderung?
- Welchen Effekt hat eine Umsatzstrukturveränderung (sales mix) auf den Gewinn?
- Von wann ab, bei welcher Umsatzhöhe werden die Restaurants, Bars ertragreich? (Break-even-Gewinnschwelle)
- Welche Umsatzsteigerung ist in den Hotelbereichen Food & Beverage, Beherbergung erforderlich, um einen vorgegebenen, vorausgeplanten Gewinnbetrag zu erreichen?
- Welche direkte Auswirkung hat eine Kostenveränderung auf den zukünftigen Gewinn?
- Inwieweit und mit welchem Betrag belastet eine Lebensmittelpreiserhöhung das Unternehmen?
- Welche Preiserhöhung ist nötig, um eine Kostenerhöhung zu kompensieren?
- Wo liegt bei der kostenorientierten Preispolitik die Preisuntergrenze?
- In welchem Umfang beeinträchtigt eine Lohnerhöhung die Gewinnsituation?
- Welche Absatzerhöhung (Anzahl der Übernachtungen, Anzahl von Couverts) ist bei einem Preisnachlass erforderlich, um den gleichen Gewinn zu erzielen?

Die Break-even-Analyse gehört zu den ältesten Methoden der Erfolgsanalyse. Dennoch wird sie in mittelständischen Betrieben der Hotellerie heute kaum angewendet. Woran liegt es, dass man dieses Handwerkszeug des Managements nicht einzusetzen weiß? Es fehlt offenbar die Technik, diese betriebswirtschaftlichen Erkenntnisse aus der allgemeinen Industrie auch für das Hotel- und Gaststättengewerbe fachgerecht nutzen zu können.

Im Folgenden wird eine leicht nachvollziehbare Technik der Break-even-Analyse in der Hotellerie aufgezeigt.

Terminologie zum Break-even-System

Die Break-even-Analyse muss als Momentaufnahme der Relation zwischen Kosten/Umsatz und Gewinn verstanden werden. Dafür ist eine entscheidungsabhängige Kosteneinteilung zwischen fixen **(Bereitschaftskosten)** und variablen Kosten **(Leistungskosten)** des Hotelbetriebes erforderlich. Gerade diese Kostenaufschlüsselung scheint in der Hotellerie mit einer unterschiedlichen Umsatzzusammensetzung **(Umsatzmix)** problematisch zu sein.

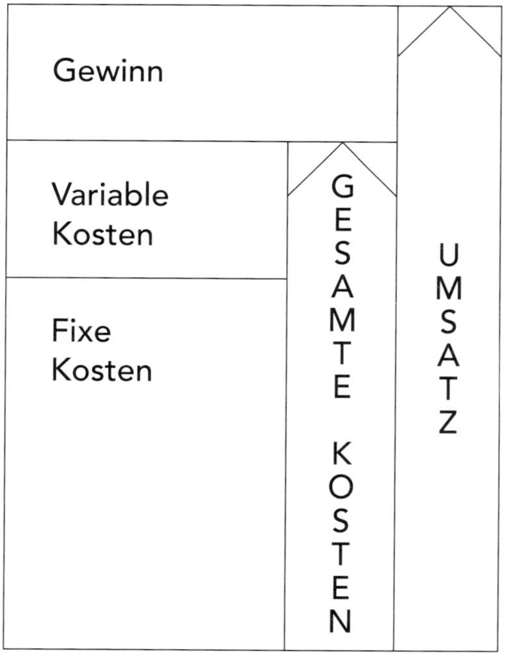

Gedankenflussplan

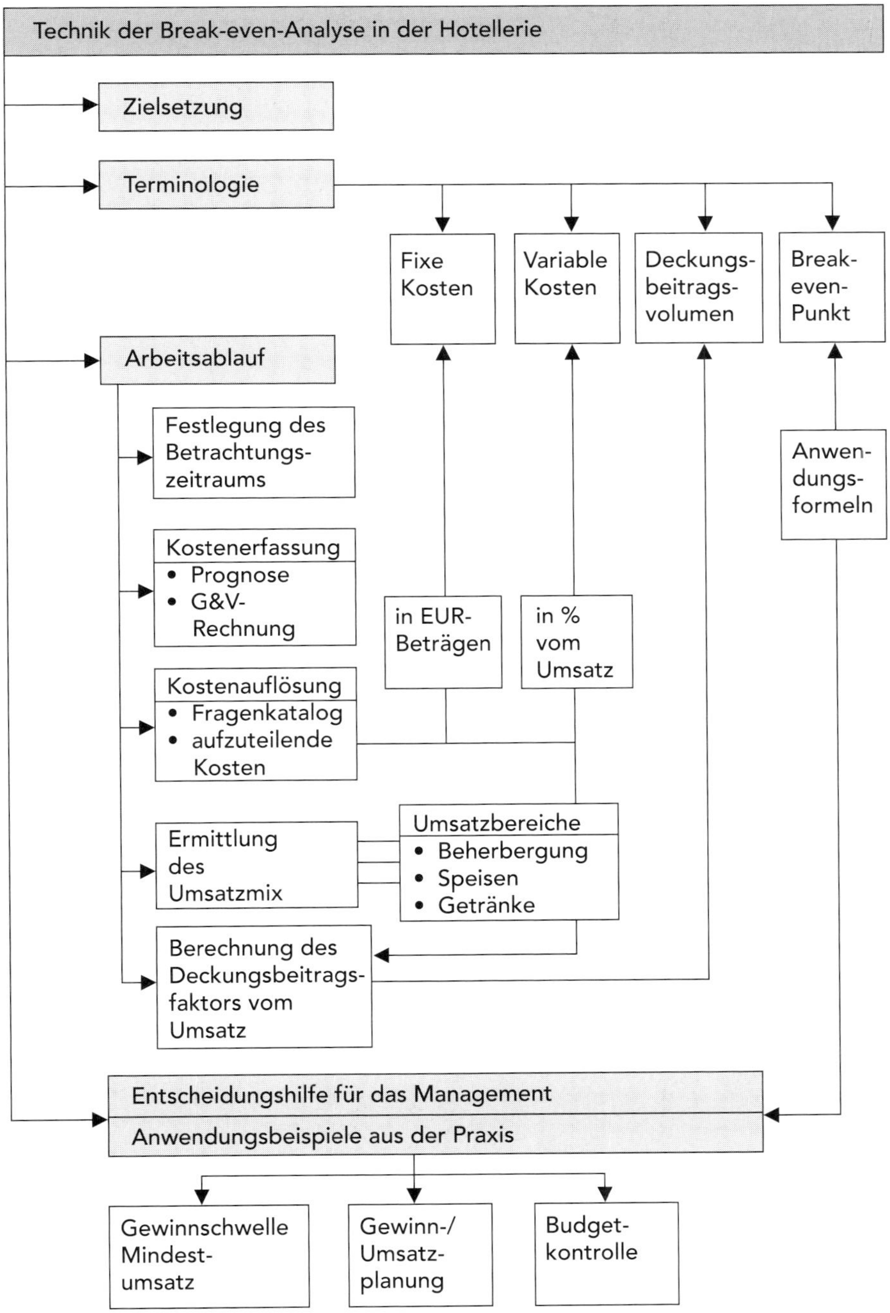

1. Fixe (feststehende) Kosten/Bereitschaftskosten

Untersucht man die einzelnen Kostenarten im Hotel, so wird man feststellen, dass sich bestimmte Kosten bei schwankender betrieblicher Leistung innerhalb abgrenzbarer Beschäftigungsstufen nicht oder kaum verändern; sie verhalten sich konstant oder fix. Die in einem festgesetzten Umfang geplante Betriebsbereitschaft eines Hotels lässt auf kurze Sicht hin den Fixkostencharakter einiger Kosten leicht bestimmen. So wird man einen großen Teil der Verwaltungskosten (Hotelmanagement, Buchhaltung) innerhalb bestimmter Grenzen als fix ansehen können. Diese Kosten sind vom Umsatz unabhängig: Ob ein Gast das Hotel in Anspruch nimmt oder nicht, sie bleiben feststehend (fix) und sind oft nur langfristig abbaubar. Kurzfristig fixe Kosten können langfristig variabel werden.

2. Variable Kosten (Leistungskosten)

Diese variablen (veränderlichen) oder auch proportionalen Kosten sind größtenteils direkt umsatzabhängig, sie variieren mit dem Volumen. So gehört der Wareneinsatz (Food & Beverage) grundsätzlich (mit Ausnahme der Mise-en-place-Kosten) zu den variablen (veränderlichen) Kosten; für jede zusätzliche Produktionseinheit entstehen hier nahezu gleichmäßig (proportional) mehr Kosten. Diese proportionalen oder variablen Kosten werden direkt durch die Produktion – der Vergrößerung oder Verkleinerung der Ausbringung – verursacht.

Bei der problematischen Kostenauflösung zwischen fixen und variablen Kosten wird es Kostenarten geben, die einen fixen und variablen Charakter haben. Die Einteilung fix oder variabel ist selbstverständlich entscheidungsabhängig und kann immer nur eine Näherungslösung darstellen. Ebenfalls wird bei den variablen Kosten (wie auch beim Umsatz) eine lineare Entwicklung unterstellt.

3. Deckungsbeitragsvolumen

Die Differenz zwischen Umsatz und variablen Kosten nennt man Deckungsbeitragsvolumen. Übersetzt für einen Speiseartikel heißt das: Der Unterschied zwischen Netto-Verkaufspreis und den variablen Kosten ergibt den Deckungsbeitrag. Diese Deckungsbeiträge repräsentieren den Wert, mit dem jeder Verkauf im Hotel zur Deckung der fixen Kosten und dann danach zum Gewinn beitragen soll. Der Deckungsbeitrag wird zur Berechnung des Break-even-Points (Gewinnschwelle) in einem prozentualen Verhältnis zum Umsatz ausgedrückt: Deckungsbeitrags-Prozentsatz vom Umsatz (DBU-Verhältnis).

$$\text{DBU-Faktor} = \frac{\text{(Umsatz – variable Kosten)}\ \text{(= Deckungsbeitrag)} \times 100}{\text{Umsatz}}$$

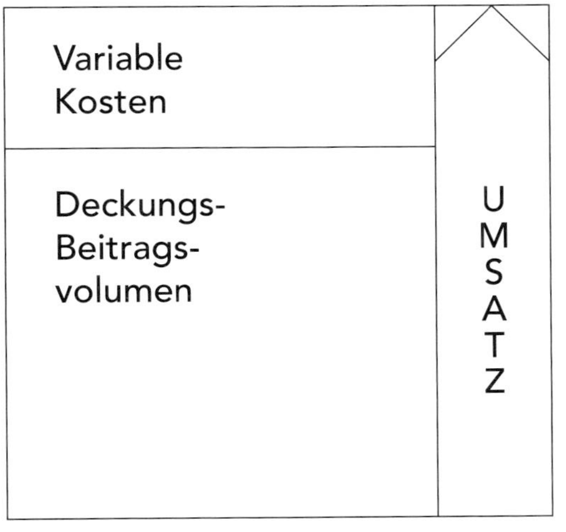

4. Break-even-Point (Gewinnschwelle)

Unter dem Break-even-Point ist das Umsatzvolumen zu verstehen, das ausreicht, um die Gesamtkosten (fixe und variable Kosten) abzudecken. Hier beginnt der Gewinn und der Verlust hört auf; man hat die Gewinnschwelle erreicht.

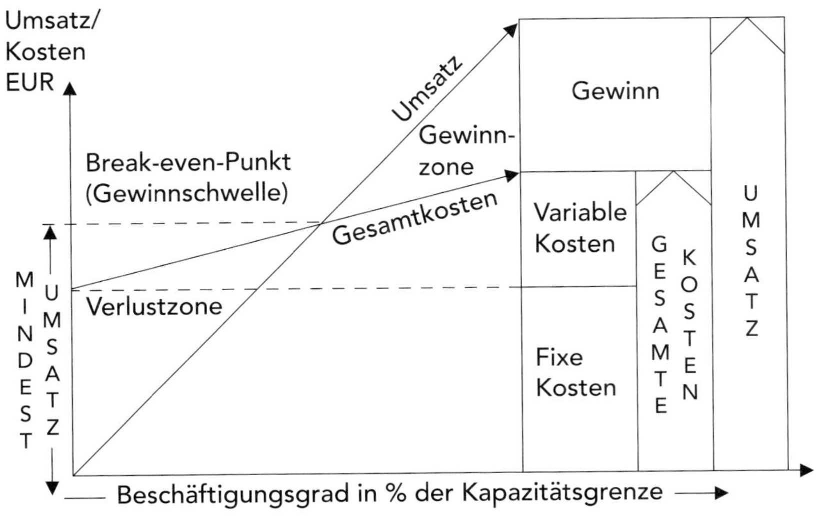

Jede Erhöhung des Umsatzes über die Gewinnschwelle hinaus bringt einen Gewinn in Höhe des vollen Deckungsbeitrages. Jedes Unterschreiten des Break-even-Points lässt folglich in der Verlustzone arbeiten. Der Break-even-Point bezeichnet den „Mindestumsatz" des Betriebes, jeder niedrigere Umsatz hat einen Verlust zur Folge.

5. Anwendungsformeln

$$\text{Break-even-Umsatz} = \frac{\text{fixe Kosten}}{\text{Deckungsbeitragsfaktor vom Umsatz}}$$

$$\text{Break-even-Verkaufspreis} = \frac{\text{fixe Kosten} + (\text{variable Kosten} \times \text{erwartete Absatzmenge})}{\text{erwartete Absatzmenge}}$$

$$\text{Break-even „Fixe Kosten"} = \text{erwarteter Umsatz} - (\text{variable Kosten x erwartete Absatzmenge})$$

$$\text{Break-even „Variable Kosten"} = \frac{\text{erwarteter Umsatz} - \text{fixe Kosten}}{\text{erwartete Absatzmenge}}$$

$$\text{Sicherheitskoeffizient} = \frac{(\text{Umsatz} - \text{Break-even-Umsatz}) \times 100}{\text{Umsatz}}$$

$$\text{Umsatz} = \text{fixe Kosten} + \text{variable Kosten} + \text{Gewinn}$$

$$\text{Umsatz} = \frac{(\text{Gewinn} + \text{fixe Kosten})}{\text{Deckungsbeitragsfaktor vom Umsatz}}$$

$$\text{Gewinn} = \text{Umsatz} - \text{Gesamtkosten}$$

$$\text{Gewinn} = \text{Umsatz} - \text{fixe Kosten} - \text{variable Kosten}$$

$$\text{Gewinn} = (\text{Umsatz} \times \text{Deckungsbeitragsfaktor vom Umsatz}) - \text{fixe Kosten}$$

$$\text{Gewinn} = (\text{Umsatz} - \text{Break-even-Umsatz}) \times \text{Deckungsbeitragsfaktor vom Umsatz}$$

Arbeitsablauf zur Break-even-Analyse

1. Festlegung des Betrachtungszeitraums

Die entscheidungsabhängige Kosteneinteilung zwischen fixen und variablen Kosten ist zeitabhängig. Es hängt also vom Betrachtungszeitraum ab, ob Kosten als gleichbleibend (fix) oder proportional (variabel) in Abhängigkeit vom betreffenden Umsatz anzusehen sind. Der Betrachtungszeitraum wird in der Praxis oft entsprechend dem Abrechungszeitraum des Rechnungswesens (Quartal, Jahr) festgelegt.

2. Kostenerfassung

Für den festgelegten Betrachtungszeitraum sind alle anfallenden Kosten zu erfassen. Zukünftige Planungsentscheidungen basieren dabei meist auf Kostenprognosen, in denen die realistische Kostenentwicklung für den Zeitraum festgelegt werden soll. Viele Daten können bei einem bestehenden Betrieb von der letzten Gewinn-und-Verlust-Rechnung übernommen und für den zukünftigen Betrachtungszeitraum korrigiert werden.

Eine besondere Rolle spielt die Break-even-Analyse bei zu planenden Hotel- und Restauranteröffnungen. Die erforderlichen Kosten werden hier von der vorausschauenden Wirtschaftlichkeitsberechnung zusammengestellt und dienen mit den Anwendungsformeln des Break-even-Systems als Entscheidungshilfe für das Management.

3. Kostenauflösung

Die Kostenauflösung und Einteilung der erfassten und anfallenden Kosten innerhalb des Betrachtungszeitraums lässt die Problematik der Break-even-Analyse deutlich werden. Die Zuordnung und Aufteilung in „fixe" und „variable" Kosten kann immer nur eine Näherungslösung sein. Für den festgelegten Betrachtungszeitraum kann diese entscheidungsabhängige Aufgliederung aufgrund des folgenden Fragenkatalogs vorgenommen werden:

1. Kann die betreffende Kostengröße als fix, das heißt für den ganzen Betrachtungszeitraum durchgehend gleichbleibend, unabhängig vom Umsatz, angesehen werden?

2. Kann die betreffende Kostengröße als variabel, das heißt in direkt proportionaler Abhängigkeit vom Umsatz innerhalb des Betrachtungszeitraums, eingestuft werden?
3. Hat die betreffende Kostengröße innerhalb des Betrachtungszeitraums einen „fixen" und einen „variablen" Anteil? Welcher Euro-Betrag kann für den ganzen Zeitraum dabei als durchgehend fix veranschlagt werden? Wie viel Prozent stehen variabel in Abhängigkeit vom Umsatz?

Es empfiehlt sich, bei der Kostenauflösung die durchgehend fixen Kosten mit den jeweiligen Euro-Beträgen zu addieren. Die variablen Kosten werden in Prozenten proportional zum entsprechenden Umsatz (Beherbergung, Speisen, Getränke, Sonstiges) festgehalten.

Das Verfahren bei den „aufzuteilenden Kosten", die einen fixen und einen variablen Teil beinhalten, lässt sich am besten an einem Beispiel darstellen:

Telefonkosten im Hotel

Zu den fixen Kosten innerhalb des Betrachtungszeitraums zählen zum Beispiel:

	EUR-Beträge
Postgrundgebühren	€________
Miete für Telefonanlage	€________
Wartungskosten etc.	€________

Zu den variablen Kosten gehören die Telefoneinheitskosten, die in einem prozentualen Verhältnis zum „Verkaufspreis" pro Telefoneinheit ausgedrückt werden.

4. Ermittlung des Umsatzmix

In der Hotellerie gibt es im Wesentlichen drei völlig verschiedenartige Umsätze für die Umsatzbereiche: Beherbergung, Speisen und Getränke. Bei der Planung von Hotel- und Restaurantprojekten ist die Prognose des zu erwartenden Umsatzes immer schwierig und zweifelhaft.

Es ist aber durchaus möglich, ohne Kenntnis der zu erwartenden Umsatzbeträge den Mindestumsatz (Break-even-Umsatz) für das geplante Projekt vorauszuberechnen. Voraussetzung dafür ist die Ermittlung des Umsatzmix – die prozentuale Umsatzzusammensetzung. Hierbei wird der Gesamtumsatz als 100 % angenommen und die Umsatzträger Beherbergung, Speisen und Getränke mit dem entsprechenden prozentualen Anteil am Gesamtumsatz aufgeführt. Auch bei Planungsobjekten ist diese Umsatzzusammensetzung (Umsatzmix) aufgrund der Vergleichsdaten ähnlich gelagerter Betriebe leichter vorhersehbar als das tatsächlich anfallende Umsatzvolumen.

Umsatzmix:	
Beherbergung	%
Speisen	%
Getränke	%
Sonstiges	%
Gesamtumsatz	100 %

5. Berechnung des Deckungsbeitragsfaktors vom Umsatz

Der Deckungsbeitrag (Umsatz – variable Kosten) kann in einem prozentualen Verhältnis zum Umsatz oder als Faktor ausgedrückt werden:

$$\text{Deckungsbeitragsfaktor} = \frac{(\text{Umsatz} - \text{variable Kosten})}{\text{Umsatz}}$$

Wie vorher beschrieben wurde, ist bei Planungsentscheidungen der genaue Umsatz nicht immer vorhersehbar, wohl aber die ungefähre Umsatzzusammensetzung – der Umsatzmix.

Bei der Kostenauflösung wurden die variablen Kosten in Prozenten zum Umsatz festgehalten. Unter Berücksichtigung dieser beiden Komponenten kann der Deckungsbeitragsfaktor dann auch folgendermaßen berechnet werden:

$$\text{Deckungsbeitragsfaktor} = \frac{(\text{Umsatzmix} - \%\ \text{variable Kosten})}{\text{Umsatzmix}}$$

Drückt der Umsatzmix das prozentuale Verhältnis der Netto-Umsätze (ohne Mehrwertsteuer und ohne Bedienungsgeld) aus, so muss zu diesem Umsatzmix das „variable" Bedienungsgeld (= Umsatz) addiert werden. Das Berechnungsschema für die Deckungsbeitragsfaktoren kann in folgender Form aufgestellt werden:

Berechnung der Deckungsbeitragsfaktoren				
Umsatzträger	Beherbergung	Speisen	Getränke	TOTAL
Umsatzmix	%	%	%	100,00 %
plus % Bedienung	+	+	+	+
minus % Variable Kosten	–	–	–	–
Deckungsbeiträge				
Deckungsbeitragsfaktoren				

Die Deckungsbeitragsfaktoren sind die Schlüsselzahlen zu den Anwendungsformeln der Break-even-Analyse.

In den folgenden Anwendungsbeispielen aus der Praxis wird der Arbeitsablauf zur Break-even-Analyse schrittweise mit in sich schlüssigem Zahlenmaterial vertieft.

Fallbeispiel 1

Fallangaben/Fallaufgaben

Ein 200-Zimmer-Hotel mit zwei Restaurants (150 und 80 Sitzplätzen) und 5 Veranstaltungsräumen (1 × maximal 200 Personen, 4 × maximal 50 Personen) soll konzipiert werden. Bevor man jedoch daran denkt, aufgrund einer ausführlichen Marktuntersuchung eine detaillierte vorausschauende Wirtschaftlichkeitsberechnung vor Betriebsgründung vorzunehmen, möchte der Kapitalgeber in Anlehnung ähnlich gelagerter Konkurrenzbetriebe folgenden Fragenkatalog beantwortet haben:

a) Welcher Mindestumsatz im Jahr ist zur Deckung der Betriebskosten erforderlich? (Erstellung einer Break-even-Erfolgsrechnung)
b) Welchen Umsatz müsste dieses Hotel erwirtschaften, um einen jährlichen Bruttogewinn (Überschuss) von 350.000 € zu erreichen?

Aus diesen Daten sollte man ableiten, welche Kapazitätsauslastung durchschnittlich im Jahr zur Erreichung des Mindestumsatzes (Gewinnschwelle) erforderlich wäre und wie viele Gäste hierfür im Verpflegungsbereich täglich die Restaurants und Veranstaltungsräume frequentieren müssten.

Diese Daten könnte man dann mit der realistisch möglichen Zimmerbelegung und Verpflegungsgästeanzahl unter Berücksichtigung der Markt- und Konkurrenzverhältnisse vergleichen, um die grundsätzliche Entscheidung für das geplante Hotelprojekt treffen zu können.

Lösungsablauf:

1. Schritt: Festlegung des Betrachtungszeitraums
2. Schritt: Kostenprognose
3. Schritt: Kostenaufteilung
4. Schritt: Prognose des Umsatzmix
5. Schritt: Berechnung des Deckungsbeitragsfaktors vom Umsatzmix
6. Schritt: a) Berechnung der Gewinnschwelle, Erstellung einer Break-even-Erfolgsrechnung
b) Umsatzprognose für den gewünschten Bruttogewinn (Überschuss)
7. Schritt: a) Bestimmung der durchschnittlichen Kapazitätsauslastung (Zimmerbelegung) zur Erreichung der Gewinnschwelle (Mindestumsatz im Beherbergungsbereich)
b) Bestimmung der durchschnittlichen Gästeanzahl je Tag zur Erreichung der Gewinnschwelle (Mindestumsatz im Verpflegungsbereich)

Lösung

(eingesetzte Zahlen dienen als Musterbeispiel)

1. Schritt:

Festlegung des Betrachtungszeitraums

Als Betrachtungszeitraum wurde das Geschäftsjahr mit 12 Monaten festgelegt (365 Betriebstage).

2. Schritt:

Kostenprognose

Aufgrund ähnlich gelagerter Betriebe im Einzugsbereich und der Auswertung von Hotelbetriebsvergleichen wurde für den Betrachtungszeitraum folgende Betriebskostenprognose veranschlagt:

1. Warenaufwand – Speisen = 39 % vom Umsatz Speisen
2. Warenaufwand – Getränke = 39 % vom Umsatz Getränke
3. Aufwand – Hilfsabteilungen = 150.000 € (Minimum) und 31 % vom Umsatz Hilfsabteilungen
4. Aufwand – Verwaltung = 100.000 € (Basis) und 2 % in Abhängigkeit vom Gesamtumsatz
5. Aufwand – Werbung = 120.000 €
6. Aufwand – Energie = 50.000 € (Bereitschaft) und 4 % in Abhängigkeit vom Gesamtumsatz
7. Aufwand – Instandhaltung = 20.000 € (Basis) und 2 % in Abhängigkeit vom Gesamtumsatz
8. Übriger Betriebsaufwand = 200.000 € (Minimum) und 7 % in Abhängigkeit vom Gesamtumsatz
9. Personalaufwand = 2.950.000 € (lt. detaillierter Personalaufstellung – Mindestbesetzung) und 10 % in Abhängigkeit vom Gesamtumsatz für Extra-Personal

3. Schritt:

Kostenaufteilung innerhalb des Betrachtungszeitraums

Kostenprognose			Schlüssel-Fragen	Fixe Kosten		Variable Kosten	
Nr.	Beschreibung	Betrag/%		Nr.	(in €)	Nr.	(in % zum betr. Umsatz)
1	Warenaufwand Speisen	39 %	• Wie viel Euro der einzeln beschriebenen Kosten können für den ganzen Betrachtungszeitraum als gleich bleibend, unabhängig vom Umsatz angesehen werden?	1		1	39 % vom Umsatz Speisen
2	Warenaufwand Getränke	23 %		2		2	23 % vom Umsatz Getränke
3	Aufwand – Hilfsabteilung	150.000 + 31 %	→ Eintrag: fixe Kosten	3	150.000	3	31 % vom Umsatz Hilfsabteilung
4	Verwaltung	100.000 + 2 %	• Wie viel Prozent der einzeln beschriebenen Kosten können für den Betrachtungszeitraum als variabel, abhängig von welchem Umsatz angesehen werden?	4	100.000	4	2 % vom Gesamtumsatz
5	Werbung	120.000		5	120.000	5	– % vom Umsatz –
6	Energie	50.000 + 4 %		6	50.000	6	4 % vom Gesamtumsatz
7	Instandhaltung	20.000 + 2 %	→ Eintrag variable Kosten	7	20.000	7	2 % vom Gesamtumsatz
8	Übriger Betriebsaufwand	200.000 + 7 %	Betrachtungszeitraum:	8	200.000	8	7 % vom Gesamtumsatz
9	Personalaufwand	2.950.000 + 10 %	12 Monate (365 Betriebstage)	9	2.950.000	9	10 % vom Gesamtumsatz
10				10		10	% vom Umsatz
11				11		11	% vom Umsatz
12				12		12	% vom Umsatz
13				13		13	% vom Umsatz
14				14		14	% vom Umsatz
15				15		15	% vom Umsatz
16				16		16	% vom Umsatz

Gesamt Fixkosten 3.590.000 €

4. Schritt:

Prognose des Umsatzmix

Die Umsatzzusammensetzung (Umsatzmix) ergab als Prognose in Anlehnung ähnlich gelagerter Betriebe folgende Daten:

Beherbergung:	61,50 %
Speisen:	21,50 %
Getränke:	7,00 %
Hilfsabteilungen:	10,00 %
Gesamtumsatz	100,00 %

5. Schritt:

Berechnung des Deckungsbeitragsfaktors vom Umsatzmix

Formel:

$$\text{Deckungsbeitragsfaktor} = \frac{(\text{Umsatzmix} - \text{variable Kosten \%})}{\text{Umsatzmix}}$$

Berechnungsschema: Deckungsbeitragsfaktoren					
Umsatzträger:	Beherbergung	Speisen	Getränke	Hilfsabtlg.	Gesamt
Umsatzmix	61,50	21,50	7,00	10,00	100,00
(minus) Variable Kosten %:					
Waren-/Materialaufwand					
• Speisen 39 %	–	(8,39)	–	–	(8,39)
• Getränke 23 %	–	–	(1,61)	–	(1,61)
• Hilfsabtlg. 31 %	–	–	–	(3,10)	(3,10)
Aufwendungen für					
• Verwaltung 2 %	(1,23)	(0,43)	(0,14)	(0,20)	(2,00)
• Energie 4 %	(2,46)	(0,86)	(0,28)	(0,40)	(4,00)
• Instandhaltung 2 %	(1,23)	(0,43)	(0,14)	(0,20)	(2,00)
• Übriger Betriebsaufwand 7 %	(4,30)	(1,51)	(0,49)	(0,70)	(7,00)
• Extra-Personal 10 %	(6,15)	(2,15)	(0,70)	(1,00)	(10,00)
Deckungsbeiträge	46,13	7,73	3,64	4,40	61,90
Deckungsbeitragsfaktoren	0,7501	0,3595	0,5200	0,4400	0,6190

6. Schritt:

a) Berechnung der Gewinnschwelle, Erstellung einer Break-even-Erfolgsrechnung

Formel:

$$\text{Gewinnschwelle (Mindestumsatz)} = \frac{\text{fixe Kosten}}{\text{Deckungsbeitragsfaktor v. Umsatz}}$$

Fixe Kosten = 3.590.000 € (Schritt Nr. 3)
Deckungsbeitragsfaktor vom Umsatz = 0,6190 (Schritt Nr. 5)

$$\text{Mindestumsatz*)} = \text{Gewinnschwelle} = \frac{3.590.000}{0,6190} \approx 5.799.677 \text{ €}$$

Break-even-Erfolgsrechnung (ohne Steuern)

Erträge:	€-Betrag	%	Kostenaufteilung (Schritt Nr. 3) Nr.
Beherbergung	3.566.801	61,5	
Speisen	1.246.931	21,5	
Getränke	405.977	7,0	
Hilfsabteilungen	579.968	10,0	
Gesamt	5.799.677	100,0	
Waren-/Materialaufwand			
Speisen	486.592	39,0	1
Getränke	93.375	23,0	2
Hilfsabteilungen	179.790	31,0	3
Hilfsabteilungen (fix)	150.000	25,9	
Gesamt	909.757	15,7	
Zwischensumme	4.889.920	84,3	
Aufwendungen für Personalaufwand:			9
Personal (fix)	2.950.000	50,9	
Extrapersonal	579.968	10,0	
Verwaltung:			4
fix	100.000	1,7	
variabel	115.994	2,0	
Werbung:	120.000	2,1	5

*) auf der Basis der Kostenprognose (Betriebskosten) (Schritt Nr. 2)

Erträge:	€-Betrag	%	Kostenaufteilung (Schritt Nr. 3) Nr.
Energie:			6
fix	50.000	0,9	
variabel	231.987	4,0	
Instandhaltung:			7
fix	20.000	0,3	
variabel	115.994	2,0	
Übriger Betriebsaufwand:			8
fix	200.000	3,4	
variabel	405.977	7,0	
Gesamt	4.889.920	84,3	
Überschuss/Unterdeckung	0	0	(Break-even)

b) Umsatzprognose für den gewünschten Bruttogewinn (Überschuss)

Formel:

$$\text{Umsatzprognose} = \frac{(\text{fixe Kosten} + \text{gewünschter Bruttogewinn})}{\text{Deckungsbeitragsfaktor vom Umsatz}}$$

Fixe Kosten = 3.590.000 € (Schritt Nr. 3)
Gewünschter Bruttogewinn (Überschuss) = 350.000 €
Deckungsbeitragsfaktor = 0,6190 (Schritt Nr. 5)

$$\text{Umsatzprognose} = \frac{(3.590.000 + 350.000)}{0,6190} \approx 6.365.105 \text{ €}$$

7. Schritt:

a) Bestimmung der durchschnittlichen Kapazitätsauslastung (Zimmerbelegung) zur Erreichung der Gewinnschwelle (Mindestumsatz-Beherbergungsbereich)

Zur Verfügung stehende Kapazität im Jahr:
200 Zimmer × 365 Tage = 73.000 verfügbare Zimmer:

Mindestumsatz Beherbergungsbereich = 3.566.801 € (Schritt Nr. 6a);
erwarteter durchschnittlicher Hotelzimmerpreis (Prognose) = 80,00 €.

$$\text{belegte Zimmer im Jahr} = \frac{\text{Mindestumsatz – (Beherbergungsbereich)}}{\text{erwarteter durchschnittlicher Hotelzimmerpreis}}$$

$$\text{belegte Zimmer im Jahr} = \frac{\text{Mindestumsatz – (Beherbergungsbereich)}}{\text{erwarteter durchschnittlicher Hotelzimmerpreis}}$$

$$\text{Kapazitätsauslastung (Zimmerbelegung in \%)} = \frac{\text{belegte Zimmer} \times 100}{\text{verfügbare Zimmer}}$$

$$\begin{array}{l}\text{erforderliche Zimmerbelegung in \%}\\ \text{durchschnittlich im Jahr zur Erreichung}\\ \text{der Gewinnschwelle}\end{array} = \frac{44.585 \times 100}{73.000} \approx 61\ \%$$

b) Bestimmung der durchschnittlichen Gästeanzahl je Tag zur Erreichung der Gewinnschwelle (Mindestumsatz Verpflegungsbereich)

Mindestumsatz Verpflegungsbereich (Schritt Nr. 6a)

Speisen	1.246.931 €
Getränke	405.977 €
Gesamt	1.652.908 €

Prognose:

Erwarteter durchschnittlicher Umsatz je Gast = 13,50 € (Speisen + Getränke).

$$\begin{array}{l}\text{Mindestumsatz}\\ \text{je Betriebstag}\\ \text{(Verpflegungsbereich)}\end{array} = \frac{\text{Gewinnschwelle}}{\text{Betriebstag}} = \frac{1.652.908}{365} = 4.529\ €$$

$$\begin{array}{l}\text{Erforderliche}\\ \text{durchschnittliche}\\ \text{Gästeanzahl je Tag}\end{array} = \frac{\text{Mindestumsatz je Betriebstag}}{\text{erwarteter Durchschnittsumsatz je Gast}} = \frac{4.529}{13,50} = 335$$

Fallbeispiel 2

(a) Festlegung des Betrachtungszeitraums

Geschäftsjahr (12 Monate) – „Restaurant XY"

(b) Kostenerfassung

Berechnungsgrundlage:
Umsatzbereichsrechnung Speisen und Getränke

				€-BETRAG	%
	Netto-Umsatz	Speisen		192.000	66,0
		Getränke		99.000	34,0
Kostenauflösung			TOTAL	291.000	100,0
1	Warenaufwand	Speisen		71.040	37,0
2		Getränke		24.750	25,0
			TOTAL	95.790	32,9
	Rohertrag Speisen + Getränke			195.210	67,1
	Sonstige Erträge			9.000	3,1
	Bruttobereichsergebnis			204.210	70,2
	Abteilungskosten				
3	Löhne und Gehälter			101.850	35,0
4	abzüglich Bedienungsgeld (15 %)			(43.650)	(15,0)
5	Personalverpflegung			8.730	3,0
6	sonstiger Personalaufwand			23.280	8,0
			TOTAL	90.210	31,0
7	Energieaufwand			2.037	0,7
8	Wäsche und Reinigung			3.783	1,3
9	Menükarten			1.725	0,6
10	Gästeunterhaltung			9.312	3,2
11	Hotelwäsche, Bestecke, Silberwaren, Glas u. Porzellan			7.275	2,5
12	Briefpapier u. Drucksachen			2.910	1,0
13	Berufskleidung			2.328	0,8
14	Verschiedenes			8.730	3,0
			TOTAL	128.310	44,1
Bereichsergebnis Speisen und Getränke				75.900	26,1

(c) Kostenauflösung

FIXE KOSTEN ▼	€	AUFZUTEILENDE KOSTEN ▼	VARIABLE KOSTEN ▼	%	
3 Löhne und Gehälter	101.850		1 Speisen	37,00 v.	Speisenumsatz
5 Personalverpflegung	8.730		2 Getränke	25,00 v.	Getränkeumsatz
6 sonstiger Personal-aufwand	23.280		4 abzüglich Bedienungsgeld	15,00 v.	Speisen- u. Getränkeumsatz
8 Wäsche u. Reinigung	3.783				
10 Gästeunterhaltung	9.312		7 Energieaufwand	1,06 v.	Speisenumsatz
13 Berufskleidung	2.328				
9 Menükarten	1.000 ←	9 Menükarten →	9 Menükarten	0,38 v.	Speisenumsatz
11 Hotelwäsche, Bestecke, Silberwaren, Glas und Porzellan	6.000 ←	11 Hotelwäsche, Bestecke, Silberwaren, Glas und Porzellan →	11 Hotelwäsche, Bestecke, Silberwaren, Glas und Porzellan	0,44 v.	Speisen- u. Getränkeumsatz
12 Briefpapier	910 ←	12 Briefpapier →	12 Briefpapier	0,69 v.	Speisen- u. Getränkeumsatz
14 Verschiedenes	5.000 ←	14 Verschiedenes →	14 Verschiedenes	1,28 v.	Speisen- u. Getränkeumsatz

TOTAL FIXE KOSTEN € 162.193

(d) Ermittlung des Umsatzmix

(Umsatzzusammensetzung)

Nettoumsatz	€	Umsatzmix %
Speisen	192.000	64,00
Getränke	99.000	33,00
Sonstige Erträge	9.000	3,00
Total	300.000	100,00

(e) Berechnung der Deckungsbeitragsfaktoren vom Umsatz

Umsatzträger		Speisen	Getränke	Sonst. Erträge	Total
Umsatzmix		64,00	33,00	3,00	100,00
+ Bedienungsgeld		+ 9,60	+ 4,95	–	+ 14,55
– variable Kosten:	%				
1 Speisen	37,0	(23,68)	–	–	(23,68)
2 Getränke	25,0	–	(8,25)	–	(8,25)
7 Energieaufwand	1,06	(0,68)	–	–	(0,68)
9 Speisekarten	0,38	(0,24)	–	–	(0,24)
11 Hotelwäsche, Bestecke, Silberwaren, Glas, Porzellan	0,44	(0,28)	(0,15)	–	(0,43)
12 Briefpapier, Drucksachen	0,69	(0,44)	(0,23)	–	(0,67)
14 Verschiedenes	1,28	(0,82)	(0,42)	–	(1,24)
Deckungsbeiträge		47,46	28,90	3,00	79,36
Deckungsbeitragsfaktoren		0,7416	0,8758	1,0	0,7936

Anwendungsformeln zur Break-even-Analyse

1. Wie verändert sich der Gewinn oder Verlust bei einer Umsatzerhöhung oder Umsatzminderung?

   Beispiel: geplanter Umsatz 250.000 €

Formel:

Gewinn = (Umsatz × Deckungsbeitragsfaktor vom Umsatz) – fixe Kosten

Gewinnplanung
Gewinn = (250.000 × 0,7936) – 162.193
Gewinn ≈ 36.200 €

2. Welchen Effekt hat eine Umsatzstrukturveränderung (Umsatzmix) auf den Gewinn?

   Beispiel: andere Umsatzzusammensetzung

	Umsatzmix
Speisen	55,00 %
Getränke	42,00 %
Sonst. Erträge	3,00 %
	100,00 %

Gewinn: (300.000 × 0,8057) – 162.193
(neu ermittelter Deckungsbeitragsfaktor vom Umsatz) (siehe 3.2 e)
Gewinn ≈ 79.500 €

3. Von wann ab, bei welcher Umsatzhöhe werden die Restaurants, Bars ertragsreich (Break-even-Point, Gewinnschwelle)?

Formel:

Mindestumsatz

$$\text{Break-even-Umsatz} = \frac{\text{fixe Kosten}}{\text{Deckungsbeitragsfaktor vom Umsatz}}$$

$$\text{Break-even-Umsatz} = \frac{162.193}{0,7936}$$

Break-even-Umsatz ≈ 204.400 €
(bezogen auf die Umsatzbereichrechnung Speisen und Getränke)

4. Welche Umsatzsteigerung ist in den Hotelbereichen Food & Beverage, Beherbergung erforderlich, um einen vorgegebenen, vorausgeplanten Gewinnbetrag zu erreichen?

   Beispiel: Food & Beverage
   geplanter Gewinn = 90.000 €

Formel:

Umsatzplanung

$$\text{Umsatz} = \frac{(\text{Gewinn} + \text{fixe Kosten})}{\text{Deckungsbeitragsfaktor vom Umsatz}}$$

$$\text{Umsatz} = \frac{(90.000 + 162.193)}{0{,}7936}$$

Umsatz ≈ 317.800 €

5. Welche direkte Auswirkung hat eine Kostenveränderung auf den zukünftigen Gewinn?

   a) *4 Angestellte wurden zusätzlich auf Dauer eingestellt: – Fixkostenerhöhung = 5.000 €*
   b) *Der Warenaufwand für Getränke stieg von 25,0 % auf 28,0 %*
      - *Änderung der variablen Kosten*
      - *Neuberechnung des Deckungsbeitragsfaktor vom Umsatz*

Formel:

Gewinnplanung

Gewinn = (Umsatz × Deckungsbeitragsfaktor vom Umsatz) – fixe Kosten

a) Fixe Kosten	= 162.193 €
plus	5.000 €
Total	167.193 €

b) Deckungsbeitragsfaktor vom Umsatz = 0,7837 (siehe 3.2 e)
Gewinn: (300.000 × 0,7837) – 167.193
Gewinn ≈ 67.900 €

Modernes Management braucht Erfolgsanalysen, die helfen sollen, die täglich vorkommenden Entscheidungssituationen in der Hotellerie zu bewältigen. Kosten, Preise, Umsatz und Gewinn müssen für die Zukunft geplant und kontrollierbar gehalten werden. Dabei gilt es, auch im Rahmen der kurzfristigen Erfolgsrechnung, die Auswirkungen von geschäftspolitischen Entscheidungen auf die zukünftige Gewinnsituation realistisch einschätzen und vorausberechnen zu können.

Entscheidungsorientierte relative Deckungsbeitragsrechnung

Mit zunehmender Markttransparenz aus der Sicht des Gastes und des touristischen Partners sowie den lawinenartig ansteigenden Personalkosten werden rein intuitiv getroffene Managemententscheidungen zum Risikofaktor. Als Teil der Betriebswirtschaftslehre obliegt es im Rahmen des Rechnungswesens der Kosten- und Leistungsrechnung, die Qualität der betrieblichen Entscheidungen zu verbessern.

Unterscheidet man innerhalb der Kosten- und Leistungsrechnung zwischen Methoden der Vollkosten- und der Teilkostenrechnung, so haben die verschiedenen **Formen der Deckungsbeitragsrechnung** (Systeme der Teilkostenrechnung) als kurzfristiges Entscheidungsinstrumentarium bisher nur zögernd Eingang im Hotel- und Gaststättengewerbe gefunden. Der folgende Beitrag soll an einem Zahlenbeispiel einen Einblick in die entscheidungsorientierte relative Deckungsbeitragsrechnung (relevant costing) geben. Die eingesetzten Zahlenwerte dienen nur als Rechenbeispiele.

Bei der relativen Deckungsbeitragsrechnung werden sämtliche Kosten und Erlöse berücksichtigt, die bei einer bestimmten Entscheidung für oder gegen eine Maßnahme anfallen können:

relevante Erlöse – relevante Kosten
= relevanter Deckungsbeitrag
(relevanter Erfolg)

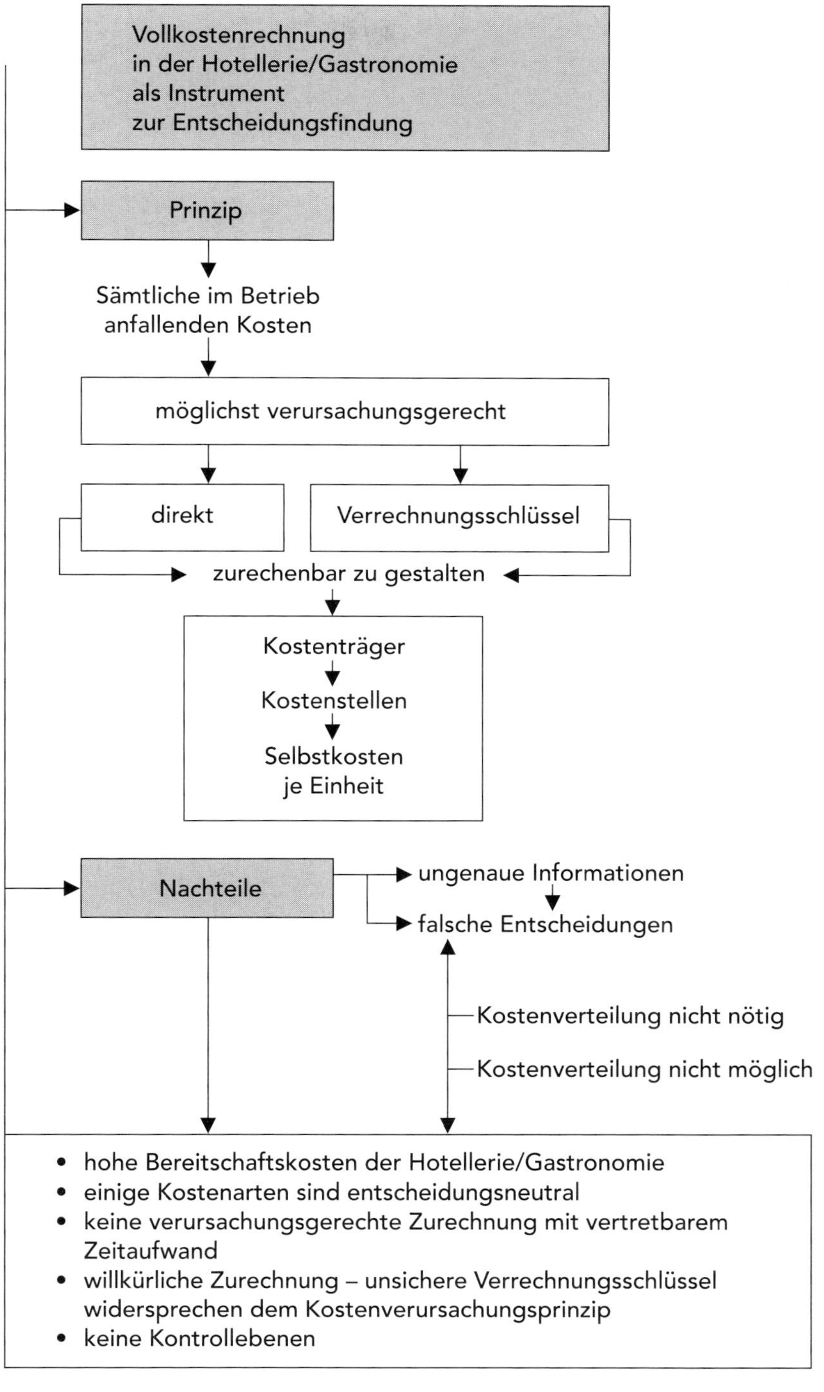
Vollkostenrechnung
in der Hotellerie/Gastronomie
als Instrument
zur Entscheidungsfindung
Prinzip
Sämtliche im Betrieb
anfallenden Kosten
möglichst verursachungsgerecht
direkt
Verrechnungsschlüssel
zurechenbar zu gestalten
Kostenträger
Kostenstellen
Selbstkosten
je Einheit
Nachteile
ungenaue Informationen
falsche Entscheidungen
Kostenverteilung nicht nötig
Kostenverteilung nicht möglich
• hohe Bereitschaftskosten der Hotellerie/Gastronomie
• einige Kostenarten sind entscheidungsneutral
• keine verursachungsgerechte Zurechnung mit vertretbarem Zeitaufwand
• willkürliche Zurechnung – unsichere Verrechnungsschlüssel widersprechen dem Kostenverursachungsprinzip
• keine Kontrollebenen

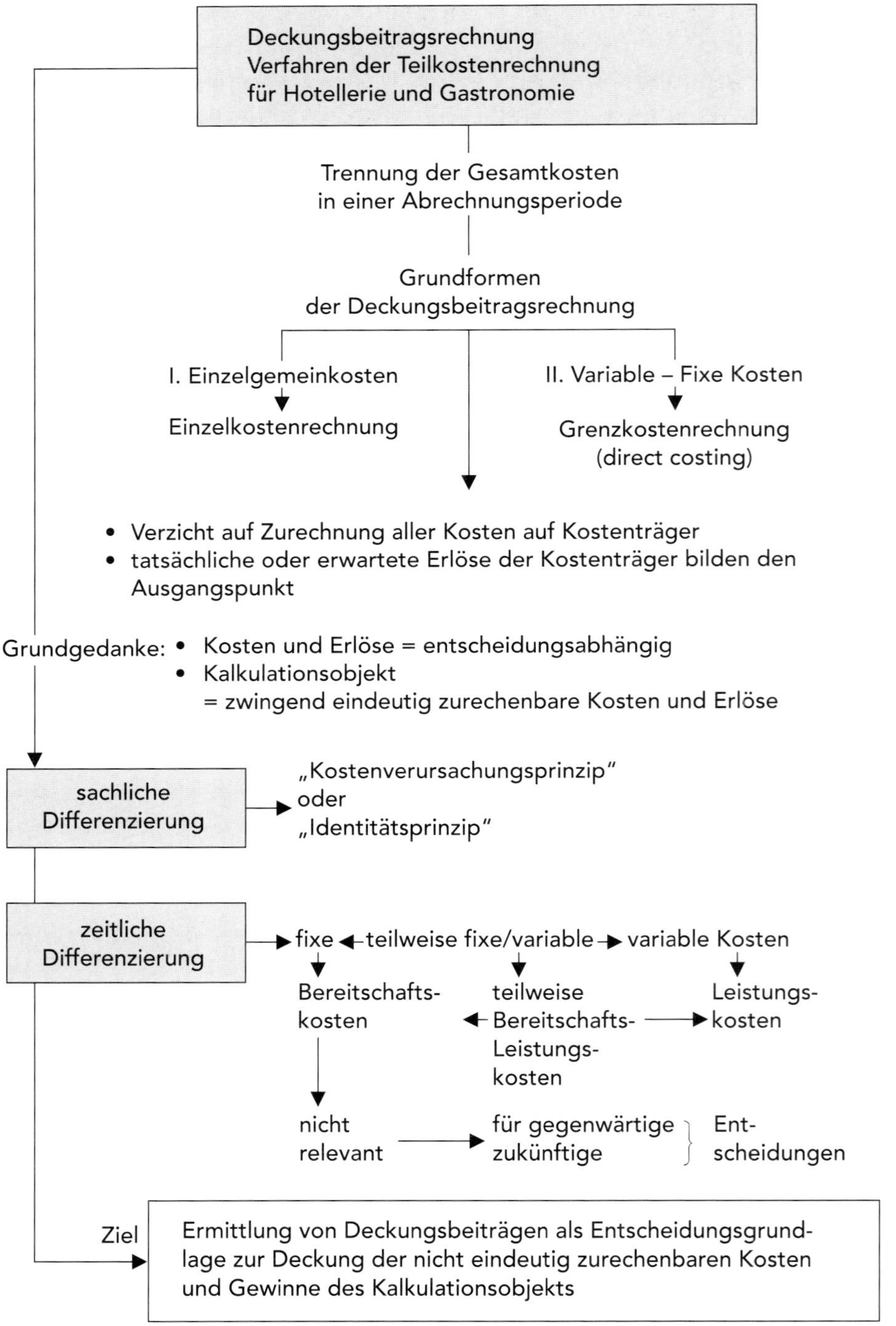
Deckungsbeitragsrechnung
Verfahren der Teilkostenrechnung
für Hotellerie und Gastronomie
Trennung der Gesamtkosten
in einer Abrechnungsperiode
Grundformen
der Deckungsbeitragsrechnung
I. Einzelgemeinkosten
Einzelkostenrechnung
II. Variable – Fixe Kosten
Grenzkostenrechnung
(direct costing)
• Verzicht auf Zurechnung aller Kosten auf Kostenträger
• tatsächliche oder erwartete Erlöse der Kostenträger bilden den Ausgangspunkt
Grundgedanke: • Kosten und Erlöse = entscheidungsabhängig
• Kalkulationsobjekt
= zwingend eindeutig zurechenbare Kosten und Erlöse
sachliche Differenzierung
„Kostenverursachungsprinzip"
oder
„Identitätsprinzip"
zeitliche Differenzierung
fixe
teilweise fixe/variable
variable Kosten
Bereitschafts-
kosten
teilweise
Bereitschafts-
Leistungs-
kosten
Leistungs-
kosten
nicht
relevant
für gegenwärtige
zukünftige
Ent-
scheidungen
Ziel
Ermittlung von Deckungsbeiträgen als Entscheidungsgrundlage zur Deckung der nicht eindeutig zurechenbaren Kosten und Gewinne des Kalkulationsobjekts

Vorteile der relativen Deckungsbeitragsrechnung

- Eignung für eine Vielfalt tagtäglicher betrieblicher Entscheidungsprobleme.
- Einfache Übersicht über die Sicherheit von Entscheidungen.
- Veränderungen bei Kostenarten und Erlösen werden sichtbar.
- Trennung zwischen fixen und variablen Kosten nicht erforderlich (keine willkürliche Kostenauflösung).
- Relevanter Deckungsbeitrag ist bei kurzfristigen Entscheidungen eine bessere Steuerungsgröße als der Nettogewinn der Vollkostenrechnung.

Fallbeispiel

Fallangaben

Die Auswertung des Zahlenmaterials aus der Betriebsbuchhaltung des Urlaubshotels XY stellte für das letzte Jahr folgende statistische Daten fest:

	Durchschnittliche Kosten pro Übernachtung/€
Aufwand für Material/Waren/Reinigung:	
Beherbergung	3,85 €
Verpflegung	9,50 €
Hilfsabteilungen	0,75 €
Personalaufwand: Stammpersonal	
Beherbergung	5,00 €
Verpflegung	10,15 €
Hilfsabteilungen	1,25 €
Personalaufwand: Aushilfen (volle Kapazitätsauslastung)	
Beherbergung	1,25 €
Verpflegung	0,75 €
Hilfsabteilungen	–
Sonstiger Aufwand für:	
Verwaltung	1,75 €
Werbung/Verkaufsförderung	0,25 €
Energie (Basis)	0,80 €
Gebühren/Versicherungen	0,50 €
Durchschnittliche Gesamtkosten pro Übernachtung*)	35,80 €

*) ohne anlagebedingte Kosten

Für die kommende Saison wurde dem Management des Hotels eine gemeinsame Werbekampagne in Zusammenarbeit mit einer Fluglinie angeboten. Die zusätzlichen Werbekosten hierfür sollten 15.000 € betragen. Man rechnet mit einem Geschäftsanstieg von 3.000 Übernachtungen und einem durchschnittlichen Gesamterlös pro Übernachtung (Beherbergung, Verpflegung, Sonstiges) von 40 € (netto). Das Management lehnt das Angebot aufgrund folgender Rechnungen ab:

Netto-**Erlös:**	
3.000 Übernachtungen × 40 €	120.000 €
minus Kosten	
1. zusätzliche Werbekosten	[15.000 €]
2. 3.000 Übernachtungen × Gesamtkosten pro Übernachtung 35,80 €	[107.400 €]
Verlust	2.400 €

Fallaufgaben

a) Welchen Gedankenfehler begeht das Management bei dieser Rechnung und Entscheidung? Stellen Sie als Entscheidungsgrundlage eine Gegenrechnung auf.

b) Wie viele zusätzliche Übernachtungen müssen sich mindestens bei dieser Werbekampagne realisieren, um die entscheidungsabhängigen relevanten Kosten abzudecken (Gesamterlös pro Übernachtung 40 € netto)?

c) Wie hoch müsste mindestens der Gesamterlös pro Übernachtung sein, wenn man nur mit 1.800 zusätzlichen Übernachtungen rechnen darf (kurzfristige kostenorientierte/absolute Preisuntergrenze)?

d) Um wie viel Prozent und Euro darf der erwartete Umsatz (Nettoerlös) bei dem grundsätzlichen Angebot zurückgehen, ohne dass ein Nettoverlust eintritt (Sicherheitskoeffizient, Sicherheitsstrecke)?

e) Um wie viel Euro dürften sich die zusätzlichen Werbekosten erhöhen, ohne dass ein Nettoverlust eintritt, wenn man nur mit 1.500 Übernachtungen und einem Gesamterlös pro Übernachtung von 30 € rechnen darf?

f) Um wie viel Euro dürften bei diesem Geschäft die variablen Kosten je Übernachtung steigen, ohne dass der Betrieb in die Verlustzone gerät, wenn hierfür 1.000 Übernachtungen mit einem Gesamterlös pro Übernachtung von 35 € erwartet werden?

Lösungsansatz

Aufgabe a)

Das Management entschied aufgrund der „Vollkostenrechnung". Für die zu treffende Entscheidung sind allerdings nur die relevanten Kosten und Erlöse zu berücksichtigen, die unmittelbar aufgrund der Entscheidung anfallen beziehungsweise ohne diese eingespart werden können.

Gegenrechnung als Entscheidungsgrundlage:

Relevanter Nettoerlös 3.000 Übernachtungen × 40 €	=	120.000 €
minus relevante Kosten		
1. zusätzliche Werbekosten	=	[15.000 €]
2. Aufwand für Material/Waren/Reinigung (3.000 Übernachtungen × 14,10 €)	=	[42.300 €]
3. Personalaufwand Aushilfen (3.000 Übernachtungen × 2 €)	=	[6.000 €]
Bruttogewinn (relevanter Erfolg)	**=**	**56.700 €**

Der Deckungsbeitrag (Bruttogewinn) von 56.700 € trägt zur Deckung der fixen Kosten bei und ist somit zwar nicht absolut, aber doch „relativ" gewinnbringend.

Aufgabe b)

Formel:

$$\text{Übernachtungen} = \frac{\text{Fixkosten (relevant)}}{\text{(Erlös/ÜN – variable Kosten/ÜN)}}$$

- Fixkosten (relevant)
  = zusätzliche Werbekosten = 15.000 €
- Nettoerlös pro Übernachtung = 40 €
- variable (direkt zurechenbare) Kosten
  - Aufwand für Material/Waren/Reinigung 14,10 €
  - Personalaufwand (Aushilfen) 2,00 €

16,10 €

$$\text{Übernachtungen} = \frac{15.000}{(40 - 16{,}10)} = 627{,}6 \sim 628$$

Aufgabe c)

kurzfristige – kostenorientierte (absolute)
Preisuntergrenze = Leistungskosten

Formel:

$$\text{Preis} = \frac{\text{Fixkosten} + (\text{variable Kosten} \times \text{Absatzmenge})}{\text{erwartete Absatzmenge}}$$

- Fixkosten (relevant) = 15.000 €
- variable Leistungskosten = 16,10 €
- erwartete Absatzmenge = 1.800 Übernachtungen

$$\text{Preis} = \frac{15.000 + (16{,}10 \times 1.800)}{1.800} = 24{,}43\ €$$

Aufgabe d)

Formel I:

Sicherheitsstrecke = Gesamtumsatz – Break-even-Umsatz

Formel II:

$$\text{Sicherheitskoeffizient} = \frac{(\text{Gesamtumsatz} - \text{Break-even-Umsatz})}{\text{Gesamtumsatz}} \times 100$$

- Gesamtumsatz = 120.000 €
- Break-even-Umsatz (BEU):

  - $\text{BEU} = \frac{\text{Fixkosten}}{\text{Deckungsbeitragskosten}}$

  - $\text{Deckungsbeitragsfaktor} = \frac{(\text{Umsatz} - \text{variable Kosten})}{\text{Umsatz}}$

- Fixkosten = 15.000 €
- Umsatz = 40 € (pro Übernachtung)
- variable Kosten = 16,10 € (pro Übernachtung)

  - Deckungsbeitragsfaktor $= \frac{(40 - 16{,}10)}{40} = 0{,}5975$

  - Break-even-Umsatz $= \frac{15.000}{0{,}5975} = 25.105$ €

- Sicherheitsstrecke = 120.000 – 25.105 = 94.895 €
- Sicherheitskoeffizient =

$$\frac{120.000 - 25.105}{120.000} \times 100 = 79\,\%$$

Aufgabe e)

Mögliche Erhöhung der Fixkosten (relevant)
(= zusätzliche Werbekosten)

Formel:

Fixkosten = erwarteter Umsatz
– (variable Kosten × erwartete Absatzmenge)

- erwarteter Umsatz = 1.500 × 30 € = 45.000 €
- variable Leistungskosten = 16,10 €
- erwartete Absatzmenge = 1.500 Übernachtungen

Fixkosten (relevant) =
45.000 – (16,10 × 1.500) = 20.850 €
zusätzliche Werbekosten – alt = 15.000 €
– neu = 20.850 €

mögliche Erhöhung = 5.850 €

Aufgabe f)

Mögliche Erhöhung der variablen Leistungskosten:

Formel:

$$\text{Variable Kosten pro Einheit} = \frac{(\text{erwarteter Umsatz} - \text{Fixkosten})}{\text{erwartete Absatzmenge}}$$

- erwarteter Umsatz = 1.000 ÜN × 35,00 = 35.000 €
- Fixkosten (relevant) = 15.000 €
- erwartete Absatzmenge = 1.000 Übernachtungen

$$\text{Variable Kosten pro Einheit} = \frac{(35.000 - 15.000)}{1.000}$$

Variable Kosten pro Übernachtung	– alt	= 16,10 €
	– neu	= 20,00 €
mögliche Erhöhung		**= 3,90 €**

Differenzierte Vollkostenrechnung

Als Teilkostenrechnung haben die Deckungsbeitragsrechnung und auch die daraus entstandene Deckungsbeitragsflussrechnung ihren berechtigten Stellenwert bei kurzfristigen Managemententscheidungen in Hotellerie und Gastronomie gefunden. Niemand aber wird daran zweifeln, dass wichtige, langfristige Entscheidungen hinsichtlich des Personaleinsatzes, der Preispolitik, der Erweiterung des Serviceangebotes und der Marketingstrategie zumindest mit dem Wissen der **Vollkosten** für die Umsatzträger Beherbergung, Gastronomie (Food & Beverage) und Sonstiges (Hilfsabteilungen wie Gästewäsche und Reinigung, Garage, Gesundheitseinrichtungen usw.) getroffen werden sollten. Unter „Vollkosten" werden hier die dem Umsatzträger direkt zurechenbaren Kosten sowie ein „gerechter Anteil" an den indirekten Kosten verstanden.

Die folgende Einführung zur Kostenverteilung erfolgt in Anlehnung an die Untersuchungen von den Professoren A. Neal Geller (Cornell University) und Raymond S. Schmidgall (Michigan State University). Dabei wurden die Empfehlungen des Uniform System of Accounts for the Lodging Industry (USALI) zur Kostenverteilung anschaulich und praxisnah vertieft. Der hier dargestellte Überblick soll zunächst in der ersten Stufe ohne Zahlenmaterial Begriffe definieren und das System zur differenzierten Vollkostenrechnung veranschaulichen.

Vorteile der differenzierten Vollkostenrechnung

Bessere, gesicherte Basis für langfristige Managemententscheidungen in Bezug auf:

Marketingstrategien (Preispolitik)

Hier wird vorher eindeutig entschieden, welche Serviceleistungen wie lange zu welchen Preisen – ohne Vollkostendeckung – angeboten werden können (z.B. kurzfristige Preispolitik zur Marktdurchdringung). Ohne Zweifel sind die meisten Verkaufspreisentscheidungen in Hotellerie und Gastronomie nicht kostenorientiert, sondern eher nachfrageorientiert zu treffen. Dennoch muss das Management die kreativen Marketinginstrumente wie Angebots- und Preispolitik, Service- und Gästebetreuung mit dem Wissen der Vollkosten jeder angebotenen Dienstleistung gezielt einsetzen.

Personaleinsatz

Bessere Personaleinsatzentscheidungen werden erst bei Berücksichtigung der Vollkosten jeder Hotelabteilung getroffen. So wird der Gedanke der flexiblen Personaleinsatzplanung gefördert mit Mitarbeitern, die von vornherein für mehrere Abteilungen eingestellt und eingesetzt werden.

Erfolgsbeurteilung pro Hotelabteilung

Ein gerechtes Kostenverteilungssystem kann die Abteilungsleiter motivieren, ihren Beitrag zur gesamten Gewinn- und Verlustsituation des Hotelbetriebes zu optimieren. Nur bei Kenntnis der „vollen Zahlen" für den Verantwortungsbereich lassen sich bei den Führungskräften Engagement, Mitdenken und unternehmerisches Handeln steigern.

Erweiterung oder Einschränkung des Dienstleistungsangebotes

Alle Entscheidungen über zusätzliche Dienstleistungen (z. B. 24-stündiger Zimmerservice) oder Angebotseinschränkungen (z. B. nur für Hotelgäste nutzbarer Swimmingpool) sollten nicht ohne Kenntnis der „vollen Kosten" getroffen werden.

Definitionen zur differenzierten Vollkostenrechnung

Vollkosten

Für die Umsatzträger im Hotel werden einerseits die direkten Kosten und andererseits ein „gerechter Anteil" der indirekten Kosten ermittelt.

Umsatzträger

In der Literatur oft als „Profit-Center" bezeichnet sind hier die Hotelbereiche zu verstehen, die nicht nur Kosten, sondern auch direkt Umsatz produzieren. Die Hauptbereiche: Beherbergung, Gastronomie (Food & Beverage), Sonstiges (Hilfsabteilungen wie Gästewäsche und Reinigung, Garage, Gesundheitseinrichtungen usw.) lassen sich je nach Hoteltyp weiter differenzieren.

Direkte Kosten

Direkte Kosten fallen bei den Umsatzträgern direkt an und sind ohne Schwierigkeiten eindeutig dem einzelnen Profit-Center zuzurechnen (z. B. Warenaufwand für Speisen und Getränke sind direkt dem Gastronomiebereich zuzuordnen usw.).

Indirekte Kosten

Indirekte Kosten müssen verteilt werden; zu ihnen gehören die beiden Hauptgruppen: anlagebedingte Fixkosten und unverteilte Gemeinkosten.

Anlagebedingte Fixkosten

Anlagebedingte Fixkosten fallen regelmäßig für die gesamte Hotelanlage an wie zum Beispiel Miete, Pacht, Abschreibungen, Fremdkapitalzinsen usw. (Kosten nach dem Betriebsergebnis I).

Unverteilte Gemeinkosten

Alle Kostenarten, die sich neben den anlagebedingten Kosten nicht eindeutig direkt den Umsatzträgern (Profit-Center) zurechnen lassen. Dazu gehören Marketingkosten (z. B. Werbung), Verwaltungskosten, Energie- und Wartungskosten usw.

Kostenverteilungssystem

Hierunter sind Verfahren zu verstehen, die die gesamten indirekten Kosten zunächst auf die Servicebereiche für das Hotel und dann gerecht auf die Umsatzträger verteilen.

Servicebereiche (Cost-Center)

Alle übrigen Betriebsbereiche, die nicht als Umsatzträger, sondern als Serviceabteilung den anderen Abteilungen dienen. Hierzu gehören im Hotel die Verwaltung mit der Direktion, der Buchhaltung und dem Einkauf, die Verkaufsabteilung, die Personalabteilung und die technische Abteilung.

Verteilung der indirekten Kosten

Bevor man daran gehen kann, nach einem bestimmten Kostenverteilungssystem die indirekten Kosten zu verteilen, muss eine Beziehungsgröße für jede indirekte Kostenart festgelegt werden. Die in Frage stehende Beziehungsgröße soll eine logische Abhängigkeit zur Kostengröße haben. So ist zum Beispiel die Kubikmeteranzahl als Beziehungsgröße für die zu verteilenden Heizkosten zu werten.

Diese Beziehungsgrößen können von Betrieb zu Betrieb unterschiedlich sein und sind individuell festzulegen. Der damit einmal bestimmte Verteilungsschlüssel sollte dann beibehalten werden. Das Uniform System of Accounts for the Lodging Industry (USALI) hat verschiedene Beziehungsgrößen für die zu verteilenden Kosten vorgeschlagen (siehe Beispiele: Grundlage zur Verteilung der indirekten Kosten).

Um Zeit- und Budgetvergleiche sinnvoll werden zu lassen, darf die einmal festgelegte Kostenverteilung später nicht geändert werden.

Grundlage zur Verteilung der indirekten Kosten (Beispiele)

zu verteilende Kosten	vorgeschlagene Beziehungsgrößen
a) Miete/Pacht	1. Quadratmeter der betreffenden Abteilung (Bereich) 2. Prozentualer Anteil der Umsatzträger
b) Versicherungen (Gebäude/Inventar)	1. Quadratmeter der betreffenden Abteilung 2. Wertanteil des Inventars
c) Fremdkapitalzinsen	wie b)
d) Abschreibungen (Gebäude/Geräte)	1. Quadratmeter pro Bereich 2. Anschaffungswerte
e) Telefon	1. Anzahl der Leitungen (Anschlüsse) 2. Verbrauchte Telefoneinheiten
f) Personalnebenaufwand	1. Anzahl der Mitarbeiter 2. Prozentualer Anteil an den Bruttolöhnen und -gehältern
g) Verwaltung – Direktion	1. Anzahl der Mitarbeiter
h) Buchhaltung – Kontrolle	1. Anteil der Kosten pro Abteilung 2. Anzahl der Mitarbeiter
i) Marketing (Werbung)	1. Prozentualer Anteil zum Umsatz
j) Energiekosten	1. Kubikmeter der Abteilung (Bereich)
k) Wartung und Reparaturen	1. Reparaturaufträge 2. Quadratmeter der Abteilung

Kostenverteilungssysteme

In der Praxis des Rechnungswesens für die Hotellerie und Gastronomie unterscheiden wir im Wesentlichen drei Kostenverteilungssysteme:

1. **Direktes Kostenverteilungssystem**
2. **Stufenweises Kostenverteilungssystem**
3. **Integriertes Kostenverteilungssystem**

Alle drei Methoden der Kostenzuordnung haben zum Ziel, die Vollkosten pro Umsatzträger (Profit-Center) zu bestimmen. Auswahl und Einsatz des gewählten Kostenverteilungssystems entscheiden darüber, wie direkt und „gerecht" die **anlagebedingten Fixkosten** und die **unverteilten Gemeinkosten** (insgesamt = indirekte Kosten) ihre Zuordnung zum Profit-Center finden.

1. Direktes Kostenverteilungssystem

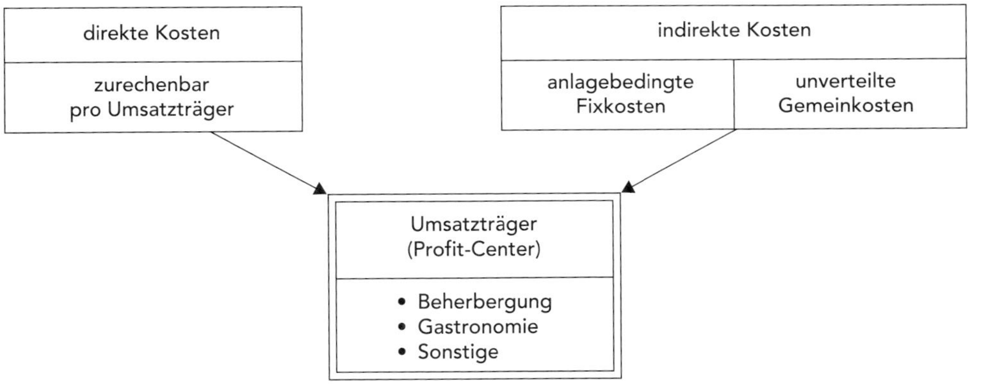

Bei dem direkten Kostenverteilungssystem wird allein versucht, mit den Verteilungsschlüsseln auf der **Grundlage zur Verteilung der indirekten Kosten** (siehe Beispiele) die gesamten indirekten Kosten den einzelnen Umsatzträgern (Profit-Center) zuzuordnen. Dieses leicht verständliche Verfahren ist in der Praxis oft anzufinden. Es reflektiert allerdings nicht die Kosten der Serviceleistungen zwischen den Abteilungen; die **Servicebereiche** (Cost-Center) finden bei dieser Verteilung keine Berücksichtigung.

2. Stufenweises Kostenverteilungssystem

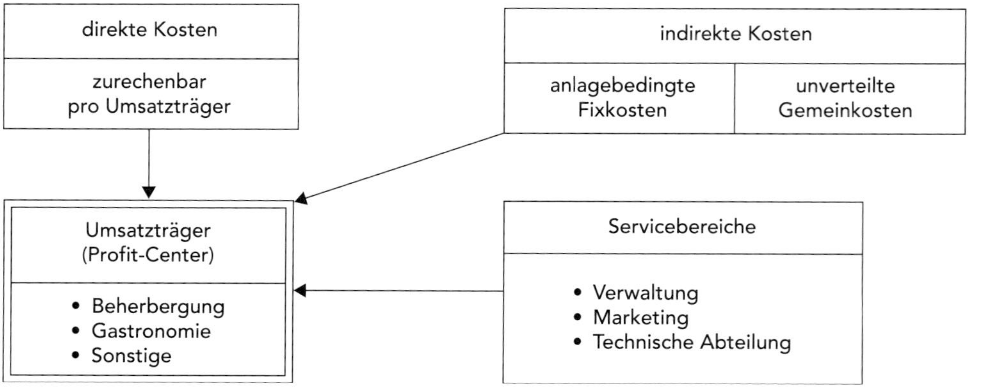

Das stufenweise Kostenverteilungssystem ordnet in einzelnen Schritten die indirekten Kosten den Umsatzträgern zu. Dabei werden die **anlagebedingten Fixkosten** nach den festgelegten Verteilungsschlüsseln einerseits direkt auf die *Umsatzträger*, andererseits aber der entsprechende Anteil zunächst auf die Servicebereiche Verwaltung, Marketing, technische Abteilung, den Cost-Center des Hotelbetriebes, verteilt. Im zweiten Schritt sind dann die **unverteilten Gemeinkosten** (die ja bei den Servicebereichen entstehen) zusammen mit dem Anteil der zugeordneten anlagebedingten Fixkosten den Umsatzträgern zuzurechnen.

Das stufenweise Kostenverteilungssystem ist komplexer und realistischer als das direkte Verfahren. Hier werden zumindest teilweise die Kosten der Dienstleistungen der Servicebereiche genauer bestimmbar und zuordnungsfähig.

3. Integriertes Kostenverteilungssystem

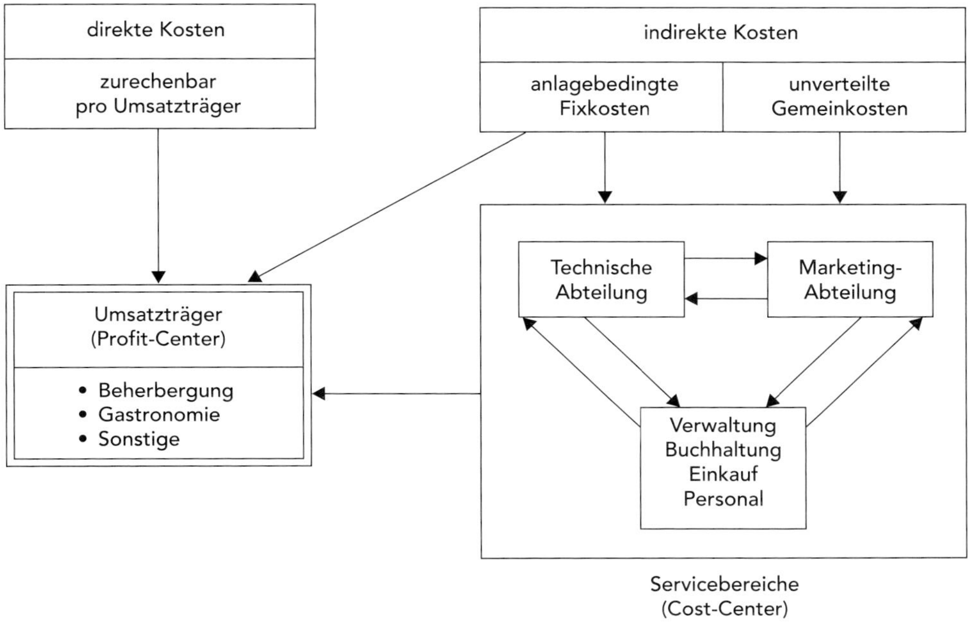

Wie bei dem stufenweisen Verfahren werden auch hier zunächst die **anlagebedingten Fixkosten** auf die Umsatzträger direkt und anteilig auf die **Servicebereiche** verteilt. Danach erfolgt eine Zuordnung der **unverteilten Gemeinkosten** innerhalb der **Servicebereiche** (Cost-Center) untereinander. Hierbei sind also weiterführend die Dienstleistungskosten auch gegenüber den anderen Servicebereichen berücksichtigt, bevor im letzten Schritt die Zuteilung zu den Profit-Centern (Umsatzträger) erfolgt. Dieses integrierte Verfahren stellt die ausführlichste Form im Rahmen der vorgestellten Kostenverteilungssysteme dar. Das Management hat hier die Basis für eine aussagefähige, differenzierte Vollkostenrechnung pro Umsatzträger des Hotels.

Managementinformationen aus der Betriebsabrechnung

Gerade im Zeitalter der Datenverarbeitung bleibt die notwendige Information innerhalb der vielen Daten für das Management der Hotellerie und Gastronomie oft auf der Strecke.

Es erscheint grundsätzlich zweifelhaft, ob Zahlenpräsentationen an sich in der Lage sind, die so vielschichtigen Veränderungen – das komplexe Geschehen eines Hotel- und Gaststättenbetriebes für bestimmte Abrechnungszeiträume – dokumentieren zu können. Und dennoch – unser professionelles Geschäftsleben mit Erfolgen, Fehlentscheidungen, Korrekturen, Hoffnungen und persönlichem Engagement wird kalt und nüchtern vom „betrieblichen Rechnungswesen" (in kleineren Betrieben vom Steuerberater) auf ein paar Seiten Papier zahlenmäßig erfasst und dargestellt. Ob man sich in der Praxis des Rechnungswesens allerdings immer der Verantwortung und der Bedeutung von Betriebsabrechnungen bewusst ist, gerade in Bezug auf Informationsgewinnung für zukünftige unternehmerische Entscheidungen – das sei hier für eine Vielzahl von Hotel- und Gaststättenbetrieben in Frage gestellt. Oft geht es leider nur um eine Daten-Verarbeitung und nicht um die erforderliche *Informations*-Verarbeitung!

Die Anforderungen und Aufgaben für das Rechnungswesen in Hotellerie und Gastronomie haben sich geändert: Es reicht nicht mehr aus, allein Vergangenes zu beschreiben, sondern es müssen aussagefähige Darstellungsformen geschaffen werden, die den Anforderungskatalog Aktualität, Objektivität, Genauigkeit, Vollständigkeit, Stetigkeit und betriebliche Einheitlichkeit, Geschlossenheit, Vergleichbarkeit und Übersichtlichkeit nach wirtschaftlichen Gesichtspunkten erfüllen, als Informationsquelle des betrieblichen Planungs- und Entscheidungsprozesses zukunftsorientiert dem Hotelier und Gastronomen zur Seite zu stehen.

Darstellungsformen in der Praxis

Betriebsberatungen bei den unterschiedlichsten Betriebstypen des Hotel- und Gaststättengewerbes zeigen recht deutlich, dass die Darstellungsformen der Betriebsabrechnungen keineswegs zu vereinheitlichen sind. Wohl abhängig von der

Betriebsgröße wird der „Irrgarten des Zahlenmaterials" meist in leseunappetitlicher Darstellung dem Unternehmer präsentiert. So mancher Steuerberater „verarbeitet" die Zahlen eines gastgewerblichen Betriebes genauso wie die Ergebnisse beim Einzelhandelsgeschäft – ohne auf die branchentypischen Besonderheiten Rücksicht zu nehmen. Empfehlenswert sind die Bemühungen des DEHOGA, aufbauend auf einen bundeseinheitlichen Hotel- und Gaststättenkontenrahmen, die EDV-gelenkte Chefinformation mit Kennziffern als betriebswirtschaftliche Grundlage zur Kostenüberwachung und Auswertung einzuführen.

Auch hier gilt die Basiszielsetzung: Informationen für Anpassungsentscheidungen in Hotellerie und Gastronomie müssen aktuell und interpretierfähig dargestellt werden. Auf den Einsatz von Kennzahlensystemen, die aufgrund der in sich geschlossenen Ermittlung und Darstellung von Kennzahlen Zeit-/Soll-/Ist- und Betriebsvergleiche mit entsprechender Kennzahlenbeurteilung, Ursachenanalyse und Kennzahlenvorgabe zulassen, sei in diesem Zusammenhang hingewiesen. Die in der Tabelle (siehe unten) oft angetroffene Darstellungsform einer Gewinn-und-Verlust-Rechnung erscheint in der Aussagefähigkeit, vor allem aber in der Interpretationsfähigkeit, von vornherein beschränkt. Hier ist zwar „Vergangenes" korrekt dargestellt, aber das Zahlenmaterial leistet in dieser Form und Aufbereitung keinen Beitrag zum schnellen Reagieren auf zukünftige Entwicklungen des Betriebs. Detaillierte Informationen, um beispielsweise aus Fehlern zu lernen, werden nicht gegeben.

Mangelhafte Darstellungsform einer Gewinn-und-Verlust-Rechnung)*

Umsatzerlöse		400.200 €
Warenkosten	78.250 €	
Personalkosten	144.080 €	
Energiekosten	46.020 €	
Steuern, Gebühren, Beiträge, Versicherungen	39.700 €	
Sonstige Betriebs- und Verwaltungskosten	39.050 €	347.100 €
Betriebsergebnis I		53.100 €
Mieten und Pachten	2.500 €	
Leasing	700 €	
Instandhaltungen	0 €	
Abschreibungen (AfA)	0 €	
Fremdkapitalzinsen	1.350 €	
Sonstige anlagebedingte Kosten	2.150 €	6.700 €
Betriebsergebnis II		46.400 €

*) Das hier eingesetzte Zahlenmaterial dient allein als Musterbeispiel und reflektiert keinen bestimmten Betriebstyp.

Interpretationsfähiges Zahlenmaterial

So wie nicht jedermann Bücher in einer Fremdsprache lesen kann, so sind auch viele Betriebsinhaber oft nicht in der Lage, die „Zahlenfriedhöfe" ihrer Steuerberater und Buchhalter zu verstehen oder gar als Entscheidungsgrundlage anzuwenden. Die sinnvolle und interpretationsfähige Darstellungsform der Betriebsergebnisse gehört aber mit zu den Hauptaufgaben des Rechnungswesens.

Nur übersichtliche, leicht lesbare Betriebsabrechnungen können dem Management als echte Orientierungshilfe dienen. Dabei müssen die einzelnen Hotelbereiche mit aussagefähigem Zahlenmaterial in verständlicher Form so aufgezeigt werden, dass eventuell notwendige Korrekturmaßnahmen direkt abgelesen werden können. Die in der Tabelle (siehe S. 526) gewählte Darstellungsform erfolgte in Anlehnung an das Uniform System of Accounts for the Lodging Industry, das als „Umsatzbereichsrechnung" nicht nur aufgrund der Verbreitung amerikanischer Hotels in Europa seine berechtigte Anwendung gefunden hat. Für Betriebe mit mehreren Betriebsbereichen (Beherbergung, Food & Beverage) lässt sich diese Darstellungsform leicht auf deutsche Verhältnisse übertragen, und zwar unabhängig von dem verwendeten Kontenrahmen.

Der Aussagewert der Umsatzbereichsrechnung verstärkt sich in der Übersicht durch die Aufschlüsselung der einzelnen Umsatzträger:

- Beherbergung
- Speisen
- Getränke
- Sonstiges

Mit den direkt zurechenbaren Aufwendungen (Warenaufwand, Personalaufwand, sonstiger Aufwand) und dem daraus resultierenden „Überschuss" (Unterdeckung) werden die budgetierten prozentualen Soll-Erwartungen (fixe und variable Kosten werden im Budget vereinbart) verglichen. Für „Überschuss oder Unterdeckung" können die betreffenden Abteilungsleiter (Empfangschef, Housekeeper, F&B-Manager) nun auch Mitverantwortung tragen, denn die bis hier erfassten Bereichsergebnisse sind von den Abteilungsleitern direkt beeinflussbar – eine Art Bruttogewinn, für den sie eigenverantwortlich handeln.

So werden die „übrigen Betriebsbereiche" (Verwaltung, Werbung, Energie, Sonstiges) mit Aufwendungen, die den betrieblichen Umsatzträgern nicht direkt und eindeutig zuzurechnen sind, separat gehalten und führen nach Abzug von dem Gesamtwert „Überschuss/Unterdeckung" zur Hotelkontrollebene (Betriebsergebnis I vor Steuern), für die wiederum das Topmanagement (Generaldirektor) verantwortlich zeichnet. Zieht man hiervon die von dem Management nicht unbedingt kontrollierbaren und damit nicht beeinflussbaren Aufwendungen wie Steuern, Mieten und Pachten, Leasing, Abschreibungen, Fremdkapitalzinsen usw. ab, so erhält man das Betriebsergebnis II.

Aussagefähige Gewinn-und-Verlust-Rechnung

Hotelbereiche	Erträge	%	Waren-aufwand	%	Personal-aufwand	%	Sonstiger Aufwand	%	Überschuss/ Unter-deckung	%	Budget	%
Beherbergung	190.100	47,5	–	–	47.500	25,0	19.000	10,0	123.600	65,0	133.050	70,0
Speisen	120.050	30,0	43.800	36,5	45.000	27,5	6.000	5,0	25.250	21,0	33.600	28,0
Getränke	58.050	14,5	16.850	29,0	8.700	15,0	1.750	3,0	30.750	53,0	31.950	55,0
Sonstiges	32.000	8,0	17.600	55,0	–	–	–	–	14.400	45,0	14.400	45,0
Gesamt	400.200	100,0	78.250	19,6	101.200	25,3	26.750	6,7	194.000	48,5	213.000	53,2
Übrige Betriebsbereiche												
Verwaltung	–	–	–	–	42.880	–	10.300		53.180	13,3	40.020	10,0
Werbung	–	–	–	–	–	–	2.000		2.000	0,5	6.000	1,5
Energie	–	–	–	–	–	–	46.020		46.020	11,5	32.000	8,0
Sonstiges	–	–	–	–	–	–	10.700		10.700	2,7	12.000	3,0
Gesamt					42.880		69.020		111.900	28,0	90.020	22,5
Hotelkontrollebene Betriebsergebnis I (vor Steuern)	400.200	100,0	78.250	19,6	144.080	36,0	95.770		82.100	20,5	122.980	30,7
Steuern							29.000		29.000	7,2	29.000	7,2
Betriebsergebnis I	400.200	100,0	78.250	19,6	144.080	36,0	124.770		53.100	13,3	93.980	23,5
Mieten u. Pachten							2.500		2.500		2.500	
Leasing							700		700		700	
Instandhaltung							0		0		0	
Abschreibung							0		0		0	
Fremdkapitalzinsen							1.350		1.350		1.350	
Sonstiges							2.150		2.150		2.150	
Gesamt							6.700		6.700	1,7	6.700	1,7
Betriebsergebnis II	400.200	100,0	78.250	19,6	144.080	36,0	131.470	32,8	46.400	11,6	87.280	21,8

Interpretation einer Gewinn-und-Verlust-Rechnung

Durch die gewählte Darstellungsform (siehe Tabelle S. 526) erscheint das gezeigte niedrige Betriebsergebnis I von 13,3 % vom Gesamtergebnis folgendermaßen leicht erklärbar:

Beherbergung

Die Differenz von 5 % weniger Überschuss als budgetiert (65 % anstelle 70 %) resultiert aus den überhöhten Personalaufwendungen, wenn der „sonstige Aufwand" von 10 % als normal angesehen wird. Eine Überprüfung der Extralohnkosten, Dienst- und Urlaubspläne des regulären Personals in Verbindung mit einer Produktivitätskontrolle im Beherbergungsbereich erscheint erforderlich.

Speisenbereich

Für den Speisenbereich ergibt sich eine Differenz von 7 % weniger Überschuss oder 8.350 €, die von dem überhöhten Warenaufwand zu erklären sind (wenn der Warenaufwand für Speisen in diesem Hotel in der Regel um 30 bis 32 % beträgt). Überwachung und Kontrolle der standardisierten Rezepte, Portionsgrößen, der Küchenproduktion und des Einkaufsverfahrens sind zu verstärken.

Getränkebereich

Die 3 % Verlust an Überschuss im Getränkebereich sind ebenfalls beim Warenaufwand zu suchen. Eine gezielte Überprüfung der Bar-/Bufettabrechnung und Kontrollverfahren für diesen Bereich müssen vorgenommen werden.

Verwaltungsaufwand

13.160 € oder 3,3 % mehr Verwaltungsaufwand als vorgesehen bedürfen der Erklärung. Wenn der „sonstige Aufwand" hier im Rahmen liegt, muss mehr Personal eingestellt oder es müssen außerordentliche Gehaltserhöhungen für diesen Bereich wirksam geworden sein.

Werbungsaufwand

Die zunächst günstig erscheinende Differenz von 4.000 € oder 1 % weniger ausgegebene Werbung zeigt an, dass in diesem Bereich zukünftig mehr getan werden muss. Das Marketingbudget wird meist nicht im prozentualen Verhältnis zum Umsatz, sondern in absoluten Beträgen geplant und ausgegeben.

Energieaufwand

Die Energiekosten mit 8 % vom Umsatz erscheinen als überhöht. Alle Möglichkeiten zu Einsparungsmaßnahmen, evtl. eine externe Energieberatung, müssen erwogen werden.

Jede Betriebsabrechnung gewinnt an Aussagefähigkeit, wenn als Planungsgröße ein vorher aufgestelltes Budget (mit Vereinbarung der fixen und variablen Kosten) den Soll-Ist-Vergleich und die Soll-Bereichsergebnisrechnung auf der Basis der Ist-Erträge (siehe Tabelle S. 526) ermöglicht. Die für den jeweiligen Betrieb ausgewählten Darstellungsformen beinhalten in ihrer sinnvollen und aussagefähigen Präsentation „verkaufsfördernden Charakter" und Anerkennung für die Arbeit des betrieblichen Rechnungswesens.

12

Rationalisierung und Produktivität

Rationalisierung – Kosteneinsparungsmaßnahmen im Hotel- und Gaststättenbetrieb

Zielsetzung

Es gibt kein Patentrezept, um Kosten zu planen, zu steuern, zu kontrollieren, zu senken, der Auslastung anzupassen. Obwohl viele Gastronomiebetriebe in ihrer Kostenstruktur sehr ähnlich sind, muss das „Kostenmanagement" auf den individuellen Betrieb maßgeschneidert werden. Mit den vielen statistischen Betriebsvergleichen allein ist es noch nicht getan. Der Teufel steckt im Detail. Arbeitet beispielsweise ein vergleichbarer Konkurrenzbetrieb mit einem besseren, niedrigeren Personalaufwand, bedeutet das noch nicht, dass er optimal arbeitet oder man selbst gar schlechter. Es kommt auf die betriebsspezifischen Eigenarten an, und die gilt es zu optimieren.

Rationalisierung mit dem Ziel der Arbeitsvereinfachung will ein Optimum an Leistung mit einem Minimum an Aufwand in personeller und materieller Hinsicht erreichen einfacher: schneller, billiger, besser und sicherer.

Es gibt keinen besseren Betriebsberater als Sie selbst. Wer könnte in einer besseren Position sein, Rationalisierungsvorschläge zu machen, als derjenige, der tagtäglich im vertrauten Betrieb die Arbeiten plant, ausführen lässt und kontrolliert. Es sei denn, man ist betriebsblind geworden und daran gewöhnt, Dinge in einer bestimmten Art und Weise zu erledigen, man ist negativ routiniert.

Es gilt, gegen den schlimmsten Feind der Kostenkontrolle, gegen die „Routine" anzukämpfen. Die meisten Menschen sind Veränderungen gegenüber negativ eingestellt und nicht bereit, einer Veränderung zuzustimmen, es sei denn, sie werden dazu gezwungen oder sind davon überzeugt, die Veränderung würde eine Verbesserung zum eigenen Vorteil bringen.

Rationalisierung darf nicht auf Kosten der Dienstleistungsqualität für den Gast erfolgen. Die Anwendung der integrierten Personaleinsatzplanung in der Hotel- und Gaststättenindustrie verlangt nach progressivem Denken und muss auf jeden einzelnen Betrieb abgestimmt werden. Bei allen Systemen, Strukturen und Modellen darf man den Menschen nicht vergessen.

Mehr Produktivität durch bessere Personaleinsatzplanung

Nur wenige Hotels und Restaurants haben es verstanden, moderne industrielle Organisationsmethoden und Verfahren auf ihre Betriebe anzuwenden. Die Zukunft wird verdeutlichen, wie wertvoll es für die Hotellerie und Gastronomie ist, sich neue betriebswirtschaftliche Erkenntnisse zu Eigen zu machen und sie fachgerecht in der Praxis zu verwirklichen.

Der Gastronom von heute steht mit den ständig steigenden Lohnkosten vor einem ernsthaften Problem. Schon längst ist er nicht mehr in der Lage, die stetig anwachsenden Personalkosten durch Verkaufspreiserhöhungen für Zimmer oder Speisen und Getränke aufzufangen. Die verbesserte Markttransparenz und der harte Konkurrenzdruck helfen, den Unternehmer preislich zu fesseln. Wer sich nicht vom Markt „wegpreisen" will, muss eine Kombination aus nachfrageorientierter und konkurrenzorientierter Preispolitik betreiben.

Dabei wird die Kostensituation nicht besser – die zunehmenden Personalkosten scheinen langfristig jeglichen noch verbleibenden Gewinn aufzufressen. Vor dieser Situation hat bisher schon mancher Hotelier die Waffen strecken müssen. Die zahlreichen Konkursanmeldungen der letzten Zeit sprechen für sich. Steht man im Hotel- und Gaststättengewerbe der Lohnkostenlawine wirklich machtlos gegenüber? Die Produktgestaltung, die Serviceleistung für den Gast müssen immer attraktiver gestaltet werden, will man am heutigen „Käufermarkt der Hotellerie" noch bestehen. Ein guter Service verlangt qualifiziertes Personal, das teuer ist und immer teurer wird.

Ein Teufelskreis, will man meinen, aus dem es kein Entrinnen gibt. Vielleicht aber sollte man sich die Erkenntnisse der Industrie zunutze machen. Selbstverständlich gibt es auch dort Personalkostenprobleme, doch hat man wenigstens alles Erdenkliche getan, um sämtliche betriebswirtschaftlichen Arbeitsabläufe zu analysieren und zu organisieren. Dort gibt es Leistungsmaßstäbe, festgesetzte Qualitätsnormen, Standardisierungen, detaillierte Ausbildungsprogramme für jeden einzelnen Arbeitsablauf – alles Dinge, von denen man in der Hotellerie und Gastronomie noch eine Menge fachgerecht übernehmen könnte.

Gedankenflussplan

Rationalisierung – Kosteneinsparungsmaßnahmen im Hotel- und Gaststättenbetrieb

- Zielsetzung
- Mehr Produktivität durch bessere Personaleinsatzplanung
  - Arbeitsablaufanalyse
  - Quantitative Leistungsmaßstäbe
  - Integrierte Personaleinsatzplanung
    - → Arbeitsplatzbesetzung
- Flexibilisierung der Arbeitszeit
- Kostenablauf für die Gastronomie
  - → Prüflisten für:
    - Warenaufwand
    - Personalaufwand
    - Sonstiger Betriebsaufwand
- Checkliste: Energie-Einsparungsmaßnahmen

Nur beständige, kritische Prüfung der Arbeitsabläufe kann verbesserungsfähige Schwächen aufdecken und zur Entwicklung besserer Arbeitsmethoden führen. Die Lohnkostensteigerung in der Hotellerie kann nur dann als gerechtfertigt erscheinen, wenn sie von vergleichbarer Produktivitätserhöhung des Personals begleitet wird. Hoteliers und Manager müssen es sich zur Aufgabe machen, Maßstäbe für Dienstleistungen zu ermitteln, und ständig überprüfen, ob die Leistungen nicht durch moderne Geräte, qualifiziertere Ausbildung, auch am Arbeitsplatz („on the job training"), oder veränderte Arbeitsabläufe verbessert oder gesteigert werden können. Dabei kann es nicht das Ziel sein, mehr aus den Angestellten „herauszuholen". Durch genaue Arbeitsablaufanalysen will man Arbeitserleichterung bewirken, um in absehbarer Zeit einen besseren Qualitätsstandard der Dienstleistungen zu erreichen.

Im Folgenden werden allgemeine Schritte der Arbeitsablaufanalyse beschrieben, wie sie auch in der Hotellerie angewendet werden können:

Arbeitsablaufanalyse

1. Eine zu verbessernde Tätigkeit auswählen:

a) Halten Sie nach Engpässen Ausschau.
b) Suchen Sie Tätigkeiten aus, die Probleme verursachen.
c) Nehmen Sie die wichtigsten Arbeitsabläufe zuerst in Angriff.

2. Aufgliederung (Analyse) der Tätigkeit:

a) Analysieren Sie die Tätigkeit, machen Sie eine Aufstellung aller Details (Arbeitsstufen) der Arbeit, wie sie zurzeit bei Ihnen anfallen.
b) Denken Sie daran, dass die Details den Umgang mit den Materialien, den Maschinen und Servicegerätschaften mit einschließen müssen.

3. In-Frage-Stellung der Arbeitsstufen:

a) Kann die Arbeitsstufe eliminiert werden?
b) Kann die Reihenfolge des Arbeitsablaufs geändert werden?
c) Kann die Arbeitsstufe verbessert oder vereinfacht werden?

Fragen Sie sich selbst:

- *Warum* wird diese Arbeitsstufe ausgeführt? Ist sie absolut erforderlich?
- *Wer* würde sie vermissen? Können ohne sie ebenso gute Ergebnisse erzielt werden? Was würde nicht erledigt werden?
- *Wann* sollte diese Arbeitsstufe erfolgen? Wird die Arbeit in der richtigen Folge getan? Ist der gegenwärtige Zeitpunkt am günstigsten? Muss die Arbeit jetzt ausgeführt werden? Kann die Arbeitsstufe mit anderen zusammengelegt oder ausgeführt werden? Kann die Arbeitsstufe mit anderen zusammengelegt oder durch Vor- und Zurückverlegen vereinfacht werden? Macht eine Zeitverschiebung einen Unterschied?
- *Wo* sollte diese Arbeitsstufe erfolgen? Verursacht der gegenwärtige Platz unnötige Verzögerungen? Gibt es einen geeigneteren Ort für diese Arbeitsstufe? Könnte die Arbeitsstufe leichter – unter Einsparung von Zeit, Arbeitskraft und Bewegung – an einem anderen Ort oder durch eine andere Person erfolgen? Hängt der Erfolg der Arbeit davon ab, dass sie an dieser Stelle ausgeführt wird?
- *Wer* sollte die Arbeit verrichten? Könnte jemand anderes als Teil seines Aufgabengebietes diese Arbeitsstufe mit übernehmen? Könnte ein anderer die Arbeit wirtschaftlicher und leistungsfähiger ausüben?
- *Wie* kann die Arbeitsstufe verbessert werden? Wie kann die Arbeit für jeden Beteiligten erleichtert werden? Kann sie mit anderer Ausrüstung, anderem Material oder aufgrund einer anderen räumlichen Anordnung besser, leichter oder wirtschaftlicher verrichtet werden?

Wichtig ist, dass die Tätigkeit mit ganz anderen Augen, als etwas völlig Neues angesehen wird. Untersuchen Sie jeden Schritt im Arbeitsablauf. Überprüfen Sie, ob wirklich so wie bisher gearbeitet werden muss. Machen Sie es sich zur Regel, jede Arbeitsstufe in Frage zu stellen. Ihre Antworten dazu werden Ihnen Anhaltspunkte der zukünftigen Arbeitserleichterung geben.

4. Entwicklung der neuen Arbeitsmethode:

a) Beseitigen Sie alle überflüssigen Details.
b) Fassen Sie Einzelheiten zusammen, wo immer es praktisch erscheint.
c) Arrangieren Sie die Arbeitsablauffolge neu.

5. Vereinfachung aller notwendigen Details der neuen Arbeitsmethode:

a) Schaffen Sie Arbeitserleichterungen.
b) Ordnen Sie Material, Vorräte und Arbeitsgeräte optimal im Arbeitsplatzbereich an.
c) Gestalten Sie den Arbeitsablauf aufgrund der neuen Vorschläge in Zusammenarbeit mit den entsprechenden Abteilungsleitern.

6. Formulierung und Einführung der neuen Arbeitsmethode:

a) Gewinnen Sie das Topmanagement für Ihre Vorschläge.
b) Überzeugen Sie die betreffenden Abteilungsleiter von der neuen Arbeitsmethode.
c) Holen Sie sich die endgültige Zustimmung aller Betroffenen in Bezug auf Qualität, Quantität und Kosten der neuen Arbeitsmethode.
d) Führen Sie die neue Arbeitsmethode ein und überwachen Sie sie, bis alle empfohlenen Änderungen des Arbeitsablaufes wirksam durchgeführt, alle erwarteten günstigen Ergebnisse erzielt wurden, die erwarteten Einsparungen an Arbeitskräften oder Kosten erzielt werden konnten und die Güte der Arbeit oder die Güte der geleisteten Dienste sich in der erwarteten Weise gesteigert hat.

Grundsätzliches zur Arbeitsablaufanalyse

Sie werden selten Gegenargumente hören, wenn Sie jemandem erklären, Sie möchten seine Arbeit erleichtern oder die anfallende Arbeitsmenge verringern. Kündigen Sie aber eine Arbeitsablaufanalyse an, werden Sie auf Widerstand stoßen, und man wird denken, Sie würden entweder versuchen, die Arbeit zu beschleunigen oder gar die Arbeitsstelle zu eliminieren; einige Angestellte würden sich in ihrer Existenz bedroht fühlen.

Wenn man Sinn und Zweck der Arbeitsablaufanalyse richtig einzuschätzen vermag, wird man einsehen, dass jeder Außenstehende oder Direktbeteiligte Verbesserungsvorschläge vorbringen kann. Deshalb ist es außerordentlich wichtig, dass man die Zielsetzung vor Beginn der Arbeitsablaufanalyse erläutert.

Das Ziel heißt: Arbeitserleichterung

Es ist weiterhin absolut erforderlich, sich Unterstützung, Rat und Hilfe der Direktbeteiligten bei der Arbeitsablaufanalyse zu sichern. Wer könnte in einer besseren Position sein, Verbesserungsvorschläge zur Arbeitserleichterung zu haben, als derjenige, der die Arbeit tagtäglich ausführt – vorausgesetzt, er sieht die Arbeit einmal in einem anderen Licht, mit anderen Augen an. Wahrscheinlich weiß die direktbeteiligte Person mehr vom Arbeitsablauf als irgend jemand und hat sich auch mehr Gedanken über die Arbeit gemacht als jeder andere.

Die Aufgabe des Hoteliers und Managers ist es, Kreativität zu wecken, so dass die Direktbeteiligten von sich aus Arbeitserleichterungen anstrengen. Arbeitserleichterung wirkt sich für jeden selbst vorteilhaft aus, deshalb soll man auch in der Hotellerie Leistungsmaßstäbe entwickeln, die tatsächlich nichts anderes darstellen als Arbeitsplatzbeschreibungen in einer anderen Form ausgedrückt, nämlich: übersetzt in quantitative oder messbare Einheiten. Selbstverständlich müssen solche Leistungsmaßstäbe realistisch und in Bezug auf Arbeitsvolumen, Arbeitsbedingungen und Grad der Ausbildung auch erreichbar sein.

Klar definierte Leistungsmaßstäbe sollen nicht nur der Kontrollmöglichkeit Genüge tun, sondern dienen auch als Ausgangsbasis für jede Leistungsverbesserung sowohl in qualitativer Hinsicht als auch in quantitativer Hinsicht. Wenn es gelingt, mit Hilfe von sorgfältigen Arbeitsablaufanalysen Arbeitserleichterungen und Grundlagen für detaillierte Ausbildungsprogramme zu schaffen, werden Hoteliers und Manager langfristig in der Lage sein, mit weniger, aber qualifizierterem Personal auszukommen. Die Betonung liegt heute sicherlich auf der Ausbildung.

Gedankenflussplan

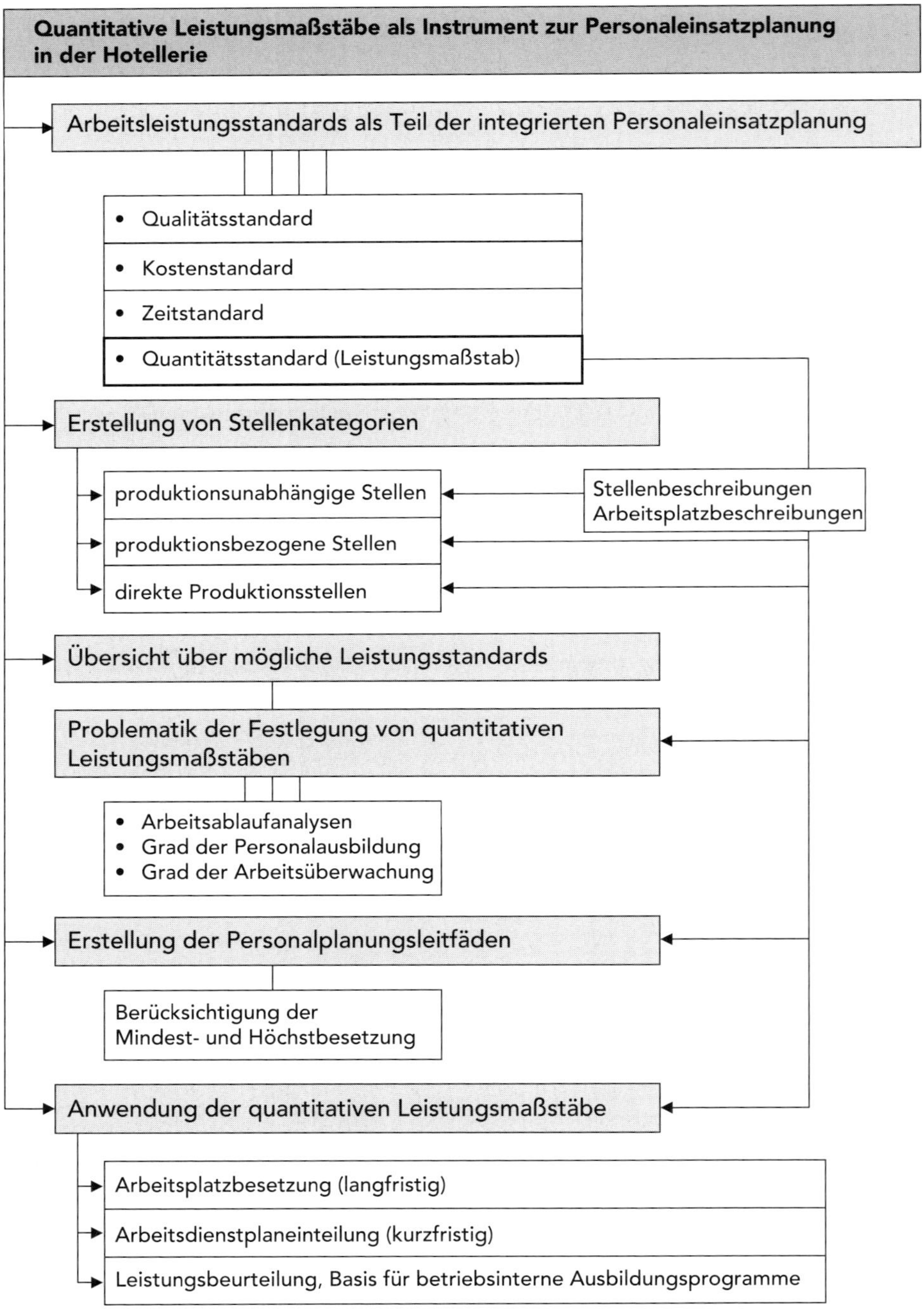

Um eine interne und auf den spezifischen Betrieb abgestimmte Ausbildung vornehmen zu können, müssen Grundlagen auf der Basis exakter Arbeitsablaufanalysen geschaffen werden. Hoteliers und Manager müssen sich selbst einmal die Zeit nehmen und die wichtigsten Arbeitsabläufen in ihrem Betrieb analysieren. Man denke an die einzelnen Schritte der Arbeitsablaufanalyse: Auf Engpässe achten!

Anhaltspunkte für die Festlegung und Bedeutung von Leistungsstandards

1. Um Leistungsstandards festlegen zu können, ist es Voraussetzung, die Tätigkeiten und Aufgaben klar und präzise zu erfassen und festzulegen.
2. Die aufgrund von Arbeitsablaufstudien (Zeit- und Bewegungsstudien) ermittelten Arbeitsleistungsstandards müssen auf den jeweiligen Hotelbetrieb zugeschnitten sein.
3. Leistungsstandards sind entscheidend von der Betriebsanlage, von dem Grad der Personalausbildung, der Dienstaufsicht und Erfolgskontrolle abhängig.
4. Produktivität kann in der Hotellerie auf folgende zwei Arten gemessen und ausgedrückt werden:

   a) erfüllte Leistungseinheiten während einer festgesetzten Zeitperiode;
   b) erreichter Verkaufsumsatz in Euro während einer festgesetzten Zeitperiode.

5. Die herkömmliche Kontrolle der Personalkosten mit Hilfe von Prozentsätzen im Verhältnis zum Umsatzvolumen gilt heute als zu unsicher, um Schwächen in den einzelnen Abteilungen aufzudecken. Hier müssen Leistungsstandards ausgedrückt in Arbeitseinheiten zur Anwendung gebracht werden, will man ein neutrales Kontrollelement zur Produktivitätsmessung einsetzen. Mit einer Änderung im Umsatzvolumen oder durch Gehaltserhöhungen verändern sich unkontrollierbar die Kostenprozentsätze; Arbeits-Leistungseinheiten wie belegte Zimmer, servierte Couverts etc. bleiben jedoch konstant und aussagekräftig.
6. Leistungsstandards dienen als Grundvoraussetzung für jegliche Personalbesetzung und Dienstplan-Arbeitseinteilung.

7. Allgemein lassen sich folgende Arten von Leistungsstandards in der Hotellerie unterscheiden:

   a) *Zeitstandard*
      (Frage: Wann muss die Aufgabe erfüllt sein?)
   b) *Kostenstandard*
      (Frage: Welche Kostenbegrenzung fällt für die Aufgabe an?)
   c) *Qualitätsstandard*
      (Frage: Wie und auf welchem Niveau muss die Aufgabe erfüllt sein?)
   d) *Quantitätsstandard*
      (Frage: Wie viele und welche Mengeneinheiten müssen bei der Aufgabenerfüllung erreicht werden?)

8. Leistungsstandards müssen objektiv kontrollierbar und im Sinne von Folgen und Ergebnissen einer gut erfüllten Aufgabe formuliert werden.
9. Festgelegte Leistungsstandards ermöglichen Selbstkontrolle für den einzelnen Mitarbeiter, gezielteren Einsatz von Trainingsmaßnahmen und objektivere Leistungsbeurteilung des Mitarbeiters durch seinen Vorgesetzten.
10. Leistungsstandards als Führungsmittel sollten periodisch auf Verbesserungsmöglichkeiten hin untersucht werden. Dabei müssen Gründe für Abweichungen geklärt und Weiterbildungsinvestitionen stellenbezogen geplant werden.

Der Quantitätsstandard

Um Anhaltspunkte für die Erstellung von quantitativen Leistungsstandards gewinnen zu können, ist auf S. 542 eine Übersicht von typischen Hotelstandards/Leistungseinheiten aufgezeigt.

Für jede bezahlte Arbeitsstunde werden heute immer weniger Einnahmen verzeichnet. Nur qualifizierte, betriebswirtschaftliche Personaleinsatzkontrolle hilft, dem ansteigenden Lohnkostendruck in der Hotel- und Gaststättenindustrie entgegenzuwirken. Durch Verbesserung der Qualität und – wo möglich – Erhöhung der Quantität der Arbeitsleistung muss der beste Gegenwert für jeden ausgegebenen Lohnkosten-Euro angestrebt werden.

Der Einführung der Automation – Ersatz der Arbeitskraft durch Maschinen – sind in Dienstleistungsbetrieben Grenzen gesetzt. Die kurzfristige Produktion konsumreifer Leistungen macht die Hotellerie personalintensiv und verlangt nach professioneller, integrierter Personaleinsatzplanung.

Durch Kombination und den gemeinsamen Einsatz von:

- Arbeitsvereinfachung
- Arbeitsüberwachung
- Arbeitsleistungsstandards
- Arbeitsplatzbesetzung
- Arbeits-Dienstplaneinteilung

kann erfolgversprechende Personaleinsatzplanung erreicht werden.

Übersicht über mögliche Leistungsstandards in der Hotellerie

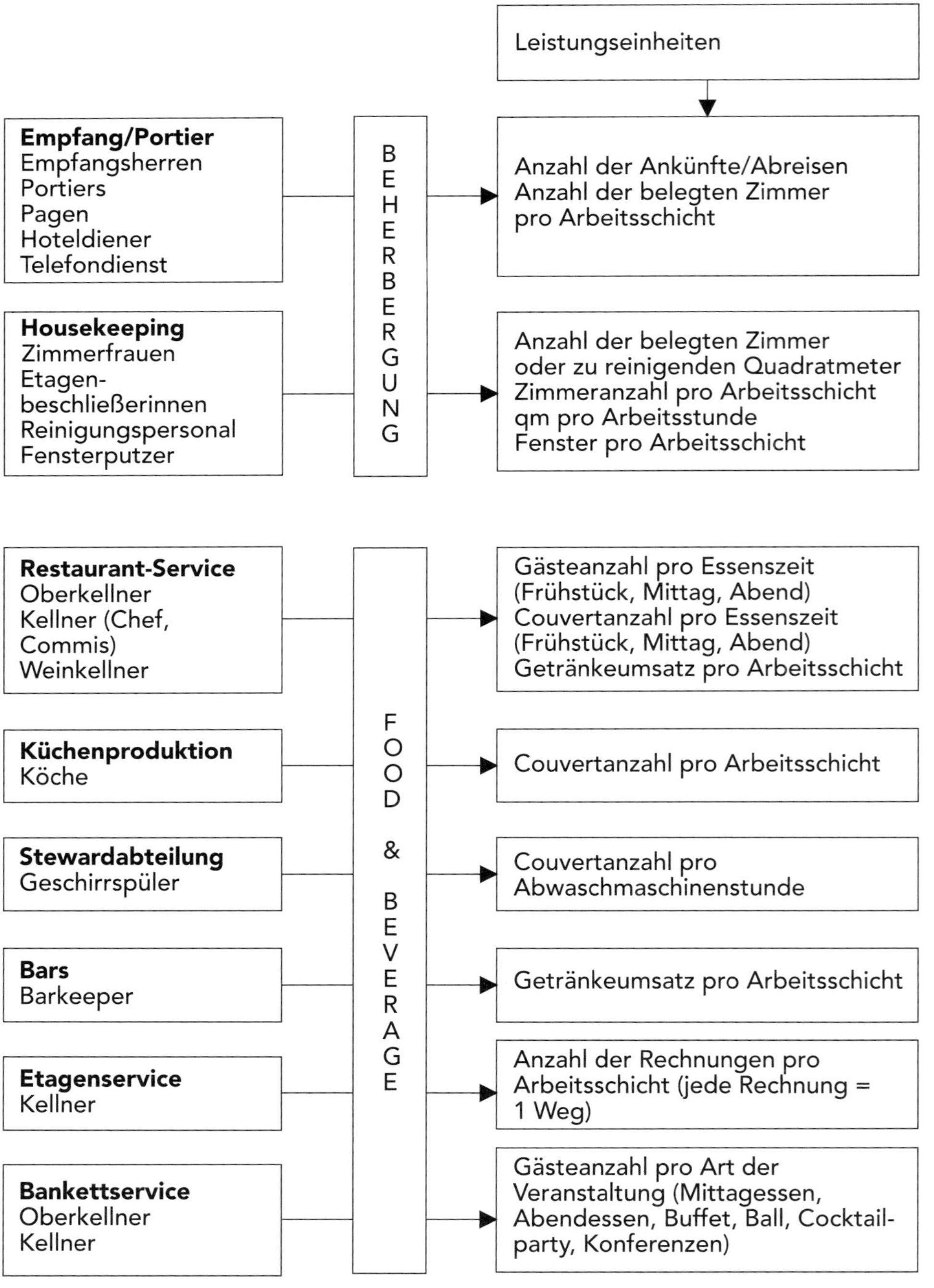

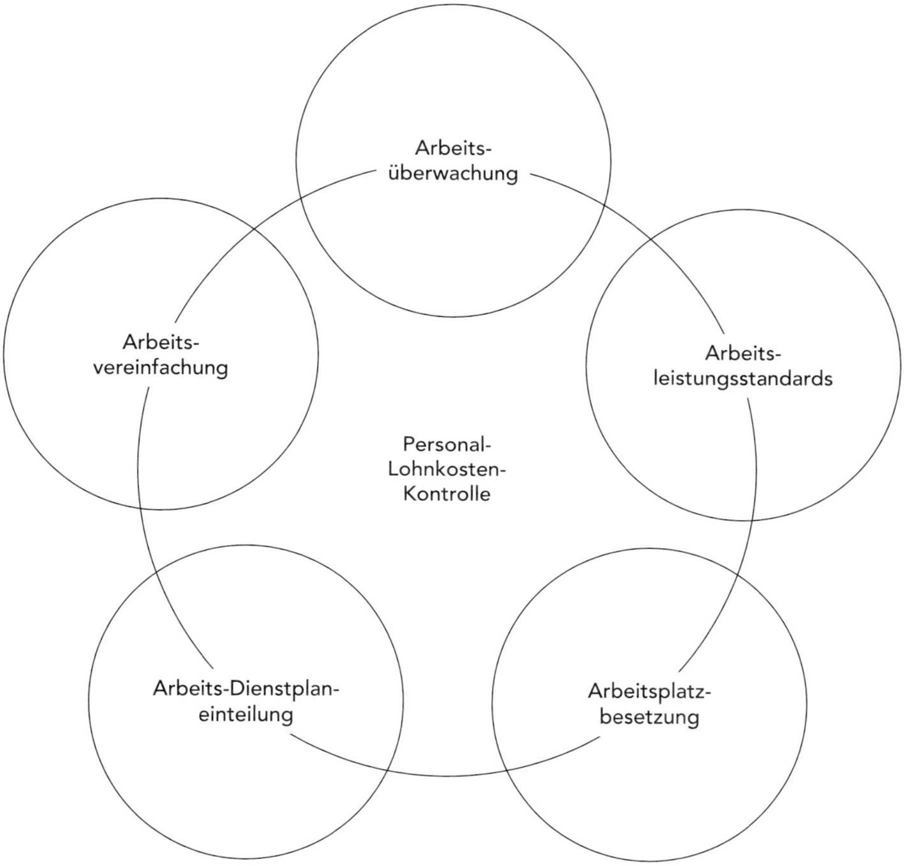

Integrierte Personaleinsatzplanung in der Hotellerie

Arbeitsplatzbesetzung

Um nicht vom Gewinn oder Verlust eines Geschäftsjahres überrascht werden zu können, ist es für ein modernes Hotelmanagement unabdingbar, detaillierte Geschäftsprognosen zu erstellen. Dabei fällt der Arbeitsplatzbesetzung – der langfristigen Personalplanung – eine Schlüsselrolle zu. Hier gilt es, die Personalanzahl der zu erwartenden Kapazitätsauslastung anzupassen.

In Übereinstimmung mit den gesetzlichen Vorschriften können, wollen und dürfen die Hoteliers nicht Mitarbeiter von heute auf morgen entlassen, und sie sind auch nicht in der Lage, qualifiziertes Personal so kurzfristig zu beschaffen. Umso mehr muss gerade auf diesem Gebiet eine umsichtige Arbeitsplatzbesetzung durchgeführt werden.

Die Arbeitsplatzbesetzung der einzelnen Arbeitsstellen in den Hotelabteilungen hängt vorwiegend von dem zu erwartenden Geschäftsvolumen ab; einige Stellen müssen dabei zur Aufrechterhaltung der Betriebsbereitschaft auf jeden Fall besetzt sein. Für die Arbeitsplatzbesetzung in der Hotellerie bietet sich folgende Einteilung der Arbeitsstellen an:

Basis-Stellenkategorien der Hotellerie:

1. **Produktionsunabhängige Stellen**
2. **Produktionsbezogene Stellen**
3. **Direkte Produktionsstellen**

1. **Produktionsunabhängige Stellen** werden nicht nach dem zu erwartenden Geschäftsvolumen besetzt. Diese von der Produktion unabhängigen Stellen sind aufgrund geschäftspolitischer Entscheidungen (policy decisions) des Hotelmanagements zu bilden und zu besetzen. Dazu gehören alle Abteilungsleiter, die Direktion, weitere Schlüsselpositionen und ein Teil des Büropersonals. Mit diesen Stellen werden Verwaltung und Betriebsbereitschaft des Hotels aufrechterhalten. Stellenanalysen und die Einführung von Stellenbeschreibungen streben hier sachbezogen nach optimaler Stellenkombination, um die langfristig anfallenden Personalfixkosten zu minimieren.

2. Die **produktionsbezogene Stellenkategorie** steht in einem bestimmten Verhältnis zum Geschäftsvolumen, zu der zu bedienenden Gästeanzahl. Diese Stellen variieren zwischen den Bereitschaftsstufen des Hotels und werden im Rahmen der Arbeitsplatzbesetzung gemäß der Geschäftsprognose und aufgrund festgelegter Leistungsstandards geplant und besetzt. So gehören Etagenbeschließerinnen, Empfangsangestellte, Kassierer und weiteres umsatzabhängiges Verwaltungspersonal zu produktionsbezogenen Stellen, die innerhalb der Bereitschaftsstufen langfristig ab- und aufgebaut werden müssen.

3. **Direkte Produktionsstellen** sind unmittelbar auf die Anzahl der zu bedienenden Gäste zu beziehen. Diese auf das Geschäftsvolumen direkt bezogenen Stellen werden mit Leistungsstandards der oft täglichen Beschäftigungsschwankung

entsprechend eingesetzt. Dazu gehören außer Zimmerfrauen, Köchen, Kellnern, dem Barpersonal und den Hoteldienern vor allem das Extra-Personal, das kurzfristig den jeweiligen Hotelerfordernissen angemessen eingestellt wird. Gerade diese „part-timer" oder „Extras" gewinnen heute bei der Arbeitsplatzbesetzung immer mehr an Bedeutung. Nach kurzer Trainings- und Einweisungszeit versucht man, mit diesen Aushilfen die unterschiedlich anfallenden Spitzenzeiten im Hotel aufzufangen. Einige Hoteliers bilden sogar branchenfremde Teilzeitarbeiter (Hausfrauen, Studenten) in gut angelegten, hotelinternen Ausbildungsprogrammen aus, um mit diesen „Aushilfen auf Abruf" die Lohnkosten dem laufend schwankenden Beschäftigungsgrad anpassen zu können.

Bei der Arbeitsplatzbesetzung kann man die Bedeutung der Qualität des Personals nicht hoch genug einschätzen. So wirkt sich die Besserbezahlung von qualifizierten Mitarbeitern lohnkostenmindernd aus, wenn es gelingt, nach dem Leistungsprinzip mit wenigen, aber gut bezahlten Arbeitskräften auszukommen. Planung und Überprüfung der Arbeitsplatzbesetzung in Übereinstimmung mit dem zu erwartenden Geschäftsvolumen entscheiden heute über Erfolg oder Misserfolg des Managements personalintensiver Hotel- und Gatronomiebetriebe.

Flexibilisierung der Arbeitszeit im Gastgewerbe

Sieht man es aus der Sicht des Gastes, so entwickeln wir uns von der Arbeits- zur Freizeitgesellschaft, leider nicht analog bei den Mitarbeitern in Hotellerie und Gastronomie. Bei allem Fortschritt ist ein Hotel- und Gaststättenbetrieb so gut wie seine Mitarbeiter. Produktivität im Sinne der Qualitätsdienstleistungen ist das Produkt aus Leistungsvermögen (fachliche Kompetenz) der Mitarbeiter und Motivation. Nur wer sich selbst gut findet und fühlt, leistet auch qualitativ gut.

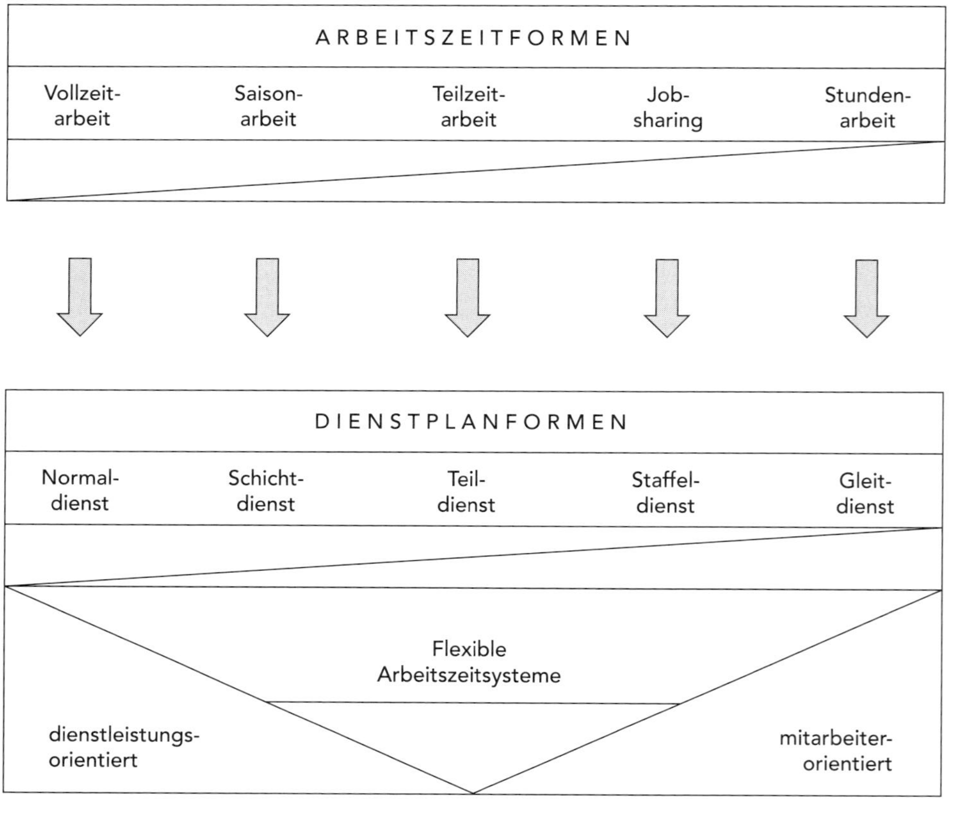

Mit der Freizeit unserer Mitarbeiter sieht es noch sehr schlecht aus. Unregelmäßige Arbeitszeiten mit unterschiedlicher Stressbelastung, überdurchschnittlich hohe Wochenarbeitszeit mit Teildienstschichten, kaum planbare Freizeit aus der

Sicht der Mitarbeiter sowie unflexible, starre Dienstpläne führen zu negativen Entwicklungen auf dem gastgewerblichen Arbeitsmarkt. Ueli Prager sagte einmal: „Ohne zufriedene Mitarbeiter gibt es keine zufriedenen Gäste!" Der Verkürzung der Arbeitszeiten, gepaart mit höheren Freizeitwertansprüchen, muss auch im Gastgewerbe Rechnung getragen werden. Dem Wunsch nach Humanisierung mit einhergehender Produktivitätssteigerung in Hotellerie und Gastronomie kann nur mit Systematik – mit flexiblen Arbeitszeitregelungen – entsprochen werden. Zufriedene Mitarbeiter gewinnen und erhalten kann man nicht durch Improvisation. Integrierte und flexible Arbeitszeitsysteme gehören zum Mitarbeitermarketing – der Beschaffung, Auswahl und Erhaltung von Mitarbeitern im Rahmen eines mitarbeiterorientierten Bedürfnisrahmens. Zeit ist weder ein Luxusgut noch ein freies Gut, aber eine sehr knappe Ressource – und damit eine Kernvariable für den gastronomischen Erfolg.

Ausgehend von den Arbeitszeit- und Dienstplanformen im Gastgewerbe soll über Anregungen für zukunftsorientierte flexible Arbeitszeitsysteme die Arbeitszeit als Motivationsfaktor für Mitarbeiter der Hotellerie und Gastronomie herausgestellt werden.

Arbeitszeitformen

Die im Folgenden kurz erläuterten Arbeitszeitformen (Arbeitszeitregelungen) sind abhängig von dem Betriebstyp, der Arbeitsmarktlage, der Kapazitätsauslastung und nicht zuletzt von der qualitativen Verfügbarkeit der Mitarbeiter:

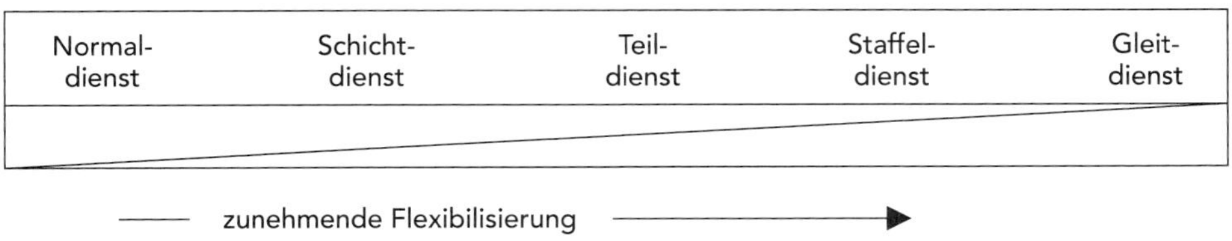

Vollzeitarbeit

Die Vollzeitarbeit mit 8 Stunden Arbeit und 1 Stunde Pause (5-Tage-Woche, 38 bis 40 Arbeitsstunden, je nach Bundesland) ist in Deutschland für die Hotellerie und Gastronomie eingeführt.

Saisonarbeit

Ein- oder Mehrsaisonbetriebe legen die individuelle Arbeitszeit auf bestimmte Monate oder Jahreszeiten. Entweder arbeitet der Mitarbeiter nur eine Saison oder wechselt für die zweite Saison den Betrieb.

Teilzeitarbeit

Die tariflich festgelegte Arbeitszeit für Vollzeit-Arbeitnehmer wird unterschritten. Teilzeitarbeit bedeutet nicht grundsätzlich nur einen halben Tag Arbeit; der zeitliche Einsatz des Mitarbeiters kann recht unterschiedlich sein. Um Teilzeitkräfte zu gewinnen, bedarf es mehrerer Anreize: kurze Entfernung zum Arbeitsort, frei wählbare Dienstzeiten, höheren Stundenlohn als bei vergleichbaren Vollzeitkräften, evtl. Rentenberechnung für die Mitarbeiter, um einen Mindestanspruch zu erarbeiten.

Jobsharing

Zwei oder auch mehr (Teilzeit-)Arbeitnehmer besetzen gemeinsam einen Vollarbeitsplatz. Das Jobsharing-Team kann diese Position nach zeitlichen und/oder sachlichen Gesichtspunkten individuell aufteilen. Jobsharing weist zwei Humanisierungsdimensionen auf:

- Arbeitszeitflexibilisierung durch freie Gestaltung der Arbeitsbedingungen.
- Arbeitsstrukturierung durch freie Gestaltung von Arbeitsinhalten; Jobsharing-Partner können ihre tägliche, wöchentliche, monatliche oder gar jährliche Arbeitszeit individuell einteilen.

Stundenarbeit

Hier geht es um den kurzfristigen Arbeitseinsatz stundenweise beschäftigter Aushilfen. Im Housekeeping und Bankettservice werden, meist aufgrund einer Aushilfskartei, für mindestens 4 Stunden Aushilfen zur Bewältigung von Arbeitsspitzen oder unvorhergesehener Krankheit der festeingestellten Mitarbeiter eingesetzt.

Dienstplanformen

Herkömmliche Dienstplanformen müssen in erster Linie mitarbeiterorientiert „flexibilisiert" werden. Natürlich darf der Gast nicht vergessen werden; der „Dienstleistungsorientierung" haben wir uns im Gastgewerbe verschrieben, und letztlich ist der Gast mit seinen Wünschen unser „Chef". Die Vergangenheit zeigt, dass in vielen Betrieben der Mitarbeiter kaum ein Mitgestaltungsrecht bei seiner Arbeitszeit hatte. Auch entfiel praktisch die private Planungsmöglichkeit der Freizeit unserer Mitarbeiter, wenn erst am Sonntag für die nächste Woche unter Vorbehalt die „dienstfreien Tage" verkündet wurden. Die kurze Kennzeichnung der üblichen Dienstplanformen weist auf die Problematik bei der zukünftigen Flexibilisierung der Arbeitszeiten in Hotellerie und Gastronomie hin:

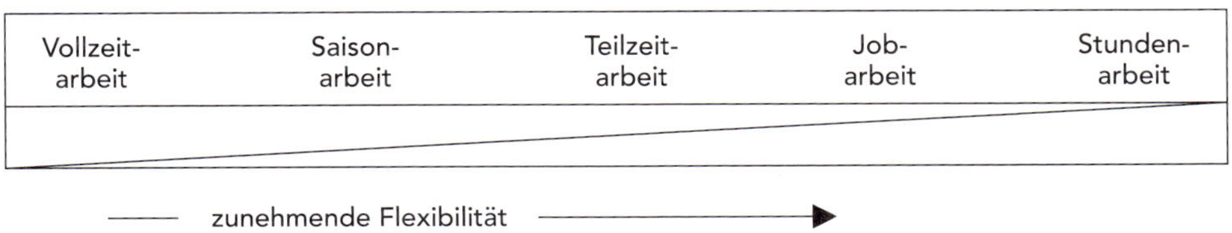

Normaldienst

Der Normaldienst, eine Art Büroarbeitszeit, ist wegen der 24-stündigen Dienstleistungsbereitschaft der Hotellerie nur in wenigen Verwaltungsabteilungen (Buchhaltung, Verkaufsabteilung, Personalbüro, Einkauf, Lagerhaltung usw.) denkbar. Auch lässt sich hier der später beschriebene „Gleitdienst" – gleitende Arbeitszeit – oft problemlos einführen.

Schichtdienst

Der Schichtdienst mit Früh-, Mittel- und Spätdienst im Wechsel ist zum Beispiel am Hotelempfang weit verbreitet. Zur Abdeckung der langen Präsenzzeit empfindet der Mitarbeiter das Arbeiten im Schichtwechsel dann als unangenehm, wenn er im häufigen Wechsel zwischen Früh-, Mittel- und Spätdienst eingesetzt wird.

Teildienst

Eine sehr weit verbreitete Dienstplanform ist der Teildienst. Hat zum Beispiel das Restaurant nur mittags und abends geöffnet, arbeiten Köche und Kellner oft im Teildienst. Nachmittags, zwischen den Servicezeiten, haben die Mitarbeiter „Freistunden". Während in der Stadthotellerie diese Dienstplanform immer unattraktiver wird, hält sie sich beharrlich in der Saisonhotellerie, wo die Mitarbeiter keinen langen Arbeitsweg haben und diese Zimmerstunden voll als Freizeit nutzen. Mit Recht wird allerdings der Freizeitcharakter dieser Zimmerstunden angezweifelt.

Staffeldienst

Arbeitsdienstplaneinteilung soll grundsätzlich auf kurzfristiger Basis den erforderlichen Mitarbeitereinsatz gestalten helfen. Es gilt, unproduktive Arbeitszeiten oder auch mögliche Überstunden zu reduzieren. Es muss überprüft werden, ob wirklich alle Mitarbeiter dem in einem Hotel täglich sehr unterschiedlich anfallenden Arbeitsvolumen entsprechend eingesetzt sind. Bei dem gestaffelten Dienstplan werden Arbeitsbeginn und damit auch Arbeitsende für die einzelnen Mitarbeiter im Dienstplan an das tatsächlich anfallende Arbeitsvolumen angepasst. So werden Leerlaufzeiten bei Arbeitsbeginn vermieden und Überstunden minimiert. Viele Mitarbeiter sind auch keine „Frühmenschen", gestaffelte Dienstpläne können auf individuelle Mitarbeiterwünsche mit deren Arbeitsbeginn abgestimmt werden.

Gleitdienst

Gleitdienst oder gleitende Arbeitszeit ist in der Praxis nur bei wenigen Hotels und dann auch oft nur in Verwaltungsabteilungen anzutreffen. Der Mitarbeiter hat im Rahmen festgelegter Stundenbereiche die freie Wahl, Beginn und Ende seiner täglichen Arbeitszeit ohne vorherige Abstimmung mit der Geschäftsleitung selbst festzulegen.

Anregungen für zukunftsorientierte flexible Arbeitszeitsysteme in Hotellerie und Gastronomie

- Bedürfnisse und Wünsche der Mitarbeiter hinsichtlich der Arbeitszeitgestaltung müssen im Vordergrund stehen.
- Erhöhte Leistungsbereitschaft, verminderte Fehlzeiten und geringere Mitarbeiterfluktuation gehören zur Zielsetzung.
- Direkte Vorgesetzte müssen sich mit neuen Arbeitszeitsystemen identifizieren und entscheiden darüber, für welche Positionen sie sich eignen.
- Mitarbeiter sollen teamartig (Qualitätszirkel) selbst bei der Einführung neuer Arbeitszeitsysteme integriert werden.
- Mitarbeiter können dann selbst Verantwortung für ihren Arbeitseinsatz übernehmen.
- Prinzipiell soll jeder Mitarbeiter für sich entscheiden, wie viele Stunden pro Monat er arbeiten möchte.

- Mitarbeiter erhalten individuelle Arbeitsverträge, in denen Unter- und Obergrenze der Soll-Arbeitszeit festgelegt werden.
- Der gewünschte Arbeitseinsatz erfolgt in Absprache und in Anpassung an das zu erwartende Geschäftsvolumen.
- Die Mitverantwortung für einen optimalen, kapazitätsgerechten Arbeitseinsatz wird auf alle Mitarbeiter übertragen.
- Die tatsächlich gearbeitete Zeit muss genau in einer Art Zeitkonto erfasst werden; Gehälter bleiben monatlich konstant und werden erst vierteljährlich mit dem Zeitkonto abgerechnet.
- Entlohnungssysteme müssen den flexiblen Arbeitszeitsystemen angepasst und vor Einführung genau getestet werden; eine finanzielle Schlechterstellung für den flexiblen Mitarbeiter muss ausgeschlossen sein.
- Professionelle Arbeitsablaufstudien, verbunden mit Zeitstudien, schaffen Arbeitserleichterungen, Zeitersparnis, Neuorganisation von Vorbereitungsarbeiten (Mise-en-place) und vor allen Dingen Qualitätsverbesserungen.
- Klar definierte Soll-Arbeitsleistungsstandards (z. B. zu reinigende Abreisezimmer, Bleibezimmer, zu bedienende Gäste pro Stunde usw.) sollten mit den Mitarbeitern als Zielleistungen festgelegt werden.
- Monatlich wird unter Berücksichtigung der Mitarbeiterwünsche und der betrieblichen Erfordernisse die jeweilige Arbeitszeit individuell pro Mitarbeiter vereinbart und mit dem Zeitkonto vierteljährlich ausgeglichen.
- Der tägliche Arbeitseinsatz wird rechtzeitig in den Abteilungen besprochen und basiert auf stündlich geführten Gästestatistiken die Zimmerabreisen, Kapazitätsauslastungen und Umsatzerwartungen.
- Der Verwaltungsapparat (Zeiterfassung und Abrechnung) für neue Arbeitszeitsysteme darf nicht zu kostspielig werden.
- Besonders die Zeiten von Stress, Überanforderungen und damit verbundener Qualitätsverlust der Dienstleistung für den Gast werden zusammen mit den Mitarbeitern abgebaut.
- Mitarbeiterorientierte Dienstpläne sollten 14 Tage im Voraus geplant und bekannt gemacht werden.
- Computerdienstpläne unterstützen die flexible Erfüllung der Mitarbeiterwünsche, die Anpassung an voraussichtliche Kapazitätsauslastung, Übersichtlichkeit und Planungsgenauigkeit, gerechten Mitarbeitereinsatz, gestaffelte Arbeitszeiten und damit Zeitvorteile, Optimierung der freien Tage (Wochenende), Dienstplan zum Mitnehmen, geringen Arbeitsaufwand bei der Erstellung, schnelle Überarbeitung und Korrektur.

- Änderungen müssen von „unten" kommen, das bedeutet, der Mitarbeiter muss bei allen neuen Arbeitszeitsystemen von vornherein informiert und um Mitarbeit gebeten werden.

Kombinationsmöglichkeiten flexibler Arbeitszeit

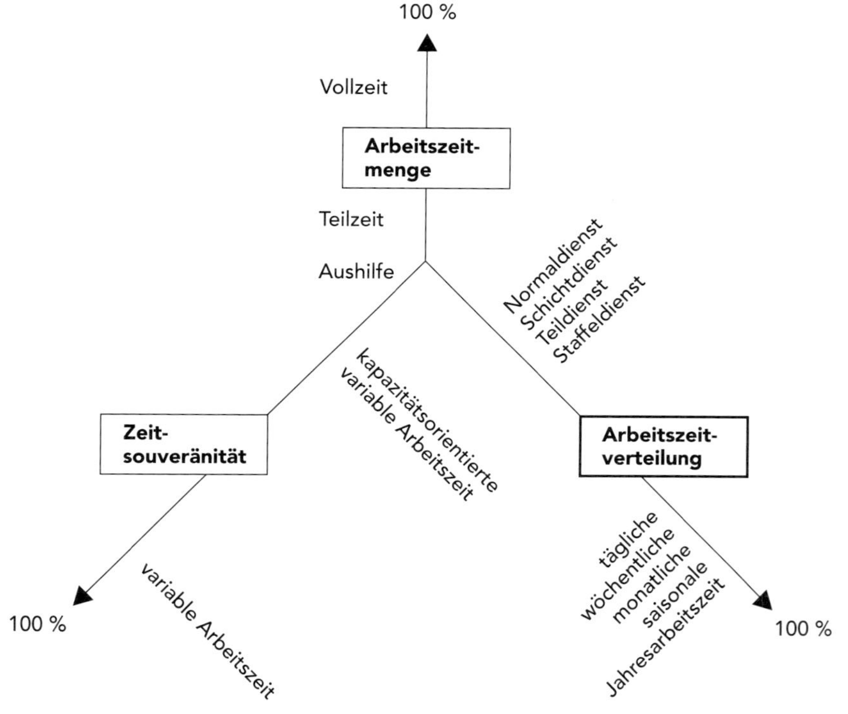

Kombinationsmöglichkeiten bei der Arbeitszeitflexibilisierung

Der Überblick zu den Kombinationsmöglichkeiten flexibler Arbeitszeit (siehe Abbildung) zeigt je nach Ausprägung der Komponenten

- Arbeitszeitmenge
- Verteilung der Arbeitszeit
- Zeitsouveränität für die Mitarbeiter,

welche individuellen Lösungsmöglichkeiten für gastgewerbliche Unternehmen denkbar sind.

Die Achse „Arbeitszeitmenge" kennzeichnet die praktizierten Arbeitsverhältnisse von stundenweisen Aushilfen über mit unterschiedlicher Stundenanzahl eingestellten Teilzeitkräfte bis hin zur regulären Vollzeitkraft.

Die Schiene „Verteilung der Arbeitszeit" spiegelt die Tages-, Wochen-, Monats-, Saison- und Jahresarbeitszeit wider. Zur Verteilung der Arbeitszeit kann man auch die in der Praxis vorwiegend eingesetzten Dienstplanformen wie Normaldienst, Schichtdienst, Teildienst und Staffeldienst zählen.

Die Achse „Zeitsouveränität für die Mitarbeiter" zeigt den unterschiedlichen Grad der Beeinflussbarkeit der Arbeitszeit durch die Mitarbeiter an. Von einem geringen Einfluss bei der kapazitätsorientierten variablen Arbeitszeit (auslastungsorientiert entsprechend der Gästeanzahl) steigert sich die Zeitsouveränität bis hin zur variablen (vom Mitarbeiter selbst bestimmbaren) Arbeitszeit.

Auswirkungen einer Flexibilisierung der Arbeitszeit im Gastgewerbe

Arbeitszeitflexibilisierung bedeutet also eine – im Rahmen der gesetzlichen und tarifvertraglichen Bestimmungen – abwandelbare Arbeitszeit; das bisherige System starrer Zeitstrukturen in Hotellerie und Gastronomie wird beweglicher. Wie man in der allgemeinen Presse liest, stehen die Gewerkschaften diesen „Entsolidaritätsbestrebungen" in der Regel abwartend gegenüber. Hier sollen ja offenbar kollektive durch individuelle Regelungen ersetzt werden. Innerhalb der kollektivrechtlichen Bestimmungen ist die Arbeitszeit neben der öffentlich-rechtlichen Schutzbestimmung (z. B. Arbeitszeitordnung) üblicherweise bereits tarifvertraglich geregelt, so dass Betriebsvereinbarungen nur bei einer entsprechenden Öffnungsklausel des Tarifvertrages möglich sind (Beispiele dazu aus der Industrie sind vielfältig).

Bei flexiblen Arbeitszeitsystemen geht es sowohl um

- betriebswirtschaftliche (Rationalisierungs-)Ziele als auch um einen Beitrag zur
- Humanisierung der Arbeit im Gastgewerbe.

Hauptargumente der flexiblen Arbeitszeit aus der Sicht der Mitarbeiter (Arbeitnehmer):

- Rückgewinnung der „Zeitsouveränität"
- Möglichkeiten der indirekten Selbstbestimmung
- Die Lage der Arbeitszeit kann gemäß den Bedürfnissen (Freizeit, Familie usw.) individuell gestaltet werden
- Optimale Zusammenlegung und Verteilung der Arbeitszeit
- Dem Wertewandel (Selbstbestimmung der Freizeit als Element der Lebensqualität) bei einem Teil der Mitarbeiter kann entsprochen werden
- Faire Verrechnung von Mehrarbeit (mit Zeitkonten pro Mitarbeiter)
- Arbeitszeitanpassung an die individuelle Biokurve (Frühaufsteher, Spätaufsteher)
- Weitgehendes Mitspracherecht bei der Gestaltung der Dienstpläne
- Möglichkeit des Wechsels zur Teilzeitarbeit ohne Karriereverlust
- Rechtzeitige Planbarkeit der „Privatzeit"-Abstimmung mit dem Lebenspartner und der Familie
- Gleichbehandlung von Vollzeit- und Teilzeitbeschäftigten
- Verbesserte Leistungsanerkennung bei personellen Engpässen
- Die Freiwilligkeit bei der Teilnahme am flexiblen Arbeitszeitsystem unterstützt die Individualität der Mitarbeiter
- Mit flexiblen Arbeitsblöcken ist der ungeliebte Teildienst abbaubar
- Der turnusmäßige Wunschdienstplan steigert die zeitliche Bewegungsfreiheit ohne finanzielle Einbuße

Auswirkungen der flexiblen Arbeitszeit für die Unternehmen (Arbeitgeber):

- Bedarfsgerechte Personaleinsatzplanung
- Höhere Leistungsbereitschaft der Mitarbeiter durch Erfüllung ihrer Freizeitwünsche im vorgegebenen Rahmen der nachgefragten Dienstleistungen der Gäste
- Höhere Arbeitsproduktivität durch zusätzliche Flexibilität
- Abbau der branchentypischen Leerzeiten (Branche des „Wartens")
- Verringerung der Fehlzeitquote und der Personalfluktuation
- Probleme der Zeiterfassung und Erhöhung der Personalnebenkosten
- Mögliche Kommunikations- bzw. Informationsverluste

- Verbesserte Anpassungsmöglichkeiten an schwankende Auslastung (Zimmerbelegung, Restaurantauslastung)
- Steigerung des Verantwortungsbewusstseins der Mitarbeiter durch selbstbestimmbaren Arbeitseinsatz
- Förderung der Attraktivität bestimmter Arbeitszeiten durch Prämiensysteme
- Verbesserte Basis zur leistungsgerechten Entlohnung
- Durch gegenseitige Rücksichtnahme bei der eigenständigen Dienstplangestaltung verbessert sich das Teamverhalten
- Umwandlung der traditionellen Früh-/Spät-/Nachtschichten in abteilungsbezogene 4-Stunden-Blöcke
- Verminderung des Abwanderns guter Mitarbeiter in arbeitszeitattraktivere Branchen (z. B. Köche zu Krankenhäusern, Kantinen)
- Imageaufbesserung der gastgewerblichen Berufe für die Branche als Ganzes.
- Nur mit zufriedenen Mitarbeitern gibt es auch zufriedene Gäste

Probleme der Stellungnahme zur Arbeitszeitflexibilisierung seitens der Gewerkschaft:

- Mehrarbeit fällt weg
- Bringt Rationalisierungserfolge mit sich
- Es geht dem Unternehmen nicht um Flexibilisierung der Arbeitszeit, sondern um den flexiblen Einsatz der Mitarbeiter
- Vernichtung von Vollzeitarbeitsplätzen durch Teilzeitarbeitsplätze
- Führt zur Intensivierung der Arbeit
- Gefahr, dass der Mitarbeiter eine individuelle und nicht mehr kollektive Lösung mit dem Betrieb sucht

Die flexible Gestaltung der Arbeitszeit gibt als Variable der Arbeitszeithumanisierung dem Mitarbeiter im Gastgewerbe das größtmögliche Maß für eigenständige und selbstverantwortliche Disposition über seine Arbeits- und Freizeit. Niemand wird sich diesem Ziel auf lange Sicht entgegenstellen können und wollen. Die Normalarbeitszeit wird zur Ausnahme, ihre Auflösung vollzieht sich durch Verkürzung der Vollarbeitszeiten, der Zunahme von Teilzeitarbeit und vor allen Dingen durch zunehmende Flexibilisierung der Arbeitszeit.

Strategisches Management der flexiblen Arbeitszeit in Hotellerie und Gastronomie

Das sensible Thema „flexible Arbeitszeit" verlangt in der Praxis nach einer besonderen Ausgewogenheit zwischen der betriebswirtschaftlichen Dimension und der Humanisierungsdimension. Alle Mitarbeiter sollen die strategischen Ziele bei der Einführung fortschrittlicher Arbeitszeitsysteme verstehen und sich auch zukunftsorientiert mit einbringen können. Die operative Planung der flexiblen Arbeitszeit mit Hilfe der **Balanced Scorecard** bricht realistische Ziele im „Kaskadenprinzip" bis zum einfachsten Mitarbeiter herunter, die Ziele werden klar auf die Verantwortungsbereiche bezogen und jedes Teammitglied hat sich an konkrete Zielvereinbarungen zu orientieren.

Führen über Ziele ist ein Managementsystem mit den zwei wesentlichen Elementen: **Mitarbeiterführung** (Verhaltensorientierung, Mitarbeitergespräche, Mitarbeiterentwicklung, Motivation, Empowerment) und **Unternehmensführung** (Leistungsorientierung, Organisationsentwicklung, strategiekonforme Ziele). Effektivität kann nur durch Handhabung und Beherrschung beider Komponenten gesteigert werden.

Die zielorientierte Führung in Hotellerie und Gastronomie beinhaltet Herausforderungen:

- Unterscheiden sich unsere Ziele von unseren Mitbewerbern?
- Können wir uns mit der Zielerreichung am Markt differenzieren?
- Wie geben wir unsere Ziele vor (in Euro, verbal oder mit Vereinbarungen)?
- Sind unsere Ziele den Mitarbeitern bekannt?
- Besteht Einvernehmen über die Ziele?
- Sind unsere Ziele ausgewogen und berücksichtigen mehrere Perspektiven?
- Wird die Zielerreichung kontrolliert und honoriert?
- Lernt das Management aus Erfüllung bzw. Nichterfüllung der gesetzten Ziele?

Um das strategische Ziel „Flexibilisierung der Arbeitszeit" zu erreichen, müssen **Ziele** aus der Sicht der **Finanzen**, aus der Sicht der **Gäste**, aus der Sicht der **Prozesse** und aus der Sicht der **Mitarbeiter** gesetzt werden. Die obersten Ziele der Arbeitszeitflexibilisierung sind einerseits die bedarfsgerechte Mitarbeitereinsatzplanung mit verbesserten Anpassungsmöglichkeiten an schwankende Kapazitätsauslastung und andererseits die angemessene Berücksichtigung von Mitarbeiterwünschen nach variablen Arbeitszeiten! Es gibt keine größere Gefahr für die Effektivität eines Arbeitszeitmodells als die Vernachlässigung der Humanität.

Bei der strategischen Planung flexibler Arbeitszeitsysteme im Gastgewerbe soll der nachfolgende Überblick zur Balanced Scorecard als wertvolles Steuerungsinstrument dazu anregen, sich wieder verstärkt um die Einführung der flexiblen Arbeitszeit im Gastgewerbe zu bemühen.

Ziele und Vorteile beim erfolgreichen Einsatz einer Balanced Scorecard (BSC)

Die Balanced Scorecard dient als Instrument zur Umsetzung von Strategien in Aktionen. Die Visionen des Managements, die in Missionen an die Öffentlichkeit gehen und über Strategien zu Zielen heruntergebrochen werden, müssen von jenen Mitarbeitern verstanden werden, die sie umsetzen sollen. Das Denken in unterschiedlichen Perspektiven hilft dabei, Strategien in ein ausgewogenes Zielsystem zu überführen. Das Kernelement jeder Balanced Scorecard sind Ziele und nicht Kennzahlen. Ziele alleine reichen nicht! Ziele, die messbar sind und bei denen der Zielerreichungsgrad überprüft werden kann, beeinflussen unser Verhalten stärker als Ziele, deren Verwirklichung nicht beurteilt wird. Alles, was wir nicht messen können, lässt sich nicht verbessern („If you can't measure it, you can't manage it"). Nur was wir messen und überprüfen, wird auch in die Praxis umgesetzt! („What gets measured gets done"). Die Balanced Scorecard misst die Zielerreichung, definiert anspruchsvolle Zielerreichungsgrade und gilt als Steuerrad und Motor für die Umsetzung; sie führt zu einem sehr stringenten, intuitiv verständlichen Vorgehen.

Der Prozess zur Erstellung einer Balanced Scorecard ist als Lernprozess genauso wichtig wie die späteren Resultate. Der Einsatz einer **Balanced Scorecard als Steuerungsinstrument**

- zwingt zur klaren Zielformulierung,
- hilft, Strategien in Maßnahmen und Aktionen umzusetzen,
- beinhaltet Ziele und Maßgrößen, die notwendige strategische Veränderungen vorantreiben,

- verbindet eine größere Anzahl von Mitarbeitern in strategische Fragestellungen und Denkweisen,
- kombiniert finanzielle mit nichtfinanziellen Steuerungsgrößen,
- betrachtet das Unternehmen aus verschiedenen Perspektiven wie zum Beispiel: Finanzen, Gäste, Prozesse und Mitarbeiter,
- reduziert bei der Erstellung Zielkonflikte,
- zeigt die gewünschten Resultate und die Treiber dieser Ergebnisse,
- verbindet im ausgewogenen Verhältnis Perspektiven durch Klarheit von Ursache-und-Wirkungs-Beziehungen,
- übersetzt, kommuniziert Visionen zu Aktionen und
- ermöglicht im Feedback Lernen und Anpassen (siehe Abbildung).

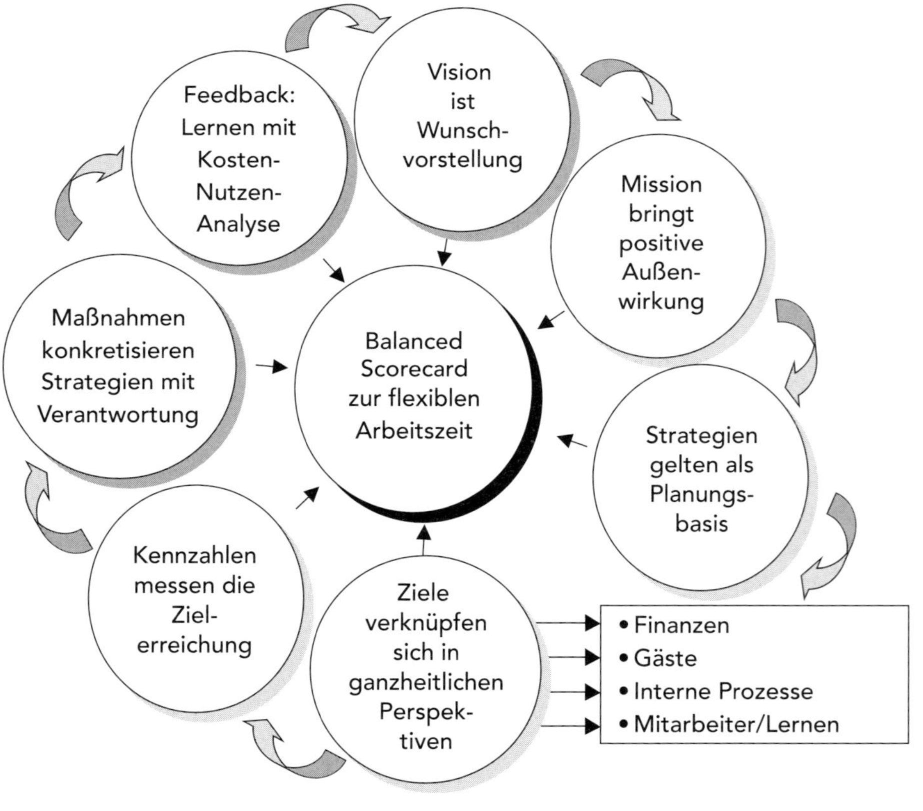

Elemente einer Balanced Scorecard zur flexiblen Arbeitszeit

Aufbau einer Balanced Scorecard: Arbeitszeitflexibilisierung

Von strategischen Impulsen des **ersten Schritts** mit **Vision** und **Mission** leiten sich aus den **Strategien** als Ausgangspunkt und Richtung die **strategischen Ziele** im zweiten Schritt ab (siehe Abbildung unten). Dabei sollen jene wenigen entscheidenden Ziele auf der Balanced Scorecard erscheinen, von denen der Erfolg der Strategie abhängt **(zweiter Schritt)**. Alle anderen Ziele sind eher Unterziele und werden als „Werkzeug" zu Maßnahmen der eigentlich angestrebten Strategie **(fünfter Schritt)**. So gehören auch nur **Kennzahlen** auf die Balanced Scorecard, die einen eindeutigen Bezug zu den strategischen Zielen haben **(dritter Schritt)**. Die Ausgangsfrage heißt dabei: Woran merkt man, dass das strategische Ziel erreicht wird? Bevor die operativen Ziele mit den **Zielwerten** festgelegt werden, erfolgt ein Abgleich mit dem Ist-Zustand: Wo stehen wir, wo wollen wir hin **(vierter Schritt)**? Jetzt erst werden die konkreten **Maßnahmen** zur Einführung der flexiblen Arbeitszeit mit den entsprechenden Verantwortlichkeiten im Zeitplan festgelegt **(fünfter Schritt)**.

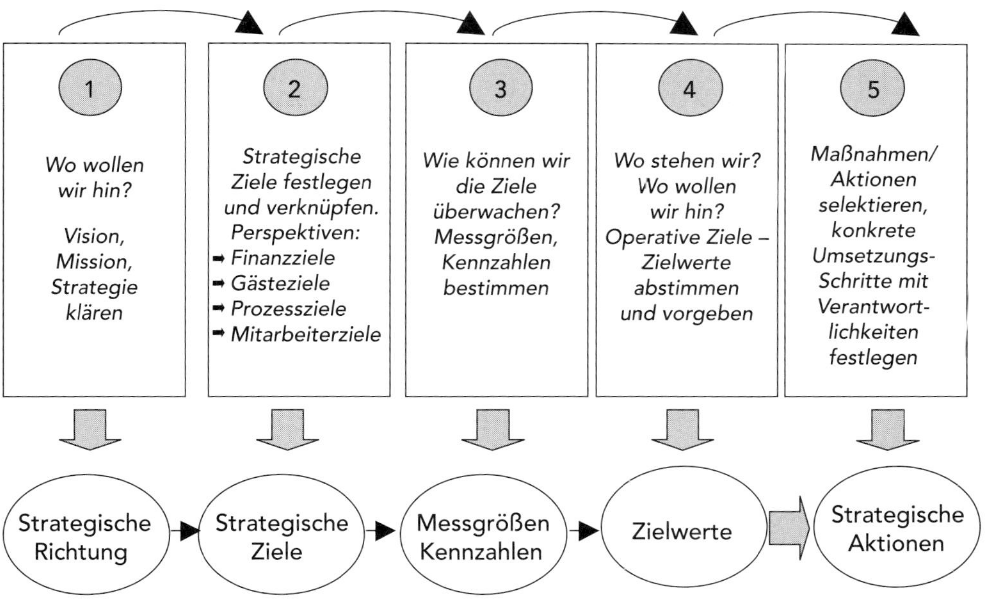

Aufbau einer Balanced Scorecard zur flexiblen Arbeitszeit

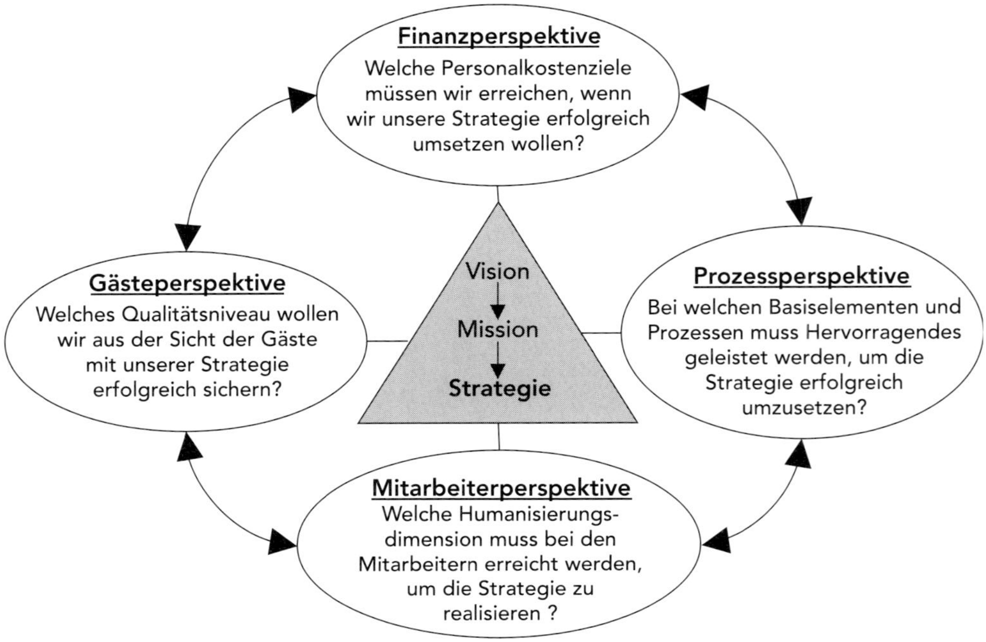

Ausgewogenheit der Perspektiven zur flexiblen Arbeitszeit

Auszug aus einer Balanced Scorecard: Arbeitszeitflexibilisierung

Vision:

Wir wollen bis im Jahr 2009 mit gast- und mitarbeiterorientierten Dienstleistungsmanagement als fortschrittlichstes Hotel unserer Kategorie im Einzugsbereich gelten.

Mission:

Unser hoch motiviertes Team garantiert mit flexiblem Arbeitseinsatz stets liebenswürdigen und zuvorkommenden Service.

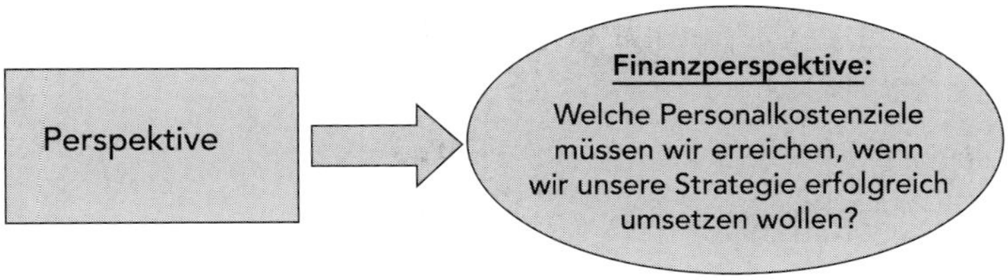

Strategische Ziele	Kennzahlen	Operative Ziele	Maßnahmen/Aktionen
• Personalkosten senken • Produktivitätsverbesserung	• Personalkosten pro Gast • Gästeanzahl pro Mitarbeiterstunde	• Senkung um 5 % • Zuwachs von 3 %	• kapazitätsorientierte variable Arbeitszeit planen • gestaffelte Dienstpläne einführen • Reduzierung der Wartezeiten • Vollzeitkräfte durch Teilzeitkräfte ersetzen

Finanzperspektive

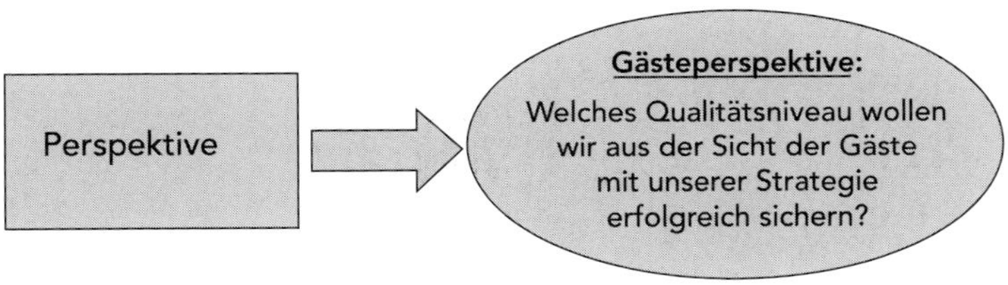

Strategische Ziele	Kennzahlen	Operative Ziele	Maßnahmen/Aktionen
• Gästeloyalität erhöhen • Reklamationsquote senken	• Anzahl der Wiederholungsgäste • Anzahl der Gästebeschwerden	• Steigerung um 20 % • Senkung um 25 %	• Zusatznutzen pro Servicebereich für Gäste festlegen • Gäste proaktiv bedienen • Servicegarantien einführen • Reklamationsmanagement in Qualitätshandbüchern festlegen

Gästeperspektive

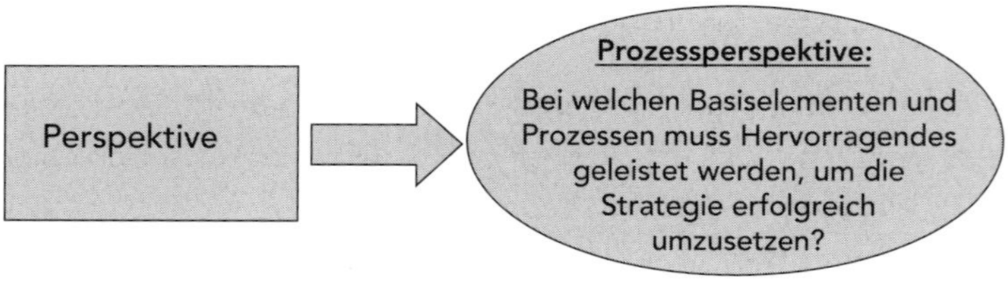

Strategische Ziele	Kennzahlen	Operative Ziele	Maßnahmen/Aktionen
• Zeiterfassungs-systeme anpassen • Prognose-verfahren verbessern	• Zeitkonto pro Mitarbeiter • Prognose – Ist-Abweichung für Gästeanzahl pro Abteilung	• alle Mitarbeiter ohne Führungs-kräfte • auf 98 % Genauigkeit	• Arbeitsverträge auf Stundenbasis • Überstunden, Guttage abbauen • Prognosefaktoren erfassen • Quantitätszeit – Kosten- und Qualitätsstandards pro Stellenkategorie festlegen

Prozessperspektive

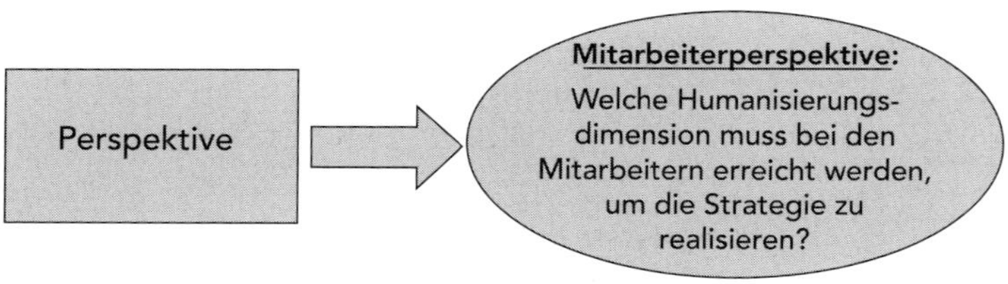

Strategische Ziele	Kennzahlen	Operative Ziele	Maßnahmen/Aktionen
• Gleich-behandlung von Teilzeitarbeit • Zeitsouveränität der Mitarbeiter steigern	• Mitarbeiterzufrie-denheitsindex • Anzahl der Mitarbeiter mit Wunsch-dienstplänen	• Anstieg um 20 % • Zuwachs von 30 %	• Bei Neueinstellungen Teilzeitkräfte bevorzugen • Älteren Mitarbeitern Teilzeitverträge anbieten • mit Computer-Dienstplänen Wahl-möglichkeiten für Mitarbeiter schaffen

Mitarbeiterperspektive

Vernetzung der Ziele (Ursache-Wirkungs-Ketten)

Jeder Erfolg ist vom Zusammenwirken mehrerer Faktoren abhängig. So stehen strategische Ziele nicht losgelöst und unabhängig nebeneinander, sondern sind miteinander verknüpft. Die Vernetzung der Ziele (Ursache-Wirkungs-Ketten) verdeutlicht, wie die Zielerreichung der Strategie in den Perspektiven durchgesetzt werden kann. Die Vernetzung von Ursache-und-Wirkungs-Ketten fördern:

- das gemeinsame Verständnis von der Strategie und Bedeutung von Zielen
- das Bewusstsein über Zusammenhänge, Effekte und Abhängigkeiten
- die Zusammenarbeit der betroffenen Abteilungen zur Zielerreichung

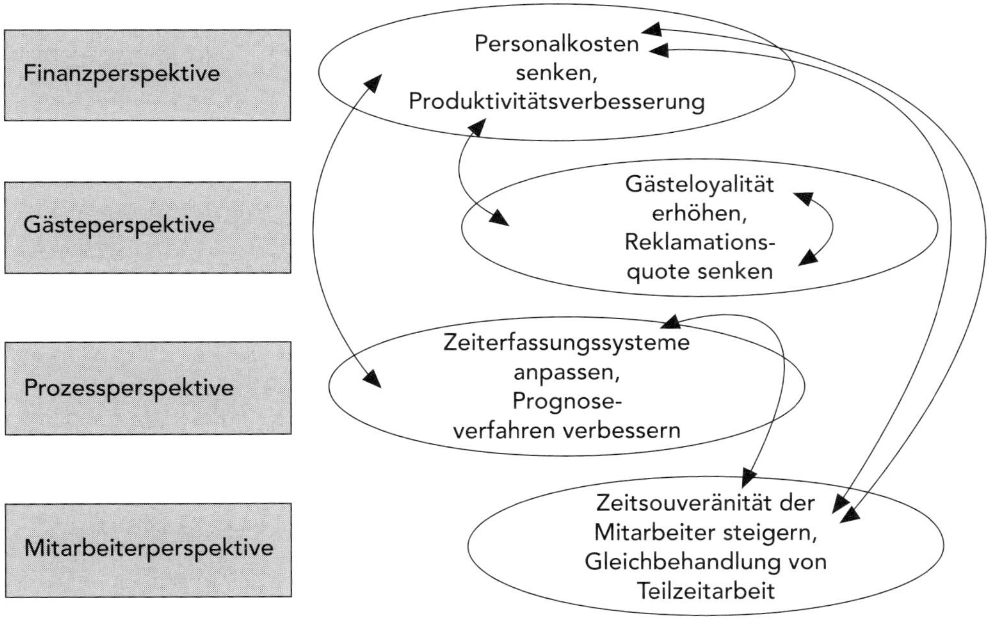

Vernetzung der Ziele: Ursache-Wirkungs-Ketten

Zehn Voraussetzungen für den erfolgreichen Einsatz einer Balanced Scorecard

- Als Top-down-Ansatz muss die BSC von der Unternehmensspitze ausgehen, professionelle Moderation.
- Die BSC sollte nicht von einzelnen Personen, sondern nur im Management-Team entwickelt werden.
- Ziele und Aktionen dürfen nicht allein vom Management vorgeschrieben werden.
- Mitarbeiter auf allen Ebenen müssen sich mit einbringen können.
- Die Anzahl von Messgrößen-Kennzahlen sollte begrenzt sein.
- Als Messgrößen sollten nicht nur monetäre Kennzahlen gelten.
- Die Maßnahmen und Aktionen zur Zielwerterreichung müssen in Teams festgelegt werden.
- Alle Verhaltenswirkungen einzelner Kennzahlen sind stets zu hinterfragen.
- Der Einsatz der BSC ist als dynamischer und nicht als statischer Prozess zu werten.
- Die BSC darf nicht als Kontrollinstrument, sondern als Lern- und Kommunikationssystem verstanden werden.

Kostenablauf in der Gastronomie

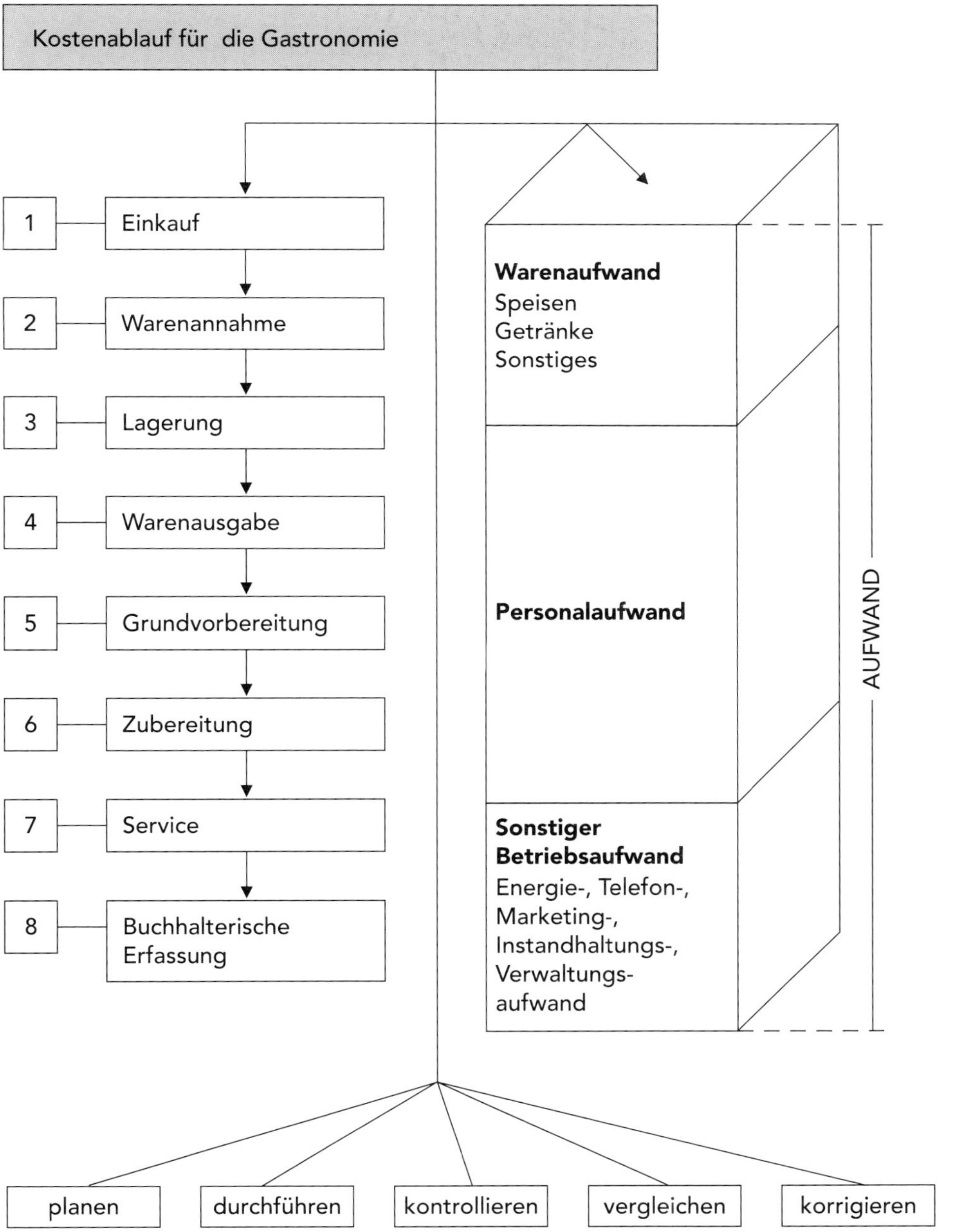

Die folgenden Prüflisten sollen helfen, den eigenen Betrieb einmal mit ganz anderen Augen, als etwas völlig Neues anzusehen. Untersucht werden:

(A) Warenaufwand
(B) Personalaufwand
(C) Sonstiger Betriebsaufwand

Prüflisten

(A) Warenaufwand

1. Auch beim Lebensmitteleinkauf werden mehrere Angebote eingeholt, Mengenrabatte, vergünstigte Jahresabschlüsse und beste Zahlungsbedingungen vereinbart.
2. Für sämtliche Lebensmittelartikel werden Einkaufsspezifikationen (Standard-Einkaufsrichtlinien) festgelegt: in welcher Qualität, Art, Größe, Anzahl, Mengeneinheit je Verpackung ein gewünschter Artikel eingekauft werden soll.
3. Bei günstigen Angeboten für größere Quantitäten wird auf Schwundverluste, Lagerräumlichkeiten, Lagerkosten, Kapitalbindung geachtet.
4. Der tägliche Frischwareneinkauf wird aufgrund gezielter Produktionspläne im Verpflegungsbereich vorgenommen.
5. Die Tagesmenüs werden auch von der Direktion kontrolliert, sie sind nicht als „Sammelbecken der Fehlproduktion" (Überproduktion des Küchenchefs) gedacht, sondern hier werden saisonale Angebote, befristete Sonderangebote der Nachfrage entsprechend präsentiert.
6. Daueraufträge beim Lebensmitteleinkauf werden überprüft und wenn möglich vermieden (zum Beispiel konstante Bestellmenge für Frühstückssemmeln bei schwankender Gästeanzahl).
7. Prinzipiell wird kostenmäßig zwischen Eigenproduktion und Halbfertig- oder Fertigproduktkauf verglichen. Ertragstests, Fleischtests, Vergleichskalkulationen geben dabei eher den Ausschlag für bestimmte Lieferanten als reine Preisvergleiche.
8. Die Direktion wird monatlich über die Artikel im Lebensmittellager informiert, die den geringsten Lagerumschlag haben (Verwendung für Extraessen, Bankette und Veranstaltungen).
9. Während ruhiger Geschäftsmonate wird die Einkaufspolitik geändert: Zum Beispiel Mayonnaise, Pommes frites, Auslösung und Portionierung größerer

Fleischstücke, Grundvorbereitungsarbeiten werden vom eigenen Personal übernommen.

10. Genaue Richtlinien für die Wareneingangskontrolle (Qualität und Quantität), Kontrolle der Lieferscheine und Rechnungen und der Bezahlung kennzeichnen den Arbeitsablauf bei der Warenbeschaffung.
11. Regelmäßige Überprüfung des Abfalls und der zurückgelassenen Beilagen vom Restaurant gibt Aufschluss über die zu verwendenden Portionsgrößen.
12. Für jedes Extraessen, jede Extraveranstaltung wird vorher eine grobe Gewinn-und-Verlust-Rechnung vorgenommen.
13. Genaue Portionskontrollen helfen, den Warenaufwand zu reduzieren.
14. Produktdifferenzierung ist eines der wesentlichsten Elemente in der Angebotspolitik. Es gilt, Präferenzen zu schaffen. Permanente Markt- und Konkurrenzanalysen helfen, ein bedarfsgerechtes Angebot präsentations- und kostenmäßig aufeinander abzustimmen.
15. Finden mehrere „Extraessen" am gleichen Tag statt, versucht der Bankettleiter, das gleiche Menü für verschiedene Veranstaltungen zu verkaufen, um die Küchenproduktion und die Kosten zu optimieren.
16. Wo immer möglich, wird die Vakuumverpackung mit genauer Vorportionierung und besserer Resteverwertung eingesetzt.
17. Standardisierte Rezepte für sämtliche À-la-carte-Gerichte sind eingeführt und dienen als echte Arbeitsgrundlage.
18. Es wird bei der Speisenproduktion auf möglichst geringe Zubereitungsverluste geachtet, die erforderliche Warenqualität dem späteren Verwendungszweck angepasst.
19. Für die Küche sind festgelegte Bestandsmengen (tägliches Mise-en-place) von der Direktion zusammen mit dem Küchenchef festgelegt, die standardisierten Portionsgrößen werden periodisch überprüft, die produzierten Speisen werden regelmäßig kontrolliert im Hinblick auf Qualität, Farbe, Geschmack, Geruch und Präsentation.
20. Wo immer qualitativ vertretbar, werden moderne Fertiggerichte-Systeme (Convenience-Food) unter Verwendung von Mikrowellengeräten und Convectomaten eingesetzt (zum Beispiel Etagenservice, Coffeeshop).
21. Küchenabfälle werden sortiert und zum Beispiel als Schweinefutter entsorgt.
22. Die Möglichkeiten des gemeinsamen Einkaufs, der Kooperation mit Kollegen in der Gastronomie sind überprüft und ausgeschöpft.

23. Das eingesetzte Material (Geschirr, Wäsche, Silber, Gläser, Hilfsmittel) ist in Form, Größe und Materialbeschaffenheit so eingekauft, dass es leicht zu reinigen, kontrollieren, ersetzen, reparieren, stapeln und zu ordnen ist.

(B) Personalaufwand

24. Durch interne Schulung und Weiterbildung von ungelerntem Personal ist eine stetige Steigerung der Produktivität je Mitarbeiter gewährleistet.
25. Um Verbesserungsideen der Mitarbeiter zu gewinnen, ist ein Vorschlagswesen eingeführt; in regelmäßigen Abständen werden Ideenkonferenzen abgehalten.
26. Die praktischen Möglichkeiten für den Automateneinsatz im Betrieb sind erkannt und, wo immer möglich, wirtschaftlich und marktgerecht eingesetzt (Frühstücksautomat für Gästezimmer, Service-Bar-Automat für Gäste, Zimmerkontrollautomat für Empfang und Housekeeper, Lichtrufanlagen für Personal, Küchenautomation: Mikrowellengeräte und Convectomaten, automatische Weckanlagen für Gäste, Computereinsatz in der Verwaltung und im Rechnungswesen, Schreibautomaten für die Verwaltung, automatische Türen, Serviceeingänge).
27. Für Schreibarbeiten in der Verwaltung gibt es ein zentrales Schreibbüro (secretary pool).
28. Das Personal ist – wo immer möglich – auswechselbar geschult und flexibel einsetzbar.
29. Gestaffelte Dienstpläne in Anpassung an das unterschiedliche Geschäftsvolumen sind in den verschiedenen Abteilungen eingeführt. Die Dienstpläne werden auch regelmäßig von der Direktion überprüft.
30. Nachtreinigungsarbeiten des Hotels werden von sehr früh zur Arbeit eingesetzten Zimmerfrauen übernommen.
31. Grundsätzlich werden die Kosten für „Außer-Haus-Arbeiten" vorher den „Eigenfertigungskosten" gegenübergestellt.
32. Während der Nacht wird der Telefondienst vom Nachtportier übernommen.
33. Die Garderobenbetreuung läuft auf Konzessionsbasis.
34. Hoteldiener, Pagen sind zusätzlich zur Hilfe des Housekeepers auf den Etagen berufen und werden nur bei Bedarf durch ein Rufsystem in der Empfangshalle eingesetzt.
35. Die Aufstellung von Frühstückbuffets im Restaurant erfordert weniger Servicepersonal.

36. Aufgrund von Zeit-, Frequenz- und Arbeitsablaufstudien ist das gesamte Empfangspersonal wechselseitig auf die verschiedenen Aufgaben trainiert und einsetzbar.
37. Personalintensive, kunsthandwerkliche Einzelproduktionen im Küchenbereich sind auf ein Minimum reduziert.
38. Für den Frühstücks-Zimmerservice sind Halbtagskräfte eingestellt, die zur Mittagszeit für den Zimmerservice nicht benötigt werden.
39. Das konventionelle Bereitschaftssystem für die Zimmerreinigung mit der „Reviereinteilung" ist zu personalaufwendig und abgeschafft.
40. Es ist überprüft, ob es wirtschaftlicher ist, folgende Arbeiten außer Haus zu geben: Nachtreinigung des Hotels, Fensterputzen, Malerarbeiten, Fernsehreparaturen, Reinigung und Wäscherei, Buchhaltungstätigkeiten (Lohnabrechnung).
41. Zeitverluste aufgrund mangelhafter Personaleinsatzplanung werden vermieden, wie: An- und Umziehen während der Arbeitszeit, Warten auf Arbeitszuteilung, Warten auf Arbeitsmaterial, Arbeitsanweisungen, Aufzüge, falsche Reihenfolge bei der Arbeitsverrichtung, unkontrollierte Frühstücks-, Mittags- und Abendpausen, unkontrollierter Arbeitsschichtwechsel, falsche Gewährung von freien Tagen, unqualifizierte Dienstplaneinteilung.
    Die wöchentlichen Dienstpläne für die Restaurants, des Etagenservice werden in Übereinstimmung mit den anfallenden Veranstaltungen (Banketten) erstellt, um mit einem Minimum an Extrakellnern zu arbeiten (Abstimmung der freien Tage des Servicepersonals mit den anfallenden Veranstaltungen).
42. Sämtliche Transportwege, Arbeits- und Dienstleistungen sind so gestaltet, dass lange Arbeitswege und Leerlauf vermieden werden.
43. Stellen- und Arbeitsplatzbeschreibungen sind als Rationalisierungsfaktoren eingesetzt.
44. Ein einheitlicher kooperativer Führungsstil, faire Behandlung und Förderung der Mitarbeiter helfen, die Personalfluktuation in allen Hotelabteilungen auf ein Minimum zu reduzieren.
45. Auch für das Personal werden attraktive Automaten mit Personalgetränken, Personalverpflegung eingesetzt.
46. Informationen aus Fachzeitungen, Fachzeitschriften, Fachbüchern, Prospekten, Fortbildungsmaßnahmen sind allen Mitarbeitern im Hotelbetrieb zugänglich.
47. Eine genaue Statistik über die Beanspruchung des Personals zu den verschiedenen Tageszeiten hilft, Leerlauf zu vermeiden und die Mitarbeiter volumengerecht einzusetzen.

48. Jegliche Einsparungsmöglichkeiten bei den betrieblichen Sozialversicherungen sind mit Fachleuten besprochen worden.

(C) Sonstiger Betriebsaufwand

49. Drucksachen, Formulare, Vordrucke für das Bestell-, Bestätigungs-, Einkaufs-, Kontroll-, Statistik-, Personal-, Energie- und Rechnungswesen sind vereinheitlicht und rationalisiert eingesetzt.
50. Die Kosten für Gästedrucksachen sind durch Reduzierung der Anzahl der Farben und mit Einsatz von Werbematerial von anderen Firmen auf ein Minimum herabgesetzt.
51. Unnötiger Büroplatz kann eventuell in Gästezimmer oder sonstige vermietbare Räume umfunktioniert werden.
52. Öffentliche Räume und die Empfangshalle werden mit vermietbaren Vitrinen und Schaufenstern wirtschaftlich genutzt.
53. Umtauschgewinne bei ausländischen Währungen fließen dem Hotel zu.
54. Wirkungsvolle Kontrolle und organisiertes Mahnwesen der noch offen stehenden Kundenrechnungen sind eingeführt.
55. Die Möglichkeiten der Gemeinschaftswerbung (der einzelne Betrieb tritt nicht in Erscheinung) und die der Kollektivwerbung (Hotel- und Gaststättenbetriebe sind bei gemeinsamen Werbeaktionen mit ihrem Namen vertreten) sind überprüft und ausgeschöpft.
56. Für die betriebsinternen Kontrollverfahren sind die wirtschaftlichsten Mittel eingesetzt (zum Beispiel elektronische Registrierkassen oder Computerkassen).
57. Der Verwaltungsaufwand (Buchhaltung, Management) steht in einem vernünftigen und gesunden Verhältnis zum Produktionsaufwand (Küche, Service, Beherbergung).
58. Es wird ständig überprüft, ob alte technische Einrichtungen im Hotel gegen neue ersetzt werden können und damit erheblich zur Rationalisierung beigetragen werden kann.
59. Jedes Jahr wird überprüft, ob der Hotelbetrieb mit seinen Maschinen und seinem Inventar über- oder unterversichert ist, die Versicherungsgesellschaften werden nach Einsparungs-Möglichkeiten befragt.
60. Sämtliche rechtlich möglichen Einsparungen bei den Steuern werden von der Buchhaltung in Anspruch genommen.
61. Sämtliche Dienstleistungen des Hotels sind daraufhin untersucht worden, ob der Gast sie als überflüssig empfindet oder sie als besondere Serviceleistung schätzt.

Energie-Einsparungsmaßnahmen

Mehr denn je wird deutlich, dass Energien wie Gas, Öl, Kohle, Strom nicht unbegrenzt zur Verfügung stehen. Heizung, Lüftung, Klimaanlage – das sind Grundvoraussetzungen in Hotellerie und Gastronomie, um marktgerechte Dienstleistungen zu verkaufen. Die stetig ansteigenden Energiekosten nehmen heute bei Klein- und Mittelbetrieben oft schon ein Volumen von 6 bis 8 Prozent der Gesamteinnahmen ein; eine Kostengröße, die niemand mehr unkontrolliert lassen darf.

Beleuchtung und Heizung werden oft als absatzproportionale Kostenart eingestuft – würden also erst bei Anwesenheit des Gastes anfallen. Tatsächlich aber gehört ein großer Teil der Energiekosten zu den fixen Kosten der Dienst- oder Leistungsbereitschaft eines Hotels.

Der Gesamtwirkungsgrad – und damit verbunden die Höhe der Kosten – hängt entscheidend vom technischen Zustand der Heizungs-, Lüftungs-, Klimaanlage ab. Geht man bei Neubauten dazu über, Anlagen und Bauteile zu verwenden, die bei optimalem Aufwand geringe Betriebskosten verursachen, so bringen gerade die älteren Hotels nicht immer die besten Voraussetzungen für optimalen Energieeinsatz mit.

Folgende Checkliste soll auf Energie-Einsparungsmaßnahmen und Lösungsmöglichkeiten aufmerksam machen. Sie ersetzt aber keinesfalls das Gespräch mit dem Fachmann.

Checkliste

1. Sämtliche Möglichkeiten der vorhandenen Energiequellen am Standort sind in einem Kostenvergleich gegenübergestellt worden.
2. Wo immer möglich, sind Energieleistungsmesser eingebaut, um den Verbrauch je Abteilung messbar und damit auch kontrollierbar zu halten.
3. Bei allen Wartungs- und Reparaturarbeiten wird überprüft, ob es billiger ist, die Arbeiten mit hauseigenen Technikern auszuführen oder eine Firma mit einem Wartungsvertrag zu beauftragen.

4. Checklisten für alle technischen Geräte dienen nicht nur der Sicherheit, sondern auch der Energieeinsparung.
5. Technische Einrichtungen sind ihrem Wert entsprechend versichert, genügend gegen Unfallgefahren abgeschirmt und werden nach einem Kontrollplan periodisch überprüft.
6. Bei der Anschaffung von technischen Geräten werden Leistungsfähigkeit, Kundendienst, Verfügbarkeit von Ersatzteilen, Reparaturanfälligkeit, Geräuschanfall und Bedienungsart zusammen mit dem Preis berücksichtigt.
7. Wo immer möglich, werden veraltete technische Einrichtungen durch neue Hilfsmittel ersetzt, wenn langfristig erhebliche Energieeinsparungen damit verbunden sind.
8. Bei jeglichem Maschineneinsatz wird vorher genau untersucht, ob die Leistungsfähigkeit dem Betrieb entspricht (nicht zu groß und nicht zu klein – einschließlich der nötigen Reserven).
9. Eine monatliche Kontrolle über den Energieverbrauch (Dampf, Wasser, Gas, Strom, Öl, Kohle) und der Wartungs- und Instandhaltungskosten wird durchgeführt.
10. Die Heizkörperverkleidungen in den Gästezimmern und öffentlichen Räumen sind „wärmeabgabefreundlich".
11. Ein Beleuchtungs- und Heizungsplan ist für die jeweilige Jahres- und Tageszeit aufgestellt.
12. Heizanlagen werden vor jeder Heizperiode auf Kesselstein, undichte Leitungen hin überprüft. Bei Ölheizungen ist eine automatische Heizungssteuerung eingesetzt.
13. Der Hotelbetrieb wird dahingehend überprüft, ob Wärmeverluste durch undichte Fenster oder Türen entstehen.
14. Niedrige Luftfeuchtigkeit bedeutet hohe Heizkosten. Die Luftfeuchtigkeit wird entsprechend kontrolliert.
15. Automatische Temperaturkontrollen im Belüftungssystem verhindern Überheizung.
16. Die Zimmerfrauen sind angewiesen, Heizung und Klimaanlage in unbelegten Gästezimmern auf ein Minimum herabzuschalten.
17. Stadtwerke, die Dampf liefern, unterhalten meist einen eigenen Service. Die Qualität des Dampfes wird von Zeit zu Zeit überprüft und entsprechende Hinweise für die optimale Nutzung des Dampfes werden ausgenützt.

18. Betreibt das Hotel eine eigene Kesselanlage, so sollte die Leistungsfähigkeit ständig überprüft werden, um bei einem Leistungsabfall sofort Abhilfe schaffen zu können.
19. Das Röhrenwerk wird ständig überprüft, und Schäden an Ventilen, Rohrverbindungen, Isolierungen werden sofort behoben.
20. Für Wäscherei, Küche, Schwimmbad sind zur Überwachung des Verbrauchs Zwischenzähler eingebaut.
21. Zur Vermeidung von Zugerscheinungen im Restaurant und zum sparsamen Energieeinsatz sind die Lüftungsanlagen mit automatischen Temperaturreglern ausgestattet.
22. Um häufiges Wechseln und Warten der Luftfilter zu vermeiden, sind so genannte Langzeit- oder Großflächenfilter eingebaut.
23. Filter, Luftkanäle von Küche und Wäscherei werden in sauberem Zustand gehalten, um einwandfreie Belüftung zu garantieren.
24. Mit einem Kontrollplan sorgt eine nächtliche Überprüfung dafür, dass alle nicht benötigten Geräte (zum Beispiel Spülmaschinen) abgeschaltet sind.
25. Für die Überprüfung und optimale Ausnutzung der Energielieferungen seitens der Stadtwerke wird eine Gesellschaft für Energiekostenkontrolle eingeschaltet, die mit den verschiedenen Tarifen und der günstigsten Berechnung vertraut ist.
26. Sämtliche Gästezimmer sind mit einheitlich festgelegten Lichtquellen versehen.
27. Für alle öffentlichen Räume (Veranstaltungsräume, Empfangshalle, Restaurants, Bars) kann zur Reinigungszeit das schwächere „Putzlicht" eingeschaltet werden.
28. Bei häufig notwendigem Wechsel von Glühbirnen wird die Stromspannung auf Schwankungen und auf zu hohe Voltzahl überprüft.
29. Wenn möglich, werden die durch Elektrizität betriebenen Ventilatoren (Küche, Wäscherei) zeitweilig abgeschaltet.
30. Nicht belegte Gästeetagen können separat klimatisch-technisch betreut werden, um Energiekosten zu sparen.
31. Stromverbrauch und Einschaltung der Klimaanlagen werden bei Bankettveranstaltungen genau kontrolliert.
32. Durch Ausschalten der Antriebsmotoren-Einrichtung einiger automatischer Aufzüge nach Mitternacht kann Strom gespart werden.
33. Die Korridorbeleuchtung kann während der späten Abendstunden und morgens früh reduziert werden.

34. Der Techniker der Nachtschicht hat außer seinen Überprüfungsarbeiten auch Überholungsarbeiten und Reparaturen durchzuführen (Großhotel).
35. Ein Kostenvergleich zwischen eigener Müllverbrennungsanlage und städtischer Müllabfuhr liegt vor.
36. Im Abluftkanal ist ein „Temperatur- oder Wärmewechsler" eingebaut, der der Abluft die Wärme entziehen und diese der kühlen Frisch-(Außen-)Luft zuführen kann.
37. Sind hoteleigene Verbrennungsöfen (Altpapier) eingesetzt, so wird der Abgastemperatur Wärme entzogen, zum Beispiel zum Aufheizen von Warmwasser.
38. Die Möglichkeit, so genannte „Wärmepumpen" einzusetzen, die Wärme von einer niedrigen auf eine höhere Temperatur bringen, ist mit einem Fachmann besprochen worden. Mit Hilfe von Wärmepumpen kann man die Wärme aus Grundwasser, Flüssen, Seen oder der Luft zu Heizzwecken nützen.
39. Die Wasser verbrauchenden Geräte in Küche und Wäscherei werden routinemäßig auf Lecks und einwandfreies Funktionieren hin überprüft.
40. Haustoiletten, Gästetoiletten mit Spülkasten haben den richtigen Wasserspiegel und werden wöchentlich inspiziert.
41. Die Brauseköpfe in den Duschen geben die richtige Wassermenge ab und sind überprüft.
42. Die Überprüfung und Regulierung des Härtegrades des Wassers sorgt dafür, dass Maschinen und Leitungen nicht durch Ablagerungen von zu hartem Wasser angegriffen werden.
43. Zum Kühlen von Speisen in Gefäßen wird kein fließendes Leitungswasser benutzt, sondern es werden sparende Kühlgeräte verwendet.
44. Es wird eine Vorauskalkulation des Energieverbrauchs vorgenommen. Bei Abweichungen von den tatsächlichen Energiekosten werden die Ursachen ermittelt.
45. Energieeinsparung gehört nicht allein zu den Aufgaben des technischen Leiters; alle Führungskräfte im Hotel arbeiten an einem detaillierten Katalog für Energie-Einsparungsmaßnahmen.

Reengineering – die Radikalkur für Hotellerie und Gastronomie

Wir alle wollen auf passendem Qualitätsniveau, flexibel, reaktionsschnell, wettbewerbsorientiert, innovativ, schlank, fortschrittlich, wirtschaftlich rentabel und mit höchster Gästezufriedenheit arbeiten. Ein gutes Dienstleistungsangebot macht aus gastronomischen Unternehmen noch keine Gewinner; es gilt umgekehrt, dass Gewinner marktgerechte, preiswürdige Qualitätsdienstleistungen anbieten. Zählt Business-Reengineering zu den neuen Wunderdrogen des Managements? Prozessorientierung (gezielt auf Gästezufriedenheit) beim Change-Management, Teamarbeit, Mitarbeiterbeteiligung und Empowerment, Rationalisierungsprogramme, Lean Management und Total-Quality-Management sind Techniken zur „Feineinstellung eines Hotelbetriebes" und können meist nur schrittweise zu Verbesserungen beitragen.

Was unterscheidet nun Business-Reengineering von den anderen Managementprogrammen zur Leistungsverbesserung? Unter Reengineering versteht man fundamentales Überdenken und radikales Redesign von Unternehmen oder wesentlichen Unternehmensprozessen, um in entscheidenden Größenordnungen Verbesserungen hinsichtlich Qualität, Kosteneinsatz und Wirtschaftlichkeit, Wettbewerbsfähigkeit, Flexibilität und Gästezufriedenheit zu erreichen. Reengineering will nicht bestehende Organisationen langsam verbessern, sondern radikal ändern. „Radix" (lat.) bedeutet die Wurzel. Radikales Reengineering beinhaltet also grundlegende Veränderungen in Hotel- und Gastronomiebetrieben oder wesentlichen Unternehmensprozessen.

Die Organisationsprinzipien der klassischen Unternehmen sind heute überholt. Auch das Tempo des technologischen Wandels treibt die Innovationen voran. Führungskräfte müssen viele Grundsätze und Verfahren „verlernen", die ihnen so lange Erfolg brachten. Der permanente Wandel wird zur Konstanten, im Käufermarkt der Hotellerie bestimmen die Gäste unser Preis- und Qualitätsniveau; der intensive Wettbewerb verlangt ständig nach neuen Ideen, um am Markt noch zu überleben. Man will einen radikalen Umsturz – bisherige Strategien „über Bord werfen, um ganz von vorn anzufangen". Reengineering übersetzt neue Zielrichtungen der Leistungssteigerungen unmittelbar in konkretes Handeln. Bestehendes soll nicht verbessert, verbilligt oder schneller werden, sondern losgelöst vom traditionellen Denken will Reengineering Kernprozesse neu überdenken und grundlegend umgestalten. Es geht nicht um Flickwerk, nicht um Notlösungen für die Optimierung bestehender Systeme. Sprunghaft verbesserte Leistungen in Bezug auf Qualität, Rentabilität und Serviceniveau für den Gast können nur mit radikalem Umdenken erreicht werden.

Die Überwindung der Trägheit alter Prozesse und Strukturen lässt Reengineering als Topmanagement-Aufgabe erscheinen. Erfolg stellt sich nur ein, wenn sich die Direktion eines Hotels selbst mit klaren Visionen, Engagement und Beharrlichkeit um Reengineering-Projekte bemüht und beim Planen und Umsetzen dieser Projekte von vornherein Teamarbeit geleistet wird. Die unmittelbare Mitwirkung des Topmanagements unterscheidet Reengineering auch von den kontinuierlichen Verbesserungsmöglichkeiten anderer Managementtechniken. Reengineering sieht das Unternehmen immer als Ganzheit, nicht als Summe seiner Teile. Der folgende Abschnitt soll nicht nur die wesentlichen Aspekte des Business-Reengineerings und seine Anwendung im Gastgewerbe herausstellen, sondern auch anhand von Beispielen aus der Praxis der Hotellerie und Gastronomie Interesse am eigenen Reengineering wecken.

Wer braucht Reengineering im Gastgewerbe?

Wer nur seine guten Betriebsergebnisse noch ein wenig steigern möchte oder leichte Qualitätsprobleme hat, braucht kein Reengineering. Konventionelle Managementtechniken reichen hier meist zur Feinabstimmung aus. Aber nicht nur Betriebe, die sich in einer Krise befinden, sehen im Reengineering den einzigen Weg zum Überleben. Viele Hotel- und Gaststättenbetriebe sehen in Business-Reengineering eine echte Chance, um von althergebrachten, ineffektiven und überholten Arbeitsprozessen loszukommen. Tradition bedeutet oft Stillstand und Stagnation – wenn nicht sogar Rückschritt! Fortschrittliche Unternehmer antworten auf neue wettbewerbliche Herausforderungen mit radikaler Änderung ihrer Geschäftsstrategie. Alle Unternehmen, die sich proaktiv auf die Zukunft einstellen wollen, um auf neuen Bahnen konkurrenzfähig zu bleiben, kümmern sich um Reengineering-Projekte in ihrem Betrieb. Der rasche und unbarmherzige Wandel unserer Zeit duldet keinen Aufschub mehr, um sich von antiquierten Geschäftsmethoden der Vergangenheit zu lösen.

Arbeitsfragen für ein Reengineering-Team

Wichtig ist, dass alle Arbeitsabläufe mit anderen Augen als etwas völlig Neues angesehen werden. Beim Reengineering wird nichts für selbstverständlich genommen; es ignoriert, was ist, und konzentriert sich auf das, was sein sollte. Warum wird diese Arbeitsstufe ausgeführt? Ist sie absolut erforderlich? Wer würde sie vermissen? Können ohne sie ebenso gute Ergebnisse erzielt werden? Was würde nicht erledigt werden? Kann die Arbeitsstufe eliminiert werden? Worauf kommt es bei diesem Unternehmensprozess an, was ist nur Nebensache? Wie lässt sich der Geschäftsprozess völlig neu konzipieren? Lässt sich der neue Weg wirtschaftlich optimieren? Werden Rahmenbedingungen geschaffen, um auf künftige Entwicklungen am Markt flexibel reagieren zu können? Wie kann bei der Neugestaltung der Dienstleistungsprozesse der Service für den Gast verbessert werden?

Reengineering beginnt mit einem „leeren Blatt Papier". Alles konzentriert sich auf die Gästezufriedenheit und den Gesamterfolg des Betriebes als Ganzes und nicht auf die Bedürfnisse einzelner Abteilungen oder Mitarbeiter. Stellen Sie sich vor, Sie würden Ihren Betrieb mit dem Wissensstand von heute und allen technologischen Möglichkeiten neu eröffnen; wie würden Sie dann neu anfangen und organisieren?

Grundregeln und Prinzipien für Reengineering

- Ausgangspunkt für jedes Reengineering ist das Globalziel: höhere Gästezufriedenheit mit wirtschaftlich und flexibel gestalteten Dienstleistungsprozessen.
- Reengineering kann nicht in vorsichtigen, kleinen Schritten geplant und realisiert werden.
- Veraltete Richtlinien müssen erkannt, die Annahmen überwunden und althergebrachte Arbeitsregeln über Bord geworfen werden.
- Qualität, Innovation, Service und gesteigerte Gästezufriedenheit sind wichtiger als Kostenkontrollen und kleine Rationalisierungserfolge.
- Abteilungsübergreifende Perspektiven können nur mit Teams, die an der Umgestaltung teilhaben oder davon betroffen sind, entwickelt werden.
- Wenn Unternehmensprozesse neu gestaltet werden, ist die erforderliche organisatorische Struktur leicht zu erkennen.

- Zur vordringlichsten Zielsetzung beim Reengineering gehört die Steigerung der Wertschöpfung für den Gast.
- Nicht einzelne Aufgaben sind neu zu organisieren, sondern das gesamte Dienstleistungserlebnis für den Gast.
- Arbeitsteilige Arbeitsabfolgen schaffen Probleme. Komprimierte Verantwortung für ganze Geschäftsprozesse muss der Einzelne oder das Team übernehmen.
- Mitarbeiter, die dem Arbeitsprozess am nächsten sind, sollen ihn auch selbst ausführen und direkte Verantwortung tragen.
- Strategie, Prozess und Informationssystem beeinflussen sich gegenseitig; neue Organisationen müssen ganzheitlich geplant werden.
- Parallel laufende Arbeitsprozesse sind beim Reengineering zu verknüpfen und nicht deren Einzelergebnisse zu integrieren.
- Entscheidungen müssen dort getroffen werden, wo die Arbeit ausgeführt wird (Teamverantwortung).
- Hierarchie und Bürokratie verschwinden, wenn Mitarbeiter lernen, sich selbst zu führen, zu kontrollieren und selbständig verantwortungsvoll zu entscheiden.
- Technologische Möglichkeiten (z. B. Computer) werden nicht eingesetzt, um derzeitige Arbeitsweisen zu verbessern oder zu rationalisieren, sondern um Neues zu tun.
- Dienstleistungen dürfen nicht nach Grundsätzen der Arbeitsteilung, sondern müssen prozessorientiert organisiert werden.
- Sensibilität und Schulung für Qualitätssicherungsmaßnahmen in Hotellerie und Gastronomie dienen als Grundlage für Reengineering-Maßnahmen.
- Führungskräfte werden bei jedem Reengineering-Projekt vom Kontrolleur und Aufpasser zum beratenden Coach.
- Alle Informationen sind auf einmal in der Abteilung zu erfassen, wo sie anfallen, und allen betroffenen Abteilungen zugänglich zu machen.
- Reengineering-Projekte sind funktionsübergreifend und erfordern die Mitwirkung, das Engagement, Vertrauen und die Kommunikation aller beteiligten oder betroffenen Mitarbeiter.
- Innovation ist der Schlüssel zum langfristigen Überleben, Reengineering ist mehr als ein kontinuierliches Verbessern.

Informationstechnik und Reengineering

Der technische Fortschritt und die Computertechnologie können und sollten bei umgestalteten Geschäftsprozessen im Rahmen von Reengineering-Projekten mitwirken. Die meisten Hotels aber nutzen die Datenverarbeitung und die Computer lediglich dazu, bestehende Arbeitsabläufe (z. B. Reservierung, Gäste-Check-in, Check-out, Restaurantabrechnung) zu beschleunigen und nicht um grundlegende Änderungen der Geschäftsprozesse zum Wohle des Gastes vorzunehmen. Bestehendes wird nur kalt automatisiert; veraltete Arbeitsprozesse werden mit Software erfasst, althergebrachte Geschäftsabläufe durch Computertechnik mechanisiert, ohne dass man sich vorher die Frage stellt, ob es nicht auch ganz anders ablaufen könnte. Will man die alten Trampelpfade verlassen, dann geht es um Reengineering der Arbeitsorganisation. Die Beschleunigung der hotelinternen Arbeitsabläufe hebt deren fundamentale Leistungsdefizite nicht auf. Die meisten Arbeitsabläufe in Hotellerie und Gastronomie wurden vor Ankunft des Computers, in Zeiten anderer Wettbewerbssituationen, konzipiert und sind nicht unbedingt gastzentriert und auf Qualitätsservice ausgerichtet. Traditionell richtet so manches Hotelmanagement immer noch seine volle Aufmerksamkeit auf Kosten, Umsatzwachstum und Kontrollen in allen Bereichen. Konzentration auf Gästezufriedenheit durch innovative Dienstleistungen und Qualitätsmanagement gehört aber zu den Hauptaufgaben der Führungskräfte von heute.

Beispiele aus der Praxis

Mehr Zeit und Service für den Restaurantgast

Das neu eingeführte elektronische Kassensystem war nur etwas schneller als das alte „Bonbuch"! Der Kellner nimmt auf einem Bestellblock handschriftlich für mehrere Gäste die Bestellung auf (1. Fehlerquelle). Diese Bestellung überträgt er auf den modernen Touchscreen (Bildschirm) nach mühsamem Blättern und Auswählen der Bildschirmseiten per Fingerdruck und erhält Bestellbons für die Küche und das Getränkebuffet (2. Fehlerquelle). Nach dem Getränkeservice geht er in die Küche und hofft, seine Speisenbestellung abholen zu können (der Gast wird alleine gelassen). Die später zu erstellende Rechnung erfolgt an der Computerkasse „per Knopfdruck"; Probleme gibt es allerdings, wenn die Gäste am Tisch alle einzeln eine Rechnung bekommen wollen. Hier nutzte man die Elektronik nur, um althergebrachte Abläufe mit technischen Hilfsmitteln für den Kellner zu verbessern. Der Service für den Gast wurde nicht besser; und häufig mussten die Servicekräfte ihre Bestellungen nachträglich an der Kasse eingeben, weil der Bildschirm gerade vom Kollegen besetzt war. Reengineering will nicht die alten Abläufe auf den Computer bringen, sondern stellt die Frage: Wie können beim Bestellvorgang der Service für den Gast verbessert und alle Fehlerquellen ausgeschaltet werden? Anstelle des Bestellblocks hat nun der Kellner eine Miniaturkarte, bei der neben den Artikeln ein Lasercode steht. Dank des „Scannerstifts" muss der Kellner bei einer größeren Bestellung nichts mehr notieren. Tischnummer, „Gastnummer" und die individuellen Gästewünsche werden jetzt beim Blickkontakt zum Gast oder bei einem beratenden Verkaufsgespräch mit dem „Scannerstift" als Speicher schnell erfasst. Die für den Gast nicht einzusehende Computerkasse des Restaurants hat mehrere Bildschirme, an denen nun die Kellner ihren Speicherstift wie einen Schlüssel einstecken und am Bildschirm ihre Bestellung vor der Übermittlung (Sender und Drucker) an die Küche und an die elektronische Schankanlage noch einmal überprüfen können (Selbstkontrolle). Übertragungsfehler und Wartezeiten an der Kasse werden auf diese Weise ausgeschaltet, der Kellner muss nicht mehr schreiben, suchen und drücken; er bleibt auch bei seinen Gästen im Restaurant, bis sein „Scanner-Speicherstift" leise piept und seine Bestellung von der Küche abzuholen ist. Beilagenwechsel, Sonderwünsche und die Erstellung von Einzelrechnungen für die Gäste sind ebenfalls unproblematisch mit dem Scannerstift an den Bildschirmen der Restaurantkasse zu markieren. Reengineering des Bestellvorgangs brachte mehr Zeit für verbesserten Qualitätsservice am Gast.

Ausschaltung überholter Geschäftsprozesse

In einem Großhotel war der Lebensmitteleinkauf wie folgt organisiert: Küchenchef und Lagerverwalter erfassen ihre Bestellungen für Frischwaren auf der Marktliste und für Kolonialwaren auf Bestelllisten, für die der Einkäufer des Hotels Kaufaufträge erstellt. Kopien der Kaufaufträge und mit Einkaufspreisen versehene Marktlisten gehen an die Warenannahme, an das Kontrollbüro, an das Lebensmittellager und zum Küchenchef. Bei der Warenannahme wird die Lieferung mit den Kaufaufträgen und der Marktliste überprüft, im Wareneingangskontrollbuch erfasst und die bestätigten Lieferscheinkopien an das Kontrollbüro weitergegeben. Die Rechnungen der Lieferanten werden im Kontrollbüro auch auf vereinbarte Preise mit den von der Warenannahme bestätigten Lieferscheinen und den

Kaufaufträgen verglichen, kontrolliert und für die Buchhaltung des Hotels zur Zahlung freigegeben. Nach nochmaliger Kontrolle unterschreiben der kaufmännische Direktor und der Generaldirektor den Scheck zur Begleichung der Rechnung seitens des Lieferanten. Mindestens sieben Personen sind an der Abwicklung dieses Geschäftsprozesses beteiligt. Die Kontrolle erscheint lückenlos, allerdings war der ganze Vorgang zeitaufwendig und brachte unzufriedene Lieferanten, die auf ihr Geld warteten. Das Grundprinzip lautete: Wir zahlen, wenn wir die Rechnung erhalten und die Rechnung unsere einzelnen Kontrollhürden überwunden hat.

Reengineering mit einem Warenbestellsystem per Computer seitens des Küchenchefs eliminiert einige Arbeitsabläufe und deren Papierkrieg. Nach Rücksprache mit den Lieferanten (keine Lieferung ohne Rechnung) kam man zu dem neuen Grundprinzip: Wir zahlen direkt nach Erhalt der überprüften Waren. Alle notwendigen Daten (vereinbarte Preise, Liefermengen etc.) werden am Bildschirm bei der Warenannahme überprüft, bestätigt und auch für das Lebensmittellager erfasst. Durch den Einsatz von Expertensystemen und Datenbanken können Hotelabteilungen ihre eigenen Einkäufe tätigen, ohne auf die Unterstützung der Einkaufsabteilung verzichten zu müssen. Der nun „reengineerte" Geschäftsablauf ist schneller, verursacht weniger Fehler und erspart viele Unstimmigkeiten und Arbeitsstunden im Hotelbetrieb.

Weg vom 8-Stunden-Schicht-Dienstplan

Die Fünftagewoche, die 38- bis 40-Stundenwoche, Schichtdienstpläne mit acht Arbeitsstunden, wöchentliche Dienstpläne, Teil- oder Splitdienste, unerwartete Überstunden und geringe Planbarkeit der persönlichen Freizeit prägen auch heute noch die Arbeitswelt im Gastgewerbe. Die abteilungsübergreifende Einführung der flexiblen Arbeitszeit gehört zu wirklichem Reengineering in Hotellerie und Gastronomie. Für alle Mitarbeiter des gastgewerblichen Betriebes werden gewohnte Arbeitszeiten aufgegeben. Individuell staffelbare Dienstpläne mit Drei- und Vier-Stunden-Blöcken, Zeiterfassung mit Zeitkonten, vierzehntägige Dienstpläne, Jahresarbeitsverträge auf Stundenbasis, Gleichwertigkeit von Teilzeitarbeit ermöglichen einerseits Wunsch-Freizeitpläne für die Mitarbeiter, andererseits aber auch durch kapazitätsorientierten Mitarbeitereinsatz einen besseren Service für den Gast. Einem Mitarbeiter mit Gästekontakt fällt das Lächeln und Freundlichsein vier oder sechs Stunden am Tag leichter als bei dem traditionellen Arbeitstag von acht Stunden.

Komprimierte Verantwortlichkeit für das Restaurant

Als der Oberkellner und einige Servicemitarbeiter des Restaurants kündigten und kein passender Ersatz gefunden werden konnte, dachte die Direktion des Hotels an Reengineering. Man sprach mit dem dynamischen Küchenchef und überzeugte ihn, doch auch die Verantwortung für den Service zu übernehmen. Er sollte sich bei der Neueinstellung nicht um Restaurantfachleute (Kellner), sondern um Koch-Kellner (Mitarbeiter mit beiden Lehren) bemühen. Die früher scharf getrennten Abteilungen Küche und Service sind nun zu einem gemeinsamen Profit-Center mit hohem Qualitätsniveau zusammengewachsen. Der zum „Gastronomieleiter" beförderte Küchenchef und seine Mitarbeiter wurden an dem Bereichsergebnis (Bruttogewinn) beteiligt. Früher fühlte er sich als Küchenchef nur für die Qualität der Küchenleistungen und deren Wareneinsatz verantwortlich. Spannungen (Schwarz-Weiß-Denken) zwischen Küche und Service gehörten zum Alltag.

Das Reengineering kennt keine Unterscheidung zwischen Kellnern und Köchen; es gibt ein gastronomisches Team, das – vielleicht auch durch Erfolgsbeteiligung – daran interessiert ist, einen hohen Gästezufriedenheitsgrad mit hervorragenden Küchen- und Serviceleistungen unter dem Gesichtspunkt der Wirtschaftlichkeit zu erreichen. Bei diesem Reengineering-Projekt lernte die Direktion die Bedeutung der Zahlentransparenz für alle Mitarbeiter schätzen. Nur wer informiert ist und sich Ziele setzen kann, wird sich für Ergebnisse auch verantwortlich fühlen können.

Reengineering verändert die Rahmenbedingungen

Erfolgreich durchgeführte Engineering-Projekte bewirken viele Änderungen im Betrieb. Aus klar abgegrenzten Hotelabteilungen werden Prozessteams, Führungskräfte vom „Kontrolleur" zum „Coach", und einfache Aufgaben werden durch multidimensionale Berufsbilder ersetzt. Warum sollte nicht auch eine Rezeptionistin am Hotelempfang mittags die Gäste im Restaurant platzieren und ihnen die Angebotskarten bringen können? Wir brauchen keine Spezialisten, sondern Generalisten im Hotel, die sich als Gastgeber verstehen und denen die Zufriedenheit der Gäste am Herzen liegt. Die Grenzen der Zuständigkeiten verwischen. Jedes Teammitglied eines Arbeitsprozesses wird bei der täglichen Arbeit eine breitere Palette von Fähigkeiten einsetzen und gewinnt durch mehr

Informationen ein besseres Verständnis für den Gesamtprozess. Wenn ein Kellner für eine Bankettveranstaltung von der Begrüßung bis zur Verabschiedung als Gastgeber zuständig und verantwortlich gemacht wird, führt allein das Gefühl der Vollständigkeit der erbrachten Dienstleistungen zu höherer Arbeitszufriedenheit. Reengineering ersetzt Kontrolle durch „Empowerment" (Bevollmächtigung); es wird von allen Teammitgliedern erwartet, dass sie mitdenken, Eigeninitiative entwickeln, Informationen austauschen und auch selbständig Entscheidungen treffen. Sie befolgen nicht mehr festgelegte Regeln, sondern erstellen sich eigene Regeln mit voller Flexibilität und Einfühlungsvermögen, um Gästewünsche zu erfüllen. Eine befriedigendere Arbeit wird gleichzeitig auch anspruchsvoller und schwieriger. Das Management verlegt den Schwerpunkt daher vom Anlernen und Einarbeiten auf die Aus- und Weiterbildung. Ausgebildete Mitdenker in Hotellerie und Gastronomie verstehen, warum eine Tätigkeit ausgeführt werden muss. Reengineering gibt den Führungskräften mehr Zeit zur Unterstützung und Beratung ihrer Mitarbeiter. Vom Aufseher zum Coach entwickeln sich Führungskräfte im „Reengineering-Klima" zu wirklichen Führungspersönlichkeiten. Sicherlich müssen sich auch die Bewertungs- und Entlohnungssysteme ändern. Bei Beförderungskriterien stehen nun statt Leistung die Fähigkeiten eines Mitarbeiters im Vordergrund. Prämiensysteme, gekoppelt an die erreichte Gästezufriedenheit und das erwirtschaftete Bereichsergebnis, lassen Mit-Arbeiter zu Mit-Unternehmern werden. Nach erfolgtem Reengineering dienen dann die bekannten Managementmodelle wie Total-Quality-Management, Teammanagement und Empowerment, Lean Management, Management by objectives u. a. zur Feinabstimmung im Betrieb.

Change-Management mit dem Internet

Change-Management in unseren heutigen turbulenten Umweltsituationen gehört als Eckpfeiler zum Erfolgsmanagement. Die technologischen Möglichkeiten haben zu einer dynamischen Entwicklung der Kommunikation beigetragen. Neue Begriffe wie „Daten-Highway", „Internet", „E-Mail" oder „World Wide Web" gehören nicht nur zum Vokabular weniger Computerfreaks, sondern zum unverzichtbaren Management-Know-how der Zukunft. Der Kreis der Tourismuspartner, die das Internet für Werbung, Online-Reservierung und Verkauf sowie Informations- und Kommunikationszwecke nutzen, erweitert sich ständig.

Gehört die Internet-Anwendung nur zum Management von Großbetrieben, von Hotelketten? Gibt es sinnvolle Einsatzmöglichkeiten dieses weitweiten Netzes aus der Sicht der mittelständischen Hotellerie und Gastronomie? Nach welchen Kriterien sollte die Auswahl von Netzanbietern und Internet-Diensten erfolgen? Was kann das Management des Gastgewerbes mit Internet anfangen? Mit welchem Aufwand und welchen Kosten ist die Nutzung des Internets verbunden? Lässt sich der Online-Einstieg problemlos in die vorhandene Unternehmensstruktur bewerkstelligen? Wohin wird die neue Generation von Informationssystemen führen? Welches Paket an Services und Leistungen der vielen Online-Dienst-Anbieter mit welchem Abrechnungssystem ist für den jeweiligen Betrieb am vorteilhaftesten? Können Qualitäts- und Kostensenkungsstrategien durch den Einsatz des Internets unterstützt werden? Welche informationsorientierten Managementsysteme (z. B. Lean Management, Reengineering, Change-Management und KAIZEN) können vom Internet profitieren?

Mit dem Internet ist die Vision des „Global Village", des weltumspannenden Dorfes – das Ziel für die Ausbreitung und Verbreitung elektronischer Netze – zum größten Teil schon Wirklichkeit geworden. Der folgende Abschnitt soll keineswegs versuchen, „computerspezifisch" das Internet darzustellen, sondern will vielmehr die für das Hotelmanagement wichtigsten Anwendungsmöglichkeiten im Internet jetzt und in naher Zukunft aufzeigen.

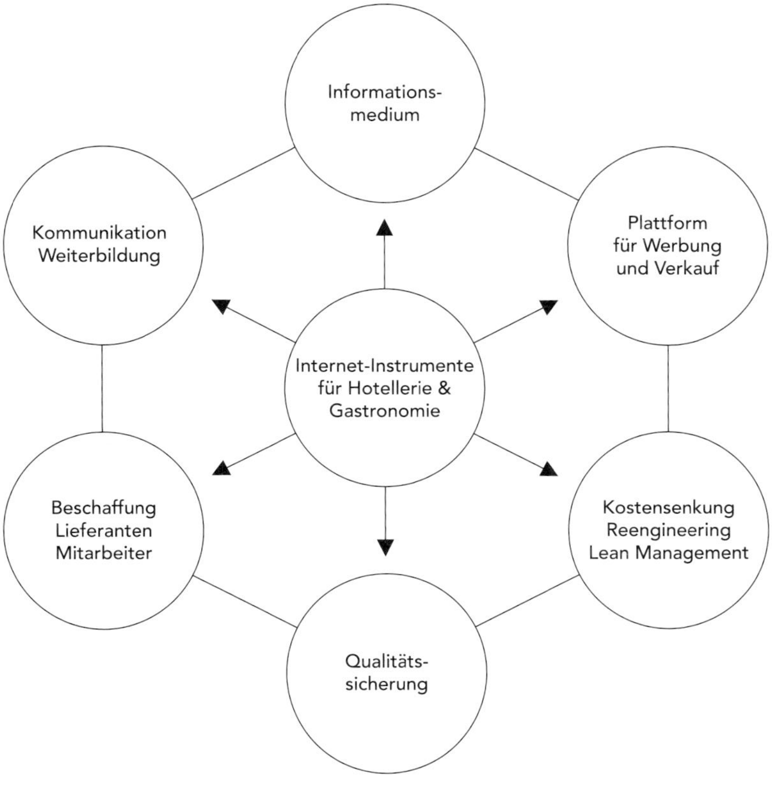

Anwendungsmöglichkeiten des Internets für Hotellerie und Gastronomie

Internet-Instrumentarium zur Anwendung in Hotellerie und Gastronomie

Anwendungsmöglichkeiten und Nutzen eines Internet-Anschlusses für Unternehmen der Hotellerie und Gastronomie kann man in sechs Hauptbereichen sehen:

- als Informationsmedium
- als Kommunikationsinstrument
- als Plattform für Werbung und Verkauf

- als Beschaffungsinstrument für Lieferanten und Mitarbeiter
- als Qualitätsprogramm
- und als Kostensenkungsprogramm

Internet als Informationsmedium

Das Internet wurde ursprünglich fast ausschließlich von Universitäten für Forschungsarbeiten, Recherchen und Informationsaustausch genutzt. Die große Informationsfülle, kombiniert mit den grafischen Präsentationsmöglichkeiten, lässt Imagepflege und Öffentlichkeitsarbeit auch für kleinere Hotels per Internet zu. Das Hotel oder das Restaurant können nun in aller Ausführlichkeit dargestellt werden. Das Internet und die „Web-Site" des Hotelbetriebes können als Informationsweg zur Öffentlichkeit genutzt werden. Mit schnell aktualisierten Informationen über den Betrieb und seine Servicemöglichkeiten kann auch die Pressearbeit (gut aufbereitete Unternehmensinformationen, Firmenarchive etc.) unterstützt werden. Allein schon die Präsenz im Internet (die meisten Hotelketten sind voll vertreten) lässt den gastgewerblichen Betrieb als weltoffen und innovativ erscheinen.

Informationsabfragen werden von den „Web-Site-Besuchern" im Internet selbst zusammengestellt. Als Informationsanbieter können also die Hotels gar nicht zu viele Informationen mit Bildern, Texten, Sound und Video leicht auswählbar zusammenstellen.

Natürlich muss der Interessent auch jederzeit die Möglichkeit haben – in der Regel über E-Mail –, mit dem Hotel Kontakt aufzunehmen (z. B. um Zimmer zu reservieren, Tagungen zu buchen) und weitere Informationen einzuholen. Mit einer Art Informations- und Hotline-Service lassen sich auch für das Restaurant die täglich wechselnden Tagesspezialitäten, Food-Festivals, Ausstellungen, Künstlerabende, Vernissagen und Sonderveranstaltungen mit viel Informationswert für interessierte Gäste abrufbar gestalten. Auch in den normalen Hotelprospekten und Informationsmappen (z. B. Tagungspauschalen etc.) sollte auf diesen Informationsdienst per Internet mit E-Mail-Adresse des Hotelbetriebes hingewiesen werden.

Jedes Hotelmanagement hat ein Interesse daran, mit positiven Berichten über das Hotel, Veranstaltungen, neue Serviceleistungen, berühmte Gäste und Sonderaktionen in den Zeitungen erwähnt zu werden. Ständig aktualisierte und in der Sprache der Medien unterschiedlich verfasste Pressenachrichten müssen jedem Journalisten übersichtlich als schnelle Information zur Verfügung stehen. Den Fachjournalisten ohne Internet-Zugang wird es bald nicht mehr geben! Firmenarchive mit Bildern von der Direktion und den leitenden Mitarbeitern, dem Hotelbetrieb in den verschiedenen Jahreszeiten können unter „Pressedienst" im Internet den Journalisten bei ihrer Arbeit helfen und damit auch die Öffentlichkeitsarbeit verbessern.

Internet als Kommunikationsinstrument

Der wohl meistgenutzte Dienst im Internet ist die E-Mail. Über Internet können E-Mails an alle Internet-User gesendet bzw. von diesen empfangen werden. Darüber hinaus verfügen beinahe alle Informations-Datennetze (z. B. PAN, CompuServe, MCI-Mail) über eine Verbindung zum Internet und können die Internet-E-Mail weiterleiten. Das „Internet-Hotel" kann mit E-Mail blitzschnell und entschieden kostengünstiger als mit der traditionellen Post kommunizieren. Neue E-Mail-Standards (MIME) unterstützen nicht nur den schnellen Versand von Textnachrichten, sondern auch die Zusendung von Bildern, Grafiken und umfangreichen Dokumenten. Wohin auch immer die elektronische Post verschickt wird, die Kosten sind immer gleich hoch. Außerdem bleibt der Text der verschickten Mails EDV-mäßig editierbar und kann auf dem Rechner des Empfängers aus seinem „elektronischen Postkasten" heraus weiterverarbeitet werden.

Neben dem Versand elektronischer Post an Internet-Teilnehmer ist es auch möglich, über das Internet E-Mail als Fax oder eventuell sogar als Briefpost zuzustellen. Die E-Mail als effizientes Kommunikationsmedium wird auch zukünftig zu den hohen Wachstumsraten von Internet-Anschlüssen beitragen.

Die Web-Site des Hotelbetriebes kann aufgrund der netzwerkfähigen Benutzeroberfläche nicht nur für das Internet, sondern auch als Plattform für die interne Information verwendet werden. E-Mail ist als Kommunikationsweg für Mitarbeiter untereinander einsetzbar und vermindert die interne Hauspost. Kosten, Zeit und lange Wege werden gespart; die Kommunikation wird effizienter, schneller und flexibler. Es empfiehlt sich, eine Web-Site für die Mitarbeiter zur internen Kommunikation und eine mit einem Internet-Ausgang für die Öffentlichkeit zur Verfügung zu stellen. Jeder Betrieb kann jetzt seine eigene Mitarbeiterzeitung auf der internen Web-Site ohne Druckkosten entwickeln. Mit dem Unternehmensleitbild, den geschäftspolitischen Richtlinien, Arbeitsanweisungen, Verhaltensregeln etc. können auch neue Mitarbeiter schnell im und mit dem Unternehmen bekannt gemacht werden.

Nicht nur Hotelkonzerne vereinen mit ihren Mitarbeitern ein riesiges Potenzial an Wissen. Die interne Kommunikation wird von dem betrieblichen Vorschlagswesen per E-Mail profitieren. Zu jedem Dienstleistungsbereich im Hotel lässt sich ein „Pool mit Expertenwissen" für jedermann abrufbar sammeln und austauschen.

In den Bereich der externen Kommunikation fällt der vernetzte Zugriff auf Datenbanken mit Betriebsvergleichen, Kennzahlen als Frühwarnsystem für das Management oder die weitweiten PIMS-Datenbanken (Profit Impact of Marketing Strategies), die auch über die Branche hinaus Managemententscheidungen vorbereiten helfen (Benchmarking). Natürlich werden diese Informationen nicht kostenlos sein.

Als Internet-Teilnehmer kann das Hotelmanagement seinen Mitarbeitern mit „Telelearning" zu jedem Fachgebiet der Hotellerie und Gastronomie Fort- und Weiterbildung anbieten. Die Informationen über die Fernlehrkurse finden sie im Internet; nach Auswahl und Bezahlung erscheint dann der erste Lehrbrief zum Bearbeiten in der E-Mail-Box des Bestellers. Kostengünstige, schnelle und bequeme Weiterbildung im Internet bringt den Vorteil des selbständigen Lernens; unabhängig von Zeit und Ort können Reisekosten zu teuren Seminaren gespart werden. Die Möglichkeit zur weltweiten Kommunikation und die Selbstbestimmung der Lerngeschwindigkeit gleichen die Nachteile des „isolierten Lernens" bei den computergesteuerten Fernlehrprogrammen aus. Die Ergebnisse der Zwischentests pro Mitarbeiter erlauben es auch dem Hotelmanagement, den Lernfortschritt bei den bezahlten Trainingsprogrammen individuell zu kontrollieren.

Internet als Plattform für Werbung und Verkauf

Viele Hotels verwenden das Internet für Selbstdarstellungen und Werbung, für die Präsentation des Hotelangebots, die unterschiedlichen Preiskategorien und für den Verkauf (Buchung und Reservierung) von Hotelzimmern, Tagungs- und Veranstaltungsräumen. Die Zahl der kommerziellen Informationsanbieter im Internet nimmt ständig zu. Informationsorientierte Dienstleistungen wie zum Beispiel Reiseinformationen mit Flug- und Bahnplänen, Last-Minute-Flüge und -Reisen lassen sich heute über das Internet problemlos abrufen. Ausführliche Bild- und Textinformationen über Reiseziele, Tipps für Reisende, allgemeine Informationen über das Reiseland, Geld, Gesundheitsvorsorge, Wetter, Karten, Schulferien, Zeitzonen, Zusatzversicherungen, das Recht auf der Reise, Transportmöglichkeiten am Zielort u. a. gehören zu den Grundinformationen, die das Internet für die ganze Welt bereithält.

Die Tourismusbranche insgesamt profitiert überdurchschnittlich von den Werbemöglichkeiten mit und durch das Internet. Schon jetzt ist es für in- und ausländische Urlauber möglich, Ferienangebote, Sehenswürdigkeiten und Attraktionen bestimmter Regionen im Detail via Internet zu erhalten. Die traditionellen und kommerziellen Medien müssen sich in ihrer Berichterstattung auf den Massengeschmack konzentrieren; das Internet braucht sich nicht um solche Zwänge zu kümmern. In vielen Hotels können bereits Reservierungen über das Internet vorgenommen werden; die österreichische Gemeinde Bad Kleinkirchheim bietet ein komplettes Tourismusinformationssystem an, das Hotels, Ferienattraktionen, Veranstaltungen zu jeder Jahreszeit mit ausgereiften Angebotspaletten umfasst; die ganzjährige Internet-Akademie für Urlaubsgäste und der jährliche Internet Congress zeigen die rasante Entwicklung der touristischen Werbelinien im Internet auf.

Ohne Zweifel muss auch oder gerade in einem Medium wie dem Internet mit seinen etlichen Millionen Nutzern Werbung attraktiv sein, denn das gewaltige Nutzerpotenzial muss relativiert werden. Aber weltweite Präsenz, geringe Kosten des „Electronic Advertising", lang andauernde Präsenz, Dialogmöglichkeiten mit dem potenziellen Gast, Aktualität des Angebots und der Werbebotschaft sowie positives Image (Präsenz im Internet) können zu einer „Unique Advertising Proposition via Internet" beitragen. Als Instrument der Marktkommunikation (Werbung und Verkaufsförderung) hat das Internet noch keineswegs die klassischen Werbemedien im Tourismus ersetzt. Die Position des Internet-Instruments im Marketingmix wird jedoch ständig stärker, es lohnt sich daher, den Informations-Highway für touristische Werbung zu nutzen.

Der direkte Online-Verkauf ist in Deutschland bislang noch unterentwickelt. Die Kunden können auf der Lufthansa-Web-Site zwar sehen, ob auf den Flügen noch Plätze frei sind, aber keine Online-Bestellungen und -Reservierungen aufgeben. Hotelzimmer könnten wesentlich leichter als Flugtickets am Reisebüro vorbei direkt reserviert werden. Mit einer höheren Übertragungsgeschwindigkeit und einem zuverlässigen Zahlungssystem wird das Internet als „virtuelles Reisebüro" den herkömmlichen Reisebüros Konkurrenz machen. Vielleicht gehört zukünftig das Yield-Management für den Beherbergungsbereich in das Internet.

Internet als Beschaffungsinstrument für Lieferanten und Mitarbeiter

Im Hoteleinkauf wird man das Internet einsetzen, um sich über Produkte, Preise und Dienstleistungen der Lieferanten zu informieren. Jeder Hotellieferant kann sein ganzes Leistungsspektrum auf einer Web-Site darstellen und täglich aktualisieren. Mit speziellen Suchprogrammen lässt sich stets das beste Angebot für bestimmte Produkte und Dienstleistungen finden. Lieferantenbeziehungen werden über das Internet kostengünstiger und flexibel; damit können auch Beschaffungsentscheidungen fundierter getroffen werden.

Bei der Mitarbeiterbeschaffung können gezielt freie Stellen (z. B. für den Verkauf, den Empfang und die Buchhaltung) auf der Hotel-Web-Site ausgeschrieben werden. Gut qualifizierte Mitarbeiter mit EDV-Kenntnissen lassen sich im Internet finden. Auch für andere Positionen werden „elektronische Arbeitsämter" als Personalvermittler ihre Dienste anbieten.

Internet als Kostensenkungsstrategie

Kosten für Versand, Telefon, Fax, interne und externe Kommunikation, Prospektdruck, Stellenausschreibungen, Marketing, Training (Telelearning) und Beschaffung sind sicherlich nur einige Beispiele dafür, wie sich mit dem Internet eine Kostensenkungsstrategie planen lässt.

Mit dem Internet lässt sich auch im Rahmen eines Reengineering-Projektes der Kommunikationsfluss und die Entscheidungsqualität verbessern. Ein vernetztes Hotel kann überall auf der Welt und zu jeder Zeit Buchungen und Reservierungen tätigen. EDV- und informationsorientierte Dienstleistungen, z. B. Buchhaltungstätigkeiten, lassen sich über das Internet outsourcen. Mit dem Internet als systemunabhängiges Netzwerk lassen sich alle kostenoptimierenden Managementstrategien verfeinern.

Internet als Qualitätssicherungsprogramm

KAIZEN oder die kontinuierliche Verbesserung von Produkten und Dienstleistungen im Gastgewerbe wird durch den kommunikativen Aspekt des Internets unterstützt. So hat sich der Zugriff jeder Hotelabteilung auf die qualitätsorientierte Stammgästekartei als positiv herausgestellt. Gästebefragungen durch das Internet, die Sammlung und Auswertung von Gästekommentaren via E-Mail, ein „Hotline-Service" für Gästewünsche und deren prompte Beantwortung und Erledigung werden die Gästezufriedenheit erhöhen.

Die Erfassung aller Dienstleistungsprobleme aus der Sicht des Gastes dient der Qualitätssicherung und der Ermittlung des Schulungsbedarfs seitens der Mitarbeiter. Marktforschung und Marktbeobachtung mittels Datenbanken im Internet ermöglichen die ständige Verbesserung in allen Unternehmensbereichen. Internet als innovatives Medium fördert das kreative Qualitätsdenken im Management von morgen.

Netzplantechnik in der Hotellerie

Der berufliche Alltag in der Hotellerie setzt sich oft aus einer Vielzahl kompliziert zueinander gehörender Einzelvorgänge zusammen. Die optimale Terminplanung wird zum Engpass für den organisationsbewussten Hotelmanager. Bei der Wahl des Planungsmittels gilt es, Aufwand und Nutzen nüchtern zu vergleichen und die Methode auszuwählen, die den größtmöglichen Erfolg verspricht. Aufgaben, bei denen Zeit und Kosten eine ausschlaggebende Rolle spielen, können mit Hilfe der Netzplantechnik geplant, überwacht und in der Ausführung gesteuert werden. Als moderne Technik des „Operations Research" gehört dieses Planungsverfahren zu den geeigneten Führungs- und Kontrollinstrumenten des Hotelmanagements von morgen.

Zweck und Anwendungsbereich der Netzplantechnik

Zur systematischen Erfassung aller Tätigkeiten und Ereignisse, die die Planung eines Projektes mit sich bringt, fungiert der Netzplan zunächst als zuverlässiger Terminplan. Hier werden die einzelnen Vorgänge in ihrer Reihenfolge und gegenseitigen Abhängigkeit sichtbar und in der Projektausführung durch Koordination, Überwachung und Steuerung zielorientiert gehalten. Für die unerschöpflichen Anwendungsmöglichkeiten der Netzplantechnik in der Hotellerie dienen folgende Beispiele aus der Praxis als Veranschaulichung:

- Planung zur Durchführung von Spezialitätenwochen (Food-Festival) im Hotel
- Eröffnungen von Restaurants und Bars
- Ablauf des „Voreröffnungsmanagements" eines Hotelprojekts (pre-opening management)
- Einsatz einer Werbekampagne für das Hotel
- Überwachung von Reparatur- und Dekorationsaufträgen
- Vorausplanung von Großveranstaltungen/Banketten
- Überprüfung und Steuerung des Reinigungsprogramms im Hotel
- Erstellungen von langfristigen Trainingsprogrammen
- Übersicht über die integrierte Personaleinsatzplanung

Die Zweckmäßigkeit jeglicher Projektüberwachung durch Netzplansysteme spiegelt sich in der allseitigen Anerkennung der Netzplantechnik wider. Zwar lassen sich die Vorteile dieses Planungssystems nicht immer in Geld ausdrücken, aber jede erfolgreiche Planungs- und Überwachungsmethode der Arbeitsablaufgestaltung muss sich positiv auf die Gewinnsituation auswirken. Netzplantechnik dient dabei nicht nur zur besseren Kostenplanung und Kostenüberwachung durch Reduktion von Projektzeiten, sondern hier werden Möglichkeiten aufgezeigt, um bei einer Voraussage von Engpässen Alternativlösungen zu testen. Das Management hat es in der Hand, durch eine bessere Koordinationsmöglichkeit zwischen den einzelnen Operationen für eine genauere und wirksamere Ablaufplanung von Projekten zu sorgen. Projekte benötigen Betriebsmittel, wie Arbeitskräfte, Geld, Maschinen und Material. Dabei gilt es, diese Einsatzfaktoren in enger Verbindung mit der Methode der Arbeitsdurchführung und in ihrer zeitgemäßen Reihenfolge fachmännisch zu organisieren.

Terminologie zur Netzplantechnik

(A)

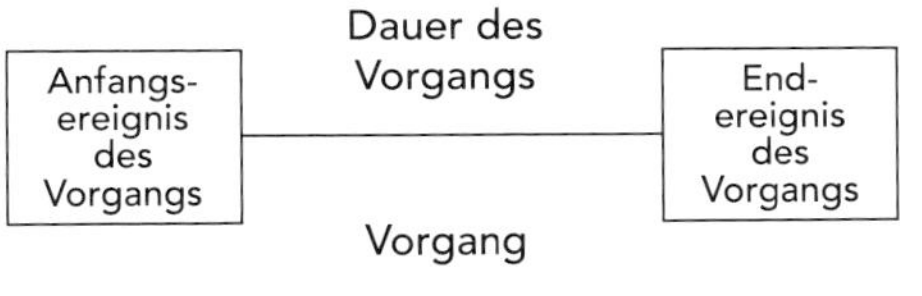

Die verschiedenen Arbeitsabschnitte eines Projektes bezeichnet man als Vorgänge. Vorgänge als Teile eines Projektes dienen zur Erreichung eines klar definierten Zieles und stehen immer in einer logischen Reihenfolge zueinander. Bestandteile eines Vorgangs:

1. **Anfangsereignis**
2. **Dauer des Vorgangs**
3. **Endereignis**

(B)

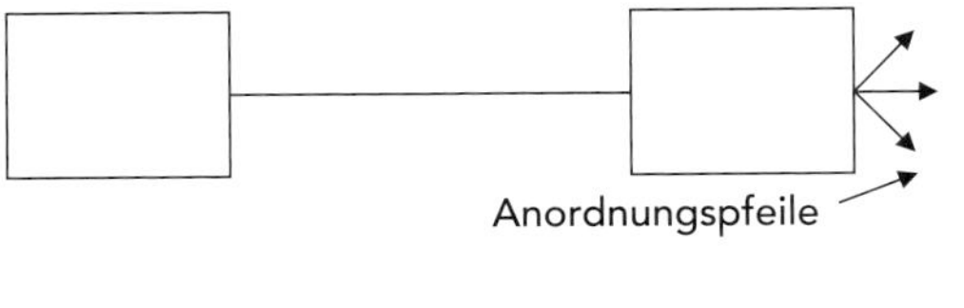

Die Reihenfolge und Anordnungsbeziehung von Vorgängen im Netzplan werden durch Anordnungspfeile aufgezeigt.

Die Vorgangsbezeichnung charakterisiert eine Tätigkeit, die den wesentlichen Inhalt des Vorgangs wiedergibt.

(C)

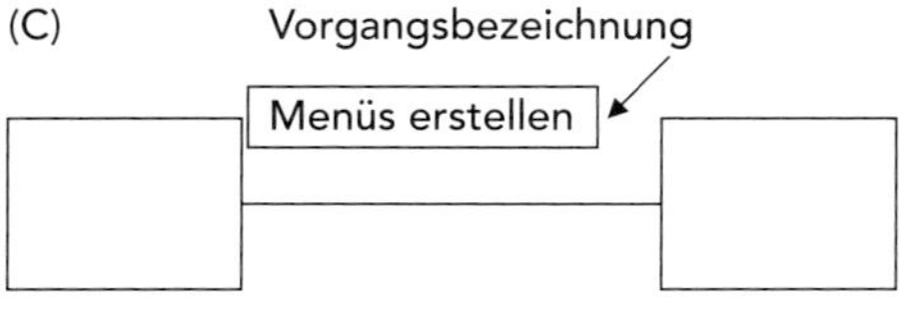

Anfangs- und Endereignis eines Vorgangs werden durch aufeinander folgende Zahlen aufsteigender Folge beziffert. Dabei kann die Nummerierung zugleich als Klassifizierung (Kennzeichnung von Aufgabengebieten, Verantwortungsbereichen) erfolgen.

Zum Beispiel: Nr. 100 bis 199 = Verantwortungsbereich (Klassifizierung) des F&B-Managers

(D)

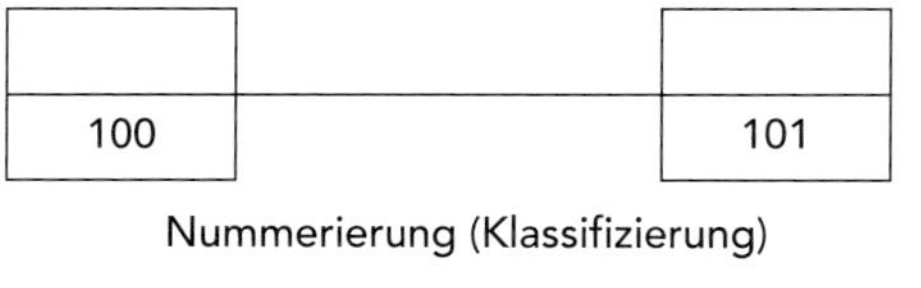

Der frühestmögliche Anfangstermin plus die Dauer eines Vorgangs ergibt den frühestmöglichen Endtermin. Die Dauer eines Vorgangs ist demnach die zeitliche Differenz zwischen Anfangs- und Endereignis des Vorgangs.

(E)

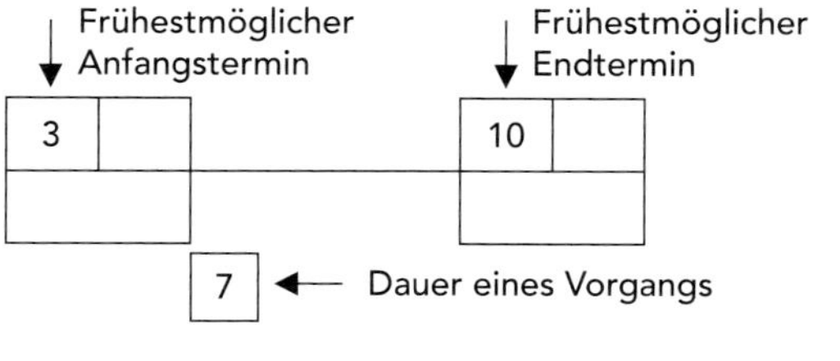

Lautet die Fragestellung: Wann kann das Projekt frühestens fertig sein?, wendet man die **Vorwärtsrechnung** an.

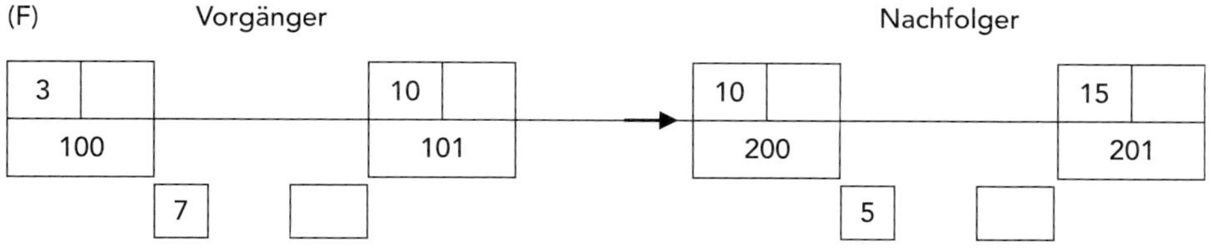

Nullabstand oder Normalabstand

Ist der Zeitabstand zwischen zwei Vorgängen null, spricht man vom Null- oder Normalabstand. Der Nachfolger kann sofort beginnen, wenn der Vorgänger abgeschlossen ist.

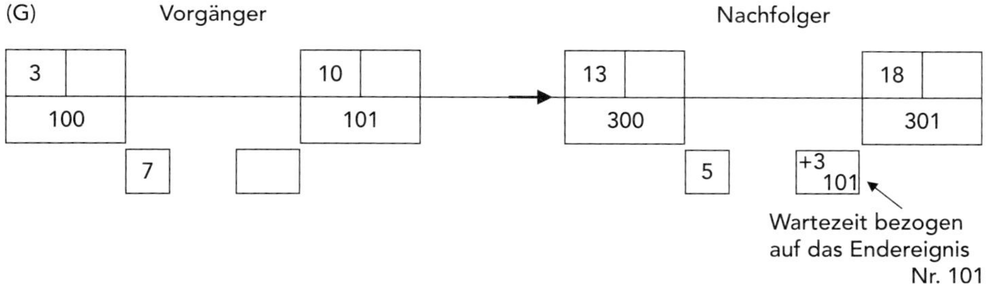

Wartezeit

Die Wartezeit (positives Vorzeichen) zeigt an, dass eine bestimmte Zeitdauer vergehen muss, bis der Nachfolger eines Vorgangs (Indexzahl) beginnen kann (Wartezeit = Minimaldauer).

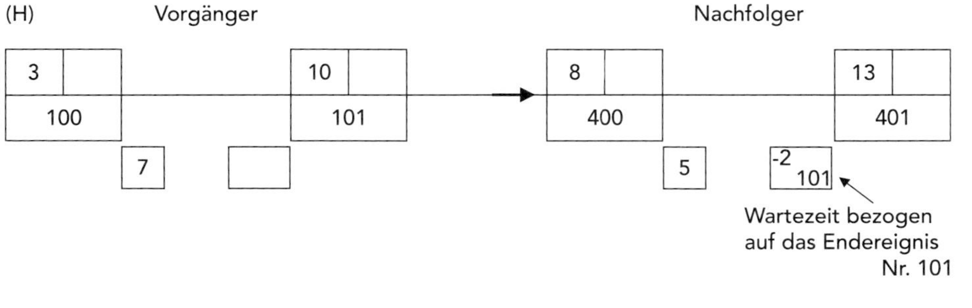

Vorziehzeit

Die Vorziehzeit (negatives Vorzeichen) zeigt an, dass der Nachfolger bereits beginnen kann, während der Vorgänger (Indexzahl) noch läuft. (Vorziehzeit = Überlappungszeit = Maximaldauer).

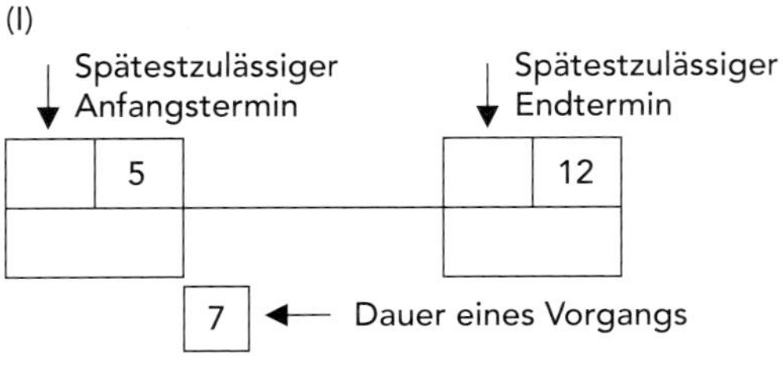

Lautet die Fragestellung: *Wann* muss das Projekt spätestens beginnen?, wendet man die *Rückwärtsrechnung* an. Um den spätestzulässigen Anfangstermin des Projektes bestimmen zu können, müssen der spätestzulässige Endtermin, die jeweilige Dauer der einzelnen Vorgänge und die Abstände zwischen den Vorgängen bekannt sein.

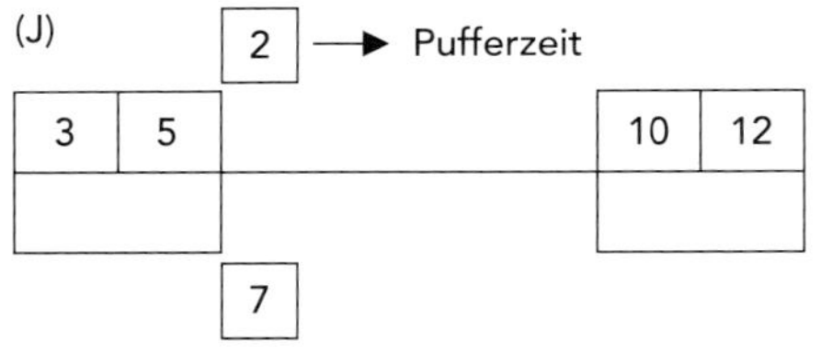

Pufferzeit/Kritischer Weg

Die Differenz zwischen frühestmöglichem und spätestzulässigem Anfangstermin (oder: Differenz zwischen frühestmöglichem und spätestzulässigem Endtermin) bezeichnet man als Pufferzeit:

1. Um die positive Pufferzeit kann die Durchführung eines Vorgangs verzögert werden, ohne dass der spätestzulässige Endtermin des gesamten Projektes gefährdet wird. (Positive Pufferzeit = überschüssige Zeit) Nimmt man die positive Pufferzeit eines Vorgangs in Anspruch, so muss der gesamte Netzplan neu berechnet werden.
2. Ist die Pufferzeit gleich null (frühestmöglicher und spätestzulässiger Anfangs- oder Endtermin fallen zusammen), dann entfällt die Zeitreserve, der Vorgang darf nicht verzögert werden (= kritischer Vorgang).

3. Rechnerisch negative Pufferzeiten zeigen Zeitfehler auf und müssen im Netzplan beseitigt werden.
4. Den Weg im Netzplan mit den geringsten Pufferzeiten bezeichnet man als kritischen Weg. Der kritische Weg wird im Netzplan besonders gekennzeichnet.

Zusammenfassendes Schaubild zur Netzplantechnik

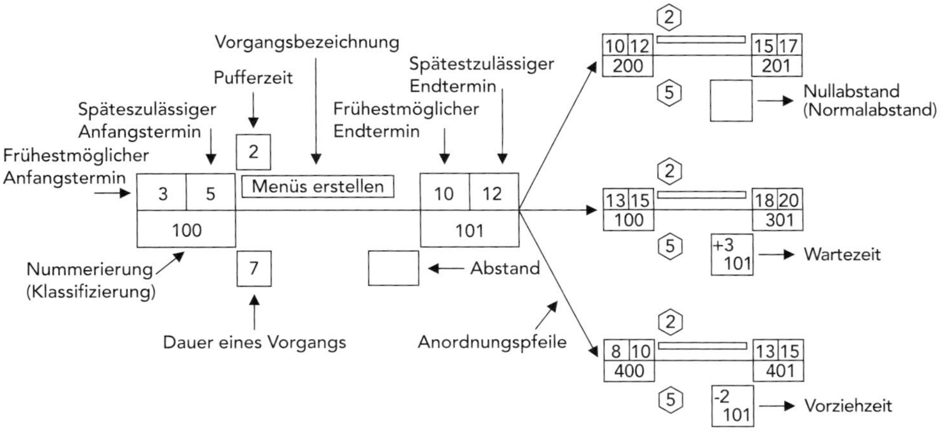

Arbeitsablauf zur Netzplantechnik

1. Schritt:

Zerlegung des Projekts in mehrere Hauptabschnitte

- Informationssammlung zu jedem Hauptabschnitt
- Gliederung der Hauptabschnitte in Unterabschnitte
- Aufteilung der Unterabschnitte in einzelne Vorgänge (Vorgangsbezeichnungen)

2. Schritt:

Alle Arbeiten (Vorgänge) in eine logische Reihenfolge bringen

- Welche Vorgänge müssen abgeschlossen sein, bevor Nachfolger beginnen können?
- Welche Vorgänge können gleichzeitig nebeneinander ablaufen?

3. Schritt:

Den Zeitbedarf (Dauer der Ausführung) für die verschiedenen Aufgaben (Vorgänge) fixieren

- Eventuell notwendige Wartezeiten festhalten
- Mögliche Vorziehzeiten ermitteln

4. Schritt:

Ergebnisse in einem Netzplan visualisieren

- Verantwortungs- und Kompetenzbereiche durch Klassifizierung (Nummerierung) veranschaulichen
- Frühestmöglichen Endzeitpunkt durch Netzplan-Vorwärtsrechnung bestimmen
- Spätestzulässigen Endtermin vorgeben – Netzplan-Rückwärtsrechnung
- Den kritischen Weg, den Weg mit den geringsten Pufferzeiten ermitteln

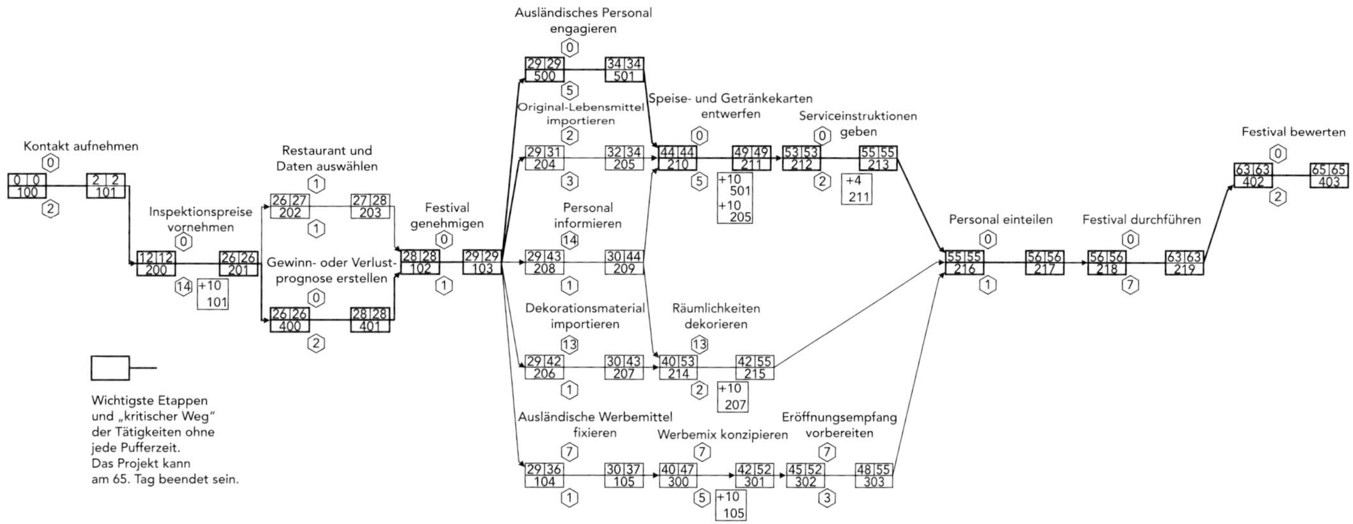

Praktisches Beispiel zur Netzplantechnik
Projekt: Planung zur Durchführung einer ausländischen Spezialitätenwoche (Food-Festival) im Hotel

Umweltorientiertes Management

„Klar wird, dass wir uns als unwürdige Gäste auf der Erde aufführen. Mit unseren Aktivitäten, die Gewinn bringen, erleiden wir aber auch täglich Verluste, auch wenn sie nicht sofort sichtbar werden. Die Gewinne nutzen wir für uns selber, die Verluste geben wir leichtsinnig an die Generation nach uns weiter" (Königin Beatrix, Weihnachtsbotschaft 1988).

„Wir borgen Umweltkapital von den zukünftigen Generationen, ohne jede Absicht oder auch nur Aussicht, zurückzuzahlen!", so die UN-Umweltbehörde im Jahr 1987. Umweltschutz ist längst kein Modethema mehr. Zwar ließen sich tägliche Katastrophenmeldungen wie Mülltourismus, Algenteppich, Waldsterben, Ozonloch, Ölteppich, Treibhauseffekt, Robbensterben u.a. vorübergehend verdrängen, unbestritten deutlich zeigt sich der quantitativ ansteigende Konsumwohlstand mit der Müllawine eng gekoppelt mit ökologischen Folgeschäden.

Die in Hotellerie und Gastronomie zurzeit noch vorherrschende, meist passive Umweltschutzpolitik (Verdrängungs- und Abwehrstrategien) wurde doch erfreulicherweise vorwiegend im mittelständischen Bereich aktiviert und hat einige „Pionierbetriebe" gefunden, die schon heute offensives Umweltmanagement betreiben. Nun darf Umweltschutz nicht nur als reine Umweltschutz-„Technik" verstanden werden. Auch die Konsumentenphilosophie unserer Gäste im Sinne des „Kaufens, Gebrauchens, Wegwerfens" hat sich gewandelt. Um nicht weiter Zielscheibe öffentlicher Kritik zu sein, hilft nur ein Umdenken aller Führungskräfte im Gastgewerbe hin zu einer ökologischen Unternehmensführung.

Mag die Zahl der Hotel- und Gaststättenbetriebe, die eine ganzheitliche, umweltorientierte Unternehmenspolitik betreiben, noch klein sein, ihre Zahl wächst beständig. Den Konflikt zwischen Ökonomie und Ökologie wird die schweigende und duldende Natur gewinnen! Umweltschutz muss als Chance zur Sicherung der unternehmerischen Zukunft verstanden werden. Aktion statt Reaktion ist hier verlangt. Wenn wir nicht heute handeln, wird es morgen noch viel teurer werden.

Dieser Beitrag mit von vielen Kollegen in der Praxis zusammengetragenen ersten Maßnahmen zur Umweltfreundlichkeit in Hotellerie und Gastronomie soll die „Sensibilität" gegenüber der ökologischen Herausforderung unseres Jahrhunderts erhöhen. Umweltschutz ist nicht mehr Sache kleiner Minderheiten, sondern die zentrale Zukunftsfrage für jeden Einzelnen.

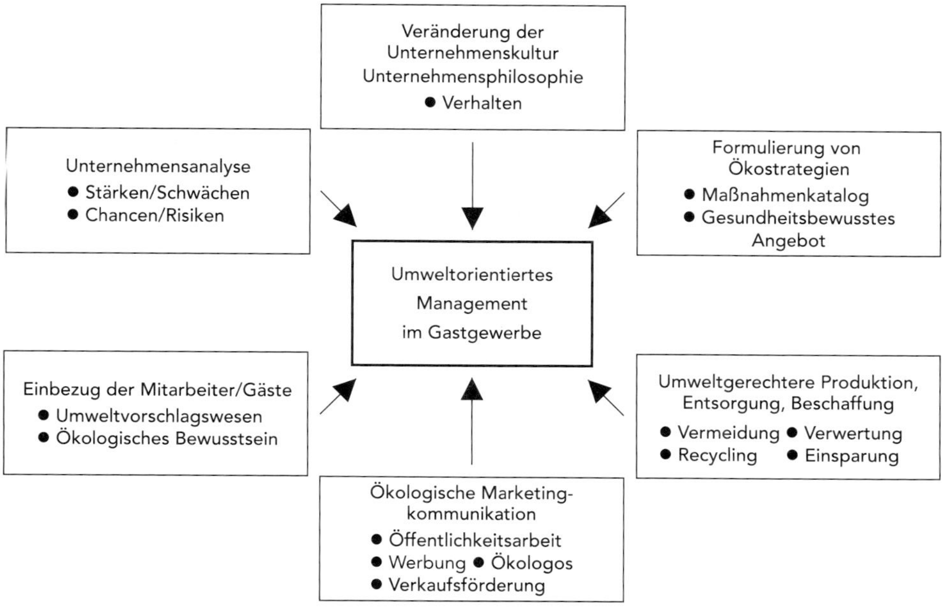

Überblick zum umweltorientierten Management in Hotellerie und Gastronomie

Aufbauend auf einer detaillierten Unternehmens-Umweltanalyse mit eigenem Stärken-und-Schwächen-Profil, dem Erkennen von Chancen und Risiken, muss eine grundsätzliche Neuformulierung oder zumindest Erweiterung der Unternehmenskultur mit der Unternehmensphilosophie für jedes einzelne Unternehmen erfolgen. Erst auf der Basis dieser Zielsetzung kann die Formulierung von Ökostrategien bis hin zu einem mittelfristigen Maßnahmenkatalog detailliert werden. Eingebettet in den Umweltschutz, muss ein besonderes Gewicht das gesundheitsbewusste Angebot gastronomischer und Freizeitleistungen erhalten. Mit Einbezug der Mitarbeiter und Gäste zu einem gezielten Vorschlagswesen (Qualitätszirkel) lassen sich Rücksichtnahme auf die Natur und ökonomisches Bewusstsein allgemein steigern. Umweltgerechtere Produktion, Entsorgung und Beschaffung erfüllen erklärte Ziele wie sparsame Verwendung von Rohstoffen, verminderter Energiebedarf, geringerer Wasserbedarf, Wiederverwertbarkeit, geringere Luftbelastung, Vermeidung der Verpackungsexplosion, keine Belastung des Grundwassers, natürliche Abbaubarkeit und Abfallbeseitigung, keine Gesundheitsschädlichkeit.

Es gibt keinen Fortschritt gegen die Natur. Ein offensives statt passives oder reaktives Ökomanagement wird auch Gestaltungsmöglichkeiten eines ökologischen Marketingmix verbinden. Hier geht es nicht einseitig um die Verbesserung des Unternehmensimages, sondern um ökologische Marketingkommunikation mit allen Öffentlichkeitspartnern vom Lieferanten, Kapitalgeber, der Gemeinde, den Geschäftspartnern bis hin zum Gast.

70-mal mehr Umweltfreundlichkeit in Hotellerie und Gastronomie

1. Weg vom „Plastik-Frühstücksbufett", Portionspackungen aller Art (Butter, Konfitüre, Knäckebrot, Zucker, Sahne, Milch etc.) werden vermieden. Frühstückszutaten sind täglich attraktiv lose in entsprechenden „Behältern" angeboten (Sonderfälle wie Diabetiker u. ä.).
2. Es erfolgt grundsätzlich kein Getränkedosenverkauf, Einweggeschirr ist abgeschafft, Getränke in Plastikflaschen werden nicht angeboten.
3. Im Badezimmer steht der Hinweis (Schild, Aufkleber): „Lieber Gast, bitte entscheiden Sie: Handtücher auf den Boden heißt: Bitte austauschen. Handtücher auf den Halter heißt: Ich benutze sie ein weiteres Mal – der Umwelt zuliebe ..."
4. Papierservietten sind, wo immer möglich, durch ihre Pendants aus Stoff ersetzt worden.
5. Toilettenpapier auf den Gästezimmern, in den Personal- und Gästetoiletten sind aus weichem Recyclingpapier.
6. Schon beim Einkauf wird auf Dosenware weitgehend verzichtet, Frischprodukte haben weniger umweltfeindlichen Abfall.
7. Einweg ist kein Weg – vom Senf bis zum Waschmittel werden Mehrweg- oder Nachfüllpackungen verwendet.
8. Die Abfalltrennung in Altglas, Altpapier, Altmetalle und Kunststoffe ist für den Betrieb gewährleistet.
9. Großpackungen anstelle von Einzelportionspackungen werden eingekauft. Verpackungen selbst sind möglichst beim Lieferanten zurückzugeben (z. B. Waschmittelcontainer etc.).
10. Recyclingpapier wird bei allen Drucksachen, wie Rechnungen, Briefpapier, Computerpapieren etc., bevorzugt.
11. In Gästezimmern stehen elegante geteilte Papierkörbe (Papier, andere Stoffe) zur Verfügung.

12. Ein kleiner Hinweis im Hotelzimmer informiert die Gäste, wie sie Medikamente, Batterien und andere Problemstorfe loswerden können.
13. In Ferienhotels wird auf die Mitgabe von Lunchpaketen mit Portionspackungen und Dosen verzichtet.
14. Der Einkauf direkt beim Produzenten stellt einen Beitrag zur Müllvermeidung dar, wenn Ware offen gekauft und geliefert werden kann.
15. In ländlichen Gebieten ist die eigene Kompostierung als eine Strategie gegen den Abfallberg empfehlenswert.
16. Bei Um- und Neubauten von Hotel- und Gaststättenbetrieben werden die Logistikwege für die Altstoffe, den Bio- und Restmüll sowie die Problem- und gefährlichen Abfälle auch im Zwischenlagerbereich (ausreichende Größe des Müllraums) berücksichtigt.
17. Im Betrieb sind Vorkehrungen getroffen (auch für Gäste zugänglich) für das Sammeln und Wiederverwerten von: Papier und Kartonagen (getrennt), Braun-, Grün-, Weißglas, Sammelbehälter für Medikamente und Batterien, Sondermüll.
18. Die Entsorgung von Neonröhren, Glüh- und Sparbirnen erfolgt direkt an den Händler.
19. Es wird streng darauf geachtet, dass keine groben Küchenabfälle, Reste von Ölen und Fetten in den Ausguss geschüttet werden.
20. Alle Abflüsse weisen Siebe auf, werden regelmäßig durchgespült. Mechanische Reinigung mit Saugglocke und Spirale ist für die Abflussrohre zuträglicher als chemische Reinigung mit Umweltbelastung.
21. Um Verstopfung vorzubeugen, werden in Gästebadezimmern extra Eimer und Beutel für Produkte der Damenhygiene und andere Abfälle mit Hinweisen aufgestellt.
22. Grundsätzlich werden nur biologisch abbaubare Reinigungsmittel nach Überprüfung der Negativliste des deutschen Verbraucherverbandes im Hotel eingesetzt.
23. Auf Duftspender zum Einhängen in die WC-Schüsseln oder Spülkästen wird verzichtet.
24. Bei der regelmäßigen Schwimmbeckenentleerung von Hotel-Swimmingpools sollte das Wasser nach der letzten Chlorzugabe mindestens zwei Wochen stehen, um das Chlor entweichen zu lassen.
25. Bei dem Zusatz von Chemikalien zum Wasser hält man sich an die unteren Dosierungsangaben, automatische Dosiereinrichtungen müssen gewartet und kontrolliert werden.
26. In allen Küchen sind Fettabscheider installiert. Kein Öl darf in den Wasserabfluss gelangen.

27. Bei gläsernen Einweggebinden werden die Verschlüsse vor Sortierung in den Glascontainer entfernt. (Schraubverschlüsse bei Pfandflaschen bleiben zur Schonung der Gewinde am Flaschenhals.)
28. Aluminium (Dosen, Folien, Gefrierbehälter, Alupfannen etc.) wird getrennt zur Wiederverwertung gesammelt (mit Magnet von Eisen trennen).
29. Verbrauchtes Speiseöl, Braten- und Frittierfette werden in gut verschlossenen Behältern gesammelt und entsorgt. Speiseöl wird nur dort gekauft, wo auch die Rücknahme garantiert wird.
30. Tierische und pflanzliche Fette dürfen nicht mit mineralischen Altölen gemischt werden.
31. Die Wiederverwertbarkeit ist vom Reinheitsgrad des gesammelten Altstoffes abhängig. So gehört zum Altpapier nur unbeschichtetes Papier (keine Milch-, Getränke-, Tiefkühl-, Zigarettenverpackungen etc.).
32. Wo immer möglich, sind Durchflussminderer einzubauen (Duschen, Wasserhähne, Drosselung bei den Spülkästen der WC).
33. Im Winter wird um den Hotelbetrieb kein Streusalz verwendet.
34. Der Verzicht auf verpackte Einwegkosmetik in den Gästebadezimmern ist umweltfreundlicher.
35. Werden Zellstoffartikel verwendet, ist auf ungebleichte (Chlorbleiche) Zellstoffprodukte zu achten.
36. Wo immer möglich, wird versucht, ohne aggressive Chemie auszukommen; z. B. leichte Entfernung von Verschmutzungen des Backofens noch im warmen Zustand mit milden Neutralreinigern.
37. Die Kunststoffverpackungen der Badeschaum-/Duschbäder als Gästeartikel sind umweltfeindlich. Eventuell sind Dosiergeräte im Badezimmer statt der Kunststoffkleinpackung günstiger.
38. Die im Hotelbetrieb verwendeten Batterien und Akkus werden regelmäßig kontrolliert.
39. Es wird bei den Gästen um Benutzung der öffentlichen Verkehrsmittel geworben (Stadtverbindungen, Fahrpläne, Preise). Schonen Sie sich und Ihre Umwelt – lassen Sie Ihr Auto in der Garage (Angabe von Anreise- und Abreiseverbindungen, Gäste-Abholservice).
40. Sämtliche Lampen im Hotel sind sauber und staubfrei; beim Neukauf werden stromsparende Lampen angeschafft.
41. Die Lebensdauer der Energiesparlampen ist allgemein höher. Sie sollten jedoch nicht dort eingesetzt werden, wo häufig Licht auf- oder abgedreht wird.

42. Um in größeren Räumen auch oft nur Teile beleuchten zu können, sind Gruppenschaltungen zu empfehlen.
43. Das ganze Hotel ist dahingehend überprüft worden, wo Lampen mit Zeitrelais ausgestattet werden können, um Energie zu sparen.
44. Es werden grundsätzlich keine Spraydosen mit Treibgas verwendet (falls absolut erforderlich, nur Sprays zum Pumpen).
45. Die Einrichtung von Nichtraucheretagen und -bereichen kommt nicht nur vielen Gästen entgegen, sondern sorgt auch für bessere Luft.
46. Gäste, die ihr Auto im Urlaub nicht benutzen, werden in entsprechender Form vom Hotel belohnt.
47. Sämtliche Heizungen sind mit automatischen Regelanlagen versehen (der Wirkungsgrad der Heizung liegt über 91 %).
48. Mit Fachleuten sind Wärmepumpen, Solaranlagen, Isolierungen, Wärmerückgewinnung von Kühlhäusern und Lüftungen, Energie einsparende Geräte und Einrichtungen besprochen und der mögliche Einsatz überprüft worden.
49. Die von Verbänden angebotene Energieberatung und Überprüfung der Energieaufzeichnungen bei Stromverbrauch, Heizöl- und Gasverbrauch sind genutzt worden.
50. Bei Bodenreinigern wird zwischen wirklichen Reinigungsmitteln und Pflegemitteln unterschieden; jede Überdosierung ist zu vermeiden. Intakte Schuhabstreifer verhindern die Wiederanschmutzung.
51. Desinfektionsmittel können auch Bakterienkulturen, die für die biologische Reinigung notwendig sind, zerstören (Beachtung der Dosierungsangaben, örtlich begrenzte Desinfektion bei Küche, Bad, WC).
52. Elektrostatische Aufladungen im Hotelbereich werden mit möglichst wenig Kunstfasertextilien und Kunststoffflächen vermieden.
53. Elektrische Installationen werden durch Netzfreischalter abgeschirmt; Strahlungen am Arbeitsplatz sind minimiert.
54. Im ganzen Hotel wird regelmäßig für eine ausreichende natürliche Belüftung und relative Luftfeuchtigkeit (45–65 %) gesorgt.
55. Speiseessig zum Entkalken von Armaturen im Bad ersetzt oft hochkonzentrierte und schädliche Entkalkungsmittel.
56. Grundsätzlich werden aggressive Putzmittel vermieden; Fleckentferner sind nur bei geöffnetem Fenster anzuwenden.
57. Bei Geschirrspülmaschinen werden phosphatfreie bzw. phosphatarme Spülmittel bevorzugt.

58. Geschirr- und Gläserspülmaschinen sollten nur bei voller Beladung in Betrieb genommen werden.
59. Energiesparen im Hotel und damit Vermeidung unnötiger Umweltbelastung erfordert die Schulung und Sensibilisierung aller Mitarbeiter (Energieplan, Checklisten).
60. Thermostatventile für Heizkörper, gute Isolierung von Fenstern und Türen, Überprüfung der Wärmedämmung und permanente Kontrolle des Energieverbrauchs sind Minimalanforderungen.
61. Bei Um- und Neubauten im Hotel wird auf die Verwendung von natürlichen Materialien geachtet (keine tropischen Hölzer).
62. Bei Gartenanlagen, Balkons werden keine chemischen Pflanzenschutzmittel eingesetzt.
63. Äußerst sparsamer Einsatz von Insektenvertilgungsmitteln ist eine Notlösung, peinliche Sauberkeit im Hotelbetrieb (eventuell Fliegengitter im Sommer) hilft vorzubeugen.
64. Kochherde werden ohne Einsatz aggressiver Chemie regelmäßig gereinigt – verschmutzte Herdplatten und Brenner kosten Energie.
65. Tiefgefrorene Lebensmittel sind vor der Verwendung im Topf oder in der Pfanne aufzutauen; die Bodenflächen allen Geschirrs auf dem Herd entsprechen der Größe der Flamme beim Gasherd; Kochgeschirr mit durchgebogenem Boden wird aussortiert.
66. Warme Speisen werden nicht im Kühlschrank abgekühlt; verschmutzte Kühlsysteme verbrauchen mehr Energie; regelmäßiges Abtauen und Reinigen wird mit Checklisten überprüft.
67. Bei sämtlichen Werbemitteln wie Hotelprospekte, Mailings, Angebotskarten, Tischkartenaufsteller wird Umweltschutzpapier oder sauerstoffgebleichtes Papier verwendet (Marketing mit Umweltbewusstsein).
68. Beim Einsatz von Waschmaschinen wird auf Sparprogramme, auf den Härtegrad des Wassers abgestimmte Dosierung des Waschmittels und der Waschtemperatur angepasste Mittel geachtet.
69. Gäste machen gern mit! Ansprechende Informationen über ökologisch vernünftiges Verhalten in Haus und Natur, Anregungen, Empfehlungen, Bitte um Verbesserungsvorschläge gehören in schriftlicher Form auf die Gästezimmer.
70. Keiner weiß mehr als wir alle zusammen! Regelmäßige Mitarbeiterbesprechungen und Schulungen zum Thema Umwelt, Meinungs- und Erfahrungsaustausch mit Kollegen sind kleine, aber wichtige Schritte zum Umweltschutz.

13

Aus- und Weiterbildung

Betriebsinterne Ausbildungsprogramme

Zielsetzung

Inhalt und Gegenstand der betrieblichen Ausbildung sind alle Kenntnisse, Fähigkeiten, Fertigkeiten und Verhaltensweisen, die optimale berufliche Leistung und berufliches Fortkommen ermöglichen. Während ihrer beruflichen Arbeit müssen die Mitarbeiter immer wieder von neuem angewiesen werden. Bei Neueinstellungen, bei Versetzungen in andere Abteilungen, bei Einführung neuer Arbeitsverfahren ist heute eine wissenschaftsorientierte Berufsausbildung – systematisch und planmäßig eingesetzt – unerlässlich. Die „Anpassungsausbildung" als Voraussetzung für die Umstellung auf die immer schneller fließenden neuen Erkenntnisse im Zeichen der technischen und wirtschaftlichen Entwicklung gewinnt steigende Bedeutung im Kampf gegen Verringerung der Produktivität und Absinken der marktlichen Leistungsfähigkeit.

Langfristige Ausbildung und Entwicklung des Personals ist dem Versuch, qualifizierte Mitarbeiter auf dem Arbeitsmarkt zu gewinnen oder abzuwerben, vorzuziehen. Versteht man unter Lehren die Gesamtheit möglicher und geplanter Eingriffe in Lernprozesse, so nimmt außerhalb der Lehrverfahren – der Vorgehensweisen oder Methoden bei der Ausbildung – die betriebliche Unterweisung eine Schlüsselrolle ein.

Nicht nur seit Inkrafttreten der Ausbilder-Eignungsverordnung im April 1972 bemüht sich das Hotel- und Gaststättengewerbe darum, in den Betrieben nach modernen pädagogischen Erkenntnissen auszubilden. Die Probleme der Berufs- und Arbeitspädagogik in diesem Dienstleistungsgewerbe sind erkannt und stellen erhöhte Anforderungen an Trainer und Ausbilder.

Einerseits gilt es, die im Ausbilderberufsbild geforderten Kenntnisse und Fertigkeiten für die Auszubildenden systematisch und pädagogisch richtig zu vermitteln, andererseits dürfen die Betriebe im Rahmen der Anpassung an die technischen, wirtschaftlichen und gesellschaftlichen Veränderungen die berufliche Erwachsenen-Fortbildung nicht unberücksichtigt lassen. Gerade in der heutigen Arbeitsmarktsituation für das Hotel- und Gaststättengewerbe handelt es sich nicht mehr lediglich um eine moralische Verpflichtung zur Aus- und Fortbildung im eigenen Betrieb, sondern der allgemeine Arbeitskräftemangel qualifizierter Mitarbeit zwingt dazu, Ausbildungsinvestitionen vorzunehmen.

Gedankenflussplan

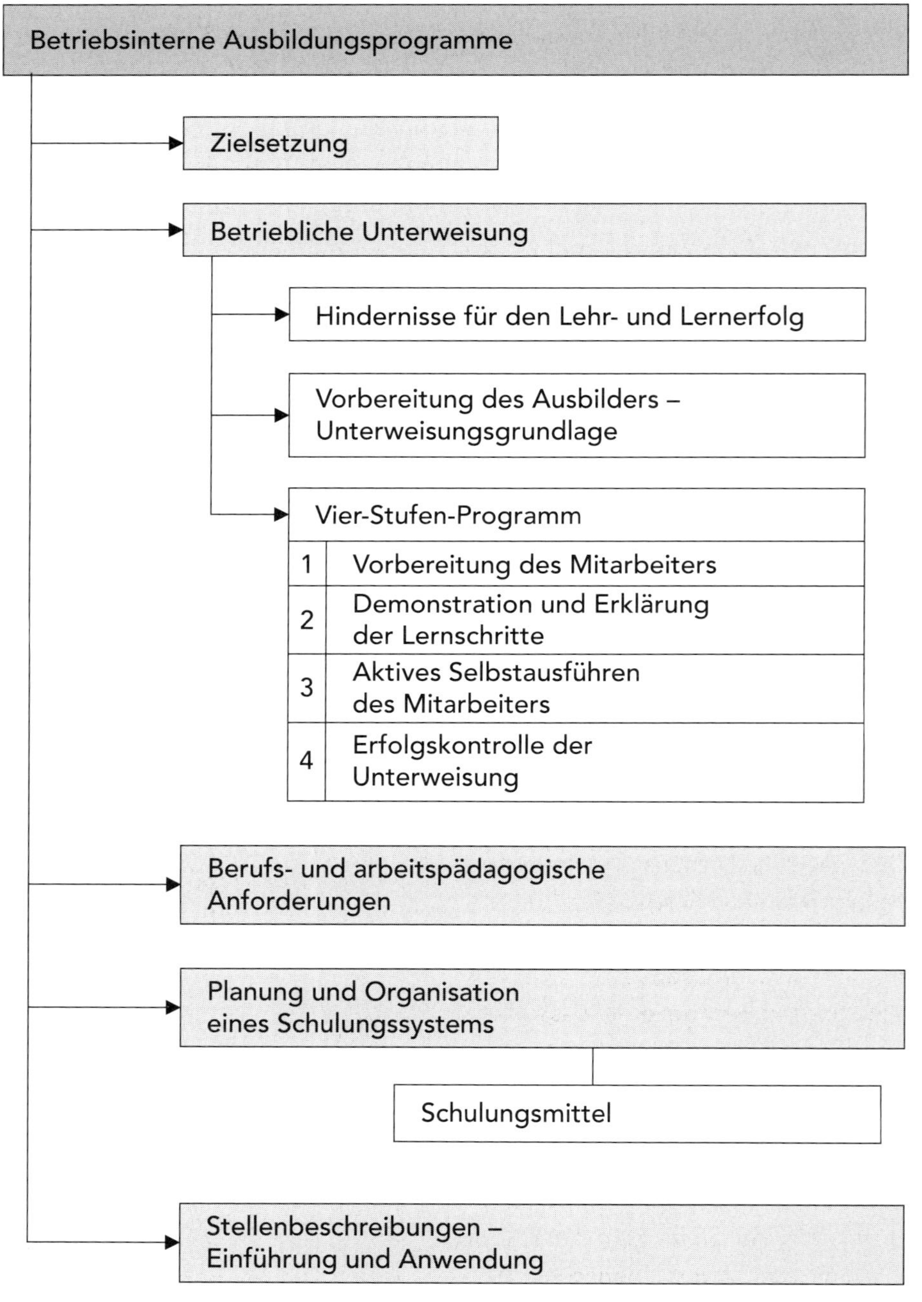

Betriebliche Unterweisung

Führungskräfte müssen in der Lage sein, ihr Können und ihre Erfahrungen weiterzugeben; dazu ist „Basis-Wissen" erforderlich. Mit dem richtigen Handwerkszeug erfolgreich unterweisen heißt: ***helfen zu lernen.***

Zunächst gilt es, gewisse Hindernisse für den Lehr- und Lernerfolg zu überwinden, dazu gehören:

- der innere Widerstand gegen das „Belehrtwerden",
- die fehlende Bereitschaft zum Lernen,
- die Überschätzung des eigenen Könnens und Wissens seitens der Mitarbeiter,
- begrenzte Aufnahmefähigkeit,
- mangelnde Konzentrationsfähigkeit,
- unterentwickeltes Gedächtnis,
- Befangenheit der Mitarbeiter.

Auf die genannten Widerstände muss sich der Unterweisende einstellen und versuchen, sie zu überwinden. Grundsätzlich handelt es sich bei der Unterweisung eines Mitarbeiters um eine Informationsvermittlung und -verarbeitung.

Die Informationsaufnahme hängt entscheidend vom Prestige des Informationsgebers, vom richtigen Informationszeitpunkt und vor allem von der aktiven Erarbeitung der Informationen ab. Bei der Technik des Lernens kommen folgende Tätigkeiten in Frage: Man hört zu, man liest etwas, man macht mit und man führt selbst aus. Wissenschaftliche Untersuchungen haben gezeigt, dass alles, was ein Mensch während seines Lebens lernt, durch seine fünf Sinne wahrgenommen und erfasst wird. Unzählige Tests wurden durchgeführt, um festzustellen, in welcher Größenordnung etwa jeder einzelne der Sinne zum gesamten erlernten Wissen eines Menschen beiträgt:

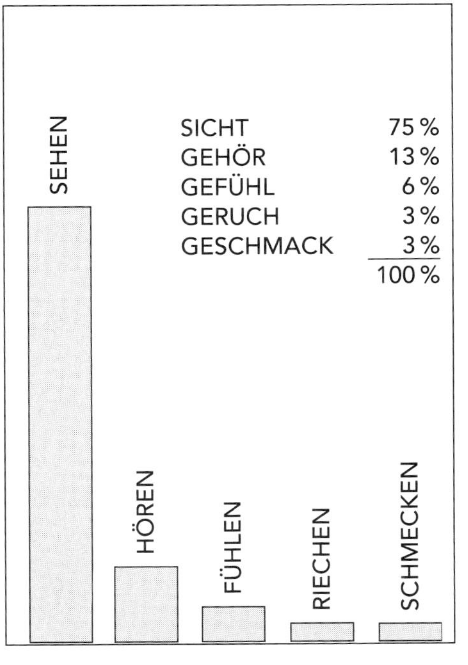

Niemand wird jedoch bestreiten können – so wahr diese Erkenntnis auch sein mag –, dass praktische Tätigkeiten im Rahmen einer Unterweisung am besten durch aktives Selbstausführen erlernt und beherrscht werden können; das gilt sicherlich sowohl für die so genannten „Hör-Typen" als auch für die „Seh-Typen". Innerhalb der Lerntheorie wird auch zwischen dem „Lernen" und dem „Behalten" unterschieden:

Lernen	Behalten
3 % durch Schmecken	10 % dessen, was gelesen
3 % durch Riechen	20 % dessen, was gehört
6 % durch Fühlen	30 % dessen, was gesehen
13 % durch Hören	50 % dessen, was gehört und gesehen
75 % durch Sehen	90 % dessen, was man selbst getan hat

Das Behalten ist fernerhin entscheidend abhängig vom Unterweisungsstoff, von der Unterweisungsmethode, von der Intensität der Unterweisung und von der Auffassungsgabe des Lernenden. So wird eine Arbeitsunterweisung erfolgreich sein, die – basierend auf den drei wichtigsten Sinnen des Menschen: Sehen, Hören, Fühlen – den Charakter einer Anleitung zum „Selbsttun" prägt.

„Unterweisen heißt: helfen zu lernen", dazu müssen folgende Grundbedingungen erfüllt werden:

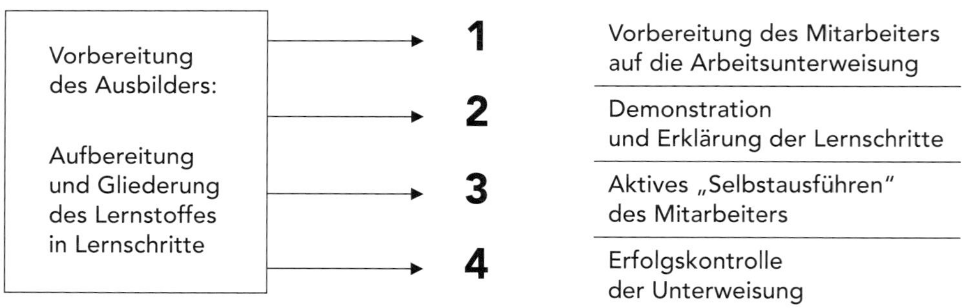

Vorbereitung des Ausbilders

Aufbereitung und Gliederung des Lernstoffes in Lernschritte

Der Lernerfolg hängt entscheidend von der Qualität der Vorbereitung ab. Kernstück der Vorbereitung ist die Arbeitszergliederung. Diese Arbeitsablaufanalyse zeigt die Teilvorgänge der zu erlernenden Arbeit in richtig angeordneten Lernschritten auf. Es wird festgelegt, in welcher Folge was zu tun ist, in welcher Arbeitsweise vorgegangen werden soll, also *wie* eine Arbeit auszuführen ist, und die Begründung der Arbeitsweise, also *warum* eine Arbeit in dieser bestimmten Weise zu verrichten ist.

Besondere Bedeutung gewinnt die Erklärung des „Wie" und „Warum" für die Arbeitssicherheit. Dem Mitarbeiter ist von vornherein genau zu erklären, *wie* er sicher arbeitet und *warum* er gerade so arbeiten muss, um sich und andere nicht zu gefährden.

Unterweisungsgrundlage:

Lernschritt	Teilvorgang (Was?)	Ausführung (Wie?)	Begründung (Warum?)
	Was soll der Lernende Schritt für Schritt tun?	Wie soll er es tun, worauf kommt es an?	Warum soll er es tun, was geschieht, wenn er es anders macht?

Eine lernwirksame Unterweisung verlangt nach Aufbereitung und Gliederung des Lernstoffes in sinnvolle, nicht zu große Informationseinheiten (Teilvorgänge), die als Lernschritte bezeichnet werden.

Dabei ist darauf zu achten, dass einerseits die einzelnen Vorgänge nicht unnötig auseinander gerissen werden (Lernschritte sind zu klein), andererseits darf nicht versucht werden, zu viel auf einmal zu vermitteln (Lernschritte sind zu groß). Mehrere Teilvorgänge werden meist dann in einem Lernschritt zusammengefasst, wenn sie gleichzeitig ausgeführt werden müssen.

Grundsätzlich sollte die Einteilung auf die Sicht des Lernenden zugeschnitten sein. Neues kann dann leichter verständlich gemacht werden, wenn man an Bekanntes anknüpft, das heißt, durch Überlappung des Informationsgehaltes aufeinander folgender Lernschritte lassen sich Aufnahme- und Verständnisschwierigkeiten steuern.

Wirksam sind dann auch Lernschritte festgelegt, wenn hinzukommende Informationen teilweise vom Lernenden selbst erarbeitet werden müssen. Entscheidend ist immer die Logik des Aufbaus und die Verständlichkeit der Formulierungen für den Lernenden.

1. Vorbereitung des Mitarbeiters auf die Arbeitsunterweisung

Bevor man einem Mitarbeiter klare Instruktionen geben kann, muss er vorbereitet sein. Frei von Sorgen, ohne Angst und Zweifel, völlig ruhig und in angenehmer Atmosphäre sollte er die Arbeitsunterweisungen erwarten. Diese Grundvorbereitung – die Grundeinstellung zur Arbeitsunterweisung – kann man am besten mit folgenden Stufen erreichen:

1. Stufe: Vorstellung des Ausbilders und des Mitarbeiters

Der Mitarbeiter sollte genau wissen, wer sein Ausbilder ist und welche Position dieser im Betrieb innehat. Der Ausbilder sollte ebenfalls erfahren, wer der Mitarbeiter ist und mit welchem Namen er gerne angesprochen wird.

2. Stufe: Ausbilder erklärt die Unterweisungslektion

Der Auszubildende muss genau über den Inhalt der nun kommenden Arbeitsunterweisung informiert werden; seine Zweifel und Befürchtungen werden damit aus dem Wege geräumt. Gleichzeitig stellt der Ausbilder fest, was der Lernende bereits weiß und kann.

3. Stufe: Ausbilder weist auf die Wichtigkeit der zu lernenden Tätigkeit hin

Der Mitarbeiter soll erkennen, dass die Tätigkeit, die er erlernen wird, für die tägliche Erfüllung seiner Arbeitsaufgaben unbedingt erforderlich ist.

4. Stufe: Ausbilder garantiert dem Mitarbeiter die erfolgreiche Ausführung der Tätigkeit nach Erfüllung der Arbeitsunterweisung

Mit einfachen Worten weist der Ausbilder auf den Erfolg der Lehrmethode hin, um den Mitarbeiter für die kommende Arbeitsunterweisung richtig zu motivieren.

5. Stufe: Erfragen, ob der Mitarbeiter Links- oder Rechtshänder ist

Ein Rechtshänder beobachtet am besten von der rechten Seite und sollte daher zur rechten Seite des Ausbilders platziert werden.

6. Stufe: Unterweisen

Nach Überprüfung der Bequemlichkeit, Aufnahmebereitschaft des Auszubildenden – Temperatur, Beleuchtung, Sitzgelegenheit – beginnt man mit der Demonstration und Erklärung der Lernschritte.

2. Demonstration und Erklärung der Lernschritte

Bei Unterweisungen von Mitarbeitern muss man auf das individuelle Lerntempo Rücksicht nehmen. Die „Langsam-Lerner" oder „Schnell-Lerner" wird der Ausbilder bei seinen Kontrollfragen leicht erkennen und dementsprechend das Tempo bestimmen. Verständnisfördernde Formulierungen in der „Sprache des Auszubildenden" unterstützen die wirksame Unterweisung; dabei ist darauf zu achten, Füllwörter zu vermeiden, nur das Notwendige zu erklären, den richtigen Zusammenhang herzustellen, um das volle Interesse des Auszubildenden zu wecken. Bei vielen Unterweisungen ist die „exemplarische Darstellung" ratsam. Will man das Verständnis durch passende Beispiele näher bringen, so gilt der Kernsatz: „Primitive (einfache, unkomplizierte) Beispiele sind am instruktivsten!"

Beispiele müssen alle wesentlichen Elemente dessen enthalten, was sie veranschaulichen sollen, aber in knapper, typischer Form. Der Schlüssel zum Erfolg bei Arbeitsunterweisungen liegt in der Wiederholung. Einzelne praktische Unterweisungen sollten aber nicht mehr als 20 Minuten in Anspruch nehmen, dann sind Pausen erforderlich.

Unter enger Bezugnahme auf die Unterweisungsunterlage führt der Ausbilder die Arbeit in den einzelnen Lernschritten aus und erklärt dabei die einzelnen Teilvorgänge:

- *was* er macht,
- *wie* er es macht und
- *warum* er es so macht.

Je nach Schwierigkeitsgrad der auszuführenden Arbeit und der Auffassungsgabe sowie Vorbildung des Auszubildenden legt der Ausbilder die Anzahl der Wiederholungsstufen im Unterweisungsprogramm fest. So wird bei schwierigen Aufgaben der Ausbilder die Tätigkeit bis zu dreimal vorführen.

1. Stufe

Der Ausbilder führt die Arbeit aus und erklärt nur die Stufen *(Was?)*.

2. Stufe

Der Ausbilder wiederholt die Arbeit, erklärt die Stufen *(Was?)* und fügt die Schlüsselpunkte *(Wie?)* hinzu.

3. Stufe

Der Ausbilder wiederholt nochmals die Arbeit und erklärt die Stufen (*Was?*), die Schlüsselpunkte *(Wie?)* und die Gründe *(Warum?)*.

Handelt es sich bei der Arbeitsunterweisung nicht um manuelle Fertigkeiten (Handhabung von Geräten, Bedienung technischer Anlagen), spielt die Anschaulichkeit der Darstellung eines Sachverhaltes eine ausschlaggebende Rolle. Neben Skizzen, Fotos, Gliederungen, Schemata kann eine mündlich gegebene Information dann an Anschaulichkeit und damit an Verständnis gewinnen, wenn der Lernende den Text mitlesen kann. Jeder Sachverhalt ist dann leichter verständlich, wenn er in das Gefüge des bis dahin Bekannten eingeordnet, also nicht isoliert, sondern übertragbar auf andere Situationen erscheint.

3. Aktives „Selbstausführen" des Mitarbeiters

Bei praktischen Arbeitsunterweisungen kommt es darauf an, dass der Lernende die Arbeit anhand der Unterweisung selbst versucht und ausführt. So wie niemand Klavierspielen lernen wird, indem er einem Pianisten zuschaut, kann auch nicht durch das reine Zuhören einer Arbeitsunterweisung ein manueller Arbeitsvorgang erlernt werden. Nur durch das überwachte und korrigierte eigene Ausführen der Tätigkeit kann ein Lernerfolg eintreten.

Der Lernende soll also Informationen nicht nur passiv aufnehmen, sondern aktiv verarbeiten. Bei der Vermittlung von „Fertigkeiten" ist es ratsam, den Mitarbeiter die einzelnen Lernschritte mit den Schlüsselfragen *Was?, Wie?* und *Warum?* üben zu lassen. Es ist wiederum auf das individuelle Lerntempo einzugehen.

Ermuntern Sie den Mitarbeiter, Fragen zu stellen, lassen Sie ihm genügend Zeit, beobachten Sie aufmerksam jeden Schritt, stoppen Sie das Annehmen schlechter Gewohnheiten von vornherein, werden Sie bei Fehlern selbst nicht ungeduldig, sondern stehen Sie dem Lernenden bei deren Korrektur zur Seite.

Handelt es sich nicht um Handfertigkeiten, kann geistige Aktivität dadurch erzeugt werden, dass man neue Informationen durch Denkanstöße vom Lernenden selbst erarbeiten lässt. Dabei knüpft man in der Fragetechnik an den vorausgegangenen Lernschritt an und richtet sich nach Wissensstand und Intelligenz des Lernenden. (Fragen wie: Was könnte die Folge sein? Warum muss diese Lösung falsch sein?)

Schriftliche Unterlagen, die der Mitarbeiter im Rahmen der Unterweisung selbst vervollständigt und aufbereitet (Beschriftungen von Feldern, Verbindungslinien in Arbeitsflussdiagrammen, Eintragung der Arbeitsschritte), fördern die motorische Aktivität und steigern die Aufmerksamkeit. Auch die motivierende Wirkung im Abbau des Widerstandes gegen „gedruckte Vorschriften" durch stärkere Identifikation mit dem, was man selbst geschrieben hat, ist wichtig.

4. Erfolgskontrolle der Unterweisung

Fehler der Lernenden sind oft im Grunde Fehler der Unterweisenden; so heißt es in der amerikanischen Literatur: „If the learner hasn't learnt, the teacher hasn't taught!" Bei Fehlern ist nicht nur zu klären, was falsch gemacht wurde, sondern die Betonung muss vor allem darauf liegen, wie es in Zukunft richtig gemacht werden kann. „Unterweisen heißt: helfen zu lernen" – dem Lernenden muss geholfen werden!

Für wirksame und erfolgreiche Unterweisung genügt es nicht, nur etwas zu erklären und ausführen zu lassen – der Mitarbeiter muss auch den Erfolg spüren. So sollte auch jegliche Arbeitsunterweisung die Möglichkeit zur Erfolgskontrolle beinhalten. Das Erfolgserlebnis – die Bestätigung – darf dem Mitarbeiter nicht vorenthalten werden.

„Gut lernen" ist wie „gut arbeiten" eine Leistung, die Anerkennung verdient und dementsprechend ausgesprochen werden muss. Anerkennung hebt die Lernfreuden und ist ein wichtiger Ansporn zur Leistungssteigerung. Bestätigung erhöht das Selbstgefühl und die Sicherheit im Auftreten und damit auch die Zufriedenheit im Arbeitsbereich, denn „nicht ausgesprochene Anerkennung ist vorenthaltener Lohn".

Berufs- und arbeitspädagogische Anforderungen

Die folgende Liste gibt Anregungen, um die berufs- und arbeitspädagogischen Anforderungen zu erfüllen:

1. Ein genauer Ausbildungs- und Trainingsplan im Hotel sorgt dafür, Nachwuchs heranzubilden und bewährte Kräfte weiterzubilden.
2. Mehrere Mitarbeiter des Hotels haben die Ausbildereignungsprüfung bestanden und bringen ausreichende Kenntnisse in Berufs- und Arbeitspädagogik mit.

3. Bei der Erstellung der Aus- und Fortbildungsprogramme im Betrieb wird zwischen Jugendlichen und Erwachsenen unterschieden.
4. Bei der Fortbildung im Betrieb von Erwachsenen wird berücksichtigt, dass Erwachsene andere Lernhaltungen, Lernschwierigkeiten und Lernbedürfnisse haben. Erwachsene sind lernentwöhnt, haben meist mehr Angst, sich in der Lerngruppe zu blamieren, und sie benötigen Lernkontrollverfahren mit mehr Selbstkontrollen.
5. Bei den Ausbildungsprogrammen für die einzelnen Hotelabteilungen sind die Intentionen, die Lehr- oder Lernziele klar definiert.
6. Die Ausbildungsstoffstrukturierung, d.h. die stoffliche und zeitliche Gliederung (Ausbildungsplan), ist den Erfordernissen des Betriebes angepasst.
7. Bei der Erstellung von Ausbildungsprogrammen werden folgende Faktoren zur „Lernfähigkeit" berücksichtigt:
   - die Kapazität der Lernfähigkeit (Speicherkapazität)
   - die Leichtigkeit des Lernens (Aufnahmefähigkeit)
   - die Nachhaltigkeit des Lernens (Erinnerungsfähigkeit)
   - die Anregbarkeit zum Lernen (Interesse am Lernen)
   - die Lernintensität (Lernbereitschaft)
8. Die Fortbildungsveranstaltungen im Betrieb müssen folgende Erwartungen und Bedürfnisse der Mitarbeiter erfüllen:
   - eine interessante, abwechslungsreiche und lehrreiche Fortbildungseinheit;
   - die Möglichkeit, sich bewähren zu können (Erfolgserlebnisse);
   - Erfüllung der Bedürfnisse nach Information, Kommunikation, Kompensation und Emanzipation.
9. Die festgelegten Lernziele für die einzelnen Abteilungen sind operationalisiert, das heißt, konkrete Verhaltensbeschreibungen sind formuliert und messbar. Operationalisierte Lernziele ermöglichen Lernkontrollen, sie geben an, wann Lernziele erreicht worden sind.
10. Der betriebliche Ausbilder als „Organisator der Lernprozesse" muss bei der didaktischen Aufbereitung des Ausbildungsstoffs berücksichtigen, welche Informationen die Teilnehmer aufnehmen und behalten, bei Bedarf reproduzieren, auf andere Situationen anwenden können sollen.
11. Bei den Lehrverfahren und Vermittlungsmethoden unterscheidet man grundsätzlich zwischen der reinen Darbietung und der Erarbeitung des Lernstoffes.

12. Der Wechsel der Vermittlungsmethoden bei Fortbildungslehrgängen im Hotelbetrieb beeinflusst die Qualität des Lernens (Abwechslung zwischen Kurzvortrag, Diskussion, praktische Anwendung des Gehörten, Einzelarbeit, Gruppenarbeit).
13. Lernhemmungen, verminderte Reaktionsfähigkeit (Geschwindigkeit) werden bei Erwachsenen durch Einsatz individualisierender Lernverfahren ausgeglichen.
14. Im Rahmen des kooperativen Führungsstils werden Erfolgserlebnisse bei den Lerngruppen herbeigeführt.
15. Ständiges Aufzeigen der Anwendungsmöglichkeiten des Gelernten in der Praxis steigert die Lernmotivation.
16. Zweckmäßige Medien wie Tageslichtprojektor mit Folien, Dias, Arbeitsblätter, Aufgabenblätter, Testbögen zum Selbsttesten, Lernprogramme, Video-Recorder, Trainingsfilme werden abwechslungsreich auf die zu vermittelnden Problemkreise hin abgestimmt.
17. Die didaktische Aufbereitung der Ausbildungsinhalte für die im Betrieb Auszubildenden erfolgt in Kenntnis der Ausbildungsordnung mit dem Festlegen der Lernziele (Teilziele), der Gliederung der Ausbildung, dem Festlegen der lehrgangs- und produktionsgebundenen Ausbildungsabschnitte, der Auswahl der geeigneten betrieblichen oder überbetrieblichen Ausbildungsplätze, der Erstellung des betrieblichen Ausbildungsplans und des entsprechenden Versetzungsplans, in enger Zusammenarbeit mit Berufsschule, Berufsberater und Ausbildungsberater.
18. Bei den Lernzielbeschreibungen für die einzelnen Teile des Ausbildungsstoffes werden die Fähigkeiten, Fertigkeiten, Gewohnheiten, Grundkenntnisse Kenntnisse, Erkenntnisse, Einsichten (sog. Qualifikationen), die der Auszubildende erwerben soll, festgelegt.
19. Die 7-Stufen-Methode für Auszubildende (Jugendliche) zur Unterweisung in Fertigkeiten beinhaltet:
    - Planung (Vorbereitung)
    - Motivation
    - Information (Vormachen)
    - Kernpunkte (Integration)
    - Nachmachen (Erklären)
    - Probieren (Versuche)
    - Übung (selbständig)

20. Als dialogische Lehrform hat das Lehrgespräch zur Zielsetzung, die Vermittlung von Sachkenntnissen, die Schulung der Denkfähigkeit und die Entwicklung von Sozialverhalten.
21. Bei der Durchführung des Lehrgesprächs wird der Tafelanschrieb als Hilfsmittel eingesetzt, um
    - eine anschauliche Darstellung der Entwicklung
    - eine systematische Darstellung des Unterweisungsstoffes
    - einen klaren Überblick über das Neue
    - eine Integration des Gelernten
    - eine Orientierung im Lehrstoff
    - Konzentration auf den Unterweisungsgegenstand und die Erfassung der wesentlichsten Kernpunkte zu erreichen.
22. Wo immer möglich, werden auch programmierte Unterweisungen als Selbstunterricht zur Fortbildung eingesetzt. Eine programmierte Unterweisung enthält nach Paulik
    - eine durchdachte Folge von Denkanstößen
    - eine auf diese regelmäßig erfolgende Reaktion
    - ein direkt mit der Leistung zusammenhängendes Erfolgserlebnis, das zum Einprägen führt und zugleich zum weiteren Lernen anregt (Lernverstärkung)
    - Anpassung der Lernschrittgröße an die Lernenden.
23. Lernprogramme in der betrieblichen Ausbildung werden zur Systematisierung der Ausbildung, zur Wiederholung von Grundkenntnissen, zur Schulung der Konzentration, zur Einzelausbildung, zum Niveauausgleich am Beginn der Ausbildung, zur Berufsförderung eingesetzt.

Stellenbeschreibungen: Einführung und Anwendung

Die Konzeption einer Führung im Mitarbeiterverhältnis, mit dem Führungs- und Organisationsprinzip der Delegation von Verantwortung, verlangt in Stellenbeschreibungen die schriftliche Festlegung der geschaffenen Delegationsbereiche. Im Rahmen des kooperativen Führungsstils müssen an jeder Stelle im Unternehmen drei Faktoren übereinstimmen: 1. Die Aufgaben, die mit der Position verbunden sind; 2. die Befugnisse (Kompetenzen), die der Stelleninhaber besitzt, um seinen Aufgaben gerecht werden zu können; 3. die Verantwortung, die sich aus der Aufgabenstellung und den dazugehörigen Kompetenzen ergibt. Stellenbeschreibungen dienen auch als Grundlage für die Stellenbesetzung, die Mitarbeiterbeurteilung und -förderung sowie als Basis für die Entwicklung eines möglichst gerechten Lohn- und Gehaltsgefüges im Unternehmen.

Als modernes, personalwirtschaftliches Instrument ist die Stellenbeschreibung ein unentbehrliches Hilfsmittel für die Unternehmensorganisation und Unternehmensführung geworden. Folgende Details kennzeichnen die Bedeutung, Aufgabe und Anwendung von Stellenbeschreibungen:

1. Die von der Unternehmensführung geschaffenen Delegationsbereiche im Hotel finden ihre schriftliche Festlegung in der Stellenbeschreibung.
2. Mit Hilfe der Stellenbeschreibung wird das Unternehmen in seiner Gesamtorganisation transparent.
3. Stellenbeschreibungen tragen entscheidend zur Versachlichung der gegenseitigen Beziehungen im Unternehmen bei.
4. Stellenbeschreibung als Rationalisierungsfaktor bietet auch die Basis für die Entwicklung eines möglichst gerechten Lohn- und Gehaltsgefüges.
5. Stellenbeschreibungen dienen als Hilfsmittel für die Personalplanung, für den Personaleinsatz und die Aus- und Weiterbildung im Betrieb.
6. Stellenbeschreibungen bringen Vorteile für den Mitarbeiter:
   - klare Information über Aufgaben, Kompetenzen und Verantwortung
   - Handlungsfreiheit im Rahmen des Delegationsbereiches gegenüber den Vorgesetzten
   - Handlungsfreiheit gegenüber den Kollegen
   - Grundlage für die Selbstkontrolle des Mitarbeiters
   - keine willkürliche Beurteilung von Seiten des Vorgesetzten möglich
   - Hilfsmittel für den neu eingetretenen Mitarbeiter
   - Übersicht für mögliche Stellenbewerber
7. Stellenbeschreibungen bringen Vorteile für den Vorgesetzten:
   - Grundlage für die Dienstaufsicht und Erfolgskontrolle der unterstellten Mitarbeiter
   - Zeitersparnis für die Vorgesetzten
   - wichtiges Hilfsmittel für die fachliche Beurteilung der Mitarbeiter
   - Rückdelegation von Verantwortung seitens der Mitarbeiter leichter erkennbar

8. Stellenbeschreibungen müssen mindestens folgende Angaben enthalten:
   - Stellenbezeichnung
   - Abteilung
   - Überstellungsverhältnis
   - Unterstellungsverhältnis (Kompetenzen)
   - Aufgaben
   - Verantwortung
9. Bei den Stellenanforderungen unterteilt man in erforderliche Qualifikationen, detaillierte Qualifikationen (Geschlecht, Einstellungsalter, Schulausbildung, sprachliche Erfordernisse, praktische Erfahrungen) und Spezialerfordernisse.
10. Eine stufenweise Durchführung der Stellenbeschreibungsaktion beginnt am zweckmäßigsten an der Unternehmungsspitze.
11. Die Abfassung der Stellenbeschreibungen erfordert eine bestimmte Reihenfolge von Arbeitsschritten; am Beginn stehen Ermittlung und Analyse des Ist-Zustandes.
12. Für die Erarbeitung von Stellenbeschreibungen sind organisatorische Daten, Ziel der Stelle, Aufgaben der Stelle, Entscheidungsbefugnisse der Stelle und Information und Beratung mit Hilfe eines Fragenkataloges zu erstellen.
13. Folgender Fragenkatalog zur Aufnahme des Ist-Zustandes für die Erarbeitung von Stellenbeschreibungen ist zu beantworten:
   - Welches Sachgebiet wird in welcher Abteilung bearbeitet?
   - Wer ist der direkte Vorgesetzte?
   - Von welcher Stelle in welcher Angelegenheit erfolgen Anweisungen?
   - Welche Mitarbeiter sind direkt unterstellt?
   - In welchen Angelegenheiten werden den Mitarbeitern Anweisungen gegeben?
   - Wer vertritt die Stelle im Urlaub oder im Krankheitsfall?
   - Sind die im Vertretungsfall zu übernehmenden Aufgaben in ihrem Umfang festgelegt?
   - Welche Arbeiten sind regelmäßig auszuführen (täglich, wöchentlich, monatlich, vierteljährlich, halbjährlich, am Jahresende/-anfang)?
   - Welche unregelmäßig auftretenden Arbeiten sind zu verrichten?

- Erfassung und Unterteilung der Arbeit in Hauptaufgaben zur Erreichung der Ziels der Stelle, Nebenaufgaben zur Erfüllung der Hauptaufgaben, Hilfsaufgaben, die bei der Arbeitsausführung anfallen, persönliche Aufgaben, die an die Person gebunden sind, stellenfremde Aufgaben, die von der Stelle verrichtet werden, aber eigentlich nicht in das Aufgabengebiet der Stelle fallen.

14. Welche Entscheidungen werden bei der Durchführung der Aufgaben selbst getroffen?
15. Welche Entscheidungen aus dem Aufgabenbereich der Stelle trifft der Vorgesetzte?
16. Welche Arten und Ursachen von Störungen sind für den Arbeitsbereich zu nennen?
17. Welche schriftlichen Arbeitsunterlagen und mündlichen Informationen werden von anderen Stellen erhalten?
18. Welche schriftlichen Unterlagen oder mündliche Informationen werden von der Stelle an andere Stellen weitergegeben?
19. Welche weiteren Informationen würden die Arbeit des Stelleninhabers erleichtern?
20. Werden Informationen weitergegeben, die bei der Durchführung der Stellenaufgaben nicht unbedingt erforderlich sind?
21. Erscheinen die Methoden und Verfahren bei der Durchführung der Stellenaufgaben zweckmäßig?
22. Sind Einrichtung und Hilfsmittel zur Aufgabenerfüllung zweckmäßig und ausreichend?
23. Gibt es Möglichkeiten zu besserer zeitlicher Arbeitsverteilung?
24. Welche Planungsaufgaben, Kontrollaufgaben, Entscheidungsaufgaben, Koordinierungsaufgaben, sonstige Aufgaben bringen bei der Erfüllung Probleme mit sich?
25. Welche Einzelverantwortungen (Führungsverantwortung, Handlungsverantwortung, Sachverantwortung über Mittel und Material, Leistungsverantwortung, Kosten- und Ertragsverantwortung) sind mit der Stelle verbunden?
26. Welche personellen Kompetenzen (Führungsverantwortung als Fachvorgesetzter) und welche sachlichen Kompetenzen (Vertretungs- und Unterschriftenvollmacht) beinhaltet die Stelle?
27. Hat der Stelleninhaber für die zu erfüllenden Aufgaben die notwendigen Kompetenzen und trägt er die dazugehörige Verantwortung?

28. Die Auswertung des Ist-Zustandes erfolgt dann, wenn alle zu untersuchenden Stellen analysiert worden sind.
29. Erstellte Stellenbeschreibungen müssen in regelmäßigen Abständen dahingehend überprüft werden, ob die fixierten Anforderungen mit der Realität übereinstimmen.

Weiterbildung und Lerntechnik für Führungskräfte

Zielsetzung

Keine Führungskraft kann es sich mehr leisten, ausschließlich von dem einmal Gelernten und den erlebten Erfahrungen zu zehren. Die stetig wachsende Wissenslawine für jedes Fachgebiet zwingt zur permanenten Weiterbildung. Der Ausspruch: „Was Hänschen nicht lernt, lernt Hans nimmermehr!" hat seine Gültigkeit verloren. Erwachsene haben nur andere Lernhaltungen, andere Lernschwierigkeiten und andere Lernbedürfnisse. Die vielen wissenschaftlichen Veröffentlichungen über den Lernvorgang bei Erwachsenen zeigen in ihrer Widersprüchlichkeit eines recht deutlich: die Lernfähigkeit mit Faktoren wie Lernbereitschaft, Interesse am Lernen, Aufnahmefähigkeit, Erinnerungsfähigkeit und Speicherkapazität ist individuell so verschieden, dass Pauschalaussagen zu diesem Thema nur durch persönliche Überprüfung und Versuche zur eigenen Anwendbarkeit sinnvoll werden können. Die Tätigkeit eines Managers erfordert umfangreichste Informierung; nur was ein Mensch lernt, gehört ihm auch.

Die folgenden Darstellungen und Übersichten sollen dazu anregen, sich mit dem so wichtigen Thema der Weiterbildung zu beschäftigen und für sich selbst eine optimale Lerntechnik herauszufinden.

Gedankenflussplan

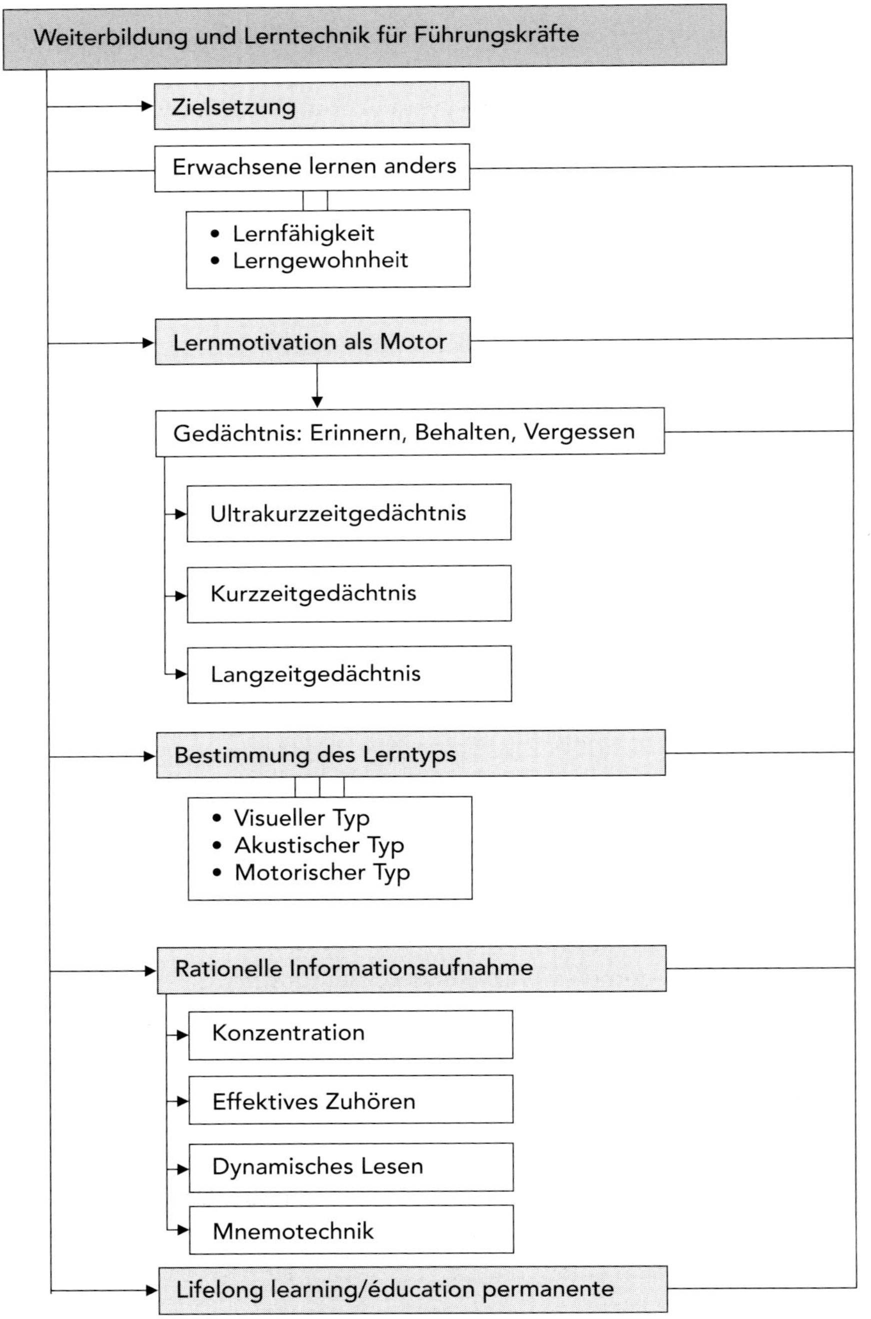

Erwachsene lernen anders

Lernen als Erwerb von Kenntnissen oder Fertigkeiten ist im weiteren Sinne eine Informationsaufnahme und Informationsverarbeitung. Folgende Hinweise kennzeichnen die Lernfähigkeit und Lerngewohnheit von Erwachsenen:

- Die Lernfähigkeit wird beeinflusst von der Lernvergangenheit; damit erschwert sich auch oft eine Umstellung des Lernverhaltens.
- Die Zuflussgeschwindigkeit beim Aufnehmen von Informationen ist beim Erwachsenen normalerweise geringer als bei Jugendlichen.
- Lernerfahrung, Lernverhalten und Lernerfolg stehen in Wechselwirkung zueinander. Da man früher nicht gelernt hat, wie man lernen kann, und eher an passives Aufnehmen gewöhnt war, ist eine Änderung der Lernhaltung nur langfristig möglich.
- Je länger und besser die Schulbildung war, desto eher zeigt ein Erwachsener Bereitschaft zur Weiterbildung.
- Die berufliche und soziale Stellung des Lernenden beeinflussen die Lernbereitschaft und die Lernenergie stärker als das zunehmende Alter.
- Lernentwöhnte Erwachsene haben eher problemorientierte Lernbedürfnisse und sehen stärker auf die Anwendungsmöglichkeit des Gelernten. Informationen werden in Bildern und in erfahrenen Zusammenhängen behalten.

Lernmotivation als Motor

Erfolge im Leben haben eine gemeinsame Basis: die Motivation. Konzentration und Ausdauer beim Lernen sind von dem Motivationsgrad (dem Interesse an einer Sache), der Lernenergie und Lernbereitschaft entscheidend abhängig. Als Erwachsener hat man bereits geformte Verhaltensweisen, bestimmte Vorstellungen und Bedürfnisse. Mehr als beim Jugendlichen, der vieles vorurteilslos, unkritisch aufnimmt, spielt die Einstellung und Motivation der lernenden Führungskraft bei der fachlichen und führungsmäßigen Weiterbildung eine ausschlaggebende Rolle.

Zu den typischen Lernmotiven eines Erwachsenen zählen: Informations-, Kommunikations-, Kompensations- und Emanzipationsbedürfnisse. Dabei wirken Erfolgserlebnisse besonders positiv motivierend und festigen das erworbene Wissen. Lernmotivation hängt also entscheidend von Häufigkeit und Art der Erfolgserlebnisse ab. Auch lernen Erwachsene dann bereitwilliger, wenn sie eine Steigerung ihrer individuellen geistigen Potenz, ihrer geistigen Sicherheit und der Ausweitung des persönlichen Geltungsbereichs erwarten dürfen.

Aufgaben und Ziele, die man sich selbst beim Lernen vorgibt, motivieren besser. Diese Erkenntnis spiegelt sich auch in den erfolgreichen individualisierenden Lernverfahren (zum Beispiel Lehrprogramme, entdeckende Lernverfahren) wider. Ein Lehrstoff muss für die Führungskraft konkret auf das Handeln bezogen sein. Die Lehrmethoden sollen vorwiegend aktiv zum Anwenden, Beherrschen des für die Berufsarbeit vertiefenden Fachwissens sein (Lehrmethoden wie: Lehrgespräch, Gruppendiskussion, Lehrprogramme, Fallstudien, Planspiele und Rollenspiele).

Ohne Interesse will man nichts lernen, bei Konzentrationsmangel fällt es schwer zu lernen, und mit einem untrainierten Gedächtnis behält man nur wenig.

Gedächtnis: Erinnern, Behalten, Vergessen

Viele Informationen müssen wir gedanklich speichern, behalten und ins Bewusstsein zurückrufen können. Denkträgheit und mangelnde Gedächtnisschulung sind oft schuld an einem schlechten Gedächtnis.

Untersuchungen haben gezeigt, dass das Behalten besonders innerhalb der ersten zwanzig Minuten nach der Informationsaufnahme sehr stark, später aber deutlich langsamer abnimmt.

Das Einprägevermögen ist dann verstärkt, wenn Informationen

- bildlich die Vorstellungskraft und Fantasie ansprechen,
- persönliche Interessen, Ziele und Motive berühren,
- sinnvoll mit bekannten Inhalten in Verbindung zu bringen sind,
- die Gefühle ansprechen,
- ungewöhnlich sind und aus dem normalen Rahmen herausfallen.

Einpräge- und Erinnerungsvermögen kann durch Wiederholungen verbessert werden. Je fester Informationen im Gedächtnis verankert werden sollen, desto länger sollte man jedoch auch die Pausen zwischen den Wiederholungen planen. Verteilt man Wiederholungen auf mehrere Tage, prägen sich alle Informationen am besten ein.

Wiederholen kann man nur einen Stoff, den man auch verstanden hat. Einordnungsfähige Zusammenhänge in lernfreundlicher Darstellung und Ordnung lassen sich im Gedächtnis eher speichern als zusammenhanglose Details.

Um beispielsweise den Inhalt einer Rede zu behalten und reproduzieren zu können, muss der Aufbau, die innere Struktur der Rede erfasst werden. Fällt es einem schwer, sich an bestimmte Dinge zu erinnern, das heißt, Informationen ins Bewusstsein abzurufen, muss man versuchen, die Verbindungen – das Informationsfeld – nach dem Gesuchten sich vor Augen zu führen.

Als „Software"-Elemente des Gedächtnisses unterscheidet man bei dem Prozess der Informationsspeicherung:

1. **Ultrakurzzeitgedächtnis**
2. **Kurzzeitgedächtnis**
3. **Langzeitgedächtnis**

Ultrakurzzeitgedächtnis

Als erster Filter für Wahrnehmungen nimmt das Ultrakurzzeitgedächtnis Informationen zwar auf – aber wenn keine Aufmerksamkeit vorhanden ist, Interesse und Assoziationsmöglichkeiten fehlen oder zusätzliche Wahrnehmungen dabei stören, werden diese Informationen uninteressant für die weitere Speicherung und gehen an uns vorbei wie Straßenlärm oder die sofort vergessene Telefonnummer nach dem Wählen.

Kurzzeitgedächtnis

Das etwa 20 Minuten dauernde Kurzzeitgedächtnis kann man mit einer nicht fixierten Fotografie vergleichen. Während dieser Phase ist die Gefahr des Informationsverlustes recht groß. Informationen können hier sogar durch einen starken Schock (Autounfall) völlig gelöscht werden (rückwirkendes Vergessen).

Langzeitgedächtnis

Erst im Langzeitgedächtnis wird eine Information wie eine Fotografie im Fixierbad vor dem unwiderruflichen Vergessen bewahrt. Die Informationen werden in eine Langzeitspeicherung als Bildung und Ablagerung von Proteinen deponiert. Es gibt also zweierlei Arten von Vergessen: das unwiderrufliche Vergessen des

Ultrakurz- und Kurzzeitgedächtnisses und das augenblickliche „Nicht-Wiederfinden" noch nicht verloren gegangenen Informationsguts.

Bestimmung des Lerntyps

Beim Lernen werden die Sinne angesprochen: man hört zu, man schaut zu, man liest etwas, man macht mit und man führt selbst aus. Diese einfache Erkenntnis führte dazu, zwischen folgenden Lerntypen zu unterscheiden:[4]

1. **Visueller Typ (Sehtyp)**
2. **Akustischer Typ (Hörtyp)**
3. **Motorischer Typ (Tu-Typ)**

Visueller Typ

Als visueller Kanal hat das menschliche Auge die größte Aufnahmefähigkeit (Perzeptionsfähigkeit). Etwa 3 Millionen „bit" (= Informationseinheiten) kann das menschliche Auge in der Sekunde aufnehmen. Auch aufgrund der ständigen Übung und Erziehung zum visuellen Lernen glaubt man, dass dieser Lerntyp dominant ist.

Bildhafte Darstellungen, Gedrucktes, Skizzen erleichtern die Informationsaufnahme, wobei hier auch zwischen „Sehen" und „Lesen" unterschieden werden muss.

Akustischer Typ

Der auditiv veranlagte Lerner speichert Vorlesungen, Referate, laut Gelesenes, den mündlichen Vortrag am besten. Die Informationsaufnahme erfolgt durch Anhören oder im Gespräch.

Motorischer Typ

Hier wird Visuelles und Akustisches in Verbindung mit Bewegung gebracht. Ein Lerntyp, der durch Bewegung und Rhythmus aufnimmt, auch das Mitschreiben, Mitzeichnen, Mitsprechen gehören dazu.

Generell ist jeder Mensch wohl ein „Mischtyp" mit dem einen oder anderen Schwerpunkt. Es lohnt aber, sich für sein eigenes Lernverhalten zu interessieren und herauszufinden, welche

- Darstellungsmethode (Sprache, Bilder, Schemata, Gedrucktes, Filme, Tonband),
- Lernkanäle (visuell, akustisch, motorisch),
- Lernstoffbeziehung (Lernhilfen),
- Lernatmosphäre (Ruhe, Musik, Stimmung, Druck),
- Lernkontrollen

für jeden selbst eine optimale Informationsverarbeitung und -speicherung bedeuten.

Rationelle Informationsaufnahme

Konzentration und Konzentrationshindernisse

Im Sinne der rationellen Informationsaufnahme ist die Konzentrationsfähigkeit als persönliche Eigenschaft, die ganze Aufmerksamkeit einer bestimmten Sache oder Person zuzuwenden, von großer Bedeutung. Folgende Aussagen kennzeichnen diesen Problemkreis:

1. Die Fähigkeit, sich nicht von innerlichen und äußerlichen Vorgängen ablenken zu lassen, kann man üben.
2. Geistige Konzentration setzt ein Höchstmaß von Interesse, Begeisterung, klarer Zielvorstellung und positiver Gedankenhaltung im Hinblick auf den Lerngegenstand voraus.
3. Die volle Inanspruchnahme, das „Aufgehen" mit dem Lehrgebiet, braucht äußere und innere Ruhe.
4. Die zum Zeitpunkt der Informationsaufnahme unerledigten Pflichten lenken ab oder belasten.
5. Sorgfältigkeit im Detail, ruhige Beobachtungsgabe fördern die geschlossene Aufmerksamkeit.
6. Ausdauer und Konzentration hängen von dem Motivationsgrad für den Lerngegenstand ab.
7. Die Gedanken an „gestern" und die Sorge um „morgen" können die Konzentration beeinflussen. Bei schweren und dauerhaften Konzentrationsstörungen hat sich das autogene Training nach Professor J. H. Schultz bewährt.
8. Eine gut geplante Zeiteinteilung und Zeitpunktplanung für die Informationsaufnahme hilft bei Konzentrationsschwierigkeiten.

9. Die geistige Sammlung, das intensive Gerichtetsein auf eine Sache, lässt sich durch ein Rahmenprogramm, wie Gedankenflusspläne zum Thema, Zielvorgaben und selbst angefertigte Zusammenfassungen, fördern.
10. Pausen an der richtigen Stelle, ohne die Gedanken an andere geistige Anforderungen abweichen zu lassen, helfen der Konzentrationsfähigkeit.

Effektives Zuhören

Untersuchungen haben ergeben, dass eine Führungskraft etwa 60 Prozent ihrer Zeit mit „Zuhören" verbringt. Rationelle Informationsaufnahme zwingt auch hier zu effektivem und selektivem Zuhören. Zur Technik des effektiven Zuhörens gehören:

1. Sachinteresse, Konzentration und Aufmerksamkeit.
2. Erwartungen an den Argumentationsablauf des Sprechers, nicht aber vorweggenommene Schlussfolgerungen.
3. Da das Hören und Aufnehmen schneller erfolgt als das Sprechen, gleichzeitige Überprüfung der Argumentation.
4. Versuch, den Aufbau und Zusammenhang des Gesprochenen zu erfassen (Hauptpunkte und Absicht des Sprechers).
5. Übersichtliches Notieren der wichtigsten Inhaltspunkte einer Rede während der Informationspausen.
6. Bestreben nach Objektivierung, Vermeiden von emotionalen Gesichtspunkten.
7. Lösung der Empfindungen gegenüber der Person des Sprechers, um eine sachliche Einschätzung des Gesagten zu ermöglichen.
8. Besonders kritisches Zuhören bei sympathischen Sprechern.
9. Vorbereitung auf das zu hörende Thema mit selbst gestellten Fragen (bei Vorträgen).
10. Einfühlung und Einstellung auf das Sprechtempo, auf die Betonung und Formulierungen des Vortragenden.
11. Ständige Übung im Aufnehmen, Mitdenken, Neuformulieren, Mitschreiben und Verarbeiten von Informationen.

Dynamisches Lesen

Führungskräfte müssen eine stetig wachsende Menge schriftlicher Informationen verarbeiten. Die Informationsflut zwingt zur immer enger werdenden Spezialisierung auf dem betreffenden Fachgebiet. Seit Jahren werden Spezialkurse zum

„schnellen Lesen", „optimalen Lesen", „dynamischen und rationellen Lesen" angeboten. Die folgenden Aussagen sollen Interesse an diesem Thema wecken und einige Grundsätzlichkeiten klären:

1. Zu den schlechten Lesegewohnheiten zählen:
   - das innerliche Mitsprechen,
   - die Zeilen einzeln mit Finger oder Lineal verfolgen,
   - das Zurückspringen der Augen beim Lesen,
   - mangelnde Fixationen mit den Augen,
   - mangelnde Textübersicht vor dem Lesen.
2. Die Blickspanne und die Zahl der Fixationen sind auf Schwierigkeitsgrad, Informationsdichte und grammatische Komplexität des Textes abzustimmen.
3. Das Leseverfahren hängt von der Art der Leseerwartung und den an den Text zu richtenden Fragen ab.
4. Das „Diagonallesen" oder „orientierende Lesen" (Überfliegen des Textes mit sehr großen Blickspannen) soll einen allgemeinen Überblick, die Kernbegriffe und den Aufbau des Textes erkennen lassen.
5. Selektives Lesen wird eingesetzt beim Suchen nach bestimmten Informationen. Anhand von festgelegten Stichpunkten wird man den Text selektieren und auswählend lesen.
6. Geht es um durchdringendes Verständnis und Aneignung von Informationen, dann spricht man von „lernendem Lesen", Hier muss der Text mehrfach mit Gliederungen, Schemata, eigenen Formulierungen und Wiederholungen durchgearbeitet werden.
7. Besonders bewährt hat sich in der Praxis die grafische Darstellung: „das Leseschema". Die Informationen und wichtigen Fakten werden im Zusammenhang und in ihrer gegenseitigen Zuordnung mit Reiz- und Schlüsselworten als „Bild" grafisch dargestellt. Anhand dieses „Leseschemas" wird ein volles Verständnis, eine bessere Verarbeitung, Einprägsamkeit und Wiederholung eines Textes erleichtert. Auch Detailinformationen lassen sich anhand dieses Schemas aus dem Langzeitgedächtnis visuell abrufen.
8. Das farbige Hervorheben von Textstellen, Markierungen, Unterstreichungen, die Verbildlichung des Aufgenommenen, Herstellung von Querverbindungen gehören zum „lernenden Lesen".
9. Zum „rationellen Lesen" gehören weiterhin die zielbewusste Auswahl des Lesestoffes, das Verfolgen der Ideen statt der Worte, das Suchen nach gedank-

lichen Wegweisern und die ständige Verbindung mit dem bisherigen eigenen Informationsstand.

10. Anstelle des Wort-für-Wort-Lesens tritt bei jeder Grundtechnik der Schnell-Lese-Verfahren das Satz-Lesen.

Möglichkeiten und Grenzen der Mnemotechnik

Das Lexikon der Ausbildungspraxis von Paulik definiert „Mnemotechnik" als Merktechnik, die das Lernen, vor allem aber das Behalten erleichtern soll. Zu den Mnemotechniken, den Merkhilfen, zählen die „Eselsbrücken", Reime, der Rhythmus und ähnliche Gedächtnisstützen.

Mnemotechnik ist also die Kunst, das Einprägen und Behalten von Informationen durch besondere Lernhilfen zu erleichtern. Wunderdinge darf man nicht erwarten. Allein mit „Lerntricks" lässt sich die natürliche Gedächtniskraft nicht verbessern. Im Folgenden werden einige Basisbereiche der Mnemotechnik angesprochen:

1. Auch in der Werbung macht man sich das Einprägen durch Reime zunutze. So werden Markennamen zu einem Begriff.
2. Der Namensvergesslichkeit kann man mit einfachen Vorstellungsbildern, die den Bezug zwischen Person und Eigennahmen verbinden, entgegentreten.
3. Schwierige Zahlen lassen sich mit stets abrufbaren persönlichen Daten, Telefonnummern, Feiertagen, Geschichtszahlen, Postleitzahlen verbinden und besser behalten.
4. Vertieftes Einprägen ist auch durch das Zeichnen, der bildhaften Darstellung eines komplizierten Sachverhalts möglich.
5. Mit Hilfe von „Merkworten" – meist Abkürzungen einer ganzen Reihe von Begriffen – lassen sich auch abstrakte Wortgruppen einprägen.
6. Mit der „Hilfsbildreihe", bei der für die Zahlen 1–20 je Zahl ein „Hilfsbild" gelernt wird, lassen sich ganze Stoffgebiete in der richtigen Reihenfolge verbildlichen und behalten.
7. Gliederungen, Systeme, Strukturen und Gedankenflusspläne helfen, als Gedächtnisstützen eine große Fülle von Stoffinhalten abzurufen.
8. Die Farbe spielt in der Mnemotechnik eine echte Merkhilfe. Klassifizierungen, Einordnungen, Rangstufen, Bedeutungsunterschiede lassen sich leichter einprägen und helfen bei der Erinnerung.
9. Verbindende Hilfswörter, deren Anfangsbuchstaben eingeprägt sind, erhöhen die Merkfähigkeit.

10. Die Technik des Speicherns und des Merkens von Informationen lässt sich auch verbessern, indem man aus normalen (leicht vergessbaren) Texten außergewöhnliche, besondere und damit einprägsame Informationsfolgen gestaltet.

Lifelong learning/éducation permanente

Die Zukunft wird deutlich zeigen, welch ungeheure Wissensexplosion mit einer Fülle von Informationen, Erkenntnissen und Methoden im Rahmen jeder Unternehmensführung es auf der Basis der hierfür wesentlichen Wissenschaften, wie Betriebswirtschaftslehre, Volkswirtschaftslehre, Informations- und Kommunikationstheorie, Betriebssoziologie und -psychologie, angewandte Mathematik, Statistik, Ökonometrie und Kybernetik, für die Praxis anwendungsreif zu gestalten und zu bewältigen gilt. Diese rapide Zunahme des Wissensstoffes macht es schon heute einem Manager schwer, allein auch nur mit der Entwicklung seines Fachgebiets Schritt zu halten. „Tot ist, wer nicht mehr lernt. Lernen, um zu überleben!" – Schlagworte, die man ernst nehmen sollte. Der Bereich der Weiterbildung gewinnt zunehmend an Bedeutung.

Man muss bestrebt sein, sein Wissen auf dem Laufenden zu halten und sich den gesellschaftlichen und technischen Veränderungen anzupassen. Es gilt, neben der berufsvorbereitenden Ausbildung nun auch die berufsbegleitende Weiterbildung (Fach- und Führungsausbildung) im Sinne eines „Lifelong learning" oder einer „Education permanente" zu aktivieren.

So müssen auch Unternehmerfortbildungskurse und -methoden eingesetzt werden, die nicht auf passiver Aufnahme, sondern auf aktiver Teilnahme, auf der Selbsterarbeitung von Einsichten und Verhaltensweisen beruhen und speziell auf das Lernverhalten von Führungskräften eingehen können. Dabei müssen die Lehrmethoden auf diesem Sektor ständig weiterentwickelt werden, will man mehr als bisher Problemlösungen praxisnah anbieten.

Ständiges eigenes Bildungsbemühen für den lebenslangen Lernprozess setzt Kenntnisse über die eigene Lernfähigkeit und anzuwendende Lerntechnik voraus, um Wissen in Kennen, Erkennen in Verhalten und beides in Können umzusetzen.

Consulting: kreative Maßarbeit in Hotellerie und Gastronomie

Verfügen Sie zu jeder Zeit in Ihrem Hotel über alle Spezialisten der Branche? Sind Sie ein vollwertiger F&B-Manager, F&B-Controller, Banquet-Manager, Sales- und Marketing-Manager, Public-Relations-Manager, Operations Analyst, Auditor und Controller, Personnel- und Trainingsmanager, Frontoffice-Manager, Executive Housekeeper und Chief Engineer, Purchasing Manager, Guest Relations Officer und General Manager – alle vereint in einer allwissenden Person? Sind Sie immer up to date, auf allen Gebieten der Beste? Zwar konzentrieren große Hotelkonzerne gerade die vielen Spezialisten in vier „Ds": den *Director of Operations* (Frontoffice und Food & Beverage), *Director of Development and Incoming* (Marketing, Rooms & F&B-Sales), den *Director of Controlling* (Finance & Accounting) und den *Director of Human Resources* (Personnel & Training), aber das spezielle Fachwissen für alle Bereiche wird wohl jedem Großhotel erhalten bleiben.

„Wozu brauchen wir das?", fragt sich der mittelständische Hotelier; „wir sind doch viel flexibler als diese schwerfälligen, überorganisierten Großbetriebe!" „Flexibilität" auch im Sinne von Aufgeschlossenheit gegenüber modernen Managementmethoden? Übrigens: Der Verdrängungswettbewerb am gastgewerblichen Markt macht vor Klein- und Mittelbetrieben nicht Halt. Betriebswirtschaftliche Gesetze zur Überlebensstrategie gelten für Groß- und Kleinbetriebe gleichermaßen! Bedauerlich ist es, dass sich relativ gesehen mehr Großbetriebe – trotz der vielen Spezialisten und internen Fachberater – von neutralen Außenstehenden beraten lassen, statt das Beratungs-Know-how von Klein- und Mittelbetrieben der Hotellerie und Gastronomie zu nutzen. Der Zeitdruck, der Zwang zu ständigem Wandel, der natürliche Widerstand gegen Veränderungen aller Art zeigt sich in Klein- und Mittelbetrieben am ausgeprägtesten.

„Gegen die Veränderungen zu leben ist dumm, mit der Veränderung zu leben ist normal, durch die Veränderung zu leben ist klug!" Erfolgreiche Betriebe zeigen grundsätzlich eine große Bereitschaft zu permanenten Veränderungen. Gerade in Zeiten des chaotischen Wandels, des harten Konkurrenzkampfes und der sich ständig ändernden Marktverhältnisse im Käufermarkt des Gastgewerbes wird die Zusammenarbeit mit Unternehmensberatern zu einem nahezu unverzichtbaren Bestandteil des Managements kleinerer und mittlerer Unternehmen.

Die Probleme werden nicht einfacher, sondern immer komplexer; das Spezialwissen eines einzelnen Hoteliers und Gastronomen reicht oft nicht mehr aus. Die natürliche Betriebsblindheit, hervorgerufen durch jahrelange Gewohnheit, trübt den klaren Blick für gegenwärtige Probleme und zukünftige Chancen. Es fehlt an Informationen aus erster Hand und an einer objektiven Betrachtungsweise. Genügte es in der Vergangenheit des Verkäufermarkts der Hotellerie und Gastronomie, grobe Fehler zu vermeiden, um erfolgreich zu sein, so wird es in Gegenwart und Zukunft notwendig sein, aktiv das Richtige zu tun!

Mit dem Unternehmensberater sollte man es wie mit seinem „Hausarzt" halten: In regelmäßigen Abständen erfolgt eine Routine-Gesundheitsuntersuchung; sie zeigt dem Hotelier und Gastronomen, wie ein Betriebsaußenstehender seinen Betrieb in der Entwicklung des Marktes sieht, worauf zukünftig zu achten ist, damit der gastronomische Betrieb gesund bleibt! Für die Bewältigung der Zukunft gilt Consulting als zwingend notwendige Investition mit den „externen Spezialisten auf Zeit".

„Sich beraten schmälert nicht die Größe und zeugt nicht von Mangel eigener Fähigkeit, vielmehr ist sich gut beraten ein Beweis derselben." So wird auch die Zusammenarbeit mit einer Consulting-Firma heute vielmehr als Zeichen fortschrittlicher Unternehmensführung gewertet. Jeder Hotelier und Gastronom weiß genau, was er nicht kann, und holt sich dafür die richtigen Partner auf Zeit – das fehlende Know-how wird einfach „zugekauft".

Vorteile des Consultings:

- Durch Consulting werden Chancen für den Betrieb besser erkannt und genutzt, Risiken minimiert.
- Unternehmen lernen die „außenstehenden Fachberater auf Zeit" als objektive Ratgeber mit effizientem Know-how-Transfer schätzen.
- Es wird dem Unternehmen ermöglicht, schnellere, bessere und risikoärmere Entscheidungen zu treffen.
- Mit dem Unternehmensberater gewinnt man einen „Spezialisten auf Zeit", dessen Dienstleistung nur nach Bedarf bezahlt wird.
- Zum professionellen Consulting gehören modernste Arbeitstechniken und der schnelle Zugang zu weltweit vorhandenen Informationen.
- Die computerunterstützte Beratung der Consulting-Firma spart Zeit und Geld.

- Es werden in relativ kurzer Zeit alternative Problemlösungsvorschäge zur Auswahl und Optimierung der Entscheidungsprozesse erarbeitet.
- Unternehmensberater sehen den Betrieb als Ganzes in seinem Umfeld und nicht nur die „vordergründigen Probleme".
- Berater geben Impulse und Anregungen und können mit „realistischer Neutralität" dem Unternehmer wie auch dessen Mitarbeitern zu „Partnern auf Zeit" werden.
- Beim Consulting wird nicht nur sehr viel Erfahrung für spezielle Bereiche miteingebracht, sondern es werden auch die sonst oft vernachlässigten Randprobleme berücksichtigt.
- Allein die zeitlich bestimmte Anwesenheit eines Unternehmensberaters bewirkt erst, dass alle Beteiligten „Zeit haben müssen"; die Gesprächsbereitschaft wird gefördert.
- Die Ganzheitsberatung berücksichtigt das individuelle Stärken-und-Schwächen-Profil des Unternehmens, um aus ganzheitlicher Sicht (Unternehmen und Umfeld) die Gesamtsituation zu verbessern.
- Nur ein Außenstehender kann in seiner „Unvoreingenommenheit" viel Positives zur zukünftigen Entwicklung eines Unternehmens beitragen.
- Consulting fördert die zielgerichtete innerbetriebliche Zusammenarbeit beim Umsetzen gemeinsam erarbeiteter Maßnahmenpläne.
- Consulting zeigt dem Unternehmen ein gezielt erstelltes Weiterbildungskonzept für die Mitarbeiter auf; der Bedarf an Wissen und Fähigkeiten wird in jedem Beratungsfeld deutlich.
- Mit den Spezialisten auf Zeit kann für den kleineren Betrieb eine verbesserte Chancengleichheit und Konkurrenzfähigkeit gegenüber Großhotels erreicht werden.
- Veränderungen lassen sich mit einem Außenstehenden in gemeinsamer Gruppenarbeit meist rascher bewältigen.
- Oft verbessert sich durch Beratung in Gruppenarbeit auch der zukünftige Arbeitsstil des Unternehmens.
- Als Realist und neutraler Gesprächspartner wird ein Betriebsberater mit seiner Meinung im Unternehmen ernst genommen (der Prophet gilt nichts im eigenen Land!).
- Der vom Consulting erarbeitete Maßnahmenkatalog wird nach zeitlicher Durchführung und nach Kosten-Nutzen-Überlegungen gewichtet.
- Auch unangenehme Analyseergebnisse werden vom Unternehmer ernsthaft zu prüfen sein.

- Richtig verstandenes Consulting trägt mit unternehmenspolitischen Maßnahmen zur Überlebens- und Arbeitsplatzsicherung trotz Nachfragerückgang bei.
- Mit Beratung werden vorhandene Informationen projektorientiert verarbeitet und erforderliches externes Wissen zugekauft.
- Mit Arbeitstechniken wie Moderationsmethode, Portfolio-Methode, Wertanalyse, Szenariotechnik sammelt Consulting nicht nur Sachinformationen, sondern fördert Innovationsmanagement.
- Die übliche Dominanz von Branchenkenntnissen gegenüber betriebswirtschaftlichen Kenntnissen kann der Kleinbetrieb mit Consulting ausgleichen.
- Consulting strebt nicht nach einem reaktiven, anpassenden Verhalten, sondern vielmehr nach einer gestalterischen, proaktiven Marktbearbeitung; es wird ein zukunftsorientiertes „neues Managementdenken" vermittelt.
- Consulting ermöglicht dem mittelständischen Hotelier und Gastronomen den Blick über den Zaun, Benchmarking – Lernen von den Besten, aussagefähige Betriebsvergleiche gehören zum Handwerkszeug eines Beraters.
- Mit Betriebsberatern wird die vorhandene Kapazität an Mitarbeitern auf Zeit erweitert.
- Da ein Berater als Führungs- und Arbeitspartner neutral und unabhängig ist, kommen bei jeder Beratung Gedanken zum Ausdruck, die sonst nicht ausgesprochen werden.
- Consulting hilft, das Planungsdefizit beim Mittelstand abzubauen, und dient der Zukunftssicherung eines Unternehmens.

Mit einem Unternehmensberater ist man nicht verheiratet; er kann jederzeit durch einen besseren ersetzt werden!

Arbeitsablauf des Consultings als kreative Maßarbeit

Wie kann eine erfolgreiche Beratung im Gastgewerbe ablaufen? In der Praxis lässt sich das Consulting in sieben Phasen systematisieren (siehe hierzu die folgende Abbildung):

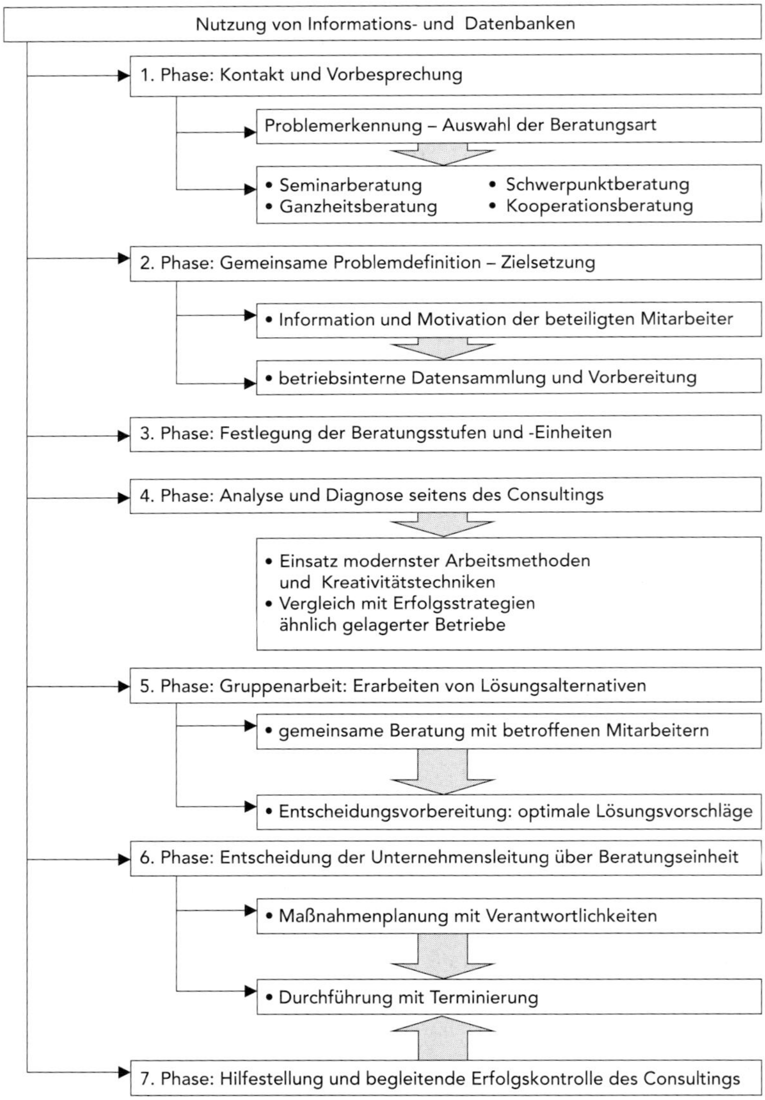

Musterablauf: Consulting als kreative Maßarbeit

1. Phase: Kontakt und Vorbesprechung

Beim Vorgespräch für jede Beratungsform stehen das Erkennen der Problembereiche und die Auswahl der Beratungsart im Vordergrund. Meist sind es die Sorgen des Unternehmers, eine Verunsicherung oder aber auch Ideen für die Zukunft, die einen Beratungswunsch zur Folge haben. Die Umsätze sind rückläufig, die schlechter werdende Ertragslage mit sinkendem Eigenkapitalanteil führt zu Liquiditätsengpässen und Finanzierungsproblemen. Vielleicht trägt auch das Auftreten intensiver Konkurrenz zur Unsicherheit für die zukünftige Entwicklung des eigenen Betriebes auf dem Markt bei. Oliver Cromwell soll einmal gesagt haben: „Wer nicht immer besser wird, hört auf, gut zu sein!" Die vielfältigen Problemfelder spiegeln sich im nachstehenden Beratungskatalog für Hotellerie und Gastronomie wider:

Typische Beratungsthemenbereiche

Zum Beispiel:

- Rationalisierungsprogramme in allen Hotelbereichen
- Optimaler Mitarbeitereinsatz, Schulung und Fortbildung
- Generationswechsel bei Familienbetrieben
- Vorausschauende Wirtschaftlichkeitsstudien für Um- und Neubau
- Gastgewerbliche Konzeptentwicklungen
- Standardisierung und Qualitätssicherung in der Gastronomie
- Analyse der Betriebsabrechnung, Kennzahlen als Frühwarnsystem
- Entwicklung und praktische Umsetzung von Marketingplänen
- Motivation der Mitarbeiter zum „aktiven Verkauf"
- Wareneinsatzkontrollen für den Küchenbereich
- Einführung von EDV in allen Leistungsbereichen
- Umstellung des Rechnungswesens auf das „Uniform System of Accounts for the Lodging Industry"
- Hilfestellung bei der Einführung der „flexiblen Arbeitszeit im Gastgewerbe"
- Monatliche Budgetierung, Finanzplanung
- Angebotsgestaltung und Preiskalkulation
- Einführung von Qualitätsmanagement in kleinen Betrieben
- Voraussetzungen für ISO 9001ff im Hotellerie und Gastronomie
- Allgemeine Controlling-, Innovations- und Entwicklungs-Beratungen u. a.

Schon in der ersten Phase sollte sich der Unternehmer für eine Beratungsart entscheiden. In der modernen Unternehmensberatung kann zwischen vier verschiedenen Arten der Beratung unterschieden werden:

1. **Seminarberatung**
2. **Ganzheitsberatung**
3. **Schwerpunktberatung**
4. **Kooperationsberatung**

1. Seminarberatung

Neuartig, aber speziell auf Klein- und Mittelbetriebe der Hotellerie und Gastronomie abgestimmt, ist die Kombinationsform der Seminarberatung, eine Art „Schnupperberatung". An einem Tag wird für eine geringe Anzahl von Mitarbeitern ein motivierendes betriebsinternes Seminar durchgeführt. Ein für alle interessantes Thema wie „Aktiver Verkauf in der Gastronomie" oder „Mehr Service für unsere Gäste" bricht das Eis zwischen Berater und den betroffenen Mitarbeitern. Mit modernen Kreativitätstechniken sammelt und konzentriert der Seminarleiter/Berater Problemfelder, auch Rationalisierungs- und Qualitätsverbesserungsvorschläge aus der Sicht der Mitarbeiter des Unternehmens. In den Pausen und am späten Nachmittag lernen sich Unternehmer und Berater näher kennen. Am Ende des Seminartages bekommt der Unternehmer vom Berater einen Problemfelderkatalog mit Verbesserungsvorschlägen seiner Mitarbeiter und kann nun besser entscheiden, ob eine Ganzheitsberatung, Schwerpunktberatung oder überhaupt eine Beratung für ihn in Frage kommt. In jedem Fall wurden seine Mitarbeiter motiviert und für Verbesserungen sensibilisiert.

2. Ganzheitsberatung

Sie beinhaltet eine Gesamtbeurteilung sämtlicher inner- und außerbetrieblicher Einflussfaktoren für das gesamte Unternehmen; mit kritischer Ist-Analyse auch in Hinblick auf Unternehmensstruktur und Wettbewerbsfähigkeit werden auf der Basis eines Stärken-und-Schwächen-Profils alternative Verbesserungsvorschläge zur zukünftigen Realisierung der Unternehmenszielsetzung erarbeitet. Die ganzheitliche Beratungsleistung deckt in Schwerpunkten alle aufgeführten Beratungsthemenbereiche (siehe „Typische Beratungsthemenbereiche") ab. Die ganzheitliche Unternehmensberatung wird meist in einzelne Beratungsphasen untergliedert.

3. Schwerpunktberatung

Hier werden zunächst nur die in der Vorbesprechung definierten spezifischen Problemfelder einzelner Unternehmensbereiche oder -Funktionen durchleuchtet, beurteilt und mit Verbesserungsvorschlägen versehen (siehe „Typische Beratungsthemenbereiche").

4. Kooperationsberatung

Haben mehrere Partner einer Kooperation gleichartig tangierende Schwerpunktprobleme, greift die umfassende Kooperations- oder Reihenberatung. So wird man zum Beispiel bei der Einführung eines „Destinationmanagements" für eine ganze Destination mehrere Dienstleistungspartner gemeinsam beraten.

2. Phase: Gemeinsame Problemdefinition – Zielsetzung

Eine klare Problemdefinition und damit auch der voraussichtliche Beratungsinhalt, sowie die Zielvorstellungen, die beim Unternehmen bestehen, sollten in der zweiten Phase schriftlich fixiert werden. Aufgrund der Zielsetzungen sind die erforderlichen Beratungsschritte gemeinsam festzulegen und zu planen. Natürlich müssen alle beteiligten Mitarbeiter über Absicht und die Zielsetzung der Unternehmensberatung vorher informiert werden. Viel wertvolle Beratungszeit kann eingespart werden, wenn das Unternehmen nun sofort beginnt, sorgfältig aus betriebsinterner Sicht die für die Beratung erforderlichen Unterlagen und Daten zusammenzustellen und die dann vom Berater später erfragten zusätzlichen Informationen zügig bereitzuhalten.

3. Phase: Festlegung der Beratungsstufen und -Einheiten

Es empfiehlt sich grundsätzlich, bei einer umfassenden Ganzheitsberatung die Beratungsleistungen in einzelne Abschnitte – in sich geschlossene Einheiten – zu unterteilen. Terminvorstellungen und die damit verbundenen Kosten je Beratungsstufe sind schriftlich zu vereinbaren. Jede einzelne Beratungsstufe kann dann in ihrem Ergebnis für sich beurteilt werden. Ebenso beeinflussen die anfänglich gewonnenen Erkenntnisse die Folgephasen einer Beratung, verringern oder vergrößern die nächsten Beratungseinheiten, erfordern eventuell die Zuziehung anderer Spezialisten (z. B. EDV) und ermöglichen auch beiden Partnern (Unternehmen und Berater) nach Abschluss einer Beratungsstufe, die Zusammenarbeit für Folgeeinheiten auszusetzen oder zu beenden.

4. Phase: Analyse und Diagnose seitens des Consultings

Jedes Unternehmen ist einzigartig in der Welt. Selbst wenn der Branchenspezialist die gleiche Beratungseinheit, das gleiche Projekt schon hundertmal bearbeitet hat, beginnt er immer wieder von vorn. Kreativität mit völlig neuen Ideen gerade im Marketingbereich darf nicht durch „Routineberatung" gehemmt werden. Der Berater wird immer nach den Zielen der Unternehmensleitung fragen, also die Frage nach der Zukunft stellen. Kreativität in der Beratung bedeutet, in kürzester Zeit einen Vorsprung zu gewinnen, immer bessere Lösungen in betrieblichen und marktorientierten Aktivitäten zu finden. Selten wird der Unternehmer dabei „Lösungen von der Stange" kaufen können. Unbelastet von Vorurteilen, Klischees und Routine gilt es, Kreativität als Entwicklung von Ideen für das Beratungsprojekt aufgrund von analysierten Tatsachen zu nutzen. Kreatives Denken und Handeln wird in der zeitlichen Engpasssituation einer Beratung gefördert. Im Consulting muss unter Einsatz modernster Arbeitsmethoden und Kreativitätstechniken individuell „maßgenommen" werden, um kreative Maßnahmen dann vorschlagen zu können.

Erst an zweiter Stelle bringt ein Berater seine Trümpfe aus Erfahrungen, Analogien, dem Vergleich mit Erfolgsstrategien ähnlich gelagerter Betriebe mit ein. Aber auch hier erfordert Nachahmung Kreativität, um für den zu beratenden Betrieb die Einzigartigkeit, die unverwechselbare Positionierung beizubehalten. Gerade weil ein erfahrener Berater so viele Betriebe kennt, kann er wohl eher beurteilen, ob das Unternehmen bei der vorhandenen Organisation noch optimal arbeitet. Zusätzlich werden heute im fortschrittlichen Consulting alle verfügbaren Wissensquellen von Informations- und Datenbanken genutzt.

5. Phase: Gruppenarbeit: Erarbeiten von Lösungsalternativen

Auch die Vorgangsweise der Durchführung von Beratungen entwickelt sich fortlaufend weiter. Zeitgemäß erscheint heute die Gruppenarbeit beim Consulting, wo die definierten Probleme mit dem Unternehmer und den betroffenen Mitarbeitern gemeinsam analysiert und alternativen Lösungsmöglichkeiten zugeführt werden. Erfolgreich wird eine Beratung nur dann, wenn alle Beteiligten von der Notwendigkeit überzeugt sind, für die gemeinsam erkannten Probleme auch Veränderungen einzuleiten. Gleichzeitig erfolgt bei der Gruppenarbeit die Entwicklung der beteiligten Mitarbeiter selbst. Das „Mitentwickeln" wird vom Consulting bewusst gesteuert.

Gruppenarbeit beim Consulting kann oft nur in völliger Störungsfreiheit – am besten „außer Haus" ohne Zeitdruck – kreativ werden. Über jede Beratungseinheit sollte ein schriftlicher Bericht mit „sparsamer Schilderung der Ist-Situation", aber detailliert in den erarbeiteten Lösungsalternativen mit präziser Darstellung der dann vorgeschlagenen Maßnahmenpläne und ihrer Begründung erstellt werden.

6. Phase: Entscheidung der Unternehmensleitung über Beratungseinheit

Consulting leistet Entscheidungsvorbereitung, das „Ringen um die beste Lösung". Hierbei kann es durchaus zu mehreren „optimalen Lösungsvorschlägen" kommen. Die Entscheidung fällt der Unternehmer. Damit es nicht bei einer „Papierberatung" bleibt, ist nun der Maßnahmenkatalog mit den jeweiligen Verantwortlichkeiten festzulegen. Die Durchführung wird im Detail terminlich geplant und kontrollierbar gestaltet.

7. Phase: Hilfestellung und begleitende Erfolgskontrolle des Consultings

Erst die professionelle Umsetzung der Beratungsergebnisse entscheidet letztlich über den Erfolg einer Beratung. Daher ist es oft „ratsam", auch bei der Durchführung der gemeinsam entwickelten Lösungen die Consulting-Firma bei der Realisierung der Maßnahmen immer wieder hinzuzuziehen. Abhängig von dem Inhalt der jeweiligen Beratungsstufe sollten in der letzten Phase Hilfestellung und begleitende Erfolgskontrolle den Consultingprozess erfolgreich abschließen.

Kosten und Wirtschaftlichkeit einer Beratung

„Guter Rat ist teuer!" Scheuen Sie eine Geldausgabe für mehr Erfolg in Ihrem Betrieb? Ist Ihr Unternehmen für die Zukunft „gerüstet"? Haben Sie als Unternehmer keine Zeit für mehr Gewinn? Normalerweise ist das Honorar eines Beraters ein Zeithonorar. Zwar ist die Ermittlung des Zeitbedarfs für nahezu jedes Beratungsprojekt schwierig, aber der gastgewerbliche Unternehmer muss vorher beurteilen können, ob der mögliche Beratungserfolg die Beratungskosten rechtfertigt. Deshalb ist es auch zu empfehlen, die Ganzheitsberatung in mehrere Beratungseinheiten zu unterteilen und hierfür aufgrund der voraussichtlichen Tagewerke eine Pauschalvereinbarung für einen klar definierten Leistungskatalog zu treffen. Zusätzlich erwünschte Leistungen werden dann allgemein nach Stunden abgerechnet. Natürlich muss jede Beratung mehr bringen, als sie kostet. Das fallweise Heranziehen von Consulting ist in jedem Fall günstiger als die Festeinstellung eines Spezialisten. Consulting verursacht immer nur proportionale Kosten! Bei der Beurteilung von Beratungskosten für ein durchzuführendes Projekt kommt es letztlich nicht auf die Höhe der Beratungshonorare an, sondern darauf, ob die Summe, die man investiert, sich auch voraussichtlich rentieren wird.

Wirtschaftlichkeit einer Beratung hängt allerdings von vielen Faktoren ab. Völlige Offenheit gepaart mit vollständiger Information auch über unangenehme Probleme und Schwierigkeiten auf der Basis gegenseitigen Vertrauens und der absoluten Verschwiegenheit seitens des Beraters gehören zur Basis einer jeden erfolgversprechenden Beratung. Betrachten Sie Ihren Berater als Lieferanten von Empfehlungen. Wer sich beraten lässt, muss bereit sein, Entscheidungen zu treffen, und sich auch selber hart bei der Maßnahmendurchführung engagieren wollen. Manche Effekte und Vorteile einer Beratung kann man nicht in Euro erfassen und treten auch nicht immer unmittelbar nach der Beratung ein. Consulting als Dienstleistung muss vom Management als „materielle Investition" rentabel eingesetzt werden. Sich wirtschaftlich beraten lassen heißt, kurzfristig Kapazität, Wissen und Problemlösungen zu erwerben.

Was Consulting nicht kann ...

Ein Berater ist kein Medizinmann mit der Zauberformel, kein Hellseher, kein Messias und kein Wunderheiler. Steckt das Unternehmen bereits tief in der Krise, dürfen von dem dann oft zu spät engagierten Betriebsberater keine „Sofort-Wunder" oder schnell wirkende Feuerwehraktionen erwartet werden. Beratung auf Zeit will Hilfe zu Selbsthilfe leisten. Entscheidungen sind immer noch vom Unternehmer selbst zu treffen. Fingerspitzengefühl und Kreativität des Managements und der Mitarbeiter können durch Unternehmensberatung nicht ersetzt, wohl aber unterstützt werden.

Wurde früher nur in Krisensituationen ein Unternehmensberater hinzugezogen, findet man heute Consulting auch in gesunden Betrieben in der Rolle des Präventivmediziners, des Trainers, des Innovators und des „Qualitätssichernden".

Die zehn größten Managementfehler im Hospitality Management und wie man sie vermeidet!

Im Folgenden werden alle Managementfehler positiv dargestellt, d. h., es werden konstruktive Verfahren und Techniken erörtert, die zeigen, wie man „managen" sollte, statt sich auf eine Erörterung dessen zu beschränken, was alles daneben gehen könnte. Ganz gewiss sind diese positiv formulierten Managementtechniken auch unter idealen Bedingungen sehr wertvoll und einsetzbar. Unverzichtbar sind sie jedoch zweifellos in wirtschaftlichen Krisenzeiten.

Worauf muss das Management achten? Wie verhält man sich, wenn alles anders läuft, als es in Lehrbüchern und Fachbeiträgen so schön beschrieben ist? Wie kann man in wirtschaftlich schlechten Zeiten Managementfehler korrigieren oder besser gleich vermeiden? Wie „segelt" man bei aufkommendem Sturm? Es ist einleuchtend, dass in Zeiten hoher Umsätze und Gewinne, die durch eine hohe Reiseintensität, Zimmer- und Bettenauslastung auf dem Land und in der Stadt, eine optimale Hotelzimmerrate, maximale Sitzplatzfrequenz in der Gastronomie und einen kaum noch steigerungsfähigen F&B-Umsatz gekennzeichnet sind, viele Managementfehler in allen Bereichen des Tourismus gar nicht erst bemerkt werden. Die guten Zahlen, die hervorragenden Ergebnisse sprechen für sich und überdecken allzu oft gravierende Managementfehler. Erst wenn die Zahlen schlechter werden, Budgets und Ergebnisse des letzten Jahres nicht mehr erreicht werden und die Talfahrt beginnt, weiß plötzlich jeder, was falsch gemacht wird; Fehlentscheidungen im Management werden nun transparent. Die Direktion konzentriert sich anschließend voll auf die Korrektur der gemachten Fehler und hat dementsprechend kaum noch Zeit, an Zukunftsvisionen für den Betrieb zu denken.

So wie jeder Pilot am Flugsimulator den „Ernstfall" und damit jede in der Praxis vorkommende Notfallsituation übt, müssen auch schwierige Managemententscheidungen im Voraus durchgespielt werden. Daher sollen nun zehn Managementfehler im Tourismus in schwierigen Zeiten herausgestellt und mit positiven Gegenmaßnahmen kommentiert werden.

Die zehn größten Managementfehler im Hospitality Management:

1. Traditionsbewusstsein hemmt das lernende Unternehmen.
2. Das Führungsteam hat aufgehört, sich weiter fortzubilden.
3. Es besteht kein Empowerment und keine Motivation mehr.
4. Führungskräfte sind keine Coachs und Trainer.
5. Das Zeitmanagement ist fehlerhaft.
6. Mittelmäßigkeit wird akzeptiert.
7. Kreativität wird vernachlässigt.
8. Qualität wird verwechselt mit Zufriedenheit der Gäste.
9. Rationalisierung findet an der falschen Stelle statt.
10. Total Quality Service (TQS) wird nicht eingesetzt.

1. Traditionsbewusstsein hemmt das lernende Unternehmen

Fehlerhafte Ansätze:

- Unter dem Motto: „Bewahren des Bewährten" neigt das traditionelle Management allzu leicht dazu, sich auf seinen Lorbeeren auszuruhen.
- Die vorwiegend eingesetzte ruhige „Routine-Tradition" steigert die Betriebsblindheit.
- Das Management reagiert nur noch in Zeiten des schnellen Wandels, statt zukunftsorientiert zu agieren.
- Das Führungsteam ignoriert Veränderungen am Markt und im Umfeld. Managementkonzeptionen wie **Total Quality Management (TQM), Reengineering, Lean Management, Benchmarking** und **KAIZEN** werden als theoretische Modeerscheinungen abgetan.

Positive Korrekturen:

- Vertrauen gilt als Basis des Change Managements; mit einem Führungsstil des Vertrauens lässt sich ein lernendes Unternehmen aufbauen.
- Nur eine lernende Organisation kann in der Lage sein, den Wandel zu gestalten. Die persönliche Bereitschaft zu lebenslangem Lernen macht Bildung zur Investition und Holschuld.
- Die Führungskultur des Betriebes sorgt für möglichst viel Selbstverantwortung und Selbstorganisation der Mitarbeiter.
- Will man das Lernen lernen, sollten offen und detailliert gemeinsame Zielvorstellungen bei der anstehenden Veränderung formuliert werden; verschreiben Sie sich dem institutionellen Lernen.

- **Tradition ist todsicher**
  Verharren Sie nicht abwartend in tradierten Problemlösungsmustern und Handlungsweisen. Gewohnheiten, Unsicherheit dem Neuen gegenüber, Betriebsblindheit und Risiko-Aversionen verhindern, sich zeitgemäßen und innovativen Veränderungen zu stellen. Veränderungsbereitschaft hingegen lässt agieren und nicht nur reagieren. Lernen, Vorausdenken und Planen sorgen für die Vermeidung künftiger Probleme.

2. Das Führungsteam hat aufgehört, sich weiter fortzubilden

Fehlerhafte Ansätze:

- Seminare, Fortbildungsveranstaltungen, Teilnahme an Messen und Kongressen für Hotellerie und Gastronomie werden weder angeboten noch erfragt.
- Der Betrieb stellt seinen Mitarbeitern keinerlei Fachzeitschriften und Fachmagazine zur Verfügung.
- Jegliche Änderungen (z. B. die Einführung von neuer EDV, die Umstellung auf flexible Arbeitszeiten im Gastgewerbe) stoßen auf Widerstand. Unter dem Deckmantel der bewährten Tradition ist man nicht bereit, sich weiterzuentwickeln.
- Die tägliche Routine und das zu bewältigende Arbeitsvolumen mindern das Interesse an Neuerungen; niemand stellt mehr Fragen – es kommen keine Verbesserungsvorschläge mehr.

Positive Korrekturen:

- Monatlich bespricht das Managementteam aktuelle Entwicklungen am Markt und neue Beiträge der gängigen Fachliteratur.
- Besuchte Managementseminare werden ausgewertet und für alle Teammitglieder zusammengefasst.
- Für jede Abteilung und für jeden Mitarbeiter wird ein Budget zur Fortbildung geplant und auch eingesetzt. Mit einer „Trainingskarte" wird der Bedarf an Schulungen pro Mitarbeiter ermittelt.
- In betriebsinternen Datenbanken sollten interessante Ideen für den Beherbergungs- sowie für den Food & Beverage-Bereich gesammelt werden; jedermann hat Zugang zu modernstem Fachwissen. Viele Problemstellungen sind in der Vergangenheit bereits aufgetreten und sollten deshalb in einer Datenbank gesammelt werden und damit abrufbar sein.

3. Es besteht kein Empowerment und keine Motivation mehr

Fehlerhafte Ansätze:

- Es gibt keine Verpflichtung zur Partnerschaft zwischen Unternehmensleitung, Gästen, Öffentlichkeitspartnern, Lieferanten und Mitarbeitern.
- Mitarbeiter dürfen dem Gast nicht nachgeordnet werden; Mitarbeiter sind „Dauergäste" des Managements.
- Misstrauen als Grundphilosophie, autokratisches Führungsverhalten zusammen mit demotivierender Kontrolle, Launenhaftigkeit mit permanentem „Durch- und Vorbeiregieren", fehlende und unzureichende Informationen, einsame Entscheidungen der Direktion mit unterentwickelter Delegationsbereitschaft gelten als Frustrationsfaktoren und bilden die Saat, deren Ernte die **innere Kündigung** vieler Mitarbeiter sein wird.
- Die „inneren Bedrohungen" eines Betriebes setzen unübersehbare Zeichen: innerlich gekündigte Mitarbeiter, gesunkenes Verantwortungsbewusstsein, geringes Engagement, fehlende Initiative, mehr Frustration als Motivation, mangelhafte Identifikation mit den betrieblichen Zielen, Arbeit-„nehmner" und nicht Mit-„denker" werden gefördert.

Positive Korrekturen:

- Mehr Zahlentransparenz für Mitarbeiter sowie gemeinsame Zielsetzungen und Planung steigern das Gefühl für Mitverantwortung.
- Kümmern Sie sich um „Qualitätssterne" bei der Mitarbeiterbehandlung im Gastgewerbe. Mitarbeiterführung und Motivation gelten als unmittelbare Qualitätsquelle für den Erfolg am Markt.
- Mittels Empowerment soll jeder Mitarbeiter als eigenverantwortlicher Partner mit unternehmerischem Denken gesehen und respektiert werden.
- Empowerment bedeutet auch, dass der einzelne Mitarbeiter mehr Mitsprache und Kontrolle bei Entscheidungen hat, die unmittelbar seinen eigenen Arbeitsbereich betreffen.
- Jeder Mitarbeiter soll sich mit einer positiven Einstellung als aktiver „Problemlöser" sowie als Mitunternehmer fühlen und auch so arbeiten.

4. Führungskräfte sind keine Coachs und Trainer

Fehlerhafte Ansätze:

- Abteilungsleiter beharren auf der Vorgesetztenrolle und sind nicht teamfähig.
- Das Management weiß nicht, wie viele Mitarbeiter schon innerlich gekündigt haben und welcher Verlust an Dienstleistungsproduktivität damit für das Unternehmen verbunden ist.
- Konzentriert sich das Unternehmen einseitig auf Gewinnmaximierung, so gehen ihm zwangsläufig früher oder später Engagement, Begeisterung, Mitdenken und Identifikation seiner Mitarbeiter verloren.
- Mitarbeiter können sich keineswegs zum „Mit-Denker", sondern eben nur zum ausführenden „Mit-Arbeiter" entwickeln.
- Das Management versucht, mit Richtlinien, Arbeitsplatz- und Stellenbeschreibungen seine Mitarbeiter dahingehend ab- und auszurichten, dass keiner auf die Idee kommt, eigenständig und aktiv in Erscheinung zu treten.

Positive Korrekturen:

- Führungskräfte verhalten sich als Coachs, Trainer ,Teamleader und Koordinatoren für ihre Mitarbeiter, um sie individuell bei der Erreichung der persönlichen Ziele und der Bewältigung ihrer Aufgaben zu unterstützen und zu beraten.
- Coaching will individuelle Eigeninitiative fördern.
- Macht geht nicht von der Stellung oder Position im Betrieb aus, sondern von der Fähigkeit, Teammitglieder für seine Ideen zu gewinnen und mit Kollegen positiv zusammenarbeiten zu können.
- Teams denken ganzheitlicher als der Einzelne. Das Team nimmt mehr Informationen auf, erkennt mehr Probleme und hat ein größeres Problemlösungspotenzial.
- Team-Coaching ist der Schlüssel, um aus einer einfachen Arbeitskraft ohne Hintergrundwissen einen fachkundigen und mitdenkenden Mitarbeiter zu machen.
- Mit Coaching als Führungsaufgabe wird eine Kultur entwickelt, in der Mitdenken, Initiative und der unerschöpfliche Einfallsreichtum nun unternehmerisch denkender Mitarbeiter als Quelle des Wachstums zählt.

5. Das Zeitmanagement ist fehlerhaft

Fehlerhafte Ansätze:

- Aufgrund der permanenten Dienstleistungsbereitschaft wird in Hotellerie und Gastronomie mit dem Faktor Zeit recht sorglos, planlos und verschwenderisch umgegangen.
- Die Direktion verzichtet auf Delegation und glaubt, die Arbeit selbst besser und schneller erledigen zu können. Infolgedessen kommt sie vor lauter Routinearbeit nicht zu unternehmerischen Tätigkeiten.
- Bei der Planung der Arbeitszeit der Mitarbeiter (Dienstplanerstellung) wird die monatlich, wöchentlich, täglich, ja stündlich schwankende Kapazitätsauslastung in allen Bereichen kaum berücksichtigt; althergebrachte „Arbeitsschichten" (Schichtdienstpläne) verursachen in der Folge Problemfelder:
  - Qualitäts-, Service- und Umsatzverluste bei Unterbesetzung
  - Leer- und Wartezeiten sowie geringe Dienstleistungsproduktivität
  - unnötige Überstunden und überhöhte Personalkosten pro „Arbeits- und Umsatzstunde"
  - Stress und Arbeitsüberlastungen für die Mitarbeiter
  - Motivationshürden bei Mitarbeiter-Überbesetzung – keine „zeitleistungsgerechte Bezahlung" (Bedienungsgeld, Tip etc.)

Positive Korrekturen:

- Externe und interne Zeitfehler werden für jeden Arbeitsbereich erfasst (Zeittagebuch) und korrigiert.
- Eine A-B-C-Analyse der Zeitverwendung sorgt für Prioritäten und eine festgelegte Struktur bei den Führungsaufgaben; Seminare zum Zeitmanagement unterstützen die Planungsfähigkeit für den Zeiteinsatz.
- Die Einführung flexibler Arbeitszeit beinhaltet zum Beispiel: Staffelung der kapazitäts- und gastorientierten Arbeitszeit unter weitgehender Selbstbestimmbarkeit (Steigerung der Zeitsouveränität) mit turnusmäßigen Wunschdienstplänen seitens der Mitarbeiter, faire Verrechnung der Arbeitszeit mit Zeitkonten, verbesserte Planungsmöglichkeit der persönlichen Freizeit, die Schaffung von Anreizsystemen für unattraktive Dienstzeiten und Produktivitätssteigerungen in allen Bereichen.

6. Mittelmäßigkeit wird akzeptiert

Fehlerhafte Ansätze:

- Entfernen Sie sich von den mittelmäßigen Gemischtwarenläden der Hotellerie und Gastronomie, die alles und nichts richtig können. Verwechseln Sie nicht Spezialisierung mit Profilierung.
- Farblose gastronomische Einheitsbetriebe sind am gefährdetsten. Im Restaurant lassen sich zwanzig qualitativ herausragende Speisen professioneller und effizienter vermarkten als dreißig mittelmäßige. Weniger ist mehr!
- Das Management vergleicht den Betrieb nur mit allgemeinen Durchschnittswerten anderer Betriebe und betreibt kein Benchmarking.
- Gleichgültige Routineleistungen bei den Mitarbeitern werden akzeptiert.

Positive Korrekturen:

- Vergleichen Sie sich nur mit den Besten der Branche: Gewinn ist der Treibstoff Ihres Betriebes. Verlangt wird Sparsamkeit nach innen. Konzentrieren Sie Ihr Angebot. Trennen Sie sich von unrentablen Produkten und Dienstleistungen, die der Gast sowieso nicht entsprechend honoriert.
- Reagieren Sie einfühlsam und flexibel auf den Wertewandel bei den Gästezielgruppen.
- **Verstärken Sie Ihre Stärken**
  Versuchen Sie nicht, allen Gästen alles zu bieten. Machen Sie eine Schlankheitskur bei Ihren Schwächen und stellen Sie Ihre Stärken ins rechte Licht. Lassen Sie Ihre Stärken zum unverwechselbaren Markenzeichen Ihres Betriebes werden.
- **Seien Sie der Branchenentwicklung stets einen Schritt voraus**
  Üben Sie die Zukunft in der Gegenwart. Fortschrittliche gastgewerbliche Unternehmer sind als Pioniere Ihrer Zeit stets allen absehbaren Entwicklungen einen Schritt voraus.
- Will man seine Mitarbeiter fördern, muss man sie fordern. Durchschnittliche Leistungen bedeuten Rückschritt. Vereinbaren Sie im Team hohe Qualitätsziele.

7. Kreativität wird vernachlässigt

Fehlerhafte Ansätze:

- Das schöpferische Potenzial der Mitarbeiter wird kaum zu allseitigem Vorteil voll genutzt.
- Konventionelles Denken und Betriebsblindheit führen allzu oft zur Mittelmäßigkeit.
- Das Management unterstützt nicht das Engagement und die Ideenvielfalt der Mitarbeiter. Innovationen und neue Dienstleistungsideen können sich nicht in einem experimentierfeindlichen Klima entwickeln.
- Die Kreativität wird gehemmt durch: falsche Mitarbeiterauswahl, Überheblichkeit und satte Zufriedenheit, schlechte Organisation, Stress und Arbeitsüberlastung, Misserfolge und fehlende Anreize.

Positive Korrekturen:

- Kümmern Sie sich ständig um die Verbesserung der Mitarbeiterqualifikationen (fachliche und soziale Kompetenzen).
- **Keiner weiß soviel wie wir alle zusammen**
  Die besten Ideen zur Arbeitserleichterung, Qualitätsverbesserung für den Gast, zu Verkaufsförderungsmaßnahmen und Kosteneinsparungen können von Ihren Mitarbeitern, sprich Mitdenkern, kommen. Ermuntern Sie sie zur Kreativität.
- Nutzen Sie den Gast als preiswerten „Betriebsberater".
- Bekämpfen Sie Ihre ganz natürliche Betriebsblindheit. Halten Sie Ihre Augen offen für Verbesserungen und Ideen.
- Wir wissen, dass der durchschnittliche Mitarbeiter weit mehr kann, als es vielleicht seine gegenwärtige Arbeit verlangt. Mit ein wenig Phantasie kann jeder Arbeitsplatz zu einer unternehmerischen Herausforderung werden.
- Organisieren Sie die Ideenentwicklung mit kreativen Arbeitsmethoden wie Brainstorming, Brainwriting, Methode 6-3-5, Ideendelphi, Morphologie, Synektik, Funktionsanalyse u. a.

8. Qualität wird verwechselt mit Zufriedenheit der Gäste

Fehlerhafte Ansätze:

- Alle Marketingstrategien, die nur auf die Zufriedenheit der Gäste ausgerichtet sind, verkennen, dass es immer mehr gleichwertige und qualitätsbewusste neue Mitbewerber am Markt der Hotellerie und Gastronomie gibt und geben wird. Damit wird Qualität mit bloßer Gästezufriedenheit gleichgesetzt.

- Allein die Vermeidung von Dienstleistungsfehlern darf nicht mit Qualitätsmanagement verwechselt werden.
- Die einseitige Konzentration auf kopierbare Produktqualität im Beherbergungs- und Food & Beverage-Bereich vernachlässigt die „emotionale Qualität" – die Beziehung zum Gast.
- Wiederholungsgäste (Stammgäste) kann man nicht mit nur zufriedenstellenden und mittelmäßigen Dienstleistungen an den Betrieb binden.
- Wer höhere Preise am Markt erzielen will, darf nicht bei allgemeingültigem und vergleichbarem Qualitätsniveau stehen bleiben.

Positive Korrekturen:

- Mit Liebe zum Detail müssen Produkte und Dienstleistungen geschaffen werden, die Attribute wie „bezaubernd, faszinierend, glänzend, begeisternd, einmalig, großartig und aufregend" verdienen.
- Lassen Sie die banalste Dienstleistung zu etwas Besonderem werden.
- Gewinnen Sie die Zuneigung Ihrer Gäste.
- Beeindrucken Sie mit Produkt- und Dienstleistungsdifferenzierung gegenüber den Mitbewerbern, statt Ihre Gäste nur zufriedenzustellen.
- Nur mit Dienstleistungen lassen sich gefühlsmäßige Verbindungen zum Gast aufbauen und somit nicht kopierbare „emotionale Qualität" schaffen.
- In allen Gastkontakt-Abteilungen muss über den **Grundnutzen** hinaus (= Zufriedenheit) ein **Zusatznutzen** (= Überraschung, Erlebnis) für die Gäste geschaffen werden.

9. Rationalisierung findet an der falschen Stelle statt

Fehlerhafte Ansätze:

- Es werden Personalkosteneinsparungen bei Mitarbeitern mit Gastkontakt vorgenommen. Die kurzfristige Kosteneinsparung wirkt sich langfristig negativ auf die Qualitätsdienstleistung für den Gast aus.
- Lean Management in Hotellerie und Gastronomie wird nur als kurzfristiges Kostensenkungsprogramm verstanden.
- Rationalisierungsmaßnahmen werden nicht differenziert und aufmerksam behandelt. Die Gastorientierung muss im Vordergrund stehen. Vom Einkauf bis zum Verkauf sind die Bedürfnisse der Gäste und die Gegebenheiten des Marktes zu berücksichtigen.
- Mitarbeiter der durch Rationalisierung betroffenen Abteilungen werden nicht um Rat und Unterstützung gefragt.

Positive Korrekturen:

- **Sparen Sie nach „innen"**
  Gehen Sie konsequent gegen jede Art von Verschwendung vor. Achten Sie auf Zeitfallen. Stellen Sie Ihre stündlichen Umsätze Ihren stündlichen Personalkosten gegenüber. Rationalisieren Sie nur bis zum Gast und nie mit dem Gast.
- Sie können nie zu viel rechnen. Alternative Problemlösungen müssen sich „rechnen". Bevor man rationalisiert, muss der langfristige Effekt bei der Gewinnsituation in Bezug auf Qualität, Kosteneinsparung, Gäste- und Mitarbeiterreaktion berücksichtigt werden.
- Alles was in gastgewerblichen Betrieben an Produkten und Dienstleistungen erbracht wird und nicht den **Produktwert** erhöht, gilt nicht als **wertschöpfend** – also als Verschwendung – und wird zur Rationalisierung freigegeben.
- Rationalisierung mit dem Ziel der Arbeitsvereinfachung will ein Maximum an Leistung mit einem Minimum an Aufwand in personeller und materieller Hinsicht erreichen. Beispiele: Standardisierung der Angebotspalette ohne Flexibilitätsverlust, Straffung und Vereinfachung aller Betriebsabläufe vom Einkauf bis zum Verkauf, Verbesserung der Produktivität, Planung, Durchführung und Kontrolle gastgewerblicher Dienstleistungen, schnelles Anpassen der Unternehmensziele an die sich ändernde Gästenachfrage.

10. Total Quality Service (TQS) wird nicht eingesetzt

Fehlerhafte Ansätze:

- Der Begriff „Qualität" im Gastgewerbe wird einseitig als kostspielige Verbesserung der Produktqualität (Hardware) verstanden.
- Gastorientierte Servicequalität (Software) wird von „oben", d. h. von der Direktion, verordnet.
- ISO 9000 kann Gastlichkeit nicht mit Qualitätshandbüchern normieren.

Positive Korrekturen:

- Ihre Mitarbeiter sind Botschafter der Qualität. Nutzen Sie Qualitätssicherung als Präventivmaßnahme; die Null-Fehler-Strategie ist besser als eine nachfolgende Qualitätskontrolle.
- Qualität ist eine Summe von Selbstverständlichkeiten, die von allen Mitarbeitern mit Liebe zum Detail von vornherein stets fehlerfrei erbracht werden.

- Standardisieren Sie Ihren Betrieb. Checklisten für Routinearbeiten sorgen für Arbeitserleichterungen, Festlegung von Prioritäten, Möglichkeiten zur Delegation, Erfolgsbestätigung und führen zur Qualitätssicherung und Arbeitsverbesserung.
- Machen Sie Urlaub in Betrieben, die ein wenig besser sind als Ihr eigener. Stellen Sie Ihre Leistungen immer wieder in Frage. Jeder Service lässt sich noch verbessern.
- **Qualität ist immer Teamleistung**
  Hochwertige Serviceleistungen werden von motivierten Mitarbeiterteams erbracht.
- Zu den Schlüsselelementen des Total Quality Service gehören vier Bausteine:
  - KAIZEN als ständige Verbesserung
  - Qualitätssicherung statt Kontrolle
  - Jedermanns Verantwortung
  - Emotionale Bindung zum Gast

Literaturhinweise Logis und Administration

Ansoff, H. I. (2001): The New Corporate Strategie. New York

Astroff, M. T., Abbey, J. R. (1999): Convention Sales and Services, Waterbury Press. Cranbury

Bieberstein, J. (2002): Dienstleistungsmarketing. Ludwigshafen

Bouncken, R. B. (1997): Integrierte Kundensegmentierung in der Hotellerie. Wiesbaden

Brunn, S. (2001): Public Relations. Nürnberg

Coltman, M. M. (2000): Financial Management for the Hospitality Industry. New York

Conti, T. (1997): Total Quality – A Guide for Management. London

Crosby, P. B. (1986): Qualität ist machbar. Hamburg

Däumler, K. D. (1998): Betriebliche Finanzwirtschaft. Berlin

DEHOGA: Gastgewerbliche Schriftenreihe (1996–2003): Fortlaufende Nummern. Bonn-Bad Godesberg/Berlin

Dettmer, H. (1998): Wirtschaftslehre in Hotellerie und Gastronomie. Hamburg

Dreyer, A. (1998): Kundenzufriedenheit im Tourismus. München

Dukas, P. (1996): How to plan and operate a Restaurant. New Jersey

Ehrmann, H. (2000): Kompakt Training Balanced Scorecard. Ludwigshafen

Fay, C. T., R. C. Rhoods, R. L. Rosenblatt (1998): Managerial Accounting for the Hospitality Service Industrie. Dubuque

Freyer, W. (1996): Tourismus Marketing. München/Wien

Friedag, R., Schmidt, W. (1999): Balanced Scorecard – Mehr als ein Kennzahlensystem. Freiburg i.Br

Gardini, M. A. (1997): Qualitätsmanagement in Dienstleistungsunternehmen – dargestellt am Beispiel der Hotellerie. Frankfurt am Main

Grabig, J. (2003): Reiseplanung im Internet. Düsseldorf

Griffin, G. G., P. R. Dittmer (2002): Labor Cost Controls: For Hotels and Restaurants, 6th Edition. Boston

Gruber, S. (1994): Das Recht für Gastwirte und Hoteliers. München

Gugg, E., Hank-Haase, G. (1997): Das Tagungs- und Kongressverhalten von Verbänden in Deutschland. Frankfurt am Main

Hänssler, K. H. (1997): Management in der Hotellerie und Gastronomie. München

Henselek, H. F. (1999): Hotelmanagement Planung und Kontrolle. München

Hilton International (1982): Quality Assurance Programme. New York

Hinterhuber, H. H. (1992): Strategische Unternehmensführung. Berlin/New York

Horváth & Partner (1998): Controlling – Der Weg zu einem wirkungsvollen Controllingsystem. München

Ihra-Institut e.V. (2003): Schriftenreihe Managementbausteine Qualitätsmanagement. München

Johnson, C. (2001): Time Management for Managers. New York

Kaspar, C. (1995): Die Tourismuslehre im Grundriss. Bern/Stuttgart/Wien

Kazarin, E. A. (1982): Work Analysis and Design for Hotels and Restaurants and Institutions 4. Auflg. Westport

Kirstges, T. (2000): Management von Tourismusunternehmen, 2. Aufl. München/ Wien

Kobjoll, K. (1993): Motivaction, Orelli Füssli.

Kotas, R. (1999): Management Accounting for Hotels & Restaurants. New Jersey

Leiderer, W. (1995): Kennzahlen zur Steuerung von Hotel und Gaststättenbetrieben, 4. Aufl. Stuttgart

Lundberg, D. E. (1995): The Hotel and Restaurant Business. 7. Aufl. New York

Martin, R. (1997): Professional Management of Housekeeping Operations. New York

Marvin, B. (1997): Guest-Based Marketing: How to Increase Restaurant Sales Without Breaking Your Budget. New York

Pircher-Friedrich, A. M. (2000): Strategisches Management in der Hotellerie. Frankfurt am Main

Pircher-Friedrich, A. M. (2001): Sinn-orientierte Führung in Dienstleistungsunternehmen. Augsburg

Pompl, W. (1994): Touristikmanagement 1 Beschaffungsmanagement. Berlin

Powers, T. (1995); Introduction to Management in the Hospitality Industry, 5. Aufl. New York

Rushmore, S., Baum, E. (2001): Hotels & Motels Valuations and Market Studies. Illinois

Rutherford, D. G. (1999): Hotel Management and Operations, 4. Aufl. New York

Schaetzing, E. E. (1993): Qualitätsorientierte Marketingpraxis in Hotellerie und Gastronomie. Stuttgart

Schaetzing, E. E. (1998): Leanmanagement in Hotellerie & Gastronomie. Frankfurt

Schreiber, M. T. (1999): Kongress- und Tagungsmanagement. München/Wien

Seitz, G. (1997): Hotelmanagement. Heidelberg

The Cornell, Hotel & Restaurant Administration Quarterly; Periodika 1996–2003. Ithaca

Stichwortverzeichnis